教育部人文社会科学研究一般项目"蕺山后学文献整理及思想研究"（11YJCZH232）、中国石油大学（华东）后期资助项目"蕺山后学研究"（16CX05014B,中央高校基本科研业务费专项资金）结题成果

蕺山后学研究

张瑞涛 / 著

人民出版社

责任编辑:方国根　崔秀军

封面设计:姚　菲

图书在版编目(CIP)数据

蕺山后学研究/张瑞涛 著. —北京:人民出版社,2019.9

ISBN 978－7－01－020454－3

Ⅰ.①蕺…　Ⅱ.①张…　Ⅲ.①刘宗周(1578-1645)-哲学思想-研究

　Ⅳ.①B248.995

中国版本图书馆 CIP 数据核字(2019)第 034661 号

蕺山后学研究

JISHAN HOUXUE YANJIU

张瑞涛　著

人民出版社 出版发行

(100706　北京市东城区隆福寺街 99 号)

中煤(北京)印务有限公司印刷　新华书店经销

2019 年 9 月第 1 版　2019 年 9 月北京第 1 次印刷

开本:710 毫米×1000 毫米 1/16　印张:31.75

字数:500 千字

ISBN 978－7－01－020454－3　定价:96.00 元

邮购地址 100706　北京市东城区隆福寺街 99 号

人民东方图书销售中心　电话 (010)65250042　65289539

序

张立文

"惟有吟哦殊不倦，始知文字乐无穷。"张瑞涛教授吟读《刘宗周全集》到不知疲倦程度，才能体悟到与其研究对象进行心灵交流中他徜徉在古人的心里，及古人渗透于他的文字中的无穷乐趣。这种无穷乐趣，便激发张瑞涛教授"学非探其花，要自拔其根"。做学问不仅要探讨其表层华丽的现象，而且要钩深致远地追根究底，不断呈现刘宗周的思想精华、地位作用、意义价值和人格魅力，故而他在 2011 年完成《刘蕺山〈人谱〉的哲学思想》博士论文后，在其"咀嚼有余味，百过良未足"的体验后，又历 7 年的探赜索隐，完成了《蕺山后学研究》一书。该书的特点体现为全面的度越性、智能的创造性、逻辑的分析性、道德的精髓性、历史的体贴性。

全面的度越性。度越性是指在原有资源基础上继承、弘扬、转生为一种新观念、新风格、新方法，度越不是凭空超越，也不是抛弃其根本，而是一种转生的形态。张瑞涛在前人辑录蕺山弟子或籍或考的资料上，加以仔细考察、审查，发现要么未有入门标准的设定，要么蕺山弟子与再传弟子不分，要么不辨双重门籍，要么未提供弟子入师门的史实证明，要么弟子门人遗漏，等等。张瑞涛教授广采博纳、艰辛搜找、补苴罅漏，设定标准，详分弟子与再传弟子，明辨门籍，考证史实，弥补遗漏，考证为 174 位弟子，既非黄宗羲《蕺山同志考序》所说 376 人，亦非吕锡云、傅振照《蕺山弟子考》的 240 人。这些弟子数，都存在于上述的五不足和史实之据。张瑞涛之考证为 174 弟子，都是亲炙受业学生，而非再传弟子或私淑弟子，因为再传和私淑弟子其理论思维有与蕺山理论思维相似者，也有非相似者。由于蕺山弟子中有自行开创宗派，如黄宗羲开浙东史学派，张履祥为首杨园学派，他们的弟子或传梨洲史学，或扬杨园理学，对蕺山的心性之学未能有充分发挥，故而，未将再传私淑弟子收入，这有益于对其理论思维本真的探赜。

智能的创造性。在互联网、物联网、大数据、云计算的大智能的信息革命时代，创新成为时代的必然趋势，也是各个领域发展的原动力。张瑞涛教授以主体的创造性与客体的逻辑性相融突和研究对象的文本与话题相融突的方法契入，对蕺山的七位弟子（祝渊、吴麟征、吴蕃昌、金铉、黄宗羲、陈确、张履祥）的思想世界进行创造性的研究。在全面搜集、梳理研究对象文本资料的基础上，通过深入探索，即以致广大、尽精微的功夫，通晓研究对象理论思维演变的进程、前后的差异及与时代思潮的关系，特别与其师生、师门弟子间理论思维的交感联通、智能互应的联系，以呈现蕺山与蕺山学派理论思维的化差异为融合、化融合而转现蕺山学派的核心话题，系统性的整体创新理论思维形态。在这里，主体创新性融入客体的思维逻辑性，客体的思维逻辑性反现主体的创新性，文本与话题相契无间，智能的创新与研究对象圆融无碍，相得益彰。

逻辑的分析性。任何思想家、哲学家要建构理论思维体系，其理论思维必合乎逻辑，无逻辑思维不能构成哲学理论思维体系。研究哲学时代思潮、哲学家的哲学理论思维体系，必须从逻辑分析入手。研究者与研究对象的对话，是一种心灵的交感互应、智能联通。两者在一个平台上，相互尊重，研究者要消除先入之见，清理已有定论，同情地理解、真切地体悟研究对象的理论思维体系；研究者要促使被研究对象敞开胸怀，接纳研究者的分析、解剖、融突、升华、转生，而构成新思维、新理念。若要如此，必须十字打开被研究对象隐藏在字里行间的言不尽意之处的寓意，探索研究对象在时代背景的政治语境下的字里行间所隐去的思想本义以及作者的本真。同时在对与研究对象理论思维的上下、左右、内外理论思维的交感联通、智能互应中进行比较的逻辑分析，就可能使研究对象的理论思维体系的本真显现出来。心有灵犀一点通，研究者与研究对象便进入圆融之境。

道德的精髓性。中国的先圣先贤是世界上较早反思、倡导伦理道德文化的国家，是人类历史上较早的最细致、最完备的伦理道德文化，在历史上曾走出去，被朝鲜、日本、越南等国所容、传承，其影响力一直持续至今。中华民族传统伦理美德是中华文化精髓，蕴含着丰富的伦理道德资源，成为中华民族生生不息、发展繁衍、文明不断的生命力所在。在其发展中又不断弘扬、光大，不仅被誉为礼义之邦，而且成为中华民族在世界文化激荡中站稳脚跟的根基。张瑞涛教授在《蕺山后学研究》中精准地、深刻地体现中华民族的道德精髓。吴麟征因国破帝崩而随刘宗周殉道，"从容卓绝，义尽仁至"，忠义纯粹；为官清明廉洁，以廉为国家盛治之本，以直行行于枉道之世；治国以法，治家以诚，谆谆告诫其子弟收敛节俭，却名黜利，忠孝节义。其严格的家教家风，使吴氏家族叔伯子嗣皆清正廉明，终成"一门忠孝"的家教，而立于世。吴麟征仲子吴蕃昌，当时以忠孝节义名满天下。被誉为蕺山门下"颜回"的祝渊，以孝义为则，以兢兢无负其本心为学之大旨。金铉为学重德性伦理，为人重忠义气节，其德性伦理体现为以诚为宗、为安身立命之基和尽"独"工夫的大要。

黄宗羲父黄尊素与刘宗周有性命之交，宗羲尊父嘱师事刘宗周，其弟黄宗炎、黄宗会同师事刘氏。黄宗羲之学出于蕺山，主张以仁为本，天下之所以平，舍仁义便无他道。仁本思想基于人皆有不忍人之心，用于治国理政，便是不忍人之政的仁政，国之所以废兴存亡在于仁不仁。君道应以德性为重，君主应心底清明，明远见，虑患深，行仁政，平天下；应善于正心诚意，以公化私，尊贤任能，为民父母，正心以正天下。臣子的政治责任和义务，以正君心为根本，治国理政应依圣贤之道，为政者要明明德；为臣为国家的安危，百姓的福祉，敢于"格君心之非"，若君仁莫不仁，君义莫不义，君正莫不正，则天下定矣，反之则害政害国。臣忠、贤良、仁君融突和合，而为王道政治，王道之本在民，民为邦本，本固邦宁。君臣要做到使民以时，仁爱待民，取民有制，与民同乐，则国富民强，是为立国之本。

张履祥初讲蕺山慎独之学，晚年专意于程朱，立身端直，乡党称赞。他主张教化行而风气厚的君子人格：君子应清修自重，舍利取义，儒士、士子、商士都应以"君子喻于义，小人喻于利"为人生修养信条；君子应退避权势，无求恩泽，以介洁自持，不求权贵，凡不合道体所得，皆为君子所耻，审富贵而安贫贱；君子应和温亲切，尊师重友，天地君亲师为中国传统文化所尊崇，师的职责在辅佐君王天下平，尊师重道，明伦修德，诚信待友，为君子人格的标志；君子应至诚孝亲，恩义父母，孝是中华文化核心价值观之一，是家教家风的重点，行仁义自孝弟始，孝弟为仁之本，以致仁行天下；君子应行业端茂，戒恋女色，遵守非礼勿视听言动，以善为本，不可踰越，勿恋女色，为君子人格的重要养心内容，修身齐家，敦睦居家；君子应读书穷理，明辨贤愚，贤者平正、谦恭、敬慎、忍让、开诚、特立、持重、乐成、韬晦、宽厚善良、嗜欲必淡、持身必严、从容有常、其见远大，厚其所亲，后己先人，乐道人善，不畏强御，愚者反之，以贤者人格，张扬君子德风。君子应低调淡泊，不尚骄亢；朴素俭约，戒奢尚实；善待族亲，辑睦修好；严守礼法，培植世德；殚力民务，心系苍生；和睦邻里，济世救民；持己之廉，秉公殚明；忠恕待人，不媚不傲；悉心治道，毋于己私；重民厚生，问民疾苦。张履祥建构了全面、系统的君子人格，为世之道德精髓的标的，我们继承弘扬中华道德的精髓，以重新走向世界，实现人类命运共同体的和合天下。

历史的体贴性。有人才有历史，一切历史都是人的智能创造，无论是人写的历史，还是地下出土的文物、简帛等，均不例外。体贴有体验、体会、体认、体悟的意思，在贴近体知对象中，有所领会、领悟。一个民族的历史是一个民族安身立命的基础，是一个民族的标识，亦是一个民族精神、风格、思维、神韵的体现，也是一个民族自己认识自己的进程。研究者对于被研究对象的体贴，不仅要将其放在一定历史的人文语境中，而且要通过对人物的考证和文献的疏解以及对其学派的形成、发展、壮大过程中各弟子门人的继承、弘扬、演变的状况的考察，才能全面、系统、深入体贴其本真。蕺山后学展开了刘宗周的理论思维，在哲学、经学、史学、文学、艺术、事功等各领域都有所发扬。如以黄宗羲《易学象数论》，黄宗炎《周易象辞》，吴钟峦《十愿斋易说》，倪元璐《儿易内仪以》、《儿易外仪》等为标志的"易学"；姜希辙《左传统笺》、张岐然《春秋五传平文》的"春秋学"；陈确《大学辨》、黄宗羲《孟子师说》的"四书学"；以毛先舒《声韵丛说》、《韵问》、《韵学要指》为标志的"音韵学"；黄宗羲《明儒学案》、《宋元学案》则开创了史学新体例的"浙东史学"学派；以张履祥的"农学"、魏学濂的

"经济学"为标志的经世济用之学；而陈子龙与人合编《皇明经世文编》，为传承儒学治国理政、救世重道具有重要意义和价值。蕺山后学通过其理论思维的著作，更加深刻体贴、领悟中华民族传统历史文化思想的精髓，中华传统的历史文化、理论思维在一代接着一代、一环扣着一环的智能创新、不断诠释中，使中华传统历史文化、理论思维具有永远的创新力、生命力，这是中华传统历史文化、理论思维五千年来之所以保持不断裂的因缘所在。

研究者与研究对象的平等对话，是心灵的交流，是情感的交感。张瑞涛在完成刘宗周硕士论文后，在大学工作期间，在读书、生活中，不断反思蕺山的言行语录，在精心体悟蕺山"瞰瞰完人"的圣贤气象时，便情不自禁勘查自我做人做事的当否，刘宗周的"严毅"、刚直、忠贞、正气、简约的气象总会呈现在他的面前，他祈望有一日能"愿我如星君如月，夜夜流光相皎洁"，犹如天上的星星与月亮，彼此皎洁的流光能长相随、共映照。愿刘宗周的人格、德操、精神成为张瑞涛教授为人为学的标的。

是为序。

于中国人民大学孔子研究院
2017 年 8 月 1 日

目　录

下篇　蕺山后学思想研究

附　录

导　论

　　明末大儒刘宗周（1578—1645，字起东，号念台，浙江省山阴县人，因讲学山阴县城北蕺山，后世学者尊称为蕺山夫子）在宋明理学史上具有重要地位，清代史学家邵廷采即赞曰："先生之学出许敬庵，已入东林、首善书院，博取精研，归于自得，专用慎独，从严毅清厉中发为光霁，粹然集宋、明理学诸儒之成，天下仰其人如泰山北斗。"① 现代新儒家唐君毅认为"蕺山是宋明儒学最后之大师"②，牟宗三也以蕺山为"宋明儒学最后之殿军"③。蕺山通籍45年，在仕版者六年有半，实际立朝仅四年④，其余时间多在家讲学修道，授徒传业，从游学者百人以上。在蕺山绝食殉义后，即有学者考索蕺山弟子。如蕺山弟子董玚（后有小传）有《蕺山弟子籍》，著录蕺山弟子80人、学人66人，但只著录人名和出生地，并无人物思想简介；全祖望 [（1705—1755），字绍衣，号谢山，浙江鄞县（今宁波）人，清浙东学派代表人物，黄宗羲弟子] 有《子刘子祠堂配享碑》，著录蕺山弟子35人，另加蕺山子刘汋，共36人配享刘子祠，虽对人物在蕺山门中的地位与影响作出一定简介，但人数较少，与董氏记载相较，唯新增蕺山弟子12人；杜春生 [1785—? 字子湘，号蕺阳，与杜煦、杜丙杰合称杜氏三兄弟，浙江山阳（今绍兴）人，清代著名藏书家]《刘子全书遗编钞述》增加董氏和

---

① （清）邵廷采：《明儒刘子蕺山先生传》，载《刘宗周全集》第 6 册，浙江古籍出版社 2007 年版，第 539 页。
② 唐君毅：《中国哲学原论·原教篇》，中国社会科学出版社 2007 年版，第 320 页。
③ 牟宗三：《心体与性体》第 3 册，台湾正中书局 1969 年版，第 511—512 页。
④ 参见姚名达：《刘宗周年谱》，载《刘宗周全集》第 6 册，第 471 页。

全氏未载的 31 名蕺山弟子，但只列人名和籍贯；蕺山之孙刘士林《蕺山先生行实》亦进一步著录蕺山弟子。现绍兴图书馆藏清会稽董氏行综学会抄本《刘蕺山弟子考》据《子刘子祠堂配享碑》、《国史儒林传》、《明史》、《诸暨县志》等辑录蕺山弟子 26 人小传，除陆世仪外，其余皆为《子刘子祠堂配享碑》所载。统合而言，蕺山门弟子有名有姓者当百人以上，但蕺山高弟黄宗羲《蕺山同志考序》则说蕺山弟子有 376 人。[①] 蕺山先生究竟有多少弟子，每一弟子入蕺山门的史料事实、思想特征、撰著论述、学思历程等，是值得学者深入探讨的问题。

现代学者亦有人考证蕺山弟子。如衷尔钜《蕺山学派哲学思想》之《蕺山学派其他传人》"综合各史籍材料所载，选出部分有事迹和著述的传人。有的限于材料，只录存其名"[②]，罗列蕺山弟子、传人 116 人，并就部分人物的生卒年月、学行著述做了一定程度的考证；赵园《刘门师弟子——关于明清之际的一组人物》探究了"刘门"之为"门"的生成历程及文化功能，并以此为个案，"研究明末所谓'师门'这一士人的关系形式，及借助这一形式的思想、学术的传承方式"[③]，考证了部分蕺山弟子入师门的事实材料及其思想特征；吕锡云、傅振照《蕺山弟子考》"按照董玚的《蕺山弟子籍》、杜春生的《蕺山弟子增补》，另辟《新补蕺山弟子》和董玚的《学人》名录，或简、或繁，或详、或略，或粗、或细，一并记录"，著录蕺山弟子、再传弟子、学人共 240 人。[④] 总括而言，他们考证蕺山弟子还存在四方面不足：

其一，未有入门标准的设定，未充分提供蕺山弟子入师门的史实证明。弟子进师门总会有一定的资料史实证明，或因听讲会而入门，或因慕名而纳贽，或因书信往来以问学，不同的弟子入师门的方式并不完全相同。

[①] 参见（清）黄宗羲：《蕺山同志考序》，《黄宗羲全集》（增订版）第 11 册，浙江古籍出版社 2005 年版，第 57—58 页。

[②] 衷尔钜：《蕺山学派哲学思想》，山东教育出版社 1993 年版，第 380 页。

[③] 赵园：《刘门师弟子——关于明清之际的一组人物》，载汕头大学新国学研究中心编：《新国学研究》第 1 辑，人民文学出版社 2005 年版，第 163—245 页。

[④] 参见吕锡云、傅振照：《蕺山弟子考》，载绍兴县史志办主编：《越地春秋》2009 年第 1 期。

其二，蕺山弟子与蕺山再传弟子未分开考证。从一般意义上讲，"弟子"这个群体包含了直系弟子、再传弟子、私淑弟子等。但是，从对师说的传承与嬗变角度看，考察"师"与"直系弟子"之间的学术关系，最能反映老师思想的影响与传播状况。

其三，未考辨某些人物的"双重"门籍问题。在蕺山弟子群体中，有的人先入蕺山门，后又转归他门，如秦履思、史孝咸、史孝复；亦有人曾为他门，后转归刘门，如陈子龙、魏学濂等。考证蕺山弟子的门籍，一定程度上可以说明蕺山学的影响及其与当时其他名家的思想差异。这对考察学派的影响是个重要衡量指标。

其四，人员遗漏。无论是《蕺山学派其他传人》，还是《蕺山弟子考》，他们只参考了董玚、全祖望、杜春生对蕺山弟子的记载，并未参考刘士林《蕺山先生行实》所涉及的蕺山弟子。刘士林明确说"后先以学业请益者"，从中可进一步著录蕺山弟子。此外，《刘宗周年谱》曾记载有一批参与赈灾的弟子，《蕺山弟子考》只著录部分，可进一步参考董玚《刘子全书钞述》而著录更多蕺山弟子。而且，在检索某人为蕺山弟子的证明史料并考索其撰著资料的同时，可能还会牵扯出另外蕺山弟子。这些人物亦应纳入蕺山弟子群体。

本书上篇为《蕺山门弟子考》，是根据董玚《蕺山弟子籍》、全祖望《子刘子祠堂配享碑》、杜春生《刘子全书遗编钞述》、刘士林《蕺山先生行实》等专门记载蕺山门弟子的文献，以及在检索《刘宗周年谱》、《刘宗周书信集》、《绍兴府志》、《康熙会稽县志》、《嘉庆山阴县志》、《绍兴县志资料》等文献的基础上，明确并考证了蕺山先生174位一传弟子，即叶廷秀、刘理顺、成德、金铉、祁彪佳、章正宸、孟兆祥、熊汝霖、孙嘉绩、吴钟峦、吴执御、陈子龙、彭期生、陈龙正、徐复仪、王毓蓍、潘集、傅日炯、周镳、祝渊、张玮、何弘仁、史孝贤、史孝复、王朝式、傅衡、王伟、沈绥、王绍美、王绍兰、张峥、谢毂、陶履卓、赵甸、陈诚忭、陈尧年、来蕃、王兆修、王毓芝、沈兆锦、沈梦锦、赵广生、祁熊佳、王业洵、秦弘祐、刘世纯、陈洪绶、张梯、黄宗羲、董玚、姜希辙、吴调元、周璿、张应鳌、恽日初、魏学濂、许元溥、邓履中、叶敦艮、徐耀、董标、路迈、王开、曹宗璠、韩位、陈确、吴蕃昌、陈之问、王嗣奭、冯悰、江浩、张岐然、钱棻、周茂兰、黄宗炎、刘应期、张履祥、黄宗会、陆曾晔、沈中柱、吴麟征、章明德、朱昌祚、戴易、华夏、王家勤、张应烨、张成义、徐芳声、沈昀、万泰、刘汋、徐奇、傅商霖、傅雨、沈静、叶良玉、毛先舒、沈应位、孟养浩、祁凤佳、祁骏佳、周懋宗、周尚夫、胡岳、李明初、邓弘、王毓芳、王毓兰、赵重庆、胡鸣鏓、金鉉、鲍斌、卢演、张元迪、吕孚、徐体乾、钱永锡、王谷、陈树勋、祁鸿孙、陈刚、倪元璐、李邦华、施邦曜、周卜年、徐光球、秦祖轼、管睿生、管而抑、管征君、吴懋九、李士淳、吕滋、邢锡禛、杨鳌、邢锡祥、王受之、王儆弦、徐廷玠、张名翰、谢龙震、倪元瓒、商章祖、王自超、倪会覃、王鲲、许器之、皦弟、刘鳞长、曹广、文德翼、李盛世、刘明孝、郑景元、屠安世、钱寅、徐师仁、章重、吴拱宸、张焜芳、张自简、陶才、赵时和、王国宾、秦承显、陆符、冯京第、徐泽蕴、北生、俞更之。在明确具体人物的基础上,通过查阅相关文献资料,按照"文献考据学"方法,尽可能为每一位蕺山弟子撰写详细"小传",以方便了解蕺山后学弟子的整体"气象"。

通过人物考证及疏解文献可知,蕺山后学弟子于哲学、经学、史学、文学、艺术、致用事功之学皆有著述论说,比如:在经学研究方面,有以陈确《大学辨》、黄宗羲《孟子师说》为标志的"四书学";有以黄宗羲《易学象数论》,黄宗炎《周易象辞》,吴锺峦《十愿斋易说》,倪元璐《儿易内仪以》、《儿易外仪》等为标志的"易学";有以姜希辙《左传统笺》、张岐然《春秋五传平文》为标志的"春秋学";有以毛先舒《声韵丛说》、《韵问》、《韵学要指》等为标志的"音韵学";等等。《四库全书总目提要》收录了大部分蕺山后学弟子的著述文献,后文将有详细说明。当然,有的蕺山弟子著述论说并未被《提要》收录,如金铉《金忠洁集》,王嗣奭《夷困文编》、《管天笔记外编》,吴蕃昌《祗欠庵集》,陈子龙《皇明经世文编》等,这些著述同样内蕴了作者丰富的哲学思想、政治思想、史学思想、文学思想等。

整体而言,蕺山后学弟子的为学旨趣异于蕺山,他们并非全部围绕蕺山心性义理之学而读书思辨,而是结合时代学术变迁,在适应新的人文语境的基础上,在自我学思体悟之中,选择了多元化的为学致力方向。所以,本书提出"蕺山后学"概念,以指称蕺山弟子及蕺山弟子群体的思想观念。这在学术界尚属首次。当然,蕺山后学哲学思想无过于蕺山:有些蕺山弟子保守师说、悉心阐释,如张应鳌、祝渊等;有些弟子由业师一体圆融的"心体论"哲学回归程朱理学,如张履祥、恽日初等;有些弟子对乃师之学、程朱理学皆有质疑,彰显出思想解放特征,如陈确、黄宗羲等。但是,蕺山后学弟子在经学、史学方面度越师说,如:陈确、黄宗羲、姜希辙、张岐然等人对程朱理学的经学权威论断展开批判,在明清四书学史、易学史、经学史上皆有重要影响和地位;黄宗羲开创浙东史学派,"言性命之理必究于史",所著《明儒学案》、《宋元学案》、《明夷待访录》等在清代学术史、思想史和学案史上独树一帜;陈子龙与人合编《皇明经世文编》五百余卷,对于保护明代贤良忠正奏议时文、传承儒家救世治道精神起到积极作用。蕺山后学弟子还体现了经世致用理念,如祁彪佳、金铉、吴麟征等人在政治管理、经济建设、乡村治理和家庭教育等方面提出了一系列致用思想;即便不入仕为官、终身为民的蕺山弟子,在民间亦发表安民、养民的务实言论,如张履祥的"农学"、魏学濂的"经济学"。

本书下篇为《蕺山后学思想研究》,撷取蕺山门较有学术特色和人格魅力的七位蕺山后学弟子展开思想研究,包括祝渊、吴麟征、吴蕃昌、金铉、黄宗羲、陈确和张履祥。之所以选择这七位蕺山弟子,其原因在于:祝渊以35岁之躯先于业师结帼而殉义,且在蕺山门最称好学,有"庶乎回也"之誉;就蕺山后学殉道之弟子群体而言,有事功之大、卫国之忠、杀敌之勇数功绩者,则以吴麟征为首;吴麟征仲子吴蕃昌,能传蕺山学,且学行笃实、道德高尚,所著《祇欠庵集》被誉为"孝义之准则";金铉因守京师而殉国难,或称金铉之学"颇近禅宗",蕺山先生唯"以其人雅重之",或以之论学"专主程正公、朱文公、薛文清、高忠宪四家之说",金铉治学究竟如何,颇有澄清之必要;黄宗羲是蕺山后学弟子群体中留世著作最多和学术影响最巨者,不仅与蕺山先生有"婚姻"关系,而且于蕺山学有"御辱之功",并由蕺山学派开浙东史学派,最能传蕺山学;张履祥出蕺山学派而创杨园学派,教导弟子务经济实学,虽"陶淑于山阴",但终归而肆力于程、朱之书,为学"明辨审谛",时人以其有"补救弥缝"蕺山学之功;陈确则是蕺山学派中天才绝出之士，书法、篆刻、洞箫、弹棋、杂技等无所不会，主张学以自得，但凡不合于己心之先儒成说，多有惊世骇俗之辩论，"说经尤夸夸"，被视为蕺山学派之"畸士"。此七人，各有治学路向，且能学有所得。当然，除此七位之外，并非其他有著述文献传世的蕺山弟子不重要，如官至户、礼部尚书之倪元璐、状元刘理顺、左都御史李邦华、苏松巡抚祁彪佳、经世实学名贤陈子龙、能传阳明、蕺山心学并留心实务的陈龙正等蕺山后学弟子，无论是治学立言、修身立德，还是经世致功，皆尽心知性，高节醇粹，不辱师门，囿于时间精力，《蕺山后学思想研究》未能一一展开，唯在力所能及基础上，以此七人为主要研究对象，一叶障目、以偏概全之蔽亦在所难免。

当然，就此七人之研究方法而言，前后亦可分成两型：考察祝渊、吴麟征、吴蕃昌和金铉的思想世界遵循了"主观创造性与客观逻辑性相统一"的系统研究方法，探索黄宗羲、陈确和张履祥思想则是基于他们平生最为重要的"文本"而开展的"文本与话题相统一"的个案研究方法。

所谓"主动创造性与客观逻辑性相统一"，是指在尊重哲学史人物思想客观、历史存在的前提下，研究者同情地理解、真切的感悟被研究者，从而逻辑地再现历史人物哲学思想的研究方法。面对过去的历史，我们要重现它，自然不可避免要发挥主观创造性，从而创造出一个属人的"历史"。历史本不可重现，而研究历史的人可以重现某种意义的"历史"。再现历史的过程，就有了"本来的历史"和"写作的历史"之分别。去写作历史、再现历史，并不是捏造历史、胡编历史，而是客观地理解历史和讲述历史。主动地创造根本上就是以自己的理解和推理再现本来的历史；客观地逻辑地还原就是以古人的语言材料和论断来描述哲学史人物思想。为实现推理的合理性和阐释的正确性，研究者应该从哲学史人物原典资料中寻找突破口，探索研究进路的切入点。探讨这个切入点的过程就是发挥主动创造性的过程；在入手处的指引下，在问题的刺激下，以哲学家的原典材料架设结构框架，就是客观地逻辑地理解。以材料澄明问题，"以事实来说话"，最重要的就是要从通读《年谱》入手：透过被研究者的《年谱》，可以厘清这个人前后思想的变化，可以发现影响此人的其他人物，为逻辑地再现被研究者思想观念和哲学理论提供了时间线索和人物关系图。时间线索是为了分析被研究者的思想分期和晚年定论；人物关系图是分析被研究者的学术交往、学术影响。这也就是在分析吴麟征、祝渊和金铉思想世界的章节分别附录《太常吴公殉节纪实》、《祝子开美传》、《金忠洁年谱》的根本原因。

当然，研究者发挥主动创造性，厘清被研究哲学家思想演变的逻辑历程，尚需明晰"诠释话语权"的方向。在哲学史人物研究过程中，我们研究古人，就是通过搜集资料、整理资料而推理合理结论，绝不是预设某种理论、结论，将古人的资料拿来填我们所设计好的"图"。不可否认，研究者发挥主动创造性，必然有一定的"当代"意识、"先入未见"，只是，我们应该将这样的"先入未见"置之于古人资料之"下"，而不是之"上"。就后者言，研究者的"先入未见"是推理的"前提"，古人的资料是"说明工具"；就前者言，研究者的"先入未见"是推理的"结论"，古人的资料是"入手"、"基础"。"以事实来说话"便是按照研究者分类和整理的古人资料，梳理出古人要说明的"话题"，探寻古人说明"话题"的步骤与方略。研究所得的结论不是某一固定的"点"，而是对古人哲学思想演变历程的梳理，是对事实的描述。若说结论，那便是对这个"事实描述"的整体认识和感悟反思。然而，这个"结论"必须是建立在材料推理之"下"。本书撰写的祝渊、金铉、吴麟征、吴蕃昌四人的"思想世界"就是按照"主动创造性与客观逻辑性相统一"的系统研究法而得出的自认为客观的结论。

所谓"文本与话题相统一"，是指撷取哲学思想家所自得创作的某部或几部著述文献，逻辑地梳理其特定的语义和核心问题意识的研究方法。哲学家、历史人物挺立一定的思想观念总要依托于某本或某几本特定的经典典籍，由对这些经典文本中特定语句、词汇、概念的创造性诠释而架设自己的哲学思想。文本既是哲学家阐释思想的文献基础和资料根据，又是体现他独特思想的载体，是哲学家阐发自己思想、对原点典籍文本加工、创造之后，加以自己的生命体贴和思想反思而创造出的新的，对后世有重要影响的经典文献。哲学史上每个人物总是有一部或几部这样的代表性著作"文本"来凝练时代精神的核心话题，全面融入民族精神及其生命智慧的人文语境。例如，宋明理学家们在阐释心性义理之学时运用的"文本"主要的就是《论语》、《孟子》、《大学》、《中庸》、《周易》，几乎所有的宋明理学家都对这些经典文本有所阐释和注解。另一方面，哲学家阐发自己思想、对原点典籍文本加工、创造之后，加以自己的生命体贴和思想反思而创造出的新的、对后世有重要影响的经典文献。历史人物总是有一部或几部这样的代表性著作，这些特定的"文本"是我们抓住被研究者思想核心的切入点，如张载有《东铭》、《西铭》，二程有《定性书》，朱熹有《四书集注》，王阳明有《传习录》，刘宗周有《人谱》。一般来讲，哲学家选择文本，总是有所依据，总是要说明某些问题；哲学家创造文本，撰著经典文献，成就体系框架，总是围绕某问题而展开。哲学研究便是以发现问题、解决问题为前提和基础。哲学不是"无病呻吟"，哲学总是对时代问题进行反思，是时代精神、风貌的体悟。哲学史之研究、哲学史人物之厘清和分析正是"有感而发"，"感"之根据就是对文本之"话题"的重现。"话题"是哲学家在思索时代思想语境、社会演进历程及自我生活阅历感悟的基础上创生出来的，既是对时代问题的发现，又是哲学问题的解决之道。因此，"话题"是哲学史人物成就思想观念、明辨问题解决之道的核心。文本是哲学家哲学思想的文献依据，话题是问题的发现和解决历程；文本就意味着话题的提出和解决，话题便自然内蕴于文本之中。故而，研究哲学史人物离不开文本分析，对文本分析的过程就是对话题反思和诠释的过程，亦是对哲学家生活时代之时代人文语境的重现过程。本书围绕黄宗羲的《孟子师说》和《明夷待访录》、陈确的《瞽言》以及张履祥的《近古录》分别撰写章节，正是依据"文本与话题相统一"的个案研究方法考察他们经典文本的核心话题，通过这一近似"经学诠释学"的研究进路，从侧面体贴被研究者的思想理念和学术旨趣。

本书结论部分是依据孔颖达《春秋左传正义》对"太上有立德，其次有立功，其次有立言"之实质与内涵的厘定，反思和体贴蕺山学派刘门师弟子群体在做人、做事、做学问上所体现出的三方面"思想性格"："气节立德"：因明清易代，蕺山学派刘宗周、倪元璐、李邦华、施邦曜、孟兆祥、刘理顺、吴麟征、成德、金铉、彭期生、熊汝霖、吴钟峦、陈子龙、祁彪佳、王毓蓍、潘集、周卜年诸人或殉国、或殉君、或殉鲁、或殉唐、或效死，皇清顺治九年表章前代忠臣，属于蕺山后学弟子者即有范景文、倪元璐、李邦华、孟兆祥、施邦曜、吴麟征、刘理顺、成德、金铉等九人，蕺山学派刘门师弟子忠孝气节精神与日月齐辉；"经世立功"：刘门师弟子入仕谋政则尽心治国，出世读书则重经世实学，言性命之理不舍匡济实策，治学路向和事功实行皆强调学以致用、经世开物，反对谈虚说玄、空论矫作；"自得立言"：刘门师弟子不仅视"自得"为治学方法，更以"学以自得"为治学价值追求，强调为学不求苟同先儒，但求言出有理，其著述主张皆开显了创构者的生命体悟和自得精神。

附录部分重点收录蕺山后学弟子董瑒所撰《蕺山弟子籍》、全祖望《子刘子祠堂配享碑》，二者对于我们检阅蕺山后学弟子提供了比较客观和详细的人员名录。附录尚有"访'蕺山'记"，撰于 2010 年，时值攻读博士学位，如今时隔多年，每每读之，心中时时油然而生景仰先儒之情，是我为学心路历程的一段真切体现！

上篇　蕺山门弟子考

　　本书以《蕺山弟子籍》、《子刘子祠堂配享碑》、《刘子全书遗编钞述》和《蕺山先生行实》所记蕺山后学弟子为人物基础，以《刘宗周全集》为基本参考资料，同时参考《清史稿》、《明史》、《小腆纪传》、《明末忠烈纪实》等大型史学书籍和《绍兴府志》、《康熙会稽县志》、《嘉庆山阴县志》《绍兴县志资料》等地方史志，详细考证了蕺山门弟子的地域分布、生平事迹、著述主张、思想影响等基本情况，分别为蕺山后学弟子撰写"小传"，为蕺山后学文献裒辑和全面探析蕺山学派思想提供完备和真实的人物基础。

一、蕺山门弟子概论

本书考证"蕺山门人",首先有以下四个基本前提:

其一,"弟子""门人"内涵同指,即都是受业蕺山的学生。"弟子"意指受业某人的学生,早在《论语·雍也》便有论述:"哀公问曰:'弟子孰为好学?'"鲁哀公问孔子学生中谁最为好学,受学于孔子者即为孔子弟子。另《仪礼·士相见礼》有曰:"与老者言,言使弟子。"贾公彦疏曰:"依《书》传:大夫致仕为师,士致仕为少师,教乡间子弟。雷次宗云:学生事师,虽无服,有父兄之恩,故称弟子也。"① 问道于某人,某人教授乡里,则受学者为弟子。而"门人"、"门生",早先与"弟子"之义相别,欧阳修《集古录跋尾·后汉孔宙碑阴题名》即有如此论说:"其亲授业者为弟子,转相传授者为门生。"东汉中后期,"门人"则是与宗师具有私人依附关系的人。如《新五代史·裴皞传》曰:"宰相马胤孙、桑维翰皆皞礼部所放进士也。皞喜作诗曰:'门生门下见门生。'"② 唐代科举考试,考生得中进士后,对主考官亦称门生,虽有投靠援引之意,已非依附关系。之后,门生主要是指学术上的师承关系。至明代,宋濂《送东阳马生序》就已经将门人与弟子合称。他说:"尝趋百里外,从乡之先达执经叩问。先达德隆望尊,门人弟子填其室,未尝稍降辞色。余立侍左右,援疑质理,俯身倾耳以请;或遇其叱咄,色愈恭,礼愈至,不敢出一言以复;俟其欣悦,则又请焉。故余虽愚,卒获有所闻。"③ 从而,本书将"弟子""门人"同指,皆为受业某人之"学生"。因此,

---

① (汉)郑玄注,(唐)贾公彦疏:《仪礼注疏》(上),北京大学出版社 1999 年版,第 119 页。

② (宋)欧阳修:《新五代史》卷 57《杂传》第 45,吉林人民出版社 1995 年版,第 377 页。

③ (明)宋濂:《宋学士全集》卷九《送东阳马生序》,《金华丛书》。

无论是有材料称某人为蕺山"弟子"，拟或"门人"、"门生"，甚或是说某人"问学"蕺山，皆视其为"蕺山弟子"。如《刘宗周年谱》载：（1626 年）三月，蕺山闻惠世扬被逮，招词牵连自己，有"诡行颇僻之刘宗周，狠心辣手之黄尊素"之语，自分不免，以子托之门人陈尧年。① 此"门人"即"弟子"之义。另如《刘宗周年谱》崇祯七年条载："是岁，门人魏学濂葬其父大中，迎先生题主。陈龙正拜先生于舟中，投书一卷，言天下之风气操于绍兴书办，使为郡县者能化其父兄子弟，则在京之书办亦无不化矣。并以高攀龙遗书为馈。先生在舟中阅之，每至禅门路径，指以示门人黄宗羲。"② 姚名达称魏学濂、黄宗羲为蕺山"门人"，显然是与"弟子"同义。

其二，本书所指称的"蕺山门人"，仅指蕺山的一传弟子，不包括"再传弟子"和"私淑弟子"。"再传弟子"并不一定与祖师之学相近似，而是与他们的老师——祖师一传弟子、直系弟子——的思想紧密联系。若一传弟子有思想创新，再传弟子便可能要对创新的思想发扬光大，形成新的学派，如以黄宗羲为首的浙东史学派、以张履祥为首的杨园学派等。再传弟子所传扬的是梨洲史学、杨园理学，而对于祖师刘蕺山的心性义理之学未能有充分发挥。

其三，确定蕺山门人的标准。黄宗羲《蕺山同志考序》说："先生讲学二十余年，历东林、首善、证人三书院，从游者不下数百人。然当桑海之际，其高第弟子多归风节。又先生在当时，不欲以师道自居，亦未尝取从游姓氏而籍之。"③ 由此，虽可见蕺山淡泊名利之姿态，但他无记弟子姓氏，自然为考证弟子增添了麻烦。黄宗羲有《序》却无《考》，但提出了考证蕺山弟子的方法。他说："昔钱绪山作《阳明先生年谱》，立四证以书门弟子：一证于及门之日，一证于奔丧之日，一证于随地讲会之所，其人没则证之子弟门人。有见其名而不知其人，知其人而未究其学者，皆所不录。吾先生既不籍从游，则及门之日无所取证。先生之丧，方当乱离，道路梗塞，亦难以奔丧为证。其可证者，唯讲会之地、问答之书而已，故不得以绪山为例。乃若

---

① 参见姚名达：《刘宗周年谱》，载《刘宗周全集》第 6 册，第 299 页。

② 姚名达：《刘宗周年谱》，载《刘宗周全集》第 6 册，第 376 页。

③ （清）黄宗羲：《蕺山同志考序》，《黄宗羲全集》（增订版）第 11 册，第 58 页。

不知先生之学，虽在先生门下，所谓见其名知其人者，则以绪山之例例之。及门、私淑，分为二条，故论定灼然，可以为他日之从祀者，疏其爵里，则大略周海门《南都祠志》之法也。"① 这里，黄宗羲讨论了钱绪山考证阳明弟子的"四证"，唯以"讲会之地，问答之书"为标准审视蕺山弟子。本书考证蕺山弟子亦应遵循此列：凡于讲会之地听从蕺山论学、凡与蕺山先生有学术观点书信往来之人，皆纳入蕺山弟子行列。此外，若有其他史料以某人为蕺山弟子，亦将之增补进蕺山弟子行列。

其四，蕺山门人基本情况。董玚、全祖望、杜春生分别有明确记载蕺山弟子的文章。

（1）董玚《蕺山弟子籍》载蕺山门人80人，分别为叶廷秀、刘理顺、成德、金铉、祁彪佳、章正宸、孟兆祥、熊汝霖、孙嘉绩、吴钟峦、吴执御、陈子龙、彭期生、陈龙正、徐复仪、王毓蓍、潘集、傅日炯、周镳、祝渊、张玮、何弘仁、史孝咸、史孝复、王朝式、傅衡、王伟、沈綵、王绍美、王绍兰、张峄、谢毂、陶履卓、赵甸、陈诚忭、陈尧年、来蕃、王兆修、王毓芝、沈兆锦、沈梦锦、赵广生、祁熊佳、王业洵、秦弘祐、刘世纯、陈洪绶、张梯、黄宗羲、董玚、姜希辙、吴调元、周璿、张应鳌、恽日初、魏学濂、许元溥、邓履中、叶敦艮、徐耀、董标、路迈、王开、曹宗璠、韩位、陈确、吴蕃昌、陈之问、王嗣奭、冯悰、江浩、张岐然、钱棻、周茂兰、黄宗炎、刘应期、张履祥、黄宗会、陆曾晔、沈中柱。②

（2）全祖望《子刘子祠堂配享碑》记载配享刘子祠的蕺山弟子35人，除却与董玚所记重复者，实际新增12人，即吴麟征、章明德、朱昌祚、戴易、华夏、王家勤、张应烨、张成义、徐芳声、沈昀、万泰、刘汋。③ 因蕺山子刘汋入祭刘子祠，故著录其为蕺山弟子。

（3）杜春生《刘子全书遗编钞述》检府、县志得未在董氏、全氏所著录者6人：徐奇、傅商霖、傅雨、沈静、叶良玉、毛先舒；又采蕺斋藏书稿，

① （清）黄宗羲：《蕺山同志考序》，沈善洪主编：《黄宗羲全集》（增订版）第11册，第57—58页。
② 参见（清）董玚：《蕺山弟子籍》，载《刘宗周全集》第6册，第614—615页。
③ 参见（清）全祖望：《子刘子祠堂配享碑》，载《刘宗周全集》第6册，第646—651页。

得未载者 2 人：沈应位、孟□□（养浩）；又于《刘子全书》之《证人社语录》得未载者 4 人：祁凤佳、祁骏佳、周懋宗、周尚夫；又于《文编》得未载者 13 人：胡岳、李朝晖（明初）、邓弘、王毓芳、王毓兰、赵重庆、胡鸣鑁、金鋐、鲍斌、卢演、张元迪、吕孚、徐□□（体乾）；又于《年谱》中得未载者 3 人：钱永锡、王谷、陈道永；又于《年谱录遗》中有陈树绩；又于全氏《祁六公子墓碣铭》有祁鸿孙；又陈立《陶菴集》载有蕺山门婿陈刚。① 这样，在董氏、全氏基础上，杜氏又增加蕺山弟子 31 人。

（4）刘士林《蕺山先生行实》亦著录蕺山弟子。他说："后先以学业请益者，则张公玮、倪公元璐、孙公慎行、吴公麟征、范公景文、李公邦华、施公邦曜、黄公道周、刘公理顺、成公德、金公铉、祁公彪佳、熊公汝霖、孟公兆祥、吴公执御、叶公廷秀、余公煌、陈公龙正、章公正宸、陈公子龙、王生毓蓍、潘生集、韩生位、祝生渊、恽生日初、陈生道永、吴生蕃昌、张生履祥、周生卜年、张生应鳌、周生璿、沈生兰先、徐生光球、叶生敦艮、来生蕃，皆以学行名节著称者也。"② 刘士林称其中 20 人为"公"，15 人为"生"。所谓"公"，是对"长者"或平辈的敬称。③ 刘士林明确区分"公"与"生"，想必二者"身份"并不相同。在刘士林称"公"之 20 人之中，有 13 人为《蕺山弟子籍》《子刘子祠堂配享碑》所载，而称"生"的 15 人之中有 12 人为董玚、全祖望、杜春生所载。那么，称"生"者之剩余人物为蕺山弟子可无疑。只是，称"公"者其余诸人是否应划为蕺山弟子？按照黄宗羲"讲会之地、问答之书"之标准，称"公"者有 4 人与蕺山先生有书信往来，即倪元璐、范景文、李邦华、黄道周。但是，考蕺山先生与范景文、黄道周书信，皆不能确定其为蕺山弟子，且无直接证据表明二者与蕺山有"师生之意"。至于施邦曜，《刘宗周全集》虽未载他与蕺山的书信往来，但有确切证据表明他受学蕺山。这样，刘士林的《蕺山先生行实》又增加蕺山弟子 5 人，即倪元璐、李邦华、施邦曜、周卜年、徐光球。刘士林所记蕺山弟子有名沈先生者，即全祖望所辑录沈昀为同一人。

---

① 参见（清）杜春生：《刘子全书遗编钞述》，载《刘宗周全集》第 6 册，第 700—701 页。
② （清）刘士林：《蕺山先生行实》，载《刘宗周全集》第 6 册，第 607 页。
③ 参见张晓敏：《古代汉语大辞典》，上海辞书出版社 2007 年版，第 311 页。

绍兴图书馆藏清会稽董氏行综学会抄本《刘蕺山弟子考》共辑录26位蕺山弟子，其中有祝渊、王毓蓍、叶挺秀、章正宸、金铉、祁彪佳、傅日炯、陈洪绶、华夏、王家勤、黄宗羲、沈昀、黄宗炎、王业洵、黄宗会、张应晔、吴麟征、彭期生、叶敦艮、周之璯、潘集、何宏仁、赵旬、徐芳声、董玚等25人的小传，该书作者还据《清史稿·儒林传》辑录陆世仪为蕺山弟子。其中有言曰："国初讲学诸家，孙奇峰、黄宗羲最称南北大师，奇峰交定兴鹿忠节（明继善，殉国难）为讲友，宗羲奉山阴刘忠正（名宗周，殉国难）为本师，均受王守仁姚江之传。明自王守仁讲学良知之学，弟子遍天下，同邑传其学者推徐爱、钱德洪、胡瀚，再传而得沈国模。国模以明道为己任，尝与刘忠正证人会，归而辟姚江书院，与同里管宗圣、史孝咸、王朝式、孔当、邵曾可讲习良知，皆蕺山之正传。蕺山之子刘汋随侍蕺山，诸弟子闻教未达，辄私于汋。仁和沈昀、钱塘姚宏任、西安叶敦艮、武进恽日初皆刘门弟子之最有声者。宏任兼师应撝谦。嘉定陆世仪，少从蕺山讲学，与同里陈瑚、盛敬、江士韶约为迁善改过之学，虑惊世骇俗，深自韬晦，于近代讲学家最为笃实，人称为嘉定四先生。"然考证之后发现，作者所言姚宏任、陆世仪为蕺山弟子之论并不准确。姚宏任为蕺山弟子沈昀之门弟子，同时为应撝谦弟子，后文沈昀传将有说明。陆世仪亦非蕺山门弟子。陆世仪（1611—1672），字道威，号刚斋，晚号桴亭，别署"眉史氏"，江苏太仓人，谥尊道，与陆陇其（1630—1692）并称"二陆"。《清史稿·儒林》载，陆世仪为明末大儒刘宗周弟子："陆世仪，……少从刘宗周讲学。归而凿池十亩，筑亭其中，不通宾客，自号桴亭。与同里陈瑚、盛敬、江士韶相约，为迁善改过之学。或横经论难，或即事穷理，反覆以求一是。其有商榷未定，彻夜忘寝，质明而后断，或未断而复辨者。"[1]进一步参考全祖望《陆桴亭先生传》，其中有言："张受先谓之曰：'讲学诸公寥寥矣，蕺山其今日之硕果乎！盍与我往叩之。'先生担簦从之，受先不果而止，终身以为恨。"[2]张受先即张采（1596—1648），字受先，号南郭，江苏太仓人，张采约陆世

① （清）赵尔巽：《清史稿》卷480《列传》第267《儒林一》，吉林人民出版社1995年版，第9983页。
② （清）全祖望：《鲒埼亭集》卷28《陆桴亭先生传》。

仪从学蕺山先生，但终究食言，陆世仪以此为憾。《清史稿·儒林》"叶敦艮"小传亦可佐证："（叶敦艮）尝贻书陆世仪，讨论学术。世仪喜曰：'证人尚有绪言，吾得慰未见之憾矣。'"① 由此可知，陆世仪以未能亲炙蕺山先生为"未见之憾"。另据《清代七百名人传》载："（陆世仪）尝欲从刘宗周问学不果。"② 综上可知，陆世仪确未从蕺山问学，非蕺山后学弟子，《刘蕺山弟子考》以陆世仪为蕺山门弟子实为考证不周之误。

统合董、全、杜、刘关于蕺山弟子的记载，共得蕺山弟子 128 人。以此数为底数，可对每一人物作出考证：或通过查找《刘宗周年谱》，以探寻他们作为蕺山弟子的史实；或通过查找刘蕺山的论学书信，以探寻他们与蕺山的学术问答情况；或查找证人讲会的《会录》，以探寻他们参与讲会问答情况。在基本入门史实确证的基础上，进一步查找《清史稿》、《明史》、《小腆纪传》、《明末忠烈纪实》等大型史学书籍，可探寻他们的人生轨迹。因这些人物多为浙江人，又集中于绍兴地区，故通过查找《绍兴府志》、《康熙会稽县志》、《嘉庆山阴县志》、《绍兴县志资料》等地方史志，进一步完善他们的生平事迹，并著录他们的著述论说。同时，在考证这些基本人物的同时，在阅读与之相关联资料的基础上，亦能发现其他隐匿于史料中的弟子。

参照黄宗羲《蕺山同志考序》的理论标准，参考相关资料基础上，新考索蕺山门人 40 人：考索《刘宗周年谱》，新增 21 人，即秦祖轼（蕺山小女婿）、管睿生、管而抑、管征君、吴懋九、李士淳、吕滋、邢锡祯、杨鳌、邢锡祥、王受之、王儆弦、徐廷玠、张名翰、谢龙震、倪元瓒、商章祖、王自超、倪会覃、王鲲、许器之；考索刘宗周诗词，新增 1 人，即曒弟；考索刘宗周书信，新增 6 人，即刘鳞长、曹广、文德翼、李盛世、刘明孝、陆以建；考索《清史稿》，新增 3 人，即郑景元（郑宏之弟）、屠安世、钱寅；考索《康熙会稽县志》，新增 4 人，即徐师仁（徐奇之子）、章重、吴拱宸、张焜芳；考索《绍兴县志资料》，新增 4 人，即张自简（张应鳌之子）、陶才、赵时和、王国宾；考索《东南纪事》，新增 1 人，即秦承显；考索《光绪慈溪

---

① 《清史稿》卷 480《列传》第 267《儒林一》，第 9986 页。

② 蔡冠洛编纂：《清代七百名人传》，明文书局中华民国元年（1912）版，第 1539 页。

县志》，新增1人，即陆符；考索《海宁州志》，新增1人，即查嗣琪。另据全祖望《续甬上耆旧诗》（卷十二《冯侍郎京第》）知冯京第为蕺山弟子，据邵廷采《思复堂文集》（卷三《东池董无休先生传》）知徐泽蕴亦为蕺山弟子，据张履祥《与王紫眉（甲申）》书知某字"北生"之人为蕺山弟子，据张履祥"与俞庚之（甲申东）"书知俞庚之为蕺山弟子。

为清晰展示蕺山弟子情况，特制作以下四个表格。

其一，蕺山弟子籍贯、科举情况简表。蕺山弟子中有详细籍贯记载者150人，其中进士35人、状元1人，具体情况如下：

籍贯 ＼ 科举人数		蕺山弟子（173）			
		进士（年）/ 35人	举人/ 7人	诸生/15人 贡生/1人	无功名或功名不详/91人
濮州（豫）	1	叶廷秀（1625）			
怀柔（京）	1	成德（1631）			
顺天（京）	1	金铉（1628）			
藁城（冀）	1				韩位
泽州（晋）	1	孟兆祥（1622）			
武进（苏）	4	吴钟峦（1634） 张玮（1619）	恽日初 （会试副 榜1633）		路迈
苏州（苏）	1		许元溥		
泰州（苏）	1	徐耀（1628）			
吴县（苏）	1				周茂兰
陕西（陕）	1				董标
梅县（粤）	1	李士淳（1628）			
华亭（沪）	1	陈子龙（1637）			
江西（赣）	2				邓履中 徐体乾
吉水（赣）	1	李邦华（1604）			
德化（赣）	1	文德翼（1634）			
晋江（闽）	1	刘鳞长（1619）			

籍贯	科举人数	蕺山弟子（173）			
		进士（年）/35人	举人/7人	诸生/15人 贡生/1人	无功名或功名不详/91人
山阴（浙）	40	祁彪佳（1622） 何弘仁（1637） 祁熊佳（1640）		张应鳌 张自简 赵甸 戴易 谢龙震	祁鸿孙（祁彪佳侄子） 祁凤佳（祁彪佳次兄） 祁骏佳（祁熊佳弟） 潘集　王朝式　张崞 陈诚忭　陈尧年　沈兆锦 沈梦锦　赵广生　秦履思 刘世纯　张梯　周之璿 朱昌祚　叶良玉　周懋宗 李朝晖　张元迪　吕孚 王谷　陈树绩　周卜年 管睿生　刘明孝　邢锡祯 邢锡祥　赵时和 陈刚（蕺山先生女婿） 秦祖轼（蕺山先生女婿） 刘汋（蕺山先生之子）
会稽（浙）	26	章正宸（1631） 王绍美（1640） 陶履卓（1643） 章重（1637） 张焜芳（1628） 沈綵（1633）	王绍兰（王绍美弟）	王毓蓍（王毓芝兄）	章明德（章正宸堂弟） 王毓芝（蕺山先生女婿） 王亹　谢毂　王兆修 姜希辙　陆曾晔　沈静 钱永锡　陶才　徐廷玠 吴拱宸　干自超　干国窦 徐奇—徐师仁（父子） 王毓芳—王毓兰（兄弟）
余姚（浙）	17	熊汝霖（1631） 孙嘉绩（1637） 施邦曜（1613）		史孝咸 王业洵	史孝复（孝咸弟）　卢演 吕滋 黄宗羲（与孙嘉绩有婚姻关系：梨洲之子黄正谊娶孙嘉绩之孙女为妻） 黄宗炎　黄宗会（兄弟三人） 董场　张应烨　胡鸣鏓 鲍斌 管征君—管而抑（父子）
黄岩（浙）	1	吴执御（1622）			

籍贯 ＼ 科举人数		蕺山弟子（173）			
		进士（年）/ 35 人	举人 / 7 人	诸生 /15 人 贡生 /1 人	无功名或功名不详 /91 人
海盐（浙）	5	彭期生（1616）吴麟征（1622）		吴蕃昌（吴麟征仲子）	郑宏　郑景元（兄弟）
嘉善（浙）	4	陈龙正（1634）魏学濂（1643）（二人有姻亲关系）	钱栴		金铉
上虞（浙）	4	徐复仪（1643）倪元璐（1622）			倪元瓒（倪元璐弟）倪会覃（倪元璐子）
诸暨（浙）	5		陈洪绶	傅日炯	傅商霖（傅日炯弟）傅衡（傅日炯族父）傅雨（傅日炯从弟）
金坛（浙）	1	周镳（1628）			
海宁（浙）	4	曹宗璠（1631）	祝渊		陈确 陈之问（陈确族叔）
萧山（浙）	2				来蕃　徐芳声
嵊县（浙）	2				吴调元　王僎弦
衢县（浙）	1				叶敦艮
宁州（浙）	1				王开
鄞县（浙）	5	陆符（1645）	王嗣奭	王家勤 华夏（贡生）	万泰
杭州（浙）	1				冯悰
钱塘（浙）	1				张岐然
慈溪（浙）	3			张成义	刘应期（与黄宗会有姻亲关系）冯京第
桐乡（浙）	2			张履祥	钱寅
平湖（浙）	1	沈中柱（1640）			
仁和（浙）	2			沈昀 毛先舒	
秀水（浙）	1				屠安世

科举 籍贯	人数	蕺山弟子（173）			
		进士（年）/ 35 人	举人 / 7 人	诸生 /15 人 贡生 /1 人	无功名或功名不详 /91 人
具体事迹 不详	24	江 浩 沈应位 孟养浩 周尚夫 胡 岳 赵重庆 徐光球 陈则梁 吴懋九 曹 广 李盛世 秦承显 杨 鳌 王受之 张名翰 商章祖 王 鲲 暶 弟 许器之 徐泽蕴 查嗣琪 陆 典 □□□（北生）			

此表共著录蕺山弟子 173 人，因刘理顺（河南杞县人）为状元（1634），未纳入其中。由蕺山弟子籍贯可知，蕺山弟子并不局限于蕺山所生活的家乡山阴县，虽然属于山阴籍的弟子最多，但浙江省其他县市，亦有蕺山弟子分布。而且，因蕺山在京城任职原因，其弟子中亦有北方籍人士，如金铉、成德等；亦因弟子任职绍兴原因，蕺山弟子中有来自更南方的李士淳，以及属于江右的邓履中、文德翼等人。蕺山之学不仅仅在浙江省内传播，而是走向省外，非"地域文化"可指代。

在蕺山弟子群体中，有科举功名者不在少数，无功名或功名不详者占绝大多数。蕺山既有"既为儒者，若定要弃去举业为圣学，便是异端"[1] 之论，又有"自科举之学兴，而士习日坏"[2] 之论，科举实非蕺山看重之事。又因明清易代之特殊时局，蕺山弟子不试科举，自有"一心不事二主"之心态，从一定程度上可看出蕺山弟子的气节。

还值得一提的是，蕺山弟子中，有父子同受学蕺山的情况，如吴麟征与吴蕃昌父子、徐奇与徐师仁父子；有兄弟皆入蕺山门情况，如黄宗羲、黄宗炎和黄宗会三兄弟，王绍兰与王绍美兄弟，王毓芝与王毓蓍兄弟，王毓芳与王毓兰兄弟，郑宏与郑景元兄弟等；还有师徒皆入蕺山门情况，如倪元璐与董玚、王毓蓍师徒。由此可知，蕺山个人魅力对是时士子的重要影响。

其二，蕺山弟子殉节情况简表。刘蕺山一生正气，在光复明朝无望后，毅然选择绝食殉道。据《明末忠烈纪实》[3] 记载，在蕺山之前和之后，其弟

---

[1] （明）刘宗周：《会录》，《刘宗周全集》第 2 册，第 526 页。

[2] （明）刘宗周：《书·与张太符太守（鲁唯）》，《刘宗周全集》第 3 册，第 404 页。

[3] （清）徐秉义：《明末忠烈纪实》，浙江古籍出版社 1987 年版。

子中先后殉道者 16 人，具体情况如下：

出处 \ 人物	人物	蕺山弟子（16 人）
殉君传（崇祯朱由检）	8	倪元璐　李邦华　施邦曜　孟兆祥　刘理顺　吴麟征　成德　金铉
殉唐传（唐王朱聿键）	1	彭期生
殉鲁传（鲁王朱以海）	2	熊汝霖　吴钟峦
效死传	1	陈子龙
殉国传	4	祁彪佳　王毓蓍　潘集　周卜年

　　殉道的蕺山弟子或是当朝仕官，或为普通百姓，能守道自重，不负蕺山教诲。蕺山弟子殉君 8 人皆为清顺治帝所表彰的前代忠臣。《明史》载："皇清顺治九年，世祖章皇帝表章前代忠臣，所司以范景文、倪元璐、李邦华、王家彦、孟兆祥、子章明、施邦曜、凌义渠、吴麟征、周凤翔、马世奇、刘理顺、汪伟、吴甘来、王章、陈良谟、申佳允、许直、成德、金铉二十人名上。命所在有司各给地七十亩，建祠致祭，且予美谥焉。"① 而王毓蓍，于国变时投桥殉义，刘蕺山赞曰："吾讲学十五年，仅得此人。"后毓蓍四日死者，有潘集。潘集有书曰"水清月白，吾骨不黑"，袖石自沉于桥。周卜年闻变，赋五歌见志，书"自古皆有死，民无信不立"于案，跳海殉义。② 其他诸人皆有功名，唯此三人皆无。他们有如此大义之举，自然为后人敬重。"殉道"是学行圆融的境界，是"真精神"。黄宗羲《思旧录》论范景文殉道时说："节义一途，非拘谨小儒所能尽也。"③ 梨洲之论着实引人深思。自古以来，儒家君子讲"义"，但危难关头，真正"重义轻利""舍生取义"者，到底又有几人？刘蕺山及其 16 位弟子选择"殉义"，其"真精神"难能可贵！正如邵廷采所说："刘子之节义，斯真节义；真节义，斯真学也。

① （清）张廷玉主编：《明史》卷 265《列传》第 153，吉林人民出版社 1995 年版，第 4513 页。
② 参见（清）徐秉义：《明末忠烈纪实》，第 376—377 页。
③ （清）黄宗羲：《思旧录》，《黄宗羲全集》（增订版）第 1 册，第 342 页。

士之生各随其世，故孔、孟皇皇游聘，程、朱亦事科举。王、刘二贤，并起进士，为时名臣。顾王子当明世之隆，为其弟子者遵遗教，谨取与进退而已。刘子际末流、守死善道，其弟子之出而仕者多以生死明学术。迨王毓蓍、祝渊之徒，未当事任，亦审大义，皎然与星汉争光。盖以言明道，不若以身明道之为能真知而实践也。"① 邵氏之论可谓深刻著名。

刘蕺山学行圆融、真知笃行，其为学的醇儒性与为人的纯粹性和合通贯，体现出"皭皭完人"② 之高节。蕺山弟子充分践行乃师此种精神，王毓蓍、金铉、刘理顺等人的或自杀殉国，或节义殉鲁、殉君、殉唐，不仅仅是乃师气节的感召，更是自己为学精神和思想主旨圆融和合的实功实行。在明末较为有名的几个学派中，唯蕺山学派弟子殉道最多、影响最广，而其精神正渊源于乃师。

其三，蕺山弟子入儒林传情况简表。自司马迁、班固创述《儒林》以来，后史皆沿其体例，著录若干人，以明时代经术义理发展之脉络。《明史》、《清史稿》亦不例外。《明史》列传第 170《儒林一》指出："有明诸儒，衍伊、洛之绪言，探性命之奥旨，锱铢或爽，遂启岐趋，袭谬承讹，指归弥远。至专门经训授受源流，则二百七十余年间，未闻以此名家者。经学非汉、唐之精专，性理袭宋、元之糟粕，论者谓科举盛而儒术微，殆其然乎。"即是说，明代儒学在义理上沿袭宋儒，在经学上无过汉唐，唯科举兴盛而已。但亦"差别其人"，作《儒林传》。只是，《明史》已将"有事功可见"者列入正传，而蕺山弟子被列入正传者不乏其人。《明史·儒林传》虽不见蕺山弟子，实已入正传。而在《清史稿》和《小腆纪传》两部重要的历史典籍中，著录进《儒林传》的蕺山弟子有 16 人，具体情况如下：

---

① （清）邵廷采：《思复堂文集》，浙江古籍出版社 1987 年版，第 51 页。

② 《崇奖明臣刘宗周等饬部议谥上谕（乾隆四十年）》："又如刘宗周、黄道周等之立朝謇谔，抵触金壬，及遭际时艰，临危授命，均足称一代完人，为褒扬所当及。"（《刘宗周全集》第 6 册，第 636 页）《明臣刘宗周从祀文庙上谕（道光二年）》说："宗周籍隶山阴，自壮登仕，历官至左都御史，居官日少，讲学日多。迹其平生事实，忠言谠论，守正不阿，屡遭削黜，矢志不移，卒能致命成仁，完名全节。有明末叶，称为皭皭完人。"（《刘宗周全集》第 6 册，第 639 页）

儒林 人物	蕺山弟子（16人）
《清史稿》卷 480《列传》267《儒林一》	黄宗羲　黄宗炎　黄宗会　史孝咸 王朝式　张履祥　钱　寅　屠安世 郑　宏　沈　昀　叶敦艮　刘　汋
《小腆纪传》卷 53《列传》第 46《儒林传一》	黄宗羲　张履祥　吴蕃昌
《小腆纪传》卷 54《列传》第 47《儒林传二》	沈　昀　徐芳声　黄宗炎　黄宗会
《小腆纪传补遗》卷 3《列传·儒林》	史孝咸　管宗圣（管征君）　王朝式

能够被著录进《儒林传》，或者被《列传》所著录，在一定程度上说明此人德行与学术在历史上的重要影响和地位。就蕺山弟子而言，黄宗羲、张履祥是蕺山弟子群体中留世著作较多者，是由蕺山学派而开新学派之创始人；王朝式、吴蕃昌亦较能传蕺山学，学行笃实、道德高尚。若正史给予一个学派较多关注，实可表明此学派学术影响力及其构成人员为学之努力及德行之纯粹。

其四，蕺山弟子论著被著录情况。蕺山弟子群体于哲学、经学、史学、文学、艺术、致用事功之学等，皆有著述论说，这可通过《四库全书总目提要》窥见一斑：

著录 提要 蕺山弟子		著作
《四库全书总目提要·经部》	吴钟峦	《十愿斋易说》、《霞舟易笺》（《经部》第 8《易类存目二》）
	陈子龙	《诗问略》（《经部》第 17《诗类存目一》）
	黄宗羲	《易学象数论》（《经部》第 60《易类六》） 《深衣考》（《经部》第 21《礼类三》） 《孟子师说》（《经部》第 36《四书类二》）
	黄宗炎	《周易象辞》、《寻门余论》、《图书辨惑》（《经部》第 6《易类六》）
	姜希辙	《左传通笺》（《经部》第 31《春秋类存目二》）
	张岐然	《春秋五传平文》（《经部》第 30《春秋类存目一》）
	钱　棻	《读易绪言》（《经部》第 8《易类存目二》）
	毛先舒	《声韵丛说》、《韵问》、《韵学要指》、《韵学通指》、《韵白》（《经部》第 44《小学类存目二·韵书》）
	倪元璐	《儿易内仪以》、《儿易外仪》（《经部》第 5《易类五》）

著录提要	蕺山弟子	著作
《四库全书总目提要·史部》	黄宗羲	《明儒学案》（《史部》第 14《传记类二》） 《今水经》（《史部》第 31《地理类存目四》） 《四明山志》（《史部》第 32《地理类存目五》） 《历代甲子考》（《史部》第 46《史评类存目二》）
	刘鳞长	《浙学宗传》（《史部》第 18《传记类存目四·总录中》）
	文德翼	《宋史存》（《史部》第 21《史抄类存目》）
《四库全书总目提要·子部》	陈子龙	《别本农政全书》（《子部》第 12《农家类存目》）
	陈龙正	《程子详本》（《子部》第 50《儒家类存目》）
	黄宗羲	《二程学案》（《子部》第 7《儒家类存目三》）
	恽日初	《刘子节要》（《子部》第 6《儒家类存目二》）
	吴麟征	《家戒要言》（《子部》第 6《儒家类存目二》）
	张履祥	《沈氏农书》（《子部》第 12《农家类存目》） 《杨园全书》（《子部》第 44《杂家类存目十一》）
	毛先舒	《匡林》（《子部》第 39《杂家类存目六·杂说下》） 《格物问答》（《子部》第 35《杂家类存目二·杂学下》）
	文德翼	《读庄小言》（《子部》第 57《道家类存目》） 《佣吹录首集》、《次集》（《子部》第 48《类家类存目二》）
《四库全书总目提要·集部》	叶廷秀	《诗谭》（《集部》第 50《诗文评类存目》） 《西曹秋思》（《集部》第 46《总集类存日三》）
	章正宸	《章格庵遗书》（《集部》第 33《别集类存目七》）
	祝渊	《祝子遗书》（《集部》第 33《别集类存目七》）
	黄宗羲	《剡源文钞》（《集部》第 27《别集类存目一》） 《明文海》（《集部》第 43《总集类五》） 《姚江逸诗》（《集部》第 47《总集类存目四》） 《金石要例》（《集部》第 49《诗文评类二》）
	毛先舒	《潠书》、《思古堂集》、《东苑文钞》、《小匡文钞》、《蕊云集》、《晚唱》（《集部》第 34《别集类存目八》） 《诗辨坻》、《诗话》（《集部》第 50《诗文评类存目》）
	倪元璐	《秦汉文尤》（《集部》第 46《总集类存目三》） 《倪文贞集》、《续编》、《奏疏》、《讲编》、《诗集》（《集部》第 25《别集类二十五》）
	文德翼	《雅似堂文集》（《集部》第 33《别集类存目八》）

从表中可以看出，蕺山弟子的论著在《四库全书总目提要》经、史、子、集各部皆有著录，有的人被著录多部著作，如黄宗羲、毛先舒、倪元璐、张履祥等人。当然，蕺山弟子的论著并不局限于此，有的人的著述论说并未被《提要》收录，如金铉有《金忠洁集》，王嗣奭有《夷困文编》、《管天笔记外编》，吴蕃昌有《祇欠庵集》，陈子龙尚编纂有《皇明经世文编》等。透过《四库全书总目提要》可知，蕺山弟子群体在明末清初学术演进史上具有一定学术地位，他们的著述论说具有一定的时代意义和参考价值，能够为学术进步和思想创新提供精神滋养。

透过蕺山弟子的著述论说可发现，蕺山弟子的为学致力方向已然异于蕺山。他们并非全部围绕着蕺山心性义理之学而展开读书思辨，而是结合时代学术变迁，在适应新的人文语境的基础上，在自我学思体悟之中，选择了多元化的为学致力方向，从而对乃师哲学思想主旨的理解划分不同进路。[①]总括而言，蕺山弟子于哲学思想方面，或保守师说、悉心阐释，如张应鳌、祝渊、吴执御等人；或由乃师"心体论"哲学回归程朱理学，如张杨园、恽日初等；或对乃师之学、程朱理学皆有质疑，彰显出思想解放特征，如陈确、黄宗羲等人。但是，蕺山弟子的经学研究、史学研究、致用之学方面度越师说，在明代思想史、经学史、文化史、社会史、政治制度史等方面有重要影响。具体而言：

（1）在经学研究方面，有以陈确《大学辨》、黄宗羲《孟子师说》为标志的"四书学"；有以黄宗羲《易学象数论》，黄宗炎《周易象辞》，吴钟峦《十愿斋易说》，倪元璐《儿易内仪以》、《儿易外仪》等为标志的"易学"；有以姜希辙《左传统笺》、张岐然《春秋五传平文》为标志的"春秋学"；有以毛先舒《声韵丛说》、《韵问》、《韵学要指》等为标志的"音韵学"；等等。

（2）在史学研究方面，有以黄宗羲《明儒学案》、《宋元学案》，刘鳞长《浙学宗传》为标志的学术史；有以陈子龙《皇明经世文编》为标志的政治思想史；等等。

---

① 参见王汎森：《清初思想趋向与〈刘子节要〉——兼论清初蕺山学派的分裂》，《晚明清初思想十论》，复旦大学出版社 2004 年版，第 249—289 页。

（3）在致用之学方面，有以陈子龙《别本农政全书》、张履祥《沈氏农书》等为标志的农学；有以祁彪佳《救荒杂议》、陈子龙《皇明经世文编》为标志的社会治理思想；有以吴麟征《家戒要言》、陈龙正《家矩》、张履祥《张杨园训子语》等为标志的家训思想；以及祁彪佳的戏曲理论、陈洪绶的绘画艺术、黄宗羲的律吕学等。

但综合而言，刘蕺山及其弟子皆重思想创新、与时俱进。刘蕺山既有远承孔孟、近接程朱陆王之道统承续精神，又敢于批评时弊、救正学弊、批朱疑王，凸显创新精神。蕺山弟子由师说之"离经叛道"精神，更能够与时俱进、挺立新学。如梨洲浙东史学"言性命者必究于史"①，三黄易学明确反对朱学独尊、经学至尊权威，陈确大学学更是对传统学术权威展开怀疑与批判。

此外，蕺山有些弟子或因崇信禅说而更换门庭者，如王朝式、秦履思等；或明亡后而遁入空门、隐逸山林，如赵甸。蕺山自己严辨儒释，"己之儒、释不可不辨，而人之儒、释可姑置之不问"②，而其弟子则因各种原因，于儒、释、道有不同认识，甚或遁入空门、委身佛道，但终无一人为"贰臣"。

总而言之，明末大儒刘宗周以己之学行和才识，授徒讲学、明伦传道，开创明末思想界最蔚为壮观、影响最为深远的"蕺山学派"。在这个人数众多的学派之中，蕺山弟子或播扬师说，或嬗变师论，或以学问立世，或以道义垂史，或歧路开新，或离经叛道，为学致力方向体现出多元性和多样化思想特征。考编蕺山弟子籍贯分布、科举情况、殉节情况、入儒林情况以及著述论说被著录引用情况，正可为进一步研究蕺山弟子群体的哲学思想、经学思想、史学思想和致用事功思想提供人物基础和事实根据。

---

① （清）章学诚著，叶瑛校注：《文史通义校注》，中华书局 1985 年版，第 523 页。
② （明）刘宗周：《书·答王生士美（业洵）》，《刘宗周全集》第 3 册，第 351 页。

二、蕺山门弟子考编

凡例：

一、编纂蕺山门人最基本的人物来源是董玚《蕺山弟子籍》、全祖望《子刘子祠堂配享碑》、杜春生《刘子全书遗编钞述》、刘士林《蕺山先生行实》。《蕺山弟子籍》和《子刘子祠堂配享碑》全文附录于书后。

二、据蕺山弟子论著和其他相关史料典籍，如《明史》、《小腆纪传》、《康熙会稽县志》等，在相互发明、对照中进一步补充、完善蕺山弟子。

三、对蕺山弟子的简介，尤其是具有详细资料记载的蕺山弟子，主要包含四方面内容，即生平功名、入门时间、学行特性和著述遗作。

四、本书中蕺山门弟子顺序，先按照《蕺山弟子籍》、《子刘子祠堂配享碑》、《刘子全书遗编钞述》、《蕺山先生行实》以及《刘宗周全集》中其他相关文献所记蕺山弟子的顺序进行排序，然后根据考证情况，将有特殊关系，如兄弟关系、师徒关系、父子关系、叔侄关系等相关联人物按照长幼尊卑顺序排序。

五、本书撰写过程中，知悉绍兴图书馆藏《刘蕺山弟子考》（会稽董氏行综学会抄本），两次亲赴越地抄书，一次委托浙江越秀外国语学院余群博士复印。（现该书已由图书馆公之于众。可网络检索）当然，《刘蕺山弟子考》中所列举的蕺山弟子亦多有渊自，如《明史》、《府志》、《县志》等。本书将自认为蕺山后学弟子中著述遗作颇丰但又未能展开人物思想研究的部分人物小传附录于该人物之后，以飨读者。凡引用出自《刘蕺山弟子考》的人物小传，皆有注释说明，共计4人，即祁彪佳、陈洪绶、华夏、黄宗羲。

1. 叶廷秀

叶廷秀（？—1650），字谦斋，号润山，明末濮州（今濮阳）人，天启五年（1625年）进士。《蕺山弟子籍》、《子刘子祠堂配享碑》、《蕺山先生行实》皆著录。

叶廷秀与刘蕺山有问学书信往来。据《刘宗周年谱》"六十岁"条［崇祯十年丁丑（1637）］载："闰四月，叶廷秀贻书先生，问欲讲心学而黜俗学；欲明体适用，身世咸宜；欲直求入手，欲融格物之义：其何道之由？并以其所著《偶言》三卷，请先生纠正。"四月二十二日，蕺山有答书，曰："言性而不要诸天，性无是处。言天而不要诸心，天无是处。""原来体用只是一个，一者何也，即至善之所在也。……于明德明一分，自于亲民亲一分。……所谓至善之止，亦不外此而得之"。"本领之说，大略不离天命之性。学者须从闇然处做工夫起，便是入手一着。"① 另据《刘宗周年谱》"六十六岁"条［崇祯十六年癸未（1643）］载：叶廷秀"遇先生于淮上，事以师礼，先生谢之，相与论诚意之学"②。由上推知，叶廷秀最早于崇祯十年（1637）已经"问答之书"入蕺山刘门。

另，黄宗羲《刘子全书序》载："先师丁改革之际，其高第弟子如金伯玉、吴磊斋、祁世培、章格庵、叶润山、彭期生、王玄趾、祝开美一辈，既已身殉国难，皋比凝尘，曩日之旅进者，才识多不当。伯绳辑遗书之时，其言有与洛闽龃龉者，相与移书请删削之，若惟恐先师失言，为后来所指摘，嗟乎，多见其不知量也。"③《明史》有论："廷秀受业刘宗周门，造诣渊邃，宗周门人以廷秀为首。"④《小腆纪传》亦有同论："廷秀受业于刘宗周，造诣渊邃，及门者称首。"⑤

据《明史》、《小腆纪传》知，叶廷秀中进士后，历任南乐、衡水、获

---

① 姚名达：《刘宗周年谱》，载《刘宗周全集》第6册，第405—406页。
② 姚名达：《刘宗周年谱》，载《刘宗周全集》第6册，第446—447页。
③ （清）黄宗羲：《刘子全书序》，载《刘宗周全集》第6册，第653—654页。
④ （清）张廷玉主编：《明史》卷233《列传》第143，第4369页。
⑤ （清）徐鼒、徐承礼主编：《小腆纪传》卷56《列传》第49《遗臣一》，中华书局1958年版，第613页。

鹿三县知县，后为顺天府推官。崇祯中，迁南京户部主事，曾服阕入都，疏陈吏治之弊，有言曰："催科一事，正供外有杂派、新增外有暗加、额办外有贴助；小民破产倾家，安得不为盗贼！夫欲救州县之弊，当自监司、郡守始。保举之令行已数年，而称职者希觐；是连坐法不可不严也。"崇祯帝采纳叶氏之言，进而授户部主事。后以疏救黄道周 [崇祯十三年（1640）]而下狱、遣戍。崇祯十六年（1643）冬，特降旨起复原官。时都城陷落而未赴京城。福王时，兵部侍郎解学龙（1585—1645，字石帆）推荐黄道周（1585—1646，字幼玄，号石斋），并及叶廷秀，虽福王任命廷秀为佥都御史，及还朝，为马士英（1591—1646，字瑶草）所深恶，抑授为光禄少卿。南都覆灭，唐王召拜叶氏为左佥都御史，进而为兵部右侍郎。唐王事败，叶廷秀为僧以终。① 《子刘子祠堂配享碑》即此而论："润州叶先生廷秀，字润山，详见明史。子刘子长京兆时，方为推官，因问学。丙戌，官闽中，至侍郎。事败为僧，以忧死。"②

另一种说法，叶廷秀曾参加抗清复明起义而就义。据衷尔钜考证，清人张相文所编《阎尔梅（1603—1662）年谱》记载：叶廷秀"于己丑（1649）以前早归山东榆园军矣"，意谓明亡后，廷秀参加了山东榆园农民抗清斗争；傅山（1607—1684）《风闻叶润苍先生举义》亦有诗赞曰："铁脊铜肝杖不糜，山东留得好男儿。橐装倡散天启俸，鼓角高呼日月悲。咳唾千夫来虎豹，风云万时泣熊罴。山中不诵无衣赋，遥伏黄冠拜义旗。"意谓榆园事败之后，叶廷秀于清顺治七年（1650）就义东昌府。阎古古有诗吊之："翟义呼东郡，刘琨守晋阳，厥功虽未就，固好自行藏。"从此可知，叶廷秀参加农民起义，最终英勇就义。③

叶廷秀主要著作有《诗谭》、《西曹秋思》等。《小腆纪传》以为叶氏著作不传："乱后，著述不传"④，其实《诗谭》和《西曹秋思》皆传世。据《四库全书总目提要》载，《诗谭》"所辑诗话，半录旧文，半出己论。前有廷秀

---

① 参见《明史》卷233《列传》第143，第4369页。

② （清）全祖望：《子刘子祠堂配享碑》，载《刘宗周全集》第6册，第646—647页。

③ 转引自衷尔钜：《蕺山学派哲学思想》，第382页。

④ 《小腆纪传》卷56《列传》第49《遗臣一》，第613页。

自序称：'以为谭诗也可，谭道也可。'然其病正坐于此。第一条即曰心学，第二条即曰行得始为难。盖以讲学为诗家正脉，始于《文章正宗》。《白沙》、《定山》诸集，又加甚焉。至廷秀等，而风雅扫地矣。此所谓言之有故，执之成理，而断断不可行于天下者也。故其人虽风裁岳岳，而论诗不可为训焉。"① 现收录于《四库全书存目丛书》集部第 418 册。《西曹秋思》是叶廷秀与黄道周、董养河（？—1643）倡和诗汇编。《四库全书总目提要》有言曰："是编皆七言律诗，依上下平韵各为三十首。养河子师吉随侍狱中，合而编之。前有廷秀小引，后有师吉跋。"②

2. 刘理顺

刘理顺（1582—1644），字复礼，号湛六，河南杞县人，崇祯七年（1634）甲戌科状元，《蕺山弟子籍》、《蕺山先生行实》皆著录。

刘理顺问道蕺山。据《刘宗周年谱》"六十六岁"条 [崇祯十六年癸未（1643）] 载："先生在寺（城外接待寺——引者注），幅巾布服，道味适然，士大夫以学就正者，络绎不绝，退则掩关著书，不以冰霜辍业，于得失升沉，淡如也。是时问道者为友人张玮、吴麟征、祁彪佳、刘理顺、金铉、陈龙正，门生董标、恽日初、祝渊等。先生各随所问开发之，闻者渐以兴起。"③ 此处明确以张玮、吴麟征、祁彪佳、刘理顺、金铉、陈龙正为蕺山友人，而不说他们为蕺山弟子。然据黄宗羲"讲会之地，书信往来"之标准，刘理顺既然问学蕺山，即当视为蕺山弟子。但《子刘子祠堂配享碑》不以刘理顺为蕺山弟子："祠成，帅诸生行释菜礼，因议配享诸高弟子。顾其弟子之见于遗书者甚多，盖残明讲学即以为声气之藉，未必皆真儒，勿敢滥也。若其后人所称为弟子者，又多不审。如刘公理顺、熊公汝霖皆非受业者，而滥列之。"④ 然

---

① （清）永瑢等撰：《四库全书总目提要》，商务印书馆 1935 年版。以下凡引用《四库全书总目提要》内容，皆据此版本展开。《四库全书总目提要》卷 197《集部》第 50《诗文评类存目》，第 40 册，第 31 页。

② 《四库全书总目提要》卷 193《集部》第 46《总集类存目三》，第 39 册，第 51 页。

③ 姚名达：《刘宗周年谱》，载《刘宗周全集》第 6 册，第 458 页。

④ （清）全祖望：《子刘子祠堂配享碑》，载《刘宗周全集》第 6 册，第 646—647 页。

据董玚、刘士林所录，现著录刘理顺为蕺山弟子，及门时间为崇祯十六年（1643）。

据《明史》载，刘理顺"万历中举于乡。十赴会试，至崇祯七年始中试。及廷对，帝亲擢第一，还宫喜曰：'朕今日得一耆硕矣。'拜修撰。益勤学，非其人不与交。十二年春，畿辅告警，疏陈作士气、矜穷民、简良吏、定师期、信赏罚、招胁从六事。历南京司业、左中允、右谕德，入侍经筵兼东宫讲官。杨嗣昌夺情入阁，理顺昌言于朝，嗣昌夺其讲官。开封垂陷，理顺建议河北设重臣，练敢死士为后图，疏格不行。嗣昌、薛国观、周延儒迭用事，理顺一无所附丽。出温体仁门，言论不少徇。贼犯京师急，守卒缺饷，阴雨饥冻。理顺诣朝房语诸执政，急请帑，众唯唯。理顺太息归，捐家赀犒守城卒。僚友问进止，正色曰：'存亡视国，尚须商酌耶！'城破，妻万、妾李请先死。既绝，理顺大书曰：'成仁取义，孔、孟所传。文信践之，吾何不然！'书毕投缳，年六十三。仆四人皆从死。群盗多中州人，入唁曰：'此吾乡杞县刘状元也，居乡厚德，何遽死？'罗拜号泣而去。后赠詹事，谥文正。本朝赐谥文烈。"[1] 清顺治九年表彰前代忠臣，所列20人中，刘理顺即位列其中。《明史》载："皇清顺治九年，世祖章皇帝表章前代忠臣，所司以范景文、倪元璐、李邦华、王家彦、孟兆祥、子章明、施邦曜、凌义渠、吴麟征、周凤翔、马世奇、刘理顺、汪伟、吴甘来、王章、陈良谟、申佳允、许直、成德、金铉二十人名上。命所在有司各给地七十亩，建祠致祭，且予美谥焉。"[2] 其中，倪元璐、李邦华、孟兆祥、施邦曜、吴麟征、刘理顺、成德、金铉皆为蕺山门弟子。

据《明史》载，刘理顺留世有《刘理顺文集》十二卷[3]，现有觉于轩藏版《刘文烈公全集》十二卷，为清顺治刻、康熙印本，北京大学图书馆藏。孙奇逢（1584—1675）所作"序"有曰："人生天地藐焉，中处即百年，亦旦暮耳。然其形虽微，而有可以参天地者存焉；其时虽无，几而有可以与天地相始终者存焉。故君子当平居无事之时，凡有关于忠孝大节，必慎守深惜，

① 《明史》卷266《列传》第154，第4531页。

② 《明史》卷265《列传》第153，第4513页。

③ 参见《明史》卷99《志》第75，第1635页。

罔敢殆越。及当大故、临大难，其所以参天地者，以之而立；其所以与天地相为终始者，以之而行。以余所知，刘文烈先生者，殆其人欤。""今读公之文，当益钦其人。盖人与文未可歧视也。周程张朱之人至今在，则其文至今在也；龙逢比干之文至今在，则其人至今在也。天下事皆可伪袭于一时而言之，所发本乎志气声容。可假而其精神不可假者尝存。"① 孙奇逢给予刘理顺较高评价，由此看出刘理顺亦同乃师，"德行双馨"，学术与品行圆融统合。

3.成德

成德（？—1644），字元修，号元升，顺天怀柔人，崇祯四年（1631）进士。《蕺山弟子籍》、《子刘子祠堂配享碑》、《蕺山先生行实》皆著录，尚无参与讲会、问学书信佐证，但从董、全、刘说。

《明史》以成德为文震孟（1574—1636）弟子：成德"性刚介，清操绝俗，疾恶若仇。文震孟入都，德郊迎，执弟子礼"②。故以成德为双重"门籍"的蕺山弟子。

据《明史》载，成德曾任滋阳知县，后因交恶温体仁（1573—1639，字长卿，号园峤，浙江乌程人）而戍边七年。又因御史詹兆恒（1613—1646，字月如）推荐，起用如皋知县，寻擢升为武库主事。崇祯十七年，京师破，崇祯帝自缢，成德遂"持鸡酒奔东华门，奠梓宫于茶棚之下，触地流血。贼露刃胁之，不为动。奠毕归家，有妹年二十余未嫁，德顾之曰：'我死，汝何依？'妹曰：'兄死，妹请前。'德称善，哭而视其缢。入别其母，哭尽哀，出而自缢。母见子女皆死，亦投缳死。"③ 据《明末忠烈纪实》载："成氏一门死顺德及京师者，为忠臣二，为烈妇七。德赠大理寺卿，谥忠毅，张氏赠淑人。国朝谥介愍。"④ 清顺治表彰前代忠臣20人，成德为其一。

---

① （清）孙奇逢：《刘文烈先生全集序》，《刘文烈公文集》，《四库禁毁书丛刊》集部第144册，北京出版社1997年版，第4页。

② 《明史》卷266《列传》第154，第4536页。

③ 《明史》卷266《列传》第154，第4537页。

④ （清）徐秉义：《明末忠烈纪实》，第172页。

4. 金铉

金铉（1610—1644），生于北京崇文门内总捕胡同寓邸，时为万历三十八年庚戌十九日壬戌，与其祖父同生日。金铉生之前，其祖母曾梦见罗汉入室；生之后移刻，进士夏嘉遇 [字正甫，万历三十八年（1610）进士] 适访金家，故其乳名为甲兆，名为惟绳；八岁时方改名为铉，字伯玉；其祖先为武进人，后籍顺天。①

据《金忠洁年谱》记载，万历四十七年（1620），金铉 10 岁，善属文，业师评其课曰："认理真切，措辞奇矫，他年大作用人"。天启七年（1627），金铉18岁，应顺天乡试，举第一人。② 崇祯元年（1628），中进士③，冬十二月授扬州府儒学教授，教导诸生先行德业，后事文章，师生燕居言行俱有规格，因教学有方，一时文风蔚起，"从游者比于胡安定之门"。崇祯三年（1630），升国子监博士，更喜读书，沉潜于理学经济，有"心易"之论以及"学贵实际，有体无用，吾不为也"之治学路向。崇祯四年（1631），升工部都水清吏司主事，监督器皿厂；是年九月，覃恩敕命授承德郎，封母为安人，原配赠继封俱安人；是年建言《请罢内臣见署疏》，有"廉耻不可不维，浮费不可不息"之叹，故开罪内监张彝宪等宦臣。崇祯五年（1632），落职归家，居旧寓打磨厂之敝庐，遂决意仕进，闭门读书，究心物理性命之学，取《五经四书大全》暨诸儒语录博览穷思，究造其极，于易学有所窥，复为解说，有"善易者不言易"之论。崇祯六年（1633），博选古文，自周秦迄唐宋凡若干卷，以《国语·周襄拒晋文请隧篇》为首，下接《尚书·秦誓》，

---

① 《金忠洁年谱》崇祯二年（1629）条记载："冬十月，升国子监博士，回原籍武进，祭祖墓，奚出积俸，遍赡亲族。"[（明）金镜编：《金忠洁年谱》，载《金忠洁集》附录，畿辅丛书，集部第 120 册]

② 据《年谱》载，放榜前一日，桂香满舍，经日不散，左右邻居皆闻而奇异。金铉之父年幼之时，金铉祖父曾命其背诵《邹汝愚先生十八领解马上》一诗，其父口占一诗："龙泉山下一书生，偶窃三巴第一名。世上万般难了事，乡人何事太相惊。"其父 18 岁时，祖父卒；金铉 18 岁时，则举乡试第一人，其祖已不可视矣。

③ 据《年谱》载，金铉会试举南宫第 220 名，廷试则赐三甲同进士出身第 134 名，观刑部政传胪。在前一日，"日正中，伯兄入室，见红光满壁，熠熠如火，亟呼镜暨诸弟等共视，许时乃灭"。

周秦两汉而下，唯唐宋八大家入选，魏晋六朝绝不录，有书联"周秦两汉之文，濂洛关闽之学"；但又奉《陶渊明先生集》为典型，时时把玩，曰："六朝之可法可传者，独此公耳。"崇祯九年（1636），有《宋大儒四子合刻》刊行于世。崇祯十五年（1637），因膝下无子嗣，过继胞弟金鑪第二子金佶恭为嗣，并改名为金怡恭。崇祯十六年（1643）七月，金铉偶书一诗于《邵子全集》后，曰："甲申之春，定我进退，进虽遇时，外而弗内，退若苦衷，远而勿滞。外止三时，远不卒岁。优哉游哉！庶毕吾世。"是时，金铉尚未见起用移会，但因玩术数而预测推知，其弟金镜有言："镜时亦未见甲申移城，后此书于范君止父处得之见，其卷末有伯兄亲笔，不胜惊异。谨按：伯兄学易有年，然绝口不道数。镜自幼于《邵子皇极》若有神解，语多幸中，伯兄勿尚也。尝谓镜曰：'精数不如精理'，每举程子'雷从起处起'之说折之今，乃于《邵子集》后忽书此作，记载月日既详且晰，进退存亡不爽毫发，岂吾兄于数学亦有所窥耶？抑有所感兆而语此耶？果前知耶？然事皆天定，非人能为噫异矣。"

崇祯十七年（1644）春二月四日，召起补兵部车驾清吏司主事，即巡视皇城；三月十三日，河北宣城为农民义军攻陷；三月十四日，金铉嘱托后事，谓胞弟金镜曰："宣镇陷，都城不守矣。我死分也，惟无以处母，目不瞑。"金镜对曰："弟将觅僻室于东，奉母隐此无害也。"然其母不允："我受皇恩，为命妇，绝无生理，宅中井可入也，将焉用隐。"三月十八日，都城陷，申刻，外城陷，是日夜，金铉举酒奉母，且涕且言："儿承父母训，身当殉国，但不得尽孝于母。儿虽死，目不瞑也。"其母对曰："吾儿为臣死忠，孝孰大于是。我授命此井，不为不得死所也。儿自尽而节，我当令而目瞑。"

三月十九日，金铉乘马入朝，但见宫女荒落逃窜，信圣驾行宫，遂回家易公服而拜母，并哭告曰："儿职在皇城，身死皇城为正。城无恙，儿回脱不守，儿尽节于朝矣。"其母对曰："儿可疾入，无复我念。"其母及以下妇孺皆亟至井侧坐，绝意殉节。是日，金铉趋至紫禁城西北角大河边临河而坐，义军入内，遂指贼大骂，并解牙牌付长班刘元、郭泰，投河殉义。刘、郭二人归家，以牙牌交金母，金母即跳井尽节，金铉侧室王氏亦赴井死；时金家妇女长幼辈皆从金母及王氏赴井，井几乎填满，因急救而多数不死，但金母及王氏尽节殉义。

夏四月朔，金铉胞弟金镕赴井死。于城陷之日，金镕即自缢，气几绝，但为金镜所救。自金母及金铉殉节后，金镕日痛母兄，时时欲死殉义。时至夏六月朔日，金镜方于金铉赴河殉义地打捞金铉尸首，"见地上有发一团，发缵及网巾网圈俱无恙。盖长兄发缵甚异乱而紧其状，人人可辨，且网曾未镜所戴，兄偶借用，认之不差也。"发旁有人骨一堆，筋肉全无，乃金铉与太监吕胖子二人尸骸，遂合葬于大河边，但奉金铉发及网巾归家，配以木身，殓以衣冠，于六月十七日葬祖茔。

是年十一月，南明朝赠金铉为中宪大夫、太仆寺少卿，谥"忠节"，祭一坛于半葬，建祠致祭，荫一子入监读书，其母照赠官品级诰赠恭人，建坊旌表，金铉父赠中宪大夫、太仆寺少卿，二亡妻皆赠恭人，清朝赐谥金铉为"忠洁"①。

金铉受学于刘宗周。《金忠洁年谱》崇祯九年（1636）条载："时念台刘公起少司空，部务之暇，时时枉驾就伯兄谈，每坐必竟日。伯兄云：'受益良多。'后刘公归里，伯兄为诗送之。"其所撰《送刘念台先生归里》诗云："龙德之明行，亹亹旬乎日。曰蔽曰息者，童观非其实。神全物无惑，乘六而惟一。外内曾何藩，统为光霭霭。立本续昏旦，当午亦藏密。暳暳退以肃，斯民赖晖吉。苟愉同患志，何问瘁与逸。明谟好正直，不敢讳国疾。震聋辟风雷，本体自潜汹。喻咈无留音，思翕匪自恤。维兹六籍理，不逐处与出。独几诚不匮，纵横皆我室。虽若渊默然，万类资秩秩。童蒙咸有求，所望志删述。赤虹天下时，齐心以祈遹。"②是时，金铉除与刘宗周问学外，尚与玉孺刘公、芳杨沈公、几亭陈公、任先林公、沃心钱公、松石孙公、保慈成公等"朝夕问难，交相劝勉"。另据前引《刘宗周年谱》"六十六岁"条〔崇祯十六年癸未（1643）〕，蕺山在寺中避祸时，问道蕺山者便有金铉。虽然金镜未明言金铉纳贽入刘宗周师门，但可确证金铉的确受益蕺山学颇多。

① 参见《明史》卷266《列传》第154，第4538页。
② （明）金铉：《金忠洁集》卷六《诗》，载王云五主编：《丛书集成初编》第2166册，商务印书馆1936年版，第88页。

是故，《蕺山弟子籍》、《子刘子祠堂配享碑》、《蕺山先生行实》著录。黄宗羲《明儒学案》也明确指出金铉"曾问学于蕺山先师"①。由上推知，金铉入蕺山刘门时间在崇祯十六年癸未（1643）。

金铉有《金铉文集》六卷②，现收录于《畿辅丛书》集部第 120 册。据《明末忠烈纪实》载："铉生平论学，专主程正公、朱文公、薛文清、高忠宪四家之说，以修身慎独为本，以改过迁善为工夫。所著有《易说》、《春秋笔记》即《语录》传于世。"③《子刘子祠堂配享碑》评价金铉："伯玉之学，颇近禅宗，虽累论学于刘子，不甚合也，而子刘子以其人雅重之。"《明儒学案》亦收录有金铉语录。《清史稿·邵廷采列传》评价金铉："金铉、祁彪佳等能守师说，（邵廷采——引者注）作刘门弟子传。"④可见金铉与祁彪佳能播扬师说。

5. 祁彪佳

祁彪佳（1602—1645），字虎子，一字幼文，又字宏吉，号世培，曾筑园于寓山之麓，故自号寓山居士，学者尊称为世培先生。祁彪佳生时有奇征，肌里如玉，其祖母金太恭人曾梦异僧跌化金盆，方掬水沐浴，彪佳母娩，及世培先生殉节即跌坐浅水，其祖母之梦即为预兆⑤；浙江山阴（属今绍兴）人，天启二年（1622）进士。

《蕺山弟子籍》、《子刘子祠堂配享碑》、《蕺山先生行实》、《刘子全书序》皆著录祁彪佳为蕺山弟子，并有参加证人讲会例证。《刘宗周年谱》"五十四岁"条［崇祯四年辛未（1631）］载，是年四月三日第二会，"祁凤佳举《素位》一章，质自得之义从主敬得来，抑心体自然如此，先生曰：'自得全然是个敬体，无时不戒慎，无时不恐惧，则此心已游于天空地阔之境矣。若只认作

---

① （清）黄宗羲：《明儒学案》卷 57《诸儒学案下五·忠节金伯玉先生铉》，中华书局 1985 年版，第 1356 页。

② 参见《明史》卷 99《志》第 75，第 1635 页。

③ 《明末忠烈纪实》，第 174 页。

④ 《清史稿》卷 480《列传》第 267《儒林一》，第 9979 页。

⑤ 参见（清）王思任：《祁忠敏公年谱》，《北京图书馆藏珍本年谱丛刊》第 63 册，北京图书馆出版社 1999 年版，第 392 页。

快活景象，便已落无忌惮一流。是不可不辨。'祁彪佳曰：'反求时尽不安妥，如何说个自得？'先生曰：'唯其反求，所以自得。'许器之曰：'说个自得，毕竟当有所得，得是得个甚么？'先生曰：'实无所得，故名自得。'"①全祖望亦指出："祁氏世为巨室，藏书甲浙中，寓山园亭之盛甲越中。虎子，少年豪士也，自从子刘子，折节心性之学。乙酉，子刘子绝食，会名王聘六遗臣，则子刘子暨虎子并豫焉。虎子死，子刘子已困不能语，闻而张目，颔之。"②《小腆纪传》载："[崇祯八年（1635），祁彪佳] 出按苏、松，宜兴翰林陈于鼎、陈于泰暴于其乡，民乃聚焚其庐、发其祖墓并及首辅周延儒祖墓，汹汹不散。彪佳单骑往，捕治如法，而于延儒无所徇；延儒憾之。吴中奸民结党立'天主'名号，横行乡里，有司不能制。彪佳廉得其魁四人，召绅士父老会鞫城隍庙，杖杀之；民大称快。表礼郡中清修之士归子慕、朱升宣、张基等，奉羊酒鼓吹骑从到门以见，并疏其学行于朝，请授翰林院待诏；士林以为盛事。既而回道考核，延儒讽主考者镌一级；帝察其无罪，祗令降俸。寻请终养归，从刘宗周游，其学益进。"③《浙江人物简志》曰："崇祯八年随刘宗周讲授程朱之学"④。刘汋《蕺山刘子年谱》载："先生当党祸杜门，倪鸿宝以翰编归里，三谒先生，不见，复致书曰：'先生至清绝尘，大刚制物，动以孔、孟之至贵而为贲、诸、荆、卞之所难，璐心服之，诚如七十子之于夫子也。'每于士大夫推尊不啻口，言及，必曰：'刘先生云何？'先是，越之衿士无不信先生为真儒，而缙绅未尝不讪笑之，独鸿宝号公众曰：'刘念台，今之朱元晦也。'于是始有信之而愿学者。自此祁公彪佳、施公邦曜、章公正宸、熊公汝霖、何公弘仁争以著蔡奉先生。"⑤据刘汋所说，不仅祁彪佳为蕺山弟子，施邦曜、章正宸、熊汝霖、何弘仁亦为蕺山弟子。另据《祁忠敏公年谱》载，祁彪佳听蕺山讲会时间为崇祯三年："三年庚午，先生二十有九岁，冬十月，葬夷度公（祁彪佳之父祁承煠——引者注），一岁中半庐

---

① 姚名达：《刘宗周年谱》，载《刘宗周全集》第 6 册，第 351 页。
② （清）全祖望：《子刘子祠堂配享碑》，载《刘宗周全集》第 6 册，第 647 页。
③ 《小腆纪传》卷 15《列传》第 8，第 177 页。
④ 浙江省社会科学研究所编：《浙江人物简志》，浙江人民出版社 1986 年版，第 215 页。
⑤ 《蕺山刘子年谱》，载《刘宗周全集》第 6 册，第 181—182 页。

墓，半归养。是岁，与刘念台、陶石梁诸君子讲体用之学。"① 故，由"讲会之地"衡量，祁彪佳入蕺山刘门时间为崇祯三年（1630）。

祁彪佳为学本旨在"格君"，主"性学"。《祁忠敏公年谱》载："（崇祯）八年乙亥，先生三十有四岁……时刘念台先生赴召，先生送之，刘询以用世之学，先生首举'格君'为言，且曰：'使上敬且信，斡旋自大不在一二事力争也。'先生既获息肩，专讲'性学'。王金如问：'亲亲仁民只此仁爱原无物我，何以施有差等?'先生曰：'譬如源泉，遇石则激，遇涧则止，泉体无异也。'曰：'泉体无异而石涧已分物我，乌得谓之一体哉?'先生首肯之。"② 由此可知，祁彪佳与业师刘蕺山讨论救世去蔽之学，主张"格君"之学，其本质为"性学"，就他兢兢上疏数十万言而言，世培先生无负"格君"之学。从中亦可见，祁彪佳尚与同门友人王金如（王朝式）讨论学术问题。

祁彪佳致用事功之才，即"性学"思想集中体现于他的一系列奏疏中。如《合筹天下全局疏》曰："以策关、宁，制登海为二大要。分析中州、秦、晋之流贼，江右、楚、粤之山贼，浙、闽、东粤之海贼，滇、黔、楚、蜀之土贼为四大势。极控制驾驭之宜，而归其要于戢行伍以节饷，实卫所以销兵。"《陈民间十四大苦疏》指出天下百姓之苦："曰里甲，曰虚粮，曰行户，曰搜赃，曰钦提，曰隔提，曰讦讼，曰窝访，曰私税，曰私铸，曰解运，曰马户，曰盐丁，曰难民。"③ 祁彪佳所作奏疏，能切中时弊，后汇编为《宜焚全稿》。此外，祁彪佳《救荒全书小序》更有实事求是的救荒方案："可补宋朝董煟的《救荒活民书》之不足。而他的《救荒杂议》，更可和明人张陛的《救荒事宜》、林希元的《荒政丛言》、周孔教的《荒政议》后先媲美。"④ 世培先生自己亦言："吾辈留心圣学，空言无补，曷若行之以实。"⑤ 故而，祁彪佳主张行实学以利民利国，裨益百姓苍生，其赈灾济民、泽被枯骨，乃为

---

① 《祁忠敏公年谱》，《北京图书馆藏珍本年谱丛刊》第 63 册，第 402 页。
② 《祁忠敏公年谱》，《北京图书馆藏珍本年谱丛刊》第 63 册，第 408 页。
③ 《明史》卷 275《列传》第 163，第 4649 页。
④ （明）祁彪佳：《祁彪佳集》，中华书局 1960 年版，"前言"第 5 页。
⑤ 《祁忠敏公年谱》，《北京图书馆藏珍本年谱丛刊》第 63 册，第 411 页。

学之必然行径。

祁彪佳殉义而死。据《明史》记载，1645年六月，"杭州失守，彪佳即绝粒。至闰月四日，绐家人先寝，端坐池中而死，年四十有四。唐王赠少保、兵部尚书，谥忠敏。"①《祁忠敏公年谱》有详细记载："闰六月初四日，闻有渡江迎谒者，先生密谓季兄曰：'此其时矣'。……先已绝粒三日，居常忧国，每奋激涕零，至是神色怡然，众咸疑之。至寓山，登四负堂，顾谓公子曰：'尔翁无大失德，惟躭泉石，多营土木耳。昔文信国临终贻书其弟，嘱以所居文山为寺，吾欲效之，汝当成吾志。'"②即此已见，祁彪佳欲效法文天祥而决意殉义，故于此日晚二鼓时分坐寓山园梅花阁前水池而殁，"正襟垂手敛足，坐水才及额，有笑容"。之前，祁彪佳于瓶隐阁案上留有遗命手书："遭大变，死有余愧，勿悬旌，勿求志传，勿受吊殓，勿用冠裳"。世培先生殁后，"鲁王监国赠先生少保兼太子太保、兵部尚书，谥忠毅，予祭七坛造茔，赐葬隆武立闽中，设先生既刘公念台位，撰文以奠。晋赠少傅兼太子太保、兵部尚书，谥忠敏。"③生死关头，舍生取义，何等大义凛然！若非坚强意志和纯粹心力，又岂能从容赴义？《明末忠烈纪实》有载："彪佳尝问刘宗周：'人于生死关头不破，恐于义利尚有未净处。'宗周曰：'若从生死破生死，如何能破？惟从义利辨得明，认得真，有何生死可言？义当生自生，当死则死。眼前止见一义，不见有生死在。'观彪佳从容殉节，其与刘子之所论著，可以不愧矣。"④祁彪佳不仅实践蕺山"大生死"哲学精神，还播扬其学，传蕺山学之精髓大义。须知，非所有人皆能如此决绝殉义向道。据《年谱》记载，祁彪佳寻死当晚，他曾与山人祝季远有段对话："笑谓季远曰：'吾所交惟君差朴，愿日后殉节。子能为我一助乎？'"并"手作投缳状示之"，"季远谢不敢。先生笑曰：'固知子不能耳'。"⑤殉道乃是境界，而且是学行圆融、至真至醇的境界！

① 《明史》卷275《列传》第163，第4650页。
② 《祁忠敏公年谱》，《北京图书馆藏珍本年谱丛刊》第63册，第428页。
③ 《祁忠敏公年谱》，《北京图书馆藏珍本年谱丛刊》第63册，第429—430页。
④ 《明末忠烈纪实》，第375—376页。
⑤ 《祁忠敏公年谱》，《北京图书馆藏珍本年谱丛刊》第63册，第429页。

祁彪佳著作甚丰，种类繁多，有疏稿奏牍，有日记戏曲，中华书局出版有《祁彪佳集》，主要是清道光年间杜煦、杜春生编辑刊刻的《祁忠惠公遗集》；后书目文献出版社出版《祁彪佳文稿》，收录崇祯年间祁彪佳巡按苏松时所上奏疏、尺牍6种，15卷《祁忠敏公日记》及远山堂、剧品和诗集等①；浙江古籍出版社出版张天杰点校整理版《祁彪佳日记》，《续修四库全书·史部》第492册又载录《宜焚全稿十八卷》；祁彪佳戏曲理论著作主要是《远山堂曲品》、《远山堂剧品》，前者收杂剧剧目242种，是明代著录名人杂剧之唯一专书，后者收传奇剧目467种，其中有明清同类著述中未见著录之戏曲曲目295种。此外，祁彪佳还有《救荒全书》、《寓山注》、《督抚疏稿》等遗作。

附：祁彪佳小传②

祁彪佳，字弘吉，浙江山阴人。祖父世清白吏。彪佳生而英特，丰姿绝人。弱冠，第天启二年进士，授兴化府推官。始至，吏民易其年少。及治事，剖决精明，皆大畏服。外艰归。崇祯四年，起御史。疏陈赏罚之要，言："黔功因一级疑，稽三年之叙，且恩及督抚总帅帷幄大臣，而陷敌冲锋之士不预，何以励行间。山东之变，六城连陷，未尝议及一官，欺蒙之习不可不破。"帝即命议行。又言："九列之长，诘责时闻，四朝遗老或蒙重谴。诸臣怵严威，竞迎合以保名位。臣所虑于大臣者此也。方伯或一二考，台员或十余载，竟不得迁除，监司守令多贬秩停俸。臣子精神才具无余地，展布曷由。急功赴名之民不胜其掩罪匿瑕。臣所虑于小臣者此也。国家闻鼙鼓思将帅，苟得其人，推毂筑坛，礼亦宜之。若必依序循资，冒滥之窦虽可清，奖拔之术或未尽。臣所虑于武臣者此也。抚按则使中官监视会同，隙开水火，其忠显；潜通交结，其患深。臣所虑于内臣者此也。"忤旨谯责。

寻上《合筹天下全局疏》，以策关、宁，制登海为二大要。分析中

---

① 参见赵素文：《祁彪佳研究》，中国社会科学出版社2011年版，第7页。

② 据绍兴图书馆藏《刘蕺山弟子考》清会稽董氏行综学会抄本点校整理。

州、秦、晋之流贼，江右、楚、粤之山贼，浙、闽、东粤之海贼，滇、黔、楚、蜀之土贼为四大势。极控制驾驭之宜，而归其要于戢行伍以节饷，实卫所以销兵。复陈民间十四大苦：曰里甲，曰虚粮，曰行户，曰搜赃，曰钦提，曰隔提，曰讦讼，曰窝访，曰私税，曰私铸，曰解运，曰马户，曰盐丁，曰难民。帝善其言，下之所司。出按苏、松诸府，廉积猾四人杖杀之。宜兴民发首辅周延儒祖墓，又焚翰林陈于鼎、于泰庐，亦发其祖墓。彪佳捕治如法，而于延儒无所徇，延儒憾之。回道考核，降俸，寻以侍养归。家居九年，母服终，召掌河南道事。十六年佐大计，问遗莫敢及门。刷卷南畿，乞休，不允，便道还家。

北都变闻，谒福王于南京。王监国，或请登极。彪佳请发丧，服满议其仪，从之。高杰兵扰扬州，民奔避江南，奸民乘机剽掠，命彪佳往宣谕，斩倡乱者数人，一方遂安。迁大理寺丞，旋擢右佥都御史，巡抚江南。苏州诸生檄讨其乡官从贼者，奸民和之。少詹事项煜及大理寺正钱位坤、通政司参议宋学显、礼部员外郎汤有庆之家皆被焚劫。常熟又焚给事中时敏家，毁其三代四棺。彪佳请议从逆诸臣罪，而治焚掠之徒以加等，从之。

诏设厂卫缉事官。彪佳上言："洪武初，官民有犯，或收系锦衣卫，高皇帝见非法凌虐，焚其刑具，送囚刑部。是祖制原无诏狱也。后乃以罗织为事，虽曰朝廷爪牙，实为权奸鹰狗。举朝尽知其枉，而法司无敢雪。惨酷等来、周，平反无徐、杜。此诏狱之弊也。洪武十五年改仪鸾司为锦衣卫，崇掌直驾侍卫等事，未尝令缉事也。永乐间设立东厂，始开告密门。凶人投为厮役，赤手钜万。飞诬及于善良，招承出于私拷，怨愤满乎京畿。欲绝苞苴，而苞苴弥盛；欲清奸宄，而奸宄益多。此缉事之弊也。古者刑不上大夫。逆瑾用事，始去衣受杖。本无可杀之罪，乃蒙必死之刑。朝廷受慑谏之名，天下反归忠直之誉。此廷杖之弊也。"疏奏，乃命五城御史体访，而缉事官不设。

督辅部将刘肇基、陈可立、张应梦、于永绶驻京口，浙江入卫都司黄之奎亦部水陆兵三四千戌其地。之奎御军严。四将兵恣横，刃伤民，浙兵缚而投之江，遂有隙。已而守备李大开统浙兵斫镇兵马，镇兵与相击，射杀大开。乱兵大焚掠，死者四百人。彪佳至，永绥等遁去。彪佳劾治四将罪，赒恤被难家，民大悦。

高杰驻瓜洲，跋扈甚，彪佳克期往会。至期，风大作，杰意彪佳必无来。彪佳携数卒冲风渡，杰大骇异，尽撤兵卫，会彪佳于大观楼。彪佳披肝膈，勉以忠义，共奖王室。杰感叹曰："杰阅人多矣，如公，杰甘为死！公一日在吴，杰一日遵公约矣。"共饭而别。

群小疾彪佳，竞诋谋，以沮登极、立潞王为言，彪佳竟移疾去。明年五月，南都失守。六月，杭州继失，彪佳即绝粒。至闰月四日，给家人先寝，端坐池中而死，年四十有四。唐王赠少保、兵部尚书，谥忠敏。

6. 祁凤佳

祁凤佳（？—1643），字德公，绍兴山阴县人，杜春生《刘子全书遗编钞述》著录其为蕺山门弟子："又于《全书》中《证人社语录》得未载者四人：祁凤佳（德公，山阴）、祁骏佳（季超，山阴）、周懋宗（文仲，山阴）、周尚夫（□□，□□）。"① 祁凤佳、祁骏佳为祁彪佳兄长。② 另据《祁忠敏公年谱》记载，祁凤佳卒于 1643 年。③

祁凤佳曾参与证人讲会、问道蕺山。前引《刘宗周年谱》"五十四岁"条 [崇祯四年辛未（1631）] 载，是年四月三日第二会，"祁凤佳举《素位》一章，质自得之义从主敬得来，抑心体自然如此"，蕺山释惑曰："自得全然是个敬体，无时不戒慎，无时不恐惧，则此心已游于天空地阔之境矣。若只认作快活景象，便已落无忌惮一流。是不可不辨。"④

---

① （清）杜春生：《刘子全书遗编钞述》，载《刘宗周全集》第 6 册，第 700—701 页。

② 《祁忠敏公年谱》载："（万历）四十一年癸丑，先生十有二岁，与兄元孺、德公、季超及从兄止祥读书密园，皆力学，相砥砺如成人。"（《北京图书馆藏珍本年谱丛刊》第 63 册，第 395 页）

③ 《祁忠敏公年谱》载："（崇祯）十六年癸未，先生四十二岁……十月十三日，便道还家。值次兄德公丧，先生哭曰：'友爱人之常情。吾兄每以明敏练达勖予，不逮爱我，兼成我者兄也，能不恸乎？'"（《北京图书馆藏珍本年谱丛刊》第 63 册，第 418 页）

④ 姚名达：《刘宗周年谱》，载《刘宗周全集》第 6 册，第 351 页。

7. 祁骏佳

祁骏佳（? —?），字季超，绍兴山阴县人，祁彪佳三兄，上引杜春生《刘子全书遗编钞述》已表明祁骏佳为蕺山弟子。

另据《绍兴府志》、《嘉庆山阴县志》载，祁骏佳为有道之士，小楷绝伦，但性颇好奇，见静志、居诗话，著有《鸳鸯锦》、《名外集》、《名内集》、《宗门崇行录》、《家乘随笔》等，皆不效法前人。① 目前仅见祁骏佳所编纂《遯翁随笔》二卷，收入《仰视千七百二十九鹤斋丛书》第三集。

刘宗周与祁骏佳有婚姻关系。黄宗羲《子刘子行状》载："（蕺山）孙男四：茂林、士林、长林、道林，而茂林则羲之甥也。"② 据此可知，刘宗周有孙四人，即刘茂林、刘士林、刘长林和刘道林，四人娶妻情况于刘士林所作《蕺山先生行实》有记载：茂林娶御史黄尊素之子黄宗羲之女，士林娶吏部尚书商周祚子商承祖之女（商周祚之女商景兰为祁彪佳夫人），长林娶祁骏佳之女，道林娶副总戎定国将军吴用宜之子吴元遇之女。③ 由此可知，刘茂林娶黄宗羲之女为妻，刘士林娶商承祖即祁彪佳妻兄之女为妻，刘长林娶祁骏佳之女为妻，刘道林娶吴元遇之女为妻，黄宗羲、祁彪佳和祁骏佳皆为刘宗周门弟子。

8. 祁熊佳

祁熊佳（? —?），字文载，山阴人，崇祯庚辰（1640）进士，祁彪佳之弟④，《蕺山弟子籍》著录。

祁熊佳参与证人讲会、问道蕺山。据《刘宗周年谱》"五十四岁"条[崇祯四年辛未（1631）]载，是年闰十二月三日，第十一会后，祁熊佳就"改过之难"、"好名之累"、"工夫本体只是一个，做工夫处即本体"、"单言

---

① 参见《绍兴府志》卷 54《人物志》十四《文苑》，台湾成文出版社有限公司 1975 年版，第 1316 页。

② （清）黄宗羲：《子刘子行状》，载《刘宗周全集》第 6 册，第 39 页。

③ 参见（清）刘士林：《蕺山先生行实》，载《刘宗周全集》第 6 册，第 611 页。

④ 《祁忠敏公年谱》载："（崇祯）九年丙子，先生三十有五岁……秋八月，弟熊佳领顺天乡荐。"（《北京图书馆藏珍本年谱丛刊》第 63 册，第 409 页）

本体，不免流于禅门，扫除一切"等问题请质蕺山先生，蕺山先生即作《答祁生文载（熊佳）》一一解答。①

据《嘉庆山阴县志》、《绍兴府志》载，祁熊佳中进士后，先任南平知县，后召为兵科给事中。祁熊佳入垣兵科后，国事鼎沸，马士英曾以王之明诈冒太子，以倾轧黄道周、姜曰广等忠臣，熊佳即扬言于众曰："太子真伪未可知，若遽加笞掠，何以服天下？今老成凋落，而罗织兴大狱，此何谓也。"马士英乃止。福王又欲选采女入后宫，熊佳疏争不可，反复千余言；左良玉称兵犯阙，并以檄移熊佳，熊佳复书质之曰："国贼马士英，神人共愤，仆不难手刃之以谢天下，但名义所关，将军悉兵东向，恐无解于道路之口。"② 明亡后，清政府持币聘用熊佳，皆却之不受。熊佳性嗜禅，日与老衲蒲团对坐，谈世外烟霞之事，间或呼伶人奏丝竹，甚至亲自执管和之。后家居数十年而卒。

9. 祁鸿孙

祁鸿孙（1611—1656），字奕远，山阴人。祁彪佳侄子。

祁鸿孙曾问学蕺山，参与证人讲会。杜春生《刘子全书遗编钞述》据全祖望《祁六公子墓碣铭》载录祁鸿孙为蕺山弟子。全祖望说："祁氏群从之长曰鸿孙者，故尝与忠敏同讲学于蕺山，至是将兵江上，思以申忠敏之志，而公子兄弟罄家饷之。"③ 忠敏即祁彪佳。

据《小腆纪传》载，祁鸿孙性喜豪奢，为人通放不羁，广泛交游，其家饶有资财，且有正义；甲申之变时，天下饥荒，祁鸿孙家食客常满庭院；弘光建都南京（1645）时，邑人郑遵谦募举义兵，诚招祁鸿孙，鸿孙即率宾客前往响应；后迎鲁王监国，授兵部职方清吏司员外郎，旋进阶为奉直大夫，以监江上四十八营军事；坚守一年，兵败走而死；鸿孙卒之日，贫不能

---

① 参见《书》，《刘宗周全集》第 3 册，第 307—308 页。
② 《绍兴府志》卷 54《人物志》十四《文苑》，第 1316 页；《嘉庆山阴县志》卷 14《乡贤二》，第 478 页。
③ （清）全祖望：《鲒埼亭集内编》卷 13《祁六公子墓碣铭》，《全祖望集会校集注》（上），朱铸禹会校集注，上海古籍出版社 2000 年版，第 256 页。

殓，幸赖诸人士赠以敛金方得以治殡。①

10. 章正宸

章正宸（？—1646），字羽侯，号格庵，晚号偶东饿夫，会稽人，崇祯四年（1631）进士，蕺山刘夫人章氏之族侄，《蕺山弟子籍》、《子刘子祠堂配享碑》皆著录。

章正宸与蕺山有问学书信。据《刘宗周年谱》"六十四岁"条 [崇祯十四年辛巳（1641）] 载，是年八月八日，《与章羽侯吏掌垣（正辰）》，责其久居"进退人才之地"，"终不能有所建立"，"况身当事居，处漏舟之地，岌岌乎与舟为存亡者乎？"②。另，《明史》有曰："（章正宸——引者注）从学同里刘宗周，有学行"③，《小腆纪传》亦持同论④。

据《明史》、《小腆纪传》载，章正宸中进士后，先授翰林院庶吉士，后改礼科给事中；因上疏弹劾王应熊入阁不由廷推，招惹崇祯皇帝大怒而下诏狱；旋起用，为吏科都给事中，但屡忤首辅周延儒，既而因推阁臣不合帝意，谪戍均州（今湖北均县）；福王南京监国，拜章正宸为大理丞，后辞官归里，明亡弃家为僧。陈鼎（1650—？，字定九，号鹤沙，晚号铁肩道人，江阴人）《东林列传》有记曰："先生当应熊、嗣昌、国观、延儒辈群犬乱吠之时，而进以堂堂正论，宜撄不测之祸矣，非江夏其不免乎！余幼好黄老术，尝访道于终南，遇先生于铁崖岭，幅巾方袍，双眸炯炯，静坐草庐，叩其声，越音也。余以为神仙中人矣，因再拜而求长生之学。先生曰：'噫！子过矣。道自轩皇设教以来，至今存者何人耶？老聃死者也，庄周死者也，若不见于南华乎？一有秦佚之吊，一有门人请葬。此二君而死者，又何有于长生乎？况子年不满二十，英英之气逼人，盖从孔孟之道以尽彝伦，则孔孟至今在焉，其为长生也，与天地同矣，又何黄老之足云？'"章正宸并留陈鼎数日，"教以程朱诚敬之学，曰：'出则可以致泽，隐则可以独善，俾虚灵不

---

① 参见《小腆纪传》卷15《列传》第8，第180页。

② 《书》，《刘宗周全集》第3册，第467页。

③ 《明史》卷258《列传》第146，第4404页。

④ 参见《小腆纪传》卷14《列传》第7，第154页。

昧，常存天壤。'"① 全祖望亦从章正宸"弃家为僧"说："会稽章先生正辰，字格庵。详见明史。子刘子夫人之侄，首从学再山。格庵崇尚气节，不甚讲学，力行者不在口说也。六遗臣之聘，格庵豫焉，逃去。起兵，事败，行遁为僧。"② 邵廷采论章正宸曰："明世士大夫衿负廉节，所绌者才。然民心士俗，绵延几三百年醇厚者，廉节维之也。余初至会稽道墟登格庵先生之堂，及其子若孙游宗党，往往谈述格庵里居事。衣大布，葛巾宽带，家门上城，还返两舍，率单步不由舟楫。府县岁试童子，无尺素为后进通。其标尚如此。逊荒以后邈焉高蹈，使人溯洄宛在。其人贤矣哉！"③

章正宸有《章格庵遗书》五卷存世。据《四库全书总目提要》载："《章格庵遗书》，明章正宸撰。……正宸为刘宗周弟子，生平以气节自负。是书所载凡奏疏七十九篇，论著十八首，记传九首，诗赋四十一首。又补遗一首，则偽东饿夫自传也。正宸于明亡之后，不知所终，遗稿亦多散失，此本盖其族孙诇掇拾残阙，补缀成帙云。"④

11. 章明德

章明德（？—？），字晋侯，会稽人，道墟蕺山母章氏族侄，章正宸堂弟。《子刘子祠堂配享碑》著录。

章明德参与证人讲会，问道蕺山。《刘宗周年谱》"五十四岁"条 [崇祯四年辛未（1631）] 载："三月三日，始会同志于陶文简公祠（即石篑书院），绅衿骈集，可二百余人。既行礼于先圣先贤，乃即坐。司会者章生明德（晋侯）赞开讲，诸老逡巡相让。先生乃命明德略演经义以受质。"⑤ 另，刘汋《蕺山刘子年谱》载："先生嫁二从妹，令婿亲迎于门。妹升席，醮而命之归。嫁女亦然。汋冠，迎周宁宇先生为宾，门人章明德、婿王毓芝为赞，次第行三加如仪。越中冠婚礼久废，宾友知先生复行古礼，咸造门聚观

① （清）陈鼎：《东林列传》卷 24《章正宸传》，《四库全书》史部第七。
② 《子刘子祠堂配享碑》，载《刘宗周全集》第 6 册，第 647 页。
③ （清）邵廷采：《明侍郎格庵章公传》，《思复堂文集》卷二，第 132 页。
④ 《四库全书总目提要》卷 180《集部》第 33《别集类存目七》，第 36 册，第 53 页。
⑤ 姚名达：《刘宗周年谱》，载《刘宗周全集》第 6 册，第 349 页。

焉。"①《刘宗周年谱》"五十二岁"条（崇祯二年，1629）载："正月二十六日，给子汋行冠礼，迎周应中为宾，而门人章明德摄之。"②

全祖望给予章明德较高评价，以之为"服勤于子刘子最久者"中三人之一，且辟陶石梁异说最力："明德为格庵群从。白马山房之会，陶石梁弟子多异说，明德辟之力。"③

12. 孟兆祥

孟兆祥（? —1644），字允吉，山西泽州人，天启二年（1622）进士。《蕺山弟子籍》《蕺山先生行实》皆著录，尚无参与讲会、问学书信佐证，但从董、刘说。

据《明史》载，崇祯初年，孟兆祥迁吏部为稽勋主事，历任文选员外郎；后进稽勋郎中，历任考功郎，因忤权要，被贬为行人司副，后稍迁光禄丞，旋进为少卿；历左通政、太仆卿，旋进通政使，官拜刑部右侍郎。京城陷落，孟兆祥有曰："社稷已覆，吾将安之！"遂自到于正阳门下，长子孟章明亦投缳于父之侧，兆祥之妻吕氏、章明之妻王氏皆自缢殉节。福王监国南京，赠孟兆祥为刑部尚书、谥"忠贞"，赠孟章明为河南道御史、谥"节愍"，清朝赐孟兆祥谥"忠靖"、孟章明"贞孝"。④孟兆祥为顺治所表彰的前代忠臣 20 人之一。

13. 熊汝霖

熊汝霖（1597—1648），字雨殷，余姚人。崇祯四年（1631）进士，《蕺山弟子籍》《蕺山先生行实》皆著录。

刘蕺山生前曾与熊汝霖相约举兵抗清。据《刘宗周年谱》载："（1645年六月十六日）是晚，始粒，遣人访石斋，复促正宸、汝霖急趋郡城。"越数日，熊汝霖"约期来会曰：'即当赴候指使。长者之前，不敢一字欺。'先

---

① （清）刘汋：《蕺山刘子年谱》，载《刘宗周全集》第 6 册，第 178 页。
② 姚名达：《刘宗周年谱》，载《刘宗周全集》第 6 册，第 313 页。
③ 《子刘子祠堂配享碑》，载《刘宗周全集》第 6 册，第 648 页。
④ 《明史》卷 265《列传》第 153，第 4524 页。

生复以书邀之曰:'……门下若有意高皇一线,急宜捐躯入郡。吾辈断无生路,行亦死,住亦死,做事亦死。等死也,与其墨墨而死,毋宁烈烈而死!况事尚可为乎?'"①蕺山连日少糜,忍死待熊汝霖举兵。但六月十九日,通判张愫及诸生耆老,奉牛酒渡江,输降,蕺山复绝食。至闰六月八日戊子而卒,弥留之际,犹取几上砚书一"鲁"字。蕺山死之次日,熊汝霖起兵于余姚。"先生遗志居然实现"②,实熊汝霖大功绩者。蕺山与熊汝霖书称"门下",可证蕺山以熊汝霖为其弟子。

据《明史》、《小腆纪传》记载,熊汝霖举兵抗清。《明史》曰:"杭州亦破,(熊汝霖)与孙嘉绩同起兵。鲁王监国,擢右佥都御史,督师防江,战屡败。入海宁募兵万人,进兵部右侍郎。唐王立闽中,遣刘中藻颁诏,汝霖出檄严拒之。顺治三年进兵部尚书,从鲁王泛海。明年以本官兼东阁大学士。又明年春,郑彩憾汝霖,遣兵潜害之,并其幼子投海中。"③《小腆纪传》曰:"南京亡,汝霖偕刘宗周缟素渡江,议发罗木营兵拒战,且守独松关;而潞王定策迎降,不纳。于是东归。宗周绝粒,以兵事属汝霖;既卒之又明日,汝霖兵起,乃哭于旐前以行。闰六月二十五日,会军西陵,驻龙王塘,列营数十。汝霖军最弱而战最勇,每出必为大兵所首冲。或败,辄再整不少挫。鲁监国擢右佥都御史,加督师衔。"④清朝赐通谥,曰"忠节"。

14. 孙嘉绩

孙嘉绩(1604—1646),字硕肤,浙江余姚人,崇祯十年(1637)进士,《蕺山弟子籍》著录,尚无参与讲会、问学书信佐证,但从董说。

据《明史》载,孙嘉绩中进士后,授南京工部主事,后召改兵部,因督师,中官高起潜诬陷他有纳贿事,进而下狱。是时,黄道周亦下狱中,孙嘉绩则躬亲饮食汤药,力调护佑,且从受黄道周先生学《易》。保定总督

---

① 姚名达:《刘宗周年谱》,载《刘宗周全集》第6册,第480页。

② 姚名达:《刘宗周年谱》,载《刘宗周全集》第6册,第481页。

③ 《明史》卷276《列传》第164,第4667页。

④ 《小腆纪传》卷40《列传》第33,第386页。

张福臻陛见，举荐孙嘉绩才略，请用为参谋，皇帝不听。徐石麒（1577—1645，字宝摩，号虞求）为刑部尚书，具爱书奏，乃释放孙嘉绩，终获自由。福王南明朝时，孙嘉绩起为九江兵备佥事，未赴任；鲁王监国绍兴时，擢孙嘉绩为右佥都御史，累进东阁大学士，后王航于海，孙嘉绩从至于舟山，其年遇疾而卒。① 另据《小腆纪传》载，与孙嘉绩同起兵者，蕺山弟子中还有熊汝霖、章正宸和黄宗羲。是时，弘光朝起用孙嘉绩为九江佥事，未赴而金陵亡，郡邑降，迫役民修道，嘉绩乃率起义民众三百余人冲入县衙、鸣钟鼓、斩县令，与熊汝霖共治军。鲁王监国，授右佥都御史，督师瓜里，时诸军分汛瓜里者，孙嘉绩与熊汝霖、章正宸、钱肃乐、沈宸荃、于颍，江上人呼为"六家军"。后监国加孙嘉绩为兵部右侍郎兼都御史、兵部尚书兼东阁大学士。是时，御史黄宗羲又潜师出潭山，查继佐等人皆听命，浙西震动。但终因病发，卒于舟山，时年43岁，谥"忠襄"。②

据黄宗羲《硕肤孙公墓志铭》所载，孙嘉绩孙女嫁于梨洲之子黄正谊，黄、孙之间有婚姻关系。另据此墓志铭可知，孙嘉绩"诗法孟王，其文集散失，止存数十首，此外则《五世传赞》、《存直录》"③。黄宗羲高度评价孙嘉绩曰："越唯忠烈，抗节武庙；嘉靖名臣，文恪为邵。万历三宰，正色清简，光熹之际，文恭是显。大厦已倾，一本血指；明之世臣，呜呼孙氏。"④ 孙嘉绩五世祖为孙燧（阳明后学弟子），曾巡抚江西右都御使，死朱宸濠之难，谥"忠烈"；孙嘉绩高祖为孙墀，曾任尚宝司卿；曾祖孙鉁（原字缺右偏旁——引者注）为上林苑监丞；祖孙如游为文渊阁大学士，谥"文恭"；父亲孙栐（"木"偏旁右缺少文字——引者注）为工部郎中。

15. 吴钟峦

吴钟峦（1577—1651），字峦稚，号霞舟，武进人，崇祯甲戌（1634）进士，《蕺山弟子籍》著录。

---

① 参见《明史》卷240《列传》第128，第4149—4150页。
② 参见《小腆纪传》卷40《列传》第33，第383—384页。
③ 《黄宗羲全集》（增订版）第10册，第420—421页。
④ 《黄宗羲全集》（增订版）第10册，第421页。

吴钟峦问学蕺山。《刘宗周年谱》载："（天启五年三月，1625），先生闻丁元荐卒，往长兴吊之。长兴知县吴钟峦从先生问学。"①此外，蕺山子刘汋在介绍《人谱》版本情况时说："《人谱》作于甲戌，重订于丁丑，而是谱则乙酉五月之绝笔也。一句一字，皆经再三参订而成。向吴峦穉初刻于湖，鲍长孺再刻于杭，俱旧本也。"②据此可知吴钟峦为蕺山弟子。黄宗羲《明儒学案》指出，吴钟峦受业于顾宪成（1550—1612，字叔时，号泾阳，世称东林先生），与高攀龙（1562—1626，字存之，世称景逸先生）、薛敷教（1554—1610，字以身，号玄台）等深交，将孙慎行（1565—1636，字闻斯，号淇澳）《困思钞》奉为守身之法，但在长兴任知县时"自喜者三事：一为子刘子吊丁长孺至邑，得侍杖履"③。

据《明史》记载，福王监国时，吴钟峦迁礼部主事；至抵南雄时，闻南都失，遂转赴福建，痛陈国计；鲁王起兵，以吴钟峦为礼部尚书，往来普陀山中；清兵至宁波，吴钟峦慷慨谓人曰："昔仲达死珰祸，吾以诸生不得死。君常死贼难，吾以远臣不得从死。今其时矣！"乃急渡海，入昌国卫之孔庙，积薪左庑下，抱孔子木主自焚死，时年七十五。④霞舟先生殉义时有绝命词曰："只因同志催程急，故遗临行火浣衣"⑤。乾隆乙未年赐谥"忠烈"。吴钟峦弟子李应升（1593—1626，字仲达，号次见，江阴人）亦因忤魏忠贤而死于党祸。

吴钟峦著有《十愿斋易说》一卷、《霞舟易笺》一卷。据《四库全书总目提要》载："是编每卦摘笺数语，止有《上经》三十卦，而无《下经》，似非足本。朱彝尊《经义考》惟载钟峦《周易卦说》，不著卷数，注曰'未见'，而无此书名。《江南通志·儒林传》所载亦同。殆辗转传闻，相沿而误欤？此本前有小引，题曰《霞舟易笺》，又题曰《十愿斋全集》。以《易说》为卷一，《易笺》为卷二，盖编入文集之中，如李石《方舟集》例，今仅存

① 姚名达：《刘宗周年谱》，载《刘宗周全集》第 6 册，第 294 页。
② 姚名达：《刘宗周年谱》，载《刘宗周全集》第 6 册，第 475 页。
③ 《明儒学案》卷 61《东林学案四·宗伯吴霞舟先生钟峦》，第 1496 页。
④ 参见《明史》卷 276《列传》第 164，第 4726 页。
⑤ 《小腆纪传》卷 43《列传》第 36，第 428 页。

此两卷耳。"① 今《四库全书存目丛书》经部第24册收录有吴钟峦《十愿斋全集易说》一卷、《十愿斋全集易笺》二卷。《明儒学案》卷六十一录有《霞舟随笔》。黄宗羲对吴钟峦气节深为赞许:"先生尝选时文名士品,择一时之有品行者,不满二十人,而某与焉。其后同处围城,执手恸哭,某别先生,行三十里,先生复棹三板追送,其语绝痛。薛谐孟传先生所谓'呜咽而赴四明山中之招者',此也。呜呼!先生之知某如此,今抄先生学案,去之三十年,严毅之气,尚浮动目中也。"②

16. 吴执御

吴执御(1590—1638),字朗公,黄岩人,天启二年(1622)进士,《蕺山弟子籍》著录。

吴执御与蕺山有问答之书。《刘宗周年谱》"六十岁"条(崇祯十一年丁丑,1637)载,是年五月有《答吴朗公给谏(执御)》、十一月二十五日有《答吴朗公二》,言"贱体本以劳伤心,而成痼疾,数十年于兹,不谓老而增剧,遂不可支。止因平日事心之功,多不得力;子细简点,毕竟是从欲惟危。因思濂溪主静立极之说,是千圣入道法门也。"③

吴执御有致用事功之才。《明儒学案》记载:"上忧兵饷缺额,先生言:'今日言饷,不在创法,而在择人。诚令北直、山西、陕西,凡近边州县,罢去遏茸之辈,敕吏部精择进士,尽行改选,畀以本地钱粮,便宜行事,各随所长,抚吾民,练士兵,饷不取偿于司农,兵不借援于戍卒,计无便于此。'不听。又劾宜兴塘报、奏章:'一字涉盗贼,一字涉边防,辄借军机,密封下部,明畏廷臣摘其短长,他日败可以捷闻,功可以罪按也。词臣黄道周,清严不阿,欲借试录处之,未遂其私,则迁怒仪部黄景昉,楚录箴砭异同,必欲斥之。李元功、蒋福昌等夙夜入幕,私人如市,此岂大臣壁立千仞、不迩群小之所为哉?'奏上,上切责之。先生再劾三劾,俱留中。凡先生所言,皆时局小人之深忌。已而先生奏荐刘忠端、曹于汴,并及御史迟大

---

① 《四库全书总目提要》卷八《经部》第八《易类存目二》,第2册,第109页。

② 《明儒学案》卷61《东林学案四·宗伯吴霞舟先生钟峦》,第1496页。

③ 姚名达:《刘宗周年谱》,载《刘宗周全集》第6册,第409页。

成所举之姜曰广、文震孟,中允倪元璐所举之黄道周,上责其狗滥。御史吴彦芳言:'正人蠖伏尚多,邪类鹓班半据。'荐曹于汴、李邦华、李瑾,劾吕纯如、章光岳。上以朋比,下先生与彦芳于刑部,坐奏事上书、诈不以实律,杖徒三年。"①

吴执御有《刑垣疏稿》42 篇、《江庐独讲》1 卷。黄宗羲论《江庐独讲》:"其学大都以立诚为本,而以《坤》二爻为入门,因合之《乾》三爻,深佩宋儒居敬穷理之说,至海门言求己处,亦笃信不疑。故于克己闲邪,谓不当作去私说,虽未洞见道体,独契往圣,而一种担当近理之识,卓然躬行君子也。"②

吴执御《江庐独讲》与蕺山思想相近。吴执御说:"克复工夫,是一了百当,其余出门使民,都是逐件做工夫。假如出门时,聚起精神,这出门时,便是仁;使民时,聚起精神,这使民时,便是仁。"业师蕺山先生有论:"精神只是一个,这能出门的精神,便是能使民的精神,此理月落万川,不分江河沼沚,只人所见有不同。然此语自是从亲切体贴来者。"吴执御还言:"天无时不动,而天枢则不动。"蕺山先生则有曰:"是动静判然二物也。天枢之动甚微,如纺车筅一线,极渺忽处,其动安可见?故谓之'居其所'。其实一线之微,与四面车轮,同一运转,无一息之停,故曰:'维天之命,于穆不已。'此可以悟心体之妙,故曰'几者动之微,吉之先见'者也。此学不明,遂令圣真千载沉锢,而二氏之说,得以乱之。"③即此可见师徒二人思想之传延性。

17. 陈子龙

陈子龙(1608—1645),字人中、懋中,又字卧子,号大樽、轶符,别号采山堂主,又自称于陵孟子,松江华亭人,崇祯十年(1637)进士,与宋征舆(1618—1667,字辕文,号直方)、李雯(1608—1647,字舒章)并称

① 《明儒学案》卷 55《诸儒学案下四·谏议吴朗公先生执御》,第 1328—1329 页。
② 《明儒学案》卷 55《诸儒学案下四·谏议吴朗公先生执御》,第 1329 页。
③ 《明儒学案》卷 55《诸儒学案下四·谏议吴朗公先生执御》,第 1329—1330 页。

"云间三子",《蕺山弟子籍》、《蕺山先生行实》皆著录。另据王澐①《越游记》载:"时山阴刘忠端公方里居讲学,先生赴讲席。"是时为崇祯十六年即清崇德八年(癸未,1643),陈子龙年36岁。② 故从董、刘说。

据《陈子龙文集》载,陈子龙中进士后,任绍兴府推官,后擢升为兵科给事中。曾参加"复社",为该社后期士子共戴的精神领袖,并与夏允彝(1596—1645,字彝仲,号瑗公)、徐孚远(1599—1665,字闇公,晚号复斋)、周立勋(1697—1639,字勒卣)等创建"几社"。两社既是文学团体,又是政治团体,皆旨在复兴绝学,以文章气节相砥砺,团结了大批爱国知识分子。当时言文章者,莫不盛称两社,而称"几社"者,则首推夏、陈,陈子龙文名尤盛。崇祯自缢后,福王弘光朝于南京监国,陈子龙以原官起复。目睹时艰,上疏陈弊政,匡济救正,但为权奸所嫉妒,愤然辞归故里。1645年,清军下江南,好友李待血沃故土、夏允彝毅然赴水、侯峒曾、黄淳耀英勇就义,陈子龙深感同社杰出士人之蹈义成仁慷慨悲壮,乃托迹浮图(法名衷信,别号颖川明逸),以僧装掩护而组织义兵,开展抗清活动。南明鲁王监国,授陈子龙兵部职卫;监国二年(1647)联络吴胜兆,结兵太湖举事,事败被执,于舟解途中猝然投水,壮烈殉义。③《明史》、《小腆纪传》皆有《陈子龙传》④。乾隆四十一年(1776)追谥"忠裕"。

陈子龙主要著作编辑为《陈子龙文集》,收录有《陈忠裕公全集》三十

---

① 王澐(1619—?),原名溥,字胜时,号僧士,江南华亭人,明贡生。他14岁师事陈子龙,过从甚密。明亡后,王澐从陈子龙参加抗清活动,子龙遇难后,澐与吴酉等秘密收葬。陈子龙妇张氏与其子妇王氏居于乡,贫不能自给,其门人中惟王澐常周恤顾及。王澐尝为幕僚,佐漕帅蔡士英。康熙二十七年,他作《皇甫林》诗,追念陈子龙。康熙三十二年,为《陈子龙年谱》作跋并续成乙酉后之作,王澐时年已75岁,但卒年终不详。著有《辋川诗钞》六卷、《漫游纪略》四卷,及《粤游草》、《文无草》、《云间第宅志》,生平事迹详见《国朝耆献类征》卷444及《光绪金山县志》卷24"义行"。(参见魏振东:《陈子龙年谱》,广西师范大学2007年硕士学位论文,第24—25页)

② 参见魏振东:《陈子龙年谱》,广西师范大学2007年硕士学位论文,第90页。

③ 参见(明)陈子龙撰:《陈子龙文集》(上),,华东师范大学出版社1988年版,"前言"第1—2页。

④ 参见《明史》卷277《列传》165,第4677—4678页;《小腆纪传》卷44列传37,第435—437页。

卷、《诗问略》一卷、《兵垣奏议》二册以及《安雅堂稿》十四卷。《四库全书总目提要》评《诗问略》曰："此编乃其读《诗》劄记之文。曰《诗问》者，取问诸有道之意。又所解皆偶标己意，随拈各条，非说全《经》，故谓之《略》。《明史·艺文志》不著录，见于曹溶《学海类编》中。其说不主朱子《集传》，亦不甚主《毛诗》、郑《笺》，大抵因《小序》而变其说。……观其《自序》，知其学从郝敬入也，宜其臆断矣。"① 另据毛先舒（亦为蕺山弟子，后有简介）《安雅堂文集序》言陈子龙为学特色曰："公徒以文章见者哉？昔公之莅浙也，甫下车即晋七十二县之士而观其风，士皆兢兢，含毫吮墨为文，期当公意者甚于试学使者。公乃相其文之高古典雅者拔置第一，以风多士。先舒窃与焉。当时士咸四自剔濯，读书稽古，自泽于大雅以副公意。一时毋敢以貌肖形似之学进公前者，则以公经术文采皆根本于圣贤义理之奥而振兴广历之意至深切也。即是可以观公，则公所饬诸躬而措之政者，概可知已。"②

此外，陈子龙还编纂有《别本农政全书》四十六卷。据《四库全书总目提要》载，徐光启作《农政全书》，凡六十卷，"光启没后，子龙得本于其孙尔爵，与张国维方岳贡共刊之。既而病其稍冗，乃重定此本。子龙所作凡例有曰，文定所集，杂采众家，兼出独见，有得即书，非有条贯。故有略而未详者，有重复而未及删定者，中丞公属子龙以润饰之。以友人谢廷正、张密皆博雅多识，使任旁搜覆校之役，而子龙总其大端。大约删者十之三，增者十之二。其评点俱仍旧观，恐有深意，不敢臆易云云。"③

另，陈子龙与徐孚远、宋征璧（1602—1672，字尚木）合编《皇明经世文编》五百零四卷，补遗四卷，以人为纲，按年代先后为序，选录了420人家的文章。全书范围广泛，包括兵饷、马政、边防、边情、火器、贡市、番舶、灾荒、农事、治沙、水利、海运、漕运、财政、盐法、刑法、钱法、税法、役没、科举等各个方面，都是有关治国的方针政策的实用之学。陈子龙所作"序"说："俗儒是古而非今，文士撷华而舍实。夫抱残守缺，则训

① 《四库全书总目提要》卷17《经部》第17《诗类存目一》，第4册，第60页。
② （清）毛先舒：《潠书》卷一《安雅堂文集序》，《四库全书存目丛书》集210，齐鲁书社1995年版，第619页。
③ 《四库全书总目提要》卷102《子部》第12《农家类存目》，第19册，第83页。

诂之文充栋不厌，寻声设色，则雕绘之作永日以思。至于时王所尚，世务所急，是非得失之际，未之用心，苟能访求其书者盖寡，宜天下才智日以绌，故曰士无实学。"① 由此可见，陈子龙之学具有经世特色，也展现出儒士悉心为国治家齐而不懈集思广益的心智和毅力。

18. 彭期生

彭期生（？—1646），字观民，海盐人，万历四十四年丙辰（1616）进士。《蕺山弟子籍》、《子刘子祠堂配享碑》皆著录，尚无参与讲会、问学书信佐证，但从董、全说。

据《明史》载，彭期生中进士后，由徽州府学教授入为国子监博士，后转工部主事。崇祯初年，曾为济南知府，因坐失囚犯而谪为布政司照磨，后量移为应天府推官，转任南京兵部主事，进郎中。崇祯十六年，江西农民起义，彭期生迁为湖西兵备佥事，驻吉安；吉安不守，走赣州，偕杨廷麟（？—1646，字伯祥，晚年自号兼山）招降张安等，加为太常寺卿，仍视兵备事。赣州城破，彭期生冠带自缢死，杨廷麟先于观民战死。② 另据《明末忠烈纪实》载，农民起义军攻赣州，"彭期生登章贡台，坐卧矢石间，凡六月。城溃，滇粤将招之出走，期生曰：'此吾死所，将安往？'手书绝命词五纸，分授苍头五人曰：'若辈未必皆生还，有一人得归，即讣音矣！'遂自缢死。台焚尸烬，惟心不毁。故史杜风睑以石函，瘗台上坠钟记之。有杨大器者，移之潜下万安，藏于百家村。越四年，其子求之不得。而万安人曾尧泉负骨走海上，云：'大器将他往，以公骨为托。'不远数千里致之，以曩者一诺也。"③ 全祖望即评价彭期生为"丙戌赣州殉难忠臣"④，清朝入祀忠义祠，乾隆四十年追谥"节愍"，《光绪海盐县志》有彭期生传记。⑤ 彭期生长兄彭

---

① （明）陈子龙撰：《陈子龙文集》（上），第437—438页。

② 参见《明史》卷278《列传》第166，第4689页。

③ 《明末忠烈纪实》，第234页。

④ 《子刘子祠堂配享碑》，《刘宗周全集》第6册，第647页。

⑤ 参见（清）王彬修，徐用仪纂：《光绪海盐县志》卷15《人物传》，台湾成文出版社有限公司1983年版，第1546—1553页。

长宜（字德符）与同为蕺山门弟子的吴麟征多有书信往来，其次子彭孙贻（1615—1673，字仲谋）与吴麟征之子吴蕃昌创"瞻社"，著有《茗斋集》、《五言妙境》、《明朝纪事本末》、《平寇志》等，于《光绪海盐县志》有传。①

19. 陈龙正

陈龙正（？—1645），字惕龙，号畿亭，浙江嘉善人，崇祯甲戌（1634）进士，《蕺山弟子籍》、《蕺山先生行实》皆著录。

陈龙正曾问学蕺山。据《刘宗周年谱》崇祯七年（1634）条载："是岁，门人魏学濂葬其父大中，迎先生题主。陈龙正拜先生于舟中，投书一卷，言天下之风气操于绍兴书办，使为郡县者能化其父兄子弟，则在京之书办亦无不化矣。并以高攀龙遗书为馈。先生在舟中阅之，每至禅门路径，指以示门人黄宗羲。"② 不过，黄宗羲《明儒学案》认为陈龙正为高攀龙、吴志远的门弟子："（陈龙正）师事吴子往志远、高忠宪，留心当世之务，故以万物一体为宗，其后始湛心于性命，然师门之旨又一转矣。"③《小腆纪传》亦持此见。④ 由此可知，陈龙正既是高攀龙弟子，又曾问学刘蕺山，有双重门籍身份。

据《明史》载，陈龙正中进士后即受中书舍人，考古今事，多以事喻义，表达重民生、民命的实政思想；崇祯十一年五月，荧惑守心⑤，皇帝下诏

---

① 参见《光绪海盐县志》卷16《人物·文苑》，第1777页。

② 姚名达：《刘宗周年谱》，载《刘宗周全集》第6册，第376页。

③ 《明儒学案》卷61《东林学案四·中书陈几亭先生龙正》，第1502页。

④ 参见《小腆纪传》卷13《列传》6，第185页。

⑤ 中国古代把五大行星中的火星叫作"荧惑"。火星外观呈火红色，因相对于地球与太阳的距离及其位相变化，使其亮度改变十分明显，视星等在＋1.5至—2.9等之间变化。火星的会合周期是780天（26个月），即在两年多的时间内，火星的视位置在恒星背景上移动一周天，在此期间内火星运行状态在黄道附近呈现出"顺行—留—逆行—留—顺行"等变化，其"逆行"和"留"的位置在前后相邻周期内并不相同。正是由于火星在亮度和位置上的变幻莫测，中国古代称之为"荧惑"。"荧惑守心"就是火星留守在二十八宿中的心宿，在中国古代"星占术"中，它是非常险恶的凶兆，预示着"大人易政，主去其宫"（《开元占经》卷31引《石氏》）等。（武佳璧：《"荧惑守心"问题之我见》，《中国科技史杂志》2009年第1期）

修省，有"哀恳上帝"语，陈龙正读而为之泣，上《养和》、《好生》二疏，大略曰："回天在好生，好生无过减死。皋陶赞舜曰'罪疑惟轻'，是圣人于折狱不能无失也。盖狱情至隐，人命至重，故不贵专信，而取兼疑，不务必得，而甘或失。臣居家所见闻，四方罪犯，无甚穷凶奇谋者，及来京师，此等乃无虚月。且罪案一成，立就诛磔，亦宜有所惩戒，何犯者若此累累？臣愿陛下怀帝舜之疑，宁使圣主有过仁之举，臣下获不经之愆"，盖阴指东厂之事；越数日，上谕提督中官"王之心不得轻视人命"，显见陈龙正上疏之实效；崇祯十二年十月，见彗星，冬至，大雷电雨冰雹；崇祯十三年二月，京师大风，天黄日眚，浃旬不解，陈龙正皆应诏条奏，"大指在听言省刑"；崇祯十五年夏，皇帝复下诏求言，有问"拯困苏残，不知何道"，陈龙正上言："拯困苏残，以生财为本，但财非折色之谓。以折色为财，则取于人而易尽，必知本色为财，则生于地而不穷"；崇祯十七年正月，陈龙正迁南京国子监丞，甫抵家而京师陷；福王立于南京，用为祠祭员外郎，不就；南京亡，得疾而卒。①

陈龙正辑《程子详本》，自订有《几亭全书》（现收录于《四库禁毁书丛刊》）。《四库全书总目提要》论《程子详本》曰："龙正以《二程遗书》虽朱子所手编，而其记载之重复，字句之同异，以至议论之出入，均未暇是正。乃排比刊削，分类编次，定为此本。其经说之别行者，亦并载入。又益以元谭《善心之传闻续记》。自序，视全书颇约，而实不敢不加详，故不曰约本而曰《详本》。其间于二子之说多所辨驳，不出明末讲学家诟争之习。"②

陈龙正之学"留心实务"，且学行圆融。昭阳李清（1602—1683，字心水，号映碧）所撰《几亭全书序》有曰："夫立言不本于明心，犹无原之流，其挹易竭。故理学者，文章之大年也。我明谁几此？当首推王文成耳。奸濡以功绩瑾，以节合事功，节义而皆遄端理学，斯有本。文章，尤理学心声也。故言虽辟芜，而理不谢迁，以是为根极奥妙云尔。噫！今得嗣矣，当推几亭陈先生。"③即此可见，几亭先生之学亦心学，能乘传自阳明心学、蕺山

---

①　参见《明史》卷258《列传》第146，第4418—4419页。

②　《四库全书总目提要》卷95《子部》第50《儒家类存目》第18册，第83页。

③　（清）李清：《几亭全书序》，载《几亭全书》，《四库禁毁书丛刊》集部第11册，第567页。

心学以来之心学精神。

20. 徐复仪

徐复仪（？—1646），字汉官，上虞人，崇祯癸未（1643）进士，《蕺山弟子籍》著录，尚无参与讲会、书信问学蕺山之史实，但从董说。

据《小腆纪传》载，弘光朝曾授徐复仪为刑部员外郎，因他按治逆臣罪，有声望；后出典云南乡试，未至而南都即破；徐复仪曾夜谒黔国公沐天波，并使陈兵卫镇抚之，土夷不敢肆；1645年闰六月，桂王起徐复仪为翰林院编修；1646年八月，闽败，徐复仪幅巾草履走千里，归辞父母妻妾，独居山中，日诵"离骚"，或从危崖掷身跃下，累不得死；某一日，风雨昼晦，徐复仪恸哭，急投谷中死，目犹张，其父徐承宠趋视，持其首哭之，复仪乃瞑；清朝赐通谥，曰"节愍"。① 徐复仪投谷殉道，不辱蕺山刘门师弟子节义精神！

21. 王毓蓍

王毓蓍（？—1644），字元趾，绍兴会稽人，郡庠生，《蕺山弟子籍》、《子刘子祠堂配享碑》、《蕺山先生行实》皆著录。

王毓蓍问道蕺山。《刘宗周年谱》"六十一岁"条（1638）载："诸生王业洵（士美）、王毓蓍（玄趾）、张应鳌（奠夫）、朱昌祚（绵之）、胡岳（嵩高）、黄宗羲（太冲）等十七人独不信禅，上书先生，洒洒数千言，请别为讲会，以辟邪说。先生固辞不受。"② 黄嗣艾《南雷学案》亦谈到此事："忠正公（刘宗周）讲学越中，一时承风接响者以想象为本体，权谋为作用，忠正公之言，格于浸淫之僻说而不相下。先生忧之曰：此禅门种草，宁可移植于吾室乎？于是推择王业洵，王毓蓍，及南雷公等十数人，进之为弟子。"③ 徐开任《明名臣言行录》曰："公门人王毓蓍因公久饿不死，劝早自决，毋为王炎午所吊，以所著《愤时致命篇》粘于祠壁，肃衣冠，趋文庙四拜，自

① 参见《小腆纪传》卷26《列传》第19，第264页。
② 姚名达：《刘宗周年谱》，载《刘宗周全集》第6册，第418页。
③ （清）黄嗣艾：《南雷学案》，《清代传记丛刊》，台湾明文书局1985年版。

跪曰：'君殉国，士殉泮，正也。'泮水浅，赴柳潭而死。年三十九。外有潘集，与毓蓍为友，为文祭毓蓍，死渡东桥下。周卜年，周文节族子，闻行髡令，碎所佩玉图书曰：'宁为玉碎，毋为瓦全'。走矶上赴海死。绍兴人谓之三义士，俱膺赠恤。"① 由此可知，王毓蓍为蕺山门弟子，且最终节义殉明。另据全祖望所言"元趾先尝学于倪文正公"②，可知王毓蓍亦为双重门籍。但据《蕺山先生行实》，倪元璐亦为蕺山弟子，故倪元璐和王毓蓍师徒二人皆受学于蕺山先生。

《东南纪事》记载，王毓蓍性至孝，方婚即遭父丧，则三年不居内室；及母殁则哀毁伤目；王毓蓍好交天下才士，且己亦为名士，时海内以文称誉且擅元礼而有道闻于天下者，则苏州有杨延枢，太仓有张溥、张彩，松江有徐孚远、陈子龙，江西有陈际泰，绍兴即王毓蓍；蕺山讲学于古小学时，毓蓍及刘世纯、陆曾晔、秦弘祐、王朝式、秦承显、钱永锡等执贽；王毓蓍顾豪迈，不为曲谨小节，每燕集，坐客常满，风雅谐笑，旁及丝竹；崇祯十七年六月二十二日投柳桥，坐水死，尸色如生，蕺山先生即赞之曰"吾讲学十五年，仅得此人"，门人私谥"正义"先生，后鲁王赠简讨，后毓蓍四日而殉义死者，有潘集。③ 全祖望即以王毓蓍为"乙酉殉难义士"④。另，《康熙会稽县志》、《明史》、《缩斋文集》皆有王毓蓍小传。⑤

22. 王毓芝

王毓芝（？—？），字紫眉，会稽人，王毓蓍兄，蕺山先生二女婿，《蕺山弟子籍》著录。

王毓芝在蕺山绝食期间，尝伴随左右。《刘宗周年谱》载，1645 年六月

---

① （清）徐开任：《明名臣言行录》，载《刘宗周全集》第 6 册，第 642 页。

② 《子刘子祠堂配享碑》，载《刘宗周全集》第 6 册，第 649 页。

③ 参见（清）邵廷采：《东南纪事（外十二种）》卷八，北京古籍出版社 2002 年版。

④ （清）全祖望：《子刘子祠堂配享碑》，载《刘宗周全集》第 6 册，第 649 页。

⑤ 参见（清）董钦德等辑：《康熙会稽县志》，台湾成文出版社有限公司 1983 年版，第 536—537 页；《明史》卷 255《列传》第 143，第 4361—4362 页；（清）黄宗会：《王玄趾先生传》，《缩斋文集》（不分卷），《四库未收书辑刊》五辑第二十六册，北京出版社 1997 年版，第 767—768 页。

二十八日，"友人来候，复劝先生请进少饮。先生曰：'勿入吾耳，士可杀，不可辱。书来，复何为乎？'婿王毓芝入门，先生望见，呼其字曰：'嗟！紫眉！当以道义相成，勿作儿女子态。'毓芝曰：'然。'因语及弟王毓蓍事。先生为泪下曰：'吾讲学十五年，仅得此人。'徐曰：'吾始不食数日，时燥渴甚，因饮少茶，觉味如甘露。始知饮茶亦能续命也。今后勺水不入口矣。'有顷，毓芝进曰：'先生心境何如？'先生曰：'他人生不可以对父母妻子，吾死可以对天地祖宗。他人求生不得生，吾求死得死。他人终日忧疑惊惧，而吾心中泰然。如是而已。'"闰六月初一日，毓芝复来候，"先生谓曰：'吾今日自处，合义否？'毓芝曰：'甚正，虽圣贤处此，不过如是。'先生曰：'吾且敢望圣贤哉？求不为乱臣贼子而已矣。'"初七日，"毓芝以祁彪佳（世培）殉节状告先生，先生已不能言，但张目举手者再。复指几上笔砚，毓芝携至前，先生捉笔书'鲁'字，毓芝曰：'先生问鲁王监国事乎？'先生颔之。"① 蕺山绝食殉道前，与其女婿王毓芝谈论先于蕺山先生而殉义的王毓蓍，即王毓芝之"弟"，有"吾讲学十五年，仅得此人"的感叹，须知，蕺山先生仅于有生之年知门徒王毓蓍殉义，而在其卒后，潘集、周卜年、祁彪佳等门弟子亦绝然殉道，即在其卒之前，尚有金铉、倪元璐、吴麟征等人死国，想必蕺山先生在天有灵，必是心满意足，蕺山刘门师弟子必无愧于中国儒士之真精神、真气节！

23. 潘集

潘集（？—？），字子翔，山阴人。《蕺山弟子籍》、《子刘子祠堂配享碑》、《蕺山先生行实》皆著录，尚无参与讲会、问答书信佐证，但从董、全、刘说。而且，《小腆纪传》亦以潘集为蕺山弟子："潘集，字子翔，山阴人；刘宗周弟子。"②

据邵廷采《东南纪事》载，潘集"不喜章句，诗文立就，纵横绚烂，若不可止"，当是时，"王毓蓍延吴下名士，为文酒会，集方就童子试，试

---

① 姚名达：《刘宗周年谱》，载《刘宗周全集》第 6 册，第 483—485 页。
② 《小腆纪传》卷 52《列传》第 45《义士》，第 555 页。

又不利。每弹驳诸名士文义，毓蓍恚，绝不与通。比闻毓蓍死，狂走大叫曰：'集故人也，必死从王子！'走哭柳桥上，曰：'先生往乎？尔友来矣！'有解之曰：'子布衣，无庸然，天下甚大，岂少子？'集厉声曰：'天下人自生，集自死，集不以愧天下，天下亦不以集愧也。'袖巨石，沈东郭渡东桥死。"[①]潘集死时，方23岁，里中私谥"义成"先生，鲁王赠礼部主事。全祖望称潘集为"乙酉殉难义士"[②]，后潘集十三日又有死者周卜年，亦为布衣。与潘集同殉者7人，里人在渡东桥建"七贤祠"以旌之。《嘉庆山阴县志》、《康熙会稽县志》皆有潘集小传。[③]

24. 傅日炯

傅日炯（？—1644），字中黄，号紫眉，诸暨人，诸生，《蕺山弟子籍》、《子刘子祠堂配享碑》皆著录，尚无参与讲会、问学书信佐证，但从董、全说。不过，《小腆纪传》明确以傅日炯为蕺山弟子："傅日炯，字仲黄，诸暨人；刘宗周弟子"[④]。另，《海东逸史》亦有此主张："（傅日炯）与族父平公同受业刘宗周之门"[⑤]。

据《康熙会稽县志》载，傅日炯"生平慷慨负奇节，国变时，缝经辞祖庙，做至命词二首，赴水死。次日，危坐石上，衣冠整如。"[⑥]时明末崇祯帝急于求治，阁臣丛脞，疆吏不和，以致寇氛日炽，苍生涂炭，傅日炯有《闻难感诗》曰："驱奴之岁罢忧虞，建言奖用今不须。易置劳臣属帏盖，拜命以疾属江湖。分功自可赋膏雨，何事娟妒乘于菟。万卒残碎血满野，大陵未救先失图。吾闻大帅扬糜屑，麾下馁卧饕良骆。析骨为薪薪亦尽，精弓大剑徒鸣呼。又闻敛锐踰河浒，贼之粮备今将无。黑旗屡报鼓音死，庙堂结舌都人怃。又恐复中蹂□害，天子召对帅大夫。不知戒事无前诺，但幸士有捐

① （清）邵廷采：《东南纪事》卷八，第275页。
② （清）全祖望：《子刘子祠堂配享碑》，载《刘宗周全集》第6册，第649页。
③ 参见（清）徐元梅等修，朱文瀚等辑：《嘉庆山阴县志》卷14《乡贤二》，台湾成文出版社有限公司1983年版，第513页；《康熙会稽县志》卷25《人物志·忠节》，第537页。
④ 《小腆纪传》卷42《列传》第35，第422页。
⑤ （清）翁洲老民等撰：《海东逸史》卷17《忠义四》，明文书局1980年版，第108页。
⑥ 《康熙会稽县志》卷25《人物志·忠节》，第537页。

身愚。东顾焦劳气灭虏，谁能慷慨陈豪谟。尝读家令说兵事，以三长技归匈奴。中国悉为用其短，能罢坐丧赢马□。练士横行快云鸟，首矛利戟交坚枝。如山不动足自保，风雷变化虏应□。庸臣谋国喜灭省，楚蜀征戍仍南徂。骁捷累奏先登绩，枭獍乍捐避其徒。茫茫才略务□屑，雄俊仓促皆踟蹰。感忧黠奴用崖险，能使援绝神京孤。安顿猛将作声援，夺诡□□匪区区。草茅欲献狂瞽策，愿开关门莫战胡。营平破羌先宿食，分番遁进彼始屠。肉食空报搊掌叹，至今秦晋繁负嵎。川蛮连报相仇杀，圣清何以释宵旰。"[1]诗出，忠义之士咸惊叹感慨，而廷臣则顾笑之以为狂生。另据《海东逸史》载，傅日炯与族父傅衡（字平公）相谓同死，但平公白于母，不许，傅衡即无死；而傅日炯白于母则许之，即赴湄池死，平公乃终身养日炯母。[2]清朝赐傅日炯入祀"忠义祠"。全祖望称傅日炯为"丙戌殉难义士"[3]。

25. 傅商霖

傅商霖（？—1644），字天赍，诸暨人，傅日炯从弟。杜春生《刘子全书遗编钞述》检讨府、县志得蕺山弟子未载者六人："徐其（而法，会稽，《儒林传》）、傅商霖（天赍，诸暨，《忠洁传》）、傅雨（奉峨，诸暨，《义行传》）、沈静（止安，会稽，《隐逸传》）、叶良玉（君琳，山阴，《孝友传》）、毛先舒（稚黄，钱塘，《文苑传》）。"[4]故著录傅商霖为蕺山弟子。

据《康熙会稽县志》载，傅商霖为傅日炯从弟，"闻炯死，叹曰：'后之哉！奈何？'坚以饿殉。十余日水浆不入口而逝。有绝命歌一章。"[5]

26. 傅衡

傅衡（？—？），字平公，诸暨人，为傅日炯族父。《蕺山弟子籍》著录，尚无参与讲会、问学书信佐证，但从董说。

---

① 据绍兴图书馆藏《刘蕺山弟子考》清会稽董氏行综学会抄本点校整理。
② 参见《海东逸史》卷17《忠义四》，明文书局1980年版，第108页。
③ 《子刘子祠堂配享碑》，载《刘宗周全集》第6册，第649页。
④ 《刘宗周全集》第6册，第700页。
⑤ 《康熙会稽县志》卷25《人物志·忠节》，第537页。

傅衡故事可参见上条"傅日炯"所引《海东逸史》史料。

27. 傅雨

傅雨（？—？），字奉峨，诸暨人。傅日炯从弟。杜春生《刘子全书遗编钞述》著录，虽无参与讲会、问学书信佐证，但从杜说。

据《诸暨县志》载，傅雨"少好学，与从兄日炯同受业于刘蕺山门下。甲申北变，日炯志在殉节，遽戴星扣雨家扉，索酒痛饮。忽长叹曰：'恒山鸟一，何悲？'雨曰：'若岂以聂轵里有老母在乎？'日炯曰：'知我者，鲍子也。'雨曰：'若母犹雨母，谊何敢辞！'相拜别去。日炯以殉节死，雨为养母终，其身事见山阴张岱《越人三不朽图赞》。"① 由上可知，傅日炯殉义后，傅衡和傅雨皆终养其母。

28. 周镳

周镳（1600—1645），字仲驭，金坛人，崇祯戊辰（1628）进士。《蕺山弟子籍》著录。

周镳与蕺山有问学书。《刘宗周年谱》"六十二岁"条（崇祯十二年己卯，1639）载，是年四月二十八日，蕺山与《周仲驭工曹（镳一）书》，谓："当此主忧臣辱主辱臣死之日，独我辈林间人无死地耳。"②

据《明史》载，周镳中进士后，授南京户部主事，榷税于芜湖；因忧归家，服阕，后授南京礼部主事。周镳曾有论内臣言官二事曰："张彝宪用而高弘图、金铉罢，王坤用而魏呈润、赵东曦斥，邓希诏用而曹文衡罢闲，王弘祖、李曰辅、熊开元罹罪。每读邸报，半属内侍温纶。自今锻炼臣子，委亵天言，祇徇中贵之心，臣不知何所极也。言官言出祸随，黄道周诸臣荐贤不效，而惠世扬、刘宗周勿获进；华允诚诸臣驱奸无济，而陈于廷、姚希孟、郑三俊皆蒙谴。每奉严谕，率皆直臣封章。自今播弃忠良，奖成宵小，祇快奸人之计，臣益不知何所极矣。"见疏后，崇祯怒斥周镳为民，镳由是

---

① （清）沈椿龄等修，楼卜瀍等纂：《乾隆诸暨县志》卷28《人物》第8《义行》，台湾成文出版社有限公司1983年版，第1214页。
② 姚名达：《刘宗周年谱》，载《刘宗周全集》第6册，第422页。

名闻天下。周镳伯父、尚书周应秋（？—1629，时人谓之"煨蹄总宪"）、叔父、御史周维持以党附魏阉，列"逆案"，周镳深耻之。周镳通籍后即交东林，委身忠义，矫矫树名节。阮大铖曾废居金陵，周镳与诸名士作《留都防乱揭帖》以逐之；阮大铖因恐惧而匿身牛首山，即此深怨周镳；南都议立君，吕大器 [1598—1650，字俨若，号东川，崇祯元年（1628）进士]、姜曰广 [1584—1649，字居之，号燕及，万历四十七年（1619）进士] 并主潞王，周镳与雷演祚（？—1645，字介公）尝往来游说，然最终福王立于南京，马士英既逐吕大器，并陷周镳、雷演祚，而阴使福王赐周镳、雷演祚自尽而死。①

29. 祝渊

祝渊（1614—1645），字开美，因喜坐对明月，至通夕不寐，以"月隐"自号，及深于学问，后改为兼山道人，浙江海宁人。《蕺山弟子籍》、《子刘子祠堂配享碑》、《蕺山先生行实》皆著录。另据《刘宗周年谱》"六十五岁"条 [崇祯十五年壬午（1642）] 载："（祝渊）以公车入都，闻先生落职，上书切谏。诏坐妄言朝政，下部议处；渊不以为意，进而纳贽于先生，北面称弟子。"② 刘蕺山《君恩未报臣罪当诛谨沥血陈悃仰祈圣鉴以伸在三之谊疏》亦有记载："君臣朋友并属大伦，所从来旧矣。……先与革职，既而有会试举人祝渊上书，争臣不当罢，并奉有看议之旨。随该礼部议覆罚科候旨间，臣固未知祝渊何如也。久之渊乃进而谒臣。访其履历，具道其详，并及所以留臣之故，以其同乡吏科给事中吴麟征尝称及臣之为人也，而渊过信之，以成此误举。臣因诮让之不置，渊自此遂交臣，称门下士，臣携之南还。"③ 同时，《小腆纪传》、《明史》亦皆以祝渊为蕺山弟子。④

---

① 参见《明史》卷 274《列传》第 162，第 4637 页。

② 姚名达：《刘宗周年谱》，载《刘宗周全集》第 6 册，第 459 页。

③ （明）刘宗周：《疏》，《刘宗周全集》第 3 册，第 254 页。

④ 参见《小腆纪传》卷 52《列传》第 45，第 554—555 页；《明史》卷 255《列传》第 143，第 4361 页。

祝渊与蕺山论学书信五通，论时事书信 22 通，俱见《刘宗周全集》第三册。

据《明史》载，甲申之变，都城陷，太常少卿吴麟征（蕺山门弟子）殉难，祝渊亲为之函殓，并宿于枢下者旬日；杭州失守，祝渊方葬母；既葬，还家设祭，即投缳而卒，年仅 35 岁。当蕺山罢官家居时，祝渊数往问学。祝渊克己太甚，尝有过，入曲室长跪流涕而自挝。① 另，祝渊与吴麟征有姻亲关系，吴麟征长子吴壮舆之女嫁与海昌祝孝廉渊次子为妻。②

祝渊有《祝子遗书》传世。《四库全书总目提要》载，《祝子遗书》四卷、《附录》一卷（浙江巡抚采进本），明祝渊撰。是集为其友陈确、吴蕃昌所编。卷一为《问学录》，卷二为《传习录》，皆与宗周讲学之语。三卷为奏疏书札，其《劾马士英疏》，仅残稿半篇，以福王时已就擒，而辍笔未竟也。四卷为诗及所记吴麟征殉节事实及祭文，而终以《自警条规》十六条。附录一卷，则刘宗周疏及所作别渊序、赠渊诗，而以谈迁等所作"小传"缀其后。③ 陈确在《辑祝子遗书序》中说："吾友祝子开美，在蕺山之门，最称好学，有'庶乎？回也！'之叹。"④ 由陈确所言可知祝渊在刘门中的重要地位。

30. 张玮

张玮（？—？），字席之，号二无，江苏武进人，万历四十七年（1619）进士，《蕺山弟子籍》著录。

张玮问道蕺山，曾谈论《人谱》。据《刘宗周年谱》"六十二岁"条 [崇祯十二年己卯（1639）] 载，是年八月，"武进人张玮（二无）来谒，先生叩其所学，玮以静对。先生曰：'心无分于动静，故学亦无分于动静。若专求之于静，便有喜静恶动之病，凡九容九思，应事接物，未免多疏略处，非古

---

① 参见《明史》卷 255《列传》第 143，第 4361 页。
② 参见（明）吴蕃昌：《吴麟征年谱》，《北京图书馆藏珍本年谱丛刊》第 61 册，北京图书馆出版社 1999 年版，第 25 页。
③ 参见《四库全书总目提要》卷 180《集部》第 33《别集类存目七》，第 36 册，第 58 页。
④ （清）陈确：《陈确集》上，第 239 页。

人体用一源之学也。'玮然之。已而更端请曰：'读先生《人谱》，而知学者得力莫过损益二卦。惩忿窒欲，克己也。迁善改过，进德也。固有终身用之不尽者。'先生曰：'不然，要识得乾元，乾知大始，惩窒迁改纲领也。得此纲领，则功夫入粗入细，皆为有益。不然，即少有得力，总入人为凑泊，于身心了无干涉，几何而达本原之地乎?'玮欣服曰：此旨自元公后，不图今日复闻于先生也。"① 然《明史》曰："（张玮）讲学东林书院，师孙慎行。其学以慎独研几为宗。"② 由上可知，张玮亦有双重门籍。另据《蕺山先生行实》，孙慎行亦问学刘蕺山。故著录张玮为蕺山弟子。

据《明史》载，张玮中进士后，先授户部主事，后调兵部职方，历任郎中，出而为广东提学佥事；虽粤俗奢丽，及督学至，宫室供张玮舆马饩牵、象犀文石、名花珠具，尽管磊砢璀璨，张玮悉屏去弗视；粤地有大吏建魏忠贤祠，乞上梁文于张玮，玮坚辞不从，并辞督学之职，乃布袍草履归家，授徒乡里；崇祯初，张玮起用为江西参议，历福建、山东副使，大学士吴宗达（1575—1635，字上于，号青门）谓张玮"难进而易退"，推荐言之于吏部，遂召其为尚宝卿，旋进为太仆少卿；张玮后迁任南京光禄寺卿，并召入为右佥都御史，进而迁为左副都御史，旋以病谢归，未几而卒。福王时，赠张玮为左都御史，谥"清惠"。③

31. 何弘仁

何弘仁（? —?），字仲渊，山阴人，阳明后学弟子陶望龄（1562—1609，字周望，号石篑）外甥，崇祯十年（1637）进士，《蕺山弟子籍》、《子刘子祠堂配享碑》著录。《小腆纪传》曰："何宏仁字仲渊，山阴人；刘宗周弟子也。"④ 虽无参与讲会、问学书信佐证，但从董、全说。

另据《小腆纪传》载，何弘仁中进士后，任建平县令，有政绩；后调任高要县令，兴水利，请关权；甲申变后，鲁王监国，何弘仁官为御史；监国

① 姚名达：《刘宗周年谱》，载《刘宗周全集》第6册，第424页。
② 《明史》卷254《列传》第142，第4346页。
③ 参见《明史》卷254《列传》第142，第4347页。
④ 《小腆纪传》卷42《列传》第35，第421页。

二年（1646）五月，复明义师溃败，何弘仁弃官至嵊县之白峰，过关山岭，衣带间尝书有曰："有心扶日月，无计巩河山。宏仁间关奔行在，闻台又失守；已矣，无复可为！身非吾身，吾何家为！为我子者，食贫守节而已。明御史何宏仁绝笔。"遂投岭下而死。①但《嘉庆山阴县志》记载，何宏仁跳崖未死："宏仁死而复苏，有士人负之入陶介山，削发苦行。遗命暴骸三日，野火焚之。"②另据《国朝先正事略》记载，何宏仁最终逃禅："丙戌五月，江上师溃，公弃官至剡之白峰，自恨不及从亡，作诗投崖而绝。久之复苏，土人守之，得不死。随披剃，从方外游。入陶介山，事山主云藏禅师。随众樵汲，昼夜作苦。同事者为先生难之，先生曰：'吾视出没风涛间，眴息生死者何如，而敢言劳苦哉！'然先生犹谓去人境不远，复瓢笠往来缙云、义乌诸山，与樵翁、衲子侣，行个独哭。从此游益远，入山益深，崎岖崖堑，醯盐并绝，所过皆留诗纪岁月。遇高僧郭莲峰、李征君秘霞，结尘外之友。馆留崇圣寺，藜床风雨，三人者相对，嘿语终日，人不测其所以"。"居数月而疾作。先是，乙丑四月，先生谓李征君曰：'居此久，幸稍安。顾此中常有戚戚者，行别子，飞锡白云之乡耳。今留一函与家人诀，迟其来则示之。'至是，病困，令出所缄书读之。曰：'吾茹荼赘志，忝厥所生，毁伤莫赎，于国为不忠，于家为不孝。死后勿棺殓我，当暴野三日，以彰不忠之罪。三日后，火化入塔，勿祔葬先陇，以彰不孝之罪。'读竟而绝。推先生之心，盖无日不以为可悲，而得死之足乐也。"③全祖望对何弘仁评价较高："山阴何先生宏仁，字书台，在证人讲社中最深造，予今求其书，未得见也。丙戌以后，行遯如格庵，然实令终，而江右魏禧志其事，以为死节，讹也。书台以故侍御入桃源，完节而终，何必死乃足重！"④宏仁虽有死节之志，但终未能如愿；虽身在僧侣，惟求遁世补节而已，其忠国孝家之心始终不渝，与衲子禅说不相同流！

① 参见《小腆纪传》卷 42《列传》第 35，第 421—422 页。
② 《嘉庆山阴县志》卷 14《乡贤二》，490 页。
③ （清）李元度：《国朝先正事略》卷 45《遗逸》，岳麓书社 2008 年版，第 1171—1172 页。
④ 《子刘子祠堂配享碑》，载《刘宗周全集》第 6 册，第 648 页。

32. 史孝咸

史孝咸（1582—1659），字子虚，号隐君，别号拙修，余姚人，诸生，《蕺山弟子籍》著录。

据《姚江书院志略》载，史孝咸少即绝慧，文章有名；自良知之旨，徒腾口说，偕沈国模（1575—1656，字叔则，号求如）、管宗圣与史孝复，讨求精要，取以物躬；虽瓶无储粒，但徜徉自如；天启乙丑年（1625），蕺山因忤而家居，史孝咸拜谒求学；崇祯辛未年（1631），蕺山先生与陶望龄举证人讲会，先生即以书招史孝咸，而隐君少蕺山三岁，执礼甚恭；崇祯己卯年（1639），沈国模成立姚江书院，1640 年，史孝咸先生即主讲姚江书院。①

史孝咸与蕺山书信往来较为频繁，《刘宗周全集》第三册收录有二者论学书二通、论时事书三通。如 1643 年除夕，蕺山《答史子虚（孝贤）书》谓："一则不欲说坏意"，"一则不欲说粗意字"②。《姚江书院志略》亦载史孝咸与蕺山二先生往来论学书数通。

史孝咸参与证人讲会，后奉陶奭龄为师，但蕺山对他评价较高。《刘宗周年谱》"六十一岁"条［崇祯十一年戊寅（1638）］载，是年十一月，蕺山先生《答王金如（朝式）书》指出："陶先生（奭龄）学有渊源，养深自得，不难尊为坛坫，与二三子共绎所闻。每一与讲席，辄开吾积痼，退而惘然失所据也。一时闻者兴起，新建微传庶几有讬。其它若求如之斩截，霞标（即管宗圣）之笃实，子虚之明快，仆皆自视欿然，以为不可及。因而往还论道，十余年如一日，不问其为儒与禅也。"③《清史稿》论史孝咸曰："继国模主姚江书院。尝曰：'良知非致不真。'又曰：'空谈易，对境难'。于'居处恭，执事敬，与人忠'三语，精察而力行之，其庶几乎！"④邵廷采指出，史孝咸常言："良知非致不真，证人改过则圣。吾辈头顶儒

---

① 参见钱茂伟：《姚江书院派研究》，中国社会科学出版社、文化艺术出版社 2005 年版，第 291 页。

② 姚名达：《刘宗周年谱》，载《刘宗周全集》第 6 册，第 466 页。

③ 姚名达：《刘宗周年谱》，载《刘宗周全集》第 6 册，第 417 页。

④ 《清史稿》卷 480《列传》267《儒林一》，第 9978 页。

冠，学宗孔孟，教遵先哲，何至借径于禅？"邵氏常令学者鞭辟近里，以立诚为第一步，曾言："学问自有向上功夫，忽以必信必果为驻足之地。"又曰："空谈易，对境难，但将《论语》'居处恭，执事敬，与人忠'深佩而力行之。"史孝咸门人称其博学工文章，要归于道。并潜隐高节，有陶潜、金履祥之风。①《小腆纪传》亦认为史孝咸和平光霁，以名教为宗主，淡泊名利，虽家贫而日食一粥，但泊如也。②顺治十六年乙亥年（1659）卒，终年78岁。

33. 史孝复

史孝复（？—1644），字子复，号文学，别号退修，余姚人，史孝咸胞弟，《蕺山弟子籍》著录。

据《姚江书院志略》载，史孝复自幼举止端凝，退然如不胜衣；性沉静、间修、密行，不事表暴；好读书，知人论世，藻识甚精；大义所在，不毫发假；妙龄能诗，且信致知之学；蕺山集证人讲会，史孝复即参与其中，听讲受教；此外，是《略》尚载有史孝复与蕺山先生辨《大学》"诚意"、"已未发"、"大学参疑"往来书信。③

《姚江书院志略》之《史隐君文学兄弟传》后论史孝咸、史孝复及评价蕺山之学曰："世有能恢复本心如王子者乎？顾再传失其旨，所谓谈良知之妙，考其致处，全不相掩者。而沈聘君探其本，管征君践其实，隐君、文学兄弟则问之极其审，辨之极其明。盖自刘子揭诚意之教，隐君先辛未六年，即问学刘子者。得古人学问无一点在所发将发处用语，而疑释矣。此所以有'学问亦立诚为第一步'之说也。文学反复数千言，亦疑良知无凭据，不如意字确有可依，刘子所谓'说出愚意中事也'。隐君、文学，其真能叩刘子学者哉！"④刘宗周举慎独诚意之说，指出："意为心之主宰，即道心唯微。存发一机工夫，专在未发处用；致知不先主诚意，必有知非所知之病"，蕺

---

① 参见（清）邵廷采：《姚江书院传》，《思复堂文集》，第 54—55 页。
② 参见《小腆纪传·补遗》卷二《列传·儒林》，第 782 页。
③ 参见钱茂伟：《姚江书院派研究》，第 294—301 页。
④ 钱茂伟：《姚江书院派研究》，第 301—302 页。

山弟子于此最先发问质疑者即是史孝复。[①] 史孝咸、史孝复兄弟皆为蕺山弟子，其能传蕺山心学，后世学者并称"二史先生"。故著录史氏兄弟为蕺山弟子。

34. 王朝式

王朝式（？—1640），字金如，号征士，山阴人，诸生。《蕺山弟子籍》著录。

王朝式最初为陶奭龄弟子，后因听讲证人讲会始从学蕺山，再之后则转学于沈国模先生。《刘宗周年谱》"六十三岁"条 [崇祯十三年庚辰（1640）] 载："（王朝式）甫弱冠即及先生之门，先生因其已得陶奭龄之师承，故以朋友视之。自此往还无间，每相见必以学问相切磨，绝不及流俗一语。至于患难相恤，德义相劝，过失相规，不一而足。相友凡十余年，晚而弥笃。证人会讲，朝式偶举立诚之说，及省察克治之说，先生心喜而目之曰：'金如自此进矣。'竟以同人意见相左，不竟其说而罢。先生深惜之。"[②]《嘉庆山阴县志》载："（王朝式）从沈国模学，笃守致知。入嵊赈灾，全活甚众。与苏元璞、邓锡元立姚江书院。"[③]《清史稿》曰："王朝式，字金如，山阴人。亦国模弟子。尝入证人社，宗周主诚意，朝式守致知。曰：'学不从良知入，必有诚非所诚之蔽。'亦笃论也。顺治初，卒，年三十有八。"[④]由上可知，王朝式有多重门籍。王金如卒于崇祯十三年，即 1640 年。《祁忠敏公年谱》载："十三年庚辰，先生三十有九岁……夏四月，弟熊佳成进士。闻王金如病殁，为位以哭，为营葬事。"[⑤]

据《姚江书院志略》载，王朝式早年嗜学，造周海门先生请益；天启辛酉，从沈国模游；天启壬戌，及蕺山门；崇祯庚辰，以忧时过伤病卒，其病中语有云："吾宁以块肉活数十万人性命。"[⑥]蕺山《祭王生金如》对金如赞

---

① 参见（清）邵廷采：《姚江书院传》，《思复堂文集》，第 55 页。
② 姚名达：《刘宗周年谱》，载《刘宗周全集》第 6 册，第 432 页。
③ 《嘉庆山阴县志》卷 14《乡贤二》，第 499 页。
④ 《清史稿》卷 480《列传》267《儒林一》，第 9979 页。
⑤ 《祁忠敏公年谱》，《北京图书馆藏珍本年谱丛刊》第 63 册，第 412 页。
⑥ 钱茂伟：《姚江书院派研究》，第 305 页。

赏有加:"予以为求友于天下而不可得也,乃得之于金如,私心甚喜之。金如亦不鄙夷予,而托为同志者几二十年。晚而相信益坚,相切劘益挚,每有所规益,予必改容以谢,而金如自鞭自策,亦不少恕也。予辄因是以窥金如,其超世之识、过人之才,随处倾倒之肝胆,有非流俗辈所敢望其万一者,古所称豪杰之士,非耶?而世已有知金如者矣。天假之年,我知其必有用于世。即遗大投艰,无事不办,而何意其止于是乎!乃予所尤憾于金如者。金如有天下之识,而不必印之于古;有天下之才,而不必韬之以静;有天下之真肝胆,而不必出之以养。如是者,凡以成其为金如之学而止。即质之金如平日所志,宜亦有未副焉者。"① 董玚在《姚江书院志略》中亦赞王朝式:"余晤征士与蕺山之冷然阁,每坐对,顷志节之高迈,隐然在肩宇间,而气甚静。征士曰:'致知之外无学。'余曰:'力行之,尽是知。'当时,秦自承佑闻而然之。余尝谓:'阐良知之学者,于知外不敢挽一字。'而刘子以诚意示致知,必实以诚意,意为心之所存。一庵王氏之书,尝言之。一庵,亦祖良知之学者,其为功于致知之说如此。而或以刘子为岐(歧)论,守其说而不究其极。余不敢不谓诸人之负刘子,且负阳明子也。厥后,史隐君与征士皆以立诚言,刘子之学明,而阳明子之学愈彰。独刘子祭征士文,征士真不负刘子十九年之训者哉!"② 可见,王朝式能传蕺山学。

35. 王釐

王釐(?—?),字予安,绍兴会稽人。《蕺山弟子籍》著录,尚无参与讲会、问学书信佐证,但从董说。

王釐为"云门十子"之一。"云门十子"是指祁豸佳、董玚、王雨谦、陈洪绶、赵甸、王作霖、鲁集、王釐、罗坤、张逊菴。③ 祁豸佳为祁彪佳四弟④,另外,陈洪绶、董玚和赵甸亦为蕺山门弟子。

---

① 《祭文》,载《刘宗周全集》第 4 册,第 320—321 页。
② 钱茂伟:《姚江书院派研究》,第 306 页。
③ 参见《嘉庆山阴县志》卷 14《乡贤二》,第 478 页。
④ 参见《祁忠敏公年谱》载:"(天启)七年丁卯,先生二十六岁……秋八月,四弟豸佳领乡荐第三。"(《北京图书馆藏珍本年谱丛刊》第 63 册,第 399 页)

36. 沈綵

沈綵（？—1646），字素先，绍兴会稽人，崇祯癸酉（1633）进士。《蕺山弟子籍》载录，尚无参与讲会、问学书信佐证，但从董说。

据《绍兴县志资料》载，沈綵秉性缜密能干，江南视其为"通才"，但与人交而无高言，唯华节谦抑而已；弘光元年乙酉（1645），鲁王监国绍兴，沈綵未出仕；1646 年正月，唐王阁部黄鸣俊领兵入越，取道浙西，沈綵出自鸣俊门下，加御史衔，屯于金华，侃侃议论："唐鲁宜合力并智，经营中原，奠复九庙，不宜内自携贰为敌所快。且鲁以至单弱当卫数月，功莫大焉，非有方、郑诸将矢石钱塘，仟霞岭下戍卒不卧久矣，鲁为唐捍，奈何欲自撤其藩？且情有所不忍，唐、鲁皆高皇帝子孙，兄弟至亲，鲁以闰六月起，唐以七月起事，迟而欲先功多者，窃恐天下诽笑。"故，沈綵往返辩难于浙、闽之间，促使唐王遣御史陆清源发饷三万两犒江上诸营，示与鲁王合力，然马士英劫饷，并杀陆清源，士志不固。是年五月二十八日，方国安兵溃，自焚其营骇走，清兵攻入绍兴，鲁王败退台州，沈綵追之不及，自投官江而死，或云匿姓隐名而去。①

37. 王绍美

王绍美（？—？），字子屿，会稽人，崇祯庚辰年（1640）进士。《蕺山弟子籍》著录，尚无参与讲会、问学书信佐证，但从董说。

据《康熙会稽县志》载，王绍美少年英俊，每试辄冠，故多聚徒讲授，尝曰："圣贤语言，当下可以领会，何须向人牙后另觅古人生面耶？"崇祯癸酉，举于乡，庚辰成进士，即援为肇庆府推官，虽不事刑威、不为表暴，但能出冤狱、却厂羡，论者谓其"有投杯弃砚之风"。王绍美平生仁孝，视兄弟朋友如一身，迨其去官，家无留物，至不能具棺殓；尚名节，好气谊，惜早卒而不竟其用；尝手录诗文盈数尺，笔法精妙，为世所珍；配朱锡元之女，事姑抚孤，倍尝艰苦。② 王绍美之弟王绍兰，丙子（1635）举人。

---

① 参见《绍兴县志资料》第 1 辑《人物列传》，台湾成文出版社有限公司 1983 年版，第 2599—2600 页。

② 参见《康熙会稽县志》卷 24《人物志·儒林》，第 523 页。

38. 王绍兰

王绍兰（？—？），字子树，会稽人，为王绍美之弟。《蕺山弟子籍》载录，尚无参与讲会、问学书信佐证，但从董说。

据《康熙会稽县志》，王绍兰有《梅庄合稿》行世，但今不见。①

39. 张峄

张峄（？—？），字平子，山阴县人。《蕺山弟子籍》载录，尚无参与讲会、问学书信佐证，但从董说。具体事迹不详。

40. 谢毂

谢毂（？—？），字式臣，会稽县人。《蕺山弟子籍》载录，尚无参与讲会、问学书信佐证，但从董说。具体事迹不详。

41. 陶履卓

陶履卓（？—？），字岸生，会稽县人，崇祯癸未（1643）进士，《蕺山弟子籍》载录，尚无参与讲会、问学书信佐证，但从董说。

据《绍兴府志》载，陶履卓为陶承学之孙，他中进士后，授行人，奉诏安抚粤东，因功效卓著，粤人为之构祠立像；陶履卓因父卒，积忧悲痛，及母逝，发声尽哀，流血数斗，肢体几毁；营葬毕，遂构疾。陶履卓将卒之日，谓子（陶观）曰："吾屡遭患难不殉，以祖母在也。今无憾矣。"整体而言，陶履卓好施予，无城府，行文有矩蒦，坚秀似河东。②

42. 赵甸

赵甸（？—？），字禹功，又字璧云，山阴人，诸生。《蕺山弟子籍》、《子刘子祠堂配享碑》皆著录，尚无参与讲会、问学书信佐证，但从董、全说。

---

① 参见《康熙会稽县志》卷 24《人物志·儒林》，第 523 页。
② 参见《绍兴府志》卷 53《儒林传》，第 1285 页。

据全祖望描述，赵甸"少极贫，学牖以养亲，艺绝工，时称为赵孝子。长而游子刘子之门，得其学。丙戌后有高节，隐于缁，时卖画以自给，世所称'壁林高士画'者也。晚讲学偶山，子刘子少读书地也。"①《嘉庆山阴县志》指出，赵甸"甲申后绝意进取，逍遥云门间，与陶履平为友。无妻子，终身淡如。善画山水，得云林笔意。尝修显圣寺志。"② 可见，赵甸遭国变后出入云门之间。

赵甸修《显圣寺志》，即《偶心寺志》。黄宗羲在《偶心寺志序》中说："丁未之秋，（赵甸）出其所著《偶心寺志》，命余序之。夫禹功以燕、许庙堂之笔，掎抚于穷村绝浦，不以为枉夭，而沾沾卷石之菁华，一花之开落，与《桑经》、《郦注》，争长黄池，则是狮象搏兔，皆用全力尔。吾闻禹功之在寺也，因于内衡法师。朝则挝鼓聚众，衡师讲相宗；暮则挝鼓聚众，禹功上堂讲《四书》、《周易》。一时龙相贴贴坐位下，恐不卒得闻。……夫儒书内典，习者各树城栅，两不相下，非如举业之于圣学，同出一先生之言也。"③ 从黄宗羲之"序"可以看出，赵甸所撰《偶心寺志》体现儒、释同室共进的情景，是学术上的交流与互动、和合与共处。但对于主张"醇儒学"的蕺山先生而言④，恐怕并不能同意学生的为学立场。

43. 陈诚忭

陈诚忭（？—？），字天若，山阴人。《蕺山弟子籍》著录，而且同为蕺山门弟子的张履祥的师门问答书信能证明陈诚忭为蕺山门人。张履祥《与王紫眉（甲申）》书指出："夫子（刘宗周——引者注）道大莫容，拂衣东归，比来德体安否？弟目察人事，将来乡国必难苟安。傥欲挈妻子而行，卜居于夫子所居之山，十数里而近，读书学道，积一二十年，以待天下之清，庶于

---

① 《子刘子祠堂配享碑》，载《刘宗周全集》第 6 册，第 649 页。

② 《嘉庆山阴县志》卷 14《乡贤二》，第 511 页。

③ 《黄宗羲全集》（增订版）第 10 册，第 3—4 页。

④ 笔者主张，蕺山为学严辨儒释，坚持醇儒学价值方向，他坚守儒家君子人格，无论是为仕为官，还是为民讲学，皆能守道尊礼，能以醇儒者形象挺立于世人面前。（参见《心体与工夫——刘宗周〈人谱〉哲学思想研究》，人民出版社 2014 年版，第 52—59 页）

兄中不为无据。贫薄殊等，不能出户，时与公简兄（赵广生，蕺山门人——引者注）论此，莫不以有志未逮为叹息也。兄翁学可匡时，非弟迂疏之比，敢问于今出处、进退当以何者为正？夫子比者所论，兄翁必稔闻之，万惟广以相觊。临楮翘切。玄趾、北生、天若诸兄均此道意。"① 玄趾即王毓蓍，天若即此陈诚忭。虽"北生"为何人尚不清楚，但从张履祥言论可知此"北生"应为蕺山弟子。陈诚忭具体事迹不详。

44. 陈尧年

陈尧年（？—？），字敬伯，山阴人。《蕺山弟子籍》、《子刘子祠堂配享碑》著录。

据《刘宗周年谱》"三十五岁"条［万历四十年壬子（1612）］载，是年，陈尧年率先执贽问道刘宗周门下。② 1615年，刘宗周正式授徒讲学。是年，刘宗周辞官回乡，声望隆隆起，青年才俊多信其为真儒，陈尧年复率诸生二十余人纳贽北面称弟子，宗周为之讲授于贴邻朱氏之解吟轩。③ 1626年三月，蕺山先生闻惠世扬［字抑我，号元儒，万历三十五年（1607）进士］被逮，招词牵连自己，有"诡行颇僻之刘宗周，狠心辣手之黄尊素"之语，自分不免，以子托之门人陈尧年。④ 1626年八月，传阉党逮文震孟、姚希孟（1579—1636）及蕺山先生，蕺山讬子于陈尧年。⑤ 崇祯十年（1637）丁丑十二月，刘宗周有《答陈生二》（敬伯）书，言"致良知亦为诚意而设也。致知即诚意中一段研究省察工夫，非诚意之外另有个研究省察也。"⑥ 全祖望以陈尧年为"服勤于子刘子最久者"之一："敬伯居石家池，在蕺山右。子刘子开讲，首在其塾。党祸之烈也，子刘子子贞孝君汋尚少，托之敬伯，曰：'子，吾之王成也。'"⑦

---

① （清）张履祥：《杨园先生全集》（上），陈祖武点校，中华书局2002年版，第27页。
② 参见姚名达：《刘宗周年谱》，载《刘宗周全集》第6册，第240页。
③ 参见姚名达：《刘宗周年谱》，载《刘宗周全集》第6册，第258页。
④ 参见姚名达：《刘宗周年谱》，载《刘宗周全集》第6册，第299页。
⑤ 参见姚名达：《刘宗周年谱》，载《刘宗周全集》第6册，第305页。
⑥ 《书》，《刘宗周全集》第3册，第338页。
⑦ 《子刘子祠堂配享碑》，载《刘宗周全集》第6册，第647页。

45. 陈洪绶

陈洪绶（1598—1652），字章侯，幼名莲子，一名胥岸，号老莲，又号小净名，晚号悔迟、老迟、弗迟、悔僧、云门僧、九品莲台主等，诸暨人。《蕺山弟子籍》、《子刘子祠堂配享碑》著录。

据黄涌泉所著《陈洪绶年谱》考证，陈洪绶于1615年，即18岁时从蕺山问学。陈洪绶《宝纶堂集》卷一"奉觞叔祖大人五十寿序"自云："十八九岁，知声能歌曲，叔祖便于击鼓按拍。"此"知声歌曲"，便是是年刘蕺山"朔望考课毕，或论古今人物，或商榷坐下工夫，间一命酒，登蕺山之巅，歌古诗，二三子和之，声振山谷，油然而归"。是时，刘宗周辞官回乡，望隆隆起，青年多信为真儒。陈尧年复率诸生二十余人纳贽北面，宗周为之讲授于贴邻朱氏之解吟轩。"刘宗周教学，德性本也，时艺末也；教学者先行谊而后文章。本经之外，兼举一经，旁阅子史性理诸书，有暇则令习礼歌诗。"[1] 是时，陈洪绶便已入蕺山门，且参与其中山巅歌诗活动。黄先生便"姑将陈洪绶师事刘宗周，置于此际。"[2] 另，据陈洪绶所说，陈尧年即其叔祖。

据《清史稿》载，陈洪绶画人物，衣纹清劲，力量气局，在仇、唐之上；尝至杭州，摹府学石刻李公麟72贤像，又摹周昉美人图，数四不已，人谓其胜原本，曰："此所以不及也。吾画易见好，则能事犹未尽"；尝为诸生时，于崇祯年间，游京师，召为舍人，摹历代帝王像，纵观御府图画，技艺益进，寻辞归家；明清鼎革，陈洪绶混迹于浮屠间，纵酒不羁，语及乱离，辄恸哭；陈洪绶在京师与崔子忠（？—1644）齐名，号"南陈北崔"。[3] 全祖望评价陈洪绶曰："诸暨陈先生洪绶，字章侯。其人以画名，且以酒色自晦，而其中有卓然者，子刘子深知之。蕺山弟子元趾与章侯最为畸士，不肯帖帖就绳墨。元趾死，章侯不死，然其大节则未尝有愧于元趾。故予定诸弟子中其有负盛名而不得豫配享，而独于章侯有取焉。"[4]

---

① 姚名达：《刘宗周年谱》，载《刘宗周全集》第6册，第258页。

② 黄涌泉：《陈洪绶年谱》，人民美术出版社1960年版，第15—16页。

③ 《清史稿》卷504《列传》第290《艺术三》，第10513页。

④ 《子刘子祠堂配享碑》，载《刘宗周全集》第6册，第649页。

陈洪绶著有《宝纶堂集》十卷、《避乱草》一卷、《篮仪象解》四册，今存。而《题画诗》一卷、《日课诗》若干卷皆散佚。目前已出版有《陈洪绶集》①。陈洪绶为许多名著绘制插图，是中国最早有名望的插图画家。著名的有：《九歌图》及《屈子行吟图》十二幅，《水浒叶子》四十幅，《张深之正北西厢》六幅，《鸳鸯冢娇红记》四幅，以及他逝世前一年所作的《博古叶子》四十八幅。陈洪绶画图于北京故宫博物院、台北故宫博物院、美国克利夫兰美术馆等皆有收藏。②

附：陈洪绶小传③

陈洪绶，字章侯，父于朝读书苧萝山，遇道人鹑衣鹤发，手一莲子授之曰："食此，得儿当如此莲。"故洪绶幼名莲子，及其老也，名老莲。年四岁就塾，妇翁家翁方治家，以粉垩壁，既出，诫童子曰："毋污壁。"洪绶入视良久，绐童子曰："若不往，晨食乎？"童子去，累案登其上，画汉前将军关侯像，长十尺余，拱而立。童子至，惶惧号哭闻于翁，翁见侯像，惊下拜。遂以画知名。见李公麟画孔门弟子，勒本能指其误处十四处。悬其画市中，立致金钱。

初法传染时，钱唐蓝瑛工写生，洪绶请瑛法，已而轻瑛，瑛亦自以为不逮。间为诗文词，落笔清隽，不屑屑饾饤。工书法，谓学者兢日言钟、王、顾，古人何师？撷诸家法，意自成一体。

当父殁时，洪绶方九岁，及长兄洪绪忌之，徒步往山阴，税一塵居，师事刘宗周讲性命之学。尝上书宗周曰："宋之诸君无有培植太学生者矣，而多食其报道。君起艮岳，邓肃上书。金人两寇，陈东上书。李纲将，罢欧阳澈，数百人上书。黄潜善、汪伯彦用事，魏祐上书。汤思退议和，张观等七十余人上书。韩侂胄欲罢赵汝愚，杨宏等六十人上书。胡榘议和，何处恬上书。史嵩之谋起复黄恺伯、金九万，孙翼凤等百四十四人上书。城险之辱丁时起私有孤臣泣血，录我祖宗。

---

① 参见（明）陈洪绶：《陈洪绶集》，吴敢点校，浙江古籍出版社 1994 年版。
② 参见黄涌泉：《陈洪绶年谱》，第 175—180 页。
③ 据绍兴图书馆藏《刘蕺山弟子考》清会稽董氏行综学会抄本点校整理。

今上培植太学生不远过曩代乎！若边防之惊，若权相之摧善类，若大司马之起复，若私议抚，独涂从吉一人上书白黄石斋先生冤，空谷足音矣。然所见有纷纷上书者，身谋谋而不及国，洪绶之名亦与焉。沮之又不能得，深悔当时何不弃去。半年怀负国之惭，今则弃去矣。前失难追矣，太学生何负我祖宗！及今上哉三百年间，乃仅得一涂从及。吾师乎涂从及！故足悔矣。"而有《悔言之集》。《悔言小引》言："刘夫子为天子所注意，上封事皆导君毋苟且之治术，群小谤之谓'迂远'，而不宜于时。时者，权也，圣贤不得已而用之；治术者，经也，不得以运之升降，道之隆污而变之者也。使遇中主趋时焉，尚不为臣之正路。矧逢今上神圣而劳悴之主宁忍，以未运之治辅之耶！若夫子者，真责难于君之纯臣也。甚矣！群小之当杀也。"时宗周以遣去国，洪绶感其事，赋诗曰："圣君求治思朝夕，夫子孤忠在责难。大运违我坚所好，横流非我孰安澜？青鞋布袜嗟行矣，苹鸟麋庭良可叹。诵道稽山瞻北关，浮云不许老臣观。"

蕺山弟子多谆谨，惟洪绶与山阴王毓蓍不肯帖帖就绳墨。毓蓍读书曹山，洪绶寄诗曰："春光狼藉到三分，少我登山健骨群。何苦云萝高岗子，攒眉穿袖购奇文。"后过江受业于黄道周，有《题画诗》呈石斋曰："闻道提心性地昏，惭将笔墨叩师门。譬如野象闻弹指，牙拗昙华供世尊。"一时高其行，又多其才，莫不争相结纳，而望景逐向者则祇重其书画，户外之求日满。洪绶亦未尝不应，而心滋不悦。既而纵酒狎妓自放，头面或经月不沐，为诸生学使者索画，辄勿得，客有求画者，虽磬折至恭亦勿与之。酒间召妓，则自索笔墨，小夫秩子无勿应也。尝游杭州，友召之饮，期于西湖。洪绶往遇他舟，径登入席，坐上坐饮。主人徐知为洪绶也，亟称其画。洪绶大骇曰："子与我不相识也。"拂袖去。

累试不第，天子方开积分之选，挟策入国学，辄试高等，名满长安。遇旧友周亮工、金道隐、伍铁山结诗社，愍帝召入大内，使临历代帝王图像，因得纵观秘府藏画，画乃益进。命为供奉，不拜。绘《归去图》赠亮工，诣故友上虞倪元璐，《话别留诗》曰："晓月稜稜照别离，相从欲在别离时。不须长夜晓镫语，如此离情各自知。"元璐次其韵曰："不堪春雨话长离，凄绝蕉风夜动时。此意自难将作赋，江淹多是未曾知。有我君何易别离，酒浓诗酽夜深时。可当一片韩陵石，归去逢人尽说知。玉案在手眼迷离，是写芭蕉怪石时。供作丹徒书院谱，世间惟有米颠知。春明门外草离离，却好王孙跃马时。归去浣纱人定喜，玉京琼饮莫教知。无多日子痛别离，转眼钱唐送客时。看到马忙花闹处，新郎君是旧相知。"洪绶以倪诗有嘲其隐者，至河西务，复寄诗曰："两袖清风归去时，人家应有铺糜词。不知饮尽红楼酒，又得先生送别诗。"遂南下。

甲申之变，元璐殉国，洪绶栖迟越中。时而吞声哭泣，时而酣酒狂呼，时而借轻侠少年椎牛埋狗，见者咸笑为狂。明年，江千兵起，鲁王监国，以翰林征。隆武闻洪绶名，遣使以御史召，皆不赴。遁臣马士英以缤帛玉斗卑礼求见，闭门拒之。挽洪绶交友乞一纸，终不可得。已而，王师下浙东，大将军抚军固山，贝勒从围城中搜得洪绶，大喜，急命画，刀逼之，不画。以酒妇人诱之，画。久之，请汇所画，署名"取至"，已大醉，抱画寝，旦伺之遁矣。既闻蕺山、石斋、王元趾先后死，即披剃为僧，更名"悔迟"，自号"老迟"，往来洞霄天竺间。

归命侯田雄建牙浙中，踪迹得之，拥篲郊迎，则一憔悴布衲也。田执礼愈恭，洪绶辞气益脱，卒橐鞬环，侍者动色骇愕，馈以金，不受去。学使者李际期，洪绶素交也，念洪绶家窭，强馈三百金，辞不获，乃散遗乡里交游，家骆骆待举火，不问也。自是不甚画，强请质，辄画大士象曰："吾藉以忏悔也！"向之怨尤、悲愤、颓唐、豪放之气，悉归无有。壬辰，忽返故里。未几，卒，年五十四，葬山阴谢墅官山隩。

洪绶画虽以天然胜，然用法严谨，尝模周长史画，至再三，人指所模画谓之曰："此画已过周而犹嗛嗛，何也？"曰："此所以不及也。吾画易见好，则能事未尽也。长史本至能而若无所能，此其难能也。"其持论类此。所画人物躯干伟岸，衣纹清圆细劲，兼擅公麟子昂之长设色，学吴道子力量气韵，远出仇唐之上，盖明三百年无此笔墨也。时与顺天崔青蚓子忠齐名，称为"南陈北崔"。朝鲜兀思哈、日本撒马儿罕、乌思藏争购洪绶画，一幅至数百金，而所得皆赝本。海内传模为生者至数千家。著有《宝纶堂集》十卷，《题画诗》一卷，《避乱诗》一卷。子字自，有传。

46. 来蕃

来蕃（？—？），字成夫，绍兴府萧山县人。《蕺山弟子籍》、《蕺山先生行实》著录。另据《康熙会稽县志》"张应鳌"条载："蕺山讲学证人，远近造请无虚日，然少许可得纳拜称弟子者，唯应鳌与萧山来蕃而已。"[1] 可知来蕃为蕺山纳贽弟子，且是最早入蕺山门的弟子之一。

据《今世说》载，来蕃颖慧，10岁出试辄冠军，兼精六书，能作古文鱼籀大小篆叟隶八分，但不轻为人书写；好立名节，每道东汉人物皆喜上眉梢，人有以东汉人物相拟之，来蕃则喜；来蕃独居而家贫，空敞衣且搂裂，所储图史书籍之外，惟瓶盎十余，而米盐纟系絮于其中；每出行，书衣笔帙辄自手抱，挂两肘而累累，并蔽以博袖，俨若五石匏。[2]

47. 王兆修

王兆修（？—？），字尔吉，会稽县人。《蕺山弟子籍》载录，尚无参与讲会、问学书信佐证，但从董说。

据《绍兴府志》记载，王兆修自少至性过人，平生学业以崇经术、敦行谊为先，师事刘宗周蕺山先生；博综群籍，犹喜读《易》；施宗族之茕独，完亲旧之婚葬，竭思笃力为之；丁丑、戊寅间，嵊县大旱，曾捐栗数百石，并躬往行赈，穷巘绝涧，罔不周遍；又与倪元璐建义仓，立平粜法，乡人赖之全活者甚众；因王兆修明辨经义，虽援授庆元县训导，但不就，唯以经史自娱而已；遇朔望，辄集子姓举忠孝廉洁退让诸大端，反复开示家庭。[3] 府

① 《康熙会稽县志》卷24《人物志·儒林》，第524页。

② 参见（清）王晫：《今世说》卷八《简傲》，古典文学出版社1957年版，第97—98页。

③ 参见《绍兴府志》卷53《儒林传》，第1287页。

志尚记载，王兆修著有《四书指南》、《存养编》，目前未见其著述遗作。

48. 沈兆锦

沈兆锦（？—？），字有开，山阴县人。《蕺山弟子籍》载录，尚无参与讲会、问学书信佐证，但从董说。具体事迹不详。

49. 沈梦锦

沈梦锦（？—？），字予良，山阴县人。《蕺山弟子籍》载录，尚无参与讲会、问学书信佐证，但从董说。具体事迹不详。

50. 赵广生

赵广生（？—？），字公简，山阴县人。《蕺山弟子籍》载录，尚无参与讲会、问学书信佐证，但从董说。不过，据《绍兴府志》记载，赵广生从学蕺山先生，为文高古曲折，且有集六卷行世[①]，今未见其著述遗作。

51. 王业洵

王业洵（？—？），字士美，余姚人，诸生。《蕺山弟子籍》、《子刘子祠堂配享碑》皆著录。

据《刘宗周年谱》可知，王业洵不仅参与证人讲会，而且坚信蕺山学。因蕺山与陶奭龄学术宗旨之不同，有学生独奉奭龄为楷模，王业洵等17人上书蕺山先生，请别为讲会，独不信禅说。[②] 蕺山有《答王生士美书》，指出："第恐儒释之辨，终于言说而已，则仆又如诸君子何哉？今而后，务期旷然大同，归于无我，即有异同之见，不妨互相规证，庶几学术会归于一耳。"[③] 蕺山所言与其对待佛教的主张"己之儒、释不可不辨，人之儒、释可姑置之不问"密切相关，儒释可以和合并存，各个人可据自己的感觉和兴趣体悟修养，但对于儒学而言，自当严明儒释之别。

---

① 参见《绍兴府志》卷 54《人物志》十四《文苑》，第 1318 页。

② 参见姚名达：《刘宗周年谱》，载《刘宗周全集》第 6 册，第 418 页。

③ 《书》，载《刘宗周全集》第 3 册，第 352 页。

据《绍兴府志》载，王守仁嫡曾孙王先进无子，欲以族子王业洵为嗣，业洵自认为非嫡嗣未同意，不以攀附一代显学、名门大家为荣，故而声望较高。王业洵又能积极参与证人讲会，"时蕺山讲学，其弟子多假道于二氏，谈因果者蜂起。蕺山遏之不听，每讲席而叹。业洵知之，乃择一时之才士，得数十人，同师蕺山，以□为二氏之学者，其风为之少衰。又怪其徒张皇言

悟，混入致知。业洵曰：'此乱吾宗旨也。'删《传习录》中记之失实者重刻之"①。王业洵笃信蕺山之学，全祖望即赞曰："王先生业洵，字士美，阳明先生之宗也。梨洲黄氏尝言：'子刘子开讲，石梁之徒三及吾门，欲摇其说。左右师席者士美、元趾与予三数人。'则士美亦证人之功臣也。"② 由此可知，蕺山门弟子能传蕺山证人之学、心性儒学者，唯王业洵、王毓蓍和黄宗羲三人功绩最大！

52. 秦履思

秦履思（？—？），名弘祐，山阴县人。《蕺山弟子籍》著录。

由《刘宗周全集》可以发现，自崇祯辛未年（1631）开始，刘宗周有《答秦生思履》书信近30通，皆以论学为主，是刘门师弟子中书信往返最多的一位。据《东南纪事》记载，蕺山先生讲学于古小学，毓蓍及刘世纯、陆曾晔、秦弘祐、王朝式、秦承显、钱永锡等执贽。③

因与业师蕺山为学宗旨不合，秦弘祐不信师说，独奉陶奭龄为师。《刘宗周年谱》"五十五岁"条（1632）载，陶奭龄虽与蕺山先生会讲，仍揭良知以示指归，每令学者识认本体，曰："识得本体，则工夫在其中。若不识本体，说恁工夫？"蕺山对奭龄有曰："不识本体，果如何下工夫。但既识本体，即须认定本体用工夫，工夫愈精愈密，则本体愈昭荧。今谓既识后遂一无事事，可以纵横自如，六通无碍，势必猖狂纵恣，流为无忌惮

① 《绍兴府志》卷53《人物志》十三《儒林》，第1285页。

② 《子刘子祠堂配享碑》，载《刘宗周全集》第6册，第427页。

③ 参见（清）邵廷采：《东南纪事》卷八，第274页。

之归而后已。"① 刘、陶为学宗旨既不合，诸生王朝式、秦弘祐、钱永锡等遂独奉奭龄为师模，纠集同志数十人，别会白马岩居，日求所谓本体而识认之。②

53. 刘世纯

刘世纯（? —?），字君一，山阴县人，《蕺山弟子籍》著录。

据《东南纪事》载，当年蕺山讲学于古小学，刘世纯便与王毓蓍、陆曾晔、秦弘祐、王朝式、秦承显、钱永锡等执贽蕺山。③ 具体事迹不详。

54. 张梯

张梯（? —?），字木弟，山阴人。《蕺山弟子籍》著录，尚无参与讲会、问学书信佐证，但从董说。

据《嘉庆山阴县志》记载，张梯与其弟张杉、张楞少负才名，号"三张子"；时顺治三年（1646），清兵南下浙江，张楞死于江滨，张梯佯狂，游泽中；张梯本不性酒，因弟死而嗜酒如命，剧饮成疾而死。张梯9岁即能属文，有异才，从游刘忠介公蕺山先生之门时，尝入市，因有武人私诋忠介理学，张梯直前批其面，武人初敛手挡避，继而衔之，然卒畏梯名，不敢前而逃；祁彪佳中丞殉义后，里中豪滑有侵其寓山庄园者，张梯挺身理之，其人惶恐，遂谢还所侵而遁。④ 山阴县志即以张梯为蕺山弟子。

55. 黄宗羲

黄宗羲（1610—1695），字太冲，号梨洲，浙江余姚人。黄宗羲与顾炎武、王夫之并称明末清初三大思想家（或明末清初三大儒）；与弟黄宗炎、

---

① 姚名达：《刘宗周年谱》，载《刘宗周全集》第6册，第361页。
② 蕺山先生主张，人既要"立定本体用工夫，即本体即工夫"，惟立定本体用工夫，防止"支离"或"盲修"之弊；同时须明了"本体只在日用常行中，工夫与本体合一"，工夫之外无本体，善用工夫处即是本体流露处。这显然异于陶奭龄为学大旨。（参见张瑞涛：《心体与工夫——刘宗周〈人谱〉哲学思想研究》，人民出版社2014年版，第283—289页）
③ 参见（清）邵廷采：《东南纪事》卷八，第274页。
④ 参见《嘉庆山阴县志》卷14《乡贤二》，第516页。

黄宗会号称浙东三黄。《蕺山弟子籍》、《子刘子祠堂配享碑》皆著录。

梨洲入蕺山门，乃父命所为。据《刘宗周年谱》载，1626 年三月，黄尊素（1584—1626，字真长，号白安）被逮，刘宗周饯之萧寺。二人促膝谈国是，危言深论，涕泣流涟而别。是时，黄尊素与刘宗周预订为婚姻，命长子宗羲从先生游。① 黄尊素为刘蕺山"性命之交友"之一。据《刘宗周年谱》载，"与刘宗周为道交者，惟周应中、高攀龙、丁元荐、刘永澄、魏大中及黄尊素而已。而高攀龙与刘永澄以德业资丽泽，称为最挚云。"② 所谓"预订为婚姻"是指蕺山儿子与黄尊素之女婚姻，黄宗羲《子刘子行状》即有载："（蕺山）孙男四：茂林、士林、长林、道林，而茂林则羲之甥也。"③ 另据《刘宗周年谱》载：1638 年"诸生王业洵、王毓蓍、张应鳌、朱昌祚、胡岳、黄宗羲等十七人独不信禅，上书先生，洒洒数千言，请别为讲会，以辟邪说"④，蕺山固辞不受。时刘宗周倡道蕺山，越中承阳明后学周汝登（1547—1629，字继元，号海门）余续，援儒入释，陶奭龄为首魁，蕺山先生虽忧之，未有以为计，则"宗羲约吴、越高才六十余人共侍讲席，力排其说，故蕺山弟子如祁、章诸子，皆以名德重，而御辱之功莫如宗羲"⑤。

据《清史稿》载，崇祯即位，魏忠贤伏诛，黄宗羲入都讼冤，时逆阉已磔，即具疏请诛曹钦程、李实，会廷鞫许显纯、崔应元，黄宗羲对簿，出所袖锥锥许显纯，流血被体；又殴崔应元，拔其须归祭黄尊素神主前；又追杀牢卒叶咨、颜文仲。狱竟，偕诸家子弟设祭狱门，哭声达禁中，崇祯赞之曰："忠臣孤子，甚恻朕怀。"梨洲归，肆力于学，绝意科举，尽读家中藏书。刘宗周倡道蕺山，黄宗羲以黄尊素遗命从之游，并约同学六十余人，力排浮屠禅说，笃信蕺山之学，梨洲弟黄宗炎、黄宗会，并负异才，亦入刘

① 参见姚名达：《刘宗周年谱》，载《刘宗周全集》第 6 册，第 302 页。
② 姚名达：《刘宗周年谱》，载《刘宗周全集》第 6 册，第 243 页。
③ （清）刘汋：《子刘子行状》，载《刘宗周全集》第 6 册，第 39 页。另据，全祖望《梨洲先生神道碑文》记载："（黄宗羲——引者注）女三：长适朱朴；次适刘忠介公孙茂林，忠端被逮，忠介送之，豫约为姻者。"[《全祖望集汇校集注》（上），第 221 页] 由此可知，黄宗羲之女嫁与刘汋之子。
④ 姚名达：《刘宗周年谱》，载《刘宗周全集》第 6 册，第 418 页。
⑤ 《小腆纪传》卷 53《列传》第 46《儒林一》，第 570 页。

门。南都破，孙嘉绩、熊汝霖奉鲁王监国，画江而守，黄宗羲纠里中子弟数百人从之，号"世忠营"。鲁王授梨洲为职方郎，寻改为御史，梨洲曾作《监国鲁元年大统历》颁之于浙东。后孙嘉绩以营卒付宗羲，得军三千，渡海屯潭山，由海道入太湖，招吴中豪杰，直抵乍浦，约崇德义士孙奭等内应，然兵溃，入四明山结寨自固，余兵仅五百，驻杖锡寺。梨洲微服出访监国，不料部下不尽遵节制，山民潜蓺军寨，以致梨洲先生无所归，遂携子弟入剡中。后闻鲁王在海上，乃赴之，授左副都御史，日与吴钟峦坐舟中，正襟讲学，暇则注授时历、泰西历、回回历三历。后海上倾覆，宗羲见无光复希望，遂奉母返里门，毕力著述，而四方请业之士渐至。康熙戊午年（1678），清廷诏征博学鸿儒，黄宗羲辞免；后徐元文（1634—1691，字公肃，号立斋）监修明史，征之备顾问，梨洲又辞。无何，浙江巡抚唯命人手抄梨洲所著有关史事诸书送入京师，但梨洲子黄百家预参史局事。黄宗羲虽不赴征车，但史局大议必咨之。[①] 宣统元年（1909），黄宗羲从祀文庙。

梨洲著书丰富，其大者有：《易学象数论》六卷，力辨河洛方位图说之非；《授书随笔》一卷，为淮安阎若璩问《尚书》而告之者；《春秋日食历》一卷，辨卫朴所言之谬；少时尝取余杭竹管肉好停匀者断之，为十二律与四清声试之，广其说为《律吕新义》二卷；以蕺山《论语》、《大学》、《中庸》解，独少《孟子》，为《孟子师说》二卷；《明儒学案》六十卷；《明史案》二百四十四卷；《行朝录》六卷；于历学少有神悟，尝言勾股之术乃周公、商高之遗，而后人失之，使西人得以窃其传，为《授时历故》一卷、《大统历推法》一卷、《授时历假如》一卷、《公历、回历假如》各一卷；外有《气运算法》、《勾股图说》、《开方命算》、《测圆要议》诸书共若干卷；晚年自定文集为《南雷文约》四十卷；又《明夷待访录》二卷、《留书》一卷。昆山顾炎武见《明夷待访录》而叹曰："三代之治可复也！"汤斌亦曰："黄先生论学，如大禹导水导山，脉络分明；吾党之斗杓也！"[②] 目前有《黄宗羲全集》（十二册）出版。

---

① 参见《清史稿》卷480《列传》第267《儒林一》，第9973—9975页。

② 《小腆纪传》卷53《列传》第46《儒林一》，第573页。

《清史稿》指出，梨洲之学，出于蕺山，闻诚意慎独之说，缜密平实；尝谓明人讲学，袭语录之糟粕，不以六经为根柢，束书而从事于游谈，故问学者必先穷经，经术所以经世；不为迂儒，必兼读史，读史不多，无以证理之变化；多而不求于心，则为俗学。故上下古今，穿穴群言，自天官、地志、九流百家之教，无不精研。① 全祖望论黄宗羲曰："若余姚三黄先生宗羲、宗炎、宗会，同受业子刘子之门，其所造各殊，而长公梨洲最大。"② 不过，梨洲承续蕺山学，乃自得而成，诚如他在《思旧录》所言："先生诲余虽勤，余顽钝终无所得、今之稍有所知，则自遗书摸索中也。"③ 其实，蕺山刘门师弟子治学特性之一即在于"为学自得"，不仅仅黄宗羲为学"自遗书中摸索"有得，其他几位成名弟子，如陈确、张履祥、祝渊等人，为学亦以发前人之所未发为用功方向。

黄宗羲讲学有两大特点：一是讲究实学，反对空谈，主张经世致用；二是重经史之学的同时，又重自然科学，包括学习西方的近代科学知识。在黄宗羲的思想和学术风格熏陶下，形成了以甬上证人书院弟子为主力的清代浙东学派。其中，以史学为主兼治经学的有万斯同、万言、邵廷采、全祖望、邵晋涵、章学诚，以经学为主兼治史学的有万斯选、万斯大、黄百家，文学方面有李邺嗣、郑梁、郑性等，自然科学代表人物有陈言扬。最得梨洲真传的是万斯同、全祖望和章学诚三人。当然，万斯同、万斯大、万斯选之父万泰亦为蕺山门弟子。

56. 黄宗炎

黄宗炎（1616—1686），字晦木，浙江余姚人，学者称鹧鸪先生，黄宗羲弟，《蕺山弟子籍》、《子刘子祠堂配享碑》著录。另《清史稿》曰："（黄宗炎）与兄宗羲、弟宗会俱从宗周游。"④ 虽无参与讲会、问学书信佐证，但从董、全说。

① 参见《清史稿》卷480《列传》第267《儒林一》，第9974—9975页。
② 《子刘子祠堂配享碑》，载《刘宗周全集》第6册，第649页。
③ 《黄宗羲全集》（增订版）第1册，第342页。
④ 《清史稿》卷480《列传》第267《儒林一》，第9975页。

据《绍兴府志》载，"黄宗炎负奇气"①。另据《小腆纪传》载，黄宗羲举义军复明失败后，黄氏一家隐于四明山之道岩；1650 年，因冯京第（蕺山弟子）被逮，黄宗炎牵连其中，亦被逮并待死于牢户之中，黄宗羲谋以计使出；1656 年，黄宗炎再遭逮捕，故人朱湛侯、诸雅六救之，得以免死。然黄宗炎尽丧其资，遂提药笼游于海昌、石门间，卖艺文以自给。康熙二十五年卒（1686），年七十一。②

黄宗炎著有《周易象辞》二十一卷，附《寻门余论》二卷《图书辨惑》一卷。《四库全书总目提要》指出，黄宗炎说《易》，力辟陈抟之学，"故其解释爻象，一以义理为主。……又于《易》之字义多引篆文以释之，亦不免王氏《新义》务用《字说》之弊。当分别观之可也。后附录《寻门余论》二卷，《图书辨惑》一卷，宗旨大略相同。《寻门余论》兼排释氏之说，未免曼衍于《易》外。其诋斥宋儒，词气亦伤太激。然其论四圣相传，不应文王、周公、孔子之外别有伏羲之《易》为不传之密；《周易》未经秦火，不应独禁其图，转为道家藏匿二千年，至陈抟而始出：则笃论也。《图书辨惑》谓陈抟之图书乃道家养生之术，与元陈应润之说合（见应润所作《爻变义蕴》）。谓周子《太极图说》，图杂以仙真，说冒以《易》道，亦与朱彝尊、毛奇龄所考略同（彝尊说见《经义考》二百八十三，奇龄说见所作《太极图说遗议》）。至谓朱子从而字析之，更流于释，则不免有意深文，存姚江、朱、陆之门户矣。"③ 中华书局所出版《易学象数论》即含有《周易象辞》、《周易寻门余论》和《图书辨惑》。④

附：全祖望《鹧鸪先生神道表》⑤

姚江黄忠端公有子五，其受业蕺山刘忠正公之门者三：伯子即梨洲

---

① 《绍兴府志》卷 53 《儒林传》，第 1288 页。

② 参见《小腆纪传》卷 54 《列传》第 47 《儒林二》，第 588—589 页。

③ 《四库全书总目提要》卷六《经部》第六《易类六》，第 2 册，第 36 页。

④ 参见（清）黄宗炎：《周易象数论》，郑万耕点校，中华书局 2010 年版。

⑤ （清）全祖望：《鲒埼亭集内编》卷 13 《鹧鸪先生神道表》，《全祖望集会校集注》（上），第 246—253 页。

先生，其仲则所谓鹧鸪先生者也，叔子曰石田先生。梨洲学最巨，先生稍好奇，而石田尤狷，天下以"三黄子"称之。

鹧鸪先生讳宗炎，字晦木，一字立溪。崇祯中，以明经贡太学。其学术大略与伯子等，而罥岸几有过之。己卯秋试不售，与叔子约，以闭关尽读天下之书，而后出而问世。

"画江"之役，先生兄弟尽帅家丁，荷戈前驱，妇女执橐以饷之，步迎监国于葛坝。伯子西下海昌，先生留龛山以治辎重，所诏世忠营者也。事败，先生狂走。寻入四明山之道岩，参冯侍郎京第军事，奔走诸寨间。庚寅，侍郎军歼，先生亦被缚。侍郎之嫂，先生妻母也，匿于其家，又迹得之，待死牢户中。伯子东至鄞，谋以计活之。故人冯道济，尚书郪仙子也，嘅然独任其责，高旦中等为画策，而方僧木欲挺身为请之幕府。道济曰："姑徐之，定无死法"。及行刑之日，旁晚始出，潜载死囚随之，既至法场，忽灭火，暗中有突出负先生去者，不知何许人也。及火至，以囚代之。冥行十里，始息肩，忽入一室，则万户部履安白云庄也。负之者，即户部子斯程也。鄞之诸遗民毕至，为先生解缚，置酒慰惊魂。先生陶然而醉，隔岸闻弦管声，棹小舟往听之，寻自取而调之，曰："广陵散幸无恙哉"！未几，侍郎故部复合，先生复与共事，慈湖寨主沉尔绪又寄帑焉。伯、叔二子交阻之，不得。丙申再遭名捕，伯子叹曰："死矣"！故人朱湛侯、诸雅六救之而免。于是尽丧其资，提药笼游于海昌、石门之间以自给；不足则以古篆为人镌花乳印石；又不足则以李思训、赵伯驹二家画法，为人作画；又不足则为人制砚。其贾值皆有定，世所传《卖艺文》者是也。其词多玩世，然壬寅高元发之难，浙东震动，先生所以营护之者不遗余力，不以前事怵，盖其好奇如此。

先生兄弟于象纬、律吕、轨革、壬遁之学，皆有密授。既自放，乃著《忧患学易》以存遗经，著《六书会通》以正小学。雅不喜先天、太极之说，其辨先天八卦方位曰："邵子引天地定位一章，造为先天八卦方位，谓天地定位者，乾南坤北也；山泽通气者，艮西北兑东南也；雷风相薄者，震东北巽西南也；水火不相射者，离东坎西也。夫所谓定位者，即天尊地卑而乾坤定之义，何以见其为南北也？山能灌泽成川，泽能蒸山作云，是谓通气。何以见其为西北、东南也。雷宣阳，风荡阴，两相逼薄而益盛，何以见其东北、西南也。水火燥湿违背，然又有和合之用，故曰不相射，何以见其为东西也。盖邵氏所谓乾南坤北者，实养生家之大旨。谓人身本具天地，但因水润火炎，失其本体，是故损乾之中画以为离，塞坤之中画以为坎，乃后天也。今有取坎填离之法：泄坎水一画之奇，归离火一画之偶，如所谓炼精化气、炼气化神者，益其所不足，而离后返为乾；如所谓五色、五声、五味，凿窍表魄者，损其所有余，而坎复返坤；乃先天也。养生所重，专在水火，比之为天地。既以南北置乾坤，不得不移坎离于东西，亦以日月之方在东西也。火中木、水中金之说，盖取诸此。然而东南之兑，西北之艮，西南之巽，东北之震，直是无可差排，勉强位置。缘四卦者，在丹鼎为备员，非要道也，奈何以此驾三圣人之《易》而上乎？"

其辨《横图》曰："八卦既立，因而重之，得三画即成六画，得八卦即成六十四卦。何曾有所谓四画、五画、十六卦、三十二卦者。四画、五画成何法象？十六卦、三十二卦，成何贞悔之体？何不以三乘三，以八加八，直捷且神速乎？焦氏之易，传数不传理，其分为四千九十六卦，实统诸六十四卦，是一卦具六十四卦之占，非别有四千九十六卦之画也。两间气化，自有盈缩，阴阳或互有多少。夫物之不齐，物之情也。造化之参差，义理之所由以立也。如邵子是一定之易也，非不可典要之易也。故曰邵子乃求为焦、京而未逮者也。"

其辨《圆图》曰："邵子以乾一、兑二、离三、震四为已生之卦，数往，顺天左旋；巽五、坎六、艮七、坤八为未生之卦，知来，逆天右旋。凿空立说，分卦背驰，数当以自一而下为顺，今反以四三二一为顺；以自八而上为逆，今反以五六七八为逆。"又曰："《易》数由逆成，若逆知四时之谓。然则震、巽、兑、乾无当于《易》，是冗员也。《易》道非专为历法而设，历法亦本无取乎卦。气至日闭关，偶举象之一节耳。今必六十四卦配入二十四气，则亦须一气得二卦有奇，而后适均也。乃自冬至之后，阅颐、屯、益、震至临，凡十七卦，始得二阳，已是卯半，为春分矣。又阅损、节、中、孚至泰，凡八卦，始得三阳，已是巳初，为立夏矣。从此阅大畜、需、小畜，而为大壮之四阳，是巳半为小满矣。乃阅大有，即为五阳之夬，是午初之芒种；即比连为六阳之乾，是午半之夏至。六阴亦然，何其不均也。邵子盖欲取长男代父、长女代母之义，以震、巽居中，震顺天左行，自复至乾三十二卦，遇姤而息；巽逆天右行，自姤至坤三十二卦，遇复而息。夫两间气运循环，其来也非突然而来，即其去，而来已豫征；其去也，非决然而去，即其来，而去已下伏。焉得分疆别界如此？"

其辨《方图》曰："《方图》之说曰：'天地定位，否泰反类。山泽通气，咸损见意。雷风相薄，恒益起意。水火相射，既济未济。'盖所谓十六事者，但取老长中少，阴阳正对，稍比诸图可观。然何不确守乾坤一再三索之序，而演之为胜也。且以西北置乾，东南置坤，又与先天卦位故武不同，何也？"其辨《皇极经世》曰："邵子所云'日月星辰，水火土石，寒暑昼夜，风雨露电，性情形体，草木飞走，耳目口鼻，声色臭味，元会运世，岁月日辰，皇帝王霸，《易》、《诗》、《书》、《春秋》'，似校《说卦》为详，然不知愈详而挂漏疏罔愈甚。"

其辨《太极图说》曰："河上公作《无极图》，魏伯阳得之以著《参同》者也。图自下而上，其第一层曰'玄牝之门'，即《太极图》之第五层也。其第二层曰'炼精化气、炼气化神'，即《太极图》之第四层也。其第三层曰'五气朝元'，即《太极图》之第三层也。其第四层曰'取坎填离'，即《太极图》之第二层也。其第五层曰'炼神还虚，复归无极'，即《太极图》之第一层也。方士之秘在逆而成丹，故自下而上。周子在顺而成人，故自上而下。夫老庄以虚无为宗，静笃为用。今方士之术，又其旁门。周子之图穷其本而返之老庄，可谓拾瓦砾而得精蕴者矣，但遂以为《易》之大极，则不可也。"自《先天》、《太极》之图出，儒林疑之者亦多，然终以其出自大贤，不敢立异，即言之嗛嗛莫敢尽也，至先生而悉排之。世虽未能深信，而亦莫能夺也。

先生酷嗜古玩，癸未游于金陵，一日买汉唐铜印数百，市肆为之一空，乱后散失殆尽，犹余端石红云研一、宣铜乳炉一，其后又得黄玉笛一，然终以贫不守，叹曰："夺我希世珍，天真扼我！"然入其室，陶尊瓦缶皆有古色。已而穷益甚，守之益坚。尝翻澹归《遍行堂集》，笑曰："甚矣，此老之耄也。不为雪庵之徒，而甘自堕落于沿门托钵之堂头，又尽书之于集，以当供状，以贻不朽之辱。"

门人有问学者，曰："诸君但收拾聪明，归之有用一路足矣。"尝解《易离》之三曰："人至日昃，任达之士，托情物外，则自谓有观化之乐，故鼓缶而歌。不然，忧生嗟老，戚戚寡欢。不彼则此，人间惟此二种，皆凶道也。君子任重道远，死而后已，卫武公之所以贤也。"生平作诗几万首，沉冤凄结，令人不能终卷。晚更颓唐，大似诚斋。性极僻，虽伯子时有不满其意者。尝曰："束发交贤豪长者不为不多，下及屠狗之徒，亦或沥心血相示。虽然，但有陆文虎、万履安二人为知我耳。"

先生虽好奇字，然其论小学，谓杨雄但知识奇字，不知识常字，不知常字乃奇字所自出。三致意于《六书会通》，乃叹其奇而不诡于法也。

生于万历四十四年某月日，卒于康熙二十五年某月日。前孺人徐氏，后孺人冯氏，子二，葬于化安山先兆旁。

先生《忧患学易》一书，其目曰《周易象词》十九卷，《寻门余论》一卷，《图学辨惑》一卷，自故居被火不存；并《六书会通》及《二晦》、《山栖》诸集俱亡。从孙千人以予铭其大父梨洲先生之墓，为能尽其平生之志，请更表先生之墓。惟是遗书既不可见，而耆老凋丧，亦更无人能言其奇节，乃略具本末，而详载其论《易》诸篇之幸而未泯者，以付千人，使勒之墓上。或曰先生晚年尝作一石函，锢其所著述于中，悬之梁上，谓其子曰："有急则埋之化安丙舍"。身后果有索之者，其子遂埋之，而今其子亦卒，莫知所在，非火也。予因令千人祷于先生之灵以求之。呜呼！先生好奇，其独不能使遗书复出以慰予耶？其铭曰：

逃剑铓以亡命兮，保黄箭之余生。啖野葛几及一尺兮，犹能据皋比以铿铿。我过剡上兮，如闻黄王笛之哀鸣。嗟石函其竟安往兮？徒使人惆怅而屏营！

57. 黄宗会

黄宗会（1622—1680），字泽望，号缩斋，学者称石田先生，为黄宗羲、黄宗炎胞弟。《蕺山弟子籍》、《子刘子祠堂配享碑》著录，虽无参与蕺山讲会、问学蕺山书信佐证，但从董、全说。不过，据上引《清史稿》所记载，黄宗炎与兄宗羲、弟宗会俱从蕺山先生游，为蕺山弟子。

他继娶刘应期（字瑞当）之女为妻，故与刘瑞当有婚姻关系。刘瑞当亦为蕺山弟子。

据黄宗羲《前乡进士泽望黄君圹志》记载，黄宗会天资颖慧，6岁时即因出对工整自然而惊奇于世[1]，16岁补博士弟子员，20岁参加岁试而得第一为廪生，21岁考举人，有才望，虽誉望所归，但因"傲然"而获填二等。崇祯末年（1644），拔贡入京，未及廷试而国变。是时，泽望虽27岁，已历场屋坊社十余年，行辈视为"老师名宿"。黄宗羲曾将自己与黄宗会学行作对比：梨洲于《十三经》三礼之升降跪拜、宫室器服之微细、《三传》之同异、义例、氏族、时日之杂乱，皆钩稽考索，不遗余力，但终不如泽望之精；梨洲冥搜博览，于天官、地志、金石、算数、卦影、革轨、艺术、杂学自有所得，但宗会皆与之异；但论诗文，黄宗会其诗初喜僻奥，黄宗羲之诗文而为冷淡，泽望亦变其文，华藻错落，蹊径顿尽；梨洲与泽望于宋明诸儒宗旨离合是非皆能知，但泽望折而入佛，黄宗会遇学佛之人能概而信之，并与吃菜合眼躲闪篱落之徒相交，及穿剥三藏，穷岁累月之后，稍能出而观是时之所谓宗师者，又能发露其败阙，牛毛茧丝，辩难问语达数十万言；黄宗羲于佛学疑而信，信而疑，愈知儒则愈知儒释不相似，泽望往往与梨洲辩难，使梨洲于儒释之异立场不定，不过，梨洲终究以儒释不同而止。泽望学佛负"愤憾之气"，欲突兀自异，但又自度不可与世接，最终枯槁憔悴，呼天抢地，竟陨其身。[2]《绍兴府志》有载，黄宗会博览群书，且会读书，自坠地以来，书卷未尝一日去手；丙子（1636）场屋之后，即为日记，

---

① 黄宗会沿河搠蟹为戏，有塾师谐之："蟹精善搠蟹"。泽望以搠蟹之杖跨之，疾走而应之："龙子惯乘龙"。[（清）黄宗羲：《黄宗羲全集》（增订版）第10册，第301页]

② 参见（清）黄宗羲：《前乡进士泽望黄君圹志》，《黄宗羲全集》（增订版）第10册，第302—303页。

所读之书详记于每日之下；但其三十年未尽读者仅《道藏》而已；泽望博闻强记，善于应用，尝与客对谈名山，举似其路径宫观，泽望画地并标示尺寸，客以为泽望到过此山，实得之书本。终极而言，黄宗会日读书百页，字比句栉之，姚邑士大夫为孙矿（1543—1613，字文融，号月峰）复起，当不是过；于十三经微言奥义、名物象数、年月异同，细若铢黍，咸加辨析；廿一史成败得失、制度沿革，以至于河渠历算，莫不洞然；治儒之暇，旁及释氏藏典，亦手注数十万言。① 黄宗会终逃于酒而卒。《小腆纪传》有言："（黄宗会）性更狷介。国变后，尝髡发作头陀状，浪游名山。后俱以抑塞而卒。"②

黄宗会著有《缩斋文集》若干卷、《缩斋日记》若干卷、《学御录》一卷、《瑜伽师地论注》若干卷、《成唯释论注》若干卷，《四明游录》等。《四库未收辑刊》第五辑第 26 册收录有《缩斋文集》，现有点校版本《缩斋诗文集》③。其兄黄宗羲在《缩斋文集序》中说："缩斋集者，余弟泽望所著之诗文也。""泽望之为诗文，高远遐清。其在于山，则铁壁鬼谷也；其在于水，则瀑布乱礁也；其在于声，则猿吟而鹳鹤欵且笑也；其在平原旷野，则蓬断草枯之战场，狐鸣鸥啸之芜城荒殿也；其在于乐，则变微而绝弦也。盖其为人，劲直而不能屈己，清刚而不能善世，介特寡徒，古之所谓隘人也。隘则兄不容物，并不能自容，其以孤愤绝人，彷徨痛哭于山巅水滢之际，此耿耿者终不能下，至于鼓胀而卒，宜矣。"④

58. 刘应期

刘应期（？—1648），字瑞当，慈溪人，《蕺山弟子籍》、《子刘子祠堂配享碑》著录。据《小腆纪传》载，"刘应期字瑞当，慈溪贡生；刘宗周弟子也。"⑤ 全祖望曰："慈溪刘先生应期，字瑞当，子刘子称其静密。丙

① 参见《绍兴府志》卷 53《儒林传》，第 1288 页。

② 《小腆纪传》卷 54《列传》第 47《儒林二》，第 591 页。

③ 参见（明）黄宗会：《缩斋诗文集》，印晓峰点校，华东师范大学出版社 2009 年版。

④ 《黄宗羲全集》（增订版）第 10 册，第 12 页。

⑤ 《小腆纪传》卷 58《列传》第 51《遗民》，第 658 页。

戌后以愤死。"① 《光绪慈溪县志》指出:"当与鄞陆符、万泰、姚江黄宗羲同游刘蕺山之门,以名节自任,主持清议,海内望之若季汉之有顾厨俊及焉。"②

据黄宗羲《刘瑞当先生墓志铭》可知,刘应期为复社成员③,且有声望,"于诸子中芒寒色正,诸子皆引为畏友"。初与姜思睿齐名,称姜、刘;继与冯文伟齐名,称刘、冯。南明鲁王、唐王政权先后瓦解,以诗文发泄忧愤,悒悒而死。黄宗羲评价刘应期曰:"瑞当深沉有识,尝与之谒刘(宗周)先生,时瑞当北上,先生传道留仙:'寇深事急,当为扈从计。'先生不轻谈机事,盖信瑞当之深也。"④ 黄宗羲还记载,戊子(1648年)夏,瑞当曾挟其季子刺小航浮江而上,因飓风失辑,随波荡漾而至梨洲家;后至宁波慈溪老家,越月而以《访黄太冲、万履安》两记寄梨洲,梨洲怪之。不曾想,再越月,瑞当逝。故,其所撰访记为其永诀之言。据此亦可知,刘应期逝世于戊子年。

刘瑞当育二女,长女适黄宗会,瑞当逝世后,宗会曾撰《祭外舅刘瑞当文》:"戊子岁八月十九日,明故瑞当刘先生卒。子婿黄宗会卧病,不得视袭歛;踰月二十九日下封,亦不得执披属绋,于崩摧迷闷中,叩首遣使设奠。朋忧坌郁,卒不能言其状,神穷而底滞,哀迫而昏钝,不自知其所言之失次也。"⑤ 祭文,黄宗会记载了刘应期两件事:一,朋友患难,能嘤嘤相

---

① 《子刘子祠堂配享碑》,载《刘宗周全集》第6册,第647页。

② 《光绪慈溪县志》卷30《列传七》,第77页。

③ 不仅是刘应期,蕺山好多弟子参加了复社。梨洲说:"崇祯间,吴中倡为复社,以网罗天下之士,高才宿学多出其间,主之者张受先(张采)、张天如(张溥)。东浙冯留仙、邺仙与之枹鼓相应。皆喜容接后进,标榜声价,人士奔走,辐辏其门。蓬荜小生,苟能分句读、习字义者,挟行卷西棹娄江,东放慈水,则其名成矣。其间模楷之人,文章足以追千古,议论足以卫名教,裁量人物。讥刺得失,执政闻而意忌之,以为东林之似续也。当是时,慈水才彦雾会,姜尚愚、刘瑞当、冯玄度、冯正则、冯簟溪诸子,莫不为物望所归,而又引旁近县以自助。甬上则陆文虎、万履安,姚江则余兄弟晦木、泽望。盖无月无四方之客,亦无会不诸子相征逐也。呜呼,盛矣!"(《黄宗羲全集》(增订版)第10册,第335—336页)刘瑞当(刘应期)、冯簟溪(冯京第)、陆文虎(陆符)、万履安(万泰)、黄晦木(黄宗炎)、黄泽望(黄宗会)皆为蕺山弟子。

④ 《黄宗羲全集》(增订版)第10册,第336页。

⑤ (明)黄宗会:《祭外舅刘瑞当文》,载《缩斋诗文集》,第143页。

寄。丙戌岁，黄氏兄弟因抗清而首尾荆棘①，"讬身命于兔蹊鹿场中，尽室如囚，凡谂交昵戚，未尝过而问焉。惟岳父伟衣冠，往来山间，唁慰凭吊，与会兄弟追往，悲歔震空谷，山氓有窃叹者。朋友患难，嘤嘤相寄之音，岂寻常交道哉。"二，处困而不失其亨，履正体大。戊子年孟春，黄宗会痼疾为虐，"目闷然不欲视，舌卷然不欲言，噤不能饮餰浆。适岳父趣至，会勉起酬对。岳父慨然曰：'譬之鼎也，石则郁炀之不易入，然艰于骤出矣；播则衍煦之易入，有□间则释然矣。子石者徒也，余以近播，故寒暖饥饱时节，是于摄生宜。'会唯唯，征之信。其眉宇风度，脩然如平昔，盖处困而不失其亨者。"②

在黄宗会看来，刘应期为"魁梧卓特"之人。他指出，宁波慈溪，地处东南僻壤，四方之士，非宦辙所至，未尝过而问。慈溪山川无幽遐迥谲之奇，非能引好事者博搜吊诡之观；列署于朝者，虽后先相望，一时伟勋异蹟，不足以奔走辐辏天下之俊杰。因此，生长于此之士人，自安其俭陋，无侧身四望、感慨睥睨而不能自已之情，以致于天下风气骤变，慈邑之士独专门守残，益陷于俭陋而不自知。倘无魁梧特立者，不足以扫颓俗、尚千古、倡力行，以扬扢一时之人才。刘应期即是此等魁梧卓特之人，当熹庙以来，即患慈邑之风气之俭陋，帅二三同志之贤者，与其里党慕义之彦，缘经术以饰时文，每群居高会，都人士以不与之集而为耻。于是相与择款闲之野，濯笔以定殿最，号为新体。或从容置酒，雅谈高歌，以极一邑之选。至于有司之好尚，往往以为清议，而山巅水溼，多凭高拂席，以摅其博搜吊诡之胸。远方好事者担簦摄笈者相踵，可谓一时之盛。③ 但是，随着从游者先后功名卓著，刘应期惝惝自废，以至于郁郁无意人世。

刘应期熟读古书，亦游历天下。黄宗会指出，刘应期幼时即熟经史

---

① 据《黄宗羲年谱》记载，是年（1646）"六月朔日，浙河兵溃，监国由海道至闽。公归入四明山，余兵愿从者五百人，结寨自固（公有四明山寨记）。公驻军杖锡寺，微服潜出，欲访监国消息，为扈从计。山民畏祸，突焚其寨，部将茅瀚（字飞卿，归安人）、汪涵（字叔度，梅溪人）死之。公归而迹捕之檄累下，奉太夫人徙居化安山丙舍（次年返故居）。"〔(清) 黄炳垕撰：《黄宗羲年谱》，王政尧点校，中华书局 1993 年版，第 25 页〕

② (明) 黄宗会：《祭外舅刘瑞当文》，《缩斋诗文集》，第 143—144 页。

③ 参见 (明) 黄宗会：《刘瑞当先生存稿序》，《缩斋诗文集》，第 81 页。

诸大家之文，但却为时文所羁绊，不得纵恣自骋、随心所欲，以附古作者之林，以为既否塞于今，自信以传诸后。他自隘慈邑山川不足以淘汰底滞，欲博搜吊诡，须极天下漱潦浩瀚虚廓之观。因此，瑞当探闽粤之奇山水，吴楚之巨浸名岳，陆走齐鲁燕赵之郊，帝都京邑之钜丽，公卿大夫所恣睢而奔走天下，与夫羁臣逐客，憔悴龃龉而悲吟者，况乎崭巖幽岨箐榛瘴霾之区，溯漳溟潆汹涌之状，骄鼍饥鳄之淫隁，鳴阳冈象之所跳踔而潜精者，萃人世之喜慕忧畏、欢欣厌恶、荒唐谬悠之观，寓于耳目，而后浩然若有所得。返而杜门扫轨，不复闻户外事，以为为书以传后，以自慰其否塞。①

既然黄宗会撰《刘瑞当先生存稿序》，刘应期当有文稿传世，但目前不见。

59. 董玚

董玚（？—？），原名瑞生，字叔迪，后更名玚，号无休，会稽人（一说山阴）人，《蕺山弟子籍》、《子刘子祠堂配享碑》著录。另，《嘉庆山阴县志》说："（董玚）少时从刘宗周预证人会"②；《小腆纪传》曰："（董玚）初为倪元璐弟子，后更事刘宗周。"③据刘士林《蕺山先生行实》，倪元璐亦从蕺山问学。可知，董玚具有双重门籍。

据《嘉庆山阴县志》载，董玚累世勋籍，七岁半读《五经》，十岁作散文；喜言兵，研习攻战事，尝联结壮夫为生死交，欲以功名奋迹于世；因国变，遂隐于僧。董玚校录刘宗周遗集遗文，自作《记日书》，与《人谱》相表里。董玚虽为释氏，但不喜读佛书，亦不居禅房，夫妻父子骨肉聚居一处，独素食僧衣终一生，享年78岁。董玚育有二子：长子良梴，诸生，从淮上归，途闻父讣，沿道哭泣，勺水不进，快到家门时，卒于舟中；次子良櫹，字克封，中康熙十五年（1676）武进士，守福建沿海有功，授左都督管广东万州营游击，历升广东虎头门副将，未赴任，丁父忧归，服阙，补云南

---

① 参见（明）黄宗会：《刘瑞当先生存稿序》，《缩斋诗文集》，第82—83页。

② 《嘉庆山阴县志》卷14《乡贤二》，第517页。

③ 《小腆纪传》卷58《列传》第51《遗民》，第657页。

援剿右协副将致仕，六十而卒。①

董玚尤留心谟烈掌故。据邵廷采《宦者王永寿传》载，董玚尝作《宦者王永寿传》，然其意不在永寿，而在辨懿安张皇后之污。②董氏所撰传指出，王永寿虽为燕人，但不附魏忠贤，当李自成陷京师时，永寿传旨后宫自裁，并将张皇后缢崩事报于崇祯。然熹宗贵妃、魏忠贤养女任氏于京师陷时自诡为张皇后而不为义军所击杀，后挟宫中瑶贿，并偕一少年出都逃匿，岁余而所挟之费空，有恚语闻于宫，遂传送京师，众人皆谓张皇后不死，王永寿乃从众中指骂任贵妃，懿安张皇后之污乃大白于天下。董玚之作永寿传乃有关世教，彰显殉义忠节精神，亦见董氏承绪业师忠烈节义之气概。

董玚编纂有《刘子全书》40卷，有功于蕺山学。全祖望赞董玚曰："有高行，晚披缁，然有托而逃，稍与恽逊庵不同。老寿，手辑《子刘子遗书》。"③《子刘子遗书》即《刘子全书》。另，邵廷采记述董玚重组证人讲会故事："自蕺山完节后，证人之会不举者二十年。先生谓'道不可一日不明。后生生今日，不幸失先民余教，出处轻而议论薄，由学会之废也。'善继述蕺山志事者，亟举学会，复请蕺山高弟子张奠夫、徐泽蕴、赵禹功诸前辈集古小学，敷扬程、朱、王、刘家法。于是余姚梨洲、晦木、华亭蒋大鸿、萧山毛西河皆挈其弟子，自远而至。值督学使者按越下县，会者近千人，越中士习复蒸蒸起矣。向学之情，老而弥笃，告学者以体用必全，守身经世。"④董玚不仅裒辑蕺山全书，而且极力主张复蕺山证人讲学，自然于蕺山学之传延功不可没！

60. 姜希辙

姜希辙（1621—1698），字二滨，号定庵，会稽人，《蕺山弟子籍》著录。另，黄宗羲《姜定庵先生小传》载："余交先生三十年矣，同为子刘子之

① 参见《嘉庆山阴县志》卷14《乡贤二》，第517页。
② 参见（清）邵廷采：《宦者王永寿传》，《思复堂文集》卷二，第152页。
③ 《子刘子祠堂配享碑》，载《刘宗周全集》第6册，第649页。
④ （清）邵廷采：《东池董无休先生传》，《思复堂文集》卷三，第178页。

弟子，同辑子刘子之遗书，同侧子刘子讲席。"① 由此可知，姜希辙为蕺山弟子。

据《嘉庆山阴县志》载，姜希辙世居郡城，为工部郎中姜天枢之子；崇祯十五（1642）举人，任温州府学教谕，后调元城知县；任知县期间，值邻郡饥荒，流民如蝗而至元城，时逃人令严，无敢收留者，希辙即留之，令垦荒地，受雇者得食，全活以万计；因功绩卓越，姜希辙入为户部给事中，后转迁为礼部、兵部给事中；辛丑，分校会试，则家居数年，复起为工科至奉天府丞，进而引疾归里；越中丧乱之后，希辄读书论道，晓畅庙堂典故，时谏官皆著丰稜，侃侃争是非，他所论列独持大体；及还家，修士大夫居乡之礼，白郡中利害，无人嫌怨，年七十八而卒。② 毛先舒（蕺山门弟子）尝论姜希辙实务个性时指出："古者临民能以实意为治者，类愿朴少文采，谢绝游好，谨身自媚于百姓而已。若此者，称惠吏，其被风雅，喜宾客，则士亦以此归之。而不能孳孳务劳，至隳乃职，或手板拄颊望西山为高致古人，盖交讥之，且好士固亦无损为民者也"，姜希辙笃意政理，"开颜揖客，樽酒论文，闻风尉荐，亡勚而不德。此虽古人兼者殆寡然。"③

黄宗羲《姜定庵先生小传》指出，姜希辙整理刊刻刘宗周著作行世，"使海内知子刘子之学，与阳明同而异，异而同也"，有功于蕺山学之传播；黄宗羲又说，姜希辙之学，"以事悟道，久之以道合事，从人情物理之恰好处，体当受用，故不与世牴牾，亦不为世披靡，所在见功，皆其真诚之流露也。晚乃留心玄门，颇为有得，已而悟玄门之功，惟在养气，盈天地间皆气，而气有粗细，其粗者吾身出入之息，其细者无声无臭，流转自有天则，故调息之法，由粗入细则可，若但执所调之息，以为气止在是，则非圣人从心不逾矩之学矣。"④ 由此可知，定庵晚年之学归本于玄门道教，且悟道"养气"之功法。

姜希辙著有《左传通笺》，与黄宗羲合著《历学假如》。《四库全书总目提要》论《左传统笺》曰："此书循文衍义，所据者特杜预、林尧叟、孔

---

① 《黄宗羲全集》（增订版）第 11 册，第 607 页。

② 参见《嘉庆山阴县志》卷 14《乡贤二》，第 526 页。

③ （清）毛先舒：《潠书》卷一《送姜先生序》，《四库存目全书》集 210，第 625 页。

④ 《黄宗羲全集》（增订版）第 11 册，第 610 页。

颖达三家,参以朱申《句解》。其所引证,又皆不标所出,犹沿明季著书之习。"① 目前,《四库全书存目丛书》经部第 131 册《春秋类》载康熙十五年刻《左传统笺》三十五卷;《续修四库全书》子部第 1040 册《天文算法类》载《历学假如》,目前已由上海古籍出版社出版。②

61. 吴调元

吴调元(?—?),字君燮,绍兴府嵊县人。《蕺山弟子籍》著录,尚无参与讲会、问学书信佐证,但从董说。具体事迹不详。

62. 周之璿

周之璿(?—?),字敬可,山阴人。《蕺山弟子籍》、《子刘子祠堂配享碑》、《蕺山先生行实》著录。另据《绍兴山阴县志》,周之璿跟从蕺山证人讲会。《小腆纪传》录"周之璿"为"周之濬"③,参照《县志》及董、全、刘记载,《小腆纪传》所记即"周之璿"事迹。

据《绍兴山阴县志》载,周之璿世袭指挥百户,少时即入武学,后蕺山先生聚证人讲会,周之璿从之学道;明亡,蕺山先生殉节,其子刘汋走避山中,之璿亦弃其家,负《刘子遗集》与刘汋同行,流离迁播,累受逻者之厄,但仍相对怡然,尝对人言:"此吾师之子,赵氏块肉耳,死则俱死。临祸难而偷生,狗彘行也",后寄迹于兴福寺为僧;事定归家,田宅尽为人夺,至无栖止之处,或劝之讼,之璿曰:"吾不忠不孝,投死他乡;复何颜构狱与恶少对簿!"④ 竟寄食于人而卒。邵廷采亦记载曰:"(刘汋)避地剡溪,奉公文像,托友人周敬可。敬可盛以布囊,置床头,有警即负之登绝巅。如是一年,无片纸失。归而家破,养之没齿。"⑤ 全祖望《子刘子祠堂配享碑》描述曰:"山阴周先生之璿,字敬可,世勋籍。证人之会,或以敬可为右班官

---

① 《四库全书总目提要》卷 31《经部》第 31《春秋类存目二》,第 7 册,第 1—2 页。
② 参见(清)黄宗羲、(清)姜希辙:《历学假如》,上海古籍出版社 2002 年版。
③ 《小腆纪传》卷 58《列传》第 51《遗民》,第 657 页。
④ 《嘉庆山阴县志》卷 14《乡贤二》,第 516 页。
⑤ (清)邵廷采:《贞孝先生传》,《思复堂文集》卷二,第 142 页。

子弟忽之，不知其苦节过人也。"① 可知，周之璠对保存刘宗周遗著有重大贡献，而蕺山子刘汋亦知恩图报，赡养敬可。

63. 张应鳌

张应鳌（？—？），字奠夫，山阴人，诸生。《蕺山弟子籍》、《子刘子祠堂配享碑》、《蕺山先生行实》皆著录。

张应鳌为蕺山最早弟子，最受蕺山器重。据《康熙会稽县志》载："蕺山讲学证人，远近造请无虚日，然少许可得纳拜称弟子者，惟应鳌与萧山来蕃而已。蕺山赴铨贰召延，于家训诸孙。古小学落成，命与孝廉海昌祝渊、诸生周之璠肄业其中。尝语二子曰：'及门之士，不失吾学之正者，奠夫一人。'甲申变后，蕺山首阳抗节，咸谓：'事或可为，幸为国自爱。'鳌大声曰：'人臣分义，自当一决。'蕺山韪其言，遂携手决曰：'学问未成，全赖诸子。呜呼！'厥后，白马岩居，王门冷然池，诸讲席胥鞠为茂草，唯城南小学一片地，历三十余年。所计四百余会，会各有记，饩羊去而复存，鳌之力也。年踰八旬，瓶无粒粟，霜寒暑雨，日行十余里不辍讲，勤问晰，扶掖后进，诚有刻刻不忍去诸怀者。鳌之父，九十岁翁，蕺山赞其像曰：'勗哉，后之人弓治可凭，日一为要，学圣之程。'噫！若鳌者，可谓不负师承者矣。学问之粹精，见自记《会语》及《四书颂解》。所著甚多，藏于家。"②由此知，张应鳌服侍蕺山最久，亦最能传蕺山学，不失蕺山学之"正"，惟此"正"即是"人臣分义，自当一决"，符合蕺山先生治学路向和个性品质，蕺山学之终极境界即是知行圆融、本体工夫合一。全祖望对张应鳌如此描述："山阴张先生应鳌，字奠夫，服勤于子刘子最久者也。南都匆匆，宵人尚赫奕邸舍作承平态，子刘子署独萧然，奠夫一人侍之。其人笃实自修之士也。在南都作《中兴金鉴》，欲上之，不果。丙戌后，尝嗣讲山中。"③邵廷采《明儒刘子蕺山先生传》亦有论："张敬可先生曰：'先师于及门最爱先君

---

① 《子刘子祠堂配享碑》，载《刘宗周全集》第 6 册，第 649 页。

② 《康熙会稽县志》卷 24《人物志·儒林》，第 524 页；《绍兴县志资料》第 1 辑《三江所志》，第 917 页。

③ 《子刘子祠堂配享碑》，载《刘宗周全集》第 6 册，第 649 页。

子，出入两都，无不随侍。南都尝命作《中兴金鉴》，欲上不果。简时方冠，幸获耳承绪论，六十年来梦寐饮泣。民生于三，其敢或忘?'"①《小腆纪传》亦有同论。②蕺山弟子陈确有《大张奠夫长兄书》也明确业师蕺山以张应鳌传学一事："先生临殁时，拳拳以学问之事相属，不宜妄自菲薄。还祈裁以大义而益进之刚断，庶令后学知大贤举动已有不同于寻常万万者，确且洗耳听之矣。"③

但是，关于张应鳌承继蕺山衣钵之事，在黄宗羲那里却有另外版本。黄宗羲《子刘子行状》记载："先生谓应鳌曰：'频夜梦见朱文公。'应鳌曰：'先生固文公后身。窃谓先生学问精切入微处，当轶文公而上之。至其晚年自焚谏草，号遯翁，先生今日所遭微不同耳。'先生曰：'还让先贤。'应鳌曰：'鳌非阿所好。先生之学，直是去圣不远。'先生勃然曰：'不意汝言狂悖乃尔!'"④显然，梨洲并不看好张应鳌。姚名达《刘宗周年谱》记载："闰六月初一日，毓芝复来候……张应鳌在侧，先生携其手曰：'学问未成，全赖诸子。'应鳌曰：'敬受教!'先生点头。"⑤姚名达所载与《康熙会稽县志》所载相符。蕺山子刘汋《蕺山刘子年谱》则既有同黄宗羲式的"张应鳌被叱说"⑥亦有"张应鳌承衣钵说"⑦。黄宗羲《寿张奠夫八十序》说："奠夫守其师说，不为新奇可喜之论，宁使听者嚼蜡无味，旅进旅退，于鼓动乎何有?"⑧其意在说张应鳌仅仅是传承师说、固守师说而已，于师说之解构、创新和发展并不明显，宁使听者"味同嚼蜡"，亦不"鼓动"蕺山后学弟子开拓创新。因此，从持守师说角度讲，张应鳌功劳最大；从开新创造角度讲，黄宗羲功劳最大。

据《康熙会稽县志》记载，张应鳌著有《四书颂解》，今尚未识见。

---

① 《刘宗周全集》第 6 册，第 540 页。
② 参见《小腆纪传》卷 58《列传》第 51《遗民》，第 657 页。
③ （清）陈确：《陈确集》（上），第 106 页。
④ 《子刘子行状》，载《刘宗周全集》第 6 册，第 38 页。
⑤ 姚名达：《刘宗周年谱》，载《刘宗周全集》第 6 册，第 484 页。
⑥ （清）刘汋：《蕺山刘子年谱》，载《刘宗周全集》第 6 册，第 192 页。
⑦ （清）刘汋：《蕺山刘子年谱》，载《刘宗周全集》第 6 册，第 171 页。
⑧ （清）黄宗羲：《寿张奠夫八十序》，《黄宗羲全集》（增订版）第 10 册，第 655 页。

64. 张自简

张自简（？—？），字敬可，山阴人，诸生。张应鳌之子。

据《绍兴县志资料》载，"自简，字敬可，亦从学于念台。尝曰：'简弱冠，幸获耳！承绪论六十年来，梦寐饮泣民生于三，其敢或忘？'"①虽无参与讲会、与蕺山问答书信，但从《县志》记载，故著录张自简为蕺山弟子。

65. 恽日初

恽日初（1582—1659），字仲升，号逊菴，又号黍庵，武进人，崇祯癸酉年（1633）副榜，为复社士人，《蕺山弟子籍》、《子刘子祠堂配享碑》、《蕺山先生行实》皆著录。

恽日初与蕺山有问学书信往来。如：《刘宗周年谱》"六十六岁"条［崇祯十六年癸未（1643）]记载，是年三月二十一日，《复门人恽仲升（日初）》曰："学人平日只是信道不笃，每事不免向外驰求，往往陷于过举而不自觉，如此类者甚多，不可不深察而惩艾之。昔贤云：'即向好事，犹为物化。'况未必然乎？吾辈只合素位而行，才涉位外，便是私意，习熟不已，终身堕落矣！"②另，《清史稿》认为恽日初"少与杨廷枢等交，及从蕺山问学，学益进"③。

据《清史稿》载，恽日初于崇祯十六年（1643）应诏上备边五策，因受阻未得上报；知时事不可为，乃归隐天台山；两京亡败，唐王立福州，鲁王亦监国绍兴，吏部侍郎姜垓（1614—1653，字如须，号仁石山人）以恽日初知兵而推荐，鲁王使聘，逊菴先生固辞不起；清兵下浙江，逊菴避走福州；福州破，避走广州；广州复破，乃祝发为浮图，复至建阳，参与王祈在建宁聚众抗清，兵溃，独行归常州。78 岁卒。④

恽日初编纂有《刘子节要》。《四库全书总目提要》载："宗周生平著述曰《刘子全书》。曰仪礼经传，曰古学经，曰家语考次，曰古易钞义，曰读

---

①　《绍兴县志资料》第 1 辑《三江所志》，第 917—918 页。

②　《书》，载《刘宗周全集》第 3 册，第 484—485 页。

③　《清史稿》卷 500《列传》第 287《遗逸一》，第 10468 页。

④　参见《清史稿》卷 500《列传》第 287《遗逸一》，第 10467—10468 页。

易图说，曰论语学案，曰曾子章句，曰十三字，曰古小学集记，曰古小学通记，曰孔孟合璧，曰五子联珠，曰圣学宗要，曰明儒道统录，曰人谱，曰人谱杂记，曰中兴金鉴录，曰保民要训，曰乡学小相编。其子沩汇而订之，凡百余卷。以篇帙繁富，未易尽观，因仿《近思录》例，分类辑录。一道体，二论学，三致知，四存养，五克治，六家道，七出处，八治体，九治法，十居官处事，十一教人之法，十二警戒改过，十三辨别异端，十四总论圣贤。每一类为一卷。其排纂颇为不苟，然亦有一时骋辨之词，不及详检而收之者。如曰：'天命一日未绝则为君臣，一日既绝则为独夫。故武王以甲子日兴，若先一日癸亥，便是篡，后一日乙丑，便是失时违天云云。'此语非为臣子者所宜言，且癸亥师在商郊矣？实非甲子兴师。即甲子灭纣先一日之说，亦未免过于求快。如斯之类，其去取尚未当也。"① 黄宗羲在《答恽仲升论〈刘子节要〉书》中，对恽日初作节要工作，颇不为然，指出他在"于删要接续之际，往往以己言代之"，"失其宗旨"②。

　　黄宗羲《恽仲升文集序》论恽日初书信特点，指出："仲升之学，务得于己，不求合于人。故其言与先儒或同或异，不以庸妄者之是非为是非。"③ 全祖望评价恽日初曰："恽先生日初，字逊庵。尝上书申救子刘子，其风节近开美。丙戌以后，累至山阴哭祭，为之行状几十万言。独于子刘子所言'意为心之所存'有未然者，故行状中略之，尝为梨洲黄氏诘难。晚披缁，颇以嗣法灵隐为世所讥，然其人终属志士也。"④ 恽日初晚年虽出家为僧，但不改志士之气。

66. 魏学濂

　　魏学濂（1608—1644），字子一，号内斋，一作容斋，浙江嘉善人，崇祯十六年（1643）进士，《蕺山弟子籍》著录。据姚名达《刘宗周年谱》

---

①　《四库全书总目提要》卷 96《子部》第 6《儒家类存目二》第 18 册，第 119 页。

②　（清）黄宗羲：《答恽仲升论〈刘子节要〉书》，《黄宗羲全集》（增订版）第 10 册，第217 页。

③　（清）黄宗羲：《答恽仲升论〈刘子节要〉书》，《黄宗羲全集》（增订版）第 10 册，第 5 页。

④　《子刘子祠堂配享碑》，载《刘宗周全集》第 6 册，第 649 页。

"五十七岁"条（崇祯七年，1634 年）载："是岁，门人魏学濂葬其父大中，迎先生题主。"① 由此亦知魏学濂为蕺山弟子。

魏学濂与蕺山有问学书信。如：1638 年，蕺山先生《复魏子一书》谓："向偶著《人谱》编，多属未定之见，是以未敢示人。去年所示仲木者，别后思之，亦多瞽语。俟少迟日另作抄本以奉正。"②

魏学濂为魏大中次子。魏大中为刘蕺山"性命之交友"之一，为魏忠贤所害。魏大中（1575—1625），字孔时，号廓园，万历四十四年（1616）进士，为"东林前六君子"（杨涟、左光斗、魏大中、袁化中、周朝瑞、顾大章）之一。崇祯元年（1628），魏忠贤等伏诛，魏学濂刺血上《痛陈家难疏》，诉说父死并兄学洢（1596—1626）殉孝状，崇祯平反冤狱，追赠魏大中为"太常寺卿"，谥"忠节"；学洢配祭附葬，私谥"孝烈"。在同门黄宗羲看来，"天启朝，以攻逆奄而死者一十有三人，其后人为世所显名者，惟黄、魏两家"③。

据黄宗羲所撰《墓志铭》载，陈龙正、吴子逺与魏学濂为姻家，曾请蕺山先生讲学于丙舍，读书柳洲；又与长洲薄子珏务为佐王之学，兵书、战策、农政、天官、治河、城守、律吕、盐铁之类，无不讲求，将以见之行事；知天下大乱，访剑客奇才而与之习射角艺，不尽其能不止。④ 从中可看出魏学濂多才多艺、游侠任性的个性特征，亦彰显出为学重经世的特点。

魏学濂中进士后，受翰林院庶吉士，李自成进军北京，魏学濂自缢死。黄宗羲所撰《墓志铭》有这样记载："京师既陷，子一谓其同志曰：'吾辈自分唯有一死，然死有三节目，先帝上升之日一也，发丧之日二也，李贼即伪位之日三也。前此二者，今已不及，以彼篡位之晨，为吾易篑之期耳。'（黄宗羲言：'此言余闻之鲁季栗'。）先是，子一与容城孙钟元密结义旅，劫其

① 姚名达：《刘宗周年谱》，载《刘宗周全集》第 6 册，第 376 页。

② 参见姚名达：《刘宗周年谱》，载《刘宗周全集》第 6 册，第 414 页。

③ （清）黄宗羲：《翰林院庶吉士子一魏先生墓志铭》，《黄宗羲全集》（增订版）第 10 册，第 413 页。

④ 参见（清）黄宗羲：《翰林院庶吉士子一魏先生墓志铭》，《黄宗羲全集》（增订版）第 10 册，第 414 页。

不备，贼中亦颇有愿内应者，故子一迟迟以待其至。久之，音尘断绝，贼党劝进，将以四月二十九日燔燎告天以正号位，子一曰：'吾死晚矣！'以其日赋诗二章，自缢死。"①

另外，黄宗羲还分析了魏学濂自缢的真正原因。在梨洲看来："子一之未死也，同邑忌之者造作飞条，言其倾侧荒朝，不持士节。阮大铖时方得志，附益增张，以报血书之役。②君子亦多信之。未几而子一死，君子之惑虽解，而盖棺之荣不及。贞元朝士，今已无多，孰为之激昂而乐道者。嗟乎！子一大概欲为人所难，自伤家难，则羸衣覆食，誓终天年。母病为瘵，则割臂投羹，助彼方剂。十八年流离之门户，霜母在堂，昆弟都尽，一解褐之书生，未与国事，柴也其来，未始为过。而子一坚心致命，不欲以常人自居，亦可以谅其志志矣。向使妖谗不起，则与倪（元璐）、范（景文）诸公同骑箕尾，夫又何说？顾子一所以致此者亦自有故。子一上书，见知于天子；锐意问学，远驾经生，先友宿艾，望风推服，莫窥其底里；加之旁通艺事，章草之书，倪、黄之画，阳冰之篆，孤姿绝状，触毫而出，无非诗书之融结，学侣挹其精微，词宗称其绝妙，一时盛名，无出其右。子一亦未免矜贵自喜，不知盛名之难居也。子一虽学于蕺山，其所重却在经济上，此便是功利之学。即与倪、范诸公同是一死，而牵挽于密约，不得自由，亦是功利误之，此则可为子一惜也。"③魏学濂为学重功利经世，导致其自缢易箦之行，颇多争议。

魏学濂著有《内斋集》、《日知录》，藏于家。就魏学濂的聪明才智和学识胆略而言，黄宗羲较为赞赏他："子一实有过人者，余束发交游，所见天下士，才分与余不甚悬绝而为余所畏者，桐城方密之、秋浦沈崑铜、余弟泽望及子一四人。"④从中亦可看出，黄宗羲对当时同门师兄弟才分学识的总体

---

① （清）黄宗羲：《翰林院庶吉士子一魏先生墓志铭》，《黄宗羲全集》（增订版）第10册，第414—415页。

② 即《留都防乱公揭》中，魏学濂、黄宗羲等人签名事件。

③ （清）黄宗羲：《翰林院庶吉士子一魏先生墓志铭》，《黄宗羲全集》（增订版）第10册，第415—416页。

④ （清）黄宗羲：《翰林院庶吉士子一魏先生墓志铭》，《黄宗羲全集》（增订版）第10册，第416页。

评价，魏学濂、黄宗会和黄宗羲是蕺山刘门弟子中才分最高之人。

67. 许元溥

许元溥（？—？），字孟宏，长洲（今苏州）人，崇祯三年（1630）举人。《蕺山弟子籍》著录，尚无参与讲会、问答书信佐证，但从董说。

据钱熙祚《跋吴乘窃笔》载："元溥生而沉静，日出其书遍观之，于经义罔不淹通。尤邃于《易》，立高阳社课子弟，喜购书，自号千卷生。崇祯庚午举于乡，不仕。"① 许元溥卒后，友人私谥"孝文"先生。吴山嘉所辑《复社姓氏传略》亦有传。②

许元溥著有《甫里许孟泓昆仲评选易义》、《十三经丛笺》、《读史通》、《逊园史及》、《许氏考证编》、《吴郡甫里志》、《宋遗民续录》、《吴乘窃笔》、《古吴文献》等，③ 目前只有《吴乘窃笔》为《指海》第八册收录，其他尚未见。

68. 邓履中

邓履中（？—？），字左子，江西人。《蕺山弟子籍》著录，尚无无参与讲会、问学书信佐证，但从董说。

邓履中著有《寓山园记》，为祁彪佳所筑寓山园所做的记。④

69. 叶敦艮

叶敦艮（？—？），字静远，西安（今浙江衢县）人，《蕺山弟子籍》、《子刘子祠堂配享碑》、《蕺山先生行实》皆著录。《清史稿》以叶敦艮为蕺山弟子，并指出："（叶敦艮）尝贻书陆世仪，讨论学术。世仪喜曰：'证人尚有绪言，吾得慰未见之憾矣。'"⑤《小腆纪传》亦赞叶敦艮曰："国变后，弃

---

① （明）许元溥：《吴乘窃笔》，王稼句编纂、点校：《苏州文献丛钞初编》（上），古吴轩出版社 2005 年版，第 244 页。

② 参见（清）吴山嘉：《复社姓氏传略》，中国书店出版社 1990 年版，第 92—93 页。

③ 参见（明）许元溥：《吴乘窃笔》，《苏州文献丛钞初编》（上），第 222 页。

④ 参见《嘉庆山阴县志》卷 28《艺文上》，第 1107 页。

⑤ 《清史稿》卷 480《列传》第 267《儒林一》，第 9986 页。

诸生，教于里塾；能昌明宗周之学，以'笃行君子'称。"① 全祖望视叶敦艮为蕺山"大弟子"："曰西安叶先生敦艮，字静远，笃行君子也。予尝谓：三衢学者徐逸平 [徐存（？一？），字诚叟，号逸平——引者注] 称杨龟山 [杨时（1053—1135），字中立，号龟山——引者注] 大弟子，是程学；徐径畈 [徐霖（1214—1261），字景说，号径畈——引者注] 称汤晦静 [汤巾，字仲能，号晦静，与兄汤千（字升伯，号存斋）和汤中（字季庸，号息庵）共同创立存斋晦静息庵学派——引者注] 大弟子，是陆学；而静远则子刘子大弟子，堪鼎足。既弃诸生，能昌子刘子之教于里塾。"② 可见，叶敦艮于蕺山学传播作出重要贡献。③ 蕺山门弟子张履祥认为叶敦艮能遵从师教，并有书信三通，且于《言行见闻录》中记述叶敦艮受教蕺山情况："某见先生，请教。先生云：'学者立身，总不可自家轻易放了一些出路。'某问：'若使吾师当路，经纶天下，毕竟如何？'先生曰：'仆已是做过官来的。'"《言行见闻录》还记载了刘汋（刘伯绳）语叶敦艮之言："学问之要，只是于伦常日用见，事事不轻放过。日积月累，自然造到广大高明田地。"④

70. 徐耀

徐耀（1592—1641），字韫生，号蓼莪，泰州人，崇祯元年（1628）进士。《蕺山弟子籍》著录。

徐耀与蕺山有书信往来。如：《刘宗周年谱》"六十岁条" [崇祯十年丁丑（1637）] 载："六月十七日，《答徐蓼莪兵垣（耀）书》，'小民之膏血已竭，而计部之诛求不已。'"⑤

徐耀中进士后，曾为福建龙溪、漳浦、海澄诸地县令。后入京师，先后任兵科左、右给事中，礼部都给事中。崇祯十三年（1640）任春闱房官，

---

① 《小腆纪传》卷58《列传》第51《遗民》，第658页。
② 《子刘子祠堂配享碑》，载《刘宗周全集》第6册，第649页。
③ 陆世仪亦持此种观点。《尊道先生年谱》曰："之今念台之门能继师传者，称静远及钱塘沈甸华兰先、桐乡张考夫履祥为最。" [（清）凌锡祺：《尊道先生年谱》，《北京图书馆藏珍本年谱丛刊》第69册，北京图书馆出版社1999年版，第713页]
④ （清）张履祥：《杨园先生全集》（中），第928页。
⑤ 姚名达：《刘宗周年谱》，载《刘宗周全集》第6册，第407页。

四译馆太常少卿，后升迁为都察院左佥都御史，协理院事。徐耀清正廉明，不阿权势，体察民情，孝敬老母，深得崇祯信赖。崇祯十四年（1641）卒，终年五十岁。①

71. 董标

董标（？—？）字公望，陕西人。《蕺山弟子籍》、《子刘子祠堂配享碑》著录。

全祖望指出，董标为"冯恭定公弟子也。晚官兵马司使，始从子刘子受业，读其问答，醇如也。甲申前卒。"② 董标早先为冯从吾 [1556—1627，字仲好，号少墟，万历十七年（1589）进士] 弟子，后入蕺山门。另据《刘宗周年谱》"六十五岁"（崇祯十五年壬午，1642）载："董标，旧游冯从吾（少墟）之门，时官南城兵马司。一日，谒先生，问《大学》之要，先生曰：'在诚意。'退而作《心意十问》相叩击。先生递答之，大抵言'意为心之主宰，即主宰而流行在其中；固不可以意为发，心为存；亦非截然以意为存，心为发也。'又举经书中与诚意相发明者，批注以示标，曰《诚意筌蹄》。"③ 董标围绕蕺山"意"哲学有《心意十问》，蕺山则有《答董生心意十问》。④

董标具体事迹不详。

72. 路迈

路迈（？—？），字广心，武进人。《蕺山弟子籍》著录。

路迈与蕺山有问学书信。如：《刘宗周年谱》"六十五岁"（崇祯十五年壬午，1642）载，十二月二十九日，蕺山先生有《答路广心铨司（迈）》，"去国之身，频承眷念，感何以当，时艰未艾，亦只得在官言官，为补救地。诚使天下人皆在官言官，而天下焉有不治乎？"⑤ 蕺山言去国之感，时艰政

---

① 参见（清）黄之隽等编：《江南通志》卷 144《人物志·宦绩》第六《扬徐二府》。
② 《子刘子祠堂配享碑》，载《刘宗周全集》第 6 册，第 407 页。
③ 姚名达：《刘宗周年谱》，载《刘宗周全集》第 6 册，第 458 页。
④ 参见《问答》，载《刘宗周全集》第 2 册，第 337—340 页。
⑤ 《书》，载《刘宗周全集》第 3 册，第 483 页。

弊，己亦无能为力，但求在官言官，在位谋政而已。《刘宗周年谱》"六十六岁"（崇祯十六年，1643）载，蕺山在通州时，有《答路广心父母志别》、《遗路广心父母致诵其先公两世乡贤》等书信。①

路迈具体事迹不详。

73. 王开

王开（？—？），宁州人。《蕺山弟子籍》著录。

王开与蕺山有问学书信。据《刘宗周年谱》载，1639 年三月，蕺山《答王生开书》曰："思得男子在世间，非出而死君、死国，则入而死于父母，此身非吾有也。"②

王开具体事迹不详。

74. 曹宗璠

曹宗璠（？—？），字汝珍，号惕咸，金坛人，崇祯四年辛未（1631）进士。《蕺山弟子籍》著录，尚无参与讲会、问学书信佐证，但从董说。

据《明清江苏文人年表》载，曹宗璠为复社成员，明亡后仍坚持抗清；顺治间，郑成功等在沿海及海上坚持武装抗清，一度沿长江深入江苏等省，金坛县人民及缙绅积极响应，其中就有曹宗璠；顺治十八年（1661），清廷兴通海案大狱，曹宗璠陷狱，后幸免；曹宗璠才华颖异，著述丰富，有《昆和堂集》十卷、《洮浦集》十卷、《南华沚笔》三卷。③ 有学者探讨曹宗璠《南华沚笔》"庄佛互释"的学术特性，即以《华严经》为宗解释《南华经》，用《华严》"三界唯心"说在本体层面连通了佛学与庄子，并超越"色心不二"的见性境界，提出欲改造"世界"，根本在于把个人的觉悟与众生的因果结合起来，从而深刻揭示出佛道两家"无用之用"的化世大用。④ 由此可见，蕺山后

---

① 参见姚名达：《刘宗周年谱》，载《刘宗周全集》第 6 册，第 460 页。

② 《书》，载《刘宗周全集》第 3 册，第 455 页。

③ 参见张慧剑编著：《明清江苏文人年表》，上海古籍出版社 1986 年版，第 701 页。

④ 参见周鹏：《乘物游心，无物大用——曹宗璠〈南华沚笔〉研究》，《商丘师范学院学报》2015 年第 2 期。

学弟子曹宗璠治学涉及佛道，进一步体现了蕺山学派重学术创新的学派特质。

75. 韩位

韩位（？—？），字参夫，槀城人。《蕺山弟子籍》著录。

韩位参与讲会，亦有与蕺山问学书信。如：《刘宗周年谱》"五十五岁"（崇祯五年壬申，1632）载："闰十一月三日，第十会，宛平韩位（参夫）闻风远道来会"①；《刘宗周年谱》"六十三岁"（崇祯十三年辛巳，1640）载：是年"又有《避暑广福庵》、《游天衣寺》、《访张自庵山居不过》、《和韩参夫题解吟轩》、《寄怀樊密庵》等诗。"②

韩位具体事迹不详。

76. 陈确

陈确（1604—1677），初名道永，字非玄，后改名确，字乾初，浙江海宁人，为廪生。《蕺山弟子籍》、《子刘子祠堂配享碑》、《蕺山先生行实》皆著录。另，杜春生《刘子全书遗编钞述》说："于《年谱》得未载者三人：钱永锡（钦之，会稽）、王谷（太含，山阴）、陈道永（□□、□□），皆有训言夙承启迪者也。"③刘士林《蕺山先生行实》亦录有"陈道永"，此"陈道永"实"陈确"。《小腆纪传》载，"（陈确）好洛、闽之学，师事刘宗周。"④

据陈敬璋（1759—1813，字奉羲，号半圭，郡庠生，陈确玄孙）《陈乾初先生年谱》记载，（崇祯）十六年癸未（1643），陈确40岁时始师事刘宗周。是年八月，"偕钱圣月、祝开美同渡钱塘。时圣月归省甬上，而先生与开美入剡，从学蕺山先生。案《祝子开美传》：'癸未秋，开美与余同事刘先生于云门、若耶之间。'是先生之受业蕺山先生，实在癸未岁。或谓先生甲申与族叔令升渡江，受业蕺山刘夫子之门，非也。又案：明年甲申，又偕吴仲木至山阴，初未尝与令昇同至山阴。《西渡书感诗》注云：'自癸未八月，

① 姚名达：《刘宗周年谱》，载《刘宗周全集》第6册，第359页。
② 姚名达：《刘宗周年谱》，载《刘宗周全集》第6册，第428页。
③ 《刘宗周全集》第6册，第701页。
④ 《小腆纪传》卷58《列传》第51《遗民》，第658页。

同祝子开美，继与吴子仲木问学山阴，今无夫存者。'计其时，令昇尚存，此尤足证其误者也。"① 其所案语中关于陈确与族叔陈之问于 1644 年受业蕺山之事，乃为黄宗羲所记。黄宗羲在《陈乾初先生墓志铭（初稿）》载："甲申（1644 年——引者注），与族父令升渡江，受业蕺山刘夫子之门，潜心力行，以求实得，始知曩日意气用事，刻意破除，久归平贴。家庭乡党之间，钦为坊表。故虽事夫子之日浅，而屈指刘门高弟，众口遥集。"② 因此，取陈敬璋所记，陈确于 1643 年师事刘宗周，故不从黄宗羲所记。

据《陈乾初先生墓志铭（初稿）》可知，陈确天才绝出，书法、篆刻、洞箫、弹棋、杂技等，凡经手便如夙习，无所不会。于学，则无所依傍，主张学以自得："凡不合于心者，虽先儒已有成说，亦不肯随声附和，遂多惊世骇俗之论。而小儒以入耳出口者，嚣然为彼此之是非。先生守之愈坚，颇未免信心太过，以视夫储胥虎落之内闭眉合眼朦胧精神者，则有间矣。夫圣贤精微要渺之传，倡一而和十，悉化为老生常谈陈腐之说，此先生之所痛也。"③ 由此可知，陈确思想具有解放性、先进性和反叛性，其所著《大学辨》等书即是其精神的表现。但，因此创新性见解，《大学辨》甚有被视为"洪水猛兽"之势，张杨园曾借为乾初母做寿序之机，讽喻乾初曰："近世学者，于道粗知向方，遂自矜许，上无古人，甚至信一人之臆见，薄尊闻为流俗，足己自贤，而无复求益之意，非圣人日进无疆、绥其福履之道也。"④ 乾初答张杨园书信曾为己辩言："至《大学辨》，实出万不得已，前数书略见苦心，非所谓挟也。而兄藐然之听，日甚一日，殊失所望。盖以弟《大学辨》为愚昧无知则可，谓当置之不足议论之列则不可。"⑤ 于此，朱彝尊《朱竹垞先生彝尊经义考》指出："乾初，蕺山高弟，讲学海壖，晚著《大学辨》一篇。于时闻者皆骇，桐乡张履祥考夫、山阴刘汋伯绳、仁和沈兰先甸华、海盐吴番昌仲木，交移书争之。而乾初不顾，具言《大

---

① （清）吴骞辑，陈敬璋订补：《陈乾初先生年谱》，载《陈确集》（下），第 832 页。

② 《黄宗羲全集》（增订版）第 10 册，第 359 页。

③ 《黄宗羲全集》（增订版）第 10 册，第 360 页。

④ （清）张履祥：《陈母叶太君九袠寿序》，载《陈确集》（上），第 53 页。

⑤ （清）陈确：《大学辨·答张考夫书》，《陈确集》（下），第 590 页。

学》言知不言行，格致诚正之功，先后失其伦序，且以朱子《补传》'一旦
豁然贯通'近于禅，宜仍还《戴记》。其言虽咈于众心，然其人不失为躬行
君子也。"①

徐三礼《海宁县志理学传》综略记载陈确学问思辨历程曰："早岁见知
于乡贤许同先生令典，目为任道之器。后与孝廉祝渊游蕺山先生门，奉慎独
之教，用功于见善必迁、知过必改，求无歉于所独知，兼动静，合人己，无
往而非独，无往而非慎；已而践履卓然，矫立风尘之表。幼以孝友称，长以
文学著，器韵拔俗，诗文清真大雅，寄托深远，其论学明理，尤多心得。为
人刚直，尚气节，遇公正，发愤为乡邑去害，不挠于势位。自幼寄予潇洒，
书法得晋人遗意，抚琴吹箫，时奏于山巅水涯，篆刻博弈诸好无不工。自奉
教蕺山，一切陶写性情之技，视为害道而屏绝之；其勇于见义，遇不平而辄
发者，亦视为任气而不复蹈。惟皇皇克己内省，黜伪存诚，他不暇顾。乙酉
后，祝渊既从师游地下，确弃经生业，与同志静修山中，本蕺山证人之旨，
为闇然之学。寻病废几二十年，足不及中庭，君子谓其不异袁闳之士室。蕺
山之学，传于海昌，确与渊庶几同所归乎！一时同道、志义切劘之士，如
甬里蔡遵（《义行传》：遵字养吾，幽楼谈道，率二子耕且读。）、龙山许奋、
洄塘徐孟铦（《隐逸传》：奋字大辛，令瑜子，遵《人谱》为省过会。孟铦
字炯一，文行卓然，学者称紫海先生）、确兄子枚［璋（即陈敬璋——引者
注）案《家传》：贲永子枚字爱立，号补菴］，孜孜好修，沉冥没世，皆先确
卒。（璋案《名宦传》：许三礼，字典三，号酉山，河南安阳人。顺治辛丑进
士，康熙十二年任海宁令，多善政，建正学书院，朔望率绅士讲学其中。以
徇卓上闻，擢御史，厉官督捕、侍郎。）"②另据陈元龙《陈氏理学乾初先生
传》记载，陈确晚年曾购地十亩，"营葬考妣，奉其三兄雁序以祔，而己亦
置生圹焉，令支下子孙艰于觅地者皆袿入。先生盖仿古族之法，以为支分
本一，血脉相联，生则居庐而处，没则共域而葬，且使春秋展墓时子姓兄弟
咸在。其酌古准今，法良意美，皆类此。"③

---

① 《陈确集》（上），第42—43页。
② 《陈确集》（上），第2页。
③ 《陈确集》（上），第10页。

　　黄宗羲对陈确在蕺山门中的地位及其对蕺山学的理解做过评价。蕺山曾言："予一生读书，不无种种疑团，至此中不释然。不觉信手拈来，大抵于儒先注疏，无不一一抵牾，诚自知获戾斯文，亦姑存此疑团，以俟后之君子。倘千载而下，有谅予心者乎？"在梨洲看来，他自己"未之有得"，而环视刘门，知乃师之学者亦绝少，但陈确算是一个。黄宗羲在《陈乾初先生墓志铭（二稿）》中指出："近读陈乾初所著，于先师之学十得之四五，恨交臂而失之"。[1]但在《陈乾初先生墓志铭》三稿和四稿中，改为"十得之二三"[2]。尽管是数字的变化，但反映出黄宗羲的负责心态：陈确传延、发展了蕺山学，但不如黄宗羲自身对蕺山学的发扬贡献大，唯有黄宗羲才是最为理解刘蕺山的弟子。联想到黄氏《子刘子行状》对蕺山临终衣钵传人张应鳌的"歪记"[3]，黄宗羲以蕺山衣钵传人自居。黄宗羲《陈令升先生传》引陈之问写给黄宗羲的寿序说："黄子于蕺山门为晚出，独能疏通其微言，证明其大义，推离远源，以合于先圣不传之旨，然后蕺山之学如日中天，至其包举艺文，渊综律历，百家稗乘之言，靡不究。"[4]而陈确思想，"非蕺山学的正宗，有其自己的一套光明正大义理，不至沦于荀子、告子的后天之学，亦不会下委流为以欲为首出的学问"[5]。可看出蕺山弟子对黄宗羲在刘门中之地位的评论。

　　当然，黄宗羲在撰写的《陈乾初先生墓志铭》第二、三、四稿的"铭"给予陈确较高评价："有明学术，宗旨纷如。或泥成言，或创新渠。导水入海，而反填淤。唯我蕺山，集夫大成。诸儒之弊，削其畦町。下士闻之，以为雷霆。岂无及门，世智限心。如以太牢，饫彼书蟫。欲抹微言，与时浮沉。龙山之下，乃有杰士。北面未深，冥契心髓。不无张皇，而笃践履。余忝同门，自愧浅陋。昔作铭文，不能深究。今其庶几，或以传后。"[6]

① 《黄宗羲全集》（增订版）第10册，第362页。
② 分别见《黄宗羲全集》（增订版）第10册，第362、368、374页。
③ 参见前"张应鳌"条目。
④ 《黄宗羲全集》（增订版）第10册，第600页。
⑤ 蔡家和：《黄宗羲与陈确的论辩之研究》，《台湾大学哲学论评》2008年第35期。
⑥ 《黄宗羲全集》（增订版）第10册，第373页。

据陈确子陈翼（1632—1689，原名滋世，字敬之，号敬斋）《乾初府君行略》记载，陈确之学有"学凡三变"之经历，"始崇尚夫风流，继绚烂夫词章，继又衿厉夫气节，自后一变至道。要其淡功名，薄荣利，则固根原于性天，历盛衰、阅老稚而不渝其初者也。"① 乾初与乃师蕺山一样，重视气节，而重气节成为整个蕺山学派学思历程的基本特性。陈翼亦阐述了陈确为学重自得的特点："其所论述，前人所已言者不言也。故即偶然落笔，出其心得，具有发明，理归一贯，绝非支离驳杂，依傍装排，如近世儒者拾古人牙后，附会影响，出口入耳之学，以自欺而欺天下也。"② 这与黄宗羲所撰《陈乾初墓志铭》所总结相照应。全祖望亦赞陈确曰："海宁陈先生确，字乾初，畸士也。说经尤夸夸。"③ 乾初之学，讬经释义，学以自得，自有创新，亦体现蕺山学派"为学重自得"的学术思想特征。

关于陈确撰著论说，陈翼指出："其大者，论学则有《大学辨》、《禅障》、《性解》、《才气情辨》、《原教》、《学谱》，无不折衷孔、孟，衡断群儒；坊俗则有论葬诸书，《丧俗》、《家约》，率皆言近指远，黜伪存诚，与《中庸》素位之学、孔子有恒之训，互为印证，大有裨于学者。其余杂著，不下数十万言，俱有关世教。谈道之暇，间为诗歌，清真大雅，不过自写其安贫乐道之怀，悲天悯人之致，读其诗而知其人如在，岂苟焉已哉！"④ 陈氏大部分著作得以保留，目前已整理出版《陈确集》。

77. 陈之问

陈之问（？—？），字令升，别号简斋，海宁人，陈确族叔。《蕺山弟子籍》载录。据黄宗羲《陈乾初先生墓志铭（初稿）》可知，陈之问与陈确同问学蕺山。另据黄宗羲《陈令升先生传》可知，陈之问从学于蕺山、漳海两先生，"顾未尝谈学。与人言者不出诗书，然而知学者莫如先生"⑤。漳海先

---

① 《陈确集》（上），第13页。

② 《陈确集》（上），第14页。

③ 《子刘子祠堂配享碑》，载《刘宗周全集》第6册，第647页。

④ 《陈确集》（上），第14页。

⑤ 《黄宗羲全集》（增订版）第10册，第600页。

生即黄道周。陈之问问学于蕺山、道周，具双重门籍。

黄宗羲《陈令升先生传》指出，虽然陈之问科甲冠于两浙，但"不以华膴为意；顾独好读书，自《六经》三史以下，八家之集，唐宋之诗，丹铅殆遍"；往往"高会广座，有所征引，长篇累牍，应口吟诵，以架上书覆之，不错一字。当世文章家，指摘其臧否，咸中要害"。此外，陈之问"于书画古奇器，赏鉴无不精绝，而青鸟、素问、龟卜杂术，皆能言其理"；学习刻苦，为"寒士中所未见"，霜天寒夜，漏已参半，"闻先生放笔铿然，率以为常"①。

78. 吴麟征

吴麟征（1593—1644），字圣生，一字末皇，号磊斋，海盐人，天启二年（1622）进士。《子刘子祠堂配享碑》著录。全祖望曰："海盐吴先生麟征，字磊斋，甲申殉难忠臣也。详见明史。初，磊斋未识子刘子。一夕，梦中闻其诵文信公'山河破碎'之句，醒而讶之。及见子刘子讲学都门，因问业。磊斋死国，诸弟子私相语曰：'妖梦得无及先生乎？盍请先生志墓以禳之。'子刘子流涕曰：'固应及耳，何禳之有！'不一年，难作。"② 吴蕃昌《吴麟征年谱》详细记载："其年春（天启二年壬戌——引者注）大人初止长安邸时，梦身经荒野，一褐衣丈夫，冠危冠，负手仰天，长吟曰：'山河破碎风飘絮，身世浮沉雨打萍'，□复唏嘘不已，大人为之泣下。或指曰：'此隐士刘宗周也。'既寐，且不识刘为何人，为何如人。及登第观政，升宗伯堂上，上有悬版，题主事刘某名，愕然心异之，已而详刘公当世大贤者也。居又比省壤，久之，未尝纳交。崇祯壬癸之岁，使会同朝，初梦卒践。"此处，吴蕃昌转载刘宗周《哭吴麟征文》："呜呼，死生亦大矣！而自知道者观之，不过一昼夜之序，通乎昼夜而知死生之说矣。""昼观妻子，夜卜梦寐。今也何幸，几得之先生。先生之于宗周固非有平生之契也，乃登第之时，忽行诸梦寐焉，且诵文信国《零丁洋》诗句以赠，而竟不知为何许人，曰'隐者刘生也'。梦觉而惧然，先生心识之。二十年来，不轻以示人。及夫晚年，宗

---

① （清）黄宗羲：《陈令升先生传》，《黄宗羲全集》（增订版）第 10 册，第 601 页。
② 《子刘子祠堂配享碑》，载《刘宗周全集》第 6 册，第 647 页。

周幸辱先生同朝，相见如平生。先生目慑予为宗周也。未几而予罢官去，先生愀然不乐曰：'刘子隐矣，予独留。予其不免乎？'因稍稍以旧梦示人。人或异之者，昊天不弔。今年春，先生竟遭国难以死，零丁之兆，信不诬也。然则先生其信国之后身乎？当筮仕之初，而神已告之，独其假及宗周姓氏，始终不解其故。意者天以宗周赐先生，则先生忠义得之性成初念之说，岂果待宗周而始决？抑天以先生赐宗周，而先生死矣。后先生而死者，其为宗周乎？嗟嗟，死生事小，闻道为大，等死耳。而先生死忠，即等死忠耳。而先生独奉其初念以死，由先生之言遡其平日，久已勘过妻子梦寐两关，至此从容卓绝，义尽仁至，颉颃前人，庶几朝闻夕可者与。如宗周隐不成隐，见不成见，可以死而不成死，长夜之梦，自今伊尔，先生幸有觉我矣。今者迫欲叩先生而无从也。临风洒泪，借束刍以救词，冀先生之惠然。呜呼，一死一生，一梦一觉，怅成言兮恨离索，留此公案兮万古如昨。"①《刘子全书》所记载刘宗周《祭吴磊斋文》为节本，大略亦申明此事。②

按吴蕃昌《吴麟征年谱》记载，吴麟征与刘宗周相识是在崇祯十五年壬午（1642）。是时，崇祯启弘政门，诏求公卿以下直言，令无所忌讳，谏官熊开元、姜埰拜书剌首辅，结果被下诏狱，举朝震慄，吴麟征手拜疏申救，有"皇上御极十有六年，从无以言官付诏狱者，雷霆竟日之怒，臣等可以无言"之语。第二日，宪臣刘宗周申言救熊、姜，因言辞激烈，被系狱，吴麟征为刘宗周请求："宗周之忠，群臣百姓皆知之。今与臣等同救言官，而独蒙其咎，臣等何颜以事陛下。"乃免冠叩头谢罪。后来，刘宗周被放，读诸救己书，有曰："诸公言辱相援耳，若吴公者，诚念在国家，真仁人言哉！"于此，吴蕃昌言曰："盖先生与大人非有雅故，始为通版交。"③

据《刘宗周年谱》"六十六岁"条（崇祯十六年癸未，1643）载："先生在寺，幅巾布服，道味适然，士大夫以学就正者，络绎不绝，退则掩关著书，不以冰霜辍业，于得失升沉，淡如也。是时问道者为友人张玮、吴麟征、祁彪佳、刘理顺、金铉、陈龙正，门生董标、恽日初、祝渊等。先生各

① （明）吴蕃昌：《吴麟征年谱》，《北京图书馆藏珍本年谱丛刊》第 61 册，第 35—37 页。
② 参见《刘宗周全集》第 4 册，第 328 页。
③ （明）吴蕃昌：《吴麟征年谱》，《北京图书馆藏珍本年谱丛刊》，第 61 册，第 145 页。

随所问开发之，闻者渐以兴起。"① 于其中，吴麟征向蕺山问学求道。吴自己亦曾回忆言及问道蕺山之事。据祝渊《太常吴公殉节纪实》记曰："时公两日不食，角巾青衫颈项多缳痕，渊涕泣不能仰视。公笑曰：'无效儿子女为也。'引酒共酌，剧言失国之故，且曰：'往余问道山阴刘念翁先生，先生曰："人之初念未尝不善，往往以转念失之受命。"余初念也。'"② 另黄宗羲《刘子全书序》说："先师丁改革之际，其高第弟子如金伯玉、吴磊斋、祁世培、章格庵、叶润山、彭期生、王玄趾、祝开美一辈，既已身殉国难，皋比凝尘，曩日之旅进者，才识多不当。伯绳辑遗书之时，其言有与洛闽龃龉者，相与移书请删削之，若惟恐先师失言，为后来所指摘，嗟乎，多见其不知量也。"③ 梨洲以吴麟征为蕺山高弟子。综上，著录吴麟征为蕺山门弟子。

据《明史》载，吴麟征中进士后，除建昌府推官，擒豪猾，捕剧盗，治声日闻；崇祯五年（1632），擢吏科给事中，时麟征在谏垣，直声甚著，上疏乞假葬父；后还朝，劾吏部尚书田唯嘉赃污，唯嘉即罢去；再迁刑科给事中，丁继母忧，服阕，继起吏科都给事中；崇祯十七年（1644）春，推太常少卿，李自成破京都，麟征奉命守西直门，城破，解带自经，为家人救起；吴麟征欲与祝渊决，待祝渊至，酌酒与渊别，遂自经，祝渊为吴麟征含殓；后赠兵部右侍郎，谥"忠节"，清朝赐谥"贞肃"。④ 吴麟征为顺治表彰前代忠臣 20 人之一。

吴麟征芟定宋李纲书疏政略为十卷本《忠定集》，又搜拾汉唐以来党人封事书议为四卷本《党鉴》，谓："当吾世，必有以二书为明戒者"，吴蕃昌于乃父之良苦用心叹曰："大人于家国之感，盖以弘深矣。"⑤ 此外，吴麟征居官时寄训子弟之书，经其子吴蕃昌摘录其语而成《家戒要言》一帙，为《四库全书总目提要》著录。⑥ 吴蕃昌辑录吴麟征部分著述而成《吴忠节公

---

① 姚名达：《刘宗周年谱》，载《刘宗周全集》第 6 册，第 458 页。
② （明）祝渊：《祝月隐先生遗集》卷二《纪实》，《适园丛书》第 1 辑第 2 函。
③ （清）黄宗羲：《刘子全书序》，载《刘宗周全集》第 6 册，第 653—654 页。
④ 参见《明史》卷 266《列传》第 154，第 4529—4530 页。
⑤ （明）吴蕃昌：《吴麟征年谱》，《北京图书馆藏珍本年谱丛刊》第 61 册，第 120 页。
⑥ 参见《四库全书总目提要》卷 96《子部》第 6《儒家类存目二》第 18 册，第 123 页。

遗书》四卷并附年谱一卷，载《四库禁毁书丛刊》集部第八十一册。

79. 吴蕃昌

吴蕃昌（1622—1656）①，字仲木，海盐人，诸生，娶郑端简公之孙郑恕材（字太学）之女，再娶武水苏英（字嵩蒋）副宪之女，后继娶李氏。子男二，吴恬贻乃姜沈氏所出，吴恢贻乃姜金氏所出；女二人，吴隐贻为沈氏所出，配蒋禹锡，吴儇贻为姜倪氏所出，配查光嗣。② 吴蕃昌为吴麟征仲子，但承祧吴麟征叔父吴中伟宗嗣。③《蕺山弟子籍》、《蕺山先生行实》著录其为蕺山弟子。

吴蕃昌问道蕺山。他自言曰："蕃等以中丞忠节为父，以山阴刘子为师，尚复委蕤濡蹶为世姻笑矢，当鞭辟奉教有道。"④ 此外，吴蕃昌《哭山阴先生文》详细说明了入蕺山门的经过及对乃师刘宗周学术思想的总体认识。他说："蕃之不肖，不克承祖父之教命而略知向往先生者，初亦震于其名而已矣。崇祯庚辰之春告于父兄，父兄许之，奉贽而叩焉。先生疾命朱子昌祚见之，授日新说，辞之归。癸未之秋再渡，则先生已赴先帝之召亦。甲申罹国大难，先忠节死之，亦犹先生之志也。而蕃摧毁之余，慕见先生逾笃，所闻

---

① 张履祥《吴子仲木墓志铭》载："以丙申正月乙巳卒，距生年天启壬戌六月十八日，凡三十有五。"[《杨园先生全集》（中），第622页]。丙申年即1656年。

② 参见（清）张履祥：《吴子仲木墓志铭》，《杨园先生全集》（中），第622页。

③ 吴中伟，字境虚，号生白，生于嘉靖癸亥十月八日（1563），卒于崇祯辛未（1631）九月十五日，年六十有九。吴蕃昌承祧吴中伟宗嗣一事，他在《先司寇公行略》中有述：外姻乡大夫谋于庙，金曰："公所爱犹子教之成进士者磊斋公。今为闽司李，家人往还多到司李之仲子始教让且早慧状，公他日持酒属客，喜且舍觯顾绿巢先生曰：'是吾孙也。'先生跽曰：'幸甚。'客皆避席贺。今非司李子嗣，谁当嗣者？"乃走宗长者四千里，持讣抵莆阳，司李为位南向恸哭。告如前议，司李辞宗人。姻党再聚于庙曰："礼不可一日废，家不可一日无督，奈何？"长闻螯妇哭，以贻公与公子，怨恫哉！复走宗长者四千里，而请于司李，司李在辞，则借司李之内兄朱彬来，凡五达署焉。司李就僚友贤者决，久之，然后具单车一两，怆然遣其十岁子归。明年，崇祯壬申之冬十二月十二日吉，司李之兄进士秋闱公时备兵昆陵，以假还躬，束带率嗣孙告于公与绿巢先生之庙，嗣孙入慰，寡母出，奉槃匜，授衰杖，就位，答客拜。越月，以名闻。中丞大夫上报天子，命。嗟乎，痛哉！是为不孝蕃昌也。[参见（明）吴蕃昌：《祗欠庵集》卷四《先司寇公行略》]

④ （明）吴蕃昌：《答昆山徐氏兄弟书》，《祗欠庵集》卷一。

训于祝子开美，往返传述者为多，已非徒震于其名矣。"在吴蕃昌看来，业师刘宗周教人从深根宁极处探赜，让人"汗浃背而泗垂踵"："坐服丧不可以出，其冬十月谊当上疏南都，告先忠节死事状，始一遇先生于姑苏隐山。于是曳衰索苴竹以前谒，蕃哭，先生哭之。蕃拜，先生扶之。蕃辍孤子泪而引弟子之敬，先生许之，且勉以终身之图，坐不能以终一日，而蕃之汗浃背而泗垂踵也，有若死而复生者数焉。盖先生之言实有夺其魄而中其膏肓者然也。天乎痛哉，蕃自此知所归矣，未尝一刻不以先生左右为怀。"① 《刘宗周年谱》"六十一岁"条（崇祯十一年戊寅，1638）载吴蕃昌读《人谱》一事："六月，又有《复魏子一书》，谓：向偶著《人谱》编，多属未定之见，是以未敢示人。去年所示仲木者，别后思之，亦多瞽语。俟少迟日另作抄本以奉正。"② 是以，吴蕃昌为蕺山弟子，《四库全书总目提要》即言："蕃昌字仲木，刘宗周之门人也。"③ 《小腆纪传》亦如是言："（吴蕃昌）师事刘宗周，与海宁陈确、桐乡张履祥讲洛、闽之学。"④

吴蕃昌著有《祗欠庵集》，载《适园丛书》第十二辑第七十五册。张钧衡跋《祗欠庵集》曰："吴蕃昌，字仲木，海盐人。父麟征，明太常卿，殉国难，谥贞肃。仲木出入江淮戎马间，扶匶而还。事嗣母查，孝敬尽礼，及居丧，水浆不入口四日。既殡，食粥不茹菜果，寝苦居庐不脱衰绖。比葬，呕血数升，哀毁不怠，故所病。至是，弥困，比及小祥，卒于丧次。师事山阴刘念台，癸巳后于张先生杨园及从弟志仁讲求程朱正学，务见躬行，作《日月岁三仪》以自范。又为《阃职三仪》，使家人遵守焉。属纩前一日犹与诸弟讲学不辍。著有《祗欠庵集》八卷，杨园先生为之铭，有曰'惟日孳孳，德义时懋，命赋有恒，志业未究'者，盖语其实也。吴侃叔《续澉浦诗话》中有仲木《哀大树》诗五律，《自序》十章之一，为今集所无，恐遗佚，亦不少与《月隐先生遗集》并刊以为孝义之准则。云岁在柔兆，执徐相月吴

① （明）吴蕃昌：《哭山阴先生文》，《祗欠庵集》卷六。

② 姚名达：《刘宗周年谱》，载《刘宗周全集》第 6 册，第 414 页。

③ 《四库全书总目提要》卷 96 子部 6，第 18 册，第 123 页。

④ 《小腆纪传》卷 53 《列传》第 46 《儒林一》，第 574 页。

兴张钧衡跋。"① 《清史稿》即此而言吴蕃昌至孝,"吴麟征明季死难,蕃昌事所后母查孝,居丧,水浆不入口。既殡,啜粥,不茹蔬果。寝苦,不脱衰绖。比葬,呕血数升,逾小祥遂卒。"②

80. 王嗣奭

王嗣奭(1566—1648),字右仲,号于越,浙江鄞县人,举人。《蕺山弟子籍》著录。

王嗣奭与蕺山有问学书信。《刘宗周年谱》"六十岁"条 [崇祯十年丁丑(1637)] 载,是年五月二日,有《答王右仲州刺(嗣奭)书》,言:"气质之性即义理之性,义理之性即天命之性,善则俱善。……故性无不善,而心则可以为善,可以为不善。即心亦本无不善,而习则有善有不善。种种对待之名,总从后天而起。""同月(五月),又《答右仲》,言儒、释之分","八月六日,《答王右仲书》,言'龙溪之于文成,所谓固朱而紫,伦于似者也。《天泉证道记》尤其显然左验也'"③。另据《鄞县通志》载,"(王嗣奭)因忤监司被劾,遣置会稽,执贽刘宗周之门,曰:'吾以罪失官,反以罪得学,可谓失鱼而得熊掌也。'"④ 全祖望《王涪州嗣奭传》载:"时陶石梁亦讲学,先生与之往复,不甚许之,独折节于蕺山。叹曰:'若知学统有在,惜不早罢官'。"⑤

据《鄞县通志》载,王嗣奭于万历二十八年(1600)中举,历任黄岩、宣平、龙泉教谕;天启五年(1625)擢知宿迁,后降建州经历,历署建安、顺昌、松溪、崇安诸邑;崇祯元年(1628)知永福县,奸人以米粮援海盗,且倚巨室为援,嗣奭予以严禁;1633 年迁知涪州,忤上司降至会稽而师事蕺山。明亡,年已八十,被迫去见清贝勒,船至慈溪,乘潮水逃走。⑥

---

① (明)吴蕃昌:《祇欠庵集》卷末。
② 《清史稿》卷 497《列传》第 284《孝义一》,第 10400 页。
③ 姚名达:《刘宗周年谱》,载《刘宗周全集》第 6 册,第 406—407 页。
④ (明)王嗣奭:《杜臆》,中华书局 1963 年版,第 403 页。
⑤ (明)王嗣奭:《管天笔记外编》,《丛书集成续编》第 17 册《总类》,台湾新文丰出版公司 1989 年版,第 128 页。
⑥ 参见(明)王嗣奭:《杜臆》,第 402—403 页。

王嗣奭博通文史，喜辨析先儒异同，于圣学深有所得，尤嗜杜诗。"尝梦见少陵与握手赋诗"，后官涪州，以至锦官亭、过草堂，瞻遗像，宛如梦中。王嗣奭 1608 年在家居丧，始治杜诗，年八十而成《杜臆》，一改再改，至临终仍修改多处。[1] 王嗣奭对杜甫的研究与他前代人有所不同：他采用知人论世、以意逆志的方法，对杜甫的时代和杜甫的政治生活、思想感情等作深入研究和探索。从他的书中可以明晰地了解杜诗产生的时代背景、杜甫思想的发展线索，甚至对某些和杜甫有关的人的政治态度，他都做了极有说服力的推论与揣度。[2]

此外，王嗣奭还著有《夷困文编》六卷、《管天笔记外编》二卷。张寿镛在《管天笔记外编序》中指出，王嗣奭感慨世道变乱而作《管天笔记外编》，包括《尚论》、《文学》、《世道》、《涉世》、《异端》五篇，"天下之乱极矣，然吾心不可使乱"。嗣奭生当明末，感慨国事，以"武王伐纣"为报父兄之仇，"冠诸篇首，其意可知"。张寿镛在《夷困文编序》之指出，王嗣奭"以忤上官获遣，自分明夷之困，所以自待者，不可谓不厚。既罢归，年逾七十，犹执赘蕺山之门。……杲堂传其学行甚详，谢山加服膺焉。此编盖翁所不欲存。尝有录而别存之，矗然自卷首至四卷无往而不可见其刚直倔强之神气，则亦古之遗直也。论史论学之言尤多精卓，足去迷惑。所谓学人之文，诚不当以诗人名也。"[3]

81. 冯惊

冯惊（？—？），字俨公，杭州人。《蕺山弟子籍》著录。

冯惊与蕺山有问学书信。据《刘宗周年谱》"六十二岁"条 [崇祯十二年（1639）] 载，是年十二月，有《答冯生》书，言"徐子信奇士乎！正好闭门读书，立此根基，不必急急求友。如仆之固陋，辱友朋来教者，亦往往见见闻闻，无能有轩轾，每抱赧而已。"[4] 蕺山先生勉励冯惊专心读书以打学

---

① 参见（明）王嗣奭：《杜臆》，第 403 页。

② 参见刘开扬：《前言》，（清）王嗣奭：《杜臆》，第 3 页。

③ （明）王嗣奭：《管天笔记外编》，第 127 页。

④ 姚名达：《刘宗周年谱》，载《刘宗周全集》第 6 册，第 424 页。

术根基。

冯惊具体事迹不详。

82. 江浩

江浩（？—？），字道暗，诸生，钱塘人。《蕺山弟子籍》著录，尚无参与讲会、问学书信佐证，但从董说。

据《明遗民录》载，江浩少时即有异质，读书为文正辄好奇伟，不肯为侜佪之言；世以苟取富贵为志，人皆以仕宦期之，此非江浩之志，故每试辄不中，人皆为之扼腕叹息，然江浩不为介意；江浩自知天启、崇祯朝有天下之乱，故留心世务，尝为书万言，望走献阙下，既而止，有曰："安用是以买进也？"中年后，更持高节，任侠使气，乐于从屠钓游，虽凌轹乡里缙绅，但皆畏服其才行；京师陷，江浩闻则大惊，"为位于庭，北面稽首而哭，昼夜不绝声者数日，两目尽肿，人皆以为狂"；江浩遂弃诸生业，多游山中，以谋终老计；既而南都复陷，清兵且及杭，江浩奔走号呼往谒璐王，规划守御计，而王"巽懦无固志"，遂归而入家庙再拜恸哭曰："浩自是不得为江氏子矣"；江浩旧有别业于黄山，即携一仆往居，并祝发为僧，更名为智宏，字曰梦破，日诵释氏言，绝口不提户外事，但未尝戒酒，且酒酣之际辄奔往黄山绝顶，呼天吁地，举声长号，响振林谷，山中禽兽闻之而回翔踟蹰，悲不能止；江浩于山中修养，古文诗歌益进，然脱稿辄弃去不少惜；时游兵入黄山，执江浩以索其资，及主帅问其名则礼而释之；江浩居山中几四年，晨夕游息，哀至辄歌，歌已辄哭，忽于己丑之秋，怡然谓人曰："天下如是，我哭无益也。殆将死乎！"人皆大惊，浩并告知己之死期在某日。至期，沐浴整僧服，危坐而逝，其遗言有谓"不得归葬先茔"，以免辱没祖宗，其奔赴凭吊子弟遵其志而葬于黄山旁。[1] 江浩虽有才气，但不屑于科举；有经世之志，但无实务之机；虽委身僧侣，但忠孝节义愤懑于胸、怦然身外，蕺山学派刘门师弟子的气节、情怀和人格魅力近似！

---

[1]　参见（清）孙静菴：《明遗民录》，载周骏富辑：《清代传记丛刊·遗逸类②》，明文书局1912年版，第498—501页。

83. 张岐然

张岐然（1600—1664），字秀初，浙江钱塘人。《蕺山弟子籍》著录，无参与讲会、问学书信佐证，但从董说。

据黄宗羲《张仁菴先生墓志铭》记载，张岐然因后来落发为僧而为丛林称为仁菴禅师。岐然自幼便能力学，其父为张懋官，其母黄氏为太仓州判副使黄汝亨 [1558—1626，字贞夫，号寓庸，万历二十六年（1598）进士] 之女，与黄汝亨齐名的虞淳熙 [1553—1621，字长孺，号德园，万历十一年（1583）进士] 叹赏张岐然才气，以女字之；钱塘后起之秀，如闻子将、严印持、刃公、丁梦佳、冯俨公、邵玄浃等多出黄汝亨、虞淳熙之门，张岐然因是寓庸先生外孙，故与他们相与为友，自幼闻见非流俗，况又参与读书社，与社中江浩、道信、严子岸、顾斐公、虞大赤、仲鹏、卓珂月、邹孝直、叔夏、严子澹、郑玄子等人为友，后与东浙陆符、万泰、和中薄子玉、魏学濂、江上沈寿民（眉生）、沈昆铜、梅朗三、赵雪度、吴应箕（次尾）、江右舒芑孙、刘孝则、蜀中刘墨倦等人交道；岐然能各取其所长，以弦韦为幽赞，非一哄于声气者所能比；岐然为人热情，友朋婚嫁有无、死丧急难，必视若同生，崎岖匍匐，则能处分条理；国变后，岐然寄迹僧斋，后四年己丑（1649）方抽簪落发，又三年壬辰（1652）始受衣拂，出世于皋亭山显宁寺，于显宁寺住四年，于吴山云居寺住三年，于北郭正等寺住二年，于扬州庆云寺住三年，凡历四座道场；时天童圆悟和三峰法藏有宗旨之讼[1]，三辟七辟，三峰压于师弟之分，几如郑缓，潭吉忍在安隐作五宗救以申三峰之屈，即多出于张岐然之手，三峰之道赖以不坠；张岐然匡徒领众，不以锋辩笼罩为事，甄陶愚鄙，如与共学，时学人钦佩；于甲辰（1664）七月三日卒于庆云，终年65岁，是年十一月，于皋亭盆月坞筑塔藏其身。[2]

张岐然读书牛毛茧丝，虽厕身释氏，却不因佛而厌儒。黄宗羲指出，

---

[1] 明末清初临济宗有圆悟、法藏论之争，主要体现于二者对开悟的客观标准有不同看法，其中法藏之圆相，圆悟立真心。（参见吕真观：《明末清初临济宗圆悟、法藏纷争始末考论》，巴蜀书社 2017 年版）

[2] 参见（清）黄宗羲：《张仁菴先生墓志铭》，《黄宗羲全集》（增订版）第 10 册，第 456—457 页。

他读《十三经注疏》时，颇刻意于名物象数，张岐然则与之志同道合；他注疏《汉地理志》，歧然亦疏《左氏地理》；他著《律吕数义》，歧然则与薄子玉、魏学濂等人取余杭竹管肉好均者，截为十二律及四清声，吹之以定黄钟；仁菴又能仿区田之法，试验于山中。而且，张歧然于《易》、《诗》、《春秋》皆有论，不与人雷同，凡先旧诸家盘滞之处，必能显发开张，昭然若揭；即游方外，亦能穷《六经》，著《大学古本辨绎义》，其论格物，于七十二家之说最为谛当，黄宗羲即评价说："此是平生功力，不为佛学埋没。余独怪同邑莲池，亦由儒入佛，而《竹窗随笔》，厌儒不遗余力。其不知儒，故无足论，吾亦并疑其为佛也。"① 据此而言，张歧然尽管由儒入佛，但能不因佛厌儒，而是学儒知佛，且愈知佛愈能明儒，故能返求六经，为学精密。②

张岐然著有《春秋五传平文》。《四库全书总目提要》指出："其书采《左传》、《公羊传》、《穀梁传》、胡安国《传》而益以《国语》。《国语》亦称《春秋外传》，故谓之'五传'。曰'平文'者，明五《传》兼取，无所偏重之义也。其《自序》曰'尝与虞子仲碻泛览《春秋》七十二家之旨，盖鲜有不乱者。及观近时经生家之说，殆不可复谓之《春秋》。究其弊，率起于不平心以参诸家而过尊胡氏。久之惟知有胡氏《传》，更不知有他氏。又久之惟从胡《传》中牵合穿凿，并不知有《经》。此所谓乱之极也'云云。……岐然指陈流弊，可谓深切著明，故其书皆参取四《传》以救胡《传》之失。虽去取未必尽当，要其针砭俗学，破除锢习，于《春秋》不为无功。惟五

① （清）黄宗羲：《张仁菴先生墓志铭》，《黄宗羲全集》（增订版）第 10 册，第 457 页。

② 黄宗羲曾论"儒释之别"，并赞赏学儒知佛、返求六经为学路向。他说："儒、释之学，如冰炭之不同。然释之初兴，由儒以附益之，浸淫而至于毫厘之际，亦唯儒者能究其底蕴。故自来佛法之盛，必有儒者开其沟浍，如李习之之于药山，白乐天之于鸟窠，张无垢之于妙喜，胡康侯之于封秀。有欧阳永叔而镡津、圆通始著，有东坡而觉范、大觉、槤始显。明初以来，宗风寥落，万历间，儒者讲席遍天下，释氏亦遂有紫柏、憨山，因缘而起。至于密云、湛然，则周海门、陶石篑为之推波助澜。而儒、释如肉受串，处处同其义味矣。昔人言学佛知儒，余以为不然。学儒乃能知佛耳。然知佛之后，分为二两界，有知之而允蹈之者，则无垢、慈湖、南皋是也。有知之而返求之《六经》者，则濂、洛、考亭、阳明、念菴、塘南是也。"［黄宗羲：《张仁菴先生墓志铭》，《黄宗羲全集》（增订版）第 10 册，第 455—456 页］

《传》皆具有成编，人所习诵，不待此刻而传。故取其卫《经》之意，而不复录其书焉。"① 现《四库全书存目丛书》经部第128—130册即载录崇祯十四年君山堂刻本《春秋四家五传平文》（四十一卷首一卷附八卷）。

84. 钱棻

钱棻（？—？），字仲芳，又称沤镜老人，嘉善人，崇祯壬午（1642）举人，文渊阁大学士钱士升 [1575—1652，字抑之，号御冷，万历四十四年（1616）状元] 之子。《蕺山弟子籍》著录。

钱棻与蕺山有问学书信。如：《刘宗周年谱》"六十岁"条 [崇祯十年（1637）] 载，是年四月，有《与钱生书》，言"圣人之道，求诸其心而已矣"；又有《与钱生仲芳（棻）书》，言"慎独即格致第一义"②。

钱棻著有《读易绪言》。他在《自序》中说："古今读易，无虑数十百家，大抵皆借虾为眼，无自己分。摸象得尾，虽具一端，非全象也。夫古之善读书者，贵能转句、能破句，非子解老、韩婴笺诗，断章取义，妙在离合之间而已，况易道屡迁，机神无门，卦当岁、爻当月、策当日，则天地之气运周焉。卦主气，爻主日，策主时，则四时之节序统焉。焦京兼用连山，邵子独崇周易，三古异趣，百家殊响，笃时之论，未易轻测天海也。故善易者不言易，具在人身中。风雨不改度，进退不失正，则举题是易。有可言者，特其绪耳。所谓能半藏，未能转全藏者也。宣尼大圣犹复假年，余何人哉，其将退而求诸副墨洛诵之表。康熙十二年七夕沤镜老人自题。"③《四库全书总目提要》说："士升尝作《易揆》，棻作是编，复推衍其未尽之意，故曰《绪言》。首以八宫各统八卦，为说八篇。次于六十四卦，卦为一说。次为《系传笺略》，附以《图书说》、《先后天说》、《上下篇说》、《观象说》、《观变说》、《错综互代说》、《反对说》、《大小象象爻辞说》、《六爻主辅说》、《顺逆说》。大旨兼取象数，以推求《易》理。其间牵强附会，多不能免。又如以'师出以律'为律吕之律，'包羞'为小人羞恶之良心，'观我生'为长养之

---

① 《四库全书总目提要》卷30《经部》第30《春秋类存目一》，第6册，第122—123页。

② 姚名达：《刘宗周年谱》，载《刘宗周全集》第6册，第405页。

③ （明）钱棻：《读易绪言》，《四库全书存目丛书·经部》第25册，第170页。

生，亦未免好求新异。至于君子小人、阴阳消长之际，多有感于明末门户分争之祸，借以发泄其不平，亦不必与《经》义尽相比附也。"① 由此可见，钱棻专注于易学思想，虽有牵强附会之处，但能借助君子小人阴阳理念感慨明末党争弊政，实展现出蕺山学派经世开物的思想特质。

85. 周茂兰

周茂兰（1605—1686），字子佩，江苏吴县（长洲）人，周顺昌（1584—1626）② 长子。《蕺山弟子籍》著录，尚无参与讲会、问学书信佐证，但从董说。

据《明史》、《小腆纪传》载，崇祯帝即位后，周茂兰刺血书诣阙讼冤，诏以所赠官推及其祖父；请给三世诰命、建祠赐额，悉报可，崇祯且命先后惨死魏忠贤之手诸忠臣咸视此例；茂兰好学砥行，不就荫叙，国变后隐居，以寿终，乡人私谥曰"端孝"先生。③ 据黄宗羲《周子佩先生墓志铭》记载，周茂兰清正孝廉："忠介（即周顺昌——引者注）清无宦产，而三世之丧，皆在浅土；子女八人，婚嫁愆期。忠介赍志而没者，萃于子佩一身。子佩规度深密，转侧闾巷间，以立门户，授绥结帨，皆有条序；棺椁复窆，尽归窀穸，而忠介琴城，尤为修整，丰碑载诏葬之文，华表栖归魂之鹤，不以艰窭而自绌也。"④ 关于子佩孝廉仁义，曾有故事：乙酉年（1645）之乱，周茂兰奉母避兵，于仓皇中丢失诰轴，虽遍访百端却不可得；一年后，有大兵还

---

① 《四库全书总目提要》卷 8《经部》第 8《易类存目二》，第 2 册，第 121 页。

② 周顺昌（1584—1626），字景文，号蓼洲，万历四十一年（1613）进士，历任福州推官、吏部稽勋主事、文选司员外郎；天启四年（1624），魏忠贤借题逮捕杨涟、左光斗、袁化中、周朝瑞、顾大章、魏大中六人入狱，史称这批被害的人士为东林"前六君子"；天启六年魏忠贤假苏杭织造太监李实诬攀，将顺昌下镇抚司狱，受酷刑而死，同年，高攀龙投水死，周起元、周宗建、缪昌期、黄尊素、李应升均死于狱中，史称这批被害的人士为东林"后七君子"。周顺昌著有《烬余集》。[参阅汝劼甫：《周忠介公年谱》，载（明）周顺昌：《周忠介公烬余集》，王云五主编《丛书集成初编》，上海商务印书馆 1936 年版，第 27—41 页]

③ 参见《明史》卷 245《列传》第 133，第 4213 页；《小腆纪传》卷 58《列传》第 51《遗民》，第 643 页。

④ （清）黄宗羲：《周子佩先生墓志铭》，《黄宗羲全集》（增订版）第 10 册，第 450 页。

之，子佩狂喜，并赋《宝钥篇》记其始末，人皆以为孝感所致。

另据黄宗羲记载，周茂兰颇留心二氏，好与其徒往来，"是时天童、三峰两家，纷拿不解；青原、南岳，又争其派数之多寡：子佩以调人为之骑邮，不辞劳攘。又当危病，遇异人授以养练之法，疾寻愈，信之甚笃。遇中不食，饮茶数杯而已，晚年注《参同契》，入僧舍，坐四十九日乃出，故其去来翛然。"① 可见，周茂兰心仪佛道异术，彭定求 [1645—1719，字勤止，一字南畇，号咏真山人、守纲道人，康熙十五年（1676）状元，长洲人] 所撰《端孝先生传》亦有述论。他说："余闻魏忠节公长子学洢，痛忠节之难，日夜号泣，勺水不入口而绝，人称死孝焉。先生则留其身为忠介扞患讼冤，国纪伸而人心快，是称生孝。亦各尽其道者哉。又闻先生中年老瘁成疾，遇异人，谓之曰：'将入膏肓矣。'授导引法，乃得瘳。卒得遐龄令终。岂非神仙超证，亦唯忠孝是与耶？"②

周茂兰著有《周端孝先生血疏贴黄》一卷，载《丛书集成续编》第 58 册（社会科学类）。

86. 张履祥

张履祥（1611—1674），字考夫，别号念芝，浙江嘉兴府桐乡县人，因世居清风乡鑪镇，后世学者尊称为杨园先生，诸生。《蕺山弟子籍》、《蕺山先生行实》皆著录。

张履祥与蕺山有问学书信。《刘宗周年谱》"六十七岁"条（1644）载："《答张考夫书》解释本年进退之意。又谓《大学》'诚意之关，正是所止之地，静定安虑，总向此中讨消息。'而张生（即张履祥——引者注）不之信也。"③ 张履祥《上山阴刘念台先生书（甲申冬）》书信也自述此年入蕺山门之史实："今岁春，得见夫子，不以祥之不肖，不足以辱至教，反复启诲。诚哉天地父母之心，惟恐一物之不得其生成，一子之弗克肯构也。且于祥所出以质之夫子者，多见许可，益勉以弗生退阻。临行，谆谆复以'体认动而

① （清）黄宗羲：《周子佩先生墓志铭》，《黄宗羲全集》（增订版）第 10 册，第 451 页。
② （明）周顺昌：《周忠介公烬余集》，第 47—48 页。
③ 姚名达：《刘宗周年谱》，载《刘宗周全集》第 6 册，第 472 页。

无动，静而无静'为言。"① 于此可见，张履祥于 1644 年入蕺山师门，虽蕺山先生授杨园"诚意"之学，但杨园并不十分赞成。

据《张杨园先生年谱》和《清史稿》记载，张履祥 7 岁丧父，受母教深刻，34 岁时受业蕺山之门。是时，东南文社各立门户，杨园先生惟与同里颜统、钱寅（蕺山弟子），海盐吴蕃昌（蕺山弟子）辈以文行相砥刻；颜统、钱寅、吴蕃昌相继殁，张履祥与海盐何汝霖、乌程凌克贞、归安沈磊切劘讲习，益务躬行。张履祥教导弟子亦务经济之学，并著农书，且岁耕田十余亩，草履箬笠，提筐佐馌。尝曰："人须有恒业。无恒业之人，始于丧其本心，终于丧其身。许鲁斋有言：'学者以治生为急。'愚谓治生以稼穑为先。能稼穑则可以无求于人，无求于人，则能立廉耻；知稼穑之艰难，则不妄求于人，不妄求于人，则能兴礼让。廉耻立，礼让兴，而人心可正，世道可隆矣。"履祥初讲蕺山慎独之学，晚专意程、朱，践履笃实，学术纯正，大要以为仁为本，以修己为务，而以中庸为归。② 他治学重践履敦笃，强调为学自得，为时人所评鉴。凌克贞言："余友张念芝先生，于学绝道晦之日，独明心性之故，而修身力行以践其实。其于是非真伪之际，辨之明而守之笃"；"先生学有本原，功崇实践，守集义、养气之功，以致力于庸言、庸行之际，道器不离，动静无间。验其素履，则历险难而不渝，极困穷而自得。凡发为语言文字，决不矜情作意，而蔼然自见于充积之余。言愈近而旨愈远，见愈亲而理愈实，有德之言，非能言者比。余交三十年，察其语默动静，莫非斯道之流露，非深造自得者不能也。……先生德器温粹，陶淑于山阴，更觉从容。归而肆力于程、朱之书，学益精密，识亦纯正，仰质先圣，其揆一处，洞悉无疑。"③ 方东树（1772—1785，字植之，号副墨子）以张履祥为"近代真儒"，"自陈（白沙）、湛（甘泉）不主敬，高（攀龙）、顾（宪成）不识性，山阴（刘宗周）不主致知，素所趋无不差，而清献（陆陇其）与先生实为迷途之明烛矣。先生尝师山阴，故不敢诵言其

① （清）张履祥：《上山阴刘念台先生书》，《杨园先生全集》（上），第 21—22 页。
② 参见《清史稿》卷 480《列传》第 267《儒林一》，第 9984 页。
③ （清）苏惇元：《张杨园先生年谱》，载《杨园先生全集》（下），第 1526 页。

失，然其为学之明辨审谛，所以补救弥缝之者亦至矣。"① 或许正因为张履祥学宗程朱，于师门心性之学有所偏颇，全祖望《子刘子祠堂配享碑》不预载录。

张履祥编有《沈氏农书》一卷，著有《杨园全书》三十四卷、《张考夫遗书》五卷，皆著录于《四库全书总目提要》。关于《沈氏农书》，《四库全书总目提要》曰："案此编为桐乡张履祥所刊，称涟川沈氏撰。不知沈氏为谁也。其书成于崇祯末。履祥以其有益于农事，因重为校定。具列艺穀、栽桑、育蚕、畜牧诸法，而首以月令以辨趋事赴功之宜。"②《杨园全书》包括：《愿学记》一卷，其劄记讲学之语；《问目》一卷，其受业刘宗周时录以就正之词；《初学备忘》二卷，训导后进之言，意在兼启童蒙；《经正录》一卷，辑朱子《训学斋规》、《白鹿洞学规》、司马光《居家杂仪》及朱子《增损吕氏乡约》，合为一编；《近古录》四卷，采明陈良谟《见闻记训》、耿定向《先进遗风》、李乐《见闻杂记》、钱裘《厚语》，各采其所记嘉言善行，分立身、居家、居乡、居官四门；《见闻录》二卷，记近时之嘉言善行；《丧祭杂说》一卷，皆纠时俗违礼之失；《学规》一卷，凡澉湖塾约十四条，东庄约语五条；《答问》一卷，皆其门人张嘉珍问而履祥答；《训子语》二卷，凡分十二纲，一百四十五条，盖履祥晚始得子，惧弗及教诲，故留以训之；《农书》二卷，多就桐乡物土言之。《四库全书总目提要》曰："履祥初讲蕺山慎独之学，晚乃专意于程、朱，立身端直，乡党称之。其书多儒家之言，而《近古录》、《见闻录》等率传记之流，农书又农家之流，言非一致，难以概目曰儒家，故著录于杂家类焉。"③《张考夫遗书》，包括：《训子语》二卷，《经正录》一卷，《备忘录》一卷，《书简》一卷。目前有中华书局本《杨园先生全集》。

87. 陆曾晔

陆曾晔（？—？），字章之，浙江会稽人。《蕺山弟子籍》著录，尚无参

① （清）方东树：《重编张杨园先生年谱序》，载《杨园先生全集》（下），第1487页。
② 《四库全书总目提要》卷102《子部》第12《农家类存目》第19册，第84页。
③ 《四库全书总目提要》卷134《子部》第44《杂家类存目十一》，第26册，第13—14页。

与讲会、问学书信佐证。但《东南纪事》述王毓著时指出："刘宗周讲学于古小学，箸毓及刘世纯、陆曾晔、秦弘祐、王朝式、秦承显、钱永锡等，皆执贽。"① 由此可证明陆曾晔为蕺山门弟子，故从董说。

据《康熙会稽县志》载，陆曾晔少时父逝，及有室，冬夜必恃母寝不少离，遇兄弟辄甚友爱；爱读书，衣肘因长期着案而为之穿，尝背诵《史记》，自卷首至终篇，不失一字，曾开示门人曰："对人始检，身必不能检；身开卷始读书，必不能读书；握管始作文，必不能作文"；因岁饥而染疫，将殁之前十日，命子出所纂文，坐而自剔其句字，摘去半而焚之；所存文稿主要有：《诗学内传》三十二卷、《诗学外传》二十卷，编《春秋所见所闻所传闻》三卷，集史自盘古氏迄明《简要录》，汇诸史考定纲目《纲目参同》，尤精于文字，博采诸家作《字原》，晚更留意象纬作《窥天录》，凡所手钞书计文有五尺，所撰古文诗赋成编共十卷。② 由此可知，陆曾晔博学多才，于诗学、史学和文字学有所成就，成就实功实学。但陆氏的撰著文论未见。

88. 沈中柱

沈中柱（? —?），字石臣，浙江平湖人，崇祯庚辰（1640）进士。《蕺山弟子籍》著录。

沈中柱与蕺山有问学书信。据《刘宗周年谱》"六十三岁"条（崇祯十三年，1640）载，九月，"《复沈石臣进士（中柱）书》，论'孟子"求放心"一节，直是吾侪终身进学之要'曰：'学问者，致知之路也。心外无知，故曰良知。知外无学，故曰致知'"；"性者，心之理地。心以气言，而性其条理也。离心无性，离气无理。虽谓'气即性，性即气'，犹二之也。……总之，性一心耳，心一知耳。许多名色，皆随指而异。只一言以蔽之曰：'学问之道无他，求其放心而已矣。'"③ 是年九月《复陈几亭中翰（龙正）

---

① （清）邵廷采：《东南纪事》卷八，第 274 页。

② 参见《康熙会稽县志》卷 24《人物志·儒林》，第 522 页。

③ 姚名达：《刘宗周年谱》，载《刘宗周全集》第 6 册，第 432—433 页。

书》指出："沈石臣沈潜之器，悃愊之衷，大是道品，将来世道当依赖之。"①
第二年（1641）六月二十二日又有《复沈石臣书》②。

据《小腆纪传》载，沈中柱中进士后，官吉水知县；国变后为僧，名行然，号无净，往来灵隐、金粟间；著有《怀木庵诗草》。③沈氏遗著未见。

89. 朱昌祚

朱昌祚（？—？），字绵之，山阴人。《子刘子祠堂配享碑》著录。

蕺山于朱昌祚解吟轩讲学。刘汋《蕺山刘子年谱》于此有载："先生居房傀之所亲陈思石翁，仅足蔽风雨，无余房可为诵读处。屋后有解吟轩数楹，园地一二亩，为门人朱绵之别业。绵之延先生之轩中，朝夕讲论，凡四方来请教者悉寓其中，久之，绵之病笃，遣友人谓先生曰：'昌祚无子，今病将革矣，愿以解吟轩送先生，为终身受益之报。'先生却之再三。绵之曰：'昌祚之真情，幸先生无固却也。'将契由五纸，即日送来。先生遂敛书籍衾枕退还家中，不数日而绵之卒。族人以争继结讼，未及付还。国变时，先生已绝食数日，将出郭外，呼其继孙天植。时天植年幼，甫五岁，并接其岳翁陈纪尝还之。纪尝曰：'此绵之生前意也。天植何敢背其祖而受之？'先生曰：'绵之病中，吾再三辞却，今日绵之死，我何敢负之于地下乎？'命其翁婿共居之。"④因此，全祖望以朱昌祚为服侍蕺山最久之三人之一，并进一步述论绵之赠送解吟轩之事："绵之居即在蕺山下，其解吟轩，子刘子讲堂也。朝夕不离杖履，所造甚邃。今轩为比丘尼所据，予伤之，欲赎之归书院中，不果。"⑤朱昌祚具体事迹不详。

90. 戴易

戴易（？—？），字南枝，山阴人，诸生。全祖望《子刘子祠堂配享碑》

---

① 姚名达：《刘宗周年谱》，载《刘宗周全集》第6册，第433页。
② 参见姚名达：《刘宗周年谱》，载《刘宗周全集》第6册，第436页。
③ 参见《小腆纪传》卷57《列传》第50《遗臣二》，第626页。
④ （清）刘汋：《蕺山刘子年谱》，载《刘宗周全集》第6册，第191页。
⑤ 《子刘子祠堂配享碑》，载《刘宗周全集》第6册，第648页。

著录，且有论曰："山阴戴先生易，字南枝，遗民中之奇者。其葬吴人徐枋事，最为世所称，然莫知其为子刘子门人也。予晚始知之，乃表而出之。"① 《清史稿》、《小腆纪传》皆以戴易为蕺山弟子②，但无参与讲会、问学书信佐证。

据《绍兴府志》载，戴易年七十余，犹能作径丈八分书；吴中高士、书画家徐枋（1622—1694，字昭法，号俟斋、秦余山人，吴县人）性孤峻，虽阖户不见一人，但特与戴易相得，称为老友；及徐枋殁，戴易卖画殓葬之；戴易鬶面茧足，彷徨山谷中，经年乃得块地于邓尉之西真如坞，但需价30金；初有求戴易八分书者，辄非其人而不应，然得者必厚酬南枝先生；至是，为购地筑屋，戴易榜于门，作八分书，一幅银一钱，铢积寸累，悉归之地，不他费一钱；然戴易寓无隔宿炊，一苍头饥不能忍而辞去，则寄食僧舍中，语及徐先生必流涕恸哭；戴易出处不可详考，惟语操越音，数称刘念台先生及乙酉、丙戌年间事而已。③

91. 华夏

华夏（？—1648），字吉甫，一字过宜，号默农，浙江定海人，后迁鄞，贡生。《子刘子祠堂配享碑》著录。

华夏参与蕺山讲会。据《鄞县志》记载："（华夏）以高才生充贡，从黄道周传易学，又受业刘宗周之门及。"④ 另据《海东逸史》、《小腆纪传》载，华夏少时与同里王家勤同受业于倪鸿宝（倪元璐），又同学于黄石斋（黄道周），又同参刘蕺山讲席；华夏通乐律，王家勤精于礼，且不与先儒苟同，浙东以华、王二子同称；乙酉年（1645）六月，越中兵起，华夏与董志宁等辅佐钱肃乐起兵，但个性倔强，不能与钱相投合；鲁王监国，授华夏为职方郎中，当江干师溃时，恸哭而归；戊子年（1648），华夏与王家勤、杨文琦、屠献宸、董德钦密谋在宁波起义（即"五君子翻城之役"），乞师翁洲黄斌卿

---

① 《子刘子祠堂配享碑》，载《刘宗周全集》第6册，第649页。
② 参见《清史稿》卷501《列传》288《遗逸二》，第10475页；《小腆纪传》卷58《列传》第51，第658页。
③ 参见《绍兴府志》卷54《人物志》14《文苑》，第1318页。
④ 《鄞县志》卷16《人物》，第355页。

（字明辅，一字虎痴，福建莆田人），为叛徒谢三宾告密被捕，被拷问同谋，华夏慷慨曰："心腹肾肠肝胆，吾同谋也"；华夏在狱中，鼓琴赋诗如平日，后自缢，绝命时有白光一缕，冲天而去；鲁王监国翁洲，赠"简讨"，门人私谥曰"毅烈"。①

据全祖望《华氏忠烈合状》载："（华夏）生平著述最多，乱后散佚，仅存《过宜言》八卷。其狱中所订《操缦安弦谱》、《泗水鼎乐府》、《对簿录》，藏于高武部隐学家，今惟《对簿录》尚有存者。"② 华夏《过宜言》现载录于张寿镛编《四明丛书》第二集第二十二种第 10—15 册。

附：华夏传③

检讨华公，讳夏，字吉甫，别字嘿农，浙之宁波府定海县人也，其后还鄞。少与同里王公家勤齐名，同受业于始宁倪文正公，已又同学于漳浦黄忠烈公，已又同参蕺山之席，已而同受知于新城黄公端伯。华亭陈公子龙，浙东社盟，所称"华王二子"者也。

是时，检讨虽诸生，而谔谔有范，滂陈东之风，浙东资其清议，以为"月旦"，以恩贡入大学。乙酉六月，浙东兵起，首与董公志宁倡大议，预与六狂生之目其奉。钱忠介公书入定海，说王之仁使返斾，几陷虎穴。夫已氏欲杀之而不克，详见予所作《忠介神道碑》④。已而论倡议，功授兵部司务，寻进职方主事，皆不受，请以布衣从军，悍帅枋成诸经略皆不用。然犹与陈太仆潜夫出战牛头湾，弹从头上过如雨，不退。检讨雅素劲挺，忠介亦不能与之合，遂谢去，是为乙酉之仲冬。又七月，而江上溃。是时，浙东未下者只翁洲弹丸地。顾浙东之学士大夫以至君民尚惓惓故国，山寨四起，皆以恢复为辞。检讨谓人心未

---

① 参见《海东逸史》卷14《忠义一》，第82页；《小腆纪传》卷47《列传》第40《义师二》，第 491—492 页。

② （清）全祖望：《鲒埼亭集外编》卷十《华氏忠烈合状》，《全祖望集汇校集注》（中），第 929 页。

③ 据绍兴图书馆藏《刘蕺山弟子考》（清会稽董氏行综学会抄本）点校整理。

④ 全祖望的《忠介神道碑》当指全氏所作《明故兵部尚书兼东阁大学士赠太保吏部尚书谥忠介钱公神道第二碑铭》。

去也，而钱忠介公航海入闽，连下三十余城，闽人告急于浙。浙抽兵应之，浙之守备稍虚，检讨曰："此可乘之会矣。"谋之益急。

丁亥，乞师翁洲，翁之故总兵黄斌卿无远略，犹豫不应。检讨愤而归，未逾。时慈之大侠以冯侍御京第海上往复书泄，牵连检讨，捕之入狱。或曰："亦夫已氏所为也。"囚中作《生谢》《死谢》《罹械》《破械》等诗。家勤与董公德钦悉力营救，出之。检讨不以为惩，谒李侍御长祥于东山。侍御曰："吾于会稽诸城邑俱有腹心，一鼓可集，但欲得海师以鼓动声势。"检讨曰："海师不足用也。公何不竟以中土之师速举？"侍御曰："此间人颇以海师为望，因其势而用之耳。"检讨曰："愚以为海师必不可恃。"侍御曰："子其强为我行。"乃再乞师翁洲。时冯侍御京第方在翁洲，力劝斌卿。斌卿曰："我军弱，中土之助我者可得几何？"检讨曰："布置已定，发不待时，将军何庸以寡助为忧？将军之师入蛟关，范公子兆□□以徐给事孚远柴楼之师会，可得六百人。将军之师至鄞江，杨推官文琦当以王职方翊大兰之师会，可得千人。王评事家勤当以施公子邦炌管江之师会，可得三千人。张屯田梦锡当以大皎之师会，可得四百人。而屠驾部献宸当以城中海道麾下，陈天宠仲谋二营之师为内应，可得千人。将军之师之慈，冯职方家桢当以其子弟亲兵会，可得五百人。将军之师至姚，李侍御长祥当已下绍兴以迟将军，其东山之寨当有使者来，除道以俟，而张都御史煌言当以平冈之师会，可得三百人。将军之师渡曹江，章都督钦臣以偁山是师会，可得二千人。将军之师急移小薟，合李侍御军，西渡萧山，尚有石仲芳寨，可得千人。将军以此众，长驱入杭，百里之内，牛酒日至，何庸以寡助为忧？"斌卿犹不信，检讨益恨而激之。斌卿大怒，奋拳击之曰："吾今听子言，倘侍御爽约，吾取子肝以饷军。"然斌卿特强许，终无出师意。

检讨归，乃复令杨公文琦往，冯侍御等益劝斌卿。杨公曰："累失期，事且坏。今十一月四日，直指使者之天台，监司而下皆送与南渡，可乘虚至也。我当约诸道毕集以待将军之楼船，东山之兵亦以是日入越。"斌卿曰："诺。"自检讨偕杨、王诸公经营恢复，事东西联络，飞书发使,日无宁晷,呕出心血数石。至是,以为功有绪矣。

而夫已氏又告变。夫已氏之欲杀六狂生以阻军也,自度不为清议所容,乃再降于新朝,益决裂刊揭,自言其前,此归命之早而为王之仁所胁,今幸得反,正见天有日。然卒不见用,乃益思所以徼功者,广行贿赂,遂得反间之力,中途赚去检讨所赍大兰帛书,尽得其祥。由分守道陈谟以告之直指秦世祯。直指乃诡期不出,而密调慈水之兵以袭大兰定海之兵,以剿管江、姚江之兵,以捣东山三道之兵,皆溃。急捕检讨,得之。届期,翁洲兵入关,直抵鄞城东之三江口,诸道兵无一至者,海道孙枝秀严警陈仲二将,不敢发。斌卿知有备,亦不敢攻而去。直指乃令知府大陈刑具讯检讨,究其党与。检讨乃慷慨独承曰:“心腹肾肠肝胆,吾同谋也。”及问帛书所载,杨、王、屠、董诸人皆言其不预。知府再拷之,检讨大呼曰:“太祖高皇帝造谋,烈皇帝主兵,安皇帝司饷,其余甲申、乙酉殉节诸忠,范公景文、史公可法而下皆同谋也。”知府三拷之,终不屈。而是日也,谢昌元亦为人所告下狱。初,谢氏欲害五君子以求用于新朝,不料枝秀之艳其富也,欲并杀之而取其室。乃使人上书告之,又使人密语检讨曰:“谢氏,汝冤家,可力引之,当为汝报仇。”及共讯,检讨曰:“咄嗟!此乃反而易行,首先送款之人也,而谓其不忘故国,吾死不瞑矣!”谢跪旁,搏颡谢曰:“长者!长者!”检讨在狱中鼓琴赋诗如平日,自称“过宜居士”。或问之,曰:“周公知过不亦宜乎?何有于某?”戊子五月初二日,行刑,直指谓曰:“非不欲生汝,奈国法何?”检讨曰:“事成,吾不汝置。事败,汝亦不吾置也。”绝命有白光一缕冲天而去。监国还军,翁洲赠“检讨”,门人私谥曰“毅烈”。生平著述最多,乱后散佚,仅存《过宜言》八卷,其狱中所订《操缦安弦谱》、《泗水鼎乐府》、《对簿录》藏于高武部隐学家,今惟《对簿录》尚有存者。

92. 王家勤

王家勤(?—1648),字甶一,又字评事,号石雁,鄞县人,诸生。《子刘子祠堂配享碑》著录,全祖望曰:“鄞华先生夏,字吉甫;王先生家勤,字卣一，精于礼，卓然不与先儒苟同。乙酉起兵，参江上事。戊子，二先生谋再举，不克，同死之。"① 另据《南疆绎史》载："（王家勤）其子，即夏之女夫也。"② 华夏与王家勤有婚姻关系。另据《海东逸史》载，王家勤"为诸生，通经术，三《礼》俱有论说，受业刘宗周之门"③。《鄞县志》则以王家勤为黄道周弟子。④ 由此可见，华夏精于乐律，王家勤精于礼，二人皆刘宗周弟子，且王家勤曾师事黄道周，为蕺山学派中有双重门籍弟子之一。但无参与讲会、问学书信佐证。

据《小腆纪传》载，王家勤为鄞县"六狂生"之一，南都立，由选贡入太学；鲁王监国，授大理寺评事，期年事败，诸遗臣分界立寨；王家勤主东南甄，踰姜山至管江；是时，管江富豪施邦炌、杜懋俊破产聚财而募死士三千人，相与刺血誓师，约舟山水师入关，及诸山寨由陆路会于宁波城下，是为"翻城之狱"，而华夏、杨文琦、施邦炌、杜懋俊及王家勤视为翻城之狱的"五君子"；降人谢三宾揭发，谍至，王家勤率众禽谍者，搜其檄并斩之；后官军至，王家勤被执；谢三宾私授意王家勤，若能多揭发，自可免死，家勤怒斥之，但为小人嫁祸，诸名士咸列于王家勤名下，故成衣冠之祸，王家勤即遭不白之冤，华夏乃于狱中惊询之而悉知其故；狱中王家勤倍受刑讯，但瞠目不语，遂刑于市。⑤ 门人私谥"忠洁"。

附：王评事状⑥

戊子，五君子之祸，同日死于鄞者四，而王评事石雁死于杭，其为夫巳氏所中尤甚焉。

评事讳家勤，字卣一，别字石雁，浙之宁波府鄞县人也。雅持风格，博通四部，稜稜不可一世，其师友渊源，皆与过宜华公同。其子

① 《子刘子祠堂配享碑》，《刘宗周全集》第 6 册，第 649 页。
② 《南疆绎史·摭遗》卷 12。
③ 《海东逸史》卷 14《忠义一》，第 83 页。
④ 参见《鄞县志》卷 16《人物》，第 356 页。
⑤ 参见《小腆纪传》卷 47 列传第 40《义师二》，第 494 页。
⑥ （清）全祖望：《鲒埼亭集外编》卷十《王评事状》，《全祖望集汇校集注》（中），第 938—940 页。

即华公塈也。黎学使博菴曰："华文苍邃，王文简净；华静穆而色宏肆，王博奥而格庄坦；华重锤炼，王尚冲夷。至崇经酌史，不眩于诸子，则朴学均也。华如泰山千仞，壁立嶔崎；王如昆冈之玉，温润缜栗。至悃愊无文，恂恂不能语，则潜养均也。冯尚书邺仙之主中枢也，延评事在幕中，奏疏笔札尽出其手，报王称制，以选贡入太学。

乙酉六月，拥钱刑部共起兵，预于六狂生之目。江上召为大理，居官甫期年而丧职。于是诸遗臣义士日夜谋所以复故国者，而职志所归，呼吸传致，则惟华、王二家。时议分道集兵，华氏主中甄，而屠驾部以内应之兵佐之；冯氏主西甄，而李侍御以东山之寨相援；杨氏兄弟主西南甄，则大兰之师也。评事曰："吾愿主东南甄。"乃踰姜山至管江。管江之豪施邦炌、杜懋俊等招姜山之死士，得三千人，资粮扉屦无不毕具。评事屠牛醑酒、刺血誓师，约以翁洲水师入关，则由陆路自城下会之。诸道所集兵，未有若评事之盛者。

已而夫巳氏告变，直指遣谍者入管江。评事曰："耳目有异。"搜谍者，得其檄，遂斩之。鸣鼓会众将，由大嵩以入海。定海大将军常得功巳遣水师扼其入海之路，而以轻兵掩管江。施、杜请据险格斗，别令死士护评事趋翁洲，中道被执。评事之自管江出也，有顾氏子者随之行，亦被执。其人盖狂且也，夫巳氏旧识其人，密以赂入，令顾氏子进之评事，劝其多引荐绅人，望以自免。评事斥之，顾氏子乃私填一纸，如高都御史父子、冯职方家桢、李仪部椆、范公子兆芝等，以与狱吏，而衣冠之祸大作。外人皆传以为出自评事，华公闻而惊曰："石雁宁有此！"讯之，乃知顾氏子所为也。夫巳氏私谓人曰："王卣一沈静渊默，猝不能窥其际，是非华子之疏衷者比也，必不可活。"未几，直指移评事之囚于钱唐，或以为有生望矣。评事曰："吾亦何望为覆巢之完卵哉？华、杨、施、杜不可负也。"及累讯，瞠目不复一语，遂以六月二十日死焉。门人私谥"忠洁"。

呜呼，忠义之名之难居也，以同心一德如五君子，累蹶累起，履虎尾而不顾，白首同归，乃屠、董稍与华公隙末，评事亦几遭不白之诬，彼其播弄，皆出于反侧小人之手，百世而下，犹令人欲食其肉。然而忠义之人，皇天后土鉴其心曲，所谓留吾血三年而化为碧者，海枯石烂不可磨灭。予作"五君子状"①，发明沈屈，其庶足慰重泉之恨也夫。

评事著书满家，尤长于经，诸经皆有说，不肯苟同前人，颇过于好奇。今散佚殆尽，惟《周礼解》予曾见之，其《静远阁集》亦无存者。

93. 张应烨

张应烨（？—？），余姚人。《子刘子祠堂配享碑》著录为"张应煜"，而《刘宗周年谱》及杜春生《刘子全书遗编钞述》皆载为"张应烨"。今改为"张应烨"。《刘宗周年谱》"六十五岁"（1645）条载："有顷，余姚张生应烨，吕生滋请见言事，先生延入卧室，凭几而见之。应烨进曰：'今日系天下望者，先生也。潞藩虽降，浙东犹有鲁、惠两王，宗室有楚将军（名华堞），先生何遽言死？闻黄石斋（即黄道周）越在近郊（时以祭禹陵使越），曷不择诸王贤者，与黄公间道走闽，檄郑帅以海师直捣南都？如此，则吾浙敌兵，不攻自去，此千载一时也。'先生曰：'向者累请于公城守，公充耳不闻。今欲为于国亡势去之余，亦已知其难矣。至于予之自处，惟有一死。先帝之变，宜死；南京失守，宜死；今监国纳降，又宜死。不死，尚俟何日？世岂有偷生御史大夫耶？'应烨曰：'不然，今日所论者，宗社为重。先生需一死以存宗社，高皇帝以下之灵实式凭之。夫死非先生所难，处死为难。死而有益于天下，死之可也。死而无益于天下，奈何以有用之身轻弃之？'先生曰：'吾固知图事贤于捐生，顾予老矣，力不能胜，徒欲以垂尽之躯，扶天崩地坼之业，多见其不知量耳。子之所言，异日不可知之功也。予之所守者，人臣之正也。身为大臣，敢舍今日之正，而冀异日不可知之功乎？吾死矣！夫匡复之事，付之后人已矣！'应烨反复数四，先生心韪之。命往见于颖，为后事图。十六日，绍兴吏民争炉金以备犒迎清师，应烨复驰见先生曰：'事急矣！奈何！宜出城更图计划。'先生曰：'国存与存，国亡与亡，古之制也，吾将安之乎？'应烨知不可夺，即以死激先生曰：'古人云："择一块干净土死。"今城降矣，即欲死，且先生所？'先生为之色动，曰：'姑

---

① 全祖望所撰关于华夏、杨文琦、屠献宸、董德钦及王家勤等人的行状。

从子出城观变，迟数日授命耳。'是晚，始粒，遣人访石斋，复促正宸、汝霖急趋郡城。"① 全祖望认为张应烨"然则是降城亦非先生死所也"一言"不愧为子刘子之徒"②，意在明蕺山学殉义气节。

张应烨具体事迹不详。

94. 张成义

张成义（？—?），字能信，慈溪人，诸生。《子刘子祠堂配享碑》著录，全祖望说："慈溪张先生成义，字能信，有异材。丙戌后，起兵不克，行遯，毕生不返，莫知所终。"③ 另，《海东逸史》指出："（张成义）有异材，为诸生，受业刘宗周之门。"④《小腆纪传》载："（刘瑞当）同邑张成义字能信，亦宗周弟子也。"⑤ 由此可知张成义为蕺山门弟子，虽无参与讲会、问学书信佐证，但从全说。

张成义具体事迹不详。

95. 徐芳声

徐芳声（？—?），字徽之，萧山人。《子刘子祠堂配享碑》著录为"徐芳馨"，据杜春生《刘子全书遗编钞述》及《小腆纪传》改为"徐芳声"。虽无参与讲会、问学书信佐证，但从全、杜，著录其为蕺山门弟子。

据《小腆纪传》载，徐芳声于天启丁卯（1627）与父徐明征同举省试，主考官斥子而取父卷为"书经"首冠，徐明征曰："吾冠一经无所愧；吾愧者，特吾儿耳！"时徐芳声甫弱冠，论文家每耻不得与芳声交；甲申之变后，徐芳声与同学蔡仲光（字子伯，原名士京，字大敬。蔡仲光与徐芳声被誉为"萧山两高士"）集学中子弟，哭孔庙三日；既而徐芳声入潘山隐居，称"潘山野人"，尝曰："读书贵有用也"，故著兵、农、礼、乐诸有用书；且别辑

① 姚名达：《刘宗周年谱》，载《刘宗周全集》第 6 册，第 479—480 页。
② 《子刘子祠堂配享碑》，载《刘宗周全集》第 6 册，第 650 页。
③ 《子刘子祠堂配享碑》，载《刘宗周全集》第 6 册，第 650 页。
④ 《海东逸史》卷 17《忠义四》，第 110 页。
⑤ 《小腆纪传》卷 58《列传》第 51《遗民》，第 657 页。

兵书数十卷，凡运筹、指顾、制械、器设、屯灶，无不简核，以辟从前之虚言兵者；徐芳声与蔡仲光虽在山林，但名远天下，其好友毛甡受聘清廷并应制科，及其入都，都人士问萧山二高士者踵至，及谒益都冯溥私宅，见其左厢朱扉间竟大书"萧山徐芳声，字徽之；蔡仲光，字子伯"十四字；时清廷征天下山林隐逸之士，侍读汤斌、侍讲施闰章联名具荐芳声，萧山知县姚文熊亦承命赍书币亲造门征徐芳声和蔡仲光，皆不赴；芳声年84岁卒于贞节里。① 全祖望论徐芳声曰："（徐芳声）通兵法，其论学则亦微于师门有转手者。"② 故，徐芳声为学主致用实功。

96. 沈昀

沈昀（1617—1680），字朗思，初名兰先，号甸华，仁和人，诸生。《子刘子祠堂配享碑》著录，全祖望曰："仁和沈先生昀，字甸华，独行之士。"③《小腆纪传》曰："沈昀字朗思，初名兰先，号甸华，仁和人；刘宗周之弟子也。"④《清史稿》亦曰："沈昀，字朗思，本名兰先，字甸华，仁和人。刘宗周讲学蕺山，昀渡江往听。"⑤ 另据《杭州府志》载："（沈昀）读书好古，究濂洛之学，考性命之理，日有课，月有程，每月则宗其所得与同人质疑辨义，一以朱子为宗。家甚贫，环堵萧然而澹然自适。"⑥ 虽无沈昀参与讲会、问学书信佐证，但从全说。而且据陆世仪所言，蕺山门弟子中沈昀和张履祥、叶敦艮同门友较能传蕺山学。⑦

据《清代七百名人传》载，沈昀读书好古，闻刘宗周讲学蕺山，便渡江往听，"遂为正学"，室无容榻，桁无悬衣，披帙览书，凝坐终日；其学以"诚敬"为宗，以"适用"为主，专宗考亭，不杂金豁姚江之绪；力排

---

① 参见《小腆纪传》卷54《列传》第47《儒林二》，第587页。

② 《子刘子祠堂配享碑》，载《刘宗周全集》第6册，第650页。

③ 《子刘子祠堂配享碑》，载《刘宗周全集》第6册，第650页。

④ 《小腆纪传》卷54《列传》第47《儒林二》，第586页。

⑤ 《清史稿》卷480《列传》第267《儒林一》，第9986页。

⑥ 《乾隆杭州府志》卷91《儒林》，第19页。

⑦ 《尊道先生年谱》："之今念台之门能继师传者，称静远及钱塘沈甸华兰先、桐乡张考夫履祥为最。"［（清）凌锡祺：《尊道先生年谱》，第713页］

二氏，辞而辟之，虽"晚节见习者多，亦不与较辨"；平居则日有课，月有程，每月皆综述所得，并与同道学人相互质难；沈昀爱结交贤士，若闻之，即书其姓氏置夹袋中，亟亟相见，但却不妄交；刻苦清励，不受人惠，能取与有道，曾经连日绝炊，惟掘阶前马兰草裹腹，邻居有人以米救济，沈昀皆委婉谢绝。刘宗周殁后，弟子争诵宗旨，沈昀言："尼父言恭行君子，若胜其口说以胜，非所望于吾辈也！"甲申之变（1644），年二十七，弃诸生，专心为学，诲二子，"只令下学，弗令干禄"；疾革，门人问曰："此时先生诚敬之功，当无稍间"，沈昀只"唯唯"而已，夜半而卒，年六十三，时康熙十九年（1680）沈昀好友应㧑谦（字嗣寅，精于《易》）赞之曰："辞受一节，生平自谓不苟。然以视沈先生，犹觉愧之。"沈昀卒，无以为殓，应㧑谦涕泣不知所出，言曰："我不敢轻受赙秽以污先生。"其门人姚宏任云："若宏任者，可以殓先生乎？"应㧑谦曰："子笃行殆可也。"乃殓而葬。[1] 有学者指出，沈昀之学与同门张履祥的思想较为接近[2]，这可从张履祥甲午年（1654）写与吴蕃昌的第十五封书信《与吴仲木》窥见一斑。书信中有言："乾初（陈确——引者注）兄近来见得《大学》之辨又何如？前辗斯兄西陵沈兄《辨言》一秩，一再读之，为服膺不已，目前朋友见地及此，大不易得也。西山先生云：'天不欲斯道复明，则不使后世复有知者。即使后世复有知者，则斯道终有得明之理。'师门有人如此，真吾党之幸矣。"[3] 西山先生即真德秀（1178—1235），始字实夫，后更改字景元、西元，号西山，南宋著名理学家。由杨园先生书信可知，他与沈昀皆围绕《大学》与同门陈确有所论辩，且都不同意陈确的相关主张，故而，张、沈二人学术观点暗相契合。

时明末丧礼不讲，沈昀居父丧时重辑《士丧礼说》，荟萃先儒之言，定其可行者，以授其弟子陆寅；又辑《四先生辑略》、《五子要言》、《四书宗法》、《七经评论》、《名臣言行论》、《居求编》等，疏通简要，不涉讲学习气。

① （清）蔡冠洛编纂：《清代七百名人传》（三），载周骏富辑：《清代传记丛刊·综录类⑨》，明文书局 1912 年版，第 1532 页。
② 参见张天杰：《蕺山学派与明清学术转型》，中国社会科学出版社 2014 年版，第 260 页。
③ （清）张履祥：《书二·与吴仲木》，《杨园先生全集》（上），第 65 页。

因家贫无副本，应㧑谦仅见数卷，后全祖望遍搜其遗书而不可得。①

97. 徐奇

徐奇（？—？），字而法，会稽人。《刘子全书遗编钞述》检讨府、县志而著录。另，《康熙会稽县志》载："徐奇，字而法，严毅补苟，学有渊源，受业刘宗周之门，以明经任仙居训导"，而且徐奇著有《大易卦义》、《圣学宗传集要》、《理学咏和篇》、《五伦志古篇》、《历代史论》、《名贤论》、《理学存书》行于世。② 由此可证徐奇为蕺山门弟子，但尚无参与讲会、问学书信佐证。

另，由《刘宗周年谱》可知，蕺山先生曾为徐奇《五伦志古篇》作题记。《刘宗周年谱》"六十岁"（崇祯十年丁丑，1637）载，是年十一月朔，蕺山有《题五伦志古篇》："理一而已，而见于五伦，则夫子有亲，君臣有义，夫妇有别，长幼有序，朋友有信。又在父为慈，在子为孝；在君为敬，在臣为忠；在夫为爱，在妇为顺；在兄为友，在弟为恭；在师为传，在弟子为习。又就孝慈、忠敬、爱顺、友恭、传习之中，分出许多题目，未暇更仆数也。……顷得而法《五伦志古篇》，读之初，却嫌其少头脑，既思而得之，而法殆为延平氏解嘲也。若还向而法自身鞭入，是一是万，请从事于知之之说如何？书以诘之。"③ 此处，蕺山提出了"理一"、"一万"问题，衍生至黄宗羲即是"理一分殊"之论。

98. 徐师仁

徐师仁（？—？），会稽人。徐奇之子，董、全、杜、刘皆未著录。但据"徐奇"条所引《康熙会稽县志》有载："（徐奇）子，师仁，亦刘子门人，著有《鉴湄集》。"④ 由此可知，徐师仁亦为蕺山弟子，但无参与讲会、

---

① 参见《清史稿》卷480《列传》第267《儒林一》，第9986页；蔡冠洛编纂：《清代七百名人传》（三），第1532—1533页。
② 参见《康熙会稽县志》卷24《人物志·儒林》，第525页。
③ （明）刘宗周：《题》，《刘宗周全集》第4册，第109页。
④ 《康熙会稽县志》卷24《人物志·儒林》，第525页。

问学书信佐证。徐奇、徐师仁父子同为蕺山先生弟子。

徐师仁具体事迹不详。

99. 沈静

沈静（？—？），字止安，会稽人。《刘子全书遗编钞述》检讨府、县志而著录，但无参与讲会、问学书信佐证。

据《绍兴府志》记载，沈静生而聪慧，于经史百家披览品阅，且览辄成诵，"师事刘蕺山，尝曰：'沈子能躬行'"；沈静道学不事虚谈，不似国人，无论长幼，皆以道学自诩；甲申后，沈静聚徒讲学，曾有王孝廉欲远游，密以黄金三百两托之，比返，即卒，沈静乃还其妻，且为之抚孤无少殆，士林义之；著有《比苏集》十卷。① 由此可知，沈静为蕺山门弟子，且以孝友著称于世，不辱蕺山门名节。所著《比苏集》未见。

100. 叶良玉

叶良玉（？—？），字君琳，山阴人。《刘子全书遗编钞述》检讨府、县志而著录，但无参与讲会、问学书信佐证。

据《嘉庆山阴县志》载，叶良玉事母以孝闻，从刘宗周讲学时，宗周先生亟称之；甲申之变，良玉涕泣悲愤，屡欲自刺，其母止之曰："汝死，予将谁依？"故叶良玉挥涕奉母，避居深山，自号"今非子"②。

101. 毛先舒

据《毛稚黄墓志铭》载，毛先舒（1620—1688），字驰黄，后改名骙，字稚黄，③ 生于明泰昌元年十月十五日寅时，卒于康熙二十七年十月出五日

---

① 参见《绍兴府志》卷 62《人物志》第 22《隐逸》，第 1500 页。

② 《嘉庆山阴县志》卷 14《乡贤二》，第 509 页。

③ 据毛先舒《毛子改字说》，他名先舒，乃取《离骚》"前望舒使兮先驱"之"望舒"之意，因望舒乃行天者，行天者乃君象，他又取义《坤》卦"行地无疆"之意，故字驰黄。后，改字稚黄，其原因在于："夫驰之义虽居《坤》，犹夫'望舒先驱'云尔。余蹇弗能驰，惧不堪，且君子知人之不可先也，故后之知物之不可以苟舒也。故卷之既曰'先舒'，而又加'驰'，余何以堪？夫余名征诸梦而命于父，弗可改也，惟更滋可也。故存

子时，享年69岁，浙江钱塘人，为仁和诸生，《刘子全书遗编钞述》检讨府、县志而著录其为蕺山弟子，但无参与讲会、问答之书佐证。

毛先舒《答恽逊菴先生书》有如是言："某行年近五十，每以不得闻道是惧，而今可与叩此者甚少，恒疑兹事渺焉中绝。今蒙示《刘夫子节要》，直使奇书，而数接面谈，更为亲且确，赐答书几千言，又何其悦耳震心、鞭着入里也。纸里不可认心，须反身理会始得。然欲作理会，却从何处着手？乞更示一语。又夫子辟佛而先生参禅不碍，近有招某为此事者，总欲见庐山真面目，或者不嫌径之殊耶！"① 透过此书信，一方面可知恽日初撰有《刘子节要》一书，另一方面可见毛先舒受恽日初思想影响，但对恽氏参禅之道表示疑问，实正是对《刘子节要》一书是否反映蕺山先生思想主旨表达疑问。毛先舒虽未明言蕺山为其师，但卫师道之意念已然表露无遗。毛先舒《与姜定菴书》则明言受学蕺山之事："《刘子遗书》诸刻，综辑微言，嘉惠来学，有功斯道，良不浅矣。仆昔曾侍山阴之门，至今追忆模楷，常抱九原可作之思，倘得惠赐诸书，启瞶发蒙，将来仆于此中或小有所得，则岂徒山阴夫子之赐哉！"② 这里，毛先舒明言"仆昔曾侍山阴之门"，虽具体入门时间不得而知，但其为蕺山弟子已确证无疑。此外，毛先舒《思古堂集》亦指出："仆昔执贽山阴之门，窃欲辑《山阴微旨》一书，贫病交苦，忽忽未及，恒虑至道，渺焉中断。"③ 大致而言，毛先舒20岁前后入蕺山门。

据毛奇龄所撰《毛先舒墓志铭》，他与毛奇龄（1623—1716，原名甡，又名初晴，字可大，又字于一、齐于，号秋晴、晚晴，萧山人）、毛际可

黄易驰。夫卑而不污、柔而不滑、稼穑而不自以为功、埏埴而不自失其性者，其惟土乎？虽然，犹弗敢自居也，故冠之以'稚'。惟土之小者乎？抑余虽魁然丈夫，犹稚子黄口者耳。末哉，渺已！或曰'否否'，大人者，能不失其赤子之心？子既以自命，其勉矣哉！"[（清）毛先舒：《潠书》卷四《毛子改字说》，《四库全书存目丛书》集部第210册，第692页]

① （清）毛先舒：《潠书》卷六《答恽逊菴先生书》，《四库全书存目丛书》集部第210册，第734页。
② （清）毛先舒：《潠书》卷六《与姜定庵书》，《四库全书存目丛书》集部第210册，第738页。
③ （清）毛先舒：《思古堂集》卷二《与徐瑞占书》，《四库全书存目丛书》集部第210册，第799页。

（1633—1708，字会侯，号鹤舫，遂安人）被誉为"浙中三毛，东南文豪"。是时，毛奇龄官京师，毛先舒居家，学界尚以"三毛"名毛先舒，可见其学术思想之影响深远。毛稚黄卒后，其子毛熊臣请毛奇龄撰墓志铭。由墓志铭可知，毛先舒生时，其母梦虎登于床，占家谓之，其儿当以文彪炳，先舒后即以文显，6 岁能辨四声，8 岁能诗，10 岁能属文，18 岁著《白榆堂诗》且镂版通行，时陈子龙为绍兴推官，见而咨嗟，并诣稚黄，稚黄感其为知己，从而师陈子龙，后毛先舒又有《歊景楼诗》，子龙为之作序；后，毛稚黄过绍兴，谒陈子龙官署，适会刘宗周讲学蕺山之麓，遂执贽问性命之学①；毛先舒居家谈道，专于力行，事父母敬孝，事从父昆弟及祖党亲里皆以厚遇；时康熙癸亥（1683），浙江巡抚修《浙江通志》，请诸名士勾选人物故事，则毛先舒必择忠孝节义事以呈；康熙乙丑（1685），浙江巡抚每月朔望必讲学于明伦堂，令三学司教恣请德望硕儒授课，惠及稚黄，他力辞不就，有言"今东皋张先生，吾师也，吾敢背吾师以膺此任？"毛奇龄论毛先舒为学路向指出，稚黄作诗以《大雅》为主，文风不拘一格；至于辨析则反复侃侃，必本经术，有郑玄、王肃之概；其论为文之本根，有曰："文须具柢根"，此"柢根"者即"诚厚虚静"而已："诚通天心，厚养元气；虚则受益，静乃生慧。"毛先舒始遍览佛道二氏书，久而以其说烂漫，辄弃去，自执贽蕺山先生，则有志圣学，究观宋儒习语，取其有裨实行者则题曰《针心慎钞》，以自为针砭；毛奇龄指出，先舒论学以宋儒为归，独《大学》"格物"则专主"去欲"，谓去欲即是存理，即闲邪存诚、克己复礼而已；先舒生平好谈韵学，著有《韵学指归》、《唐韵四声表》等，与柴虎臣《韵通》、顾炎武《韵正》相表里；毛先舒娶胡氏，又娶王氏、曹氏、朱氏，有三子，毛熊臣、毛鸠臣和毛豹臣，皆曹氏所出。②《乾隆杭州府志》亦有毛先舒传记，但底本

---

① 据《陈忠裕公年谱》可知，陈子龙任绍兴府推官时间为崇祯十三年（1640）。另据《刘宗周年谱》记载，是年正月，"重新古小学告成，以为讲学论道之所。"（姚名达：《刘宗周年谱》，载《刘宗周全集》第 6 册，第 429 页）故，毛先舒纳贽刘宗周当为 21 岁，时间在崇祯十三年，即 1640 年。

② 参见（清）毛奇龄：《西河文集》卷 99《毛稚黄墓志铭》，《文渊阁四库全书》第 1321 册，上海古籍出版社 2003 年版，第 114—115 页。

即毛奇龄所撰《墓志铭》。①

据《清史稿·文苑》载，毛先舒与同里陆圻、丁澎、柴绍炳、孙治、张丹、吴百朋、沈谦、虞黄昊、陈廷会等十人号称"西泠十子"②。毛先舒古文诗词交友者尚有沈峻会、徐介、应撝谦、魏世傚、丁澎、景洪、关鈖、史大成等人。③

毛先舒论学以宋儒为归，论格物则主去欲，谓"欲去则理存，所谓闲邪而存诚，克已而复礼也。《大学》首功莫大乎是。朱子注亦曰：'物欲所蔽'，又曰'无一毫人欲之私'，未尝不以去欲为首功。人自不察耳。"日本学者荒木见悟撰有研究毛先舒"格物欲"思想的专题论文。④毛先舒善辩，其与学者辩难约数十万言，但因家贫，无以刻所著集。⑤

毛先舒著述颇丰，有杂文：《思古堂全集》（十四种），包括《思古堂集》四卷、《潠书》八卷；另《东苑文钞》二卷、《诗钞》一卷、《小匡文钞》一卷、《蕊云集》一卷、《晚唱》一卷、《南塘拾遗书》一卷、《格物问答》三卷、《螺峰说录》三卷（调停于儒释之间）、《匡林》二卷（以《东坡志林》，时戾

---

① 参见《乾隆杭州府志》卷 94《文苑二》，第 9 页。

② 《清史稿》为十子有传记，其大略曰：陆圻（1614—?），字丽京，钱塘人，少时与弟堦、培以文学、志行见重，时称"三陆"，所为诗号为西陵体，其性颖异，善思悟书，平生不喜言人过；丁澎，字飞涛，仁和人，有隽才，弟景鸿、潆并能文，时有"三丁"之目，所作诗多忠爱，无怨诽之思，有《扶荔堂集》；柴绍炳，字虎臣，十子中文名最著，持躬端谨，与毛先舒往交颇深，著有《省轩集》；孙治，字宇台，笃友谊，陆培死，以孤女讬为择婿，及立嗣，又以甥女嫁焉，有《鉴庵集》；张丹，字纲孙，淡静不乐交游，其诗悲凉沉远，有《秦亭集》；吴百朋，字锦雯，有异政，百姓祠祀之，有《檏庵集》；沈谦，字去矜，工诗，有《东江草堂集》，与绍炳、先舒皆精韵学，绍炳作《古韵通》，先舒作《韵学通指》、《南曲正韵》，谦作《东江词韵》；虞黄昊，字景明，十岁即善属文，康熙中举人，终教谕；陈廷会，字际叔，一字瞻云，自号鹪客，浙江钱塘人。（参见《清史稿》列传第 271《文苑一》）

③ 《乾隆杭州府志》言沈峻会时指出："（沈）从事诗古文词，与徐介、应撝谦、魏世傚、毛先舒、丁澎、景鸿、关鈖、史大成、陆圻相倡和。"（《乾隆杭州府志》卷 94《文苑二》，第 7 页）

④ 参见［日］荒木见悟：《毛稚黄的格去物欲说》，《明末清初的思想与佛教》，廖肇亨译，上海古籍出版社 2010 年版，第 92—123 页。

⑤ 参见（清）王藻：《文献征存录》卷六，台湾明文书局 1985 年版，第 011—141 页。

事理，偶为驳正，更取他作，并录之。其时与轼辨者，止二三条，其余皆录集中杂文与人辨者，以衰聚众作，谓之林，以力排众论；谓之匡)、《圣学真语》（主刘宗周说。先为匡林问答，复约其旨，归以为是编)、《诗辨坻》四卷（评历代之诗)、《声韵丛说》一卷、《韵白》一卷。①

毛先舒为古文名家，出张右民之门。张右民字用霖，讲学授徒，负笈无远近，曾于明末刻《登楼文选》风行海内，康熙癸亥，修《浙江通志》，著有《东皋集》。②

《四库全书总目提要》著录毛先舒主要著作情况：①《潠书》："是集乃先舒自订矣。中颇多考证之文，而不能皆有根据，其议礼尤多臆断，行笔颇隽爽，而不免于作态弄姿，大致好辨如毛奇龄，而才与学则皆不逮之。"②《思古堂集》："前有康熙乙丑潘耒《序》，称所著有《潠书》、《匡林格物问答》、《圣学真语》、《东苑文钞》、《诗钞》凡若干册，不下数十万言，而复有此集。则此集之成，在诸书之后，而先舒衰刻其书十四种，乃以此集为首，殆自以晚年定本，故用为弁冕耶，然所见与早年等也。"③《东苑文抄》二卷《诗钞》一卷："《诗钞》凡九十六首，大抵音调浏亮，犹有七子之余风焉。"④《小匡文钞》四卷："今观所录之文，大抵以口舌相辩难。"⑤《蕊云集》一卷、《晚唱》一卷："《蕊云集》皆所作艳体。其曰'蕊云'者，取古织锦词'蕊乱云盘相间深，此意欲传传不得'也。《晚唱》，皆摹李商隐、李贺、温庭筠、韩偓四家之体，以别于初唐、盛唐之格，故以晚名焉。"③⑥《匡林》二卷："先舒尝与毛奇龄书，戒其诋诃太甚，故持论不似奇龄之犷，然习尚实似奇龄。但奇龄喜谈经，先舒喜谈史；奇龄好蔓引典籍，先舒好推究事理；奇龄好与古人争，先舒好与今人争耳。"④⑦《诗辨坻》四卷："是编评历代之诗。首为总论，次为经，次为逸，次为汉至唐，次为杂论，次为学诗经录，次为竟陵诗解驳议，而终以词曲。其曰坻者，扬雄称所作方言如鼠坻之与牛场，用则实五稼，饱邦民，不用遂为粪壤。坻之于道，先舒取是

① 参见（清）王藻：《文献征存录》卷六，第 011—141—142 页。
② 参见《乾隆杭州府志》卷 94《文苑二》，第 7 页。
③ 《四库全书总目提要》卷 181《集部》第 34《别集类存目八》第 36 册，第 76—77 页。
④ 《四库全书总目提要》卷 129《子部》第 39《杂家类存目六·杂说下》第 25 册，第 41 页。

义也。然先舒诗源出太仓、历下，故宋、元皆置不论，而尤好为高论。"⑧
《诗话》："奇龄以考据为长，诗文直以才锋用事，而于诗尤浅。其尊唐抑宋，
未为不合。而所论宋诗，皆未见宋人得失，漫肆讥弹。即所论唐诗，亦未造
唐代藩篱，而妄相标榜。"①⑨《声韵丛说》一卷、《韵问》一卷："是编杂论
三百篇及古来有韵之文凡四十条，所见略与柴绍炳《古韵通》同。其《韵
问》一卷则设为问答以自畅其说也。"⑩《韵学要指》："先是，奇龄撰《古
今通韵》十二卷，进呈御览，久经刊版单行。因其卷帙繁重，乃隐括其议论
之尤要者，以为此书。"⑪《韵学通指》一卷："是编与柴绍炳《古韵通》、
沈谦《词韵》同时而出。三人本相友善，故兼举二家之说。其得失离合亦略
相等。"⑫《韵白》一卷："皆杂论古韵、今韵、词韵、曲韵，盖其《韵学通
指》之绪余也。"②⑬《格物问答》三卷："大旨主王守仁之说，以格物为格去
物欲，力斥朱子穷理之非。然王守仁初为是说，特高明之过，流入释氏耳。
先舒乃毅然谓三教本一，二氏为儒之根本。且称此论既确，决定无疑，恪欲
专一守此以为自修自证之学。盖明季心学之流弊，深中乎人心如此，此固非
守仁所及料者矣。"③

现《四库存目丛书》集部第 210 册著录《漢书》八卷、《思古堂集》四
卷；第 211 册著录《东苑文钞》二卷、《诗钞》一卷、《小匡文钞》四卷、《蕊
云集》一卷、《晚唱》一卷；第 425 册著录《填词名解》四卷；第 426 册著录
《词韵》二卷附《古韵通略》一卷。

102. 沈应位

沈应位（？—？），字中一，《刘子全书遗编钞述》著录，为杜春生采蕺
斋藏书稿中所得。具体事迹不详。

"采蕺斋"系刘宗周斋号，其所写诗中有《采蕺》歌。④ 今天津图书

① 《四库全书总目提要》卷 197《集部》第 50《诗文评类存目》第 40 册，第 36—37 页。
② 分别见《四库全书总目提要》卷 44《经部》44《小学类存目二·韵书》第 9 册，第
　108—109、109、113—114、110 页。
③ 《四库全书总目提要》卷 125《子部》35《杂家类存目二·杂学下》第 24 册，第 84 页。
④ （明）刘宗周：《诗》，《刘宗周全集》第 4 册，第 509 页。

馆收藏的抄稿本中即有一部名为《采蕺斋残稿》的抄本，扉页有宣统二年（1901）原直隶天津图书馆编目者识语："乌丝阑旧抄本采蕺斋文六册、诗二册、语录杂文二册，计十册，不分卷，不题撰人名氏，玩其文辞，乃明刘蕺山先生宗周定稿也。"① 故，杜春生所据采蕺斋藏书稿或借用蕺山先生斋号而作，已无查考。但杜春生有"知圣教斋"藏书楼，其藏书印有"杜氏知圣教斋藏书"字印。

103. 孟养浩

孟□□（？—？），字养浩，《刘子全书遗编钞述》著录，为杜春生采蕺斋藏书稿中所得。具体事迹不详。

104. 周懋宗

周懋宗（？—？），字文仲，山阴人，《刘子全书遗编钞述》著录，为杜春生于全书《证人社语录》所得。另，《刘宗周年谱》"三十七岁"条 [万历四十二年甲申（1614）] 载，是年蕺山有《与周生书》，曰"不佞少而读书，即耻为凡夫。既通籍，每抱耿耿，思一报君父，毕致身之义。偶会时艰，不恤以身试之风波荆棘之场，卒以取困。愚则愚矣，其志可哀也。然而苦心熟虑，不讳调停，外不知群小，内不见有诸君子，抑又愚矣，其志亦可哀也。嗟乎！时事日非，斯道阻丧。亟争之则败，缓调之而亦败。虽有子房，无从借今日之箸，直眼见铜驼荆棘而已！……"② 不知此"周生"是否为"周懋宗"？不可查考。

据《绍兴县志资料》载，周懋宗与兄懋谷、弟懋宜并有才名，人称周氏"三凤"。尝与越中名士祁熊佳、鲁栗、王自超、陶履卓、王观瀛、余增远等结社文会，其余诸人先后成进士，独懋宗不得志，以酒人自放，且游戏词曲，填《禅隐三剧》、《哑炼丹祭碑记》、《桃花源曲》，多禅机。曾著《石侯易释》一卷、《谚笺》十卷，皆失传。③

① 刘尚恒：《新见刘宗周残稿及其边事疏佚文三件》，《文献》1989 年第 4 期。

② 姚名达：《刘宗周年谱》，载《刘宗周全集》第 6 册，第 255 页。

③ 参见《绍兴县志资料》第 1 辑《人物列传》，第 2608 页。

105. 周尚夫

周尚夫（？—？），不知何许人。《刘子全书遗编钞述》著录，为杜春生于全书《证人社语录》所得。

另，《证人社语录》第六会记载者署名为"门人周尚夫记"①。即此"参与讲会"可证周尚夫为蕺山弟子。

106. 胡岳

胡岳（？—？），字嵩高，不知何地人，《刘子全书遗编钞述》著录。杜春生说："《文编》得未载者十三人：胡岳（嵩高，□□）、李朝晖（明初，山阴）、邓弘（休仲，□□）、王毓芳（伯含，会稽）、王毓兰（素中，会稽）、赵重庆（君法，□□）、胡鸣鏓（□□，余姚）、金鋐（宏民，嘉善）、鲍斌（长孺，余姚）、卢演（文言，余姚）、张元迪（惠侯，山阴）、吕孚（信夫，山阴）、徐□□（体乾，江右）。"②

胡岳与蕺山有问学书信。据《刘宗周年谱》"六十岁"[崇祯十年丁丑（1637）]载，是年八月，蕺山有《书胡嵩高知行谱》，言"知是知个甚？行是行个甚？若于此有会，则知行只是一事。"③另外，胡岳为1638年上书刘蕺山，请别讲会的十七弟子之一。④

107. 李朝晖

李朝晖（？—？），字明初，山阴人，《刘子全书遗编钞述》著录，为杜春生于《文编》中所得。

李朝晖参与讲会，且与蕺山有问学书。据《刘宗周年谱》"五十四岁"条[崇祯四年丁丑（1631）]载，是年十二月三日，第十一会，"先生与李生明初问答。又有《与李生明初书》。"⑤明初言："性善而率性之道有不善。"蕺山作

---

① （明）刘宗周：《证人社语录》，《刘宗周全集》第6册，第568页。
② （清）杜春生：《刘子全书遗编钞述》，载《刘宗周全集》第6册，第701页。
③ 姚名达：《刘宗周年谱》，载《刘宗周全集》第6册，第409页。
④ 参见姚名达：《刘宗周年谱》，载《刘宗周全集》第6册，第418页。
⑤ 姚名达：《刘宗周年谱》，载《刘宗周全集》第6册，第359页。

书答之，曰："性既善，则率性仍是率此善之性，而率亦无不善可知。""所谓性善，全在率性之道上见。""本天命之性，以求率性之道，不使之须臾离而已矣""天下无性外之人，则亦无性外之物，物即道之散于事者。今曰性善，而率性之道有不善，则质之物理有碍。天下无性外之人，则亦无性外之事，事即道之措于物者。今曰性善，而率性之道有不善，则质之事理有碍。"①

李朝晖具体事迹不详。

108. 郑宏

郑宏（？—？），字休仲，海盐人，《刘子全书遗编钞述》著录，为杜春生于《文编》中所得。杜氏记载为"邓弘"，而据《清史稿》，"郑宏，海盐人。与弟景元俱从刘宗周受业，笃于友爱。景元短世。乙酉后绝意进取，躬灌园蔬养母，屡空，晏如也。敝衣草履，不以屑意。尝徒跣行雨中，人不能识也。卒，年五十六。"② 本书改为"郑宏"。

109. 郑景元

郑景元（？—？），海盐人，郑宏之弟。

据《清史稿》述"郑宏"条引文而著录其为蕺山弟子。具体事迹不详。

110. 王毓芳

王毓芳（？—？），字伯含，会稽人，《刘子全书遗编钞述》著录，为杜春生于《文编》中所得。

王毓芳问学蕺山。据《刘宗周年谱》"六十岁"［崇祯十年丁丑（1637）］载，是年，"二月十日，《示王生伯含》。"③ 蕺山说："伯含雅有志于学。一日，偕其雁行素中请益，予则何以益伯含？虽然，语有之：'志立而学半'。盖言其难也。必也首试之流俗之衡，以防其溺也；进试之气质之蔽，以矫其偏也；又试之意见之似，以清其脉也；又试之梦寐之交，以卜其安也。斯可与

---

① （明）刘宗周：《书》，《刘宗周全集》第 3 册，第 304—305 页。
② 《清史稿》卷 480《列传》267《儒林一》，第 9985 页。
③ 姚名达：《刘宗周年谱》，载《刘宗周全集》第 6 册，第 404 页。

言立志矣。"① 由蕺山所言王毓芳偕"雁行""素中"请益,"雁行"偕指兄弟,可知王毓芳与王素中为"兄弟",而此"王素中"即王毓兰。王毓芳具体事迹不详。

111. 王毓兰

王毓兰（？—？），字素中，会稽人，与王毓芳、王毓蓍、王毓芝皆兄弟。《刘子全书遗编钞述》著录，为杜春生于《文编》中所得。

王毓兰问学蕺山。据《刘宗周年谱》"六十岁"[崇祯十年丁丑（1637）]载，是年，"二月十一日，《书王素中扇头》。"② 蕺山说："紫眉倩致其仲素中发愤于学也，叩其故，则曰：'谨嗜欲，敦伦纪。'可为知要。请申言其旨……寡欲原为养心设。欲非心也，心在何处？学不识心而惟欲是寡，吾虑其灭于东而生与西，终无摧陷廓清之日矣。敦伦一事，亦请循其本而求之。素中以为何？"③ "紫媚"即前"王毓芝"，紫媚之仲兄即"王毓兰"。是故，王毓芳、王毓兰、王毓芝和王毓蓍为王氏四兄弟，皆受业蕺山之门，且王毓芝为蕺山女婿。

王毓兰具体情况不详。

112. 赵重庆

赵重庆（？—？），字君法。《刘子全书遗编钞述》著录，为杜春生于《文编》中所得。

赵君法问学蕺山。据《刘宗周年谱》"六十岁"[崇祯十年丁丑（1637）]载，是年，"四月十六日，有《答赵君法书》，言求心之法。"④ 赵君法问书为："困心衡虑之余，觉得力在一心，而非古人所能与者。执古人之言以制事，犹执古方以求症也。不若按脉审症，而用古人之方，蔑不济矣。第当其得力于心，虽事之是非得失，了然于心目，乃俄焉而昏者，又曷故？今后将求于

---

① （明）刘宗周：《杂著》，《刘宗周全集》第 4 册，第 437—438 页。
② 姚名达：《刘宗周年谱》，载《刘宗周全集》第 6 册，第 404 页。
③ （明）刘宗周：《杂著》，《刘宗周全集》第 4 册，第 438 页。
④ 姚名达：《刘宗周年谱》，载《刘宗周全集》第 6 册，第 405 页。

古乎？抑信诸心乎？求之于古，时有不恰当。信之于心，觉其善矣，又恐私意之发，亦认为吾心也。"① 蕺山答书："求之古人与求之吾心分为二事，则认心犹有所未真，而并其认古人处亦往往未真，可知也。""古人不过先得我心同然耳，是以千言万语，只是欲人将已放之心，约之反复入身来，便能寻向上去，所谓学问之道，如斯而已矣。故学而不求诸心则已，学而求诸心，则于古人横说竖说，是同是异、是合是分、是虚是实、是偏是全，皆有用处，正如因病立方、随病检方，两两比对，有何彼此？""要之，求心之法亦无难，如足下所言求本明之体。明只是明个是与非，明得尽，滓渣便浑化，杳无是非可言，其间离不得聪明，亦专靠不得聪明；离不得言解，亦专靠不得言解。须于百忙时、一切不涉时，痛着一下，讨个分晓，方是入路。"② 从中可知，蕺山先生告诫赵重庆的"求心之法"在于立定心体言工夫，而工夫之中自有心体，己心即是自尧舜以来千古相传之本心，不可说无说有，因己心本真自在纯粹。

赵重庆具体事迹不详。

113. 胡鸣鏓

胡鸣鏓（？—？），余姚人。《刘子全书遗编钞述》著录，为杜春生于《文编》中所得。

胡鸣鏓问学蕺山先生。《刘宗周年谱》"六十岁"[崇祯十年丁丑（1637）]载，是年，六月二十九日，有《答胡生鸣鏓书》，自言其学"惟凛凛乎忧勤惕厉之法，以鞭辟为己"。八月十三日，《复胡鸣鏓书》。八月十五日，《答胡生书》。③

胡鸣鏓具体事迹不详。

114. 金鈜

金鈜（？—？），字宏民，嘉善人。《刘子全书遗编钞述》著录，为杜春

---

① （明）刘宗周：《书》，《刘宗周全集》第 3 册，第 390 页。
② （明）刘宗周：《书》，《刘宗周全集》第 3 册，第 325—326 页。
③ 参见姚名达：《刘宗周年谱》，载《刘宗周全集》第 6 册，第 407、408 页。

生于《文编》中所得。

金铉问学蕺山。据《刘宗周年谱》"六十岁"［崇祯十年丁丑（1637）］载，是年，八月十七日，《示金铉鲍滨两生》："昨言学当求之于静，其说终谬。道无分于动静，心无分于动静，则学亦无分于动静。……所以造化人事皆以收敛为主，发散是不得已事，正指独体边事。'天向一中分造化，人从心上起经纶'是也。非以收敛为静，发散为动也。一敛一发，自是造化流行不息之气机；而必有所以枢纽乎是，运旋乎是，则所谓天枢也，即所谓独体也。今若以独为至静之体，又将以何者为动用乎？藏而后发，白沙有是言，其始学亦误也。其后自知其非，又随动静以施其功，亦误也。总在二五边生活故耳。故曰：君子之学，慎独而已矣。"蕺山有图表表示"独体即天体"、"常人之心，其动也众欲交驰，其止也物而不化，合之昏迷放佚"、"静存动察之象"、"静存动察之讹"。姚名达按曰："右列之图，后来收入重订《人谱》中，此实其最初发明之式。"①

另，金铉胞弟有称金鉉者。据金镜《金忠洁年谱》天启元年（1628）条载，金铉授扬州儒学教授，"时四弟鉉有遽疾，伯兄忧急甚。一夕，谓弟鑨曰：'四弟危矣，为我裁黄笺来，吾为请命于天。'遂挑灯草表，再拜，焚之。翼日，弟鉉渐有起色，不数日，愈焉。"②因金铉为蕺山门弟子，其弟金鉉听蕺山夫子讲学的可能性极大。但尚无直接证据表明作为蕺山门弟子的金鉉与作为金铉胞弟的金鉉为同一个人。

115. 鲍斌

鲍斌（？—？），字长孺，余姚人。《刘子全书遗编钞述》著录，为杜春生于《文编》中所得。

鲍斌问道蕺山。《刘宗周年谱》"六十岁"［崇祯十年丁丑（1637）］载，是年，八月七日，《书鲍长孺社约》，谓："君子之学，慎独而已矣。无事，此慎独即是存养之要。有事，此慎独即是省察之功。独外无理，穷此之谓穷

---

① 姚名达：《刘宗周年谱》，载《刘宗周全集》第 6 册，第 408—409 页。
② （清）金镜编：《金忠洁年谱》，载《金忠洁集》附录，《畿辅丛书》集部第 120 册。

理，而读书以体验之。独外无身，修此之谓修身，而言行以践履之。其实一事而已。知乎此者之谓复性之学。"① 此外，鲍长孺刊刻《人谱》。刘汋即指出："《人谱》作于甲戌，重订于丁丑，而是谱则乙酉五月之绝笔也。一句一字，皆经再三参订而成。向吴峦稡初刻于湖，鲍长孺再刻于杭，俱旧本也。"②

鲍斌具体事迹不详。

116. 卢演

卢演（？—？），字文言，余姚人。《刘子全书遗编钞述》著录，为杜春生于《文编》中所得。具体事迹不详。

117. 张元迪

张元迪（？—？），字惠侯，山阴人。《刘子全书遗编钞述》著录，为杜春生于《文编》中所得。

另考祝渊先生遗集，其与蕺山先生书信中有涉及张元迪。如：说惠侯"坦诚明决"："惠侯兄坦诚明决，不惮跋涉之劳，惠及泉下，此非推门墙之谊不及此。渊不胜衔感之至，迫欲偕之东渡，尚得稍需时日，一了此局，便急趋侍函丈也。"还有信表明，祝渊与张惠侯相约东渡聆听恩师教诲："西归之日，值老师大驾入山，不及叩别，舟车委顿，复少憩会城。比归数日，神气稍复。……先兹宅兆茫无就绪，专迎惠侯兄就荒陇一决可衬则衬之，强探力索无一可者，即卜兆亦然矣。贱体稍可，即偕惠侯兄东渡瞻念老师。"③ 祝渊所言"惠侯"即山阴人张元迪："越友张惠侯兄诚笃君子也，相订清明迎之西来，一决可否？不识天生更有以教我否？……昨丁亥日，弟已焚毁巾衫，此后终身布服，优游畎亩，决不复谒达官贵人矣。"④ 而且此信表明祝渊

① 姚名达：《刘宗周年谱》，载《刘宗周全集》第 6 册，第 408 页。

② 姚名达：《刘宗周年谱》，载《刘宗周全集》第 6 册，第 477 页。

③ （明）祝渊：《祝月隐先生遗集》卷一《问学录·答先生书》第二十五札、第二十九札，拜经楼藏本。

④ （明）祝渊：《祝月隐先生遗集》卷三《尺牍·与吴子仲木》，拜经楼藏本。

决意荣进之志，终能端进礼退义之趋，引决守正而心安理得。

118. 吕孚

吕孚（？—？），字信夫，山阴人。《刘子全书遗编钞述》著录，为杜春生于《文编》中所得。具体事迹不详。

119. 徐体乾

徐□□（？—？），字体乾，江右人。《刘子全书遗编钞述》著录，为杜春生于《文编》中所得。具体事迹不详。

120. 钱永锡

钱永锡（？—？），字钦之，会稽人，《刘子全书遗编钞述》著录。杜春生说："于《年谱》得未载者三人：钱永锡（钦之，会稽）、王谷（太含，山阴）、陈道永（□□、□□），皆有训言夙承启迪者也。"①

钱永锡先从蕺山问学，后转陶奭龄门。据《东南记事》载："刘宗周讲学于古小学，毓蕃及刘世纯、陆曾晔、秦弘祐、王朝式、秦承显、钱永锡等，皆执贽。"②后因学问差异，钱永锡改投陶奭龄门下。《刘宗周年谱》"五十五岁"条［崇祯五年壬申（1632）］载："陶奭龄虽与先生会讲，仍揭良知以示指归，每令学者识认本体。曰：'识得本体，则工夫在其中。若不识本体，说恁工夫？'先生曰：'不识本体，果如何下工夫。但既识本体，即须认定本体用工夫，工夫愈精愈密，则本体愈昭荧。今谓既识后遂一无事事，可以纵横自如，六通无碍，势必猖狂纵恣，流为无忌惮之归而后已。'宗旨既不合，诸生王朝式、秦弘祐、钱永锡等遂独奉奭龄为师模，纠集同志数十人，别会白马岩居，日求所谓本体而识认之。"姚名达有案语："《旧谱》此处有一大误，谓：'先生间尝过从，一日座中举修悟异同，复理前说以质，弘祐云云，先生云云，又与书弘祐云云，数致规正，诸生自信愈坚，先生遂

---

① （清）杜春生：《刘子全书遗编钞述》，载《刘宗周全集》第 6 册，第 701 页。

② （清）邵廷采：《东南纪事（外十二种）》卷八，第 274 页。

不复与之辩矣。'今考此时先生并未与白马一派分裂，此后复与弘祐等辩难不绝，直至甲申乙酉始已。"①

蕺山与钱永锡等人一直有书信往来，问学辩难。如《刘宗周年谱》"六十岁"（1637）载，是年，三月，有《答钱生钦之（永锡）》书，言"体认是力行第一义，存养是力行第二义，省察是力行第三义，践履是力行第四义，应事接物是力行第五义。反之，则应事接物正是践履之实，践履正是省察之实，省察正是存养之实，存养正是体认之实。归到'体认'二字，只'致'良'知'足以尽之，此正所谓力行之实也。今人以致知为一项，以力行为一项，所以便有病痛。又就其中每事都作逐件看，或后先错杂，或支离分解，愈远而愈不合矣。"② 在蕺山这里，应事接物即是践履笃行，践履笃行即是应事接物，二者是人"心"本来自在要求，看似分层次的工夫进路，实际上是"一以贯之"的，正如心、意、知、物之关系一样，体认、存养、省察、践履、应事接物皆是力行本来面目，并且归根于"体认"，从而真知与真行互摄融贯。

121. 王谷

王谷（？—？），字太含，山阴人，《刘子全书遗编钞述》著录，杜春生于《年谱》中所得。具体事迹不详。

122. 陈树绩

陈树绩（？—？），字纪常，山阴人。《刘子全书遗编钞述》著录，杜春生从《年谱录遗》中所得。

陈树绩问道蕺山。《刘宗周年谱》"六十四岁条"（1641）载，是年十二月，《答陈生纪常（树树绩）书》，谓"道者心之体也，心体中本无动静寂感内外彼此之歧"③。《刘宗周年谱》"六十五岁条"（1642）载，是年三月，《与陈纪常书》，略曰："窃念学会一事，以陶先生主盟，固将偕同志诸君子共衍

---

① 姚名达：《刘宗周年谱》，载《刘宗周全集》第6册，第361页。
② 姚名达：《刘宗周年谱》，载《刘宗周全集》第6册，第439页。
③ 姚名达：《刘宗周年谱》，载《刘宗周全集》第6册，第437页。

文成公良知一脉也。……愿诸君子深绍前哲惓惓之心，来月之三，齐赴文成祠，再订初盟，胡、越一家，幸甚！"① 陈树绩具体事迹不详。

123. 陈刚

陈刚（？—？），字小集，山阴人，蕺山大女婿。《刘子全书遗编钞述》著录，杜春生从陈立《陶菴集》中所得。

据《嘉庆山阴县志》载，陈刚性嗜学，善属文，问业蕺山先生；蕺山殉难后，尊遗训，绝意进取；时岁有大祲，损有余以赈孤寡，力能生殖者，与资本生产；当事者设粥厂，陈刚尽心经画，全活者甚众。②

124. 秦祖轼

秦祖轼（？—？），字嗣瞻，山阴人，蕺山小女婿。因其服侍蕺山先生多年，自当请教受益匪浅，故著录其为蕺山弟子。

蕺山首阳一饿，秦祖轼一直陪伴左右。据《刘宗周年谱》"六十八岁条"（1645）载，是年六月二十二日，门人王毓蓍痛士绅迎降，自沉柳桥死，留书上先生曰："毓蓍已得死所，幸先生早自决，毋为王炎午所吊！"蕺山闻王毓蓍死，曰："王生死，我尚何濡滞哉？"婿秦祖轼知蕺山不食，作书解之，谓"江万里身为宰相，义难苟免，先生非万里比"。因援文文山、谢迭山、袁闳事，言"死尚有待"。蕺山览书，为进糜一盂，并答书谢祖轼曰："北都之变，可以死，可以无死，以身在削籍，而事尚有望于中兴也。南都之变，主上自弃其社稷而逃，仆在悬车，尚曰可以死，可以无死，以俟继起者有君也。迨杭州失守，监国降矣；今吾越又降矣，区区老臣，尚何之乎？若曰'身不在位，不当与城为存亡'，独不当与土为存亡乎？故相江万里所以死也，世无逃死之宰相，亦岂有逃死之御史大夫乎？若少需时日焉，必待有叠山之征聘而后死，于义未尝不可；然迭山封疆之吏，非大臣也，且安仁之败而不死，终为遗憾；宋亡矣，犹然不死，则有九十三岁老

---

① 姚名达：《刘宗周年谱》，载《刘宗周全集》第 6 册，第 438—439 页。
② 参见《嘉庆山阴县志》卷 14《乡贤二》，第 516 页。

母在堂，恋恋难一决耳。我又何恋乎？语曰：'君臣之义，无所逃于天地之间。'夷、齐之所以犹得采薇于首阳者，以其尚有地可逃也。今逃何地乎？君臣之义，本以情决，舍情而言义，非义也。父子之亲，固不可解于心。君臣之义，亦不可解于心。故曰'求仁而得仁，又何怨？'今谓'可以不死而死，可以有待而死，而蚤死颇伤于近名'，则随地出脱，终成一贪生畏死之徒而已。不见王玄趾赴水而死乎？所谓'士死义'也。玄趾真可以不死，我又非玄趾比也。以玄趾之死，决我之死，万万无逃矣。好名好利，狗义狗情，皆可弗问矣。"① 六月二十九日，秦祖轼入侍，先生口吟绝命辞曰："留此旬日死，少存匡济意。决此一朝死，了我平生事。慷慨与从容，何难亦何易。"祖轼欲笔之，先生曰："无庸，偶然耳。"既而曰："吾感熊汝霖而赋此。"因谓祖轼曰："为学之要，一诚尽之矣。而主敬其功也。敬则诚，诚则天。若良知之说，鲜有不流于禅者。"② 闰六月初五日，蕺山蚤觉，抚胸谓秦祖轼曰："此中甚凉快。"祖轼因问先生："不以他端立决，必欲绝食而死，非但从容就义，或欲为全归之孝乎？"先生微笑肯之。③ 蕺山先生行谊俊伟，涵养益德以真儒全归为正，他进退取与，必力辨义否，其弟子陈龙正即誉之"行谊无愧真儒"④，蕺山一生，"惟忠孝两字，言及君父，肝心如揭"，⑤ 故能临终"全归之孝"。其殁后，世人赞曰："其理学似周元公，死节似江古心，论谏似胡澹庵，勾党似李元礼，绝俗似范史云"。⑥ 周元公即周敦颐（1017—1073），字茂叔，号濂溪，理学开山鼻祖，宁宗赐周敦颐谥号为"元"，故周敦颐又称"元公"。江右心即江万里（1198—1275），字子远，号古心，宋末，元军入饶州，万里赴"止水"死。左右及子镐相继投沼中，积尸如叠，后赠太傅、益国公，并加赠太师，谥文忠。胡澹庵即胡铨（1102—1180），字邦衡，号澹庵，曾上疏请斩秦桧、王伦、孙近三人。李

---

① 姚名达：《刘宗周年谱》，载《刘宗周全集》第6册，第481—482页。
② 姚名达：《刘宗周年谱》，载《刘宗周全集》第6册，第483—484页。
③ 参见姚名达：《刘宗周年谱》，载《刘宗周全集》第6册，第485页。
④ 《明儒言行录》，载《刘宗周全集》第6册，第641页。
⑤ （清）董玚：《刘子全书钞述》，载《刘宗周全集》第6册，第688页。
⑥ （清）黄宗羲：《子刘子行状》，载《刘宗周全集》第6册，第48页。

元礼（110—169），名膺，子符礼，为官时反对宦官专擅，号称"天下楷模李元礼"。

秦祖轼具体事迹不详。

125. 刘汋

刘汋（1613—1664），字伯绳，山阴人，蕺山之子。因入祀子刘子祠堂，故著录其为蕺山门弟子。

据《嘉庆山阴县志》、《绍兴府志》载，刘汋少时尝通举子业，蕺山不命赴试；蕺山官京兆时，刘汋曾恩补为官生，遂潜心于经史，凡名臣言行、圣学宗传，温习而身体力行；蕺山殉节后，刘汋能恪守遗训，布衣蔬栗，终身卧小楼二十年，哀毁成疾而卒；辑《蕺山遗书》数百卷、《年谱》二卷，辑《仪礼经传考次》五十三卷、《春秋集传》十二卷、《史汉合钞》十二卷、《历代文选》十四卷、《文集》二卷。① 另，刘汋编《人谱杂记》，完成蕺山未竟事业。

据《刘宗周年谱》载，刘汋"为人温栗，居闺阃，未尝有惰容。及卒，同门私谥'贞孝先生'。"他坐卧蕺山小楼二十年，古人惟史孝咸、张应鳌、恽日初数辈可望，其他人则"希夫见面"②。是时，史孝咸已另立姚江书院，与蕺山学宗旨相异；恽日初有《刘子节要》，改师说最有创建之思想，为黄宗羲最为批判；张应鳌守师说二十年，主讲证人书院，于师说无创新性发展，但刘汋与这几位蕺山门弟子交往较多，而与具有启蒙创新思想之陈确、黄宗羲等人交往较少，可见蕺山后学弟子之间关于业师思想的分化。黄宗羲《刘伯绳先生墓志铭》表明，刘汋"既绝交息游，左对孺人，右顾稚子，郁郁无可告语"③。是时，黄宗羲亦老而屏迹空山，与刘汋不相闻问，至伯绳述《仪礼钟律》始与梨洲往复，但不久之后，刘汋便谢世。

据《小腆纪传》，刘汋所著《礼经考次》首"夏小正"而附"月令"，

---

① 参见《嘉庆山阴县志》卷14《乡贤二》，第460—461页；《绍兴府志》卷53《儒林传》，第1287页。

② 姚名达：《刘宗周年谱》，载《刘宗周全集》第6册，第488页。

③ （清）黄宗羲：《刘伯绳先生墓志铭》，《黄宗羲全集》（增订版）第10册，第316页。

帝王所以治历、明时也；次"丹书"而附"王制"，正己以正朝廷百官、万民也；于是原礼之所由起，而次"礼运"；推礼之行于事，而次"礼器"；验乐之所以成，而次"乐记"；然后述孔子之言而次"哀公问"，次"燕居"、"闲居"、"坊记"、"表记"；尔乃设为祀典，次以"祭法"、"祭义"、"祭统大传"；施于丧葬，次以"丧大记"、"丧服小记"、"杂记"，申以"曾子问"、"檀弓"、"奔丧问"、"丧终之间"、"传三年问"、"丧服四制"，而丧礼无遗矣；君子尝服深衣，雅歌投壶不可不讲也，则次以"深衣"、"投壶"；男女冠笄，婚姻所有事也，则次以"冠义"、"昏义"；推而"乡饮酒义"、"射义"、"燕义"、"聘义"。合三十篇，谓之"礼经"，别分"曲礼"、"少仪"、"内则"、"玉藻"、"文王"、"世子"、"学记"七篇，谓之"曲礼"，"皆宗周遗教"。①

另据《清史稿》载，刘汋临终时戒其子曰："若等安贫读书，守《人谱》以终身足矣。"② 邵廷采有详细记载："卒之夕，出箧中稿属诸子曰：'大夫文，千古圣学所寄，勿漫示人，俟可梓行世。曩遗命葬下蒋，水土浅薄，有力可择高阜改葬。都御史赠荫，前贤辞不获，则三世木主、遗像并当提易，国恩不可忘也。若等第遵《人谱》，记忆大夫绝粒，无应举，无就吏，安贫读书，养教子孙。'又曰：'生平操历，唯恐隳丧名节，今毕矣。殓用孝服，祭素食，以志吾终天痛。葬大夫墓道，使魂魄长依附'。"③ 须知，蕺山临终时即告诫其子刘汋曰："做人之方，尽于《人谱》。汝做家训守之可也。"④ 家训是中国古代士子教家训子的重要方法，通过个人的修身养性，实现家庭成员间的关系和谐、家庭与社会间的关系和谐，从而由家庭教育推进至国家治理，在做人、处事、治家的严于律己、与人为善、道德优先精神提挈下，达致为官之忠、廉、勤、明。刘汋临殁之时又告诫其子"守《人谱》以终身"，显见蕺山学之精髓得以传承。当然，至于《人谱》为何重要、主旨内涵如何，可参阅《心体与工夫——刘宗周〈人谱〉哲学思想研究》一书。

---

① 《小腆纪传》卷 13《列传》第 6，第 152—153 页。

② 《清史稿》卷 480《列传》第 267《儒林一》，第 9986 页。

③ （清）邵廷采：《贞孝先生传》，《思复堂文集》卷二，第 141—142 页。

④ （清）刘汋：《蕺山刘子年谱》，载《刘宗周全集》第 6 册，第 170 页。

刘汋是蕺山学宗旨的忠实守护者，黄宗羲为其所撰墓志铭有详细论说。梨洲指出，刘宗周讲学浙东之时，越之乘风接响者以想象为本体，以权谋为作用，蕺山之言格于浸淫之僻说，刘汋忧之曰："此禅门种草，宁可移植于吾室乎？"因此，王业洵、王毓蓍、黄宗羲等数十人推詧为蕺山弟子，而弟子中有受刘宗周学问未达者，既退而私于刘汋，皆能冰释豁然。刘汋亦颇能辨析蕺山学宗旨，曾有许元溥（孟宏）疑儒释体一而用殊之论，刘汋为辨之曰："吾儒之言本体也至善。由是而发之，其宰于身也，在视谓之明，在听谓之聪，在言谓之忠，在动谓之敬。其宰于人也，在父谓之仁，在君谓之义，在夫妇谓之别，在长幼谓之序，在朋友谓之信。其达于上下也，则民之胞，物之与，乾称父，坤称母也。有至然之体，自有至善之用，吾儒之体用不可分也。佛氏之言体也无善。由是而发之，无所谓视听言动也，又何有聪明忠敬乎？无所谓父子、君臣、夫妇、长幼、朋友也，有何有仁义序别信乎？无所谓民物乾坤也，又何有胞与父母乎？有无善之体，自有无善之用。佛氏之体用亦不可分也。"[1] 即此可见，刘汋论儒释"体用不分"与蕺山"儒释之辩"相近。[2] 祝渊曾问"求仁"，刘汋为之释曰："天地之所以常运，万物之所以相生而不已者，止此春和之气循环而无端也，自其畅达而言之则曰夏，自其收敛而言之则曰秋，自其凝静而言之则曰冬，而总一春气之舒卷，非截然分而为四也。人得天地之气以为人则曰仁，自其裁制而言之则曰义，自其节文而言之则曰礼，自其明断而言之则曰智，而总一仁之周流，亦非截然分而为四也。是故宜事变，制秩序，辨是非者，义、礼、智也。而所以能宜事变、制秩序、辨是非者，则仁之为也。即或能宜事变矣，义其所

---

① （清）黄宗羲：《刘伯绳先生墓志铭》，《黄宗羲全集》（增订版）第 10 册，第 313—314 页。

② 蕺山 1626 年曾有《学言》曰："释氏之学本心，吾儒之学亦本心，但吾儒自心而推之意与知，其工夫实地却在格物，所以心与天通。释氏言心便言觉，合下遗却意，无意则无知，无知则无物。其所谓觉，亦只是虚空圆寂之觉，与吾儒体物之知不同；其所谓心，亦只是虚空圆寂之心，与吾儒尽物之心不同。"（《学言》，《刘宗周全集》第 2 册，第 370 页）在蕺山先生看来，儒学言心自然与意、知、物相和合一体，又实现本体与工夫的圆融通贯，既凸显"道"、"理"、"心"的至上性，又彰明本体与工夫的通合性，从而"即理即物"、"即道心即人心"、"即心即物"。而释教将"道"与"物"、"道心"与"人心"绝对割裂，言"道"即是"空"，言"人心"即是"危"，终归于"虚空圆寂"。

义，而非吾之所谓义；能制秩序矣，礼其所礼，而非吾之所谓礼；能辨是非矣，智其所智，而非吾之所谓智。何也？吾之所谓仁、义、礼、智者，合仁而言之也。合仁而言之者，析之各得其分，而统之适完其仁也。是故儒者言求仁，而不言求义、礼、智者，此也。"① 刘汋论"仁"与蕺山言"仁"思路亦近似。② 终究来讲，蕺山在世之时，问学者除向蕺山问学外，也颇云拥刘汋足下，蕺山慎独宗旨暴白于天下而不为越中旧说所乱，刘汋自有廓清之功。

但蕺山去世后，蕺山学宗旨复裂，虽刘汋固守成说，但蕺山后学分崩离析之势已无可避免。陈确以《大学》有古本、有改本、有石经，认为人言《大学》皆人殊，主张《大学》非圣经，自来学问则是由正以入诚，未有由诚以入正者，孟子言求放心，夫子言志学从心，其主敬功夫，从心始不从意始。刘汋不同意此观点，指出："慎独者，主敬之别名也。若在正心条下，则正心传中当言下手功夫，乃独于诚意传中详言之，而正心传中反不及者，盖一诚意而已正，身已修，齐、治、平一以贯之。大略圣贤言心有二端，《语》、《孟》之言心也，合意、知、物，而言者也，合意、知、物而言者，故不言诚意而诚意在其中。如求放心，必有所以求之之道，操则存其求之之道也，非即诚意之慎独乎？心之所之谓之志，非心即志也，所之者意也。由志学而后能从心，非即意诚而后心正乎？《大学》之言心也，分意、知、物而言者也，分意、知、物而言者，非外心以言意，即心而指其最初之几曰意。盖必言意而心始有主宰，言诚正始有实功也。"③ 蕺山弟

① （清）黄宗羲：《刘伯绳先生墓志铭》，《黄宗羲全集》（增订版）第 10 册，第 314 页。
② 蕺山 1636 年的《学言》曾说："心一也，合性而言则曰仁，离性而言则曰觉。……又统而言之则曰心，析而言之则曰天下、国、家、身、心、意、知、物。惟心精之合意知物，粗之合天下、国、家与身而后成其为心。若单言心，则心亦一物而已。"（《学言》，载《刘宗周全集》第 2 册，第 388—389 页）心性通合则可言"仁"，心性相分则言"觉"，"不可以觉为仁"，心性不可二分。蕺山 1642 年的《商疑十则，答史子复》说："天无一刻无春夏秋冬之时，人无一刻无喜怒哀乐之时。……夫喜怒哀乐，即仁义礼智之别名；春夏秋冬，即元亨利贞之别名。'形而下者谓之器，形而上者谓之道'是也。"（《问答》，载《刘宗周全集》第 2 册，第 345 页）蕺山将仁义礼智与春夏秋冬相比附，刘汋也继承了这一点。
③ （清）黄宗羲：《刘伯绳先生墓志铭》，《黄宗羲全集》（增订版）第 10 册，第 315 页。

子恽日初将嗣临济宗，弃儒入佛，刘汋挽之曰："古来圣贤士隐于禅者不少，有读《易》者，有歌《楚辞》者，有泛舟赋诗焚其草者，岂不知业已圆顶方袍，而故为此狂激之态乎？盖曰，吾非真禅也，聊以抒坚贞之志云耳，犹之赵岐、李燮避身佣保，非爱佣保之业也。今足下挝鼓百槌，欲嗣其法，则向之圆顶方袍者，从其教也，非有托而逃焉者，亦犹赵岐、李燮无故而羡心佣保，徒其衣冠诗书之业也。不亦惑乎？"① 刘汋墨守师说，自是如此，但蕺山刘门师弟子的学术分化已然成为明清学术转型的一条风景线。②

126. 倪元璐

倪元璐（1593—1644），字玉汝，号鸿宝、园客，上虞人，后定居会稽，天启二年（1622）进士。《蕺山先生行实》著录。

据陈祖武先生考察，倪元璐及其弟倪元瓒对蕺山学北传作出贡献。③ 刘汋《刘子年谱录遗》记："先生当党祸杜门，倪鸿宝以翰编归里，三谒先生，不见，复致书曰：'先生至清绝尘，大刚制物，动以孔、孟之至贵，而为贲、诸、荆、卞之所难，璐心服之，诚于七十子之于夫子也。'每于士大夫推尊不啻口，言及必曰刘先生云何。先是，越之衿士无不信先生为真儒，而缙绅未尝不讪笑之，独鸿宝号于众曰：'刘念台，今之朱元晦也。'于是始有信之而愿学者。自此，祁公彪佳、施公邦曜、章公正宸、熊公汝霖、何公弘仁，争以菁蔡奉先生。"④ 另据邵廷采记载，天启时，蕺山直声已震天下，而同里士大夫未有以真儒相推者，倪元璐则每每向人言："念台，今之考亭"；及崇祯五、六年，又言："刘先生，当今第一人物"；又数年，谓："此老真大贤。曩止信为清孤，今乃知其无所不有。"⑤ 倪元璐之深思、乐道、好学善下者如此。

蕺山有《与倪鸿宝祭酒》书："蓬莱一别，聆此眷眷道爱以去，不觉魂

---

① （清）黄宗羲：《刘伯绳先生墓志铭》，《黄宗羲全集》（增订版）第 10 册，第 315 页。
② 参见张天杰：《蕺山学派与明清学术转型》，第 515—519 页。
③ 参见陈祖武：《蕺山南学与夏峰北学》，《中国社会科学院研究生院学报》1998 年第 5 期。
④ （清）刘汋：《蕺山刘子年谱》，载《刘宗周全集》第 6 册，第 181—182 页。
⑤ （清）邵廷采：《明户部尚书死义倪文正公传》，《思复堂文集》卷二，第 94 页。

梦之俱长，而奄已再越三秋矣。狼狈一身，领此剧司，重以时艰，百尔鞅
掌，百尔困悴，真是哑子吃苦瓜，不能以告人，乃知当日不量力而轻于一
出，为计之左。望年兄清光如在天上，日欲奋飞而无从也。……弟因病久，
乞归不得，将来定以严谴行而邀台庇，免支旦夕。"① 虽然蕺山称倪鸿宝为
"年兄"，称自己为"弟"，但因倪鸿宝对蕺山学传播之功，且二人有书信往
来，本书著录其为蕺山弟子。

据黄宗羲《思旧录》记载，倪元璐曾官户、礼部尚书，甲申之变，
1644 年三月十九日，李自成陷北京，崇祯自缢于煤山，几乎同时，倪元璐
整顿衣冠，北谢天子，南谢母亲，又拜关羽像，题案有云："南都尚可为。
死，吾分也。毋衬棺，以志吾痛"，即取帛自缢而死，暴尸于外以表内心哀
痛。倪元璐初为庶吉士时，虞邑有二人，当出其一，其人欲攻倪先生而出
之；黄尊素倡言鸿宝先生之人望，以其终侧之于词林不可，其人乃止；魏阉
败后，其党羽杨维垣等反而攻阉，以为卷土重来之计，倪鸿宝能分别邪正，
手障狂澜，从而维垣为之折角；又请毁《三朝要典》，虽有阉宦余孽孙之獬
抱要典哭于庙堂，终焚要典书版；先生又颇事园庭，有门生鲁元宠为徽州推
官，尝索程君房和方于鲁墨等名品并调朱砂以涂墙壁门窗；尝邀梨洲先生登
三层楼而赏所种数千竿翠竹，比至倪先生殉节，此竹不在，此楼已轰然为瓦
砾，睹物思人、物通人性者。② 弘光朝赠倪元璐忠烈第一，进光禄大夫、太
保、吏部尚书，谥"文正"；清顺治九年，表彰前代忠臣二十人，倪元璐据
首位；顺治十年，追谥"文贞"，并赐地七十亩立祠。邵廷采曾有论曰："崇
祯之世，天下非无人，患用之后时，与龃龉之不得达其用。如倪文正公之掌
计，意务收拾人心，竟与人主背驰。及盗入关门，中外土崩，向所养百万之
兵，劳身焦思以筹足食者，曾无一人御敌。事势已去，乃议悔过罪己，恩威
俱不足以感畏其民。亲臣、世臣稽首贼廷，弃三百年之主如敝履，甚哉！丘
民之心不可失，有国者不以利为利也。"③ 倪元璐有实功心计，全心全意为朱
明王朝贡献力量，犹其如业师刘宗周蕺山先生，但终究当时皇帝刚愎自用、

① （明）刘宗周：《书》，《刘宗周全集》第 3 册，第 480—481 页。
② 参见（清）黄宗羲：《思旧录》，《黄宗羲全集》（增订版）第 1 册，第 345—346 页。
③ （清）邵廷采：《明户部尚书死义倪文正公传》，《思复堂文集》卷二，第 91 页。

贤愚不辨，纵使策略计谋明白昭彰，亦不能达用，而一旦丧失良机，回天无力之时，纵有万千"罪己诏"亦复有何用哉？君臣之间不能殚心竭虑、诚信统合，臣子也无非是王权专制的玩偶。反言之，特定制度之下，当权者若保持其统治合法性，又当接受臣下的监督、匡正和谏议，从而于上下互信、人心所向之中达至国治民安，急功近利、稽疑攻讦，则君不君、臣不臣，必国破家亡。晚明时代非无能臣，乃无能君；非无良好的制度和构想，乃蔽于既无历史担当又无民族大义的宵小佞臣。

倪元璐主要著有《儿易内仪以》、《儿易外仪》和《秦汉文尤》，皆为《四库全书总目提要》著录。《四库全书总目提要》述《儿易内仪以》六卷、《儿易外仪》十五卷："是书《内仪以》专以《大象》释经，每卦列卦爻辞至《大象》而止。以六十四卦《大象》俱有以字，以之为言用也，故以名书。《外仪》则有《原始》、《正言》、《能事》、《尽利》、《曲成》、《申命》六目，而又别为小目以纪之。皆取《系辞》中字义名篇，篇各有图。朱彝尊《经义考》曰：'倪氏元璐《儿易内仪》六卷，《外仪》十五卷。《内仪》之下无以字。'然此编为当时刊本，实有以字，则《经义考》误脱也。其名《儿易》者，蒋雯阶《序》谓：'公作《儿易》，儿者，姓也'。考《说文》倪、儿本二字，惟《汉书·兒宽传》兒与倪同，则是古字本可通用。然考元璐《自序》实作孩始之义，其文甚明。则雯阶不免于附会。万历中紫溪、苏濬已先有《儿易》，岂亦寓姓乎。元璐是书，作于明运阽危之日，故其说大抵忧时感世，借《易》以抒其意，不必尽为经义之所有。然《易》兴于中古，而作《易》者有忧患。其书不尽言，其言不尽意，而引伸触类，其理要无不包。《春秋繁露》，其言不尽比附《春秋》，而儒者至今尊用之，为其大义与《春秋》相发明也。元璐是书，可作是观，盖与黄道周《三易洞玑》等书同为依《经》立训者也。其人足并传，其言亦足并传。必以章句训诂核其离合，则细矣。""《儿易外仪》……分为开成之类、摩荡之类、引触之类、弥纶之类、仕裁之类、平倾之类，复分原始、正言、能事、尽利、申曲成、申命6目，又分易冒、易生、易准、易至、易则、易衍、易行、易能、易居、易适、易列、易位、易数、易兼、易索、易倚、易推、易制、易求、易见、易类、易向、易治、易作、易会、易通、易小、易初、易相、易教等三十小目。其说大致忧时感世，借《易》以抒其胸臆，不尽言经义。与黄道周《三易洞玑》等书均为依经立训之作。"① 邵廷采指出，"《外仪》墨守先儒，有因无创；《内仪》尊仲尼以兼三圣。又分《之》、《以》两编：《以》者，本诸大象。如豫以作乐崇德，全卦皆归乐；革以治历明时，全卦皆归历。《之》者，等于《易林》六十四卦，因而重之，卦占一辞，取《易》所固有为之笺释。自序曰：'汉人说经，舌本强橛，似儿强解事者。宋人梳剔求通，遂成学究。学究不如儿，儿强解事，不如儿不解事也。'又曰：'子云太玄，童乌共之。'童乌，子云九岁儿也。或以古文'儿'、'倪'通用，因以姓称《倪易》，误矣。"② 由此可见倪元璐易学哲学思想的特色，即以己意解易，忧时感世，抒己胸臆，与蕺山先生"心易"哲学思想大略相通。《四库全书总目提要》述《秦汉文尤》曰："元璐气节文章，震耀一世。而是书庞杂特甚，殊不类其所编。其以屈原、宋玉列之秦人，既乖断限，且名实舛迕。疑亦坊刻托名也。"③ 至于《秦汉文尤》是否为倪元璐所创，无从考索。

倪元璐工于书、画，与黄道周、王铎（1592—1652，字觉斯，一字觉之，号十樵、松樵）鼎足并称"明末书坛三株树"，又与王铎、傅山（1607—1684，初名鼎臣，字青竹，后改字青主）、黄道周、张瑞图（1570—1644，字长公、无画，号二水，果亭山人、白毫庵主、白毫庵主道人）并称"晚明五大家"，孟蓼村即赞倪元璐曰："三疏提掇贯穿，得班掾家法。后叙自创一体，细大不遗。风神驶宕，兼有蔚宗、永叔之长。"④ 可以说，倪元璐书法深得颜真卿厚实劲健之笔意，且更为劲峭，结体趋于偏方，风格奇倔刚毅，于明末自称一格，而行草用笔苍古劲爽，结字跌宕奇逸，书法以气骨见长。⑤

127. 李邦华

李邦华（? —1644），字孟暗，号懋明，江西吉水人，万历三十二年

---

① 《四库全书总目提要》卷五《经部》第五《易类五》第 2 册，第 27—28 页。
② （清）邵廷采：《明户部尚书死义倪文正公传》，《思复堂文集》卷二，第 95 页。
③ 《四库全书总目提要》卷 193《集部》第 46《总集类存目三》第 39 册，第 52 页。
④ （清）邵廷采：《明户部尚书死义倪文正公传》，《思复堂文集》卷二，第 95 页。
⑤ 参见李廷华：《中国书法家全集·倪元璐》，河北教育出版社 2005 年版，封底。

（1604）进士。《蕺山先生行实》著录。

据《刘宗周年谱》"四十五岁"（天启二年壬戌，1622）载："邹元标、冯从吾因兵逼关门，人心崩溃，率同志讲学于首善书院。先生与高攀龙实左右之。每有疑义，必问先生云何。元标宗解悟，从吾重躬行，两家迭难。先生以从吾之言为当，序其敦言，传之。暇日必过攀龙论道，欣然移日。"① 由此而知，邹元标（1557—1627，字仲好，号少墟）和冯从吾（1551—1624，字尔瞻，号南皋）二位大儒讲学首善书院，蕺山先生和高攀龙先生共侍左右，但蕺山先生较认同冯从吾重工夫践履的为学路向，而不认同邹元标宗解悟、直认本体的为学路向。据《明史》记载："李邦华，字孟暗，吉水人。受业同里邹元标。"② 由此可知，李邦华参与首善书院讲学。另，黄宗羲《蕺山同志考序》指出："先生讲学二十余年，历东林、首善、证人三书院，从游者不下数百人。"③ 因此，于首善书院听讲于冯、邹二先生者，亦听讲于蕺山先生，那么，李邦华当视为蕺山门弟子。

蕺山有二通与李邦华的书信，皆劝其早做准备，以防被清兵亡国。他在1639年《与懋明二》中说："公天下一人也，在留都，尤留都一人也，今日已坐司马堂受事矣，南北枢一体，握宗社大命，凡事当以权济。……若在懋明先生，则平日忠义既已足以服人心，此时调度又足以恰众志，何患徒捐七尺躯，轻于一掷乎！"④ 可见，蕺山对李邦华之才能之推崇。

据《明史》载，李邦华中进士后，授泾县知县，有异政；行取，拟授御史，值党论初起，朝士多诋顾宪成，因李邦华与顾宪成素有交往，遂被指摘，二年后方拜命；万历四十五年（1617）任命为山东参议，邦华辞疾不赴；天启元年（1621）起原官，饬易州兵备，后迁光禄少卿，但还家省父，进而于四月擢右佥都御史，旋进兵部右侍郎，复还家省父；天启四年（1625）夏抵京，因阉党乱政，遂引疾去家；天启五年（1626）秋，奄党劾削其官；崇祯元年（1628）四月，起工部右侍郎，寻改兵部，协理戎政，后

---

① 姚名达：《刘宗周年谱》，载《刘宗周全集》第6册，第285—286页。

② 《明史》卷265《列传》第153，第4519页。

③ （清）黄宗羲：《蕺山同志考序》，《黄宗羲全集》（增订版）第11册，第58页。

④ （明）刘宗周：《书》，《刘宗周全集》第3册，第458页。

命加兵部尚书，功绩卓越；崇祯十二年（1639）四月，起南京兵部尚书；崇祯十五年（1642）冬，起故官，掌南京都察院事，代刘宗周为左都御史；李自成陷北京，李邦华亦投缳而殉义；南明监国赠太保、吏部尚书，谥"忠文"，清朝赐谥"忠肃"。① 李邦华为顺治表彰前代忠臣二十人之一。另邵廷采记载，甲申三月，李自成军逼保定，崇祯临朝对臣而泣，李邦华"痛愤具疏，请急遣皇太子监国南京"，其疏略曰："臣去年入都，即请敕畿辅急修城守，秦督扼关，别遣重臣防河。诸臣泄泄不戒，以致今日。皇上为陵庙生民主，唯有坚持效死勿去之意。周平、宋高之迁幸，非所宜闻；但贼烽火已彻山东，恐南北中断，则神京孤注。伏见皇太子天资英武，豫教端凝，早合历试诸艰。请仿仁庙故事，抚军陪京，即日临遣。简亲臣大臣忠诚勇智者为之辅导，便宜飞挽，牵率南师以顾燕、云。"又有言："皇上勿疑臣南人为钦若、尧叟之图，臣誓以身许国。即委臣南疆，臣不敢任。"而且，越日，李邦华又上疏请定、永二王出封江南，崇祯密喻阁臣陈演"宪臣言是"，但陈演泄邦华语，言南迁者益众，宵小光时亨等群哗排，终"上惑转恚，竟寝不行"，邵廷采有论，迁都或可至福祚绵延，有如周迁而享固三四百年，宋亦百六十年，然崇祯之季，"民心亡矣，不图之早，而临危议迁，恐其出而滋辱，未可以成败事后拟"②。此真烈皇帝之悲哀也，亦忠臣贤良如李邦华辈之悲痛也，更佞臣无能辈如陈演、魏德藻等人之可诛可杀犹不解心头之恨者也！

李邦华遗著有《文水李忠肃先生集六卷附录一卷》（清乾隆七年徐大坤刻本），收录于《四库禁毁书丛刊》集部第 81 册。

128. 施邦曜

施邦曜（？—1644），字尔韬，号四明，余姚人，万历四十一年（1613）进士，《蕺山先生行实》著录。另据刘汋《刘子年谱录遗》所记："先生当党祸杜门，……自此祁公彪佳、施公邦曜、章公正宸、熊公汝霖、何公

---

① 参见《明史》卷 265《列传》第 153，第 4519—4522 页。
② （清）邵廷采：《明左都御史李忠文公传》，《思复堂文集》卷二，第 98—99 页。

弘仁争以著蔡奉先生。"① 此处有"施邦曜"、"争以著蔡奉先生",可知他问道蕺山先生。故,著录施邦曜为蕺山弟子。

据《明史》载,施邦曜不乐为吏,中进士后,即改受顺天武学教授,历国子博士、工部营缮主事,进员外郎;魏忠贤兴三殿工,诸曹郎奔走其门,但施邦曜不往;后迁屯田郎中,稍迁漳州知府,禽盗刘香、李魁;再迁福建副使、左参政、四川按察使、福建左布政使,有声望,历两京光禄寺卿,改通政使;崇祯缢后,施邦曜自缢未遂,乃命家人市信石杂浇酒,途中服之,血迸裂而卒。南明赠太子少保、左都御史,谥"忠介",清朝赐谥"忠愍"。②《明末忠烈纪实》之《殉君传》有施邦曜小传。③ 施邦曜为顺治表彰前代忠臣二十人之一。

施邦曜有《施忠愍公遗集》传世。据邵廷采记载,施邦曜为学信王文成公,与沈国模、史孝咸建姚江书院,并刻《文成集要》三编;他自孤童至大僚,不改寒娑之旧,如其同年鲁时昇卒于京邸,便为之含殓入棺,并以己女嫁其子,是故,"蕺山刘先生推其善信克实,几于无愧",学者称四明先生。④ 目前出版有施邦曜所撰《阳明先生集要》,有学者还据此分析了四明先生对王学的理论修正问题。⑤

关于施邦曜学思问辨性格,黄宗羲记曰:"公之学得力于文成,钩深纂要,以理学、文章、经济三分其集,心光证明,章句者所不得而窥也。蕺山讲学,公又以自得者参请,皆归实际,蕺山亦深契之。"⑥ 由此可见,施邦曜为学亦重经世济用,虽治理学,但不为章句之学。而且,从梨洲所论可见出,四明先生参与蕺山先生讲学,且常以"自得者参请",由而可证其为蕺山门弟子。黄宗羲所撰墓志铭深赞施氏曰:"姚江九折出海门,英灵磅礴

---

① (清)刘汋:《蕺山刘子年谱》,载《刘宗周全集》第6册,第181—182页。
② 参见《明史》卷265《列传》第153,第4525页。
③ 参见《明末忠烈纪实》,第141—143页。
④ 参见(清)邵廷采:《明副都御史谥忠介施公传附周巢轩公传》,《思复堂文集》,第101页。
⑤ 参见鲍庆林:《试论明末浙东施邦曜对王学的理论修正》,《贵州大学学报》1996年第4期。
⑥ (清)黄宗羲:《左副都御史赠太子少保谥忠介四明施公神道碑铭》,《黄宗羲全集》(增订版)第10册,第240页。

正气存，三忠①之名孰不闻。施公继之血化碧，朝不为潮夕不汐，帝座风雷通咫尺。大厦欲焚烟模糊，幕燕啁嗤毕捕鸟，谁其闻之大声呼。乘龙冉冉帝上升，前无疑弼后无丞，公独攀髯执绥绳。虞渊不返寒日暮，为王作蓐御蝼蚁，自尽者心东流水。国既破兮家亦亡，萧萧殡宫对野棠，下马无人拜夕阳。道旁亦自有童叟，为公培土深且厚，石烂海枯铭不朽。"②包括施邦曜、倪元璐、祁彪佳等蕺山门弟子在内的一批明末儒仕，面对晚明危亡时局，尽管胸有大志、指点江山，但现世宫廷之上的屑屑小儒，重心性义理而轻致用事功，明代儒者把"心性学"领域内的各种境界开拓到了尽头③，庶不知，这样的治学理路往往耽误了国家的命运，施邦曜殉国之际吟诵绝命诗云"惭无半策匡时艰，惟有一死报君恩"④，正是是时儒家知识分子"两耳不闻窗外事，一心只读圣贤书"的真实写照。黄宗羲亦在《赠编修弁玉吴君墓志铭》将这种琐琐小儒只谈心性而轻事功之"偏固狭陋"弊病刻画得淋漓尽致："儒者之学，经纬天地。而后世乃以语录为究竟，仅附答问一二条于伊、洛门下，便厕儒者之列，假其名以欺世。治财赋者则目为聚敛，开阃扞边者则目为粗材，读书作文者则目为玩物丧志，留心政事者则目为俗吏，徒以'生民立极、天地立心、万世开太平'之阔论钤束天下。一旦有大夫之忧，当报国之日，则蒙然张口，如坐云雾，世道以是潦倒泥腐，遂使尚论者以为立功建业别是法门，而非儒者之所与也。"⑤幸好，包括蕺山先生在内的蕺山学派刘门师弟子并不是空谈心性之学人，而是重经世实学，关注当下政治实践和社会实践，并以实功实行表现了为学的本体与工夫圆融统合特性。

---

① 三忠：毛吉（？—？，字宗吉，余姚人，谥"忠襄"）、孙燧（1460—1519，字德成，号一川，余姚人，谥"忠烈"）、黄尊素（1584—1626，字真长，号白安，余姚人，谥"忠端"）。

② （清）黄宗羲：《左副都御史赠太子少保谥忠介四明施公神道碑铭》，《黄宗羲全集》（增订版）第10册，第241页。

③ 参见余英时：《论戴震与章学诚》，生活·读书·新知三联书店2000年版，第299页。

④ （清）黄宗羲：《弘光实录钞》，《黄宗羲全集》（增订版）第2册，第39页。

⑤ （清）黄宗羲：《赠编修弁玉吴君墓志铭》，《黄宗羲全集》（增订版）第10册，第433页。

129. 周卜年

周卜年（？—1645），字定夫，山阴人。《蕺山先生行实》著录，虽无参与讲会、书信往来佐证，但从刘说。

据《嘉庆山阴县志》载，周卜年弱冠即通五经子史；甲申之变，痛苦，数日不餐，作"五绝命歌"，与弟周卜历书缄之潜，至白洋之滨，遇猎渔者，授之曰："我安昌周定夫也。有跡我者，与之。"乃往立矶畔，待大潮至，遂跃入海中，周卜历从渔者得兄之遗书，知卜年已死，则募网捞之，三日不获，于绝望之际，忽见周卜年尸从跃处浮起，色如生，冠角弗折，后立祠东郭门外渡东桥，乾隆四十一年赐祀忠义祠。[①] 蕺山门弟子中，周卜年、潘集和王毓蓍无功名而明大义，国变而殉节，不辱蕺山学之真精神！

130. 徐光球

徐光球（？—？），《蕺山先生行实》著录，具体事迹不详。

131. 陶才

陶才（1611—1648），字君实，会稽县人。

检讨《绍兴县志资料》，知陶才为蕺山弟子。资料显示，陶才四岁丧父，贫无以敛，因伏尸哀恸，乡人宗族怜而葬其父，陶才奉母十余年，以孝称，"母卒，子处草庐，哀毁骨立，见人读书，辄惭慕，曰：'吾力不能为亲，竭力不能为君，致有志就传而乏攸脯，奈何？'父老感其言，为言于蕺山刘先生，因得列门下。"[②] 故著录陶才为蕺山弟子。

入蕺山门后，陶才读经史书，明大义。他状貌伟岸，性壮烈，优艺勇，善手搏，两应童子试皆不第，遂北上谋生，后三考而授东安县尉；遇事敢为，有胆魄，县令较器重，顺治五年（1648）秋，东安县大饥，有农民暴动而攻东安县城，时县令卧病不起，陶才遂聚集众人，号召大家曰："才虽下吏，亦天子所命，义当死。有能杀敌者，从吾杀敌。"众皆泣，齐云："此

---

① 参见《嘉庆山阴县志》卷 14《乡贤二》，第 507 页。
② 《绍兴县志资料》第 1 辑《人物列传》，第 2653 页。

乃公生吾等，死随公死，今日唯公命!"陶才集 300 余人突西门而出，奋勇杀敌，斩首级数十，并生擒四人归城，后农民义军领袖刘东坡佯装攻城诈败，陶才中计，率众追赶则被擒，遂自刭而死，卒年 38 岁；因家贫而未娶妻。①

132. 屠安世

屠安世（? —?），秀水人。

检索《清史稿》而知屠安世为蕺山弟子。据载，屠安世闻宗周讲学，喜曰："苟不闻道，虚生何为!"遂执贽纳拜；宗周既殁后，屠安世从父兄偕隐于海盐之乡，病作，不粒食者十有七年；凡得宗周书，必力疾钞录，或反躬责己，无时或怠；尝曰："朝闻夕死，何敢不勉!"及其卒，年仅 46 岁。②

133. 钱寅

钱寅（? —?），子虎，浙江桐乡（一说海盐）人。

据《张杨园先生年谱》记载，张履祥于崇祯十七年甲申（1644）偕钱寅问师刘宗周："二月，如山阴，受学于刘念台先生之门。先生偕钱字虎至蕺山，谒刘先生。"③ 故著录钱寅为蕺山门弟子。另据《清史稿》记载，钱寅与张履祥为砚席之交，时崇祯癸未年（1643）冬，海宁祝渊以抗疏论救刘宗周而被逮，张履祥与钱寅送之吴门；1644 年，钱寅受学蕺山先生后，造履益谨，即便寇盗充斥，但不废兢学，年仅 34 岁而卒。④

134. 徐廷玠

徐廷玠（? —?），字元度，绍兴会稽人。

徐廷玠参与蕺山讲会。据《康熙会稽县志》载，徐廷玠恪守先人之志，忠诚孝友，素闻于乡；恃刘宗周、陶奭龄讲学于证人会，甚得推许；后蕺山

---

① 参见《绍兴县志资料》第 1 辑《人物列传》，第 2653—2654 页。
② 参见《清史稿》卷 480《列传》第 267《儒林一》，第 9985 页。
③ （清）苏惇元：《张杨园先生年谱》，载《杨园先生全集》（下），第 1496 页。
④ 参见《清史稿》卷 480《列传》第 267《儒林一》，第 9985 页。

先生殉节，证人讲会能继往开来、绵延不断，幸赖徐廷玠之功；崇祯年间，嵊县大饥，元度先生鬻产往赈；嵊邑屡饥，复竭赀给赈，全活者甚众。①

135. 章重

章重（？—?），字爱发，会稽人，崇祯十年（1637）进士。

章重听讲证人讲会，且受蕺山器重。据《刘宗周年谱》"六十二岁"条（崇祯十二年己卯，1639）载，是年，"三月，《答章爱发邑令（重）书》"②。于是信，蕺山说："福安虽陋且褊小，而处前人玩愒之余，政自不废更纮。至施为先后缓急之间，亦复恰中机宜，动无扦格，故不及一载而令行若流水，士率其方，民安其业，稍有成效之可纪。"③ 从中可知，蕺山对章重之能力较为赞赏。另从《康熙会稽县志》可知章重生活阅历：章重敦睦孝友，以文章名世；崇祯十年（1637）丁丑进士，授福安知县，多善政，并创龟湖书院以励学者；抚、按使臣多乐交章重，后推荐调至福清（今福建福清县东南二十里福清州治）县，病卒于官。④ 蕺山先生与章重书信，时章氏当任福安县知县。

136. 吴拱宸

吴拱宸（？—?），字襄宗，会稽人。

吴拱宸从蕺山先生讲学。据《康熙会稽县志》载，吴拱宸居越城泮宫，即其先世吴孜舍地所捨地；吴拱宸赋性孝友，终身孺慕，且好施济，多行善事；后隐居抱璞乡，党称其为长者，是时有梓里先型乡评"硕望"之誉；从刘宗周讲学，以礼义方正训子，诗书启后；享年九十有一岁，其子吴应龙时年七十余岁，孝谨不衰，天之报施，有功于圣门。⑤

吴拱宸著有《鸳鸯针》、《一枕奇》及《双剑雪》等小说。《鸳鸯针》题

---

① 参见《康熙会稽县志》卷25《人物志·忠节》，第550页。
② 姚名达：《刘宗周年谱》，载《刘宗周全集》第6册，第420页。
③ （明）刘宗周：《书》，《刘宗周全集》第3册，第453—454页。
④ 参见《康熙会稽县志》卷24《人物志·儒林》，第523页。
⑤ 参见《康熙会稽县志》卷25《人物志·忠节》，第522页。

"华阳散人编辑"、"蚓天居士批阅"。据卓尔堪选辑《明遗民诗》、《丹徒县志》等资料，此华阳散人即吴拱宸。吴拱宸肆志山水，终于茅山，又以"蚓天居士"别号，取《孟子·滕文公》"蚓而后充其操"之意。《鸳鸯针》出于清顺治初、南明政权犹存时所作。《一枕奇》全称《拾珥楼新镌绣像小说一枕奇》，牌记有"粤东藏板"，题"华阳散人编辑"，"蚓天居士批阅"，无序，无图，此书实为《鸳鸯针》之离折本，出自该书第一、二卷，《鸳鸯针》的另一半离析为《双剑雪》。①

137. 管睿生

管睿生（？—？），字德隅，山阴人。

管睿生问道蕺山先生。据《刘宗周年谱》"五十五岁"条［崇祯五年壬申（1632）］载，蕺山有《答管生睿生（德隅）书》，②崇祯七年甲戌（1634），蕺山又有《答管睿生书》二通。③《答管生睿生书》曰："陶先生教人，大抵为作客人觅还家计，所以□□只作一路鞭入，更不立第二义，真使人有省发处。"④《答管睿生二》曰："应举不遇，未免动心。苟非学力做到头，则此等病痛亦是不免。但脚地亦须立得定，断不能舍吾道之正，而从事于径窦，足下便当从今日下地步也。"⑤蕺山与管睿生书信，皆是劝其为学从儒，重视道德践行工夫，不当仅从陶奭龄援佛入儒、单识本体治学路向。

138. 管而抑

管而抑（？—？），余姚。其父为管宗圣。

管而抑问道蕺山先生。据《刘宗周年谱》载，1634年十二月，蕺山有《答管生而抑》书信，指出："学问人贵真发心，如将钱取货，决不徒手，又

---

① 参见江苏省社会科学院明清小说研究中心编：《中国通俗小说总目提要》，中国文联出版公司1990年版，第303—305页。

② 参见姚名达：《刘宗周年谱》，载《刘宗周全集》第6册，第366页。

③ 参见姚名达：《刘宗周年谱》，载《刘宗周全集》第6册，第375页。

④ （明）刘宗周：《书》，《刘宗周全集》第3册，第316页。

⑤ （明）刘宗周：《书》，《刘宗周全集》第3册，第321页。

必取其紧要之货，以济家当之不足，归于实有受用而已。"① 蕺山此论是针对《迁改格》而发的议论。管而抑尝请蕺山作《迁改格序》，蕺山故有此答书。于是书信中，蕺山认为《迁改格》如"市肆开场，百货冗集，美恶并陈"②，摊场虽有百事，而主顾或许只为某一事而来，故学者读《迁改格》理应要"于痛痒相关切处，取一二条作工夫，便可事事打透"，蕺山且举张横渠"十五年学个恭而安"不成、李延平读"志士不忘在沟壑"而悟道等典故说明读书并不就是要"诚不在贪多"③，关键就是要学有针对性，于己之道德修养、心性培养、病痛治愈处得最为真切的东西。无病吃药只会长病，学不有的，便不是真正的学。

139. 管征君

管征君（1578—1641），名宗圣，字允中，别号霞标，余姚人，诸生。史孝咸、史孝复之女兄夫。

管征君问道蕺山先生，并参与证人讲会。据《刘宗周年谱》"六十二岁"条 [崇祯十二年己卯（1639）] 载，是年六月，蕺山有《与管霞标（宗圣）书》略云："儒释之辨，各各取证于心，不害其为大同小异。况足下之教，则全以儒宗诠佛乘，并求所为小异处不可得矣。"④ 管而抑、管睿生、管征君等人虽师事刘宗周，但为学路流于"识认本体，不重工夫"一途，与蕺山先生"即本体即工夫、由工夫见本体"的为学主张有偏差。

据邵廷采记载，管宗圣为人孝友忠亮，强气自克，谓人心不正，在学术不明，与沈国模、史孝咸兄弟会讲阳明之学，以躬行实践为准则，其一言一动皆周旋合礼，邑中后生、先达皆化之；孙鑛（1543—1613，字文融，号月峰，加封太子太保）、杨文焕、叶宪祖与管宗圣能诗文山水和游，且以圣学相勉，少保孙先生尝病中向信益笃，复宗圣曰："此理深，非造次可答。向嗜读《左》、《国》，秦、汉、百家等书，今先生为我洗尽矣！"霞标先生卒

---

① （明）刘宗周：《书》，《刘宗周全集》第 3 册，第 322 页。
② （明）刘宗周：《书》，《刘宗周全集》第 3 册，第 322 页。
③ （明）刘宗周：《书》，《刘宗周全集》第 3 册，第 322 页。
④ 姚名达：《刘宗周年谱》，载《刘宗周全集》第 6 册，第 375 页。

于崇祯十四年，年 64 岁，赵公贞尝称赞霞标曰"渊海之学，山岳之行，水鉴之识，金玉之品"①。崇祯辛未，蕺山集证人社，管宗圣与蕺山同岁，携沈国模、史孝咸兄弟与会听讲；丁丑，祁彪佳推荐管宗圣入朝，奉旨征辟，但不赴，故号为"征君"；己卯六月，管宗圣与蕺山通信，问心学，蕺山先生曰："学问说到事心处，亦已至矣。但善言心者，一语可了；不善言心者，累千万言亦不了。《大易》神无方而易无体，便是圣人分上。"②所谓心学者，即自悟之学、本心之学，是心智的充分发挥和生命品性的自觉体显，是心性统合、本体工夫融贯的境界。

崇祯十一年戊寅（1638），白马山房一派奉陶奭龄为师，倡明禅说，不受先生裁成。沈国模倡建义学于半霖，而管宗圣与史孝咸、史孝复皆从之，故"姚江讲学之盛，前称徐钱，后称沈史"③。蕺山于是年十一月《答王金如（朝式）书》中说："陶先生（奭龄）学有渊源，养深自得，不难尊为坛坫，与二三子共绎所闻。每一与讲席，辄开吾积痼，退而惘然失所据也。一时闻者兴起，新建微传庶几有讬。其他若求如之斩截，霞标之笃实，子虚之明快，仆皆自视歉然，以为不可及。因而往还论道，十余年如一日，不问其为儒与禅也。"④蕺山对管宗圣笃实践行的思想观点给予充分肯定，但终与蕺山学宗旨分道扬镳。

管宗圣著有《勉学篇》、《募册引》及诗文稿，但未见。

140. 陈则梁

陈则梁（? 一?），具体事迹不详。

陈则梁与蕺山有问学书信。据《刘宗周年谱》"六十四岁"条［崇祯十四年辛巳（1641）］载，是年八月有《答陈生则梁书》⑤，言贵奇淡相兼，

---

① （清）邵廷采：《姚江书院传》，《思复堂文集》，第 53—54 页。
② 钱茂伟：《姚江书院派研究》，第 287—290 页。
③ （清）邵廷采：《姚江书院传》，《思复堂文集》，第 53 页。徐、钱即徐爱和钱德洪，沈、史即沈国模和史孝咸。
④ 姚名达：《刘宗周年谱》，载《刘宗周全集》第 6 册，第 417 页。
⑤ 参见姚名达：《刘宗周年谱》，载《刘宗周全集》第 6 册，第 436 页。

博约相照，因文见道，即文即道之义。

141. 吴懋九

吴懋九（? —?），具体事迹不详。

吴懋九与蕺山有问学书信。据《刘宗周年谱》"六十六岁"条［崇祯十六年癸未（1643）］载，是年三月八日，有《答吴生懋九》书，言"求道之要，莫先于求心，心求之而即在，亦毕世求之而未必在"之义。① 吴懋九给蕺山的问学书信中有"尽其在己，听其自然"之论。②

142. 李士淳

李士淳（1585—1665），字二何，又号玉溪，广东程乡（今梅县人），崇祯六年（1628）进士。

李士淳与蕺山有问学书信。据《刘宗周年谱》"六十六岁"条［崇祯十六年癸未（1643）］载，是年二月十二日，《复李二河翰编（士淳）书》，言格物之义。③

崇祯十一年（1638），李二何被命为东宫侍讲，教授太子读书；崇祯自缢后，传说李二何携太子朱慈烺潜返回故里并隐居于阴那山，继续为太子侍讲，并组织训练乡兵；后反清复明无望，李二何留下"国事于今成缺陷，家人从此愧团员"之句，遁入阴那山，筑室隐居于灵光寺三柏轩，有"老臣别有伤心事，付于云山紫殿中"诗句慨叹自己的壮志难酬以及太子的时运不济；李士淳著述颇丰，有《古今文苑》《三柏轩文集》《燕台近言素言逸言》《质疑十则》《诗艺》《阴那山志》《程乡县志》等，后人评价其学问曰："其力似昌黎（韩愈），其气似眉山（苏轼），浑厚沉挚若涌泉。"④

---

① 参见姚名达：《刘宗周年谱》，载《刘宗周全集》第 6 册，第 460 页。
② 参见（明）刘宗周：《书》，《刘宗周全集》第 3 册，第 277 页。
③ 参见姚名达：《刘宗周年谱》，载《刘宗周全集》第 6 册，第 460 页。
④ 董剑云：《李士淳与翔山书院》，《文史月刊》2016 年第 6 期。

143. 刘鳞长

刘鳞长（？—？），字孟龙，号乾所，福建晋江人，万历四十七年（1619）进士。

刘鳞长与蕺山有问学书信。蕺山在 1641 年《答刘乾所学宪》书中指出："盈天地间，凡道理皆从形器而立，绝不是理生气也。于人身何独不然？大易'形上'、'形下'之说，蕺得理气最分明，而解者往往失之。后儒专喜言'形而上'者，作推高一层之见，而于其所谓'形而下'者，忽即忽离，两无依据，转为释氏所藉口，真所谓开门揖盗也。至玄门则又徒得其'形而下'者，而竟遗其'形而上'者，所以蔽于长生之说，此道之所以尝不明也。"①依蕺山先生意思，形而上之道虽上而不离乎形，故形而下之中自然蕴涵形上之道，上者即其下者，器外无道，形上不离形下，形下必然与形上相圆融。

据《晋江县志》记载，刘鳞长中进士后，于天启初年授工部主事，时有皋门及浚湟之役，中官马诚揭开工费三十万，但鳞长仅以六千金竣事，惹马诚怒，大忤魏珰，遂削职；崇祯初，起复原官，升员外郎，但为张凤翔累，同逮诏狱，谪堂州府通判，署昆山令；四阅月，多惠政，父老塑像于候潮旧祀并祀之；旋转南户部主事，擢郎中，巡视两浙学政；后迁四川建昌参议，川东参政，因张献忠荼毒西蜀，首议冒险恢复重夔等州县；唐王入闽，推为太仆寺少卿，兵部右侍郎，加太子太保，兵部尚书兼东阁大学士，卒于官。②

刘鳞长著有《浙学宗传》，现《四库全书存目丛书》史部收录，刘鳞长所撰序指出："于越东莱先生，与吾里考亭夫子问道质疑，卒揆于正，教泽所浙，金华四贤，称朱学世嫡焉。往事非邈也，击楫姚江，溯源良知，觉我明道，学于斯为盛。今岂遂绝响乎？缘念以浙之先正，呼浙之后人。即浙学又安可无传？周海门《圣学宗传》尚矣，然颇详古哲，略于今儒，乃不揣固陋，稍稍编汇成书，梓且行。因序而飏言曰：'学从觉从孝。先觉觉后，夙推天民。先觉是贤，匪关逆億。不觉而言学，无异扪钥撞钟也。子孝其父，孙

---

① （明）刘宗周：《书》，《刘宗周全集》第 3 册，第 367 页。
② 参见（清）周学曾：《晋江县志》卷 38《人物志·名臣 2·刘鳞长》，道光年刻版。

孝其祖，天性固然。慈母伤于指，游子跳其胸，毛里诚真，呼吸相应。匪孝而言学，亦剪绿附枝，隔鞋搔痒者耳。吾学宗传实本斯义。'"① 从其言可知，刘氏作宗传之意图即在于传承浙学先贤宗旨，绵延浙学精华血脉。但《四库全书总目提要》于是书评价不高："是编乃其为浙江提学副使时所编。以周汝登所辑《圣学宗传》颇详古哲，略于今儒，遂采自宋讫明两浙诸儒，录其言行，排纂成帙。大旨以姚江为主，而援新安以入之。故首列杨时，次以朱子、陆九渊并列。陈亮则附载于末，题曰《推豪别录》。又以蔡懋德《论学》诸条及鳞长所自撰《扫背图》诸篇缀于卷后。懋德、鳞长非浙人，入之浙学已不类。而自撰是书自称刘乾所先生，与古人一例，尤于理未安。"② 《浙学宗传》之撰著于地域传统文化之整理与弘扬提供了切实可信的案例文本，具有一定的学术史、思想史价值。

144. 曹广

曹广（？—？），字远思，具体事迹不详。

曹广与蕺山有问学书信。1640 年，蕺山有《复曹远思进士》书信，云："'知耻近勇'一语，殆是吾辈顶门针，不佞请姑就来教所及者而请事焉，可乎？夫耻者人之本心也，而体蕴有辨。……不能知耻，虽有耻与无耻同，亦何怪日即于忽忽而不振乎！……来教曰：'宽者意思，严立功程。'近之矣。苟于此弗失，则名世事业亦何所不辨乎？要其本在知所用耻始，正无事于旁求也。"③ 知耻本身即是修养境界，能于耻而知之，已然说明人之纯粹本心的呈露。

145. 文德翼

文德翼（？—？），字用昭，江西德化人，崇祯七年（1634）进士。

---

① （清）刘鳞长：《浙学宗传序》，《四库全书存目丛书》史部第 111 册《浙学宗传不分卷推豪别录一卷》，第 2 页。

② 《四库全书总目提要》卷 62《史部》第 18《传记类存目四·总录中》第 13 册，第 75—76 页。

③ （明）刘宗周：《书》，《刘宗周全集》第 3 册，第 361—362 页。

　　文德翼与蕺山有问答书信。据《刘宗周年谱》"六十三岁"条［崇祯十三年庚辰（1640）］载，四月十九日，《答文灯岩司理（德翼）》，谓"心之官，思也。……无起而无不起也，随用而见，非待用而起也。有用有不用，有起有不起者，非思也，念也，以念为思，是认贼作子也。又以无念为思，是认子作贼也。盖念之有起有灭者，动静所乘之几；而心官之无起无不起者，太极本然之妙也"①。在蕺山先生看来，"心"无善恶，只是一意至善耳。倘若有意为善，个体之"心"感于物而动则生"念"，当然，"有意"之"为"定是因某种"欲"而为，故而起"念"。而所谓"思"，乃"心之官"，是"心"之"无起无不起、无为而无所不为"的状态描述，"思者，心之官也。思则得之，得无所得，此谓思善；不思而得，失无所失，此谓至善"②，归结一处，"思"即谓"本心"之明之显发地。思无起灭，"心"无善恶，而念有起灭、善恶者也。故而，"心"之"慎思"，即是要"化念归思"、"化思归虚"，终究是无思无为。

　　据《浙江通志》记载，文德翼为晚明九江人，崇祯年间进士，"为嘉兴推官，察吏精明，长于折狱，作兴士类，著述甚丰。"③文德翼著有《雅似堂文集》、《宋史存》等。《四库全书总目提要》论《宋史存》曰："是编采掇《宋史列传》，而删润其文。始于宗泽，终于文天祥。盖福王时所作，故独寓意于绍兴以后云"；论《雅似堂文集》曰："德翼人品清逸，而学问未能精邃，所作《佣吹录》之类，大抵以恒钉为工，故诗文亦未能超诣"；论《读庄小言》曰："此书就《庄子》诸篇随笔记其所得，然未能拔奇于旧注之外。"④现《四库全书存目丛书》集部第193册收录文德翼《雅似堂文集十一卷诗集一卷讼过录一卷》。《四库禁毁书丛刊》集部第141册收录文德翼《求是堂文集》十八卷，《求是堂文集》前无序，后无跋，相关目录学著作也没有著

①　姚名达：《刘宗周年谱》，载《刘宗周全集》第6册，第431页。
②　（明）刘宗周：《治念说》，《刘宗周全集》第2册，第316页。
③　（清）嵇曾筠、（清）李卫等修，（清）沈翼机、（清）傅王露等纂：《浙江通志·名宦》，中华书局2001年版。
④　分别见《四库全书总目提要》卷65《史部》第21《史抄类存目》，第13册，第125页；《四库全书总目提要》卷180《集部》第33《别集类存目八》，第36册，第54页；《四库全书总目提要》卷147《子部》第57《道家类存目》，第28册，第73页。

录，其编排体例与其他明代文人别集大致一样，以文体分划，包括序、募疏、论、传、记、书启、赋、赞、颂、铭、跋、祭文、墓志等。《求是堂文集》共有传记文 18 篇，另有《名宦传》、《人物传》，分别记录九江 10 位名宦和 4 位名士的事迹，这些传记作品除少数几篇（如《祁门道人传》、《寒婆传》述奇闻逸事，《长门禅师传》讲佛法）外①，绝大部分记述的是明末清初风云巨变中下层文人、官吏，甚至普通百姓的血泪抗争，是一幅幅呈现着民族气节和国家情怀的历史浮雕。

146. 李盛世

李盛世（？—？），具体事迹不详。

李盛世与蕺山有问答书信。蕺山 1640 年《答李孝廉（盛世）》书曰："昨奉尊翁先生所述《孔书》，不佞窃因是而求之吾夫子之道，其精者尽在《鲁论》，其富且美者在《六经》之绪言，而其庞者在《家语》，如是而止耳。其他散见于诸子百家之所称述，固有不可同年而语者矣，其得者不出《鲁论》、《六经》，而其失者止成其为诸子百家，彼固有讬焉故也。"② 故著录李盛世为蕺山弟子。

147. 刘明孝

刘明孝（？—？），字永侯，山阴人，蕺山先生祖侄。

刘明孝与蕺山先生有问答书信。据《刘宗周年谱》"六十二岁"条（1639），八月，蕺山有《答族姪书》，曰："所云立志，志即吾之志也。吾志之，亦吾仆之，待他人乎？且待他人启告乎？必不得已，请进之以立诚之说。"③ "立志"即是树立个体为学做人的根本路向，基于志而问学求道，自然能日进其功。另，据《刘宗周年谱》"六十四岁"条（1641）载，正月三日，《与永侯族侄明孝》："人情政以为艳称，而不知本心之地日移而月化者，亦已多矣。今但得每事便将平日穷秀才气味置在目前，一味与之冷落，与之

---

① 参见成娟阳：《文德翼传记文初探》，《荆门职业技术学院学报》2006 年第 2 期。
② （明）刘宗周：《书》，《刘宗周全集》第 3 册，第 356 页。
③ （明）刘宗周：《书》，《刘宗周全集》第 3 册，第 355 页。

消灭，便讨了无限便宜。而终身远大之业，亦便不外此。"① 此处蕺山所写书信对象为"永侯族侄明孝"，故可说"刘明孝"为蕺山族姪。

148. 吕滋

吕滋（？—？），字梅夫，余姚人。具体事迹不详。

据《刘宗周年谱》记载，弘光元年（1645）乙酉六月十三日，杭州失守，诸大帅尽散，潞王具款降清。十五日午刻，先生闻变，时方进膳，推案恸哭曰："此予正命时也。"遂不食，僵卧榻间。子汋流涕奉糜以请，先生挥之曰："食人之食者，死人之事，分义然也。"有顷，余姚张生应烨、吕生滋请见言事，先生延入卧室，凭几而见之。② 故著录吕滋为蕺山弟子。另，据邵廷采记载，吕滋为沈国模弟子："沈先生高弟有安元邵公资仁，嗣主石浪，乡党称善人。梅夫吕公滋、禹铭钱公九鼎、蜀庵陈公正衍、棐臣吴公楸，并杜门编书求志，以遗民终。"③ 据此可知，吕滋为双重门籍。

149. 秦承显

秦承显（？—？），具体事迹不详。

据《东南纪事》载，"刘宗周讲学于古小学，毓蓍及刘世纯、陆曾晔、秦弘祐、王朝式、秦承显、钱永锡等，皆执贽"④。故著录秦承显为蕺山弟子。

150. 万泰

万泰（1598—1657），字履安，晚号悔菴，鄞县人，世称鹿园先生，崇祯丙子（1636）举人。《子刘子祠堂配享碑》载："而梨洲之徒，有曰鄞万先生斯选，字公择。其父户部郎泰，故尝游子刘子之门。"⑤ 故著录万泰为蕺山弟子。

---

① （明）刘宗周：《书》，《刘宗周全集》第 3 册，第 463 页。
② 参见姚名达：《刘宗周年谱》，载《刘宗周全集》第 6 册，第 479 页。
③ （清）邵廷采：《姚江书院传》，《思复堂文集》，第 57 页。
④ （清）邵廷采：《东南纪事（外十二种）》卷八，第 274 页。
⑤ （清）全祖望：《子刘子祠堂配享碑》，载《刘宗周全集》第 6 册，第 651 页。

万泰学行品德高尚。黄宗羲《万悔菴先生墓志铭》指出："予束发出游，于浙河东所兄事者两人，曰陆文虎、万履安。两人皆好奇，兄怀洞达，埃盍沤泊之虑，一切不入，焚香扫地，辨识书画古奇器物。所至鸾翔冰峙，世间魁琐解果之士，文虎直叱之若狗；履安稍和易，然自一揖以外，绝不交谈，其人多惶恐退去。葛袍布被，邮筒束帛，皆修饰合度。"① 万泰与陆文虎和黄宗羲交好，三者皆为蕺山弟子。万泰与陆文虎关系紧密，浙东常以"陆万"合称。文虎去世后，万泰始为诗文。黄宗羲指出："文虎之诗以才，先生之诗以情，皆有可传。当其渡嶺，则酸咸苦辣之味尽矣。"另据《墓志铭》载，鲁王监国时，万泰以户部主事司饷，实心实务；清统一浙东，世人讳言受职，但又乐于改头换面而充斥新朝，万泰虽有"公车之征"，但"独不行"，后遁迹榆林，丧夫人、太夫人，且其翰林书卷青氈皆荡于兵火；友人高斗枢[1584—1670，字象先，别号玄若，鄞人，崇祯元年戊辰（1628）进士]因华夏起义事而座受牵连，黄宗炎犯难即将赴市，万泰皆能密谋筹划，以奇技救下；又传吴霞舟（吴钟峦）遗稿由海外归，用故名纸书写，半页千言，漫漶漏夺，万泰摩挲细视，订校完整。②

万泰生有八子，即万斯年、万斯程、万斯祯、万斯昌、万斯选、万斯大、万斯备、万斯同，各有成就，人称"万氏八龙"，但以万斯同为著。另据记载，万泰著有《寒松斋稿》。③

151. 邢锡祯

邢锡祯（？—？），山阴人。具体事迹不详。

据《刘宗周年谱》"六十岁条"[崇祯十年丁丑（1637）]载，是年嵊县大旱，谷石千钱，小民率掘土当食，或啖草根木皮，死亡离散之状，极其悲惨。蕺山先生书《赈嵊缘起》，募资设厂施粥，得银六百两，米一百七十余石，命王朝式、秦弘祐、钱永锡、邢锡祯、杨鳌、邢锡祥、王兆修、徐廷

---

① （清）黄宗羲：《万悔菴先生墓志铭》，《黄宗羲全集》（增订版）第 10 册，第 297 页。

② 参见（清）黄宗羲：《万悔菴先生墓志铭》，《黄宗羲全集》（增订版）第 10 册，第 297—299 页。

③ 参见《小腆纪传·补遗》卷四《列传·文苑》，第 794 页。

玠、王受之等人入嵊综赈事，嵊人王儆弦佐之，又募嵊米八百九十石，"诸生分设粥厂一百三十七所，给粥月余，日饲四五万人"①。由前文已知，王朝式、秦弘祐、钱永锡、王兆修、徐廷玠等人为蕺山门弟子，由此处则可进一步著录邢锡祯、杨鳌、邢锡祥、王受之及王儆弦为蕺山弟子。

152. 邢锡祥

邢锡祥（？—？），山阴人。具体事迹不详。著录缘由见"邢锡祯"。

153. 杨鳌

杨鳌（？—？），具体事迹不详。著录缘由见"邢锡祯"。

154. 王受之

王受之（？—？），具体事迹不详。著录缘由见"邢锡祯"。

155. 王儆弦

王儆弦（？—？），嵊县人，具体事迹不详。著录缘由见"邢锡祯"。

156. 张名翰

张名翰（？—？），具体事迹不详。

据董玚《刘子全书钞述》载，《年谱录遗》于崇祯（1637）丁丑三月嵊县赈饥记载独详，而庚辰年（1640）赈饥，只言"建社仓于所居之里"下注曰："是年春，越郡遭水灾，米价骤涌。先生与祁侍御彪佳请于官，招商通贩，发仓廪，而绅士出私困以平粜，设粥佐之。"至辛巳年（1641）"已不一及"。董玚参阅会稽所锓救荒册子，有《荒册漫书》序，其中讲道："庚辛间，连遭大祲，里人之为殍而转徙者日相告。今年春，饥民汹动，赖当事者预为议储、议通商、议平粜，有蹹庚辰法委乡之士大夫纲纪之。……司区者为王毓芝、张名翰、祁鸿孙、谢龙震等，监糶者为赵旬、王毓菁、秦弘祐、

---

① 姚名达：《刘宗周年谱》，载《刘宗周全集》第 6 册，第 405 页。

陈诚忭、王兆修等。……明年辛巳元正，奸人乘甚雪集众闯民家剿米，当事请子议惩乱后行赈，祁侍御造诸生门请司事。……会邑司坊为王毓芝、董瑞生、张峰、陈诚忭、倪元瓒、陈树绩、王兆修、商章祖、王自超、张名翰、倪会覃等，……总理为徐廷玠、董瑞生、谢龙震、王鲲、祁鸿孙、陈刚等，推区中陶履卓、谢毂辈分任之……"① 其中所涉人物，由全文可知，王毓芝、祁鸿孙、赵甸、王毓蓍、秦弘祐、陈诚忭、王兆修、董瑞生、张峰、陈树绩、徐廷玠、陈刚、陶履卓、谢毂等皆为蕺山弟子。那么，根据蕺山与祁彪佳等人赈饥故事史实，可推知张名翰、谢龙震、倪元瓒、商章祖、王自超、倪会覃、王鲲等人亦为蕺山门弟子。

157. 谢龙震

谢龙震（？—？），字云生，山阴诸生。著录缘由见"张名翰"。

据查继佐《监国纪》载，谢龙震曾于义兴起兵，鲁王监国时授以中书舍人；后唐王有诏与鲁王，云："朕与王曰：朕未有子，得金陵为期，朕当让位皇侄；布衣角巾，萧然物外。"显然，唐王以皇帝自居，并不把鲁王放眼里，故，谢龙震手批唐王使者刘中藻于殿上。后鲁败，龙震收其故部，出没于绍兴诸山中；久之，力竭被清兵所执，语极不逊，将刑于市，即大呼左右，以记忠臣绝命之句，有"万里孤臣袛赤心，满腔热血化灰烬"诗云。②

158. 倪元瓒

倪元瓒（？—？），字献汝，上虞人，倪元璐之弟。著录缘由见"张名翰"。

另据陈祖武先生论述，"最终完成蕺山学北传历史使命的，则无疑应是蕺山诸后学。其中功绩最为卓著者，当首推倪元瓒"③。

据《绍兴府志》载，倪元瓒著有《春秋五义》。④

---

① 姚名达：《刘宗周年谱》，载《刘宗周全集》第 6 册，第 675—677 页。
② 参见（清）查继佐：《鲁春秋·监国纪》，《适园丛书》。
③ 陈祖武：《蕺山南学与夏峰北学》，《中国社会科学院研究生院学报》1998 年第 5 期。
④ 参见《绍兴府志》卷 77《经籍志》，第 1893 页。

159. 倪会鼎

倪会鼎（？—？），上虞，倪元璐之子。具体事迹不详。著录缘由见"张名翰"。

160. 商章祖

商章祖（？—？），上虞人，具体事迹不详。著录缘由见"张名翰"。

161. 王自超

王自超（？—？），会稽人。具体事迹不详。著录缘由见"张名翰"。

162. 王鲲

王鲲（？—？），具体事迹不详。著录缘由见"张名翰"。

163. 暾弟

暾弟（？—？），具体事迹不详。

检索蕺山先生书信，著录暾弟为蕺山门弟子。蕺山有《答门人暾弟书》："春去凭栏十二千，一春鱼雁报平安。人逢四十残生半，病得林皋晚节难。自昔孔门方鼓瑟，不闻曾点更弹冠。东周出处西周梦，都付浮云过杏坛。克己存诚与静观，更无明目许多般。亡羊一路支离去，买璞千金朽腐弃。好待帝心开夜半，只从跬步上长安。凭君久立杨时雪，定性全书也是谩。"①《刘宗周全集》蕺山先生《答门人暾弟书》之"暾"为上"曰"下"郭"结构，检索《现代汉语字典》，只有左右结构的"日"与"郭"合体字，故改为"暾"。

164. 张焜芳

张焜芳（？—1643），会稽人，崇祯元年（1628）进士。

张焜芳参与蕺山讲会。据《康熙会稽县志》载，张焜芳罢职归乡，从

---

① （明）刘宗周：《诗》，《刘宗周全集》第4册，第502页。

蕺山讲学于证人会；后张焜芳应诏北上而遇兵警，仆从请退舟南下，焜芳不许，慨然曰："吾奉命而来，闻警而返，临难苟免，义所不安。"遂舍舟入城；城陷，更请易服齐民，焜芳亦不许，骑警骤至，拥张焜芳见其帅，使跪，焜芳厉声曰："吾为天子侍从臣，宁屈于汝？"遂遇害；后赠大理寺卿，世袭锦衣卫正千户。①

165. 陆符

陆符（1597—1646），字文虎，鄞县人。据《光绪慈溪县志》记载："（刘应期——引者注）尝与鄞陆符、万泰、姚江黄宗羲同游刘蕺山之门，以名节自任，主持清议，海内望之若季汉之有顾厨俊及焉。"② 由此可著录陆符为蕺山弟子。或正因如此，《布衣史官——万斯同传》即有论：陆符与同乡万泰一起入庠读书，两人也从此成为生死与共的好朋友，"两人都曾师从晚明大儒刘宗周，始终以名节自任，领导一郡士风，时人并称'万陆'"③。

《复社姓氏传略》言陆符"貌甚伟，胸贮千卷，声咳如洪钟。崇祯中保举。令下，学使者许豸，以符应诏入国子监。壬午，举顺天乡试。癸未，下第归。鲁王监国绍兴，授符为行人，命清查卫所钱粮。千户冯如奎干没独多，符严覆之。如奎猝拔刀刺符，于应事不死，遂谢事。未几，卒，年五十。有《环堵汇》十卷"④。据黄宗羲《陆文虎先生墓志铭》可知，陆符于崇祯辛巳（1641）年被保举入国学，壬午（1642）年举顺天乡试，监国（1645）时赐进士出身，并授行人司行人，丙戌（1646）年十月初十卒，年五十。⑤

据黄宗羲记载，陆符年幼时羸疾多病，尝读《周易参同契》、《悟真》，

---

① 参见《康熙会稽县志》卷25《人物志·忠节》，第533页。

② 《光绪慈溪县志》卷30《列传七》，第77页。

③ 朱端强：《布衣史官——万斯同传》，浙江古籍出版社2006年版，第17页。

④ （清）吴山嘉辑：《海王邨古籍丛刊——复社姓氏传略》卷五，中国书店1990年版，第339页。

⑤ 参见（清）黄宗羲：《陆文虎先生墓志铭》，《黄宗羲全集》（增订版）第10册，第348页。

闭关祈祷，希图学神仙，但终究无效果，故泛滥于释氏。① 后为举子业，诵习先民，时时取古文缘饰章句，终厌而弃去。又能旁涉语录释典，为深沉刻厉之文，文风恢博奥赜。又不忘读《易》，则取近代理明义精之学，加以汉儒博物考古之功，深思缜密之中，另为传注，不坠制举方域。陆符所撰古文具有鹏骞海怒之势，意之所极，穿天心月协而出之；陆符所写古诗则能志意所寄，媚势佞生，市郊游而作声色之徒，未尝以片语污其笔端。陆符正气凛然，慷慨激昂，胸怀洞达，热心世患，视天心事为数著可了，断头穴胸，为人分内事。如丙寅年（1626），陆符知黄尊素等七君子之祸，因希风皋羽 [谢翱（1249—1295），南宋爱国诗人，字皋羽，一字皋父，号宋累，又号晞发子] ②，尝作《楚渔夫》二首，传之吴中，许孟宏（许元溥）见而灭其纸。温体仁为相，时常以告讦摧拉异己，陆符即上书王司马，批评温体仁："九重禁御之地，九列大臣之重，一落魄妄男子得以只手障天、狂言作鼍。在朝在野，谁无日摄之仇，莫必挤阱之命。从此凡百有位，相效为负墙鞠躬以事，四方屋邑失业亡命作奸犯科之流，日亦不足矣。圣明在上，未有信臣钩索奸隐指陈极弊痛切入告者，阁下据听言事，转圜纳牖，直俄顷间事耳。"乙亥年（1635），因农民起义，祖陵震惊，崇祯下诏罪己，③ 且开释罪废，陆符以为此阴阳消长之机，语钱虞山（钱谦益）曰："古人叹神农、虞、夏之不可作，某谓何必黄、虞，当今目中欲再见隆、万之际士庶风物已不可

---

① 参见（清）黄宗羲：《陆文虎先生墓志铭》，《黄宗羲全集》（增订版）第 10 册，第 348 页。

② 据赵园先生研究，明清之际遗民的言论实际上涉及了一部遗民史，被反复称引、言说并作为型范的有夷、齐、陶渊明、范粲、袁闳、谢翱（皋羽）、郑思肖（所南）、龚开（圣予）、谢枋得（叠山）、汪元量（水云）等。（参见赵园：《明清之际士大夫研究》，北京大学出版社 1999 年版，第 269 页）

③ 是年十月，崇祯下罪己诏："朕以凉德，缵承大统，不期倚用匪人，边乃三入，寇则七年，师徒暴露，黎庶颠连。国帑匮诎而征未已。闾阎凋敝，而加派难停。中夜思惟，不胜愧愤。今调勤兵留新饷，立护元元，务在此举。惟是行间文武吏士，劳苦饥寒，深切朕念。念其风食露宿，朕不忍安卧深宫。念其饮水食粗，朕不忍独享甘旨。念其披坚冒险，朕不忍独衣文绣。择兹十月三日，避居武英殿，减膳撤乐，非典礼事，惟以青衣从事，与我行间文武吏士甘苦共之，以寇平之日为止。文武官，其各省愆涤厉，用回天心，以救民命。"[（清）计六奇：《贼陷凤阳》，载《明季北略》（崇祯八年乙亥），中华书局 1981 年版，第 175 页]

得。然则士大夫胸中，断不可仍作当时缙绅受用之想，服御仆从，减省敛救。凡怀贪射利，程间抵隙，及故为大言从听、巧售倾险者，预行杜绝；积诚刻意，尽瘁协恭，以结主知、折谗口，则明盛可致。不然，彼方以觇觊快心，此复以夬夬意得，正如疢虐，一寒一热，出反弥甚，元气随之。"后果然有乌程官与吴县官之间的排挤倾轧。①

另据墓志铭，陆符自幼时即泛滥释氏，及其长，"虽才堪济世，却攸然常有世外之致，辨书画，识金石古奇器，焚香扫地，与名僧联袂对语。尝作《誓告紫柏文》，手书一册寄南康推官钱沃心，焚归宗寺古松下。古松为紫柏咒活者也。"② 可知，陆符向心释氏，与蕺山醇儒学路向有异。

黄宗羲与陆符关系紧密。黄氏曾言："余束发出游，吴来之谓子乡陆文虎志行士也，归而纳交于先生。从此左提右挈，发明大体，击去疵杂，念终身偲偲之力，使余稍有所知者，眉生与先生二人而已。"③ 沈眉生即沈寿民。沈寿民（1607—1675），字眉生，号耕严，宣城人，黄宗羲指出："有明之辅臣以夺情见劾者三人，曰李贤、张居正、杨嗣昌。然劾贤之罗一峰，劾居正赵、吴、艾、沈、邹，皆有禄位于朝；唯劾嗣昌之沈耕严，则诸生也。贤与居正，当天下无事之日，所失不过一身；嗣昌当危急存亡之秋，所关乃在社稷。耕严之言，拯溺救焚，县记后来，不爽累黍，又非一峰诸公所言仅在一时也。"④ 据此可见，沈寿民亦戆直公正之士。

166. 许器之

许器之（? —?），具体事迹不详。

考索刘宗周年谱，可进一步著录许器之为蕺山门弟子。据《刘宗周年谱》"五十四岁"条 [崇祯四年辛未（1631）] 载，是年四月三日第二会，"祁凤佳举《素位》一章，质自得之义从主敬得来，抑心体自然如此，先生曰：

---

① 参见（清）黄宗羲：《陆文虎先生墓志铭》，《黄宗羲全集》（增订版）第 10 册，第 349—350 页。

② （清）黄宗羲：《陆文虎先生墓志铭》，《黄宗羲全集》（增订版）第 10 册，第 350 页。

③ （清）黄宗羲：《陆文虎先生墓志铭》，《黄宗羲全集》（增订版）第 10 册，第 350 页。

④ （清）黄宗羲：《征君沈耕严先生墓志铭》，《黄宗羲全集》（增订版）第 10 册，第 382 页。

'自得全然是个敬体，无时不戒慎，无时不恐惧，则此心已游于天空地阔之境矣。若只认作快活景象，便已落无忌惮一流。是不可不辨。'祁彪佳曰：'反求时尽不安妥，如何说个自得？'先生曰：'唯其反求，所以自得。'许器之曰：'说个自得，毕竟当有所得，得是得个甚么？'先生曰：'实无所得，故名自得。'"① 祁凤佳、祁彪佳俱蕺山门弟子，此参与讲会并问学蕺山先生的"许器之"亦当为蕺山门弟子。

167. 赵时和

赵时和（？—？），字观复，山阴人。

检索《绍兴县志资料》，著录赵时和为蕺山门弟子。据县志资料记载，赵时和三十岁方进学，但屡试不中，遂退居修辑古今文艺，"与刘念台讲学小学，有《讲余私记》。鲁监国元年，有屯田，足用疏。又有《一鸣编》，《樗言集》"②。尚无赵时和与蕺山问学书信，赵氏所著亦未见。

168. 王国宾

王国宾（？—？），字元洲，会稽人。

检索《绍兴县志资料》，著录王国宾为蕺山门弟子。据县志资料记载，王国宾"九岁善属文，受学于刘蕺山。读书务穷理力行，不徒治章句"；自弱冠游庠之后，屡困棘围，遂备东装北上，游历名山大川，交结贤士大夫；大司马李懋明（李邦华）奇其才，以之为客，辅佐李邦华公捍边围、靖寇氛，李公奏计亦多出其手；后李懋明推荐王国宾为通判，但因丁忧而归家；后除任豫章，遂遇鼎革国变，即绝意进取，虽清世祖诏求遗贤，且巡抚极力推荐王国宾，但国宾终不从诏；乃就宾垊教职，后固陈乞休，家宾垊而日与知己谈经赋诗，萧然物外，或出所蓄古墨旧砚，独坐摩挲，竟日不厌；某日，召集故旧，叹饮至夜分，起歌曰："薄游天涯兮何所依，身一出兮不可归"，客去即盥櫛，呼三子，命以旧衣敛，端坐而逝。③

---

① 姚名达：《刘宗周年谱》，载《刘宗周全集》第6册，第351页。
② 《绍兴县志资料》第1辑《人物列传》，第2608页。
③ 参见《绍兴县志资料》第1辑《人物列传》，第2647页。

169. 冯京第

冯京第（？—1650），字跻仲，号簠溪，浙江宁波慈溪人。全祖望有言，冯京第"内承二父（元飑、元飚）之教，出则师事蕺山、漳浦两先生，退而与复社诸名士上下其议论"①。另外，刘宗周有《用韵寄怀冯跻仲兼呈留仙津抚》："平生惜知己，不如君之臣。知臣鉴臣素，世人何宾宾？邂逅逢吾子，肝胆濯修筼。遗我去国篇，犹然谋致身。龃龉羞当世，援我邹、鲁淳。迂阔远事情，所至多参辰。但恨学古疏，敢云磨不磷。束发际清朝，庚歌良可因。渐依日月光，自谓攀龙鳞。持禄既两月，慷慨气未伸。负此司谏职，豺狸盈簪绅。帝曰汝毫哉，虚予召蒲轮。老臣泣陨首，士为知己徇。臣死不足惜，满目伤荆榛。失路日已久，攸尔裘葛新。回首天尺五，仍复留河津。感兹旧游地，棲棲如蔡、陈。胡骑方狐狡，汉兵多鼠驯。烽烟断南北，积骸枕水滨。桓桓冯开府，忠义冠人伦。提兵疾风雨，往来畿辅频。劳苦不言功，谤书倾高旻。亦有冯仲子，介马扑胡尘。在昔淝水捷，内举不避亲。赋诗可却敌，请缨岂犹人？青山尚无恙，还我折角巾。批发欲何往，蹈海空自沦。举世皇皇者，为此七尺珍。恸哭摧天柱，长啸斥地垠。终当携手去，封侯未可逡。"② 由上可言，冯京第师事刘宗周，为蕺山门弟子。

冯京第生当乱世，学问以事功为主，忠节侠义。高宇泰（？—？，字元发，又字虞尊，号蘖庵）总结冯京第学术特色指出："博学阂览，居平好谈经济。"③ 另据柴梦楫所作文，冯京第生有异才，于书无不读，并特慕古奇士非常之行；十三岁时补邑博士弟子员，每试辄高等；二十五岁侍从其从父冯元飚 [1586—1644，字尔庚，号留仙，崇祯戊辰科（1628）进士] 备兵南都，时值边警，冯京第"授略行间，而并大捷者"，从父为之疏而请功，被赐以进士，以供台省参用，但终不受，两次面陈，直言"容臣就科甲试"，不以事功蔑台省之尊；崇祯自缢，皇明灭国，冯京第南走三山间，历十余

---

① 全祖望亦有言：冯京第"内承二父（元飑、元飚）之教，出则师事蕺山、漳浦两先生，退而与复社诸名士上下其议论"。（参见全祖望：《续甬上耆旧诗》卷十二《冯侍郎京第》）

② （明）刘宗周：《诗》，《刘宗周全集》第 3 册，第 578 页。

③ （清）高宇泰：《雪交亭正气录传》，载冯贞群：《冯侍郎遗书》附录卷一《传记》，四明丛书（约园刊本）。

载，终赍志以惨死，柴梦楫评论曰："使当时不允所请，得假之兵事，正未可量，岂仅以诗见哉？"①

据《光绪慈溪县志》可知冯京第跌宕困阨之生平事迹。②从父冯元飏巡抚天津时，他有祥子岑却敌之功，但不受皇帝嘉奖恩赐；唐王称制福建闽中时，他曾上《中兴十二论》，并授职方主事，后改监察御史，巡按浙东，但甫一至而浙东陷，闽朝亦亡。故冯京第欲于慈溪老家起兵反清，却为清兵所捕，后逃脱入翁洲，委身于黄斌卿处；清廷虽定江南，但吴中豪杰密谋反清复明，常出没太湖间，并以翁洲为外援，故兵部尚书陈子龙说服松江提督吴胜兆反清复明，以帛书乞翁洲黄斌卿接应，然他志在自保，不予理会，而冯京第以与富平将军张名振（？—1654，字侯服，南直隶应天府江宁县人）交好，遂与张名振领兵接应陈子龙，但兵仅行至崇明岛即为飓风覆舟，军士尽丧，冯京第等人被执，但能得以逃脱归翁洲；时出身海盗但为南明将军的周崔芝与日本撒斯玛王（即日本萨摩藩主）交好，且为黄斌卿水军都督，共守翁洲，冯京第劝斌卿乞师日本，故于1647年（丁亥）与黄斌卿弟黄孝卿及朱舜水（1600—1682，字楚屿，号舜水，浙江余姚人）日本乞师，但因日本与西洋交恶，长崎岛戒严一切外国船只，乞师受阻，冯京第于舟中朝服拜哭不已，后为撒斯玛王巡方岛主所见，京第乃以血书呈致撒斯玛王，撒斯玛王有言："中国丧乱，我不遑恤，而使其使臣哭于我国，我之耻也。"遂与长崎王商议，发各岛罪人以应京第之请。冯第先还，并致洪武钱数十万至舟山，但黄孝卿日夜沉迷长崎官妓酒肆，忘乞师之志，日本出师之意遂荒。③是年十二月，冯京第与鄞县评事董志宁、职方华夏、侍御李长祥、职方王翊合谋攻宁波，但降绅谢三宾先一日而发难，城中戒备甚严，华夏被俘

① （清）柴梦楫：《三山吟后序》，载冯贞群：《冯侍郎遗书叙录》。
② 参见《光绪慈溪县志·冯京第》，载冯贞群：《冯侍郎遗书》附录卷一《传记》。
③ 黄宗羲有《日本乞师记》详细记载冯京第日本乞师始末。（参见冯贞群：《冯侍郎遗书》附录卷一《传记·日本乞师记》；黄宗羲《行朝录》卷八《日本乞师》，《黄宗羲全集》（增订版）第2册，第180—183页）但记载此时间为戊子年（1648），考高宇泰《雪交亭正气录传》及《光绪慈溪县志》，时间皆为丁亥年（1647），故以冯京第乞师年为丁亥年。关于南明士人对"日本乞师"之意义的争论，可参见刘晓东：《南明士人"日本乞师"叙事中的"倭寇"记忆》，《历史研究》2010年第5期。

死事，其余人逃遁。冯京第反清复明之志不息，入湖州，起兵武康天目山，后归慈溪募兵，与王翊（1616—1651，字完勋，号笃庵，浙江慈溪人）合军守杜隩，然又为团练所破，王翊以四百余人亡入天门山，冯京第则匿藏民舍。戊子（1648）冬月，王翊与冯京第复合军杜隩。己丑（1649），监国鲁王至舟山，晋冯京第为都察院右佥都御使。是年冬，冯京第与为日本所驱赶之中国僧人湛微、澄波将军阮美负载慈圣李太后所赐普陀寺藏经为聘，再次乞师日本，但因湛微狡狯，口碑甚差，失信于日本国，乞师遂败。归国后，冯京第与王翊合军于西山回风洞，而清兵拘捕其家属以招降，京第不至，其母徙燕放逐而死于道，其妻自缢殉义，其二妾没入官营为妓，其子冯颂年仅十五而斩于市，"建义受祸之惨未有若京第者"①。因此，冯京第性颇厉，御兵稍酷，本儒者不通将略，又颇以门第自重，视山寨洞主蔑如，故洞主有欲杀之而后快意者，唯京第忠胆侠义，诸洞主皆不计较理会，其部卒既惮其威，又怀其惠。翁洲以上寨相犄角，且王翊、王京、冯京第三人孤忠为国，得一时偷安，监国加冯京第兵部侍郎之职，以兹褒奖。庚寅（1650）十一月十一日，清兵围剿大兰山簟溪山寨，麾下王昇降清，引兵逮冯京第；十四日行刑，清将畏其辱骂而衔以枚，剖其心醢之，从者张元（河南人，生卒不详）以下五十余人皆骂不绝以死；唯冯京第一肩一臂得以葬周公桥最后，是时，董志宁头、王翊头亦葬周公桥（现宁波江北区北郊乡马公桥），鄞县人称为"三忠墓"。《光绪慈溪县志》还指出，冯京第喜爱大兰山簟溪山水，常以"簟溪"自署，欲常隐于此。他屯兵于此，被逮于此，自命以此，天定如此。冯京第同门万泰有《哭簟溪》诗，言其悲苦忠义一生："吁嗟乎，当年君卜簟溪居，今日君从簟溪死。一山突兀立乾坤，磨削英雄竟如此。廿载从君笔砚游，高文老学非凡俦。一目万古空章句，生平事业期封侯。自昔中原被兵燹，书生戛戛怀同仇。直北阴山曾立马，尘高十丈汙兜鍪。恨不长驱绝大漠，归去狂号百六秋。封狐羵瘝瞖白日，麟凤离披化蚁虮。浙师不振闽帝殂，万里孤航陵险出，国书纸上血光殷。痛哭一声海水立，呜呼此事已千古，成败偶然何足数。儿年十四早断头，烈妇之尸虫出户。八十老人空依

① （清）高宇泰：《雪交亭正气录传》，载《冯侍郎遗书》附录卷一《传记》。

间，欣然毕命辞汉土。白日墨墨沈阳光，山鬼啾啾啼夜雨。枕戈饮血空谷中，大声呼天天梦梦。云雷晦昧星辰从，三战三北非人工。泪尽血枯病惔惔，一死遂成胡儿功。吁嗟，中原冠带纷如云，已将心膂托新君。扬眉结义豺狼群，书生斩杀何足云。正气犹存此名士，生不封侯死于市。鸡林贾客购文章，龙伯国人传姓氏。英雄生死史所书，焉能垢面蒙头狷。虫豸篝溪云荒荒。一草一木忠魂藏，申胥已死赵苞亡。其光为日气为霜，千秋万岁殊未央。"①冯京第殉义后，除被斩子冯颂外，其余诸子被没入勋贵之家，皆由万泰之子万斯同赎而归之。②冯京第事迹大略亦见《复社姓氏传略》。③

是时，与冯京第交友者陆符、万泰、刘瑞当、董德称、黄宗羲三兄弟等，"皆跻仲所许一辈人，知予有言不为阿好者"④。另据全祖望《鹪鸪先生神道表》载，冯京第之嫂，即黄宗会妻子母亲，二人有亲戚关系，是时黄宗会与冯京第皆被逮，临刑之际得以逃脱。⑤

冯京第传世遗作经由其九世族孙冯贞群编辑而成《冯侍郎遗书》，收录有《兰易》两卷、《兰易十二翼》一卷、《兰史》一卷、《篝溪自课》一卷、《篝溪集》（残）、《读书灯》一卷、《三山吟》一卷等。其中，《兰易》托言受之宋代鹿亭所作，言"兰草今生大江以南者皆非屈骚所树所纫，然如汉高奋迹徒步，系统三代天下所则即真矣，何伪之有，必将求所谓九畹十亩者而种之，皆反古之僇民也。其言之愤而怪如此"。而《兰史》"先之以九品之表，有本纪、有世家、有列传、有外纪、有外传，以为使非兰而拟于兰者，隶于兰焉。其言又与《兰易》相反"⑥。《篝溪自课》则是冯京第于国难前所定读书之章程，其中言"读书三要"，"一曰日有成课"，"一曰读书不如抄书"，"一曰通一书毕始治一书"；言"读书作文六字决"，"熟读书，多

---

①　（清）万泰：《哭篝溪》，载冯贞群：《冯侍郎遗书》附录卷二《酬赠诗》。

②　参见（清）全祖望：《鲒埼亭集》卷28《万贞文先生传》，《全祖望集汇校集注》（上），第519页。

③　参见（清）吴山嘉辑：海王邨古籍丛刊《复社姓氏传略》，中国书店1990年版，第343页。

④　（清）刘城：《三山吟序》，载冯贞群：《冯侍郎遗书叙录》。

⑤　参见（清）全祖望：《鲒埼亭集》卷13《鹪鸪先生神道表》，《全祖望集汇校集注》（上），第247页。

⑥　（清）全祖望：《冯侍郎遗书序》，载冯贞群：《冯侍郎遗书叙录》。

作文";言"作文一字决","改"。其《读书灯》有言:"读书至无灯可谓穷矣","因思古来代烛之物移矣,掇其事于灯幕上而以韵语记之"。据冯贞群《簟溪府君著作存佚考》考证,冯京第所著但佚失者尚有《系辞前传》、《评骘史汉》、《晋书补》、《唐书草本》①;冯京第著作但未见者有《浮海记》一卷、《中兴十二论》、《真至会约》一卷、《鞠小正》一卷②。而于冯京第存世文献中,《三山吟》则最能反映冯京第忠义气节,是诗集为冯京第"流离道左,跋涉山川,说惶恐,叹零丁,为血染枫,为泪枯草之句",柴梦楫于《三山吟后序》有言:"读其悲愤激烈之词,则见若踏足长鲸冲碧海而飞举天半也;读其轩昂俊爽之词,则更若携手玉箫蹑危峰而吹彻月下也。至其忧思感慨愁怨徘徊,则又如陇头水之呜咽、秋夜雨之凄,其使人魂销肠断,不忍竟读,不胜涕泪之浪浪矣。"③池阳刘城(生卒不详,号宗伯)《三山吟序》述其刊刻是书之始末:"世不乏文人也,文人而敦行植节卓然拔萃者,十不得一二尔。有行节矣,内蕴王霸之略,外挺将相之姿,真堪救时济物出为世用者,百不得一二尔。逮吾友冯跻仲始兼之矣。跻仲所著作古文诗词制举业无不才奇学正,遥集千代,独步一时,陈同甫所云'云中龙虎'也。至其秉道嫉邪,渊渟岳立,盖与其乡之司空刘先生家之少参、太仆两先生同车合轨,兢兢乎廉耻礼让之闲焉。……《三山吟》为秋试被放徜徉京口时作,跻仲笥珍辄矜慎不肯示人。腊尽,余遇之南都,探囊见诗,音节气体,开元大历而下,无所受之。以此称文人,不遂当第一耶?然其中欣慨交心,古今纷会有歌有泣可观可兴皆见之乎诗!铁瓮城如斗大,三山片石尔,经其叹咏即似乍得一古人拥膝高啸其间,山川与为不朽者矣,因强其付梓以便遍授。"④

---

① 冯贞群引冯元仲于崇祯丙子(1636)所刻孙月峰《批评〈史记〉序》云:"余族字跻仲年少,老于史学,于诸史都有论著,其修《晋书补》、《唐草本》已是可观,而《史注莹疑》则《史》《汉》先已成书,抉瑕指谬,悉通诸家之幽滞,此班、马不可一日无此知己也。以无资未得便附此本行,因复志于此。"[(清)冯贞群:《簟溪府君著作存佚考》,《冯侍郎遗书》附录卷三《叙录》]即此可以看出冯侍郎精通史学。
② 参见(清)冯贞群:《簟溪府君著作存佚考》,《冯侍郎遗书》附录卷三《叙录》。
③ (清)柴梦楫:《三山吟后序》,载冯贞群:《冯侍郎遗书叙录》。
④ (清)刘城:《三山吟序》,载冯贞群:《冯侍郎遗书叙录》。

170. 徐泽蕴

据邵廷采《思复堂文集》记载，徐泽蕴为蕺山弟子。他说："自蕺山完节后，证人之会不举者二十年。先生（董玚）谓：'道不可一日不明，后生生今日，不幸失先民余教，出处轻而议论薄，由学会之废也。'善继述蕺山志事者，亟举学会。复请蕺山高弟子张奠夫、徐泽蕴、赵禹公诸前辈，集古小学，敷扬程、朱、王、刘家法。于是余姚黄梨洲、晦木、华亭蒋大鸿、萧山毛西河皆挈其弟子，自远而至。值督学使者按越下县，会者近千人，越中士习复蒸蒸起矣。"① 邵廷采曾有书寄毛奇龄，说："康熙七年六月初吉，望见光颜于古小学。此时蕺山高弟如张奠夫、徐泽蕴、赵禹功诸先辈咸在讲座，而先生抗言高论，出入百子，融贯诸儒。采时虽无所识知，已私心仪而目注之。"② 邵廷采指出张奠夫、徐泽蕴、赵禹公（功）为蕺山弟子，由前文已知，张奠夫即张应鳌、赵禹功即赵甸，那么，徐泽蕴亦为蕺山弟子。

徐泽蕴具体事迹不详。

171. 陆典

陆典（？—？），字以建。因蕺山先生与陆典有论学书信，故著录。

《刘宗周全集》收录有五通刘宗周与陆以建书信，如：蕺山先生在《与陆以建年友一》书信中，针对以建"论学先提主脑、不喜言工夫边事。一涉省察克治，必扫除之"的治学路径，有关于为学当主"慎独"工夫的论点："圣学要旨摄入在克己，即《大》、《中》之旨摄入在慎独，更不说知、说行。周子'圣学有要'段，亦最简截，与克己慎独之说相印证，此千古相传心法也。"③《与以建四》则分析了"敬"的内涵："君子之学，言行交修而已。孔门屡屡言之曰：'不敢不勉，有余不敢尽'。'不敢'二字，何等慎着！真是战兢惕厉心法。此一点心法，是千圣相传灵犀，即宋儒主敬之说，穷此之谓穷理，尽此之谓尽性，至此之谓至命，不必另说天说性，作蛇足也。"④ 他在

---

① （清）邵廷采：《东池董无休先生传》，《思复堂文集》卷三，第178页。
② （清）邵廷采：《谒毛西河先生书》，《思复堂文集》卷五，第310页。
③ （明）刘宗周：《书》，《刘宗周全集》第3册，第298页。
④ （明）刘宗周：《书》，《刘宗周全集》第3册，第302—303页。

《与陆以建》书信中还揭示了禅学流弊："然则学禅者未有不伪，作伪者未有不禅，此今日学术之弊也。"①

疑陆以建即陆汝文。祝渊《上先生书》中有云："近又得汝文陆丈同寓见所答季超书并《一元正学录》，深服其见地之卓，似亦得《读易图说》之一班也。且汝老年高亲，负斗米来聚，此其志。"② 季超即祁骏佳（号季超），祁骏佳为蕺山门弟子，既然陆汝文与祁骏佳有书信往来，大致可推知此陆汝文亦当为蕺山门弟子。《读易图说》为蕺山先生所作。透过祝渊之言可知，陆汝文尚著有《一元正学录》，而且祝渊关于此著的"序言"指出，是著"于儒释邪正之辨判若黑白"③，联系到蕺山先生给陆以建的书信，其中就有对禅学的评判和对为学只提本体主脑、不重工夫践履的弊病，则作为弟子的陆以建是能够因循师说而撰写明辨"儒释之别"的《一元正学录》。因此，作为蕺山门弟子的"陆典"与祝渊所言及的"陆汝文"可能为同一个人。即，陆典，字以建，号汝文。

172. 查嗣琪

查嗣琪（？—？），字肇五，号石丈，明末诸生。

据《海宁州志》记载，查嗣琪"博学教行，中岁师事刘蕺山，受微过、隐过、显过之格。退与同志为省过会，事事期归实践；甲申鼎革后，查嗣琪葛巾草履，绝迹城市，擅诗文，兼工行草书"④。据此可知，查嗣琪师事刘宗周，并笃志省过，以实践著称。另，编纂《陈确集》的陈敬璋编辑乾初先生《答查石丈书》时，引用黄宗羲子黄百家为查嗣琪所作传曰："石丈尝谓儒者正有过可惧，无功可矜，守身如处子，一经有玷，不可磨也。胞与民物，抱歉无尽，何自多焉！又疾夫陪奉世情之害道，著《虚体面说》，以斥其伪。"同时，陈敬璋有论曰："乾初之与石丈，其性情行谊，盖大致相同。"⑤

---

① （明）刘宗周：《书》，《刘宗周全集》第 3 册，第 530 页。
② （明）祝渊：《祝月隐先生遗集》卷一《问学录》。
③ （明）祝渊：《祝月隐先生遗集》卷三《诗》。
④ （清）黄成助：《海宁州志》卷 12《隐逸》，台湾成文出版社有限公司 1983 年版，第 1619 页。
⑤ （清）陈确：《答查石丈书》，《陈确集》（上），第 77—78 页。

173. □□□（字北生）

张履祥《与王紫眉（甲申）》书中指出："夫子（刘宗周——引者注）道大莫容，拂衣东归，比来德体安否？弟目察人事，将来乡国必难苟安。拟欲挈妻子而行，卜居于夫子所居之山，十数里而近，读书学道，积一、二时年，以待天下之清，庶于兄中不为无据。贫薄殊等，不能出户，时与公简兄论此，莫不以有志未逮为叹息也。兄翁学可匡时，非弟迂疏之比，敢问于今出处、进退当以何者为正？夫子比者所论，兄翁必稔闻之，万惟广以相贶。临楮翘切。玄趾、北生、天若诸兄均此道意。"① 公简即赵广生，玄趾即王毓蓍，天若即陈诚忾。但"北生"为何人之字尚不清楚，但从张履祥言论可知此字"北生"之人当为蕺山弟子。

174. 俞庚之

考察张履祥文集，其书信集"师门问答"中有《与俞庚之（甲申东）》一信。《杨园先生全集》之第二卷为《书一（师门问答）》，首为《上山阴刘念台先生书》，其他有《与王紫眉》、《与刘伯绳》、《答陈乾初》、《与陈乾初》、《与沈甸华》、《答叶静远》、《与叶静远》等书信，而王紫眉（王毓芝）、刘伯绳（刘汋）、陈乾初（陈确）、沈甸华（沈昀）、叶静远（叶敦艮）皆蕺山门弟子，且本卷冠之以"师门问答"，故可推知杨园先生《与俞庚之》书信所指称的"俞庚之"亦当为蕺山门弟子。在此信中，张履祥指出："方今天下多变，人心胥溺，君父之大尚非所知，其不夷狄禽兽者几希矣。原其始，皆由学术之不正。生平所志，惟有富贵利达一途，自己身心性命反以为迂而置之不求，是以一经变故，万事瓦裂也。仁兄以忠信之资，兼以虚诚之怀，努力进取，于古之所称圣若贤者，驷马轻车，未足方其易易耳。况近在阙里，泫子师资正复不少，岂若弟之年长习深，寂寥里党，恒苦索居，难以振起哉？自古圣贤多生乱世，天地之心至于《剥》之上九，便有来《复》之几。豪杰生此，动心忍性，以为斯道之寄，殆此日也。"② 由此可见，张履祥赞扬俞庚之"忠信虚诚"，有"称圣若贤"之相。但此人具体事迹不详。

---

① （清）张履祥：《杨园先生全集》（上），第26—27页。
② 张履祥：《杨园先生全集》（上），第26页。

下篇　蕺山后学思想研究

　　下篇"蕺山后学思想研究"，重点考察蕺山门较有学术特色和人格魅力的吴麟征、吴蕃昌（吴麟征仲子）、祝渊、金铉、黄宗羲、陈确、张履祥七位弟子的思想。前四章是人物思想的"综论"篇，考察了吴麟征、吴蕃昌、祝渊和金铉的思想世界，逻辑地还原了四位蕺山弟子的客观形象和精神气象；后四章是人物思想的"专论"篇，分别以黄宗羲的《明夷待访录》、《孟子师说》、陈确的《瞽言》和张履祥的《近古录》为论述中心，探析三位蕺山门弟子的著述文献所体现的某方面的哲学思想。当然，无论是"综论"还是"专论"，都在一定程度上开展师徒之间的思想比较，以此反映刘门师弟子之间的思想递嬗逻辑。

　　第一章考察吴麟征的思想世界。伴随刘宗周绝食殉道的蕺山门弟子中，事功之大、忠义精神之最深著者，则以吴麟征为首。他因国破帝崩而结悅自尽，"从容卓绝，义尽仁至"，有守城之功、节义之慨，其忠义情怀纯粹明澈；为官清明廉洁，奉"廉"为国家盛治之本，视"淡泊名利"为安身立命之道，悉心为政，彰显"清明强干之气"；为官廉明，持守正道，秉承"进学谦、立事豫、持己恒、大用畜"的道学精神，端守无负本心、无负国家、无负君王的仁政理念，"以直行行于枉道之世"；为官以法，治家则以"诚"，谆谆告诫其子弟信命读书、收敛节俭、却名黜利、忠节孝义，"养祖宗元气，立一分人品",吴氏家族叔伯子嗣皆清直正气,终成就"一门忠孝"之门风。终究言,吴麟征行己立政,实功实行,戆直清廉,不辱师门;致命遂志,百折不挠,忠节报主,书写精义。

第二章考察吴蕃昌的思想世界。吴蕃昌为吴麟征仲子,同为刘宗周入室弟子,以孝义为先,有立德和立言:就其立德言,他为父祈谥,并诘责南明王朝封谥封荫之不公平政策,不仅是对乃父以及明末时代忠臣士子节义精神的宣扬,更是自身节孝精神境界的凸显;就其立言言,他既悉心向道、阐扬修己之学之真精神,又能接续师说、评断孔孟道统之真血脉,是自身学思体悟的彰显。虽天妒英才,吴蕃昌英年早逝,然能忠孝节义,为明末清初时代蕺山学派重"忠义气节"之思想特质增添浓重一笔。

第三章考察祝渊的思想世界。祝渊被誉为蕺山刘门之"颜回",以孝义为则,以"兢兢无负其本心"为为学大旨。祝渊因向慕刘宗周忠义节操而"北面称弟子",但内心尚有"浮名"弊病,后经业师谆谆教导和学术引领,遂以"委心任远"之修养观消解"浮名"心病,并挺立"何思何虑"之"本心"理念,由哲学义理的辨惑而强化自我德性的践履。祝渊"本心"之学上承蕺山思想,为学重当下高识解悟,为人重笃行持守,其短暂的生命历程,进一步凸显了蕺山学派师弟子"学行一统、德业双修"的精神品质。

第四章考察金铉的思想世界。金铉论学崇尚程朱,其学以"诚"为宗,视"诚"为安身立命之基和尽"独"之工夫法要。因有此"诚",人固可修身成圣;若彰显此"诚",则为学当"慎独"。同时,"诚"不离"性","诚"之中自然内蕴天命之"性","诚"以"性"显。人之生而有"心",心之本体即是"性",性即心之理;性体不睹不闻,唯默识体仁而彰明自身之存在与可能。是故,"诚"体本天,"性"体内蕴于人"心",言"诚"言"性",皆是言"本体"。不过,要申明"本体"之功用,当落实于居敬致知的"工夫"路向。金铉遵循程朱理学"下学而上达"路径,以工夫为通达本体之入手始基,言"即工夫即本体",是对业师刘宗周"即本体即工夫"理路的扬弃。终究而言,金铉为学重德性伦理,为人重忠义气节,以自己短暂的生命历程书写完美的人生精义,学问人生能圆融统合。

第五章考察黄宗羲《孟子师说》潜涵的匡正政治哲学思想。黄宗羲虽为补业师刘宗周"四书学"之阙漏而撰著《孟子师说》，但其本质仍是他自身哲学思辨的流露。从"匡正"政治哲学视角诠解《孟子师说》可以发现，黄宗羲在政治本体方面，强调"仁本政治"对政治主体施政方略的规制和引领；在政治主体方面，强调"君道"对人主君王、"臣节"对仕官辅臣政治修养的培育；在政治实践方面，强调君臣共治和民本政治，并以君民和乐、天下太平为政治理想。《孟子师说》不仅承续了师说，还重新诠释了孟子思想，既照应黄宗羲"一本万殊"的为学大旨，又凸显了晚明清初儒家知识精英政治哲学思想的基本特质。

第六章考察黄宗羲《明夷待访录》的思想渊源。《明夷待访录》之《原君》指出，唯有学术修养深厚、道德修养高超的人主才会有觉悟、有能力做到公私分明、义利明辨；人君须讲究"君道"，唯有行"君道"，才能树立一身正气，正身以正朝廷，正朝廷以正天下。梨洲对"君道"的提炼，在业师刘宗周那里已然具有了明确的框架结构，比如皇帝对臣子要"信"、皇帝要进君子、退小人、皇帝要讲究圣治等。君有君道，臣亦有臣道，良臣之道在于"缘夫天下之大，非一人之所能治，而分治之以群工"，《明夷待访录》之《原臣》中所构想的臣道与刘宗周的"臣节"思想直接关联，如：官员升擢要有道、臣子不得怀利事君等。因此可说，黄宗羲创作《明夷待访录》是受刘宗周政治哲学思想的影响，即此也窥探刘、黄师徒思想的递嬗历程。

第七章考察陈确《瞽言》"素位之学"的思想特质。陈确是蕺山学派中较能特立独行、异见迭显之人，治学尊崇素位实功。他将质疑儒圣先贤的言论辑集裒纂为《瞽言》，开显其"素位之学"的三重逻辑结构，即：天道之性本善，但由人道"扩充尽才"以见"性之大全"，素位之中有性命，明性即是素位之功；人性本善，且情、才、气为善，人伦日用常行之间，已然葆合性善之天命，即此用素位工夫，即是本体流行时；素位之学是君子"戒慎恐惧"实功实行的工夫路向，当寡欲见理、切实为己、改过迁善。学者但肯切实体验日用事功，重素位而轻谈性命，自可素行诚身、居易正己。

第八章考察张履祥《近古录》所开显的明代世人和士子的君子人格。人在生命存在的每一个时空场所，皆是向善求道、积善"成人"的生命体悟，而这个体悟的结果就是"君子人格"，尤其是在儒家知识分子的视界里，人之为善只是理所当然，"成人成贤"才是人生的意义所在。在呈现出人格理想多元化色彩的明末清初时代，心系家国天下的张履祥编纂《近古录》，梳理明儒先贤的嘉言懿行，已然昭示出君子人格的现实存在，是儒家"成人之道"的承绪和体证。具体而言，《近古录》所开显的"君子人格"主要体现在四方面：其一，君子"修己立身"：清修自重、舍利取义；退避权势、无求恩泽；温和亲切、尊师重友；至诚孝亲、恩义父母；兄弟友爱、尽悌尽恭；行业端茂，戒恋女色；读书穷理、明辨贤愚。其二，君子"敦睦居家"：低调澹泊、不尚骄亢；朴素俭约、戒奢尚实；善待族亲、辑睦修好；恩谊仆奴、仁义祚家；严守礼法、培植世德。其三，君子"仁里居乡"：殚力民务，心系苍生；和睦邻里，济世救民；醇质厚行，萧然鱼雅。其四，君子"忠恕居官"：持己之廉，秉公殚明；忠恕待人，不媚不傲；悉心治道，毋干己私；重民厚生，问民疾苦。君子人格既是境界，又是号召天下人努力涵养培育的道德理想，终究而言，君子人格是儒家成人之道的生命体验和道德自觉。

第一章 "行己立政，致命遂志"——吴麟征思想平议

俗笔犹能写俗容，居然磐石坐松风。生平名利如杯水，不信长安有若翁。

——吴麟征《甲申初渡自题小像》

进学莫如谦，立事莫如豫，持己莫若恒，大用莫若畜。

——吴麟征《乙卯自戒》

刘宗周在光复明朝无望后，毅然选择绝食殉道。① 在蕺山殉道前后，其弟子先后殉道者十余人，且多人荣登清顺治皇帝所表彰"前代忠臣"之榜。②

---

① 《年谱》"明福王弘光元年己酉即鲁王监国之年（1645）"条记载："（闰六月）初八日，友人来自郡中，传乡绅某某皆薙发应聘，先生啮齿击床太息者再。戌刻，气绝。双眸炯炯，至阖棺，视犹未瞑。前后绝食者两旬，勺水不入口者十有三日。享年六十八岁。"（姚名达：《刘宗周年谱》，载《刘宗周全集》第 6 册，第 484 页）

② 《明史》载："皇清顺治九年，世祖章皇帝表章前代忠臣，所司以范景文、倪元璐、李邦华、王家彦、孟兆祥、子章明、施邦曜、凌义渠、吴麟征、周凤翔、马世奇、刘理顺、汪伟、吴甘来、王章、陈良谟、申佳允、许直、成德、金铉二十人名上。命所在有司各给地七十亩，建祠致祭，且予美谥焉。"[（清）张廷玉主编：《明史》卷 265《列传》第 153，吉林人民出版社 1995 年版，第 4513 页] 董玚《蕺山弟子籍》著录刘理顺（1582—1644，字复礼，号湛六）、成德（？—1644，字元修，号元升）、金铉（1610—1644，字伯玉）、孟兆祥（？—1644，字允吉）为蕺山弟子（《刘宗周全集》第 6 册，第 614—615 页）；全祖望《子刘子祠堂配享碑》著录金铉、成德为蕺山弟子（《刘宗周全集》第 6 册，第 648 页）。

而于殉道之蕺山弟子群体，有事功之大、卫国之忠、杀敌之勇数功绩者，则以吴麟征为首。

一、忠："从容卓绝，义尽仁至"

吴麟征（1593—1644），字圣生，号磊斋，后改確菴、果斋，家居时尝署狮磊、竹田、蜕园主人，① 浙江海盐人，生于万历二十一年癸巳春二月乙卯十有八日②，万历四十六年戊午（1618）与长兄吴麟瑞（？—1645，字思王，号秋圃）同中举人③，天启二年壬戌（1622）中进士，三年癸亥（1623）受官司李于江西建武，六年丙寅（1626）秋七月因父吴中任殁而丁忧，崇祯二年乙巳（1629）补选司李于福建莆阳，五年壬申（1632）辞莆阳，诏授吏垣给事黄门，七年甲戌（1634）因上《请罢中官疏》和《罢缉事厂臣疏》得罪当道而辞官回籍，十一年戊寅（1638）三月补吏垣给事右掖，夏四月迁兵垣给事左掖，十二年乙亥（1639）乞骸回籍，十三年庚辰（1640）秋八月移官刑垣左给事中，十五年壬午（1642）半载三诏入刑垣，十六年癸未（1643）四月诏受掌垣，十七年甲申（1644）三月初七拜太常少卿，十五日奉命守西直门，十八日寅刻，德胜门破，李自成军入皇城，吴麟征弃西直门，入三元祠，二十日酉刻作《绝笔》，又《寄秋圃先生书》，忧江南有事；《寄从弟书》，明生平学文天祥"要穷就穷，要死就死"之志；《寄诸子》，教以读书明义理、崇俭朴，不能北面事人之义；并有《遗渊书》。④ 是时，祝渊

① 参见（明）吴蕃昌：《吴麟征年谱》，《北京图书馆藏珍本年谱丛刊》第 61 册，第 8 页。

② 据《年谱》载，麟征诞生之时，其祖父吴霍"感梦五神吏，皆峨冠佩带，登堂皇列坐，公亲拜其下，手焚一香，香勃勃为数丈光，上属于室，因惊寤。而王父（吴中任——引者注）踾户，入告大人乳。曾王父告以佳梦，相向喜悦。"[（明）吴蕃昌：《吴麟征年谱》，第 5 页]

③ 据《年谱》载："其年元旦，大人梦与伯父同中菊于家圃，数之，大人所植少三茎。已而九月并举，大人迟三年再捷。"[（明）吴蕃昌：《吴麟征年谱》，第 29 页] 虽然吴氏兄弟同中举，但麟征迟于长兄三年中进士。

④ 参见（明）祝渊：《太常吴公殉节纪实》，《祝月隐先生遗集》卷二《奏疏·纪实》，拜经楼藏书。

（1614—1645，字开美）往视，二人诀别；酉刻，投缳自经，慷慨赴死，从容就义；三日后祝渊为之含殓盖棺，仍白髯戟张、凛冽如生；弘光朝议赠为"兵部右侍郎"，议祭"四坛"，议谥"忠节"，议葬"所须属有司营理全具"，议祠"祠祭京师，春秋俎豆无阙"，议祠名"旌忠"，议恩"先曾王父母王父母及母淑人诰命如大人官"，议荫"一子入监读书"①，清朝赐谥"贞肃"。②

吴麟征殉国难之影响和功绩，其仲子吴蕃昌（1622—1656，字仲木）《上南都议郎蒋公书》给予清晰评弹。蕃昌申明吴麟征在四个方面比其他殉难诸臣之节义精神更为突出。其一，"无如先大夫忠"：麟征曾为外吏十年，后任侍从十年，再以晋阶卿士见重用，功绩昭彰，如癸未（1643）年请授南司马史可法（1601—1645，字宪之，又字道邻）节制应援京师，请召大将边军吴三桂（1612—1678，字长伯，又字月所）等捍御寇难，徙宁远城，等等；其说虽不见用，但事后皆以其建言合理备至。③ 其二，"无如先大夫勇"：李自成攻京城之日，举国悲愕无计，唯麟征大夫请皇上下罪己诏，蠲租布诚以款动壮士人心，并请养军士于城外，请百官擐甲带兵练禁卒，率众决一死战。其三，"无如先大夫劳"：麟征奉命守西直门，蓐食城头，手执炮矢击敌无数；募士缒城，杀贼数百；风雨半夜，徒步叩阙，欲为天子筹划计而为奸辅魏藻德（1605—1644，字师令，号清躬）阻挠。其四，"无如先大夫有成绩"：德胜门陷，农民义军骈马而入，而麟征受命城下，填石西直门以阻义军入城，因坚固厚实，后历数月始挖掘重启，若八门尽填石充塞，李自成军或许不能进城。④ 城破之日，吴麟征虽未立即赴死殉国难，但终不长生苟且，矢志一死报君王，于崇祯十七年三月二十日酉刻作《绝笔》言："祖宗二百七十余年，宗社移旦失，虽上有龙亢之悔，下有鱼烂之殃，而身

① （明）吴蕃昌：《吴麟征年谱》，第 209—210 页。

② 参见《明史》卷 266《列传》第 154，第 4529—4530 页。

③ 据《吴麟征年谱》引祝渊《太常吴公殉节纪实》言，吴麟征主张徙宁远城，而群臣哗论，尤其是辅相魏藻德与麟征建议相左，"深咎公此议，已而寇患急，朝廷悔不用公言，始下旨撤督臣，促之甚急"。三月初旬，始徙宁远五十万众出关，但日行惟数十里，三月十六日入关，二十日抵丰润，而京师已陷，"事介呼吸，一失莫追，悔恨何及！"[（明）吴蕃昌：《吴麟征年谱》，第 175—176 页]

④ 参见（明）吴蕃昌：《上南都议郎蒋公书》，《祗欠庵集》卷一。

居谏垣，徘徊不去，无所匡救，法应褫服。殓时用角巾青衫，覆以单衾，垫以布席足矣。棺宜速归，恐系先人之望，祈知交为邪许焉。茫茫泉路，炯炯寸心，所以瞑予目者又不在此也。"①麟征拳拳忠君节义情怀展露无遗！而这样的节义精神正是明末蕺山学派的基本思想特质。

关于吴麟征与刘宗周交往始末，《吴麟征年谱》有记载。崇祯十五年壬午（1642），崇祯启弘政门，诏求公卿直言，令无所忌讳，谏官熊开元（1598—？，字玄年，号鱼山）、姜埰（1607—1673，字如农，号敬亭山人，宣州老人）拜书刺首辅周延儒（1593—1643，字玉绳，号挹斋），结果被下诏狱，举朝震慄，吴麟征首先拜疏申救，有"皇上御极十有六年，从无以言官付诏狱者，雷霆竟日之怒，臣等可以无言"之语。②第二日，宪臣刘宗周申言救熊、姜，因言辞激烈，被系诏狱，吴麟征为刘宗周请求："宗周之忠，群臣百姓皆知之。今与臣等同救言官，而独蒙其咎，臣等何颜以事陛下。"乃免冠叩头谢罪。后来，刘宗周被放，读诸救己书，有曰："诸公言辱相援耳，若吴公者，诚念在国家，真仁人言哉！"于此，吴蕃昌言曰："盖先生与大人非有雅故，始为通版交。"③

不过，在麟征纳贽刘宗周之前，他已与宗周"神交"。据《吴麟征年谱》"天启二年壬戌（1622）条"载："其年春，大人初止长安邸时，梦身经荒野，一褐衣丈夫，冠危冠，负手仰天，长吟曰：'山河破碎风飘絮，身世浮沉雨打萍'，□复唏嘘不已，大人为之泣下。或指曰：'此隐士刘宗周也。'既寐，且不识刘为何人，为何如人。及登第观政，升宗伯堂上，上有悬版，题主事刘某名，愕然心异之，已而详刘公当世大贤者也。居又比省壤，久之，未尝纳交。崇祯壬癸之岁，使会同朝，初梦卒践。"此处，吴蕃昌转载刘宗周《哭吴麟征文》曰：

呜呼，死生亦大矣！而自知道者观之，不过一昼夜之序，通乎昼

① （明）吴麟征：《吴忠节公遗集》卷三《殉难书》，《四库禁毁书丛刊》集部第81册，北京出版社2007年版，第413页。

② 参见（明）吴蕃昌：《吴麟征年谱》，第141页。

③ （明）吴蕃昌：《吴麟征年谱》，第145页。

夜而知死生之说矣。……昼观妻子，夜卜梦寐。今也何幸，几得之先生。先生之于宗周，固非有平生之契也，乃登第之时，忽形诸梦寐焉，且诵文信国《零丁洋》诗句以赠，而竟不知为何许人，曰"隐者刘生也"。梦觉而惧然，先生心识之。二十年来，不轻以示人。及夫晚年，宗周幸辱先生同朝，相见如平生。先生目慑予为宗周也。未几而予罢官去，先生怃然不乐曰："刘子隐矣，予独留。予其不免乎？"因稍稍以旧梦示人。人或异之者，昊天不吊。今年春，先生竟遭国难以死，零丁之兆，信不诬也。然则先生其信国之后身乎？当筮仕之初，而神已告之，独其假及宗周姓氏，始终不解其故。意者天以宗周赐先生，则先生忠义，得之性成，初念之说，岂果待宗周而始决？抑天以先生赐宗周，而先生死矣。后先生而死者，其为宗周乎？嗟嗟，死生事小，闻道为大，等死耳。而先生死忠，即等死忠耳。而先生独奉其初念以死，由先生之言遡其平日，久已勘过妻子梦寐两关，至此从容卓绝，义尽仁至，颉颃前人，庶几朝闻夕可者与。如宗周隐不成隐，见不成见，可以死而不成死，长夜之梦，自今伊迩，先生幸有觉我矣。今者迫欲叩先生而无从也。临风洒泪，借束刍以敕词，冀先生之惠然。呜呼，一死一生，一梦一觉，忼成言兮恨离索，留此公案兮万古如昨。①

由宗周之忆及与吴麟征交往历程可见蕺山对及门弟子吴麟征德行与人品的肯定，认为麟征勘破了"朝闻夕死"之道，打通"梦寐关"而能"从容卓绝，义尽仁至"。对于以"梦"为"过"的刘宗周来讲，② 其赞誉弟子之言着实真切和诚恳。有真性情便自能真流露，蕺山师弟子对国破家亡的悲痛，以及有心为国却不为当道重视的无耐自怜之情，同样在蕺山的回忆里明白彰显，做有用于现世的人不容易，而"可以为"却"不能为"之抑郁彷徨，则真真正

---

① （明）吴蕃昌：《吴麟征年谱》，第35—37页。

② 刘宗周《人谱》论"过（恶）"思想，就"百行"之"丛过"有言："先之以谨独一关，而纲纪之以色、食、财、气，终之以学而畔道者，大抵者皆从五伦不叙生来。"而"游梦"即属于此"谨独"关之"过"。[（明）刘宗周：《人谱》，《刘宗周全集》第2册，第13页]

正杀人于无形。

吴麟征问道蕺山、入门求教之史实，《刘宗周年谱》有记载。据《年谱》"六十六岁"条（崇祯十六年癸未，1643）载："先生在寺，幅巾布服，道味适然，士大夫以学就正者，络绎不绝，退则掩关著书，不以冰霜辍业，于得失升沉，淡如也。是时问道者为友人张玮、吴麟征、祁彪佳、刘理顺、金铉、陈龙正，门生董标、恽日初、祝渊等。先生各随所问开发之，闻者渐以兴起。"① 于其中，吴麟征向蕺山问学求道。实际上，麟征自己亦曾回忆言及问道蕺山之事。蕺山门弟子祝渊之《太常吴公殉节纪实》记曰："时公两日不食，角巾青衫颈项多缳痕，渊涕泣不能仰视。公笑曰：'无效儿子女为也。'引酒共酌，剧言失国之故，且曰：'往余问道山阴刘念翁先生，先生曰："人之初念未尝不善，往往以转念失之受命。"余初念也。'"② 蕺山门弟子黄宗羲（1610—1695，字太冲，号梨洲）《刘子全书序》亦有言："先师丁改革之际，其高第弟子如金伯玉、吴磊斋、祁世培、章格庵、叶润山、彭期生、王玄趾、祝开美一辈，既已身殉国难，皋比凝尘，囊日之旅进者，才识多不当。伯绳辑遗书之时，其言有与洛闽龃龉者，相与移书请删削之，若唯恐先师失言，为后来所指摘，嗟乎，多见其不知量也。"③ 可见，梨洲以吴麟征为蕺山高弟子。另，黄宗羲《蕺山同志考序》有言：

> 昔钱绪山作《阳明先生年谱》，立四证以书门弟子：一证于及门之日，一证于奔丧之日，一证于随地讲会之所，其人没则证之子弟门人。有见其名而不知其人，知其人而未究其学者，皆所不录。吾先生既不籍从游，则及门之日无所取证。先生之丧，方当乱离，道路梗塞，亦难以奔丧为证。其可证者，唯讲会之地、问答之书而已，故不得以绪山为例。乃若不知先生之学，虽在先生门下，所谓见其名知其人者，则以绪山之例例之。及门、私淑，分为二条，故论定灼然，可以为他

---

① 姚名达：《刘宗周年谱》，载《刘宗周全集》第6册，第458页。
② （明）祝渊：《祝月隐先生遗集》卷二《纪实》，《适园丛书》。
③ （清）黄宗羲：《刘子全书序》，载《刘宗周全集》第6册，第653—654页。

日之从祀者，疏其爵里，则大略周海门《南都祠志》之法也。①

这里，梨洲讨论钱绪山考证阳明弟子的"四证"，倪以"讲会之地，问答之书"作为审视蕺山弟子的标准，则吴麟征当为蕺山门弟子。是故，蕺山再传弟子全祖望（1705—1755，字绍衣，号谢山，后世学者尊称为谢山先生）《子刘子祠堂配享碑》著录吴麟征入祀蕺山祠堂：

> 海盐吴先生麟征，字磊斋，甲申殉难忠臣也。详见明史。初，磊斋未识子刘子。一夕，梦中闻其诵文信公"山河破碎"之句，醒而讶之。及见子刘子讲学都门，因问业。磊斋死国，诸弟子私相语曰："妖梦得无及先生乎？盍请先生志墓以禳之。"子刘子流涕曰："固应及耳，何禳之有！"不一年，难作。……以上八先生皆执弟子之礼，而子刘子则但以朋辈待之者如蔡季通例。②

由谢山之言可知，包括吴麟征在内的八人③虽为蕺山入室弟子，但因蕺山对待他们以"朋辈"之礼，多让他人误以为他们非蕺山门弟子。

还须注意，吴麟征仲子吴蕃昌亦为蕺山门弟子。他自言："蕃等以中丞忠节为父，以山阴刘子为师，尚复委蕤濡蹀为世姗笑矣，当鞭辟奉教有道。"④他在《哭山阴先生文》中详细说明了入蕺山门的经过及对乃师刘宗周学术思想的总体认识：

---

① （清）黄宗羲：《蕺山同志考序》，沈善洪主编：《黄宗羲全集》（增订版）第11册，第57—58页。

② （清）全祖望：《子刘子祠堂配享碑》，载《刘宗周全集》第6册，第647页。

③ 其他七位为：金铉（1610—1644），字伯玉；祁彪佳（1602—1645），字弘吉，号幼文，又号虎子；彭期生（？—？），字观民；章正宸（？—1646），字羽侯，号格庵，晚号偶东饿夫；叶廷秀（？—1650），字谦斋，号润山；何宏仁（？—？），字仲渊；董标（？—？），字公望。[参见（清）全祖望：《子刘子祠堂配享碑》，载《刘宗周全集》第6册，第647页]

④ （明）吴蕃昌：《答昆山徐氏兄弟书》，《祗欠庵集》卷一。

> 蕃之不肖，不克承祖父之教命而略知向往先生者，初亦震于其名而已矣。崇祯庚辰之春告于父兄，父兄许之，奉贽而叩焉。先生疾命朱子昌祚见之，授日新说，辞之归。癸未之秋再渡，则先生已赴先帝之召亦。甲申罹国大难，先忠节死之，亦犹先生之志也。而蕃摧毁之余，慕见先生逾笃，所闻训于祝子开美，往返传述者为多，已非徒震于其名矣。①

这里，蕃昌指出其入师门的时间在崇祯庚辰（1640）。是时，蕺山另一入室弟子朱昌祚接见蕃昌，并讲授《大学》之"日新"说。朱昌祚（？一？），字绵之，山阴人，为服侍蕺山最久之三人之一，全祖望《子刘子祠堂配享碑》即言："绵之居即在蕺山下，其解吟轩，子刘子讲堂也。朝夕不离杖履，所造甚邃。"② 经由蕺山其他弟子对蕺山学的阐论和发扬，加以蕃昌对蕺山的亲身聆教和体认感悟，能够于"往返转述"之中，由单纯地对蕺山人品之"向慕"转变为对蕺山学术特质的体贴和信奉。

吴麟征著述文献多于临殁之时焚毁。徐石麒（1577—1645，字宝摩，号虞求）在《吴忠节公遗集序》中指出：

> 麒痛公之行事不尽闻于时，然而大端见矣。尤痛公之文章不得传于后，则寻恒著撰犹有所憾，如启君禅国，慎重艰大之举，盖不可同矣。鸣呼，惜哉！麒闻倪公元璐之死，从容收录其遗文一日；马公世奇之死，捃束以授南归者十二卷。吴公独不然，乃尽发其谏草章议僚友应答之词焚于败祠，左右熟视惊惋而不敢请，烬既灭，然后引恨裓服，北面叩颡称罪臣，以殁明其言之无益于国为憾也。③

古人立世有"三不朽"原则：立德、立言和立功，吴麟征能立功，亦有立德，虽多有立言之谏草章议，却因不为当世重用而临终焚毁，着实可惜可

---

① （明）吴蕃昌：《哭山阴先生文》，《祗欠庵集》卷六。
② （清）全祖望：《子刘子祠堂配享碑》，载《刘宗周全集》第 6 册，第 648 页。
③ （明）吴麟征：《吴忠节公遗集》，第 350 页。

叹。现存《吴忠节公遗集》则由吴蕃昌裒辑整理而成,唯麟征著述撰作之少部分而已。《遗集》共四卷,第一卷为奏疏,第二卷为笺启书牍,第三卷为殉难书、家书,第四卷为诗、试策和杂著。除此之外,吴蕃昌还编纂有《吴麟征年谱》,为后世学者蠡探吴麟征学思历程提供了清晰线索,《四库禁毁书丛刊》收录之《吴忠节公遗集》即包括此《年谱》。关于编纂《年谱》的艰辛过程,蕃昌有如是说明:

> 唯蕃昌不孝,伏念先忠节行己立政,自建及莆,内侧于垣,底乎奉尝,克有成绩昭垂庙廷而典策毁灭,同朝宾友,相属沦亡,无以考引先业绵蕞故事于草莽,天下后世将安所取稽?唯蕃昌不孝,嗟予伯兄,洽闻多才,能通知父志,不幸早下世。蕃昌固寡识愚暗,无以传,没世汶汶,将有失坠。甚惧,入跪请母夫人,出禀诸父,退接友党,受书笔牍,而重阨多难,神志荒耗,收召垂殪之魄。不终辐纸,则蠢然锋矢摧心胸泊血下濡苦石矣。惟蕃昌不孝,顾所捃拾,菁菁无复訾言,千万亡而一存,其与存者有几。嗟乎,终已矣乎。窃冀采选伦谊,续百世史,与经营文词,垂一家言者,怜其志,略其辞,览而动心,予以不朽,诚甚盛谊。惟蕃昌不孝,非所感望,谨具年谱一卷,稽颡陈上如左。①

蕃昌之言透露出孝子之拳拳尊父承志之沉重心情,他撰著《年谱》正是要褒扬吴麟征忠君爱国之情操和行己立政之事功,此举已然上升为传承忠孝节义精神之大孝境界。

另据《吴麟征年谱》记载,崇祯十四年辛巳(1641),吴麟征还编《初筮告》,其引言云:

> 臣征庄诵高皇帝诏谕王布衣及《布衣家书》,未尝不为之毛发洒竖也。其事可兴起百代,而于今日,臣子尤顶门一针,惜国朝记载诸书

---

① (明)吴蕃昌:《吴麟征年谱略》,《吴麟征年谱》,第3—5页。

俱轶，其事惟《水东日记》详志之。征初筮仕江右，簿书之暇，发箧得此录之掌股，岁月日在午。杭司李臣黄以钦取北行，酌水送之，出之共读，司李瞿然曰："此高曾规矩也。人谁知之，请公同志因付之梓。"名曰《初筮告》。①

编《初筮告》之目的是"以教廉"，因王布衣名升者予御史宇文桂之《家书》有"凡事清心洁己，以廉自守。食贫处检，儒者之常。治民以仁慈为心，报国以忠勤为本。处己当以谦敬，学业更须勉力"等语，太祖高皇帝特褒奖之②，编《初筮告》亦是吴麟征表达自己为官廉洁志向之举。他又辑古今家人书问为二卷，曰《家鉴》，有感于家庭往来私书可现人之"性行真赝、品格贞邪"而作。③他还曾芟定宋李纲书疏政略为十卷本《忠定集》，又搜罗汉唐以来党人封事书议，为四卷本《党鉴》："当吾世，必有以二书为明戒者"，吴蕃昌赞乃父之良苦用心曰："大人于家国之感，盖以弘深"④。此外，吴麟征居官时寄训子弟之书，经吴蕃昌摘录而成《家戒要言》一帙，为《四库全书总目提要》著录。⑤

二、廉："清明强干之气"

知识分子读圣贤经典而科举考试，目的不外乎两个：儒家"内圣外王"之学的实现与名利荣华之撷取。于前者言，煌煌庞大之仕官阶层中，惟极少部分人物愿意去做，亦唯更极少部分人物能够实现这样的学行圆融之境界；于后者言，入仕为官则转变为发家致富、恃权傲物之绝对资本。儒门本

① （明）吴麟征：《杂著·初筮告引》，《吴忠节公遗集》卷四，第460页。

② 参见（明）吴蕃昌：《吴麟征年谱》，第118—119页。

③ 参见（明）吴蕃昌：《吴麟征年谱》，第118—119页。

④ （明）吴蕃昌：《吴麟征年谱》，第120页。

⑤ 参见（清）永瑢等撰：《四库全书总目提要》卷96《子部》第6《儒家类存目二》第18册，商务印书馆中华民国二十四年（1935）版，第123页。

是"淡泊"，唯其敬重"淡泊名利"，可称之谓"儒学士子"者，犹是少之又少。儒家强调"尽人事听天命"，儒家士子更为重视入仕为官之"在位谋政"之实功，而至于"实功"能否转生为"现世之功"则非儒家士子本心所可左右。但"修齐治平"之天下圣治理念切不可撇弃。刘宗周是真正能够将儒家内圣之学贯穿始终的儒家士子之一，但凡能入其门而称弟子，则首先自有其卓著品行。不求有功于现世，但求无过于人生。蕺山师弟子群体大致经历着相似的政治圣治之轨迹：入仕——谋政——受阻——理想破灭——抑郁彷徨——洒脱＋超脱。洒脱是无奈之升华，超脱是抑郁彷徨之转生。刘宗周是如此，吴麟征亦是如此。只是，他们超越于一般儒家知识分子的过人之处则是尽心尽力而"明知不可为而为之"的主动性和自觉性，不因"受阻"而"不为"。入仕为官求，以求有为于现世，自然有其核心指导思想，抑或说政治管理之"本体"思想，在吴麟征这里，这个"本"就是"廉"与"直"。

1. 廉：天下盛治之本

在吴麟征的思想世界里，天下盛治之本在"廉"。他说："天下之治不一，未有不本于清明强干之气；天下之乱不一，未有不本于秽浊糜烂之气"。而此"精明强干之气"即是指"廉"："治莫法于廉。廉者，法之所由立也。舍法而责廉，是遗堁而避尘、抱薪而捄火也；舍廉而求法，是脱輗而欲车行、弃楫而欲舟移也。"① 上至天子，下至庶民，诸行虽百端，皆须依法而行。"法"是具有强制力和约束力的一系列规范的综合系统，无论是制定法度的人，还是受法则规制的人，首要的和基本的前提则是内心对法的"虔诚"地遵守，而非仅仅是因为法之具有的强制力和约束力的"外在威慑"。法有万万千千之种类，但真正的守法和遵法唯有一种，即"心法合一"，是法之内化为身体力行之"自觉"。这样的对法的尊重和遵守，已然超脱于对法之威慑性的恐惧而上升为道德境界。就从事现世政治管理的仕官而言，真正的守法和遵法须建基于"廉"之自觉与自为之上。"廉"是法发生作用的理论前提，是儒家理想盛治图景得以实现的思想基础。

欲求"廉"，则君臣上下须"宁静澹泊"。在上位之君主祈求国祚之长

① （明）吴麟征：《策》，《吴忠节公遗集》卷四，第453页。

存，求臣子精严纯粹、无负国家，唯以健全之法度为重要手段。只是，有法度更须有严格遵守和悉心执行法度之仕官，根本上是要上下君臣皆能全心全意为国治家齐而无私奉献。而这样的立法、执法以"廉"为行政基础。吴麟征指出："今天下而弊极矣，贪冒综合，怨咨四起，纪纲尽坏，莫可谁何？"明末之朱家王朝犹如片叶漏舟，千疮百孔、积弊丛生，麟征所言正是对明末弊政的真实揭露。究其原因，非因无法度规制，而是因臣子不"廉"所为。他言：

> 则以为法之不法，而不知法所由法也。譬之人振衣弹冠，斋洁而立，则壮夫拱手；蓬首垢面，倒植衣冠，孺子得而侮之。守令视监司，监司视抚按，抚按视卿辅。体非不尊且严也，尝之以苞苴；而苞苴入矣，投之以暮夜；而暮夜纳矣，尝之以不暮夜、不苞苴，而夷可使蹢，西子可宿瘤矣。夫人自束发从王，谁不思致身通显，而此为穷途，彼为捷径，了了分明，安得而不恣渔猎以自润也？如乌鬼然，取鱼满吭有搤而出之者矣，出之复纵之，三年计吏计其苞苴之所入也，计其暮夜之所投也，上既利其所贿，不得不委法而听之；下亦恃其所私，且窟于法而居之，况吏之下有民，且见谓我蟊贼，非我父母，而揭竿斩木之衅起矣。故欲法，法必自廉始；欲廉，必自大臣始；欲大臣廉，必自一念之宁静淡澹始。①

打铁尚须自身硬，仕官自身不正不刚，又谈何约束庶民？上官自身不正不刚，又谈何约束下吏？故，行政为官须由"正己"而"正人"。我们毋须评价明末政治体制和法度之优劣，但从麟征对明末官场贪墨弊政之揭露看，显见其人之刚正清廉，也体会出他忧国忧民之拳拳热心。上下之间之关系建立于"苞苴"、"暮夜"，图财谋利，谁又会真心为民为君分忧解难呢？终极的上下团结一体、悉心为政、全心为民理想盛治的实现，还是要依靠君臣士子本心的"宁静澹泊"。至此，我们又不得不指出麟征政治管理哲学"心性本

---

① （明）吴麟征：《策》，《吴忠节公遗集》卷四，第453—454页。

体论"取向，当然也正是多数儒家知识分子"德治"、"圣王之治"理念的重复。这在麟征业师刘宗周那里，"心性"正为社会历史演进更替的终极推动力，[1]"王道圣治"之根基同样不可逾越"宁静澹泊"之明德本心。

"廉"是吴麟征政治管理哲学的"本体"指导理念，是求达社会盛治图景的终极决定因素，那么，朝廷用官选官必须以"廉"为基本前提，同时施以特定法度。法度是彰明廉能节烈之仕官的基本手段。麟征在《入垣首陈四款疏》中指出，他由外吏而擢升吏垣给事，为感谢皇上对自己的"知遇之隆"而陈述"刍荛臆见"，以明"治体"，包括四个方面："群臣之情宜通"、"小民之隐当悉"、"精择郡守以兴吏治"以及"慎用司官以肃铨政"。择选郡守是要澄清吏治，而"是否廉能"则是考察郡守之绝对指标；不唯郡守仕官当廉能守法，并选官用官之司官亦须廉能守法。麟征有言：

> 臣惟，吏治之坏皆由于激扬之无术、提挈之无方外，而抚按监司非要职，第去民稍远，有所施为，非郡守不达。而郡守廉则县令不敢贪，郡守严则县令不敢玩，郡守精明则县令不敢丛脞。天下之为县令者众，又皆操刀学割之徒，故遴择为难；天下之为郡守者寡，俱循咨拾级而升，故材品易覈。[2]

在中央集权政体之下，边远以及最底层县域的吏治往往最难以管理，中央政权鞭长莫及。吴麟征主张择选贤能廉洁之郡守，通过扩大其权力而加强基层地方治理。他说："宜急俄日遴择廷推礼遣，凡闾阎疾苦，吏治臧否，使得自达于天子，而监司抚按坐而考其成，毋掣其肘，绩成而后，酬之以上爵。"当然，这种重视郡守职权的做法在明宣德年间已有成例。是时，苏州等九郡剧难治擢，而况钟（1383—1442，字伯律，号龙岗）、何文渊（1385—1457，字巨川，号东园）等九人前往，皇上"赐之乘传，重以玺书，假以便宜，僚吏有作奸犯科者听自提问，其任久者至二十余年，少者亦十余年，卒

---

① 参见张瑞涛：《试论刘宗周的社会历史哲学》，《中国石油大学学报》（社会科学版）2009年第3期。

② （明）吴麟征：《入垣首陈四款疏》，《吴忠节公遗集》卷一《奏疏》，第356页。

有所树立，为世名臣。九郡之民至今赖之此法，行之一隅则一隅安，行之天下则天下治。"① 按照麟征理想之政治管理，郡守若能廉能，则许其长期治理地方，最上之皇帝对下级之信任既彰显君臣之间的"联腹心之义"，又可激扬地方、一劳永逸。

以廉吏治理民众事务固然可喜，但考核仕官是否为廉吏之相关部门亦当廉洁秉公，诚如麟征所言："慎用司官以肃铨政"。为官者当廉，考官之官更当廉能。麟征指出，明代政治管理体系下，负责官员考选的吏部乃"人才消长之源"，冢宰百僚及司官自身皆出于吏部之考选。既然吏部职掌如此重要，"辟天下第一关头，宜以天下第一流处之"②，则吏部之自我约束即是"杜请讬，绝贿赂，鏖奸剔弊，以进贤退不肖"。而要张扬"廉"风，吏部司官当做到"三不役"：不役于人，毋凭竿牍为升沉；不役于货，毋视暮夜为优劣；不役于吏胥，应升应选毋止据考核官员之呈案，当细致区分稽察。吏部司官考核其他官员以是否廉洁守法为前提，以遴择尽可能多的廉洁守法之官员参与到社会治理之中。③ 不过，在麟征看来，考核官员是以"鼓舞激扬"为目的，非"以多斥为功"。他在1643年所上《计典举行在即疏》中指出：

> 夫察吏所以安民，而数易适以扰民。人无同心，治益苟且。故臣以为，此蕃计吏，其黩货淫刑、法无轻贷外，他如仕席未暖、原无重惩，不得概填"不谨身处危疆"、"迹嫌规避"，不得轻议"更调有行"、"孚于众口"、"名挂于弹章"，亦不得因循生弊、累加处分，而时地有可原功过堪相，准姑与存疑，毋令抉望。散员末秩，岂无岁月之勤、株累之积，法当宽惜可道，曲成。④

---

① （明）吴麟征：《入垣首陈四款疏》，《吴忠节公遗集》卷一《奏疏》，第356页。

② （明）吴麟征：《陈用人之要疏》，《吴忠节公遗集》卷一《奏疏》，第359页。

③ 明末官场缺员严重，吴麟征《再申就外之请疏》以两浙为例有言："郡守十一而员缺过半，甚者虚席两年，黄堂上生荆棘矣。无布政而钱谷何稽？无臬司而讼狱谁寄？无学道而模范安施？何怪乎钱粮输挽不前，狂徒揭竿四起。"[（明）吴麟征：《再申就外之请疏》，《吴忠节公遗集》卷一《奏疏》，第383页]

④ （明）吴麟征：《计典举行在即疏》，《吴忠节公遗集》卷一《奏疏》，第378页。

由此可见，在麟征所设想的计典法度中，若非被考核官员"黩货淫行、法无轻贷"，考核当以"宽惜怜官"为思想基础。实际上，他之所以强调地方郡守常任连任，其理论根据亦可溯源于此"宽惜怜官"之观念，因为它能够使君臣之间、臣民之间"同心同德"。当然，若是被考核官员和考核官员之司官自身不能"廉"，定当严惩不贷、绝不姑息。

此外，麟征还构设了考核吏部司官之法。在他看来，"六曹之事，唯吏部最为繁重。盖内而大小诸司百执事，外而抚按监司守令，下逮散员末秩，皆吏部所用之人，则皆吏部所司之事也，使甄别之不严，激扬之无术，市恩逋怨因循玩惕以致一部之纲维弛，则中外之纲维与之俱弛"，"朝廷之法能行之于吏部，则天下之治思过半矣"①。既然吏部如此重要，则考察吏部司官之时，"宜于升转之时还加考核，问其进贤者几何人，退不肖者几何人，却贿发奸拒权要之请托者几何事，使树品千秋者卓然有以自见，而食人鄙夫不至幸免蒙面以去"②。通过廉能守法之司官来考核其他官员，以及重司官自身是否奉行廉洁守法职事之考核，吴麟征的行政管理理念恰体现出现代管理学意义的"官员绩效考核"思想，通过有效和严格的考核，把规范性、强制性的"法"转生为内在自觉，进而上升为道德境界。"真道学"之儒家知识分子自然能以"廉"为道德自觉，而尚未实现道德自觉的一般仕官亦可以根据完备的考核法规而实现自身的廉能守法，归根到底是要实现政治管理主体的廉洁秉公。

2. 吴麟征"廉"吏历程管窥

"廉"之反面是"贪"、"利"，功利贿赂正是导致官德败坏的罪魁祸首。《左传》云："国家之败，则官邪也；官之失德，宠贿章也。"仕官若滋生贪婪心态，必行敛财搜刮之政，苟且之心势必玷污士风、败坏风俗。吴麟征于1643年纠文部郎的疏中有言："小人误国必侵权，侵权必因货贿，货贿必至败坏封疆之事。"③《年谱》引祝渊《太常逸事状》有言："天下岌岌，皆起

---

① （明）吴麟征：《补牍并纠疏》，《吴忠节公遗集》卷一《奏疏》，第 366 页。

② （明）吴麟征：《陈用人之要疏》，《吴忠节公遗集》卷一《奏疏》，第 359—360 页。

③ （明）吴蕃昌：《吴麟征年谱》，第 147 页。

于民生之穷，而民生胡以穷？墨吏朘之也。墨吏鱼肉小民，半自肥，半贻权贵，号曰'走名'，躐践清华。既入清华，衣钵相乘，传法护法，又作权贵之后劲，而后来墨吏之先鞭长此安穷，不尽驱天下而胥溺焉不已。"① 能不为"利"所惑，安贫乐道、澹泊名利，则为廉洁之官。吴麟征正是这样的清廉明净之仕官。

吴麟征为官清廉，《年谱》多有记载。如，崇祯二年乙巳（1629），他为福建莆阳司礼官，清直廉洁，多次拒斥贿赂：同僚别驾王某不谨言循行，劣迹多端，时麟征掌巡册，开记颇多，王某怀金谒麟征以谋求"公一援我"，麟征色变怒斥，王某终解绶投劾以去；麟征有疾，乡先生遗以桑寄生一束，终不食用，完璧归赵；族人遗新茶一罍，然内含数金，麟征为其书曰"更得好茶，聊以相报"，乡人愧悔；建宁令呈送十八只茶瓯，做工考究，麟征以其浮巧败民，正色屏拒；麟征离莆阳时，家人私持一漆盒，则命置之五显岭南邮舍，以致"家无尺寸官物"。② 麟征与长兄吴麟瑞家书有如是言："二十年营一屋仅如马肆，廉吏真可为而不可为也。"③ 与弟吴麟武（1604—1648，字玉书，晚号耐庵）家书有云："第恨起家以来，以债负累亲友，年年岁岁无有穷期，虽衣食楼止未尝敢萌一念。"④ 崇祯壬午（1642），麟征北上任职刑垣，撰《临行粘壁》言："我做官二十一年，田产止四百亩，比他家以千计者甚是不同。"⑤ 吴蕃昌叙麟征居间之概有言："凡迹荣利，事比声誉者，心勿欲近。简御门族，无以盈盛干法。州郡礼命，概以辞摒。官吏造门，卧而勿接。"⑥ 或许以麟征不近人情，孰知人情之背后无尽之利益，为官者一旦沾滞于此，又何以正己正人哉？

《吴忠节公遗集》还收录有两篇吴麟征拒斥贿赂的书信，恰能表现他的廉政哲学。在第一封《还友人瓶盏书》中有言："瓶盏中物即先生所怀来

① （明）吴蕃昌：《吴麟征年谱》，第 153 页。
② 参见（明）吴蕃昌：《吴麟征年谱》，第 55—66 页。
③ （明）吴麟征：《寄禀伯兄秋圃》，《吴忠节公遗集》卷三《家书》，第 424 页。
④ （明）吴麟征：《寄六弟玉书》，《吴忠节公遗集》卷三《家书》，第 430 页。
⑤ （明）吴麟征：《临行粘壁》，《吴忠节公遗集》卷四《杂著》，第 465 页。
⑥ （明）吴蕃昌：《吴麟征年谱》，第 195 页。

也，置之床头，每每心怖颊赤，急欲完璧，又恐屑屑往返存行迹。今先生行矣，于握别时蓦然投之，便可断其来意。不肖了此一案，真霍然如病之去体也。……惟十年苦节自信之心，决难自昧。"① 退还贿赂之物如同"病之去体"，麟征"十年苦节"坚守，绝不昧内心良心。在《还里人田券书》中则自述自己廉吏历程：

> 不孝生平踽踽七年司理，两载侍从，门无暮夜之宾，身谢脂膏之润，至今八口不给，不以介怀。尝闻五月批裘，不取道金；鹓雏虽饥，不受腐鼠。落落吴生，岂宜向里巷小儿丐余沈哉？……念二百之产不薄，不以此时相分付，必遗身后争是，不孝以小惠坏君家政也。遂急于一掷，区区之心，不过如此，无阳施阴设之谋，无沽名市德之意，如世之号为假道学者所为也。②

麟征家虽贫，但"无暮夜之宾"，自然能"不役于货"，能光明磊落。

麟征之廉明绝非沽名钓誉，乃因其"安身立命之道"："人之所以异于禽兽者，以其有方寸地也。若知利不知义，知有己不知有人，所谓一念之间，角尾具矣。"③ "义利之辨"历来是儒家知识分子比较重视的哲学命题，"重义轻利"便成为道学家修己安身之根本指导思想。何事可做、该做，每个人心中自有天平衡量，至于如何做、效果如何，便自然有不同的意义和价值。对于廉洁秉公的道学名家而言，以正己而正人，对于纯洁仕风和淳化世风大有裨益。但这样的清廉有时在"众人皆浊我独清"的官场之中并不为他人所接受，甚而遭受各种刁难和挫折。保持内心本心的纯粹至善本身即是一场"自我搏杀"的精神战场。

---

① （明）吴麟征：《还友人瓶盎书》，《吴忠节公遗集》卷二，第411页。
② （明）吴麟征：《还里人田券书》，《吴忠节公遗集》卷二，第412页。
③ （明）吴麟征：《还里人田券书》，《吴忠节公遗集》卷二，第412页。

三、直："以直行行于枉道之世"

有心杀敌，无力回天；悉心为政，受阻百般。读圣贤书成长起来的儒家士子在保持一颗清净明澈本心的同时，希图通过点滴的为政为民之治国方略而大展宏图，然，或因机遇不佳而无从施展，或因戆直正行而忤逆当道，其结果往往是"空悲切，白了少年头"。吴麟征正是这群不得志儒家士子中的一员。明末时代乃一动荡时代，强虏外患与民变内忧交织，铮铮铁骨之忠节刚正之士与屑屑苟且之宵小唯利是图之人共存。动荡的时代和社会催生忠孝节义之士，而在明末清初时代尤为显著，这样的节义精神不仅成为考验儒士学者学思问辨功效的重要指标，而且成为彰显民族精神的光辉旗帜。吴麟征生当乱世，枉道盖过正道，但却能葆有一颗"直"心而明知不可为而为之，终以死殉国难，是其郁郁人生的完美解脱和全归孝义的生命书写。

1. 吴麟征的自戒箴言与道学精神

吴麟征有其忠贞不渝的"道学"精神。在他的思想世界里，科举八股无益于世道人心，读书治学是要立"志"，不可空言误国，要能实功实行。他在给倪元璐（1593—1644，字玉汝，号鸿宝）的答信中有言："丈夫属有念以为龌龊，八股最无益于身世之数，辄攒眉弃去，仅两试，学使者侥上列，又自笑其不意也。"① 且认为秕词诗文"雕虫一技"，非丈夫事业。他撰于1644年的《甲申初度自题小像》诗言其志曰："俗笔犹能写俗容，居然磐石坐松风。生平名利如杯水，不信长安有若翁。"而此诗之"题引"则有如是言：

> 余性爱悠闲，不乐尘冗，出应童子试，他人唯恐不售，余唯恐其售。乡会场亦然。十载班行，强半丘壑，乙卯乞骸，寓德水有句云："不学王征士，取笑在荥阳"，而今往来屑屑殆过之。嗟乎？拯溺者，

① （明）吴麟征：《答倪鸿宝》，《吴忠节公遗集》卷二《书牍》，第396页。

濡逐兽者，趋士固有耽其所弗爱，而乐其所不居者乎？壬午，余年五十，武林叶孔嘉工绘遗此，今又再期，心迹大异，书此志愧。①

读书不为名与利，才能真正体会学问之道，才能成就自己超脱恬淡的道德品质。那么，以此读书而步入官场行政，自然便能实功实行，而非沽名钓誉。

吴麟征的"道学"精神通过其立志自戒箴言得以明确表达。他《乙卯自戒》之其中一戒言："进学莫如谦，立事莫如豫，持己莫若恒，大用莫若畜。"② 按《说文解字》，所谓"谦"，"敬也。敬，肃也。谦与敬，义相成"③。"敬"即是恭敬实诚之义，是宋明理学家程颐、朱熹等人比较强调的道德修养工夫。进学过程时时保持谦敬心态，正是要忠实于古代先贤，是对圣贤人格和道德品格的虔诚与信仰。所谓"豫"，"象之大也"，"大必宽裕"，而"宽大则乐"。④ 立事能"豫"，即求达为人处事之宽大，做到心胸开阔、包容万千，以此实现气象之显宏阔博大、人生之安乐宽裕。麟征在写给弟弟的信中即是以此告诫："人器量须大，心境须放宽，不可琐琐取人笑话。"⑤ 所谓"恒"，常也，而"常"即"长"之谓；"恒"者，"从心舟，在二之间上下"，"心目舟施，恒也。谓往复遥远，而心以舟运旋，历久不变。"⑥ 人须有志有德有行，且这样的大志德性须恒久长远，诚如儒学圣贤"一以贯之"之道，不仅自身人品志向之恒久，人之德业功绩亦应恒久，要么不为，但凡有为，则必努力使之恒常持久、永垂清史。麟征强调"恒"，不仅表达自己志向之大，亦表现自己德行当影响深远之意。所谓"畜"，"田畜也。田畜，谓力田之蓄积也"，而"畜与蓄义略同"。"蓄"即"积"之谓，则"畜"即有积储培育之义。⑦ 另，《易·大畜》卦《彖辞》曰："《大畜》，刚健笃实，辉光日新。其德刚上而尚贤，能止健。"《象》曰："君子以多识前言往行，以

① （明）吴麟征：《甲申初度自题小像》，《吴忠节公遗集》卷四《诗》，第 450 页。

② （明）吴麟征：《乙卯自戒》，《吴忠节公遗集》卷四《杂著》，第 457 页。

③ （汉）许慎撰，（清）段玉裁注：《说文解字注》，第 168 页。

④ （汉）许慎撰，（清）段玉裁注：《说文解字注》，第 802 页。

⑤ （明）吴麟征：《寄八弟弘度》，《吴忠节公遗集》卷三《家书》，第 434 页。

⑥ （汉）许慎撰，（清）段玉裁注：《说文解字注》，第 1184 页。

⑦ 参见（汉）许慎撰，（清）段玉裁注：《说文解字注》，第 1211 页。

畜其德。"① 由此可见，"畜"所表达的正是德行的积蓄以及对德性的持续培育，麟征以"畜"标示其人生"大用"之道，正是要通过自己的正气和正义既完善自己的道德品格，又以此烘托和构建时代气节，愈是乱世纷扰，愈要杀身成仁而淳化世风。吴麟征以"进学谦、立事豫、持己恒、大用畜"的自戒箴言践行着儒家道学之真精神。

2. 吴麟征以直行行于枉道之世

始终保持敢言刚直之特性成为吴麟征为官的基本作风，他所论观点和主张虽有功效，但亦因此个性而不为当局权贵所认同。他在与兄长吴麟瑞的家书中指出："弟在言路，经年封事，寥寥无所建明，而履危蹈衅，已非一事，开隙厂卫，得罪新辅，未卜究竟何如。初意得一二正人当轴，庶几言所欲言，了一二大事而去。今似不可得，借差乞假，又无其例。日萦于怀，郁火为患，时有眩晕之症，郁仁山、徐未孩、胡芝山、吴五山俱以康强早世。目击心惊，百念灰尽，惟图归计耳。"在另一封给吴麟瑞的家书中，麟征有言："弟在都门，触忤既多，权党恨之刺骨。闻于京察下石，若得一处抛此鸡肋，更觉撇脱。弟出都时更字曰'确'，归来葺治小园，颜之曰'蜕'，仕官之兴略尽矣。"② 据《年谱》载，吴麟征于崇祯二年（1632）入吏垣，之后数次上疏纠劾官员，因此开罪当道。如，崇祯三年上《参驳外转郡守疏》，纠劾已为吏部会推人选的牟道行：

> 盖所谓役于人、役于货、役于胥吏者，固铨司之积习，要未必人人皆然，至所谓贪鄙之夫，蒙面幸免以去者，则是有其人，盖指前稽勋司郎中牟道行是也。……今道行已升授广西太平府知府矣。……今之用人纵不能已其愁苦叹息之声，若使贪鄙之人临之，是使狼牧羊也。③

麟征"以狼牧羊"之论不仅置牟氏于死地，亦直指吏部贪鄙腐败之弊政。同年，他又上《淮民酿乱可虞疏》，纠朱光祚和漕抚李待问，以其溺职当斥，

---

① 周振甫：《周易译注》，中华书局 2001 年版，第 92 页。
② （明）吴麟征：《寄禀伯兄秋圃》，《吴忠节公遗集》卷三《家书》，第 419 页。
③ （明）吴麟征：《参驳外转郡守疏》，《吴忠节公遗集》卷一《疏》，第 363—364 页。

认为朱光祚"以堕体黜聪之人，当册手胝足之任，呼吁虽勤，五官无主，唯有望洋而叹，几幸河神之自徙耳"；而李侍问"履职六年不为不久，而功烈如彼，其毕生民日见死亡，盗贼日见生发，彼红袍黄盖出没于江淮湖海间者，俨然与抚臣争衡逼处而莫敢问。至若通泰之盐，徒萧徐之妖孽，古今僭窃之雄，往往出此而联翩四起，大可寒心。……此一臣者，素著清谨之称，亦饶中外之誉，而宦成志怠优游之意居多，锐气全销，经理之才不足。"① 结果自然可知。麟征尽职尽责，绝不给庸吏宵小留情面，于肃清吏治大有裨益。只是，这样的直言直谏必得罪当权达贵。

麟征开罪最深者莫过于首辅和中官。崇祯七年甲戌（1634），皇上降殿临轩，诏对群臣用人之方，左右六垣行寂无声，惟麟征出对："臣愚所见不尔。荐贤正宰相事也，非谏官责。宰相可以开合揖士，持吐握之诚，荐达疏远，唯恐不及。所以宪章大典，简核贤才，以备皇上之用。谏官起而循名责实，补阙拾遗，可否不敢不自效，虽宰相无能枉其正。"② 麟征以为，时任首辅温体仁（1573—1639）用人不当，自然获罪于其人。后麟征又上《人才凋敝已极国家器使宜周疏》，深责太宰选司。因吴氏直言敢谏，皇上虽有意重委，而温体仁却"虞大人论建渐广，必阁相业"，故阻之曰："此臣忠而廉白，特操术迟钝不及事"，崇祯"辄以为然，不获亲用"。③ 因前有责首辅之言，故后有阻升迁进退之实，麟征忠义之气终未赢取忠厚之报。是时，崇祯忌讳朝党营私，大用中官宦人，"欲委之政，其丐借重椟，遂鲜疑咨，或提戒赋钺，剖镇四夏；或副使讲射，侍从禁园"，以致"黄门尝侍之属，日益亲比"。④ 虽朝士皆私相悼叹，然无敢抗疏者，唯吴麟征"蹶死戆急"，连上二疏以批评时弊。其中，《请罢中官疏》有言：

　　臣闻：君尊如天，臣卑如地，天地不交谓之否。今堂陛之间，何其

① （明）吴麟征：《淮民酿乱可虞疏》，《吴忠节公遗集》卷一《疏》，第360—361页。
② （明）吴蕃昌：《吴麟征年谱》，第87页。
③ （明）吴蕃昌：《吴麟征年谱》，第93页。
④ （明）吴蕃昌：《吴麟征年谱》，第93页。

落落也，以允恭克让之主，而有厌薄群工之称，非所以为名也。……同一内官也，千古用之以致乱，皇上用之以求治。……皇上之下此险著，群臣之不肖迫之也。然而臣心痛之矣，人之相去，如九牛一毛，诸臣即非皋夔稷契之伦，亦系含牙戴发之属，岂人尽不肖，人尽背主，不足当皇上鞭箠使乎？……父虽不慈，未有舍子而信其仆从者。然使起居不相接，七箸不相亲，久之，父有疑之之心，子亦必有不可告父之事。故父之于子遂有举世不获懂，爱羽毛而疏骨肉者。①

显然，吴麟征对皇帝重用内官之做法持强烈之反对意见，重用内官实是对群臣之不信任的表现，必导致上下间离，骨肉疏远。在《请罢缉事厂臣疏》中进一步指出：

先朝以西厂刺事，一国尽惊，无补治乱，而吞周之漏，汤雁之嗟，载之史集，昭然炯鉴。……祖宗之官制，使阶级分明，汰冗删繁，布为不刊之书。一切升迁降调，俱有成格，内外人地，咸有等差。……祖宗任官之法，从无内外之限。……故人情甚重词林，以不可复出也。次重知推，以拾给台省也。甚薄曹郎，以一出不复入也。吏治不修，民生不遂，贪墨躁兢之根，全在于此。夫拮据刍牧，劳悴封疆之吏，有颠踬而无升跻，而悠悠呼唱于朝者，安坐而至三台，拱手而取封荫。此用人之过，而乱天下之道也。今得皇上以刚明之锐，而饬典则之遗，通理内外，以尽天下之才，循改祖制，以杜天下之倖。……又何事内官之小忠小信为哉？②

麟征之论直指吏部当朝用人命官之弊病，连带批评崇祯皇帝不分忠信大小，颠倒是非之刚愎自用之病。本以为会遭皇上重罚，但两疏皆留中不报，崇祯亦不致诘责，虽忠谠见违，但无所匡肃吏风。麟征耻与为伍，遂拜《请假归

---

① （明）吴蕃昌：《吴麟征年谱》，第90—91页。

② （明）吴蕃昌：《吴麟征年谱》，第91—92页。

葬疏》①，南归，都人咸谓："天子疏遣直臣，首辅属有深意，及考核京僚，几呈之罪。"② 海昌孝廉朱一是（1610—1671，字近修，号欠菴）③ 为吴麟征所作诔文有如此评价："先生划名履实，体公绝私，道广学醇，气冲神定，天子不能折其气，宰相不能夺其权，君子不能援以党，小人不能中以祸。"④ 朱氏论断切中肯綮，可得麟征立朝之大端，可见麟征为官之艰难和正气之远扬。

据麟征与兄长麟瑞的家信可知，他立朝不满两年，但上疏即有三十六通之多，可谓在官言官、在事谋事。他刚入吏垣之时，曾信心十足，在写给吴麟士（？—？，号弘度）胞弟的家信中有言："此行水陆，辛苦异常，病躯幸无恙。陛见后，知此举出自阁部交荐，上前而举朝相见，咸觉欣欣有喜色，不知何以得此也。目今朝宁清明，圣明笃学宽大之政渐见更弦，实所快睹。"⑤ 麟征初次入朝为官，新鲜感十足，欣慰和兴奋在所难免，其雄心壮志顿增，自己对谏垣之任亦是信心十足。后，吴麟征入兵垣，但主政方略不为当局重用⑥，加以疾病缠身，便引疏陈疾，笃请辞官。他与伯兄的家书有言：

---

① 吴麟征请辞之词恳切质朴，自言一生谨凛，虽欲置身寡过之门，但于父母者则负罪独深，可概之为"六宗罪"："母栖捲徙存，仪容罔识，罪一"；"家贫，不能效古人百里之负以赞宽垂白之忧，罪二"；"服官建武，礼当迎养父母，而父以心力竭耗、子女忧繁为由坚不宜赴，晏然如之，罪三"；"视舍不亲，附身不诚，罔极之痛，终天莫逮，罪四"；"贫瘠不得宝地葬父，仅得僻壤赞厝，却为水蚁交侵，悔憾恸心，罪五"；"为官六载，捐丘隆而不顾耽宠禄以忘归，罪六。"[（明）吴麟征：《请假归葬疏》，《吴忠节公遗集》卷一《疏》，第 369 页] 即此可见吴麟征之孝子情怀。自古忠臣出孝子，由麟征之忠孝节义之端行，已然可见一斑。

② （明）吴蕃昌：《吴麟征年谱》，第 94 页。

③ 《复社姓氏传略》载："（朱一是）天才清拔，敏悟过人，吴伟业（1609—1671，字骏公，号梅村——引者注）深器之。崇祯壬午（1642）举于乡，入都欲上书言事遭乱，绝意仕进，批缁授徒以终。有《史论》十卷，《为可堂续集》百卷。"[（清）吴山嘉辑：《复社姓氏传略》，第 274 页] 吴蕃昌有《朱近修文稿序》。（参见《祇欠庵集》卷二）

④ （明）吴蕃昌：《吴麟征年谱》，第 94 页。

⑤ （明）吴麟征：《寄八弟弘度》，《吴忠节公遗集》卷三《家书》，第 435 页。

⑥ 是年（1639），吴麟征写与友人的诗《北园卧病呈程鲁瞻世丈》中有言："先朝鲜定命，玉玺讵嘉祥。讹言淆鹿马，佞舌纷蜩螗。巍巍秉钺臣，咢咢仁者刚。荐贤吐危词，正气弥八荒。"（《吴忠节公遗集》卷四《诗》，第 442 页）可以想见，麟征内心之无奈，宵小当道，忠言沦亡，立朝又有何意义？不如辞官回籍。

　　弟之行藏有可言者，六垣之设，职在参驳，论列次之。祖宗朝权雄力大，僚友同心，耳目广寄，旧章分明。故有所建白，争执必深切，宜繁见之施行，寔有匡济，即得罪以去，心意快足而无所恨。此言路所以多名臣也。天启以来，尽收六垣之权，参驳不行，六曹变乱，成法拱手听之，已自溺职。今则法网严密，局促据窄，僚友不相往来，耳目封塞，即一垣之事不能尽知，况九重之深，四海之远？故有所建白，论列不中，事机加以诘责再三，多致失词，不惟无所救正驱除，反为内庭哄笑之资而已。弟立朝不满二年，前后封事三十六通，唯参刘监视一疏留中，请改诰命，为巴县所格，余亦俱奉俞旨，然亦何益于事？至军国大故，每思打叠精神，老坐京毂，得一二年讲求，方可摅其胸臆。而今已矣，无论时事倒乱，动触危机，非浅衷弱植者所能匡救。且衰病已极，两耳重听，既非登封，而昨日之事，今日忘之，尚可苟且就列以重负国乎？①

　　本来是想借助新的政治平台施展抱负，"有所建白，争执必深切，宜繁见之施行，寔有匡济，即得罪以去，心意快足而无所恨"，但一段时间的政治作为之后发现，即便是有所建白，但论列不中，上疏虽多却不能留中以匡救弊政。想来，麟征矛盾和抑郁的心情非常值得人同情，长此以往，必积郁成疾。既然"不能为"，倒不如乞骸就外，远离是非之地。后同乡好友徐石麒诚麟征曰："王室多难，而斯人有隐心，谓公义何哉？"并改麟征疏之辞，以休假请归，不获允；再后，抚军大夫刘景耀（？—1639）代麟征乞骸回籍，则被诏许还里中。②回籍之后，麟征希图致仕入山林，以没寿高蹈。但后来，崇祯壬午（1642）年则有掌谏之命，且半载三下；崇祯癸未（1643）年有奉常之推，虽两载但不报。麟征终究不忍弃国难君难于不顾，终究任职。蕃昌综论麟征官德曰："进由恩迫则命缘义轻，退不以私而身与祸会"。麟征之为官为人宿命在于"忠"，诚如恩师刘宗周弔文所言"先生死忠，即等死忠耳，

①　（明）吴麟征：《寄禀伯兄秋圃》，《吴忠节公遗集》卷三《家书》，第420—421页。
②　参见（明）吴蕃昌：《吴麟征年谱》，第109页。

而先生独奉其初念以死"。麟征保守臣子之道，坚守恬让之志，"既发绵缠之忠，其要一揆；援时而应，从容履谊"①，可谓"激触捐生本无憾，斗志昂扬显精忠"。

麟征直行品性贯穿其官场生涯始终。崇祯壬午（1642）年，麟征被诏起入刑垣，然无首私谒首辅周延儒之举，却多责相臣无功国事之直言。他首拒斥首辅假公济私之用人方略，②后拒绝与首辅"合同共济"之劝，③终开罪首辅，困厄多端，良策莫可施行。④麟征在与兄长的家信中有言：

> 当世略无长算，今日日考选，明日日考选，止忝得二三十台省，而无兵无将无饷，较之戊寅，更是十二分窘急。……最可恨者，各边节钺俱以贿得，吏部亦有所授意，不得自主。弟第一疏已忤柄臣意，两番会推，弟坚为争执，其私人不得用，因而大恨，弟处地甚危，虽有正人可依藉，而正人亦自不可久。今正图隐退计，决不至濡首胥溺为天下笑也。⑤

---

① （明）吴蕃昌：《吴麟征年谱》，第 111 页。
② 《年谱》载："居顷间，相君又设会议举一曹郎，手姓氏问百官，百官皆许其当。大人复从坐上折之，词涉剀急，相君自揽进退，久当仇所违牾。前此拂其意，更闻语直，慄然色变，遂罢会。"［（明）吴蕃昌：《吴麟征年谱》，第 129 页］
③ 《年谱》载：吴麟征同乡文部郎某为周延儒爱溺，是人言麟征曰："俊士充朝，咸出相君扶引，夫子其亦和同共济。"而麟征言："愿协心力，效国家可否？是和衷也，斯何时而忍以乖异，隳朝廷公义乎？幸至相君，毋以为念。"他日，文部郎问麟征人才可否，麟征言："学问渊深者，吾弗敢知。若行己清浊，鼇然在前，吾弗敢谢不知。"吴蕃昌评价麟征言辞个性曰："大人悼世浊乱，积不能堪，对客词多庄激。"周延儒私语文部郎曰："举之适以自劾矣。"［（明）吴蕃昌：《吴麟征年谱》，第 133—136 页］
④ 据《年谱》载，是时，明朝天下南北郡县不摧于北虏则陷于民反，百姓罹战，流离失所，蝗疫相因，上下愁苦，文武大吏颇多苟且，争名逐利多无实功。麟征有御敌却虏之疏，"其陈策应关门，申饬津渡，宽恤商民，呼吸输輓，青登土寇，及时除剿。"又请整饬留都，屯宿重兵，"假大臣以便宜，中国威以军法"；授诏南司马史可法节制江南帅吏，搜罗废将充盈京师以备采用，虽受旨皆优答，然"相君与中枢大臣皆以为迂，相格之，议俱寝。"［（明）吴蕃昌：《吴麟征年谱》，第 136—140 页］
⑤ （明）吴麟征：《寄禀伯兄秋圃》，《吴忠节公遗集》卷三《家书》，第 424 页。

之前，麟征任职吏垣时便得罪首辅；此次入职刑垣，亦因直言敢谏、坚持真理正义而得罪首辅，但事事无出于私心，皆为国尽忠义耳。麟征言"正人亦自不可久"正可表明时局不为正人君子所待。是年，刘宗周、黄道周（1585—1646，号石斋）、李邦华（1574—1644，字孟闇）、祁彪佳、郑三俊（？—？，字用章）等忠臣贤良与吴麟征一同被诏起。刘宗周素有"清正敢言"之个性，崇祯敕升其为都察院左都御史，而自正月奉圣旨"著即遵旨前来供职"至是年闰十一月十一日奏对而触帝怒"著革了职"，实际掌宪唯六十八日而已，但其间连续上奏"咨诹所及"、"条列风纪之要"等十余疏，对政纪荒夷、社风腐政、民人疾苦皆作陈述，其能正色谔立，诸御史凛凛敬惮，慨然以天下为己任，欲上承主德，下肃朝纲，内清辇毂，外整吏治民生，尝曰："使吾在事三年，而中外不肃清，请治溺职之罪。"[1] 时给事中姜埰、行人司副行人熊开元因直言而激怒崇祯帝，遂被缚诏狱。刘宗周直言疏救，批评崇祯开言路却逮言官下诏狱之举"甚有伤于国体"，终被"革职为民"。因此事，祝渊感于宗周正气，纳贽北面称弟子，[2] 麟征则与蕺山"为通版交"。[3] 是时，宗周敝车单僮，萧然就道回籍，麟征分赐金为赆，"呈其故封，致词曰：'某幸无不义之取为公累，君赐也，可勿却。'先生谢曰：'赐，公恩也，不可以致私义，非君之友所敢望。'都人闻之曰：'两贤'。"[4] 因而，师徒皆清直敢言，为世所称道。

有人戆直，则有人阴险，麟征正直忠厚之举忤首辅最深，受其忌恨也最多，这在崇祯朝后期两任首辅那里皆有体现。1643 年，吴麟征主持朝廷计典，内外臣工，下至掾属令史皆综核名实，皆受升迁降黜，功成上

---

[1]　姚名达：《刘宗周年谱》，载《刘宗周全集》第 6 册，第 457 页。

[2]　姚名达：《刘宗周年谱》载："（祝渊）以公车入都，闻先生落职，上书切谏。诏坐妄言朝政，下部议处；渊不以为意，进而纳贽于先生，北面称弟子。"（姚名达：《刘宗周年谱》，载《刘宗周全集》第 6 册，第 459 页）

[3]　据《年谱》载，吴麟征因刘宗周被罢斥而启奏："宗周之忠，群臣百姓皆知之。今与臣等救言官，而独蒙其咎，臣等何颜面以事陛下。乃免冠叩头谢罪。"[（明）吴蕃昌：《吴麟征年谱》，第 143 页] 后姜埰、熊开元不论死，吴麟征拜《再救直臣疏》和《三救直臣疏》，以挽留刘宗周。是时，吴、刘"始为通版交"。

[4]　（明）吴蕃昌：《吴麟征年谱》，第 145—146 页。

疏祈告归里，却为首辅周延儒阻陀。麟征计典多屏退首辅私人，首辅虽密布小吏刺探麟征起居而无所訾垢，遂与文部郎谋，欲更署计册、轩轾颠倒，为皇上怒斥得止。① 后廷推麟征为太常寺少卿，不报；擢用西江抚军，相辅又格阻，且发《沅楚告难疏》，妄改麟征为沅抚军，欲置麟征于死地。后来，沅兵归郧阳抚军管辖，麟征终未外放。周延儒折磨人于有形，实杀人于无形，摧人之意志之无端，官僚弊政之歹毒莫过于此。麟征已然意识到自己处境之艰危："时阳羡（即周延儒——引者注）文部，恨公入骨，思中以危法，公亦自知不免，时时称病注籍，束一襆被，候有逐，即日就道。"时任副院事御史、蕺山门弟子张玮（字二无）亦言："征吴公，吾生几不得见真君子矣，所谓正直忠厚者，公实兼之，然乃危甚。"② 未几，周延儒通敌叛国事发，赐自尽以死。次辅陈演（？—1644）为相，然才质平庸，特又阴险狡诈，则又阻陀麟征直言实功。是时，宁远镇臣吴三桂（1612—1678，字长伯）、抚臣黎玉田、王永吉等上疏求撤宁远孤城，朝中唯麟征附和，独谓"徙宜"，于诏答中有言："吴三桂忠勇材也，早当拔用，毋委之敌人。"③ 麟征希图驱六科吏员联合署名，竟相顾推诿避让，则麟征独疏此事，终未见省纳，留中不报。崇祯十七年甲申（1644），麟征两次拜书求外迁，第一通疏解释迁就外职的缘由曰："臣天性迂愚，气质柔缓，以当搏击之任、论列之司，殊非所长。若安民善俗、起瘠扶衰，受一方之寄，守国家章程，以与僚友相砥砺，臣固可企而能也。臣区区此心非始自今日，每见人情贵内而贱外，致监司郡守积轻，吏治苟且，间阎困瘁，盗贼承敝，酿成鱼烂瓦解之形，臣愤之痛之。"④ 以己"生性迂愚、气质柔缓"为乞就外职之借口，以及以朝廷"重内轻外"之不公平施政方略为借口乞就外，皆非根本，其乞外迁之根本原因是直言忠义又为新辅所恨，"不进不退，忽抑忽扬，几令人愧死闷死，总是迂拙自守，不得于君相之

---

① 参见（明）吴蕃昌：《吴麟征年谱》，第 155—156 页。

② （明）吴蕃昌：《吴麟征年谱》，第 157—158 页。

③ （明）吴蕃昌：《吴麟征年谱》，第 162—163 页。

④ （明）吴麟征：《乞就外职疏》，《吴忠节公遗集》卷一《疏》，第 382 页。

故。"① 在麟征看来："时事澜翻，智勇俱困，岌岌孤踪，加以瞶瞀，力不胜
驰驱，谋不中宜綮，而腼颜鹓鹭之班，徘徊仗马之侧，图名与规利两非其
好"，既"发言非时"，不如"己甘方斥，乃籍台茈得舆疾而归"。② 麟征不
图名利，虽全力施政，但不为当权重用采撷，"力不胜驰驱"，既求归不得、
求直抒胸臆又不得，虽"媿死闷死"、抑郁百端，但仍能鞠躬尽瘁。是时，
民乱虏掠已成不可收拾之残局，朝中大臣屡屡缘间请升黜以为迁避，掌垣吴
麟征皆允。祝渊有信劝麟征"自为计"，而麟征言："诸公全身远害，比比求
去，顾媿不能遏止之，况可褰裳共逐乎？迂拙由来，唯有'致命遂志'四
言自矢而已"③。甲申三月，他以太常少卿守西直门，罹难而尽忠殉国，彪炳
史册。

终究而言，吴麟征以无负本心、无负国家、无负君王的实功刚直心态，
成就自己的曲折人生。他在与长兄的书信中写道："今日补救甚难，空言无
济，而欺君误国之事决不甘心同浊。此番真属小草，但不至尽丧生平以归见
先人于地下足矣。"誓不同流合污，誓不欺君误国，是麟征施政基本纲领。
但这样的修身正己处事原则和直言戆行做事风格自然惹人忌恨阻挠，麟征自
己即已认识到这样的恶果："总是弟以直行行于枉道之世，百种呈碍及其乞
归，又以计事不许。今计事做毕，思再疏力请，又未卜何如也"。④ "以直行
行于枉道之世"成为吴麟征官吏生涯的真实写照，亦惟"直"之品性，彰显

---

① （明）吴麟征：《寄禀伯兄秋圃》，《吴忠节公遗集》卷三《家书》，第 424 页。据《年谱》
载，陈演外托廉谨，内实不测，欲反故相周延儒之政，首拉拢"孤立行意"之吴麟征以
"朋党"为借口打击旧辅党羽，吴氏则谢之曰"恶朋党者，特以为私相联结，故使某奔走
奉教于相君，是又相君之所恶也"；皇上私溺陈相，令其以私劄言事，麟征奏曰："国事贵
公言，宰相不容有私语，固请除之。"是以与陈相交恶。[（明）吴蕃昌：《吴麟征年谱》，
第 166—169 页]

② （明）吴麟征：《与彭德符》，《吴忠节公遗集》卷二《书牍》，第 405 页。彭长宜（？—
1645），字德符，与弟彭期生同中万历乙卯（1615）举人，崇祯癸未（1643）中进士，授
上海知县，安抚乱民，息讼讲学，赈灾活民无数，南都亡，解绶归家，遇兵奉山，伤胫
垂绝，悲痛扼息而卒，上海之民垂涕，为之立祠祭祀，"德政之入人者深至易代而民不能
忘"。[（清）王彬修、徐用仪纂：《光绪海盐县志》卷十五《人物传》，第 1544—1546 页]

③ （明）吴蕃昌：《吴麟征年谱》，第 162—163 页。

④ （明）吴麟征：《寄禀伯兄秋圃》，《吴忠节公遗集》卷三《家书》，第 425 页。

其政治哲学，凸显其行政管理之本体理念。

四、诚："养祖宗元气，立一分人品"

家训是中国古代士人齐家训子的重要方法，是通过个体的修身养性，实现家庭成员间的关系和谐、家庭与社会间的关系和谐，从而由家庭教育推进至国家治理。家训从主观功能看是为了家庭和家族风气的绵延久祚，在于"整齐门内，提撕子孙"①；而其客观功能则是实现家庭、家族之外社会生活的淳风厚俗。② 家训往往是通过特定的戒律来展示。吴麟征曾感于古今家书可现人之"性行真赝、品格贞邪"而作《家鉴》，他自己写与叔伯兄弟诸多家书，并以此为基础辑《家诫》，其子吴蕃昌则"节辑其语传之当世，名曰《要言》，言言精要。"③ 按《说文解字》，"诫，敕也"，④ 而"敕，诫也"，敕与诫互训，敕又为饬之假借，"饬，致坚也"。⑤ 综合而言，所谓"诫"即是培养人德性品格，可达致做人做事做学问圆融一体的道德规范和生命感悟。麟征平生忠孝节义，清直廉明，以己之澄明正家人子弟，寓身教于言教，昭彰卓著。于家诫之重要意义，他在与长兄的家书中有如是言："壮儿可在署中否？不敢望其进步，若得养祖宗元气，于乡党中立一分人品，即终身村学究，弟亦无憾。浮华鲜实不特，伤败风俗，亦杀身亡家之本。望大兄谆切教之。"⑥ 麟征请求兄长训诫其子吴壮舆（1615—1640，字伯载），以使其"养祖宗元气，于乡党中立一分人品"，这就是吴麟征家庭教育视界下，父母长辈对后生子嗣之"诫"的意义和价值的凸显。"养祖宗元气，立一分人品"正揭示"诫"之本真大义。

---

① 《颜氏家训·序致第一》。
② 参见徐秀丽：《中国古代家训通论》，《学术月刊》，1995年第7期，第27—32、92页。
③ （明）吴麟征：《家诫要言》，《学海类编》第36册，第16页。
④ （汉）许慎撰，（清）段玉裁注：《说文解字注》，第165页。
⑤ （汉）许慎撰，（清）段玉裁注：《说文解字注》，第221页。
⑥ （明）吴麟征：《寄禀伯兄秋圃》，《吴忠节公遗集》卷三《家书》，第419页。

1. 吴麟征家诫思想之要义

要实现"养祖宗元气，立一分人品"之目标和价值，须有特定的家诫要义。透视麟征家书，可以将其家诫思想概括为四方面内容，即信命读书、收敛节俭、却名黜利、忠节孝义。

其一，信命读书。儒家之德性义理蕴育于儒家经典著述之中，要明白何为"道"，须精读研读儒家经典，于"读书"中体悟其中内蕴的哲学义理和人生哲理。儒家经典之书是古圣先贤哲学智慧、道德思辨、精神慰藉和实功实行的文字总结，是对过去的思想史、哲学史、道德史、文化史的历史概括。作为追求精神信仰、道德价值、义理规范的儒家知识分子，透视儒家圣贤所著经典文献，可体悟君子、圣贤人格之所在，能促进自我哲学思辨、道德追求、理想信念的完备和自觉，诚如麟征业师刘宗周《读书说》所言："圣贤之心，即吾心也，善读书者，第求之吾心而已矣。舍吾心而求圣贤之心，即千言万语，无有是处。"[1] 读者正是要从圣贤书中汲取精华，反思体悟，以形成自己的心得感悟。麟征家书即非常强调读书，如《示儿辈》诸家信言，"少年人只宜修身笃行，信命读书，毋深以得失为念"，"汝辈只杜门读书，学做好人"，"世变弥殷，止有读书明理，耕织治家，修身独善之策"；[2] 在与弟弟的家书用有言，"第一教训寿儿只要不废读书，人本色与读书人相处便好"，"遇事触忿，此亦一病，多读书自能消之"；[3] "读书工夫亦步步紧，一日可当两日也"；[4] 在《殉难书》更念念嘱儿辈，"后生读书，只明义理，晓事务，且莫就科举食服器用"。[5] 读书明理晰义，所明之理正是儒家之道学精神，麟征《自戒》有言："多读书则气清，气清则神正，神正则吉祥出焉，自天祐之；读书少则身暇，身暇则邪间，邪间则诸恶作焉，忧患及之。"[6] 多读书则可理会古圣先贤之心思体悟，能将自己的生命感悟与古人

---

① （明）刘宗周：《读书说》，《刘宗周全集》第 2 册，第 305 页。

② （明）吴麟征：《示儿辈》，《吴忠节公遗集》卷三《家书》，第 436、437、439 页。

③ （明）吴麟征：《寄六弟玉书》，《吴忠节公遗集》卷三《家书》，第 433、434 页。

④ （明）吴麟征：《寄八弟弘度》，《吴忠节公遗集》卷三《家书》，第 434 页。

⑤ （明）吴麟征：《殉难书·示儿辈》，《吴忠节公遗集》卷三《家书》，第 434 页。

⑥ （明）吴麟征：《乙卯自戒》，《吴忠节公遗集》卷四《杂著》，第 457 页。

之心得体悟圆融结合，从而探赜光明公正德性之路，实现自我与天道真理的和合通贯。《年谱》"万历四十三年乙卯（1615）条"记载麟征二十三岁刻苦读书之情形："尝冬月单襦，雪覆床案，以手温膝，绕室周走，而披诵不休。"① 傥无刻苦读书之毅力，便不会融贯古人德性真理，更不会于现世政治管理活动中有如此清廉直行之德行。

此外，麟征诫子弟读书当读经史之书。他言："士人贵经世，经史最宜熟，工夫须逐段做去，庶几有成"②；"今日儿曹只宜令熟经史，知理路，为善于乡党足矣"③。明末时代乃一天崩地裂时代，朝廷内外、国家上下皆无限祈求经世致用、实功实行之儒士，且推崇淳德厉风、清廉刚直之仕官。在麟征视界里，史以明鉴、经以正名，熟知经史之学自是探索安民固国之道。他谆谆教诲儿辈子弟之目的，即是风厉他们立德树人、学以正身。同时，吴麟征还指出，读书治学当有要法："诗书不自就人，人自融结渐渍，久之，乃有得耳。"④ 也就是说，读书要"自得"，人云亦云不是真读书，真读书是要将被读对象之言语转换为读者的思想感悟，从而由古人思想言悟转生为读者的生命体悟，站立于新的视角和时代背景演绎古人故事。

其二，收敛节俭。按《说文解字》："俭，约也。约者，缠束也"，"俭"即"不敢放奢"之谓，⑤ 且"俭"与"险"互通，《周易·否卦》之《象》即云"君子以俭辟难，不可荣以禄"⑥，则俭可避险，俭即是德，有俭德之人则身安，有俭德之家则无危，有俭德之国家则无乱。麟征《示儿辈》诸书有言："凡事循省收敛节俭，惜福惜财"；"事家用不给只是节俭，不可扰乱心绪"；"今日舍节俭一法，别无可经营"⑦。与弟家书亦言："前在莆中间大家子侄俱处馆受徒，今即觅师友，亦要收敛节俭为上。"⑧ 麟征谆谆告诫子弟须

---

① （明）吴蕃昌：《吴麟征年谱》，第 24 页。

② （明）吴麟征：《示儿辈》，《吴忠节公遗集》卷三《家书》，第 436 页。

③ （明）吴麟征：《寄禀伯兄秋圃》，《吴忠节公遗集》卷三《家书》，第 428 页。

④ （明）吴蕃昌：《吴麟征年谱》，第 199 页。

⑤ 参见（汉）许慎撰，（清）段玉裁注：《说文解字注》，第 659 页。

⑥ 周振甫：《周易译注》，第 50 页。

⑦ （明）吴麟征：《示儿辈》，《吴忠节公遗集》卷三《家书》，第 436、437、437 页。

⑧ （明）吴麟征：《寄八弟弘度》，《吴忠节公遗集》卷三《家书》，第 434 页。

处处节俭，尤其在乱世之中，豪奢淫逸必遭他人忌恨，甚或危在旦夕："四方兵戈，云扰乱离，正甚修身节用，无得罪乡人。勿迁视此言也。"① 人处事生活所开显的各种物质与精神的需要，通过个体的辛勤劳动而不断有所得，得之不容易则当爱惜体贴而勿轻易弃之用之，收敛节俭本身即是对自我心智和辛勤汗水的尊重与体贴，大而言之，则是对自我生命价值的尊重和体贴。就个体生命活动所需之各种物质与精神需要而言，每一种需要皆对应特定之物，无物不彰显其意义和价值，而"物尽其用"之价值所在则由用之之人所赋予，万事万物皆为特定"意义存在者"，即便是个体之人抑或是群体之人，皆有其特定意义。唯人收敛节俭，反思己之所需之物、所行之事"究竟"意义如何，以此用物方可真正尽物之用；倘若随意而为，泛滥于诸物，不仅于物之价值和意义不尊重，更是对自己作为意义和价值之主体地位的自我轻视。此之可谓"俭以养德"。

麟征清廉家贫，强调收敛节俭，故是持家之法宝，是道学之精义。但节俭不是吝啬小气，不是弃礼于不顾，该出手时则定当毫不吝啬。家书有言："三官亲事，要与陈亲翁说，两家俱各省俭，勿为耳目之观，勿烦婢仆频扰及筐箧无益之费。澹泊是儒门风味，相知联合，好处正在此。毕姻后，回门稍缓，俟我归，不妨三官要教之以礼，要老成人跟随。"② 结婚本是大事，各种开销自然不免，但节俭为上，"勿为耳目之观"，花自己辛苦劳动汗水所得而取悦他人实在无益。但"回门"之礼节不能失，而且要有"老成"人指点引导，正可谓财尽其用、礼尽其能。此外，麟征家虽贫，但能体恤民情，救济民众。他与伯兄家书言："里中米价日昂，乡民聚众焚掠四起。因商，大姪出所储粟米平粜，弟丐贷转粜以佐之，一城藉以不哗。"天灾之年，救济民众得以活人，为善乡民，善事好事。平日之节俭与困时之公义大方更可彰显麟征"俭诚"之意义和价值。不过，他之节用爱民、俭以恤民并不为所有人欢迎，总是有势利小人大发国难财："初意欲铺行接济，合力支撑，嗜利之徒竟不如约，今远近纷纷劫杀，郡邑当道不能制。"③ 或可曰"人穷志

① （明）吴麟征：《示儿辈》，《吴忠节公遗集》卷三《家书》，第440页。
② （明）吴麟征：《示儿辈》，《吴忠节公遗集》卷三《家书》，第438页。
③ （明）吴麟征：《寄禀伯兄秋圃》，《吴忠节公遗集》卷三《家书》，第421页。

短"，但终究有人"安贫乐道"，俭以安身立命，可谓至理名言。

其三，却名黜利。麟征平生不重名利，于家书多有说明。与兄有言，"弟于名位二字久已觑破，誓不因人热、群小颇见严惮"①；与弟有言，"至生计窘乏，目前诚足忧然，茹荼历辛，自是儒生本色，须打清心地以图大业，万勿为琐屑萦怀"②；与儿辈亦言，"秀才本等只宜闇修积学，学业成后，四海比肩，如驰逐名场，延揽声气，爱憎不同，必生异议，汝之得谤，良亦由是"③。儒家道学强调读书修身、澹泊名利。所谓"名"者，"自命"也，本即"铭"之谓，因有功德，故须铭记，"铭，名也，记名其功也"④。先有功，后铭记其名，名是功绩德业的自然效果，有其功其德，自然扬名立万、永垂史册。但一味为名而求名，即便有所功绩德业，亦非真"名"。孟子言："尽其心者，知其性也，知性则知天矣"；"存其心，养其性，所以事天也"；"夭寿不二，存心以俟之，所以立命也"（《孟子·尽心上》）。后世理学家便将此演绎为"尽人事，听天命"之道。真正的儒士敢于直面困境与逆境，敢于求达自我内心的宁静与恬淡，唯尽心尽力从事修身齐家治国之功业，而非欲求、奢求名与利。而"利"往往与"义"背离，"重义轻利"本儒家一贯主张，"君子喻于义，小人喻于利"（《论语·里仁》）；"饭疏食饮水，曲肱而枕之，乐亦在其中矣。不义而富且贵，于我如浮云"（《论语·述而》）。个体若拘泥于名与利之中，其所作所为自已成其为过了，诚如蕺山所言："有善，非善也，有意为善，亦过也。"⑤人心本根，至善性体，无善可着，亦无恶说起，总之是"至善"。这一"善"主宰人的言行，真正的言行德业当是"自觉"、自在而进行的，但因私欲遮蔽了本善之性，从而表现出"不自觉"、"不自在"，使"善"蒙盖上"人为造作"之义，"有意为善"之"为"亦是"过"。⑥故而，作为真道学的吴麟征谆谆告诫其子弟勿好名逐利，而当做平

① （明）吴麟征：《寄禀伯兄秋圃》，《吴忠节公遗集》卷三《家书》，第427页。
② （明）吴麟征：《寄六弟玉书》，《吴忠节公遗集》卷三《家书》，第434页。
③ （明）吴麟征：《示儿辈》，《吴忠节公遗集》卷三《家书》，第438页。
④ （汉）许慎撰，（清）段玉裁注：《说文解字注》，第99页。
⑤ （明）刘宗周：《书》，《刘宗周全集》第三册，第319页。
⑥ 参见张瑞涛：《刘宗周"过（恶）"思想新论》，《中国哲学史》2013年第1期。

淡之人,"澹泊是儒门风味"。

麟征自身澹泊名利,但实功实行,能扬名立万。据《年谱》载,崇祯五年壬申(1632),麟征由福建莆阳赴诏命,是时,群监司大夫"相率戒兵,饬车马,身送大行之行;酒脯鳞列数十席,百姓多为盘槛,具道左右,遮拜千家,连亘百里,它郡传观者几万人";泊舟江上,与商旅往来过客并集同行,有商人问及,听说是任莆阳司理的吴麟征,乃"推篷召诸贾,焚香谡足而前曰:'公江闽之神君也,我曹风波老客,渡大公桥屡矣,惟公不受一钱,为不世遇',"遂进土因,为麟征上寿。① 倪无任上廉洁清明,便无安抚民生之力,更无聚攒民心之效,谈何"江闽之神"之赞谓!

第四,忠节孝义。"孝"是人性禀赋天职。人皆爱惜体贴自我之生命价值和意义,便当体贴和爱惜父母之生命价值与意义,唯有父母之生命意义,方有当下现在之个体生命意义和价值的存在。就生命之延续传承而言,从当下个体之生命无限推演父母之生命、父母之父母之生命,以至于无穷。推及父母之生命、推及父母之兄弟姐妹之生命,以至于无穷,正是尊祖祭祖之意义所在,是对人之生命的尊重和人之意义与价值的尊重,诚如唐君毅先生所言:"我自觉父母宇宙生我对我之为善行,而肯定此善行;念父母宇宙之能自超越以生我,我即报以我之自己超越,以孝父母宇宙,则为自觉之善行。"② 实《论语·学而》有子即言:"君子务本,本立而道生。孝弟也者,其为仁之本与!"。孝是天经地义之事,是上达于天下薄于地之举,麟征仲子吴蕃昌即有言:"人受天地之命以立,子受父母之性以生,能通乎父母之性者即达乎天地。达天者,喜怒哀乐可以率天下万物。忠之德刚而其道顺,气近于天;孝之德顺而其理刚,气薄于地。合于天地者,其气可以万国,其神可以万世,天地亦倚人而不穷者。"③ "合德于天,著义于地"正可谓"孝"之实义。有真"孝"便有精"忠",居家孝义则为官忠厚,"自古忠臣出孝子"。儒家理想图治"家国同构"政治格局之中,"君"乃家"父"家"长"的政治替代,"血亲伦理"之"父子"与政治伦理之"君父臣子"价值同构。儒

① 参见(明)吴蕃昌:《吴麟征年谱》,第71页。

② 唐君毅:《文化意识与道德理性》,中国社会科学出版社2005年版,第32页。

③ (明)吴蕃昌:《青山孝子祠记》,《祗欠庵集》卷三《记·议》。

家德性修悟之学强调由"修身齐家"而自觉推演为"治国平天下"，血亲伦理之"孝"与政治伦理之"忠"俱同等意涵，麟征即有疏言："君犹父也，臣犹子也，生杀之唯命，予夺之唯命，而堂陛之间，一段家人父子之谊则断不可无，朝廷之上一种疑畏踽踏之形尤断不可有。"① 因此，麟征告诫子弟，人之于家庭要"孝"，于国当"忠"。与兄言："大母舅衰甚，亦坐忧贫。查姐一家做何安顿？每念至焦心。钟氏女颇贤孝，奈何不治生，郎君何？大兄为我好慰之。"② 与弟言："盖我蒙伯父孟佳骨肉之爱，踰于常格，今计所以安其室家以妥地下之灵，即拆骨剜肉不难而作事议，始不得不尔"；"吾母天性多含忍，即起居食息之间尤须加意体贴。老年疾苦自不能无，要当使时时欢乐，诸疾自去，不在药石也"③。与儿辈有言："文台曾叔祖，可稍分米赡之"；"二祖母、外祖母、查姑娘及钟姐可为我一候。"④ 麟征虽远在他乡任职，但念念不忘故乡亲人冷暖，孝亲之情溢于言表。实际上，麟征未中进士时在家，其孝义精神即为世人所称道。据《年谱》载，天启三年癸亥（1623），祖父吴霳（1544—1623，号达泉）丧，麟征"持丧毁瘠过礼"，"大人自七岁抵壮，时同卧席，以身温之，侍疾非寒暑变节，未尝解襟带"。麟征长兄《昆陵寄书》亦有言："吾弟尽劳尽养，已为完人。为孝七尺尚存，何以自赎？闻弟过哀，还祈强饭，更为大孝。"⑤ 天启六年丙寅（1626），父司马公吴中任（？—1626，号巨源）丧，"凶问至，大人悬裂衣裳，祖跣奔赴。八月抵丧次，哭泣呕血，扶掖乃起。"⑥ 身教胜于言教，而言教不离身教，以身教寓于言教，则可凝练家诫之真精神。

同时，在麟征的孝义世界里，仆人亦当受家人同等关爱和尊重，他们同样是家庭一员。他告诫儿辈："处乱世与太平时异，只一味节俭收敛，谦以下人，和以处众。"⑦ "谦以下人、和以处众"的理念，使得吴麟征非常尊

① （明）吴麟征：《入垣首陈四款疏》，《吴忠节公遗集》卷一《奏疏》，第 355 页。
② （明）吴麟征：《寄禀伯兄秋圃》，《吴忠节公遗集》卷三《家书》，第 425 页。
③ （明）吴麟征：《寄六弟玉书》，《吴忠节公遗集》卷三《家书》，第 431、434 页。
④ （明）吴麟征：《示儿辈》，《吴忠节公遗集》卷三《家书》，第 436、437 页。
⑤ （明）吴蕃昌：《吴麟征年谱》，第 37 页。
⑥ （明）吴蕃昌：《吴麟征年谱》，第 46 页。
⑦ （明）吴麟征：《示儿辈》，《吴忠节公遗集》卷三《家书》，第 437 页。

重自己的仆人。麟征殉难后，正是其奴仆不畏艰险，与祝渊、吴蕃昌等冒死扶棺回籍。在《殉难书》中，麟征交代家人须"加意照顾"诸仆人："王宰跟随最久，文俭忠顺，卜正勤劳解事，三立亦可用，俱善视之，至嘱至嘱。"① 麟征在外为官，多亏仆人们照顾，临难一死，亦不忘人情恩义，昔时仆人为主人尽心尽力，此时回馈仆人亦属人之常情，更显孝义之情。

麟征为官"以直行行于枉道之世"，"忠"义彰著；国破家亡之际，以死殉难，终不与新朝为伍，"节"义可佳。《殉难书》有言："主上蒙尘，未卜何向，伤心惨目，岂能北面事人？"② 在他躲避三元祠以待"天子真信"之际，"夜篝火倚案凡作五书，纸尽而止。同乡旧僚友多迹至祠，共引潜遁，或以身早降贼，亲诣招致，敦劝百端，大人皆痛骂绝之"③。为官有忠义气节，做人亦有民族气节，麟征以铮铮铁骨之身教给予子嗣以明明白白之警诫。

2. 吴麟征家族忠义清直之门风

吴麟征为人真诚，为官忠诚，在其位谋其政，其方略举措虽可产生功效，唯不为当道权贵采纳应用，反倒处处受制于人，终临难一死报君王。其家诫思想正其生命感悟之凝结，亦无时无刻不受家族叔伯兄长之善言善行的教化和启发。

自天启三年至六年，麟征为福建建武司礼官，虽不能尽知其为官之政事，但由其家书可得先世教勉之旨。麟征之父司马公有书曰："清明律己，不可律人；法可求明，不可求尽。"麟征伯父萧县公吴之英（？—？，字心沂）有言："为官原要清，况司李处"；"凡一事初到手，不觉本棘，久之，渐习渐熟，自然有安静佳境"。麟征伯父司寇公吴中伟（1563—1631，字境虚，号生白）有言："做官士民一体，绝不可偏执己见"；"清节所以守己，不可以骄人；执法所以爱民，不可以伤士大夫公共之气"；"做官能穷是好消息，阿翁固贫颇能小营活，亦不至仰屋而歔，万勿以衣食动念"；"人情处即是天理，理顺情安，毁誉爱憎，听之耳"；"只求政体大段不错，无求事事胜

① （明）吴麟征：《示儿辈》，《吴忠节公遗集》卷三《殉难书》，第414页。
② （明）吴麟征：《示儿辈》，《吴忠节公遗集》卷三《殉难书》，第414页。
③ （明）吴蕃昌：《吴麟征年谱》，第187—190页。

人"；"是非大较，臧否公评，断乎其不可易"；"愿吾侄放却心胸，高著眼界，虚其心，宽其腹，弱其志，强其骨，以图远且大者。勿区区效无用之老人也。"麟征兄长吴麟瑞有言："忙处应酬，最易错误，大都极小事，亦须再思求妥而后应，庶免后悔。不然，左右前后皆蛊我之人，视听颦笑，皆其利薮。案牍字句之间，钱谷丝毫之际，关系不小，稍不慎而误我于忙迫者多矣。"①伯叔兄长严谨炙热的家教诚言使得吴麟征自入官为吏伊始便能严于律己、清直廉明，成为其为官行政的基本清规戒律，亦成为麟征教化子嗣的生命箴言。

言传故可促人深思，身教更能激人奋进。吴氏家族之为官者多人，但皆为清廉忠义之士，为吴麟征书写精粹人生提供了标杆。吴之英是吴氏家族崛起之第一人，姿性颖异，学业该洽，万历癸卯（1603）举孝廉，授文林郎，授萧县令，矩则先民，粹然出于正，因不忍以责逋反民，"浩然挂冠而归，归而足迹不入城府，徜徉山水，与先司寇恣友于之乐"②。吴之英至性淳德，乡邦思念如其子弟，人显其德，为之立"去思碑"。③由吴之英开吴氏家族为官风纪，对吴麟征影响深远。吴氏家族为官阶最多最高者则为吴中伟。他中万历戊戌（1598）进士，历任大行南司副、行人司右司副、刑部福建司员外郎、粤东按察司按察使、右布政、左布政、太仆寺少卿、光禄寺卿、大理寺少卿、都察院右金都御史、刑部侍郎、刑部尚书等职，"凡先后官阶十有七转"。吴蕃昌曾如此评价吴中伟："公端亮醇和，神深气厚，具圣人之一体，膺天子之重命，出则植政丰时，端纪贞礼；退而行综隐懿，化感国人。尤艳称闻者，义激儒躬，临戎有绩，直鸣闲秩，摧恶方张，嗟公之德，可谓曰至。"④麟征撰于甲戌（1634）年的《为先伯考请谥揭》评述吴中伟言行事业之贞吉，有言："其结念在君父，而唯恐不毕致其忠贞；其实学在经济，而曾不少移情于夷险；其宝惜在节义，而兼能烛几先于明哲。"⑤中

① （明）吴蕃昌：《吴麟征年谱》，第46—50页。
② （明）吴麟征：《与郡守某》，《吴忠节公遗集》卷二《书牍》，第422页。
③ 参见（清）王彬修，徐用仪纂：《光绪海盐县志》卷十五《人物传》，第1508页。
④ （明）吴蕃昌：《祇欠庵集》卷四《先司寇公行略》。
⑤ （明）吴麟征：《为先伯考请谥揭》，《吴忠节公遗集》卷二《揭》，第390页。

伟功绩卓著，守正忠义，慈和正直，澹泊名利，以其贞节风厉吴氏家族，必使陈力者企止、兢进者悚惧，而能向慕圣贤、却黜宵肖。麟瑞早弟麟征三年中进士［万历四十六年戊午（1618）］，历任常州府推官、祠部进司勋郎中、右参议、江西按察司副使、江西参政、江西右布政使等职，为政"以爱民为本，急豪强宽贫弱"①。他尽忠职守，真心有实功，远虑图大业，负海内重望，为麟征尊崇和爱戴；麟征殉国难，麟瑞赋诗痛哭，感愤成疾，而病中犹致书南都士大夫，轸念国事，竹帛清史。

榜样的力量无穷尽。麟征叔伯兄长言传身教而能风厉其志节，麟征亦以己之忠义德性风厉子嗣兄弟。家诫是言语的教化，更是身体力行的准则。吴氏家族之子嗣承继先贤尊长之高风亮节，尽情书写吴氏家族忠孝节义、清明正直之门风。

吴麟武向慕兄长德行，能践行吴氏家族风节。麟武举崇祯十六年癸未乡贡士（1643）后曾授江西布政司理问，乙酉弘光元年题补万年县知县、饶州府通判，监国鲁元年拜兵部职方司主事参江东丞相军事，卸甲归田两载，无疾而终。他"仪两兄之良行圣节，以入行己敦其伦，出奉职施于政，终涉变归以节，求无忝于所生"；"读书好观大节，贞恺爽达，以气自任"②。他为官重实功实行，乱世以武功治国，终生为明臣，忠心可鉴。是时，麟武曾于鲁王监国时率妻子抵会稽城，谒丞相而涕泣陈国事，并上两兄报国死节状，则授兵主政，为熊汝霖（1597—1648，字雨殷）参军，且诏赐"一门忠孝"帜以敦促戎事。③"一门忠孝"正是对吴氏家族忠义风节的最好诠释。

吴麟征长子吴壮舆重孝弟，传吴家门风。壮舆补崇祯五年（1632）邑博士弟子员第一人，其女嫁于吴蕃昌次子。壮舆执居士礼，号无断，二十六岁而卒，幼有神童之颖，嗜古力学，笃于伦义，学佛有悟，奉法殊谨，但虑无所建白于世，故嗜酒如命，后醉酒吐血，羸费多日，郁郁不自得而卒。临

---

① （清）王彬修，徐用仪纂：《光绪海盐县志》卷十五《人物传》，第 1533 页。

② （明）吴蕃昌：《祗欠庵集》卷五《叔父兵部主政府君墓版文》。

③ 参见（明）吴蕃昌：《祗欠庵集》卷五《叔父兵部主政府君墓版文》。

殁之日,吴壮舆犹念念以"孝弟读书"诫孤子,气息奄奄,麟征垂泣抚问:
"子休矣,于生死道果能了了乎?"壮舆对曰:"同条共贯"①。他谨遵家诫,安
贫乐道,却名黜利:"性僻洁,不爱钱,患贫。然时招友人数辈,典衣卖桑
落";他好学读书,精研要义:"六经笺疏与程朱之言,无不手自诠定";"架
上书几万卷,子从乱帙,横挈以试,随应如响";他孝义为先,立真人品:
"意致激昂,有志于植人伦、济当世";"或夜半叩朱子门,茉蓴斗酒,必豪
饮极欢,娓娓忠孝语,数日不倦"②。有乃父谆谆诫言与尊尊身教,故有子嗣
凛凛谨守与硁硁践行。

　　吴麟征仲子吴蕃昌受家诫训示,最显孝义名节。吴蕃昌承祧吴中伟宗
嗣③,但麟征殉国难后,他出入江淮戎马之间,扶匶而还;事嗣母查氏,孝
敬尽礼,及居丧,水浆不入口四日;既殡,食粥不茹菜果,寝苦居庐不脱衰
绖;比葬,呕血数升,哀毁不怠而病;后弥困,比及小祥,卒于丧次,终年
三十五岁。蕃昌虽早逝,但编有《吴麟征年谱》,著有《祇欠庵集》,其从弟
吴复本《祇欠庵集·原叙》评蕃昌曰:"先兄仲木幼龄颖异,走笔数千言,
十六补诸生,弱冠遭国变,慨然有殉君父之志。伯父责以为人后之义,乃不
果。于是杜门谢客,弃举子业,锐志于圣贤之事,发为古文诗歌,皆至性所
流,不效儿女软媚态……临殁之日,犹与诸弟讲学不辍,曰:'吾志在先公
《年谱》后叙,行在《阃职三仪》,以不终丧为不孝。戒殓以丧服。三月即葬
嗣父母冢侧。凡事悉遵家礼。'无一语及私事。呜呼,兄可为得正而毙者矣,
可谓节孝两全者矣。"④《适园丛书》主编张钧衡(1872—1927,字石铭,号
适园主人)将《祇欠庵集》与祝渊《祝月隐先生遗集》并刊,"为孝义之准

---

① (明)吴蕃昌:《吴麟征年谱》,第113页。

② (明)吴蕃昌:《吴麟征年谱》,第113—115页。

③ 吴中伟子吴麟趾(号绿巢)因母丧,"笃孝毁性不胜丧,两月而卒",虽三娶,但俱无嗣
　　后。因吴中伟喜欢吴蕃昌,且有"是吾孙"之叹,宗人则以蕃昌承祧吴中伟宗嗣。崇祯
　　壬申(1632)冬十二月十二日,"司李之兄进士秋闱公时备兵昆陵,以假还躬,束带率嗣
　　孙告于公与绿巢先生之庙,嗣孙入慰,寡母出,奉槃匜,授衰杖,就位,答宾拜。越月,
　　以名闻。中丞大夫上报天子,命。嗟乎,痛哉!是为不孝蕃昌也。"[(明)吴蕃昌:《祇
　　欠庵集》卷四《先司寇公行略》]是故,吴麟征寄予子嗣的家书中称吴蕃昌为"昌侄"。

④ (明)吴复本:《祇欠庵集·原叙》,《祇欠庵集》卷首。

则"①。蕃昌有立德，两上南都议郎为父祈封谥，为殉难忠节义士讨名分，为父撰《年谱》，为叔伯祖撰《行略》、《墓版文》，张扬孝义气节；蕃昌有立言，坚守儒家"朝闻夕死"之道学精神，播扬蕺山"诚意慎独"之师说。蕃昌节孝正气，秉承父诫，屏弃举业，一心向学，不辱家门和师门，明末时代忠义气节进一步凸显。

不仅吴麟征儿子秉承家诫，女儿亦是如此。麟征之次女，生性癖洁，在龀时即羞与兄弟共器饮食，而独辟一桌，去人丈许，且善事父母，节守妇道。她初字海昌沈氏，已受聘礼而婿早殇，则饮泣弃食，决意殉夫，父母再三劝诫，披展女史图传，乃流连咨嗟，得以少食；后改字武原沈氏，闻而大惊，甚耻再婿，怫郁经年，结帨自经，年方十九。她平生庄默，寡言语，少轻笑，目瞑之日，欢喜慰藉，如适所期。麟征题其旌曰"清贞勤瘁"，"清贞者，明其志也；勤瘁者，纪其行也"②。故，是年（崇祯十三年庚辰1640），麟征殇一子一女（长子吴壮舆与次女）。子承父志，忠孝节义；女儿有清节，贞修节烈。麟征次女掺志立节的故事为吴氏家族节义精神增添浓重一笔。

总之，蕺山门弟子吴麟征虽入师门时间较晚，但忠孝节义之情怀彰显蕺山学派之基本精神。麟征"忠"节，以国破帝崩而结帨自尽，临难一死报君王，"从容卓绝，义尽仁至"，有守城之功、节义之慨，其忠义情怀纯粹明澈；麟征"廉"政，为官清明，奉"廉"为国家盛治之本，视"澹泊名利"为安身立命之道，悉心为政，彰显"清明强干之气"；麟征"直"道，秉承"进学谦、立事豫、持己恒、大用畜"的道学精神，端守无负本心、无负国

---

① 张钧衡跋《祗欠庵集》曰："（吴蕃昌）师事山阴刘念台，癸巳后与张先生杨园及从弟志仁讲求程朱正学，务见躬行，作《日月岁三仪》以自范。又为《阃职三仪》，使家人遵守焉，属圹前一日犹与诸弟讲学不辍。著有《祗欠庵集》八卷，杨园先生为之铭，有曰'惟日孳孳，德义时懋，命赋有恒，志业未究'者，盖语其实也。吴侃叔《续澉浦诗话》中有仲木《哀大树》诗五律，《自序》十章之一，为今集所无，恐遗佚，亦不少与《祝月隐先生遗集》并刊以为孝义之准则。"[(明) 吴蕃昌：《祗欠庵集》卷末]

② （明）吴蕃昌：《吴麟征年谱》，第 112—113 页。

家、无负君王的仁政理念，"以直行行于枉道之世"；麟征"诚"言，为官以法，治家则以"诚"，谆谆告诫其子弟信命读书、收敛节俭、却名黜利、忠节孝义，"养祖宗元气，立一分人品"，吴氏家族叔伯子嗣皆清直正气，终成就"一门忠孝"之门风。概而言之，麟征行己立政，实功实行，戆直清廉，不辱师门；麟征致命遂志，百折不挠，忠节报主，书写精义。文末，不妨节录麟征亲翁祝渊《祭吴公太常文》对其平生学思历程之综核，以飨读者，以结束本章：

> 食禄死事，千古为纲。世衰学废，大义沦亡。角材竞智，惊走如狂。生死去就，卒易其方。吁嗟，吾翁节凛秋霜，飘然乘风，来帝之旁。天地比寿，日月齐光。翁未尝殁，何悴何伤？猗欤微烈，焯烁缃囊。垂绅正笏，巨节煌煌。绝类离朋，矫焉中强。勿为势怵，勿为名扬。荡埽鳄吏，如驱群羊。激扬振肃，万民乐康。巨奸执国，执倾朝廊。面折唯翁，须眉戟张。卒寤圣听，奸伏其殃。謇谔之名，翁谢弗当。秦关失守，逆丑陆梁。同官跳脱，飘摇翱翔。翁独狱立，折柬来详。致命遂志，永矢勿忘。呐呐庙算，何为勿藏。撤宁守关，还过披猖。事介呼吸，未雨周防。疾声莫应，听者茫茫。寇蹴圻辅，束手彷徨。翁言勿酬，患至莫匡。皇舆倾圯，血泪泗雱。绝粒勿饮，角巾布裳。左右环泣，翁亦徜徉。追唯曩昔，讯道稽阳。念寻厥初，唯心之良。坚贞勿贰，初念是偿。文狸赤豹，参御上皇。龙辔飘忽，披髪大荒，方铁齐景，项背相望。千秋臣鹄，揭日扶桑。气壮山岳，英奋攴忻。乾坤毁易，翁灵未央。嗟余小子，今将安彷。跂望灵旒，云山苍苍。道远莫致，悲来裂肠。生不如死，欣为国殇。劀刃雏腹，灵其克相。溪毛涧沚，陈词荐觞。神之听之，歆格穰穰。①

---

① （明）祝渊：《祭吴公太常文》，《祝月隐先生遗集》卷四《杂著》。

附录1：吴麟征家族世系简图

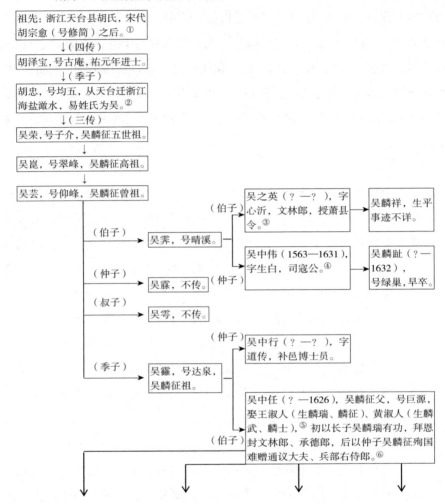

---

① 参见（明）吴蕃昌：《吴麟征年谱》，第6页。

② 海盐吴氏并非本土人士，而是从浙江天台迁入。据《吴麟征年谱》载："明兴，洪武初，诚意伯刘公基、信国汤公和经浙西澉水，奏当海卫，宜城。诏为城，且移近地右姓实之。始迁祖甲申公，讳忠，家之季子也。乃应募徙居。澉属海盐，遂为海盐吴氏。"[（明）吴蕃昌：《吴麟征年谱》，第6页]

③ 参见吴蕃昌：《先忠节公年谱》，第9页。

④ 吴中伟生平事迹见吴蕃昌《先司寇公行略》（《祇欠庵集》卷四，《适园丛书》）和吴麟征《为先伯考请谥揭》（《吴忠节公遗集》卷二《揭》，第390—392页）。

⑤ 参见吴蕃昌：《祇欠庵集》卷五《叔父兵部主政府君墓版文》。

⑥ 参见（明）吴蕃昌：《吴麟征年谱》，第9—10页。

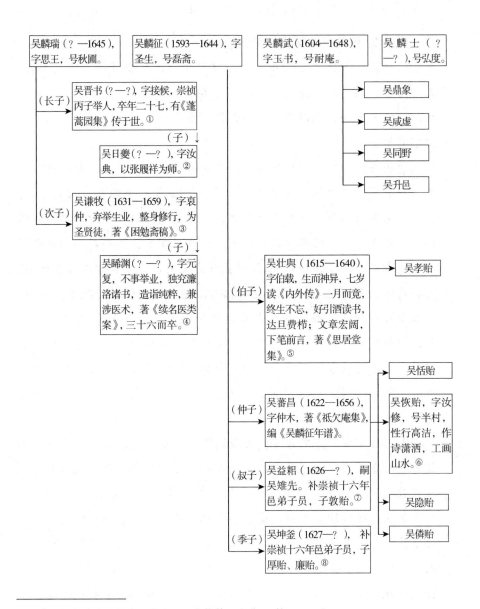

————————————

① 参见《光绪海盐县志》卷十六《人物传·文苑》，第 1746 页。

② 参见《光绪海盐县志》卷十六《人物传·文苑》，第 1792 页。

③ 参见《光绪海盐县志》卷十五《人物传·文苑》，第 1606—1607 页。

④ 参见《光绪海盐县志》卷十六《人物传·文苑》，第 1762—1763 页。

⑤ 参见《光绪海盐县志》卷十六《人物传·文苑》，第 1746 页。

⑥ 参见《光绪海盐县志》卷十六《人物传·文苑》，第 1808 页。

⑦ 参见（明）吴蕃昌：《吴麟征年谱》，第 46 页。

⑧ 参见（明）吴蕃昌：《吴麟征年谱》，第 51 页。

附录2：祝渊《太常吴公殉节纪实》

呜呼，伟哉！公之殉难，既与日月争光，川岳并寿，国史纪之，天下万世仰而志之，曷为私录也。公不以渊不肖，汲引备至，而死生之际，执手言诀，勉以忠义，渊何能须臾忘公也。敬纪其略，以备延陵家乘之遗云。

崇祯壬癸之岁，渊计偕客燕，会时事孔棘，数谒公，辄咨嗟，慷慨以死自誓。公先事计筹入告，人多迂，公言后事绸缪，人又多迂。公言上书每格不行，当别为公传之，兹不能尽。今年甲申三月，渊释诏狱，移西曹，外闲事亦稍稍得闻。或告以掌垣，吴公以初七日始下奉常之命矣。渊叹息曰："往例科臣计吏之月，优擢太常二百年然矣，吴公有澄清天下之功，以不至宰相门，遂一驳再驳，两期未迁政辅，乞骸而公命始下。公之立朝岂非始终托明主之知者乎？"公初七日拜命，初十日谢恩，十二日受事，十五日复奉命坐西直门，时晋代不守寇蹿，坼辅廷臣多假事脱归，公以食其禄而违其难者不义，移书示渊有云："时事决裂，一旦至此，同官潜身远害，迂拙如某惟以'致命遂志'四字自矢而已。"

十六日甲辰，寇突城下，公身擐甲衣短衣寝起，城下寇攻西北隅最急，西直尤当贼衡。异时，城守虏率在数百里外，营卒沈湎歌呼征逐兹狩遇豕突，上下仓皇失措，火攻备御多不习，贼发礟击声撼地，日夜无间，缘城廨舍多倾圮者。公登陴周视，矢丛射如猬，从者急引门扇蔽公，门集三矢。城头发万人，敌未及投下，火骤然灼，烂十余人去。公仅尺。公屹立不稍退，指挥益厉。时士卒五月匮饷，不用命。公夜坐抚病卒，忽坠大礟，破瓦落公案，椽楹尽倒，公颜色不变，手抚如故，士卒皆感泣。（璋案：《吴忠节公年谱》叙此事在十七日。——原书注）

十七日乙巳，公亲督从者载土石塞门，同守武安侯郑某伯、张尚开城纳难民，寇数百骑长驱至，多不之觉。公即手施箭礟，贼稍却，始从公议塞门，城头宦寺鲜服，怒骑相羊不惊，高擎青盖走，杂挠守卒欲擅启闭，凡坐门诸公，多不得登城望敌。公夺路上，见贼忽尽，易绯衣，俄而同守，一官亦易绯衣，登陴，公怪而目叱之。是夕深更，大司马密遣二卒，手箭飞至，斩关求出，公亲诘之，语塞，乃厉却之，俄从德胜门去矣。（《年谱》叙此事在十八日。——原书注）

十八日丙午，贼集城隍，多羸弱男子，公召诸卒谕之，能杀敌一贼者悬赏五十金。须臾，勇者数百，缒城格杀贼百余人，禽十余人，即斩之城下。贼分马步东西回顾欲退状，城卒欢呼，同事咸庆贺，公曰："此贼狡耳，必合营至矣。"未几，果复至，益急，咸臣贵臣相与议，势不可支，公请见天子言状。乃乘驽马戎衣入朝，左右中道兽散，乘马是日亦绝食不肯前。一奴持镫，一奴牵马，箠扶行，贼箭坠城中，如雨集闲道，至西长安门已鼓二下矣。门守少宰沈惟炳禁出入，公排门直前午门，遇政府魏藻德方出朝，力引公手曰："朝廷大福，自无他虞，旦夕兵饷且集，公何悤忙如是。"拉公行。（《吴公年谱》公及午门，遇相藻德，方乘帷车，呼唱而出。公前告曰："事去矣，奈何？愿见天子言状。"藻德曰："天子退矣，谁为趣起？今火石轰然，城雉严峻，何遽言事去？"公曰："此声自敌陈，非内御也。正惟不可捍蔽，破在呼吸耳！"藻德曰："姑还所守，明日赴司马门议之。"窥藻德意阳阳，尚幸无事，而虑公得专面对，别有摘发，遂力挽而出。——原书注）是时，内官由内佩刀而出者凡三四十人，公度不得面圣，遂叩阶而出，复走谒总宪李懋明先生。先生叩公守城状。（案：李先生名邦华。——原书注）公为先生道不可为，先生持公手泣下，遂别，还西直门。

翼日十九日丁亥黎明，宫人数千百竟从西华门出，城中大扰乱，言天子他幸，城守益驰，贼遂缘德胜门入矣。街巷充斥皆贼骑，但闻奔哭声，守卒尽逸。公急距户自经，为从者解，拥公哭曰："我若得一见天子，吾无憾矣。"从者持公走，风尘满道，卒不能前，遂入道左三元祠，举首视屋梁曰："吾终此矣。"遂索酒且饮，语人曰："我年已五十二，须发尽白，以此衰病之身蒙皇上殊恩，爵列卿贰，愧无尺寸以佐国事。今国亡贼人，遂君父消息未真，亦何颜自立乎？"众皆哭，公止之曰："毋乱我方寸，且睡去。"约二鼓，公喉间格格有声，家人张俭者先觉，共起视，已用旧帨作结，忙解之得苏，叹云："误我，误我。"遂起作绝笔："以祖宗二百年宗社，移旦失之为恨戒，以罪服殓，并待恢复为瞑目"语。(《年谱》公作绝笔云："祖宗二百七十余年，宗社移旦而失，虽上有龙亢之悔，下有鱼烂之殃，而身居谏垣，徘徊不去，无所匡救，法应殒服。殓时用角巾青衫，覆以单衾，荐以布席足矣。棺亦速归，恐系先人之望，祈知交为邪计焉。茫茫泉路，炯炯寸心，所以瞑予目者又不在此也。三月二十日酉刻绝笔，罪臣吴麟征书。"——原书注) 又《寄秋圃先生书》，则忧江南有事 (璋案：秋圃先生为忠节公伯兄，名麟瑞，官御史中丞。——原书注)；《寄从弟书》，则明生平学文山要穷就穷，要死就死之志；《寄诸子》，则教以读书明义理、崇俭朴，不能北面事人义；并有《遗渊书》。

渊十八日走谒公西直门，禁卫严设不得达。[(本注) 渊于是日蒙恩释狱。——原书注] 二十日戊申卯刻，闻公死状，急往省视，值公作书毕，与修行而髯者立语，髯者多殊惨，公麾之去。已而复来，公益怒，挤之户外，讯之为科臣某役也。(《年谱》作科臣翁元益使。——原书注) 某既身许贼，复计招公谋归里，公骂之不置。有逆臣高翔汉者，已受贼署，雅知重公解说百端，公厉辞却之。翔汉愧恨而去。(璋案："自十八日走谒"以下至此，附载《年谱》。——原书注) 时公两日不食，角巾青衫颈项多缳痕，渊涕泣不能仰视。公笑曰："无效儿子女为也。"引酒共酌，剧言失国之故，且曰："往余问道山阴刘念翁先生，先生曰：'人之初念未尝不善，往往以转念失之受命。'余初念也。"是日，尚讹言先帝匿前门外，从者多劝公削发南遁图事报国。从者卜正颇知书，公语之曰："我身居谏垣，言不足动主听，目击时危，猛欲牵帝衣，哭陈其详，触而死以尸为谏。此志久矣，况国破之日乎？若吾不迁卿寺则亦得死于君前矣。"因朗文山《零丁洋诗》曲为解，喻令勿劝。此古人臣所为如此！卜请曰："文山愿黄冠还乡，今亦可否？"公笑曰："文山之言虽尔，文山之事若何？且文山之死在五十之前，今加我数年矣。"又语渊曰："余壬戌登第，尝梦一人叉手向背，吟文信国'山河破碎风飘絮，身世浮沉雨 (《年谱》作"浪"——原书注) 打萍'，问路人，云是隐士刘宗周。时尚未识刘，刘以仪曹董南宫役，相对爽然。今与刘同出而刘先隐，山河破碎，不死奚为？子传与后人无务时名，敦实行，省身节用，养晦遵时，并为吾子勖。子且归矣。"抵暮，始别公，拱手辗然，举动言笑如平时，优游自若。酉刻投缳，家人尚抱持不释，公奋身挽臂自捽束帛，移刻遂逝。公右手微曲握拳，几透背，颜色凛凛，白髯戟长，三日含殓如生。

时传逆贼甚恨殉节者，左右错愕无所出，倪鸿宝先生凡六日始殓〔（璋案）倪先生名元璐，字玉汝，上虞人，官户部尚书，殉节谥曰文正，本朝赐谥同。——原书注〕，许若鲁先生则又□尸验视得殓（许先生名直如，皋人，官考功郎，殉节谥曰忠节，本朝改忠愍。——原书注），施四明先生赖江右明经曾子聿修得殓（施先生名邦曜，字尔韬，余姚人，官左都御史，殉节谥曰忠介，本朝改忠愍。——原书注），李懋明先生既殓，惧不盖棺（李先生名邦华，字孟闇，吉水人，官兵部尚书，殉节谥忠文，本朝改忠肃。——原书注）。渊祗遵遗言，即日襄棺殓，卒亦无患。

公天性沈毅，凡势位名利不足婴其脅，生平寡交与独行，笃学甚深且久，故临难不苟，慷慨赴死，从容就义，公殆兼之。公临别语渊曰："吾得从文山游矣。朝廷若不幸有降附诸公，当不极受其辱不止耳。"又语左右曰："我棹非六七月不可望归。寇不久留，焚掠而去，但其未去时，人不旋踵而袭之矣。江南必有新帝，未审恢复，何时由今？"思公语真神人也。昔刘先生序公所刻《初筮告》有云："士君子平日无一介不取与之操，即一旦有急，冀其捐躯以殉君父，难矣。"于公之死，夷考其素，不信然欤！

公讳麟征，号磊斋，天启壬戌进士，任江西司李补闽司李，皆着，廉明第一，召拜吏垣，历兵刑至掌垣，多直谏，疏未尽录，升太常少卿。浙江海盐人。

再记

四月，渊南还，道梗遇后来者，有邻西直门居人，告余，寇之陷京，八门齐启，独西直坚塞不能下。贼既入城而西直门独闻礮攻，二十一日始寂然，卒从平子、德胜入，西直门尚无恙，使防守尽然，贼久亦去矣。后一月，更有北来脱虏，围者云，虏于五月初七日遣城西，御史某发掘西直门，然后尽开。问之，从者亦云尔。渊复叹公之大节已千古，而城守之功尤不可泯也。

因忆冬春闲有撤宁远守关门之议，督臣王（讳永吉——原书注）、抚臣黎（讳玉田——原书注）、镇臣吴（讳三桂——原书注）三公倡之，自前后屯失守，宁远孤悬二百里外，四面阻阨，守御极难，且寇氛日迫，三辅震恐，议者欲撤宁远并守关门，挑选锐士西行过寇，即京师猝遇惊，关门可旦夕至也。天子下其议，惟公言撤之便，又屡疏言吴将军堪大任，宜急引入关。一时廷论辈哗之，而井研（陈演——原书注）、通州（魏藻德——原书注）尤与公左，谓无故弃地二百里，臣等不敢任其咎。縠水移书南司马〔（本注）即今阁部史公。璋案：史公名可法，字宪之，祥符人，官大学士。——原书注〕深咎公守关之议〔（本注）具载王揭。——原书注〕。公执言事关重大，陛下宜与督抚诸臣密计而急行。既为议数百言，言于朝，六科多不肯署名，遂独疏其事。事竟寝，迨寇患急，朝廷悔不用公言，屡下旨撤督臣。三月初旬，出关徙宁远五十万众，日行数十里，十六日入关，二十日抵丰润，京师陷矣。事介呼吸，一失莫谊，悔恨何及！（璋案：自"撤宁远守关门"以下至此，附载《年谱》，其事更悉王永吉《上南都揭》中。又案：塞西直门及徙宁远军二事并附见《明史·本传》后。）

又公壬午冬陈整饬江南根本重地，为京师应援，请假南司马以权节制，诸师为群谕所格，又屡疏乞，身任危疆，有外任积轻，间阎困瘁，盗贼乘之，酿成瓦解之语，卒不许。

公通籍二十余年，守正不阿，离朋中立，奏疏剀直，痛切钞参，尤多无所忌讳，为时贵所深嫉。公雅不好名，谏草多不发，邸钞鲜有存者。撤宁远之议，公绝口不道也。使庙议早如公撤宁远而用吴将军，则寇氛未至此极；早如公整饬江南之兵帅，则勤王之师可召；如公乞外之请则困瘁可整，不使长驱也，且城守之日有如公能令西直门四十日不拔者乎?求见天子,悬赏杀贼,却奸符亲矢石如公者乎?得公数人,何虞蛇豕,谁秉国挠?败公事贻恨万古,我公可以瞑目,告无罪于先王矣。而公犹云未瞑目也,呜呼!①

---

① (明)祝渊:《祝月隐先生遗集》卷二《纪实》,《适园丛书》第1辑第2函。

第二章 "得正而毙，节孝两全"——吴蕃昌的思想世界

　　永年非寿，永道为寿。唯日孳孳，德义时懋。命赋有恒，志业为究。哀彼期耄，徒焉丛诟。朝闻斯宁，亦胡云疚。万古湖山，式瞻厥后。

——张履祥（1611—1674）《吴子仲木墓志铭》①

一、生　平

　　吴蕃昌（1622—1656②），字仲木，浙江海盐人，明末忠臣吴麟征（1593—1644，字圣生，一字末皇，号磊斋）仲子，承祧吴麟征伯父司寇公吴中伟（1563—1631，字境虚，号生白）宗嗣。③麟征殉国难，蕃昌出入

---

① （清）张履祥：《吴子仲木墓志铭》，《杨园先生全集》（中），第 622 页。

② 《吴子仲木墓志铭》载："以丙申正月乙巳卒，距生年天启壬戌六月十八日，凡三十有五。"[（清）张履祥：《杨园先生全集》（中），第 622 页]由此推算出吴蕃昌生年为 1622 年。

③ 吴中伟中万历戊戌（1598）进士，历任大行南司副、行人司右司副、刑部福建司员外郎、粤东按察司按察使、右布政、左布政、太仆寺少卿、光禄寺卿、大理寺少卿、都察院右金都御史、刑部侍郎、刑部尚书等职，"凡先后官阶十有七转"，吴蕃昌赞吴中伟曰："公端亮醇和，神深气厚，具圣人之一体，膺天子之重命，出则植政丰时，端纪贞礼；退而行综隐懿，化感国人。尤艳称闻者，义激儒躬，临戎有绩，直鸣闿秩，摧恶方张，嗟公之德，可谓曰至。"[（明）吴蕃昌：《祇欠庵集》卷四《先司寇公行略》，《适园丛书》]吴麟征《为先伯考请谥揭》有言："（吴中伟）结念在君父，而惟恐不毕致其忠贞；其实学在经济，而曾不少移情于夷险；其宝惜在节义，而兼能烛几，先于明哲。"[（明）吴

江淮戎马之间，扶匶而还；事嗣母查氏，孝敬尽礼，及居丧，水浆不入口四日；既殡，食粥不茹菜果，寝苫居庐不脱衰经；比葬，呕血数升，哀毁不息而病；后弥困，比及小祥，卒于丧次。蕃昌著有《祗欠庵集》八卷，收录于《适园丛书》，与祝渊（1614—1645，字开美）的《祝月隐先生遗集》并刊，"为孝义之准则"①。

吴蕃昌为明末大儒刘宗周入室弟子。他自述入蕺山学派之事曰："蕃等以中丞忠节为父，以山阴刘子为师，尚复委蕑濡蹶为世姗笑矢，当鞭辟奉教有道。"②他在《哭山阴先生文》中详细说明了入蕺山门的经过及对业师刘宗周学术思想的总体认识：

> 蕃之不肖，不克承祖父之教命而略知向往先生者，初亦震于其名而已矣。崇祯庚辰之春告于父兄，父兄许之，奉贽而叩焉。先生疾命朱子昌祚见之，授日新说，辞之归。癸未之秋再渡，则先生已赴先帝之召矣。甲申罹国大难，先忠节死之，亦犹先生之志也。而蕃摧毁之余，慕见先生逾笃，所闻训于祝子开美，往返传述者为多，已非徒震于其名矣。③

据蕃昌所言，他始因"祖父之教命"而向慕蕺山名声。此处，蕃昌所言"祖父"当指吴中伟，而非吴麟征之父吴中任（？—1626，号巨源），原因有三。其一，吴中任平生未入仕为官，但以长子吴麟瑞有功而封文林郎、承德

麟征：《为先伯考请谥揭》，《吴忠节公遗集》卷二《揭》，第390页] 吴中伟之子吴麟趾（？—1632，号绿巢）因母丧，"笃孝毁性不胜丧，两月而卒"，虽三娶，但俱无嗣后。因吴中伟喜爱吴蕃昌，且有"是吾孙也"之叹，宗人则以蕃昌承祧吴中伟宗嗣。崇祯壬申（1632）冬十二月十二日，"司李之兄进士秋圃公时备兵昆陵，以假还躬，束带率嗣孙告于公与绿巢先生之庙，嗣孙入慰，寡母出，奉槃匜，授衰杖，就位，答客拜。越月，以名闻。中丞大夫 [吴麟瑞（？—1645），字思王，号秋圃。——引者注] 上报天子，命。嗟乎，痛哉！是为不孝蕃昌也。"[参见（明）吴蕃昌：《祗欠庵集》卷四《先司寇公行略》]

① （清）张钧衡：《跋〈祗欠庵集〉》，载（明）吴蕃昌：《祗欠庵集》卷末。
② （明）吴蕃昌：《答昆山徐氏兄弟书》，《祗欠庵集》卷一。
③ （明）吴蕃昌：《哭山阴先生文》，《祗欠庵集》卷六。

郎，后因仲子吴麟征殉国难而赠通议大夫、兵部右侍郎。① 其二，蕃昌既然承祧吴中伟宗嗣，按照礼法，自当以吴中伟一脉为宗。其三，吴中伟曾于天启辛酉（1621）升布政、癸亥（1623）擢太仆寺少卿、甲子（1624）升光禄寺卿、乙丑（1625）晋大理寺少卿、丙寅（1626）推都察院右佥都御史、升刑部左侍郎等职，口碑甚佳。② 而此时间段内，刘宗周曾任礼部仪制司添注主事（1621）、光禄寺添注寺丞（1622）等职，且在庙堂之上，清直敢言、抨击弊政、痛斥魏阉，甚至因此而"著革了职，为民当差"③；与东林义士学人高攀龙（1562—1626）、魏大中（1575—1625）、黄尊素（1584—1626）等密切交往，无不彰显铮铮儒士骨气；能悉心讲学、阐论名理，当时礼部尚书赵南星（1550—1627）即赞曰："千秋闲气，一代完人。世曰麒麟凤凰，学者泰山北斗。"④ 可想而知，刘宗周在官士大夫阶层和士子学人阶层中影响之显耀。虽无直接证据表明吴中伟与蕺山有学术交往或政见交流，但从他们任职之场域的交集中可推理吴中伟对刘蕺山为学之道和为人之则的尊重与宣扬。故，蕃昌推出一段公案以明其入师门之缘起。因此，蕺山门弟子董玚所编《蕺山弟子籍》⑤、《四库全书总目提要》以及《小腆纪传》即著录吴蕃昌为蕺山门弟子。⑥

这里，蕃昌指出其入师门的时间在崇祯庚辰（1640）。是时，蕺山另一入室弟子朱昌祚接见蕃昌，并讲授《大学》之"日新"说。朱昌祚为服侍蕺山最久之三人之一，全祖望《子刘子祠堂配享碑》即言："绵之居即在蕺山

---

① 参见（明）吴蕃昌：《吴麟征年谱》，第 10 页。

② 据吴蕃昌《先司寇公行略》记载，吴中伟于天启朝当政时即得罪魏忠贤及其宦党，先是主张裁撤小黄门，后是闭门不见魏忠贤兄子魏良卿，进而不发尚膳监王体乾丧膳米，并救东林士人刘铎，势不与奸佞同流合污，仗义执重，甘足枯槁，无欺己心，无欺君罔上，度越时贤，口碑佳甚。[参见（明）吴蕃昌：《祗欠庵集》卷四]

③ 姚名达：《刘宗周年谱》，载《刘宗周全集》第 6 册，第 293 页。

④ 姚名达：《刘宗周年谱》，载《刘宗周全集》第 6 册，第 289 页。

⑤ 参见（清）董玚：《蕺山弟子籍》，载《刘宗周全集》第 6 册，第 614—615 页。

⑥ 《四库全书总目提要》言："蕃昌字仲木，刘宗周之门人也。"[（清）永瑢等撰：《四库全书总目提要》卷 96 子部 6 第 18 册，第 123 页]《小腆纪传》言："（吴蕃昌）师事刘宗周，与海宁陈确、桐乡张履祥讲洛、闽之学。"[（清）徐鼒、徐承礼主编：《小腆纪传》卷 53《列传》第 46《儒林一》，第 574 页]

下，其解吟轩，子刘子讲堂也。朝夕不离杖履，所造甚邃。"① 经由蕺山其他弟子对蕺山学的阐论和发扬，加以蕃昌对蕺山的亲身聆教和体认感悟，能够于"往返转述"之中，由单纯地对蕺山人品之"向慕"转变为对蕺山学术特质的体贴和信奉。因为在受教过程中，蕃昌深切地感受到业师教人的犀利和深刻，能从深根宁极处探赜人性本真，能让人"汗浃背而泗垂踵"。蕃昌有言：

> 坐服丧不可以出，其冬十月谊当上疏南都，告先忠节死事状，始
> 一遇先生于姑苏隐山。于是曳衰索苴竹以前谒，蕃哭，先生哭之。蕃
> 拜，先生扶之。蕃辍孤子泪而引弟子之敬，先生许之，且勉以终身之
> 图，坐不能以终一日，而蕃之汗浃背而泗垂踵也，有若死而复生者数
> 焉。盖先生之言实有夺其魄而中其膏肓者然也。天乎痛哉，蕃自此知
> 所归矣，未尝一刻不以先生左右为怀。②

蕃昌父亲吴麟征，亦为蕺山门弟子，殉国难后，蕺山痛哭流涕、感慨万千，并作《哭吴麟征文》，忆及麟征梦蕺山吟诵文天祥《过零丁洋》诗句"山河破碎风飘絮，身是浮沉浪打萍"而后执贽弟子礼之事，③ 赞麟征曰："先生独奉其初念以死，由先生之言遡其平日，久已勘过妻子梦寐两关，至此从容卓绝，义尽仁至，颉颃前人，庶几朝闻夕可者与。"④ 蕺山之待弟子的真情实意与蕃昌之待乃父的真切情感⑤ 息息相通，师徒间忠君爱国、舍

---

① （清）全祖望：《子刘子祠堂配享碑》，载《刘宗周全集》第 6 册，第 648 页。

② （明）吴蕃昌：《哭山阴先生文》，《祗欠庵集》卷六。

③ 据《吴麟征年谱》"天启二年壬戌（1622）条"载："其年春，大人初止长安邸时，梦身经荒野，一褐衣丈夫，冠危冠，负手仰天，长吟曰：'山河破碎风飘絮，身世浮沉雨打萍'，□复唏嘘不已，大人为之泣下。或指曰：'此隐士刘宗周也。'既寐，且不识刘为何人，为何如人。及登第观政，升宗伯堂上，上有悬版，题主事刘某名，愕然心异之，已而详刘公当世大贤者也。居又比省壤，久之，未尝纳交。崇祯壬癸之岁，使会同朝，初梦卒践。"[（明）吴蕃昌：《吴麟征年谱》，第 34—35 页]

④ （明）吴蕃昌：《吴麟征年谱》，第 35—37 页。

⑤ 蕃昌有《上先臣死节疏》，述说了吴麟征殉难始末，既表达对乃父"报国宁居人先，邀恩愿居人后"正气精神的感叹，又彰显乃父殉君节义的精神气概，进而乞曰："兹遇殊恩，例颁忧卹，然后敢碎头泣谢，更陈私恫者，谓就义之烈，诸臣所同也，捍御之劳，臣父

身成义的壮举交织共融，便有了"蕃哭，先生哭之；蕃拜，先生扶之"之
情景。

　　蕃昌与蕺山坐而论道"不能以终一日"，却"汗浃背而泗垂踵"，有若
死而复生，原因即在于蕺山之学思问辨能"夺其魄而中其膏肓"，反映出蕺
山教学的严苛性和深邃性。蕺山弟子黄宗羲（1610—1695）《子刘子行状》
在阐论蕺山学特性时深刻指出："先生宗旨为'慎独'。始从主敬入门，中年
专用慎独工夫。慎则敬，敬则诚。晚年愈精微，愈平实。本体只是些子，工
夫只是些子，仍不分此为本体，彼为工夫，亦并无这些子可指，合于无声无
臭之本然。从严毅清苦之中，发为光风霁月。消息动静，步步实历而见。"①
哲学是有个性的，而哲学个性则因创构哲学体系之哲学家之生命和生活的个
性感悟所决定，个体个人的个性彰显出哲学的个性。刘宗周"严毅清苦"的
生命体悟造就其严密深邃的哲学个性，于家庭日用与乡国天下，自静止语默
以至进退辞受，皆端肃庄严，"见之者无不不寒而慄"；及至晚年，则造履益
醇，涵养精粹，"诣力精邃，揭慎独之旨，养未发之中，刷理不爽秋毫，论
事必根于诚意"②，为学教人"如坐春风中，不觉浃于肌肤之深"③。实际上，
蕃昌还言，他曾请教于其他明末名贤，但皆未能使他"汗浃背而泗垂踵"：
"蕃之所以致痛慕于心胸而怅悼无穷者，又岂止于百年千载而已耶？蕃故尝
震于其名而谒大人先生者也，漳海之黄公、会稽之倪公、娄东之张公，皆尝
拜其言，奉其威仪，非不足以少振愒其私，而未能使蕃之汗浃背而泗垂踵
也。"④透过蕃昌之言可看出蕺山学说的独特个性及学术影响力，更能证明蕺
山之"明末大儒"地位确是名不虚传。

_____

所独也。伏乞皇上怜臣父勤苦率先之劳，特行敕部申议，以志不泯，兼付史馆，永垂来
世，则死者得慰而生者愈劝，臣愿捐养母之身荷殳陷镇，死劝忠义，以报皇上，以从先
臣于地下。"[（明）吴蕃昌：《上先臣死节疏》，《祗欠庵集》卷一] 蕃昌于《哭山阴先生文》
中所言的"其冬十月谊当上疏南都"之"疏"当指是疏。

① （清）黄宗羲：《子刘子行状》，载《刘宗周全集》第6册，第39页。
② （清）邵廷采：《请建蕺山书院公启》，《思复堂文集》卷七，第330页。
③ （清）刘汋：《蕺山刘子年谱》，载《刘宗周全集》第6册，第174页。
④ （明）吴蕃昌：《哭山阴先生文》，《祗欠庵集》卷六。

二、立 德

吴蕃昌在世时间不长,三十五岁而卒,虽无"立功",却多"立德"、"立言"之事。其从弟复本① 在《祗欠庵集·原叙》中指出:

> 先兄仲木幼龄颖异,走笔数千言,十六补诸生,弱冠遭国变,慨然有殉君父之志。伯父责以为人后之义,乃不果。于是杜门谢客,弃举子业,锐志于圣贤之事,发为古文诗歌,皆至性所流,不效儿女软媚态,而洋溢充满,如长江大河,机势浩瀚,又如生龙活虎,不可捉缚,虽苏轼父子亦不多让。诗曲折俊爽,悠然竟远,绝非凡响所及。……临殁之日,犹与诸弟讲学不辍,曰:"吾志在先公《年谱》后叙,行在《阐职三仪》,以不终丧为不孝。戒殓以丧服。三月即葬嗣父母冢侧。凡事悉遵家礼。"无一语及私事。呜呼,兄可为得正而毙者矣,可谓节孝两全者矣。即无文章之美,非所谓立德者哉?然后世思其人不可见,庶几于文章见之。②

蕃昌以忠孝节义名满天下,父殉国而已决意进取,一身不事二主,克己尽忠;嗣母查氏亡而悲伤过度,呕血而卒,至性尽孝。故其从弟赞蕃昌"得正而毙,节孝两全"。据此而言,蕃昌有"立德"。

吴蕃昌为父请谥而彰显忠孝节义精神。所谓"谥",吴麟征有言:"谥以易名节,以一惠劾其言行事业之贞邪,而以两字阳秋之,使陈力者闻而企,兢进者闻而悚,不待赏罚,而贤不肖皆劝焉。"③据《吴麟征年谱》记载,吴

---

① 吴复本,具体事迹不详,为张履祥门人。[吴复本:《杨园先生文集序》,载《杨园先生全集》(上),第6页]
② (明)吴复本:《祗欠庵集·原叙》,《祗欠庵集》卷首。
③ (明)吴麟征:《为先伯考请谥揭》,《吴忠节公遗集》卷二《揭》,第390页。

麟征于万历四十六年戊午（1618）与长兄吴麟瑞同中举人①，天启二年壬戌（1622）中进士，三年癸亥（1623）受官司李江西建武，六年丙寅（1626）秋七月因父吴中任殁而丁忧，崇祯二年乙巳（1629）补选司李福建莆阳，五年壬申（1632）辞莆阳，诏授吏垣给事，七年甲戌（1634）因上《请罢中官疏》和《罢缉事厂臣疏》得罪当道而辞官回籍，十一年戊寅（1638）三月补吏垣给事右掖，夏四月迁兵垣给事左掖，十二年乙亥（1639）乞骸回籍，十三年庚辰（1640）秋八月移官刑垣左给事中，十五年壬午（1642）半载三诏入刑垣，十六年癸未（1643）四月诏受掌垣，十七年甲申（1644）三月初七，拜太常少卿，十五日奉命守西直门，十八日寅刻，德胜门破，李自成军入皇城，吴麟征遂弃西直门，入三元祠，二十日酉刻作《绝笔》，又《寄秋圃先生书》，忧江南有事，《寄从弟书》，明生平学文天祥"要穷就穷，要死就死"之志，《寄诸子》，教以读书明义理、崇俭朴，不能北面事人之义，并有《遗渊书》。②是时，祝渊往视，二人遂诀别；酉刻，麟征投缳自经，慷慨赴死，从容就义；三日后祝渊为之含殓盖棺，但仍白髯戟张、凛冽如生。后，弘光朝议赠为"兵部右侍郎"，议祭"四坛"，议谥"忠节"，议葬"所须属有司营理全具"，议祠"祠祭京师，春秋俎豆无阙"，议祠名"旌忠"，议恩"先曾王父母王父母及母淑人诰命如大人官"，议荫"一子入监读书"③，清朝赐谥"贞肃"④，为清顺治皇帝所表彰前代二十忠臣之一。蕃昌对南明王朝对麟征之赠谥有些不满，曾两次上书兵垣议郎，探讨封谥过程中存在的不公。

在《上南都议郎蒋公书》中，蕃昌申明吴麟征在四方面比其他殉难诸臣之节义精神更为突出。其一，"无如先大夫忠"：麟征曾为外吏十年，后任侍从十年，再以晋阶卿士见重，功绩昭彰，如癸未（1643）年请授南司马

---

① 据《年谱》载："其年元旦，大人梦与伯父同中菊于家圃，数之，大人所植少三茎。已而九月并举，大人迟三年再捷。"［(明) 吴蕃昌：《吴麟征年谱》，第 29 页］虽然吴氏兄弟同中举，但麟征迟于长兄三年后中进士。

② 参见 (明) 祝渊：《太常吴公殉节纪实》，《祝月隐先生遗集》卷二《奏疏·纪实》。

③ (明) 吴蕃昌：《吴麟征年谱》，第 209—210 页。

④ (清) 张廷玉主编：《明史》卷 266《列传》第 154，第 4529—4530 页。

史可法（1601—1645，字宪之，又字道邻）节制应援京师；请召大将边军吴三桂（1612—1678，字长伯，又字月所）等捍御寇难；徙宁远城；等等。其说虽不见用，但事后皆以其合理备至。① 其二，"无如先大夫勇"：李自成攻城之日，举国悲愕无计，麟征大夫请皇上下罪己诏，蠲租布诚以款动壮士人心，并请养军士于城外，请百官擐甲带兵练禁卒，率众一决战守。其三，"无如先大夫劳"：麟征蓐食西城，手执跑矢击敌无数；募士缒城，杀贼数百；风雨半夜，徒步叩阙，欲为天子筹划计而为奸辅魏藻德阻挠。其四，"无如先大夫有成绩"：德胜门陷，农民义军骈马而入，麟征受命城下，填石西直门以阻，后历数月始挖掘重启，若八门尽填石充塞，李自成军或许不能进城亦未尝可知。② 城破之日，吴麟征虽未立即赴死殉国难，但终不长生苟且，矢志一死报君王，于崇祯十七年三月二十日酉刻《绝笔》言："祖宗二百七十余年，宗社移旦失，虽上有龙亢之悔，下有鱼烂之殃，而身居谏垣，徘徊不去，无所匡救，法应褫服。殓时用角巾青衫，覆以单衾，垫以布席足矣。棺宜速归，恐系先人之望，祈知交为邪许焉。茫茫泉路，炯炯寸心，所以瞑予目者又不在此也。"③ 拳拳忠君节义情怀展露无遗！正因如此，蕃昌自觉南明王朝对乃父之封谥不公平。

南明王朝为风厉忠臣名节而赠谥殉难死节诸臣，但其封谥过程又表现出不公平和不合理之处，蕃昌总结出十二"不解"，是对南明朝廷封谥的疑问与诘责。其一，以受恩深浅论，小臣之死难于大臣；以奉职劳逸论，小臣之报恩繁于大臣。吴麟征殉节时唯七品官，但忠心可鉴、事功可彰，朝廷却分尊卑亲疏议谥，是"以生时恬退之操，灭死际节烈之义"。其二，莹莹苟苟之臣必无仗节死义，但凡仗节死义者则虽小臣匹夫、愚夫愚妇亦可为之，封谥不当论列"死"之大小，奖"死节"亦非仅奖大臣，否则无从褒扬"单

① 据《吴麟征年谱》引祝渊《太常吴公殉节纪实》言，麟征主张徙宁远城，而群臣哗论，尤其是辅相魏藻德（1605—1644，字师令，号清躬）与麟征建议相左，"深咎公此议，已而寇患急，朝廷悔不用公言，始下旨撤督臣，促之甚急。"三月初旬，始徙宁远五十万众出关，但日行唯数十里，三月十六日入关，二十日抵丰润，而京师已陷，"事介呼吸，一失莫追，悔恨何及！"[（明）吴蕃昌：《吴麟征年谱》，第175—176页]

② 参见（明）吴蕃昌：《上南都议郎蒋公书》，《祇欠庵集》卷一。

③ （明）吴麟征：《吴忠节公遗集》卷三《殉难书》，第413页。

人匹士、愚夫贱妇激烈之忠"。其三，太常、大理为同等阶公卿，但以凌公义渠①为大臣，以吴麟征为庶僚，分别等级，则不可解。其四，同为庶僚之王公章②因"城守"而死事则论列于大臣，麟征亦奉命守西直门，且以土石填门，功绩卓越，却不论列为大臣，则不可解。其五，以城陷死则可谓慷慨，以守城未陷而从容死，麟征之举同样为"忠"，朝廷不以"事功"仅以是否"遽死"为判，固然城守有异、官位有异，但不可以城陷者贤于不陷者、以侍御之死贤于奉常大臣之死而重死贵守，显失公允。其六，煌煌大明王朝进士众多，但国破殉节之士并不多，③南明朝廷亦惜爵封谥，惟寥寥二十人，"不以为少，反以为多"，国家当于死节贤才界之厚秩，而非廷疑不决。其七，朝廷疑以死明忠者，且锱铢必较，进罪几何，加官荫子几何，且动援成例，则不能劝忠明节，实为荒谬至极。其八，朝廷视国破殉国者高于殉封疆者一等，又视帝死殉帝者高于殉国者一等，则朝廷所评断者"既不能援前例以为名，又不忍虞后例为再见"，事出吝惜蹊跷之举。其九，国破大难既成，南明朝廷虽不为臣子叙劳，但当于中兴方艾之始，宜以死节励天下人心、以守城励天下人事，切不可以死节为得已、以守城为无稽而涣散人心。其十，封谥议者不能尽详忠节之士之节义生平，有人谥以为"忠"，有人谥不得"忠"，有人表其生平而曰"正"，有人则被略其生平而概为"节"，甚至有人并"节"亦不可得而曰"愍"，表彰封谥之标准尚不完备。其十一，

---

① 凌义渠（1591—1644），字骏甫，乌程人，天启五年进士。城破时，闻帝崩，负墙哀号，触柱而披面流血，尽焚平日所好之书籍，具绯衣拜阙，作书辞父，自经殉节。赠刑部尚书，谥忠清，清朝赐谥忠介。(《明史》卷 265《列传》，第 153 页)

② 王章（？—1644），字汉臣，武进人，崇祯元年进士。农民义军陷京师，王章守阜成门，为人刺杀。赠大理寺卿，谥忠烈，清朝赐谥节愍。(《明史》卷 266《列传》，第 154 页)

③ 吴蕃昌《漆者包君传》言："昔者豺狐入国，天宇晦暗，申大义者范文贞公（讳景文）、倪文正公（讳元璐）、李文忠公（讳邦华）、王忠端公（讳家彦）、孟忠贞公（讳兆祥）、施忠介公（讳邦曜）、卫忠毅公（讳景瑗）、朱忠庄公（讳之冯）、蔡忠襄公（讳懋德）、凌忠青公（讳义渠）、周文节公（讳凤翔）、马文忠公（讳世奇）、刘文正公（讳理顺）、许忠节公（讳直）、成忠毅公（讳德）、金忠节公（讳铉）、吴忠节公（讳甘来）、王忠烈公（讳章）、陈恭节公（讳纯德）、陈恭愍公（讳良谟）、汪文烈公（讳伟）、申节愍公（讳佳胤）、孟节愍公（讳章明）与先忠节公，文臣仅二十四人。"[(明) 吴蕃昌：《漆者包君传》，《祗欠庵集》卷四《传·行略》]

有忠节之士被赠官三级，有的则是一级，甚至有的是原官，吴麟征即是封原官而未有赠级，究其缘由，则以其任官未久，但他官或如司农亦任官未久却遽赠为内阁，朝廷封谥明为"褒扬死忠"，暗则"复行黜陟之事"。其十二，封谥本是严肃之事，朝廷不当吝惜，而当以之为新朝廷擢名器、立朝纲，然则庙堂上下门户党援，借封谥而行饱私囊，争论升迁，则朝廷负愧忠节之名。①

实质上，蕃昌所列十二条"不解"非只是为乃父之封谥鸣不平，而是揭露新朝廷对先朝忠节之士的不尊重、对臣民节义气节的践踏和无视。南明新朝初立，理当大奖特奖前代忠臣贤良以立朝纲、树正气，毕竟国破时申明大义而以死明忠之文臣仅二十四人而已，多褒奖、重褒奖对于造就南明朝的福祉和实现新政之持久则是重要之举措。当然，奖掖臣僚、封谥殉难忠节义士当有基本原则。蕃昌在《再上南都议郎蒋公书》中即指出，封谥的基本原则是"异同不可无也，异其所宜，异则不求其同；同其所宜，同则不求其异"②。即是说，于平日庙堂之上，人臣有官阶职别之差等，人人可殊分，"异其所宜"；但于国破效死尽忠之日，节义臣子殉国殉君，殊途而同归，"同其所宜"。服官虽有异，但忠义气节却相同。考虑到官阶差等，封谥时可以有所差别对待，但相同官阶之忠节义士之封谥不可有异；考虑到被封谥之人皆有忠义气节，封荫时可录一子而裨益世教，但不能因官阶之差等而封荫有异。于前者，蕃昌反对"宜异而反同将"的做法。他指出，臣僚生前自有名位声望，"就其生平之名位而加隆焉，旌之也，位高者高之，位卑者卑之，则高者无以致其旌曰'无等'。故因其爵第品秩，大臣庶僚之议所当属太宰定之"，但大臣与庶僚之等级仍相差异，"异而不嫌其异"。即是说，太宰议定封谥的忠节义士进爵品阶，可以有所不同，但南明王朝封谥二十人，"独于李、倪诸公皆三级之，其余皆一级之"，以大臣三级之，以庶僚俱一级，是谓"宜异而反同将焉"。皇上悲痛人臣大节之不返，故求其生者封荫，所谓"去贤者不远，犹能体乃父之志"，皇上用大节人臣之子如其父嗣

———————
① 参见（明）吴蕃昌：《上南都议郎蒋公书》，《祇欠庵集》卷一。
② （明）吴蕃昌：《再上南都议郎蒋公书》，《祇欠庵集》卷一。

王，用其孙如其祖而明其事，以使忠臣之子孙祝悠绵长。本来，大节之臣子殉君之志同，殉君之事同，殉君之日同，中兴奖礼亦当同，但封荫过程中有人封荫子与孙，有人唯封荫子，如此则分别忠节臣子之死有不朽有速朽，显见有忠节臣子之子贤而孙不贤，有忠臣之子孙皆贤，且大臣与庶僚之封荫亦相异，结果是"徒令君恩有隆薄之嗟而后世延等殊之议"，此谓"宜同而反异之者"①。忠节臣子其事同则其人不能有异；其扶植纲常以死尽忠之大端同，则对其生平定位亦不当有所异。

从根本上言，正是看到了南明新朝对待前朝忠节臣子的不公平封谥与赠荫之举措，吴蕃昌才决意进取。蕃昌在《上郑广文书》中说明自己不入南明新朝，不应科举考试的多层原因。其一："为文之资荒且顿"。蕃昌言，他虽少时即能事章句，但房师屡钝而不能通诠疏解以助自己进步，早岁时又出奉祭器、承祧吴中伟宗嗣而远生父吴麟征之关怀，"渐越常矩，其视经传若奉大吏，面从心违，乐窥有韵之书，好为无稽之论，有司试诵帖括，应故事耳"，故为文之基不坚且不深。其二："为文之质痿且殆"。蕃昌身体素来羸弱，幼时有婴疾，又早涉人务，致使一切狼藉，神理而外蠲，不能自保惜啬；后遭国变，父死殉国难，行跣悲号，恸哭厥绝，几不能生；又遇兵锋，流离失所，贱患多危苦，"床案间物指点舛乱，令睹者皆骇泣"，人不堪床榻起卧而无以属文章，甚或给友人做答书之气力亦无。② 其三，亦是最重要之原因在于，"人生免其所可为，委其所不能为，不待筹计自决决于寸心，不欺寸心则不欺死父，不欺死父则不欺当世"③。蕃昌以为，在明末时代，倘若援引世卿之容而眄睨茵鼎之侧，必为卿大夫所辱。蕃昌之志不在功名利禄与笔墨之业，非盗父命而自以为高名。乃父吴麟征忠义殉国，然南明新朝待之不公，即便是麟征立朝之时，亦受人排挤倾轧，但他"报国宁居人先，邀恩

---

① （明）吴蕃昌：《再上南都议郎蒋公书》，《祗欠庵集》卷一。
② 吴蕃昌在《答彭子仲谋书》中指出："兄目眚不更作耶，凡见疾患之频仍间作者，多由积火所召。目之积火在足厥阴经，足厥阴者，肝也。肝蓄感愤而目掌繙阅，二者于兄不能息，又过之，愿自觉也。畴昔之夕，弟复中肺寒息贲不休非四三夕不可平，不答昨书以此。"［（明）吴蕃昌：《祗欠庵集》卷一］
③ （明）吴蕃昌：《上郑广文书》，《祗欠庵集》卷一。

愿居人后"的正气精神时时激励蕃昌，在其位则谋其事，不在其位但求正心诚意，求得心体之澄明无碍，则能操寸心而下报先人。南明新朝不足以风厉激劝后死诸公，亦无张恢复大义之举措，吴麟征持炯炯寸心侍帝于天上，面对无所宏图大业之南明小朝廷，则无以瞑目，蕃昌又岂会委身于其中？蕃昌之志在其所编《吴麟征年谱》，他于是谱《后序》中有言："人生不幸，至求死所尚，犹如此其难乎？不如其速返而负土石，开玄堂，立庙门，肖德像与邻翁父老伏腊奔走，子孙醵泣，以春以秋，庶几大人形魄无恙。"① 因此，吴蕃昌焚制举书，谢人间事，操锄镅归墓田，入承老母，出事党里，无过恶与狂惑，能重返初心。

蕃昌虽无杀身成仁之殉国壮举，但其不事科举、不忠二主的气概也表现出其极强烈的"节义"精神。同时，他为父吴麟征撰《年谱》，为先从大父吴中伟撰《先司寇公行略》，为叔父吴麟武（1604—1648，字玉书，晚号耐庵）撰《叔父兵部主政府君墓版文》，以及因嗣母查氏亡而悲恸自卒，皆展现了他的"孝义"精神。所谓"孝"，蕃昌以之为"合德于天，著义于地"之事。在他看来："人受天地之命以立，子受父母之性以生，能通乎父母之性者即达乎天地。达天者，喜怒哀乐可以率天下万物。忠之德刚而其道顺，气近于天；孝之德顺而其理刚，气薄于地。合于天地者，其气可以万国，其神可以万世，天地亦倚人而不穷者。"② "孝"是天经地义之事，是上达于天下薄于地之举。父母生育了后代，后代之生命便自然得以保持与存养，后代有其属于自己的生命存在，后代之生命的养成，终究是前代生命的传延。从"生命"之无限延续而言，现实之自我生命与先在之父母生命，进而给予先在父母生命之更先在父母之生命，生命无穷尽，而其本质则是天地合德、阴阳化生。现实之人珍爱自我之生命，必体贴关爱给予自我生命之父母亲，亦必能体贴关爱父母亲之兄弟姐妹。现实自我生命有限，生命存在无限，对血缘亲属、相互关联之远近亲疏生命的关爱和体贴又是无穷。这正是一种"忘我之仁心仁性"，诚如唐君毅所言："我自觉父母宇宙生我对我之为善行，而

① （明）吴蕃昌：《先大父年谱后序》，《祗欠庵集》卷二。
② （明）吴蕃昌：《青山孝子祠记》，《祗欠庵集》卷三《记·议》。

肯定此善行；念父母宇宙之能自超越以生我，我即报以我之自己超越，以孝父母宇宙，则为自觉之善行。"① 《论语·学而》中有子即如是言："君子务本，本立而道生。孝弟也者，其为仁之本与！"。撰著先人《年谱》、《行略》、《墓志铭》等，本质上是要传延祖宗先人的做人道理或治学精神。② 个体人的肉体生命可以消逝，但人的精神正气不会消逝，而重要的载体就是对先人事迹行为的书写和总结。《论语·学而》有言："父在，观其志；父没，观其行；三年无改于父之道，可谓孝矣。"杨伯峻先生如此译介：当父亲在的时候，观察儿子的志向；当父亲不在，观察儿子的行为。若儿子对父亲之合理部分长期不加改变，可以说做到"孝"了。③ 所谓"子承父业"之内核即是对父母祖辈理性精神的承续。就此而论，这种对先人理性生命地传沿，才是最高贵品质的"孝"。

三、立 言

《论语·述而》有言："有德者必有言，有言者不必有德"。蕃昌有忠孝节义之仁德，亦能有一定立言而述志，虽非长命之人，但若假以时日，未必不成为道学名家。整体而言，蕃昌立言主要体现在两个方面，即论"道学"和论"师说"，皆有所自得和感悟。

吴蕃昌关于"道学"的思想主要体现在《答彭子仲谋书》中。从答信内容可以看出，彭曾写信给蕃昌，且对蕃昌诘难：

---

① 唐君毅：《文化意识与道德理性》，中国社会科学出版社 2005 年版，第 32 页。
② 吴氏家族以"忠孝"为先，南明王朝曾诏赐"一门忠孝"帜。吴蕃昌《叔父兵部主政府君墓版文》："方监国之师画江而阵，荆国方公国安宜兴、郑公履谦屯兵瀱汜，复拜熊公汝霖为行。在大丞相时赴义公曹者，咸趋将帅以进，而公率妻子抵会稽，独谒丞相，涕泣陈事。丞相袖上其书，诏优答之，援兵主政，参丞相熊公军。公故辞，并上两兄报国状，诏赐'一门忠孝'帜以号其军，敦促视戎事。"[(明) 吴蕃昌：《祇欠庵集》卷五《墓志》]
③ 参见杨伯峻：《论语译注》，中华书局 1980 年版，第 7 页。

弟捧手而俟之矣，蒙兄垂诘，谓："弟居今之世，不知所读者何书？而讲者何道也？"弟敢敬对曰："自此而往，欲毕其余齿以读者六经四子，犹布帛米菽，顷刻不可去之书。欲因之师友以讲者'朝闻暮息'，于造次颠沛，须臾不能离之道。"其他大旨正无殊于兄之教我"辨邪正"、"晰义利"之数端。盖闻之非艰，唯蹈之艰，故且读且讲之耳。①

彭仲谋诘问蕃昌"读何书、讲何道"，蕃昌则答书云其所读之书是"六经四子"之书，即儒家四书五经之书以及宋明理学周敦颐、二程、张载、朱熹、王阳明、刘宗周之书；所讲之道则是儒家"朝闻夕死"之道。在蕃昌看来，儒家之"道学"蕴于儒家经典之中，要明白何为"道"，须精读细研儒家经典，于"读书"中体悟其中内蕴的哲学义理和人生哲理。儒家经典之书是古圣先贤哲学智慧、道德思辨、精神慰藉和实功实行的文字总结，是对过去的思想史、哲学史、道德史、文化史的历史概括。作为追求精神信仰、道德价值、义理规范的儒家知识分子，透视儒家圣贤所著经典文献，可体悟君子、圣贤人格之所在，能促进自我哲学思辨、道德追求、理想信念的完备和自觉。蕃昌业师刘宗周《读书说》即言："圣贤之心，即吾心也，善读书者，第求之吾心而已矣。舍吾心而求圣贤之心，即千言万语，无有是处。"②儒家先贤著书立说为后世之人处事践履提供理论根基，读书者可从圣贤书中汲取精华，反思体悟，以形成自己的心得感悟。蕃昌已经注意到，由单纯读书到将书中之道理转化为自己的心得感悟，这本是"由知到行"的过程，只是"闻之非艰，惟蹈之艰"。现世之人，作为独立个体，接受和学习道理理念的方式不尽相同，对道理理念的理解更不尽相同，但每人心中总是有一个他所理解的"圣人"形象，只是这个形象到底就是那个普遍接受的至高至大至善的"圣人"吗？所以就有了"讲道"，通过特定的"讲者"的各抒己见和"听者"的明辨晰理，多元的个体的"圣人"逐渐汇聚为真正的属于"道"体范畴的"圣人"形象。每个人可以不接受他，他真正的"圣人"真真切切

---

① （明）吴蕃昌：《答彭子仲谋书》，《祗欠庵集》卷一。
② （明）刘宗周：《读书说》，《刘宗周全集》第 2 册，第 305 页。

在每个人的内心里，"讲道"就是把这个真正的形象在每个人的内心深处开拓出来。真正明白了道理，也就真正体会了"道"。

蕃昌心目中的"道"就是"修己之敬"。他说：

> 弟谓：人生入地以前，坠地以后，业术纷纭，要不能夺"修己之敬"，如斯而已乎？则修己而文词著，如斯而已乎？则修己而事功，成功者，修己之效也；文词者，修己之华也。修己而不足于事功文词之间者，非其才则遇为之矣，未有能文词事功不修己而可与于圣人之途者也。贤者识其本其原，不贤者穷其流其枝，贵乎儒生诵书史、通道理，不以身外之业先其身，不以心外之欲贰其心。卓荦哉，豪杰之举也，丈夫之志也。虽不敏，请事斯语矣。①

"敬"本为宋儒程颐致力为学之方法。他说："涵养须用敬，进学则在致知。"②朱熹释二程之学，强调"敬"的重要："主敬以立其本，穷理以进其知"③，"持敬是穷理之本"④。在程朱理学，"敬"乃是"静时涵养"之道德修养工夫，其前提是"静"与"动"、"涵养"与"省察"之二分。人在进学之初，脚踏实地，实心践履伦理道德规范，在点滴事件中体认人性与天理。蕃昌业师刘宗周认为："君子之学，言行交修而已。孔门屡屡言之曰：'不敢不勉，有余不敢尽'，'不敢'二字，何等慎着，真是战兢惕厉心法。此一点心法，是千圣相传灵犀，即宋明主敬之说，穷此之谓穷理，尽此之谓尽性，至此之谓至命，不必另说天说性，作蛇足也。"⑤所谓"敬"，是孔门千圣"相传灵犀"，"不敢"便是战兢惕厉、谨微慎密、求真务实，便是"慎著"。"敬"是端庄检点、行事慎微，是要实现自我约束、自我规制、自我监督。

无疑，蕃昌接受了乃师的观点，时时保持"敬"、"诚"的心态，才会

---

① （明）吴蕃昌：《答彭子仲谋书》，《祇欠庵集》卷一。
② （宋）程颢、程颐：《二程集》，《河南程氏遗书》卷18，第188页。
③ （宋）朱熹：《朱子文集》卷75《程氏遗书后序》，第17页。
④ （宋）朱熹《朱子语类》卷九《学三·知行》，中华书局1986年版，第150页。
⑤ （明）刘宗周：《书·与以建四》，《刘宗周全集》第3册，第302页。

落实于真事功，事功者仅是修己之敬的"效果"，文词者亦只是修己之敬的"装扮"，未有内心之"敬"，哪有身外之真事功？不能倡明内心之"敬"，无论文词如何华丽，则与精神境界之提升又有何意义？蕃昌即指出尚事功者和务文辞者的弊病："尚事功者便多骄兢之举，务文辞者亦有夸诩之言"，惩前毖后、治病救人之方略则"诵书史、通道理"而已。不过，真正挺立道学、构建道学体系的志士贤良，往往因"生不得遇时，死不能正命"[①] 而无所功绩，道学家在其位必谋其事，必修己之敬，但又不为乱世宵小容纳接受，或隐退恬淡，或郁郁忍辱。宁要不能为现世所接纳的道学家，不要擅长辞藻华丽的文章学家，因为"诸大夫之外，自负其事功之雄盛，擅文章之愈，卒以鬻国隳家、贻羞士党者比比试"[②]。不能因为道学家不能有所作为、不为现世所接纳而诟病其为"假道学"，不能为之"为"与虚伪之"为"性质截然相反。只是，从学道的最终追求而言，宁可所学不为现世所重视，亦不可放纵自流而媚俗无耻，此之谓"君子之学"，诚如《荀子·劝学篇》所云："君子之学也，入乎耳，箸乎心，布乎四体，形乎动静"，即"君子之学"在"为己"，在正己而正人。

蕃昌之"志"便是学道学。他在《寿屠母六袠序》中指出：

> 小子蕃有母，其被教于母，寻恒不可计，凡大端则三进焉。亦自崇祯以上，蕃方孜孜营利禄，母则曰："利禄非可营也，视若祖、若父。"蕃拜受命，而所为营不衰。崇祯以降，将辞制举未决，母则曰："善哉，宜辞，视若祖、若父。"蕃拜受命而后决。久之，蕃遂志闻于道，侈谈其目于母之侧，母则扶榻起而坐，瞿然曰："若其心之乎？抑口之乎？恐若心不如其口云云也。道不可口也，亦视若祖、若父。"蕃亟拜于床下，涕泣无从而垂言，感吾母之爱子愈进而愈迫也。[③]

君子之学非苟营利禄之学，亦非空口说谈之学，根本上是修己之学，是证

---

① （明）吴蕃昌：《答彭子仲谋书》，《祇欠庵集》卷一。
② （明）吴蕃昌：《答彭子仲谋书》，《祇欠庵集》卷一。
③ （明）吴蕃昌：《寿屠母六袠序》，《祇欠庵集》卷二《序》。

心、诚意、慎独之学。实际上，蕃昌所坚守的道学、圣学就是儒家之学，是乃师蕺山心学。

尽管蕃昌聆听业师刘宗周授道之时日不多，但坚信蕺山之学上承孔孟、下接朱王，是真道学。他有如是断语："孔孟殁可以有周程朱子，周程朱子殁可以有康斋文清，康斋文清殁可以有山阴刘子，刘子殁学固未可以一日绝于人心也，夫人人而传之矣。"① 在蕃昌看来，宋明理学传承孔孟之学宗旨，只是核心话题有所转变而已，但从道学精神上言，从孔孟到刘蕺山则是一脉相传。秦汉以降，尧舜孔孟之道逐渐湮灭，宋儒起而澄明之，如周敦颐元公之"精"、程颐纯公之"纯"、朱熹正公之"正"。孔孟之后，卓立天下后世之儒矩者为朱子，遵周、程而发尧舜孔孟大旨，其学畅谈"居敬"、"穷理"，但久而久之，朱熹理学之学者，"日狃于闻见诵习之常、文章功烈之末，又相惊沮于异学之高远，而下士乃自卑其道若以为不可，几性命之微者，则儒之为儒，亦何以自拔于狂疑之世"②。理学之弊自然有待另外新学问以救正。修己之学本是探勘内在心体之至善与至纯的修悟之学、心学，非仅诵习文章、考据文辞之格致之学。当然，心学并不废文词章句，只是，若拘泥于文词章句，则不能求达内心之自然澄明与自由自在之心境。在蕃昌看来，幸有后起之姚江王阳明心学"仰而思所以震群伦之长寐，追二氏之久假，而'良知'之说出"③，对于解放思想、挑战文章辞句权威有振聋发聩之功用。一时才智之士瞆而听、疲而立，喜言儒者之学者以阳明之学甚捷且易归，阳明心学有如投丹石于垂殪之人，"为力也专，为效也速"。故而，阳明后学之王艮、王龙溪之辈，或流变为道德虚无主义，或流变为道德自然主义，刘宗周曾批评这两种不良倾向："今天下争言良知矣，及其弊也，猖狂者参之以情识，而一是皆良；超杰者荡之以玄虚，而夷良于贼，亦用知者之过也。"④ 阳明后学叛圣违教、明哲保身、患得患失、放纵恣肆，且援佛入儒，论学或重本体不重工夫，或参之情识率性自然，终究不能挺立人的道德主体性和自觉

① （明）吴蕃昌：《答彭子仲谋书》，《祗欠庵集》卷一。
② （明）吴蕃昌：《再告山阴先生文》，《祗欠庵集》卷六《祭文》。
③ （明）吴蕃昌：《再告山阴先生文》，《祗欠庵集》卷六《祭文》。
④ （明）刘宗周：《证学杂解》，《刘宗周全集》第 2 册，第 278 页。

性，不能凸显道德实践的必然性和必要性。要打破明末社会如此窳败的道德困境，扭转学儒士子的道德价值方向，必须有新思想、新观念、新价值的创生。① 而这个学术重任的承载者即是刘宗周。蕃昌言：

> 先生默以识之，问学不倦，躬行心得者四十年始有事于朱子之学，继有契乎阳明之学。既有疑乎阳明之学，终有合于朱子之学，而端"慎独"之旨以著其功，终归于"诚"以合体于天，而尧舜孔孟之道复大著于天下。
>
> 千百世而上，千百世而下，由蕃之愚不肖得：闻而知之者，朱子也；见而知之者，先生也。宋儒之道至朱子而始大明，儒之道至先生而始成，由朱子与先生之言而求之尧舜孔孟之道，犹天之可以阶而升也。②

事实亦如此，蕺山哲学"出入"宋明儒学，既"接着"宋明理学诸家的理、气、心、性诸理念演绎推理，又能"讲自己"对哲学理念的体贴和感悟，从三方面昭示了宋明理学的三个"向度"，即方法论上从"二分思维"到"圆融思维"，本体论上从"实性本体"到"生生道体"，知识论上从"体、用、文"分途到"德性闻见本无二知"。当然，蕺山哲学尚未实现对宋明理学的"全盘突破"，而是"接着"宋明理学讲，既总结了宋明理学，又凸显了新的思想发展方向。③

但是，从对蕺山之学上承孔孟、下接朱王之学术功绩和历史地位而言，蕃昌的论断是理性和客观的，只是，当蕃昌把业师蕺山哲学之学术宗旨概括为"慎独"，则略显用功不深。蕃昌言：

---

① 参见张瑞涛、陶武：《证心以证人——刘宗周道德哲学探赜》，《学术界》2010 年第 11 期。

② （明）吴蕃昌：《再告山阴先生文》，《祗欠庵集》卷六《祭文》。

③ 参见张瑞涛：《刘宗周与宋明理学"本体论"走向》，张立文主编：《儒学评论》第七辑，河北大学出版社 2012 年版，第 222—236 页；《刘宗周与宋明理学"方法论"走向》，《江淮论坛》2012 年第 2 期；《刘宗周与宋明理学"知识论"走向》，《孔子研究》2012 年第 1 期。

先生之学，"慎独"而已矣；先生之教，"慎独"而已矣；先生之道所以续千圣之绝学而不愧开来哲于万世而无弊者，"慎独"而已矣。由不肖蕃之所窥而浅言之，天之所以为天，人之所以为人，圣贤之所以为圣贤，六经四子书之所以为六经四子书，皆可蔽以一言曰"诚"，而"独"者，"诚"之体也；"慎独"者，"诚"之功也。[①]

蕺山为学凡三变，始从"主敬"入，中操功于"慎独"，晚归本于"诚意"[②]，究竟以何为蕺山哲学思想主旨，已然成为一段公案。蕺山之学凡三变，从"主敬"入手，便是为学之初工夫践履上的战兢恪守、整齐严肃；中期专用"慎独"，即是逐渐将先儒为学之旨之动静、内外、中和、涵养省察等二分的工夫路向达致"合一"，而以戒慎恐惧、静中涵养为用工之要；晚年归本"诚意"，则是在对《大学》全新解释基础上，在对先儒哲学思想全面补偏救弊的过程中，以《大学》统摄《中庸》，以意主心，以性天之诚通合人性之意，在好善恶恶中求索至善自在。蕺山"学"虽"三变"，"变"的是"为学之要"，即每一时期为学之功的用功主旨，体现出为学工夫由不成熟到成熟、由不系统到系统、由"照着讲"到"自己讲"转变的阶段性特征。蕺山虽"学"有"三变"，然其"不变"的是工夫论的实质，即能够认定本体做工夫，且于工夫中体证本体，坚持即工夫证本体，达致"工夫与本体"合一的"真工夫"境界。从整体而言，蕺山学凡"三变"之"变"体现

---

① （明）吴蕃昌：《再告山阴先生文》，《祗欠庵集》卷六《祭文》。

② 蕺山之子刘汋《蕺山刘子年谱》指出："先君子学圣人之诚者也。始致力于主敬，中操功于慎独，而晚归本于诚意。诚由敬入，诚之者人之道也。意也者，至善栖真之地，物在此，知亦在此。意诚而后心完其心焉，而后人完其人焉。是故可从扶皇纲，植人纪，参天地而为三才也。"而且，他以"诚意"概括蕺山为学主旨："先君子之学，以诚意为宗而摄格致于中，曰：'知本斯知诚意之为本而本之，本之斯止之矣；知止，斯知诚意之为止而止之，止之斯至之矣。'"（《刘宗周全集》第 6 册，第 173、174 页）黄宗羲《子刘子行状》亦看到了蕺山为学三变之特性，但以"慎独"为蕺山学主旨："先生宗旨为'慎独'。始从主敬入门，中年专用慎独工夫。慎则敬，敬则诚。晚年愈精微，愈平实。本体只是些子，工夫只是些子，仍不分此为本体，彼为工夫，亦并无这些子可指，合于无声无臭之本然。从严毅清苦之中，发为光风霁月。消息动静，步步实历而见。"（《刘宗周全集》第 6 册，第 39 页）

了蕺山学思明辨逐渐走向完备、为学之功逐渐达致成熟的"阶段性"特征，其本质是即工夫证本体，体现出"工夫与本体"合一的特征。[1] 蕃昌未有阐论蕺山诚意、慎独等哲学思想的篇章文献，无从知蕃昌如何诠释此等哲学理念，仅就其对蕺山哲学核心主旨的概括言，则显见其学力之不深。

综上所述，蕺山门弟子吴蕃昌以孝义为先，既能立德，又能悉心向道、接续师说，有所立言。唯天妒英才，蕃昌早逝，借假以时日，虽不能保蕃昌之学度越师说，但定能播扬广大师说。尚可欣慰者，蕃昌节孝正气，不辱师门，明末时代蕺山学派重忠义气节之思想特质因蕃昌而进一步凸显，诚如张履祥所言："永年非寿，永道为寿。"笔者作打油小诗一首，以赞蕃昌，以结束本章：

生父尽忠殉国难，出入江淮扶枢归。上书封谥鸣不公，德孝品节写精粹。

承祧司寇嗣宗瑞，查母西归己亦随。向学求道蕺山里，立言文章引发挥。

附录：《祗欠庵集·原叙》

昔人之论三不朽也，曰："太上有立德，其次有立功，其次有立言。"虽久不废明乎德之不必兼功，功之不必兼言，得其一，足以不朽矣。而孔子又曰："有德者必有言，则言与德又若是合乎？"故古来忠孝节义之人，虽武夫贱卒必传其一二言以立训，后之观者亦乐得而称述之。唯恨其少，不病其多，而况理学之儒、博闻之士，其德固足以垂不朽而其言尤可以示后世乎！先兄仲木幼龄颖异，走笔数千言，十六补诸生，弱冠遭国变，慨然有殉君父之志。伯父责以为人后之义，乃不果。于是杜门谢客，弃举子业，锐志于圣贤之事，发为古文诗歌，皆至性所流，不效儿女软媚态，而洋溢充满，如长江大河，机势浩瀚，

---

① 参见张瑞涛：《"工夫用到无可著力处，方是真工夫"——明儒刘宗周"学凡三变"阐微》，《国学学刊》2014 年第 1 期。

又如生龙活虎，不可捉缚，虽苏轼父子亦不多让。诗曲折俊爽，悠然竟远，绝非凡响所及。乙未正月二日丁嗣母查孺人艰，三日水浆不入口，昼夜不绝声，寝苫枕凷，杖而后起。比三月而葬，复呕血数升，遂困惫不起，至明年丙申正月二十五日卒于丧次年，仅三十有五。临殁之日，犹与诸弟讲学不辍，曰："吾志在先公，年谱后叙，行在阃职三仪。以不终丧为不孝。戒殓以丧服。三月即葬嗣父母冢侧。凡事悉遵家礼。"无一语及私事。呜呼，兄可为得正而毙者矣，可谓节孝两全者矣。即无文章之美，非所谓立德者哉？然后世思其人不可见，庶几于文章见之。存其文，正以存其人也。从弟复本。

第三章 "兢兢无负其本心"——祝渊的思想世界

> 人心具有一鸿蒙，无妄由来物我同。南北不移成秒有，思为交冥识真中。一针直发无非是，半点钩深总堕空。试向山前望枢斗，宛然心体住玄宫。
>
> ——祝渊《读先生〈读易图说〉敬赋》

> 进礼退义，至训具陈。一朝梦觉，吾还吾真。青袍色绚，投畀烈焰。违义而荣，守义而贱。贱乃至宝，荣非所美。维义不干，吾心则安。葛巾白练，陇首盘桓。庶几乎俯，仰之无愧。而造次之，必端也欤。
>
> ——祝渊《又题》

祝渊（1614—1645），字开美，海宁人，因喜坐对明月，至通夕不寐，因以"月隐"自号，及深于学问，改兼山道人。① 开美于刘宗周蕺山学派中有"庶乎回也"之叹，最称好学。② 开美执贽蕺山之历程，《刘宗周年谱》"六十五岁"条（崇祯十五年壬午，1642）有载："（祝渊）以公车入都，闻先生落职，上书切谏。诏坐妄言朝政，下部议处；渊不以为意，进而纳贽于

---

① 参见（明）吴蕃昌：《开美祝子遗事》，《祝月隐先生遗集》卷下《外编·遗集》，拜经楼藏书。

② 陈确在《辑祝子遗书序》中说："吾友祝子开美，在蕺山之门，最称好学，有'庶乎？回也！'之叹。"[（清）陈确：《陈确集》（上），第239页]

先生，北面称弟子。"① 蕺山先生《君恩未报臣罪当诛谨沥血陈惘仰祈圣鉴以伸在三之谊疏》亦对此有所申明："君臣朋友并属大伦，所从来旧矣。……先与革职，既而有会试举人祝渊上书，争臣不当罢，并奉有看议之旨。随该礼部议覆罚科候旨间，臣固未知祝渊何如也。久之渊乃进而谒臣。访其履历，具道其详，并及所以留臣之故，以其同乡吏科给事中吴麟征尝称及臣之为人也，而渊过信之，以成此误举。臣因诮让之不置，渊自此遂交臣，称门下士，臣携之南还。"② 因此，董玚所编《蕺山弟子籍》、全祖望《子刘子祠堂配享碑》等皆以祝渊为弟子，《小腆纪传》、《明史》故从此说。遭国变后，祝渊胸中充盈忠孝节义情节，先刘宗周而结缳殉节，时年三十五岁，比颜回作古喻三岁而已。陈确在《祝子遗书序》中深情地指出："颜子不死匡围，曰：'子在，何敢死？'而甲申三月之变，先生在籍可未死，开美亦忍死归侍先生。乙酉五月之变，先生、开美皆在籍未死。六月，征书及先生，先生死。薙髪之令至吾宁，开美亦死，率颜子从匡之义也。"③ 另据《明史》载，甲申之变，都城陷，太常少卿吴麟征殉难，祝渊亲为函殓，宿枢下者旬日。杭州失守，祝渊方葬母，趣竣工。既葬，还家设祭，即投缳而卒，年三十五。另，蕺山罢官家居，祝渊数往问学。尝有过，入曲室长跪流涕自挞。④

祝渊有《祝子遗书》传世。《四库全书总目提要》载，《祝子遗书》四卷、《附录》一卷（浙江巡抚采进本），明祝渊撰。是集为其友陈确、吴蕃昌所编。卷一为《问学录》，卷二为《传习录》，皆与刘宗周讲学之语。三卷为奏疏书札，其《劾马士英疏》，仅残稿半篇，以福王时已就擒，而辍笔未竟也。四卷为诗及所记吴麟征殉节事实及祭文，而终以《自警条规》十六条。附录一卷，则刘宗周疏及所作别渊序、赠渊诗，而以谈迁等所作"小传"缀其后焉。⑤ 因祝渊英年早逝，虽博思善辨，一心向学，终不能构架"精一执

① 姚名达：《刘宗周年谱》，载《刘宗周全集》第 6 册，第 459 页。
② （明）刘宗周：《疏》，《刘宗周全集》第 3 册，第 254 页。
③ （清）陈确：《祝子遗书序》，载（明）祝渊：《祝月隐先生遗集》卷首，拜经楼藏书。
④ 参见《明史》卷 255《列传》第 143，第 4361 页。
⑤ 参见《四库全书总目提要》卷 180《集部》第 33《别集类存目七》，第 36 册，第 58 页。

中"之学，然以祝氏之学力与质性，倘若假之以有年，于"精一"之学亦必纯粹。通由祝氏与蕺山先生往复问学答书及所撰其他著述可言，诚如陈确所总结归纳，祝渊为学大旨"尚实践，以知过改过为功，以兢兢无负其本心为要"①。"本心"即道心，道不远人；心本常明，人须克服种种习心、浮名，方可于委心任运中，得以本心日彰。

一、"浮　名"

祝子开美入蕺山门乃因上疏救蕺山。时年崇祯癸未春，刘宗周召起入对，但因其戆直而获罪于崇祯帝，祸且不测，中外舌挢，开美公车入都应试，因感慨于蕺山学术盛名及道德品性，愤然上《请留宪臣疏》，指出：

> 今天下墨吏满海内矣，司风纪之责者求清刚之操，学术之端，孰有如宗周者乎？达练之识，衡鉴之公，孰有如宗周者乎？宗周以戆直而斥，继之者必惩之而为泄沓。宗周以迂执而斥，继之者必惩之而为便捷。夫泄沓便捷之徒安所不至，饱赇营私贞淫倒置，睿照何由而遍，民困何由而苏，贼寇何由而靖也哉？②

因此疏，祝渊获罪，"著从重议处"，夺南宫试，更有后来缇骑逮其入锦衣卫狱事。亦因如此，祝渊执贽刘宗周。宗周先是诘问祝渊，认为其上疏之举有意气用事、声名求誉之过，开美始"怃然请教"，刘蕺山以"远且大者，共舟南还，昕夕讲论，开美得日闻所未闻，于是更益务为闇然之学"③。此时，蕺山即已批评祝氏有"好名"之心，"浮名"最害道，祝氏"本心"之学的挺立和构筑正建基于如何是"浮名"、怎样消解"浮名"之上。

凡求"异于流俗"者，即为"浮名"。祝渊为学端始即重践履敦笃，但

---

① （清）陈确：《祝子遗书序》，载（明）祝渊：《祝月隐先生遗集》卷首。
② （明）祝渊：《祝月隐先生遗集》卷二《奏疏》。
③ （清）陈确：《祝子开美传》，《祝月隐先生遗集》卷上《外编》。

因痛恨"庸鄙流俗"却又陷于"浮名"窠臼。他在《上先生书》，即初见刘
蕺山的问答语之第一通书信中便有流露，于先儒"静中养个端倪"工夫深表
质疑，"静中工夫从何下手?""养个端倪是何景象?"为学者当"不须专靠文
籍"，亦勿须讲求"性命虚摹光景"，只就"视听言动"四者勉强简制定能培
养德性。而且，他"深恨庸鄙者，流动讬中正便其私图忠孝节义之场"，世
人恩恩攘攘，无非为利欲支配，若事事皆求裁度他事他理，人实已转念为失
去"自性"。① 正如对待"礼"，如，期亲之丧，不可张乐；亲丧服虽除，不
可因拘牵时日，或因择地迟久不葬而易服宦游；等等。祝渊认为这样的礼法
约束密集，世人亦往往受限于此等规范而战兢不已，不如"严其大端，宽其
小节"，适当将世人从束缚中解放出来。祝渊以己之所思感悟世人之所行，
以其为束缚、拘谨、庸鄙流俗，故主张"异于流俗"之行径，实已从以他人
所思所想为"转念"流转为自己的"转念"，其本质皆是"念"之"浮名"
而已。

　　"浮名"是习俗习闻遮盖"本心"的结果。蕺山接到祝渊书信后的答书
中指出："此道本不远于人，学者只就日用寻常间，因吾心之所明者而一一
措诸践履，便是进步处，且不必向古人讨分晓也。"②"道心"即在人心之中，
"道心"乃人心之为"心"之本根，言人心必不离"道心"。而"人心"者，
即平常日用之行为处事的自然显示，所谓"道不远人"者即道心寓于人心，
人心自然含蕴道心，二者相即相融。蕺山曾有是言："理即气之理，断然
不在气先，不在气外。知此则知道心即人心之本心，义理之性即气质之本
性。"③ 蕺山论学主张"圆融一体"，凡先儒"二分"的诸哲学理念在蕺山这
里得以融贯和合，④ 故而，看似高远玄幽的"道心"实直接内在于迩者之自
"心"、人心，长安即京师，京师自在长安。正因有如此哲学理念和哲学方法
论，蕺山挺立"道心"，实亦是重视"日用常行"，道心之自然、平常和无思

---

① 参见（明）祝渊：《月隐先生遗集》卷一《问学录》第一札《上先生书》。
② （明）祝渊：《月隐先生遗集》卷一《问学录》第二札《先生答书》。
③ 姚名达：《刘宗周年谱》，载《刘宗周全集》第 6 册，第 410 页。
④ 参见张瑞涛：《从"二分思维"到"圆融思维"——刘宗周与宋明理学方法论走向》，《江
　　淮论坛》2012 年第 3 期。

无虑透过日用平常的德性践履得以深切著明。自然而然但又心安理得，无拘谨于俗套旧习，故："骤遇期丧，自是本心迫切处。因此，发个哀戚心，不肯放过，即与之制服制礼，何等心安理得，此外更求道乎？"其他诸如所谓三年之丧、期功之制、祭祀之节、家庭跪拜皆以"道心"裁之而沛然，"心所安处即是礼所许处"①。心"安"者即是"道心"现者，皆是自然而然而已。但若由"异于流俗"之念想而希图对旧习流俗有所改观，以"立异为高"，仅较量于清浊之间而去彼取此，虽稍能立定脚跟，亦只是"五十步笑百步"，且坠落于"不自知"却以之为新意之"浮名"之中。究其蔽之端始，则人为习闻习见所遮盖重重，无所措手足而已。正因蕺山棒头一喝，祝渊警醒曰："盖因有识以来，所欣慕而乐效者纯是此种意见横据胸中，谓可求异于流俗矣。自非夫子直发病根，严加惩责，几何不终身狂悖陷死而不一悟也？""求异于流俗"正"浮名"之标志，祝渊以此自警，亦从此省悟勘查。

二、"委心任运"

"浮名"害道，但又隐匿人心之中，时时躁动彰明。社会之正义、安稳祥和由众多个体之人凸显道心、因心而践履笃行的结果。因此，蕺山学派开山鼻祖刘宗周重点强调了"适然之谓命，固然之谓性"的立论始基。他在《先生书》中援引刘宗周论曰：

> 凡祸福之来，若是意中事，则当安之固然，若是意外事，则当付之适然。适然之谓命，固然之谓性，尽性至命之学，即于此求之。世人以七尺为性命，君子以性命为七尺，知道者更于此辨之。②

蕺山"适然之谓命、固然之谓性"说深刻点明"性"与"命"的关系。"命"

---

① （明）祝渊：《祝月隐先生遗集》卷一《问学录》第二札《先生答书》。
② （明）祝渊：《祝月隐先生遗集》卷一《问学录》第五札《先生书》。

表示"不期然而然","性"表示"必然如此","尽性至命"则表示人必须毫无保留地、毫无造作地按照"必然之性"行为，至于行为之后终究会达致何样的"效果"，行为人勿要强求，因为结果必然有"不期然而然"① 的可能，作为主体之"自我"只管"尽性"，所得何样效果，只是"命"该如此而已。蕺山《学言》有云：

> 莫非命也，顺而受之，正也。莫之为而为，莫之致而至，如斯而已矣。受制焉，侥幸苟免焉，一为桎梏，一为岩墙矣。莫非性也，率而由之，真也。无为其所不为，无欲其所不欲，如斯而已矣。安排焉，知故造作焉，一为湍水，一为杞柳矣。②

世人所作所为必有"当然之则"，有"命定性"，人须"向善去恶"，且须合德符节，不可不依规则、规范而"随心所欲"。

人故须挺立"道心"，然倘若以己之力要达至某种特定"效果"，则已堕入"浮名"窠臼。蕺山对祝渊求名的激切心态提出批评：

> 足下岂以前日之举为失之误，不免伤知人之明，未可千秋，遂不惜再有奇举，既以盖前愆，又以垂后名，便作堂面男子耶？审若此，则一团私意已如魑魅罔两之不可测，又何以自信于道，终能高视阔步于人间乎？嗟乎，人心之病于私也，如千尺浮云，头头难拨，凡人之认贼作子而误尽一生者往往而是，不然古人一生学力，说惟精，说择善，当在何处用也？③

---

① 蕺山说："人有恒言曰'性命'，由一念之起灭，一息之呼吸，一日之昼夜，推之以至百年之生死。时然而然，不期然而然，莫非性也，则莫非命也。今人专以生死言性命，盖指其尽处言也。而渐易以七尺之成毁，则性命之说有时而晦矣。"（《学言》，《刘宗周全集》第 2 册，第 437 页）

② （明）刘宗周：《学言》，《刘宗周全集》第 2 册，第 440 页。

③ （明）祝渊：《祝月隐先生遗集》卷一《问学录》第三札《先生书》。

"浮名"可怕，世人因一团私意而时隐时现，虽个体之人立志为学除名利，若"志"性不坚，自然不能"随心所欲"。祝渊透过业师蕺山的书信已然醒悟"志"于学的重要：

> 争此一志耳，非人即兽，从无中处之界，然则一刻不立即一刻是兽，一日不立即一日是兽，禅家死后轮回，此刻现前变相，渊三十年来是人是兽，一一简点，真是不寒而栗，愧报无地者矣。深知此事靠不得师友，如渊锢蔽甚深，悔悟方始，尤望夫子稍矜恤而卒教之实，不胜厚幸。①

"志"于学的过程即是崇信"道心"的过程，学道之人不能于此信得过，不能于此有"志"向，便不能对其所向慕的道学"心领神悟"，亦必不能据此道学而践行。受教之初始，祝渊由对蕺山品行人格的尊崇而上升至对蕺山道学、儒学"安身立命"之学的崇信，自然在心头上有所"惊悚"，进而"深愧悔"。单就此反躬自省而言，祝渊已体认了"浮名"之罪过。

有醒悟必有理论统领，祝渊提出"委心任运"观点。经一番蕺山道学的心灵洗礼与病痛中的领悟和勘查，开美感悟："比来见得道理颇觉亲切，在险在夷总著不得一毫意见，著不得一分安排，唯'委心任运'四字体贴真切，便已身心安乐，尤怨两忘。"②"拜夫子教后又六日始就道，随缘任运，差能自适。"③在开美看来，"委心任运"、"随缘任运"者即是尽己事、听天命，随顺自然，做好自己，培养德性，毋要时时念想以己之力改变他人、他世界。循此路径展开，祝氏"本心"之学已与蕺山道学紧紧考虑，已渐近于蕺山本心之学之精髓。但祝渊又时时不忘"救世急著"，虽"奉明教益复豁然敬佩勿斁"，却因"心为形役"，生出诸多焦虑而惴惴不安、心急火燎。祝渊哀叹，世风日下，党祸群起，朝廷内外，上下相疑，何以能国？国家遭惨

---

① （明）祝渊：《祝月隐先生遗集》卷一《问学录》第四札《答先生书》。
② （明）祝渊：《祝月隐先生遗集》卷一《问学录》第六札《答先生书》。
③ （明）祝渊：《祝月隐先生遗集》卷一《问学录》第七札《上先生书》。

变，然世人骧首奋翼，人人自庆，以为功名之会，可耻之行径。面对时艰，开美难释怨艾，且又旋操旋失，"无时无刻不在尤悔之中"，"抚怀负疚，深所不堪"①。

针对世风时弊，祝渊感慨若能以蕺山夫子出仕入都，定可"褫宵人之魄而醒举世之聋聩"，裨益世道人心。祝氏之断非构基于人心之"自省"，而是希图将人心之道心的彰明依赖于个别人物，显然已是对蕺山道学强调"主体性"、自在自觉性的背离，而且他的此种忧国忧民与系于外物的思辨逻辑，必受蕺山批评："详味来书，遭一番锻炼，亦未见有长进处。学力不进便须退，退一步转落千丈坑堑矣。念至可畏也。"② 在蕺山道学看来，祝氏虽有"委心任运"的好主张，却因"猛厉"改过和求全责备，已然构成心病。

祝开美于己之过严格要求，用功甚切，"心为役使"，害道颇深。他有《自警》十六则，又称《私室戒言》，包括：不得妄语、不得忿戾、不得躁急、不得谈人过恶、不得终始易辙亡恒自欺、不得纵耳目口腹肢体之欲、不得观书无序博涉不专、不得临财苟且、不得与人竞胜、不得遇小顺辄喜遇小拂意辄愠怒沮丧、不得言浮于行、不得随俗波靡、不得求备苛责、不得虐使僮婢、不得多忧过计等。祝渊笃志于学的信心和毅力为人敬重，能于闲邪之中克己诚敬，但往往自责太过严厉，不容稍懈。他明确了犯过之后的惩罚手段——长跪，甚至发泄毒誓："初犯者跪香一尺，再犯者跪香二尺，三犯者跪香三尺，如或渝此志者，天地祖宗速殄灭余渊。"③ 在开美看来，有犯辄长跪自责，且书于书之空白处曰"某月某日以某过跪一次"，甚至于私室之中长跪竟日不起，直至流涕自捆。④ 祝渊自讼之严皆类如此。

这样的德修路径并不为蕺山道学所欣赏，"来教似颇伤于猛厉，只此便是欲也。此等意思皆须放在平日用则得力，若到手足忙乱，便是心为形役，非徒无益而反害之矣。"⑤ 在蕺山看来，"适然之谓命，固然之谓性"，凡事求

---

① （明）祝渊：《祝月隐先生遗集》卷一《问学录》第八札《上先生书》。
② （明）祝渊：《祝月隐先生遗集》卷一《问学录》第九札《先生答书》。
③ （明）祝渊：《祝月隐先生遗集》卷四《杂著·私室戒言》。
④ 参见（明）吴蕃昌：《开美祝子遗事》，《祝月隐先生遗集》卷下《外编》。
⑤ （明）祝渊：《祝月隐先生遗集》卷一《问答录》第十一札《先生答书》。

得自然而言，即便是对自我之"过"的"改过"工夫，须是"本心"的"自省"和自悟，"豁然开朗"之省悟便是改过为善。平日面对过错欺伪、欲念燥妄，不可用心太过，而是将一切燥妄心、经营心、期必心、义理思维研虑心放松，减得一分便是减一分人欲，减一分人欲便增一分天理，世人自然可安置其人心于天理之中。实际上，祝渊亦知道"本心之学"之真谛在于"委心任运"，自然而然，诚如他与张应鳌信中所言："为学亦无别法，剥落旧习而已。凡念虑之萌，言动之微有毫末涉于外鹜，溺于习染本心之明，未尝不知，知而复行为欺为妄，请自今始。念虑言动由内达外，细细严勘，如老吏谳狱，纤悉莫遁；如勇士赴敌，生死相持，一毫不容自昧，一毫不容自恕。划除病根，鞭辟着里，则毋自欺之学也，立诚之本也。"① 但他又不能始终坚持"委心任运"的工夫修养进路，自然与其对"本心"主旨的认识和践履密切关联。

三、"何思何虑"

祝渊因用心过度，常常"心为役使"，造成颇多心病，即他时常言说的"血证"。在医家看来，咯血出于心而通于肾，呕血出于肝，肝生气而气有余即生火，肝火乘于心则作心疾。开美于治心明心工夫用功猛厉，故常有咯血之证，蕺山便以"治心为要"劝诫开美，划除心病自然无形体之病，"治心之外别无调理血肉工夫"②。"治心"工夫本质即是"明心见性"工夫，而此心即本然之心，亦即"勿忘勿助"、"何思何虑"之"本心"。

在蕺山谆谆教导和循循善诱之下，祝渊能感悟到"何思何虑"之"本心"之自然无为。他在《上先生书》中指出：

细勘祛病之法无如寡言语、简思虑、时饥饱、适起居而已。客冬

---

① （明）祝渊：《祝月隐先生遗集》卷三《答张子莫夫》。
② （明）祝渊：《祝月隐先生遗集》卷一《问答录》第十二札《先生书》。

> 书卧榻之侧，有云："不见可欲故静，证本体于何思何虑之天。无暴其气则和，必有事于勿助勿忘之际。"朝夕在念，凡遇顺逆二境，稍稍有个自作主宰处，兹趋聆道教，日有理义之悦心。①

唯平心静气，方可心贯万物，物我一体，于体会自我内心的平和、安稳和纯粹中，领会生命的价值和意义，体悟人之善良本质，通透德性与践履的圆融，本心之诚与行径之真自然接洽合一。真知善自然恶恶，知善即是恶恶，真知自然无复行。

或许正因于"何思何虑"有如此的亲切体会，祝渊就王阳明"四句教"提出不同意见：

> 昨暮偶思阳明先生有云："有善有恶者意之动"，"意"既有善有恶，便于"诚"字推不去，因思"有善无恶者心之体，好善恶恶者意之正，知善知恶者知之良，为善去恶者格之致"，复其有善无恶之体，而心正如其好善恶恶之天，而意诚尽其知善知恶之量，而知至着其为善去恶之实，而物格行得到处才是知得彻处。②

开美四句教法中以"本心"为自在澄明，有善而无恶，看到了"心"的至善本质，体会了"意"的好善恶恶的价值导向性和德行方向，探析了人内在良知的自我主宰性和自觉能动性，强调了人践行道德规范、行善祛恶的现实可能性，并将"意"之"诚"、自然自在性与"知"之"格"、必然实然性通贯，可谓一气呵成，自成系统。祝氏的四句教法对阳明"有善有恶者意之动"表示怀疑，赋予"意"之"形而上"本体意义，通过"意"的德性价值方向性，解构阳明四句教之"意"的"形而下"行为现实性，是对业师蕺山道学的亲切体贴。

蕺山对阳明四句教法展开批评，并提出区别于阳明的四句教法："有

---

① （明）祝渊：《祝月隐先生遗集》卷一《问答录》第十四札《上先生书》。
② （明）祝渊：《祝月隐先生遗集》卷一《问答录》第十四札《上先生书》。

善有恶者心之动，好善恶恶者意之静，知善知恶者是良知，为善去恶者是物则。"①所谓"有善有恶者心之动"，表明人心之可塑性，凡个体之人出于"目的"的、有所为而为的行为、事件，自然便有善与恶的性质之区别。所谓"好善恶恶者意之静"，人心中自然内蕴"意"，对个人行为举止起规范和约束作用，本质上表现出主体的自主选择："在好（喜好）恶（憎恶）的形式下，对善的肯定和追求和对恶的否定与拒斥，已不是外在强制的结果，而完全是出于主体的内在意愿"②，彰显人的自我主体性和自主选择性。"意"之"好恶"实质上是基于"知善知恶"之"知"的"自觉地行"，知是行之基，行是知之实："'知行只是一事。知者行之始，行者知之终；知者行之审，行者知之实。'故言知，则不必言行；言行，亦不必言知，而知为要。"③自然存有的知善知恶之"知"自然"好善恶恶"，故说"知善知恶者是良知"。作为道德主体之心，"意为心之存主"而"好善恶恶"，"知为意之精明"而"知善知恶"，由"意"与"知"作用的"心"则自然"为善去恶"。"心"、"意"、"知"所行所在便是"有善无恶"。"有善无恶，归之至善"，蕺山名之为"物"。此"物"非"物体"之"物"，而是"事件"、"规则"之"事"，是人所普遍遵循的"规则"，具有"天理"的本性。④个体之人心善恶交杂，每个人都面对属于"道德"评判的体系，都由被动接受规范到主动实践规范，进而自觉体贴和反思生活、生命价值的状态，在体思"事"中践行"知"："就知中指出最初之机，则仅有体物不遗之物而已，此所谓独也。故物即知，非知之所照也。"⑤从人作为终极的道德实践主体讲，人终究走向自觉。终极的意义不能取代现实的意义，现实的意义也不能否认终究的价值，故而可说"为善去恶是物则"。总之，"心"是"意"之外显，"意"是"知"之施行，"知"是"物"之细则，"心"、"意"、"知"是"物"之"至善"的指画与推

---

① （明）刘宗周：《学言》，《刘宗周全集》第 2 册，第 391 页。

② 杨国荣：《刘宗周思想的历史地位》，《中国哲学史》1996 年第 4 期。

③ （明）刘宗周：《人谱》，《刘宗周全集》第 2 册，第 19 页。

④ 参见黄敏浩：《刘宗周"四句"的诠释》，《中国文哲研究通讯》第 8 卷第 3 期，1998 年 9 月。

⑤ （明）刘宗周：《学言》，《刘宗周全集》第 2 册，第 389 页。

演。那么，"心"具有了能动性、自觉性和主体性，且与天命之性相通，"人心，浑然一天体也"①。

终究而言，祝氏"心意知物"四句的体贴只是模糊的轮廓，与业师道学相距甚远。但蕺山对其观点表示高度赞扬："只扼定'何思何虑、勿忘勿助'两言做工夫便能寻先上去，第恐峻绝处着手不得，反成退步耳。努力！努力！王先生言'古学（今本作《大学》——原书注）自是有病'已经龙溪驳正，可不待言，即如足下所纠正者，仆亦尝有是言，但终看作四项，非古学本旨。试以自心置在个中一一体贴，便如截流断港，动成隔碍也。今可且将前人话头一切放过，专理会自家事，如上文所云者，久而有得。"②倘假祝渊有年，于蕺山心学定有更大推进。

祝渊还提出，要达至"何思何虑"境地，须常保任身心。他言："静坐时，存想多，易致火。近觉身所往处，心即在是，只轻轻唤醒，尝常保任，便心存而身泰。此处正自着力不得也。凡一切存想，脐下命门并数息调气，悉是有为法，心愈不得静矣。"③当调心静坐时，安神凝情，即心即身，推演开来，即善思即善行，即自我主宰即自我道德践行，世间言行举措手足，皆自然发端于内里之心，心的主宰性、能动性和知善本性一切彰明出来，便构成了和谐圆满至善纯真的世界，"身所住处心即在是"。一切自在，一切自然，无时无刻不彰显内心的真诚和良知，内外本是通融，知行本即合一。就此处认得真切，自然无须缠著好利好名之念想，"凡一切念想悉是有为法"，于"何思何虑"愈发遥远。开美病中证道，苦心弥珍，蕺山不无欢喜之色，更教以进步之法：

> 身所住处心即在是，甚善。更须知此身非止七尺腔子，满世界皆心，满世界皆身也。故又曰："天下何思何虑？"何曾止向七尺讨分晓乎？为此说者，恐其神明受锢于形骸而渐起一种自私自利之见耳，不如大《易》曰："兼山艮，君子以思不出其位。"认得"位"字清楚，亦

① （明）刘宗周：《学言》，《刘宗周全集》第2册，第410页。
② （明）祝渊：《祝月隐先生遗集》卷一《问答录》第十五札《先生答书》。
③ （明）祝渊：《祝月隐先生遗集》卷一《问答录》第十七札《上先生书》。

何至坐驰之有？①

逐内逐外皆是过，本无内外，内外通贯；分身分心、分人分物亦为过，本无身心、人物，即身即心，即心即身，人物一体，物我和合。祝渊《师说》有言："上天下地曰宇，往古来今曰宙，士君子在宇宙间须将身子与万物例看，凡宇宙间道德事功在人在我总是一般，著一豪人我、一豪多寡胜负相，总之谓躯壳上起见，此是内外公私王霸义理之分。"②"身所住处心即在是"，正是"物我一体"理念的体思，是《艮》之君子思"位"的真切体悟。

但是，祝渊对"何思何虑"的感悟并未信得真切，时有恍惚，怀疑此种"本心"之"明"乃是"虚见"："渊尤悚然，畏之静坐时一念不起，颇觉有万物一体光景，恐亦只是虚见。当酬应时不失此体便佳，要非真精神，数年翕聚不易得耳。"③因此，蕺山批评开美曰："病中才说'何思何虑'不了，却又寻题目做，文字学问未到从心境（元本作'景'——原书注）界。"④究其原因，"躁心未平"，"生死心未除"⑤。祝渊有"行止"理论，认为时行则行、时止则止，生死正为行止大端，不著毫末，"著一豪怕死念头不得，著一豪不怕死念头亦不得，两忘不著此处是正当处"，但凡能息却劳攘心、计较心，便可于事变之来稀松平淡。应然之心体大端的何思何虑与实然的身体的道德践行总是存在张力，祝渊"生死心作祟"，或纠结于为父母改葬⑥，或冲动于己之被逮⑦，从而流于人欲之私："理欲之关夹杂倚伏，极其微妙。"

---

① （明）祝渊：《祝月隐先生遗集》卷一《问答录》第十八札《先生书》。

② （明）祝渊：《祝月隐先生遗集》卷四《师说》。

③ （明）祝渊：《祝月隐先生遗集》卷一《问答录》第二十札《上先生书》。

④ （明）祝渊：《祝月隐先生遗集》卷一《问答录》第二十一札《先生答书》。

⑤ （明）祝渊：《祝月隐先生遗集》卷一《问答录》第二十四札《先生书》。

⑥ 《上母舅冶堂孙公》："渊辈罪大恶深，天夺之鉴，昔年误徇术士，委先人于恶壤，粉身齑骨不足云。偿客冬，生母播迁，未有爱止，渊夙夜怵怛，蔬水不饱，苦块靡宁，既已抱莫大之恨、无穷之痛矣。讵意春秋太宰虞翁先生枉临，具述杨玺卿先生之言，先父母卜兆曹湖，凶恶尤甚，太宰蹙额，苦口力劝，更徙且慨，然有相成之意。"（《祝月隐先生遗集》卷三）

⑦ 《上先生书言》："前岁闻逮，颇能镇定，及至禾郡，亲友竞以苟且之说相劝，此中大为所动。遂与徐虞翁面商，一日偶尔省得'义命'二字，当下如释千觔重担，尤怨都消，身心俱泰。"［（明）祝渊：《祝月隐先生遗集》卷一《问答录》第二十二札］

于此际严勘，"勘得一分入细便是一分得力，从上圣贤彻底工夫，祇是心细到极处"，但渊"经营劳攘，固子职应尔，而得失憧憧已渐溺于人欲之私而不觉"①。

四、"无负其本心"

祝渊心灵的反思和哲学义理的辨惑并未消解他"本心"之学的道德践履进程，反而是愈有心悟的懵懂，愈有"无负其本心"之德行的展开。祝渊平生为世所传讼者大端：上疏留宪臣蕺山先生、焚冠袍及葬母结帨殉节等。祝氏以其短暂一生，尽显"本心"之纯粹。

上疏救宪臣刘宗周，舍生取义，彰显宏阔气象。时崇祯壬午间，海昌县民困，而县令愁苦荼毒激民愤，首发难者为陈确，为县令仇恨。祝渊与陈确同学，亦为县令仇视，友人劝其进京避祸，且可假馆候试。因刘宗周清直敢言，诏对抵帝怒，值周延儒擅权专政，奉旨放归。祝渊感蕺山忠节而激愤上疏，请留宪臣："然则宗周言即不当，陛下亦宜优容之，以比怒蛙之式也。陛下上念社稷，下为民生，诚不难以天纵之神圣受绌于匹夫，撤回成命，赐复原职，俾计典有成，肃清吏治，作正人之气，奏安攘之略。臣即受妄言之诛，臣亦幸甚!"②因此，祝渊奉旨"任臆狂肆，著从重议处"，奉逮系诏狱，先受镇抚司讯鞫，"二拶一夹五十棍，呕血升许"③，后移交刑部，终能释放。开美虽遭此一番痛苦，然于牢狱之中，"诵《毛诗》、读《周易》声昼夜不辍，怡然若不知身在囹圄中"④。开美恬静自如、心静如止水的澹泊心态跃然纸上，业师蕺山夫子的开导，自身坚持不懈的义理关隘、生死关头的参悟，怡然阔然，嚣然自立，其气象非瑟瑟小儒所可及。吴蕃昌尝叹言：人之于患难流离之日，不能不感怆发愤于千里寄书；生死不可知之际，不能无丁

①　（明）祝渊：《祝月隐先生遗集》卷一《问答录》第二十九札《答先生书》。

②　（明）祝渊：《祝月隐先生遗集》卷二《奏疏·请留宪臣疏》。

③　（明）祝渊：《祝月隐先生遗集》卷三《尺牍·狱中家书》。

④　（清）陈确：《祝子开美传》，载（明）《祝月隐先生遗集》卷上《外编》。

宁固恋于生平气节；得意之事，不能不矜喜自命于小人；排挤之故，不能无怨尤至恨。而祝渊于此数者皆无，其《狱中家书》"心平气夷，学冲神定，直叙楚辱，如道寻常"，惟拳拳于诸弟之学问、父母之葬期、弱妹之疾病而已，真可谓"言不及私，而忠孝仁义之诚见于仓猝如此"①。究其大节，祝渊则曰："诸生非上书之人，名之所在，攘臂而先之，草莽有无逃之谊；害之所在，缩首而避之，此狗彘之所羞为"②。何等豪气和正气！

国变焚毁儒士巾衫，进礼退义，从容坚决。在祝渊看来，明末世道积弊，蛮族入侵戎狄之心浸涨，终酿成以夷变夏之国变；农民起义盗贼之心弥漫，民生凋敝不得安宁；君臣上下相疑侧媚之心充斥，宦官悍帅伺伏乘间，贪生怕死伎俩无所不用其极；小人当道阴阳消长之际，大圣大贤见几而行藏：世人"洗肝伐膈，顿蠲夙习"，"纯阴之世，势不能为"③。故而，开美焚毁儒士巾衫，决意进取，且势不与新朝合作，其所撰《乙酉三月丁亥焚巾衫敬赋》即如是言："咫尺天威凛，风雷致教新。如何国士遇，还共大仇邻。缨绥多乘宠，儒冠岂误身。无聊空一掷，此意与谁论"；"人间三月恨，千古仗谁伸。鞶带新恩重，榛苓旧思频。偷生惭士义，不杀颂皇仁。脱帻追元亮，长歌陇亩民"④。祝氏既不想入南明小朝廷，又不会选择新朝廷，保守儒士铮铮骨气，于"违义而荣守义而贱"关头，舍荣取义，"贱乃至宝，荣非所羡，维义不干吾心则安。葛巾白练，陇首盘桓，庶几乎俯仰之无媿"⑤。"昨丁亥日，弟已焚毁巾衫，此后终身布服，优游畎亩，决不复谒达官贵人矣。"⑥ 他决意荣进，终能端进礼退义之趋，引决守正而心安理得。

择地葬母结帨自经，真诚人品，忠孝全归。乙酉五月十二日，南明小朝廷为新朝清廷击溃，浙江亦沦陷归属新朝，祝渊痛心疾首，殉节之情告白于同学陈确："事如此，安归乎？此某毕命之日也。"陈确则因开美谋改葬其

---

① （明）吴蕃昌：《祝子开美遗事》，祝渊：《祝月隐先生遗集》卷下《外编》。
② （明）祝渊：《祝月隐先生遗集》卷四《临难归属》。
③ （明）祝渊：《祝月隐先生遗集》卷一《问答录》第八札《上先生书》。
④ （明）祝渊：《祝月隐先生遗集》卷三《诗》。
⑤ （明）祝渊：《祝月隐先生遗集》卷三《诗·又题》。
⑥ （明）祝渊：《祝月隐先生遗集》卷三《与吴子仲木》。

生母而劝阻，开美颔然。六月二十九日，开美招陈确对榻，将业师刘宗周写于他的书信及祝渊侍先生时所记录笔记遗陈确。闰六月初五日暮夜，祝渊改葬其生母竣役，稽颡谢客毕而手帨自经。祝渊《绝笔》言："中心安焉谓之仁，事得其宜谓之义"，并自叙其家受朝廷荣宠两百余年，于此"天崩地坼，宗社为墟，雍雍文物沦为异类"之变局，不能吞炭漆身，报明恩于万一，顾澳涩惟怵向异类乞活心所不安、事亦不宜，惟"得正而毙"斯已！① 或有劝开美髡发远遁，游于方外，祝渊亦不苟同："吾闻用夏变夷，未闻变于夷者也。释氏髡首胡跪，此戎狄之教也，去此适彼，于牛羊何择焉？"② 刘宗周于闰六月初八日绝食殉道，祝渊则先业师于初六日死，师徒二人共赴九原烽火，忠孝全归之义彰显蕺山道学精粹。

祝渊"本心"之学乃实心实学，既于平日高谈性命精义，又于利害当前、生死关头不为利所动、不为害所惧，惟平日无终食之间违仁，方能造次于是、颠沛于是。刘宗周曾如此赞扬祝渊之学道精神："开美且以体验于身心之际，见其气日静，识日清，趣日恬，以超余，自视弗逮，亦觉向者粗浮之姿，颇有鞭策，喜得开美之晚矣。今而后，余将与开美并进此道，如遵万里程，历羊肠九折，不知凡几。惟逸足是视，余则窃附老马之识耳。"③ 从蕺山评论中可知他对祝渊为学路向、道德人品的认同。正如蕺山本人一样，士死其义，终至全归。

祝渊"本心"之学乃顺承业师蕺山而来。蕺山曾多次提到"本心"概念，如《学言》："学问之宗，心尚矣。然心一也，而学或异。有本心之学，有师心之学，有任心之学。本心之学，学得其心，圣学也"④；"本心湛然，无思无为，为天下主"⑤。《人谱》"改过说"指出："天命流行，物与无妄，人得之以为心，是谓本心。"⑥ "本心"就是道心，是能够"管摄"天地人三

① 参见（明）祝渊：《祝月隐先生遗集》卷四《绝笔》。
② （明）祝渊：《祝月隐先生遗集》卷四《临难归属》。
③ （明）刘宗周：《别祝子小序》，载《祝月隐先生遗集》卷上（外编）。
④ （明）刘宗周：《学言》，《刘宗周全集》第2册，第426页。
⑤ （明）刘宗周：《学言》，《刘宗周全集》第2册，第435页。
⑥ （明）刘宗周：《人谱》，《刘宗周全集》第2册，第17页。

才之道的"心"。统体而言,三才之道皆"心",就人而言则为"本心","本心"之学能"学得其心",而且常在常明,重在人的自我省悟和道德践履,终究是一种"圣学"。因而,陈确就蕺山与祝渊师徒"本心"之学的连贯性及学术价值作如此总结和评断:"谓先生之言无之非发明其'本心之学',其亦可也。使学者读先生开美之书而兴起焉,人人无负其本心而亦加之学,则是天之未丧斯文,而虞廷精一之心将复有传于今后也。"① 祝渊为学重当下高识解悟,为人重笃行持守,以学行一统、德业双修之短暂一生实践了蕺山道学真学问、真人品的真精神!

以诗赞祝渊曰:

诸生上书名义在,拜得良师求本心。笃行谨严德修正,澹泊宏阔追颜回。

华夏尊尊胸中荡,焚我巾衫奈何谁。明月皦皦书真志,生死关隘显纯粹。

附录:陈确《祝子开美传》②

祝开美名渊,其先君子大理寺评事士奕府君,余先大夫理川公门下士也,故开美与余为世昆弟行,然余年及壮,未识开美。崇祯壬申(陈本为"辛未冬"祝本为"壬申"),开美束书假馆于东垞,始识开美,一见意洽,谓开美非世俗士也。开美亦时时窃归告其尊甫(陈本为"人"),称述陈子之义。开美时年弱冠,而余齿更二十有八,此余两人定交之始矣。

开美幼时即能自立志,与常儿异。方七八岁时,士奕公尝为开美纳赀入名太学,开美耻之,亦揣摩举子业,卒弃太学生,繇钱塘邑庠以癸酉举于乡,然犹非其志也。自后,开美之父母相继即世,五六年

① (清)陈确:《祝子遗书序》,《祝月隐先生遗集》卷首。
② 据《祝月隐先生遗集(外编)》卷上点校本整理;又见(清)《陈确集》(上),第274—278页。但两人之间有些许文字差异,在整理过程中已说明。《陈确集》据陈敬璋《陈乾初先生遗集》整理,简称陈本,《祝月隐先生遗集》简称祝本。

间，而开美连遭三丧。开美性至孝，哀毁过礼，龙山风俗，诸大家皆贵于丧礼，开美益竭力供事，丧礼之盛为诸家最方。

士奕公少年时任侠好义，（陈本此为三句盖士奕公家素封。方士奕公年少时，责任侠好气）为雠家所构遭无妄，（此句，陈本为"为仇家所构陷大狱"）久之得白，家尝中落，后折节为恭俭，家复（陈本为"益"）振，生开美晚，不甚知财所从来。开美又性不爱财而好礼，以故，尝恣执事者所发挥，不问其出入。莹于曹湖。曹湖，故诸曹所聚而居也，其旁田皆诸曹所共有，开美悉重价得之，诸曹之有旁田于曹湖者，卒（陈本为"率"）以是（陈本为"致"字）富。故曹湖之葬，费不翅万金。

余尝与开美游西湖，入云栖寺，时崇祯癸未八月初八日，属士奕府君之忌日，开美尝以数十金乞云栖僧设水陆忏。余曰："子学道者，而未审佛事之妄耶？"开美笑曰："余非不诚也（陈本为"某非不审也"）。然尝以为苟可以靡吾财、疲吾躬以酬吾父母者，虽知无益，恒无辞为之故。"士奕府君之死九年矣，然随云栖僧拜诵三日夜，欷歔哀恸，声咽不能转，如在祖括时，虽诸僧为之泣下。其至性过人类如此。

兄弟五人，姊妹四人，婚嫁之事，大半自开美为之，礼皆从厚。自开美之连遭大故，婚嫁繁，益赡宗族贫穷，急士之困乏，略不爱惜其财，先世之产已大耗。又兄弟众多，析遗产，析弥多而产弥薄。开美又以其肥美予弟，而以其瘠自予，开美乃更萧然为贫士。然性澹泊，其自奉恒以约，后益兢兢于礼，躬节俭为诸弟先。诸弟有过，开美立自责，痛哭，率诸弟跪家庙，自伤所以无德化之教故如此。诸弟相感泣，竞劝于善，相戒无复犯者。其教子妇仆婢亦必先自责而后责人，故群仆中有素喜事、好役财、（陈本多一"性"字）不甘下人者，并益自戢为良仆。

癸未春，随计北上，值周宜兴柄国，山阴刘念台先生掌院事，好直言，正身率属，周甚不便，因事击去之，举朝畏周，无一人敢启口言者。开美独具疏力争，指切当事，无所讳。明旨切责，下部议"，夺南宫试。于是（陈本为"时"），开美始执贽刘先生。先生进开美而诘之曰："前日之举，得毋有过？"开美曰："何哉？"曰："意气乎？声名乎？"开美怃然请益。先生乃更教以远且大者，共舟南还，昕夕讲论。开美得日闻所未闻，于是更益务为闇然之学。

是年秋（癸未——整理者注），开美与余同事刘先生于云门、若邪之间。余性惰，而开美勤，有得必细书识之，无一字遗者。余过耳即惘惘，无所记忆。故余尝心疴，玩若孩子，鲜疾患之虑。而开美以勤学多思，体较弱，论道之暇，颇有事山水。九日，登秦望。秦望于越山为最高，虽越人好游者鲜能登之。余谓开"美可无登"，而开美以先生命，固欲从余同登。登毕而惫甚。是夕，开美即患疟，神疲靡若不能支，逡巡约装，辞先生而西归。归半月，开美又患呕血证，或曰病自秦望来，或曰否时。

时宜兴已败，天子方怒党人，陈本有"疑刘先生与开美亦党周者"，复遣缇骑逮开美。开美时病甚，闻信即慷慨就道，妻子号恸攀援，绝裾行，不一顾，无分毫可怜之色见眉宇间。诸当事竞高其义，为分俸考官校。五郡好义之士，酿金而赆赠者，风卷云涌而至，开美皆谢却之，无所受。甲申正月，入诏狱，即讯，榜掠备至，举对无失辞。二月，迁刑牢，诵《毛诗》、读《周易》声昼夜不辍，怡然若不知身在图圄中，病更以愈。

三月，李贼犯京师，声息甚恶，诸义士欲为请于天子出之。开美以《诗》、《易》未卒业，谢弗愿也。然诸义士卒以是月十八日奉诏出开美。十九日，京师破，天子死社稷，开美号恸欲绝。吴忠节磊斋先生劝开美："义可以无死，而吾固当死，稍属以后事。"于是，开美竟留视忠节含殓，持其丧归。归而留京已立福藩，尚有江东片地可延眠息。无何，北师入南，朝廷无北伐之志，开美益恙，呕血之疾复作。

乙酉五月十二，留京溃，北师长驱至浙，所至愚民翕然劫守令降附。开美谓余曰："事如此，安归乎！此某毕命之日也。"时开美方谋改葬其生母有日矣。余谓之曰："子言是也。但尔母尚暴露，曷少俟之，则忠孝两尽矣。"开美颔予言。然开美虽病不废学，自言："吾病中气益静，志益专，于道颇有得力。"

六月二十九日，招余对榻前，出一匣见属曰："此皆刘先生手书与某居平侍先生时所记录也，吾死，无长物，惟此不能忘，（陈本有"惧失之"）敬以遗兄。"余收泪受藏之。

开美晚年喜博交士，士亦多其义，争归之，交籍满天下。其所交者皆海内知名之士，然开美卒独谬重余，谓余言往往有所驳正，使吾不悖于道，余子唯唯耳。此如魏其之善，仲孺至死而不自悟，岂非开美之有所蔽乎？

闰六月初三日，营母改葬。初五日暮夜，役竣，开美至堂上，稽颡谢客毕，手帨自经，诸弟惊解之，气不绝如线，遂终于子时。先数日，作《归诗》《归属》，大概言"我义必死"及痛革一切恶俗，丧葬悉遵《家礼》，以素布殓，自题其旌曰"明草莽小臣祝渊柩"，后勿称孝廉。又前数月，开美忽有不慊于心，告庙，焚其巾衫。余闻而非之曰："此失之激。"及读其《归属》与《焚巾衫》之卒章，慨然曰："开美一生，真人品，于此见之。（陈本后有"池人不识也，曰开美好高！"）

娶檇李黄氏，生四子：乾明、恒明、升明、晋明，二女。开美殁之明年，而升明、晋明殇。

陈确曰：开美往时，尝数为余称道山阴刘先生之为人。因事感愤，卒游其门，如有凤因。至以余之固也而不见拒，益用相誉，斯非其误与！开美始虽稍滥于财，后乃以限制。胸气磊落，如不可一世。学道孳孳，其究归之淡易。焚冠与衫，守正而逝，仰天俯地，夫奚愧！于祝子开美，吾无议焉。①

---

① （清）陈确：《陈确集》（上），第 274—278 页。

第四章 "学倍程朱非是学，修兼知敬乃真修"——金铉思想撷要

志士宁将一节名，胡为强项了平生。而今不作矜夸梦，拟向圯桥待石卿。

——金铉：《自警》

金铉（1610—1644）为清顺治九年所表彰二十位前代忠臣之一，祖籍江苏武进，后籍顺天，生于北京崇文门内总捕胡同，因与其祖父同生日，故乳名甲兆，名惟绳，八岁时改名铉，字伯玉；天启七年（1627），应顺天乡试举第一人；崇祯元年（1628），中进士，同年冬十二月，授扬州府儒学教授；崇祯三年（1630），升国子监博士；崇祯四年（1631），升工部都水清吏司主事，因建言《请罢内臣建署疏》而得罪内监张彝宪，遂于崇祯五年（1632）落职归居旧寓；崇祯十七年（1644）春二月四日，起补兵部车驾清吏司主事，巡视皇城；三月十八日，京城为李自成农民起义军攻陷，十九日，金铉投金水河殉国难死，其母及侧室王氏亦投井殉义。是年夏六月朔日，金铉弟金镜得当局许可，打捞金铉遗骨，惟剩发缵、网巾、网圈及与人合抱尸骸一堆；因不可辨识，金镜将二人合葬于金水河边，另奉金铉遗发及网巾归葬故里，并配以木身，殓以衣冠，葬于祖茔。金铉殉节后，南明朝赠为中宪大夫、太仆寺少卿，谥忠节，清朝赠谥忠洁。金铉为刘宗周蕺山门弟子，前已有论，有《金忠洁集》传世，其人虽归属蕺山学派，但其学宗尚程朱，与蕺山心学相异处颇多。金铉《观上斋纪程》中曾如是言："至于讲学，语莫尚于程朱，我明则罗整菴第一"；"两年来读程朱书，少知其要在'居敬

致知'四字。但神明未徹，疑此外更有作圣阶梯，反令胸中茫无所主。近得《高景逸先生集》读之，乃知离此四字，便不成学问。从此歧见冰释，因为之说曰：'学倍程朱非是学，修兼知敬乃真修'。急举笔识之，以定一生学术之所宗，若在觅他功去，禽兽无几矣。"[①] 是故，《明末忠烈纪实》定位金铉之学说思想性质曰："铉生平论学，专主程正公、朱文公、薛文清、高忠宪四家之说，以修身慎独为本，以改过迁善为工夫。"[②] 此评论实属客观。全祖望以金铉为蕺山门弟子，也客观准确地看到金氏为学宗旨与业师刘宗周之间的本质差异，实属理智，但又以金铉"近禅"，则有失偏颇。《清史稿》所论则稍显武断，未能看出金氏与刘师间的思想差异。

目前学界尚无专文阐论金铉思想，本书尝试论述金铉的"诚"体论、"性"体论、"本体工夫"论、"节义"观，据此蠡探蕺山学传播与流衍之逻辑进路。

一、"诚也者，其安身立命之基"

自《中庸》言"诚者天之道，诚之者人之道"以来，儒圣先贤无不尊"诚"守"诚"，多视域、多侧面阐发"诚"之意涵，其实质即是以"诚"为进学法要、为学之的。金铉虽英年早逝，但于儒书经典《论》、《孟》、《学》、《庸》、《易》、《礼》、《诗》、《书》，触类旁通，学有自得，[③] 然其要不落以"诚"

---

① （明）金铉：《金忠洁集》卷一《语录·观上斋纪程》，载《丛书集成初编》第2166册，商务印书馆中华民国二十五年版，第12页。

② （清）徐秉义：《明末忠烈纪实》，第174页。

③ 金铉如此认定儒家四书五经版本："汉诂经者开其端尔，宋竟其绪矣。然汉郑传《三礼》，二千年绝调矣。王之《易》，毛之《诗》，杜之《春秋》，简而文哉。《四书》以朱子《集注》、《或问》为主。《易》以伊川《传》为主，《本义》辅之。《诗》以《诗辑》为主，《集传》同看。《尚书》以蔡《传》为主。《春秋》主《左氏》。《三礼》主《郑氏》。此外皆可不看，徒乱人意。"[（明）金铉：《金忠洁集》卷一《语录·观上斋纪程》，《丛书集成初编》第2166册，第12页] 即此可看出金氏经学主程朱一脉的倾向，且读书当将四书五经交融互参："日坐香三线，《易》旁通，有《道德》、《南华》、《太元经》；《诗》旁通，有楚词，有陶诗、李杜诗；《书》与《春秋》旁通，有《史记》，有《前汉书》；《论》与《孟》旁通，有《荀子》，有韩柳文。"（同上，第12页）金铉将诸书互证，并反复涵泳，从而学有自得。

为"安身立命之基"，且将"诚"与"独"相通贯，"性"与"诚"相融契，于儒学心性义理有所发挥。因心中有"诚"，故行有所"忠"。金铉忠义气节之一生正是其"诚"学的深切写照。

金铉于《易》有精到见解。据《年谱》崇祯三年（1630）条记载，是年金铉入国子监，读书则沉潜于理学经济，先《周易》，取《卦》、《象》、《大传》，手录数遍，从而有所顿悟："我自有心易，不因人解"；进而读程颐《伊川易传》，则曰："得之"；爰以《程氏易传》为主，取朱熹《周易正义》旁通，并多方搜揽古今《易》解，且自为解说，但多屏去不存，以其"未是"。① 崇祯五年（1632），金铉因得罪宦臣张彝宪而落职，决意仕进，闭门读书，究心物理性命之学，悉取《五经四书大全》及诸儒语录博览穷思，务造其极，于《易》又有所窥，复为解说，有"善《易》者不言《易》"之论。② 《金忠洁集·语录》即收录41条关于《易》之言说，统合为《易说》，可探金氏易学思想。于其中，金铉以"诚"为易学之宗。他在言《乾》之九三爻义时指出："孔子之所谓乾乾者，不过曰'忠信所以进德也'，'修辞立其诚，所居业也'，夫亦一言以蔽之曰'诚而已'。诚也者，其安身立命之基乎，可与几之几，即《大学》必慎其独之独。"进而，他论《文言》之九二九三两爻之义曰："愚谓六爻皆有诚也，潜非诚不确，见非诚不明，惕非诚则咎生，跃非诚则邪起，飞非诚则感物不神，亢非诚则持心不正。大哉诚也，其《易》之宗乎！"③ 故金铉以"诚"为六爻自然内蕴之义，以"诚"为《易》之"宗"，赋予其至大至上地位。《易》之乾卦处处言君子，金铉即是以"诚"为君子之本根精神境界，故有"安身立命之基"之论。同时，金铉又视"诚"为"元"，"易简而天下理得，易简者元也，元者诚也"；视"诚"为"止"，"诗云：'穆穆乎文王，于辑熙敬止。'熙者明也，止者诚也。"④ 无

---

① 参见（明）金镜编：《金忠洁年谱》崇祯三年条，载《金忠洁集》附录，《畿辅丛书》集部第120册。

② 参见（明）金镜编：《金忠洁年谱》崇祯五年条，载《金忠洁集》附录，《畿辅丛书》集部第120册。

③ （明）金铉：《金忠洁集》卷一《语录·易说》，《丛书集成初编》第2166册，第1页。

④ （明）金铉：《金忠洁集》卷一《语录·易说》，《丛书集成初编》第2166册，第2页。

论是"元"，拟或"止"，皆标示出"诚"固有"终极"本体地位，是德性之"明"，是人伦之"道"，是万事万物之"至善"，是天地之始、人物之终，此可谓"诚"为众"善"之别称，天德之元首者。

在金铉的易学世界里，既然"诚"为元、止境界，至善之极，则人当"闲邪存诚"、"修辞立诚"。金铉言："闲邪存诚，修辞立诚，下学入门，决当以此为的。"①"闲邪存诚"出自《易·文言》释九二"见龙在田，利见大人"所引夫子之言："庸言之信，庸行之谨，闲邪存其诚，善世而不伐，德博而化"，伊川程颐以"敬一"解之，考亭朱熹则以"去闲邪"释之。终究而言，所谓"闲"通常被诠释为"防止"之意，②"闲邪存诚"即是防止邪僻，保持诚真。按照金铉之论，"一则敬，敬则诚，在实致于庸言庸行间而已"，即此可说，"诚"作为境界与本体之天地大德，本来自自然然、浑然至善，庸言庸行即是其最为朴素之展示。而且，这个"诚"本身并无"邪"可去，"吾心之本无邪，而邪者自外而诱我者"③。故，"思无邪"即是常葆"吾心"之至善诚体的极至工夫。惟此"思无邪"之"思"便已是"诚"，亦即此而明晰"诚"之本无邪之原始要义。"修辞立诚"则出自《易·文言》释九三"君子终日乾乾，夕惕若，厉，无咎"所引夫子之言："君子进德修业，忠信所以进德也，修辞立其诚，所以居业也。知至至之，可与言几也。知终终之，可与存义也。"朱子于此注曰："忠信，主于心者无一念之不诚也。修辞，见于事者无一言之不实也。虽有忠信之心，然非修辞立诚则无以居之。知至至之，进德之事；知终终之，居业之事。"④"忠信"即是"诚"。《说文解字》即解"诚"为"信"："诚，信也，从言从声"，而"信"，"诚也，从人言"；"人言则无不信者，故从人言"。⑤"修辞"出于诚实，则可处理事业，即能安居乐业。无论为人做事，皆能忠实于其本来面目，不加丝毫人

① （明）金铉：《金忠洁集》卷一《语录·易说》，《丛书集成初编》第2166册，第2页。
② 周振甫：《周易译注》，中华书局2001年版，第5页。
③ （明）金铉：《金忠洁集》卷一《语录·易说》，《丛书集成初编》第2166册，第2页。
④ （宋）朱熹：《周易正义》，载朱杰人等主编：《朱子全书》第一册，上海古籍出版社、安徽教育出版社2002年版，第147页。
⑤ （汉）许慎撰，（清）段玉裁注：《说文解字注》，第165页。

为造作，皆从天地大德、人伦大道、人性大本思虑考索，此即是"知至知终"，亦即"诚"之本体本然要求。因此，金铉主张通过"闲邪存诚"、"修辞立诚"驱除邪妄、利欲，而人一旦于此法要悟道体会，自然便是"诚"，若"知业当居而日即因循，知邪当闲欲当攻而每存姑息"，则终究"不诚甚矣"，此之谓"自欺"。惟是"自欺"不在大亦不在明，凡"有几微动于中即是"，凡有"自欺"便是"不诚"。故，人须时时戒慎恐惧，"于独慎之"①。因此，金铉将"诚"与"独"相通贯，以此阐论"独"体与"诚"体的无善无恶、至善至上特性。

此外，在金铉看来，"诚"无为而"虚"。他《观上斋纪程》指出："惟诚故虚，未有妄而不滞者也。故曰'寂然不动，感而遂通'，'维天之命，於穆不已'，'乾道变化，各正性命'，皆所谓太虚者也，然非诚何以至此?"②"诚"展现为"虚"性特质，不可说有说无，亦不可言动言静，惟是自然如此、当然如此之天道无为，看似高深玄远，时处处於穆流行；貌似至善止善，却时时感通为善。因"诚"无为而虚，实内蕴"生生"大德，以展现出世间万物生生不息之特质，"日月寒暑之往来，尺蠖龙蛇之伸曲，固有太和之气，蕴乎其间，无容思议者也。故曰'同归而殊途，一致而百虑'。"有无为之"诚"，故有人事物生生流行；反言之，事事物物於穆流行，"日往则月来，月往则日来，寒来则暑往，暑往则寒来"，正展现出天地生生大德之客观存有、必然如此，"此谓动静互为其根，无极妙合者"③，惟此可谓之"诚"。

进而，金铉将通天地、化万物之"诚"与人之纯善之"独"相通贯。他有如是言语：

> 张子曰："几者善之几也，恶不可谓之几。如曰几者动之微，吉之先见，亦止言吉耳。"愚憬然而悟曰："几者即独也。"夫独岂容兼恶而

① （明）金铉：《金忠洁集》卷一《语录·易说》，《丛书集成初编》第2166册，第2页。
② （明）金铉：《金忠洁集》卷一《语录·观上斋纪程》，《丛书集成初编》第2166册，第16页。
③ （明）金铉：《金忠洁集》卷一《语录·观上斋纪程》，《丛书集成初编》第2166册，第14页。

言乎？故小人不但不可言慎独，而且无独。戒慎不赌，恐惧不闻，斯为独矣。见其独，天地万物一物也，不可以万殊二也。有无隐显一独也，不可以形未形异也。始则知慎，究且化慎，而止见独，故曰"知至"，至之可与几也，可与几是可与独也，故曰："动之微，吉之先见"。夫微则不可言危矣，曰："吉则不可言凶悔吝矣。"使与危敌，与凶悔吝对，可谓独乎？故无人无我，神化性命之学，惟存一独而已。独者，一善而已，小人始则为不善，非独也，究且为人揜其不善，盖不知有独矣。然则何以见独？曰"慎"。何以慎独？曰"知几"。何以"知几"？曰"忠信"，究竟惟一诚是以尽之。①

在金氏"独"体世界里，他将张载用来标示"善"、"吉"之德性价值的"几"与"独"想通贯，以此说明"独体"之"善"性，且只是"善"。所当注意者，金铉所言"独岂容善恶"之"善恶"乃从"形而下"勘查，非"形而上"之义也，他所言说的"独"是彰显具体形而下之"善"性的"善"。即是说，金氏言"善"乃是与"恶"对堪之"善"，而非"无善无恶"只惟"纯粹至善"之"善"，拟或说，金铉言"善"、言"独"尚未从"太极"本体意蕴入手，与其师刘宗周"独"之论尚不能相提并论。在蕺山那里，"独者，静之神、动之机也。动而无妄，曰静，慎之至也。是谓主静立极"②；"独体惺惺，本无须臾之间，吾亦与之为无间而已。惟其本是惺惺也，故一念未起之中，耳目有所不及加，而天下之可睹可闻者，即于此而在。冲漠无朕之中，万象森然已备也"③；"读'衣锦尚絅'之诗，而识独体之蕴焉。所谓'闇然日章'是也。天下文章莫著于是，而却藏于至闇之中，不可得而睹，不可得而闻。淡、简、温三句，正见独体之妙，分明《中庸》真面目。知远之近三句，独中自有之真知也"④。"独"自身无所谓"动静"，但它却是

---

① （明）金铉：《金忠洁集》卷一《语录·观上斋纪程》，《丛书集成初编》第 2166 册，第 16 页。

② （明）刘宗周：《学言》（上），《刘宗周全集》第 2 册，第 361 页。

③ （明）刘宗周：《中庸首章说》，《刘宗周全集》第 2 册，第 299 页。

④ （明）刘宗周：《学言》（上），《刘宗周全集》第 2 册，第 386—387 页。

对"动静"之理的表达。在蕺山看来，"人心之独体不可以动静言，而动静者其所乘之位也，分明造化之理"①。这表明"独"之中进行着"动静"运动，而这样的运动并不体现为"时位"即位置之移动意义上的"动静"，而是彰显为"寂然不动，感而遂通"之过程与状态意义上的"动静"。"独"所表示的正是"心"体之"继善成性"的"动静"过程。②

循金铉之论，以"独"为"善"，小人无"独"，显然是从"形而下"视角看待人性。当然，这样的理论推演自然与金铉宗程朱理学路向密切相关，因为他崇尚"下学而上达"的格物致知工夫，君子者是经由踏实的格致工夫而实现的道德境界的开显，而小人则是未能开展具体的、自觉的道德格致工夫的人群，君子与小人从"本质"、是否有"独"性便已然截然分而为二，"小人不但不可言慎独，而且无独"。不过，金铉亦谈论"有无隐显"，且从"善"之显见隐微展开，固然可喜。从心学之对人能动性、自觉性、可能性视域看，"途之人皆为圣人"，人本心诚明常明，"独"者惟是对本心体悟善恶、迁善改过之动静关系的把握，而非仅仅属于道德善行。显然，金铉对"独"之理解落后一着，看到了"善"的存在及"善"自身的隐微动显现象，但未能深入勘查"善恶动静互动"、迁善改过、本心自在澄明的本然存在。

以"独"为善，故须由"诚"而尽。"诚"者忠信无妄，忠信故可以慎独。所谓"慎独"即是戒慎恐惧、有所忌惮："有忌惮者，不睹不闻之义"；"睹闻皆不著，此等小心，天下一人而已"；"忌惮二字，莫粗看了，孝子之事亲也，视于无形，听于无声，以言乎不敢以视视、不敢以听听也，执形声则无忌惮矣。事天亦然"③。因有"忌惮"而自然诚实忠信，时时保持，自觉保持"忌惮"心态，便是"笃行"："行之笃者如天道不已，笃之至也"，金铉即以之谓"诚"："诚则不已，乃所以为笃行"④。即此体现出"诚"之

---

① （明）刘宗周：《学言》（中），《刘宗周全集》第 2 册，第 411 页。
② 参见张瑞涛：《刘宗周〈人谱〉"过（恶）"思想新论》，《中国哲学史》2013 年第 1 期。
③ （明）金铉：《金忠洁集》卷一《语录·观上斋纪程》，《丛书集成初编》第 2166 册，第 18、21 页。
④ （明）金铉：《金忠洁集》卷一《语录·观上斋纪程》，《丛书集成初编》第 2166 册，第 16 页。

自然感通之义，亦即此可言，"诚"实现自身自然的作为"本体"之义与作为"工夫"之义的一体统合。由此进一步推论，金铉以作为"工夫"义的"诚"彰显"独"之善性。他说："不独则有对，独者无对之义也。无欲而自好仁，非有一好与仁对也。无畏而自恶不仁，非更有一恶与不仁对也。故恶臭好色之意，莫原所始，莫究所终，实理自然，有感即通，乃谓诚尔。若睹若闻，著则对，对则非独，非独则非诚，非诚则依。"① 金铉接续从德性伦理视域视"独"为"善"之论，解释"好仁恶臭"为"好"即是"仁"、知好自然知恶、去恶自然知好，并将这样的"实理自然，有感即通"的特性视为"诚"之自然功效，对"好恶"之间"无对惟独"关系的分析可谓深刻。换言之，因"独"时时彰显着"善"，人但能"慎独"，"人欲去，天则立矣，闲邪存诚，其在是乎。此其所以用戒慎恐惧"②。惟时时保持这样的自觉，时时提防可能的与"独"相对待而有的"恶"的发生，君子即此而实现了"忌惮"。内有善性之"独"，但由"诚"而尽显，以"诚"尽"独"。故，因"善"之已发与未发、隐与显之客观存在，金铉即将其定性为"动静"关系："静则直内，未发也；动则因物，虽发而实未发也，非纯乎天理者乌足以知之"，未发之"静"即"独"体之自然至善，已发之"动"则人之能好善而恶恶，皆"诚"之真实自然表达，自然展示，不著人欲私利，不受物质掩蔽。

是故，金铉以十六字铭其左右："寸心以静，守身以俭，接物以厚，事亲以诚"③。惟无丝毫私欲方能静，无丝毫强生事方可俭，无丝毫刻薄情方为厚，无丝毫厌倦意方谓诚。因有此"诚"，人固可修身成圣；若要彰显其"诚"，君子则当"慎独"。

---

① （明）金铉：《金忠洁集》卷一《语录·观上斋纪程》，《丛书集成初编》第 2166 册，第 18 页。
② （明）金铉：《金忠洁集》卷一《语录·观上斋纪程》，《丛书集成初编》第 2166 册，第 18 页。
③ （明）金铉：《金忠洁集》卷一《语录·观上斋纪程》，《丛书集成初编》第 2166 册，第 21 页。

二、"从心从生，性义立焉"

在金铉的心性世界里，"诚"作为终极至上之天道大德和尽"独"之工夫法要，已然内蕴着天命之"性"。他有言："张子曰：'虚空即气'，谓形、性、天、人刻刻在诚之中。故不得谓有生于无，亦不得谓虚二于象，体物而不可遗，所谓可离非道"；"知死之不亡者，可与言性"，"惟其有无隐显，神化性命，通一无二，曰天曰神，刻刻临我矣"，"知此之谓存诚"①。人生而有"性"，天命之性禀赋人身，须臾不离，"诚"以"性"显；因人之生而有"心"，心之本体即是"性"，"性"即心之理；"性"体不睹不闻，惟"默识体仁"而彰明自身之存有与可能。

金铉认为，"性"为人"生"而自然禀有。只是，谈"性"之存在，首先当从人之"生"与"未生"角度展开。他《观上斋纪程》指出：

> 天命之谓性，维天之命，声臭焉存，即所谓不睹不闻，而大本以立者，悉执为谆谆诲尔者哉？圣人曰："吾于生生不息中而得天心矣。"元亨利贞，天四序，吾四德也；水火木金土，天五行，吾五事也。总而两之阴阳尔，神而一之太极尔，天何言哉？然而一神两化者，生人已体备其全矣，何莫非命，是以于其生而有性，于生人之心而成性，故从心从生，性义立焉。②

按金铉之意，在天道之元亨利贞四序与人道之仁义礼智四德、天体之金木水火土五行与人体之君臣父子长幼夫妇朋友五伦统合一体，其以前者界定后者之至上必然特性，属人之德性与践履修为自然禀具其合理性和客观性。

---

① （明）金铉：《金忠洁集》卷一《语录·观上斋纪程》，《丛书集成初编》第2166册，第14页。

② （明）金铉：《金忠洁集》卷一《语录·观上斋纪程》，《丛书集成初编》第2166册，第17页。

因此，将这样的合理性、必然性、客观性、纯粹性视为人之禀性，统称为"性"，即此可言"天命之谓性"。因人之生成，故人自然禀赋纯粹与天道通融之"性"，惟有此"性"，人心主动能动，为成为圣人君子提供可能前提，金铉即言："人性资天气以生，阳之动也，元亨也，而在天则曰'成性'，是天命之元；资人以为利贞者也，天之终，其人之始乎。故曰'物之始终'，又曰'鼓万物而不与圣人同忧'。道义之门，存乎人矣。"① 天气阳动而生人，人禀天道而成人道，天道通贯于人道，人道体现着天道，人生之始即是天命之元之终。然"终始"之间惟因天人与形具而分两，却无道义之二分："道何以须臾不可离？我之性即天尔。"② 即此可看出，金铉言"性"亦内在的遵循着"天人一路"的思辨逻辑，与儒家心性学路向保持一致。但是，在前面分析金氏之"独"论时又知"小人无独"，小人不可言"慎独"，则他言"人"生而有"性"、人自然禀具天命之性之论便与"小人无独"之言相矛盾。即，金铉不把"小人"归入"人"之一途，显然尚未透彻明晰"心体"本然之"性"与个体人生活之道德德行之"性"的内在逻辑。甚至可以说，金氏论"性"已然二分为形而上天命之性和形而下生活之性，亦即区分出圣贤之性与小人之性。进而可以推知，金铉论"独"尚未能将其提升为"天道本体"地位，惟仅仅落实于生存世界之现实，诚不如其师论述精当幽深。③

不过，金铉主张"生而有性"的同时亦告诫世人，惟圣人教人明此道理，亦惟有读书方可明人心本"性"之客观存有。他说："天之生人，即以万物万理备于其身；圣贤教人，即以天下国家责于其身。然则吾所固有，至

---

① （明）金铉：《金忠洁集》卷一《语录·观上斋纪程》，《丛书集成初编》第 2166 册，第 17—18 页。
② （明）金铉：《金忠洁集》卷一《语录·观上斋纪程》，《丛书集成初编》第 2166 册，第 18 页。
③ 如蕺山《学言》所云："'天命之谓性'。以其情状而言，则曰'鬼神'；以其理而言，则曰'太极'；以其恍兮惚兮而言，则曰'几'、曰'希'；以其位而言，则曰'独'"；"'天命之谓性'，此独体也。"[《学言》（上），《刘宗周全集》第 2 册，第 383、396 页] 蕺山将"天命之性"与"独"相关联，并视"独体"为"性"，"即性言独"，则"独"非仅标示道德德性之"善"。[参见张瑞涛：《刘宗周〈人谱〉"过（恶）"思想新论》，《中国哲学史》2013 年第 1 期]

大而不可御也，人特自小之耳，六经诸子不过唤醒人以至大之理也。"① 无论贤愚，生而有性，惟圣贤体会深刻，一般之人尚不能勘查明晰固有本性。此时，人当透过六经诸子之书参悟省察其性，惟经一番下学工夫，方有上达天道之功效，因为圣贤之书即是"唤醒人以至大之理"。书是古圣先贤哲学智慧、道德思辨、精神慰藉和实功实行的文字总结，是对过去的思想史、哲学史、道德史、文化史的历史概括。人的历史，在较大程度上体现为文字之记载，从历史中体会到何以为人、人应为何。作为儒家知识分子，作为一个追求精神信仰、道德价值、义理规范的儒者，透视儒家圣贤所著经典文献，自然可以体悟君子、圣贤人格之所在和价值方向，自然能够促进自我哲学思辨、道德追求、理想信念的完备和自觉。金铉主张由读书而明道，则与师道相因循，② 只是，这样的治学理路亦是儒家一贯之主张，更是程朱理学格致功夫的必然要求。

在金铉看来，因人生而秉有天地之"全气"，且人之"性"体备全"理"，故可言人为天地万物之间最灵最秀者。他在《与友人辨理气合一书》有如是言：

> 独是人者体得其全备阴阳五行之气，实合健顺五常之德，是以戴天者首，履地者足，较然不混也。四德统行，五典俱叙，确然具足也。放诸四海而准，充之万类而得，殊途百虑，一致同归，未尝不樊也，实未尝不粹也。惟其备全气，故即备全理，无两截也。乃物则不然，虎狼有父子之恩，而不解乎仁民爱物；蜂蚁有君臣之义，而无愧于裂冕毁裳；豺狼报獭本，未闻礼仪之场；雎鸠有别，何尝严内外之正。诸凡草木或限于南北，鸟兽或滞于高卑，此所禀之二气，有偏清偏浊之不同，所赋之五行有过与不及之或异，又或有一窍之灵不能扩充其大，有一端之善不能触类而长，究夫天之生气自无不全，一落万殊不能无别，且《书》曰："惟天地万物父母"，是兼人物而言。夫父母之于子

---

① （明）金铉：《金忠洁集》卷一《语录·观上斋纪程》，《丛书集成初编》第2166册，第18页。

② 参见张瑞涛：《论刘宗周〈人谱〉的改"过"六法》，《理论月刊》2013年第8期。

也，而可以或粹或樊二之乎？则或肖或不肖，实其形质之偏全耳。认气为两，势必认人物之性为两，所谓致中和而万物育，能尽其性则能尽人与物之性，又何说乎？①

天地之中惟人最为精粹，因为人能秉有天气之"全"，亦惟此而能体会天地万物之道理，"体备健顺五常之德"，既能知父子之恩，又解仁民爱物之义；既尊君臣之道，又思裂冕毁裳之悔；既明礼仪之场，又严内外之正。天之气本一同，但天之生人生物则有形质之万殊。在这里，金铉进一步告诉我们，人与物之"性"一同，但惟人可尽人之性以尽物之性，"致中和育万物"是也。

进而，金铉视"性"为"心之本体"。他有言："夫心之本体即是性，无声无息而仁义礼智具备焉，孟子所谓'本心'是也。"人心至大，以性为其本体，性既已具仁义礼智，则心之动即是情之发，此发者必然受制本心之性，此谓"静亦定，动亦定。定性者，循天理而已"。本来，因有"性"，则人心感于物自然应之，必然各当其分。就此应之而能仁义礼智、当之而合德符节而言，此之谓"性"，"无问动静，举不以有我之思间焉。"此即为《大学》"知止"之"止"，即《中庸》"明善"之"善"，即《论语》"求仁"之"仁"，知止即是知此"性"，明善即是明此"性"，求仁即是求此"性"，此"性"无处不在，"无处非性，故无处非天；无处非天，故无处非理。会得此，一以贯之。"为学者即是"知止"而已，虽有孔子之言"太极"，箕子所言"皇极"，周子又言"无极而太极"，惟只是"止"之"别名"，"止"即"万物皆备之源，即性体也"②。惟因人有"性"，人之"心"便凸显为认知主体。金铉《与友人辨格物书》详细论说：

> 心性二字看得分明者，窃欲且将程子"人生而静以上不容说"及

---

① （明）金铉：《金忠洁集》卷二《书·与友人辨理气合一书》，《丛书集成初编》第2166册，第41—42页。

② （明）金铉：《金忠洁集》卷一《语录·观上斋纪程》，《丛书集成初编》第2166册，第23—24页。

"才说性时便已不是性"之语，揭起之以为默识心通第一义，而愚所悟入者，则在程子"性即理也"之一言。夫既言性矣，何释之以理？此正成汤之所谓恒性，孔子之所谓秉彝，孟子之所谓性善者也。而欲明心性分合之义，则益之以二字。曰"性即心之理"，其分其合不亦较然乎？请得而详论之。夫人未生以前，性为太极，以其性命于天也。既生以后，心为太极，则以心含夫性也。惟其未生以前性为太极，故虽其人穷凶极恶，不求其已放之心，而终未失其本然之性。惟其既生以后心为太极，故虽其人参天赞地，扩充其本然之性，而实起于先立之心。尝譬之心犹海也，性犹水也，情则其水之流动，而才则其所以能流动者也。夫无海则不足以注水，而究其初非水则亦无以成海；亦犹无心不足以成性，而究其初非性则无以为心也。分心分性，合心合性，当无疑义矣。①

从金铉关于"性心分合"关系的说明中可以看出，人生之前尚不能称有"心"之存在，惟天地间一"性"而已，且视此"性"为"太极"，"太极"生生方有万事万物之生成流行、於穆不已，这是对人生之前宇宙世界事物生成变化根源的探析。但当人生之后，则有"心"之生成，惟此"心"为人所专属，体现出金铉对人之能动认知功能的体贴。从"意义"视域来看，世间万物之存在与否，亦即其是否通过属于自身的价值和功能而开显出"意义"，且这样的"意义"究竟在何种层面产生，产生何种程度与广度的影响，实则因人而"有"，终极而言则是因人之"心"而有。从此意义而言，"心"是世间万物意义和价值的主宰者，故而，金铉所说的"既生以后，心为太极"之论自有其合理性。当然，金铉并不否认"性"的本来存在、自然存在，惟是因"心"之有而含蕴于人之"心"，"心犹海、性犹水"之谓。若继续追问，金铉亦自然遵循"非水无以成海"之客观事实，因为人生之前惟有"性"，人生之后才有"心"，且因人体备全体"天之气"而体备"天之理"，从而人

---

① （明）金铉：《金忠洁集》卷二《书·与友人辨格物书》，《丛书集成初编》第2166册，第39页。

之"心"便自然体贴"性","性"成为"心"之内在自然属性。所以说，分人之生与未生来看"心"与"性"之关系，则人生之后"心性"不可分，亦勿须分，有"心"自然有"性"，有"性"则自然落实于"心"。终究来讲，"心"有性而彰显出"太极"之意义，就人生之后言"性"则必须即"心"而言，由此可见"心"之大。从此而言，金铉为学尚不落"心学"之规程，尚与师说路向近似。

作为"心"之本体，"性"不可以睹闻求，惟须"默识体仁"而已。金铉言："性体本不可以睹闻求，知道者默契于日用饮食人情物理而已，所谓藏诸用也。自其日用饮食人情物理之各得其宜者，即不睹不闻之性体于斯在焉。鸢飞戾天，鱼跃于渊，言其上下察也，四时行焉，百物生焉。天何言哉？"①"鸢飞戾天，鱼跃于渊"正是对"性"之无思无虑却能无所不为、不睹不闻却能各得其宜之特性的描述。有意求"性"，"性"终不可见，惟《论语》曰'默识'，《文言》曰'体仁'，如此用功，始不犯手。"②终究而言，"性"在日用常行之中，人当遵从"自然而然"之道，方可识性。金铉便为世人——当然首先是他自身为事做人——提供了功夫路径，这就是"事来我应"。金铉言："事来我应，皆分所当为，此不可生厌弃心。至于本无一事，我心强要生出事来，殊为自苦。此便是憧憧往来，朋从尔思。自今以后，切勿自生丝毫无益事"；"天之生人不许其生一事，盖声色货利，原非性中所得而有也。又不想其避一事，盖天下国家，原非性中所得而外也"③。"事来我应"即是要求人能事来顺应，自然而言，不逃不避，将发生于己身上的事情视为"分所当为"。为什么要"事来我应"？金铉言：

离了仁，别无本体；离了存仁，别无工夫。程子曰"以天地万物为

---

① （明）金铉：《金忠洁集》卷一《语录·观上斋纪程》，《丛书集成初编》第2166册，第20页。
② （明）金铉：《金忠洁集》卷一《语录·观上斋纪程》，《丛书集成初编》第2166册，第21页。
③ （明）金铉：《金忠洁集》卷一《语录·观上斋纪程》，《丛书集成初编》第2166册，第22、26页。

体"，诚哉其一体也。象山曰"宇宙内事皆己分内事，己分内事皆宇宙内事"，诚哉其分内也。有一毫从躯壳起念，虽参天赞地之事，咸是己私，不必功名色货；有一毫与我隔膜，即知元知妙之胸，亦错认本体。驯致害人害物伤人，时时以此自醒，则一草一木真关我蕃变之能，岂但父子兄弟？无思无为，浑是我洋溢之理，无待措置安排。①

人体备全体天理，虽其他物亦有与人相同之"性"，但惟人能以其"心"而体悟。只是，就人物"性"之同而言，人之"己"身与物之"他"身自然有共同特质，自然皆氤氲禀赋天地生生之大德，孔子讲"推己及人"、"己欲立而立人、己欲达而达人"无非是在言说人与物之间的共生共存特质，孟子所言"仁者以天地万物为一体"，程颢倡言"廓然大公、物来顺应"，亦是如此。事事物物之存在皆有其自在的道理，虽然说其存在意义和价值为人之"心"衡量论断，但其意义和价值之"合宜"、"正当"等特性，已然是天命性定，固然如此者。毕竟，在金铉的"心性分合"体系里，人生之前"性"为太极，亦即天命之性早已注定于事事物物。当人之生，人之精秀特性凸显，但人与天地合德、与日月合明、与四时合序、与鬼神合吉凶之至上禀性、至善醇性、至德天性更显明白，当与物同体、和合共生，是故"无思无为，浑是我洋溢之理，无待措置安排"。

当然，照金铉的思路，其实也是遵循孔孟程朱的思路，不著一事、无思无虑不是形而下"有无"意义上的不著、不思，而是按照至善道德、四德五常等伦理规范和价值处理应对人事物，勿循私欲，但求恻隐之仁、羞恶之义、辞让之礼、是非之智而已，终究是要人"默识此个性体，洁洁净净，外物不能染，无思无为，伎俩靡所施，收敛精神，归于闇澹。"② 儒门澹泊名利，故能物来顺应，既不逐物生事，又不厌物扰事，全体放下，从而事来我应，尽显天命之"性"之自在无为。金铉自身即能"学以致用"，深悟"性"

---

① （明）金铉：《金忠洁集》卷一《语录·观上斋纪程》，《丛书集成初编》第2166册，第22—23页。

② （明）金铉：《金忠洁集》卷一《语录·观上斋纪程》，《丛书集成初编》第2166册，第32页。

无思无为之真谛。他言："象山曰：'人之通病在于居茅茨则慕栋宇，衣敝衣则慕美好，食粗粒则慕甘肥。'予自返此三者，从来不著心，迩来反觉脱然矣，正好打点全服精神，归并义理。"① 能够放下物欲诱惑，自然能脱然洒落，内心本自无为无思，自由澄明，何许著丝毫外物？若时时于"性"之仁义礼智培育自觉，涵养此心性，则恻隐羞恶辞让是非必时时开显，一举手一投足比从心所欲，自然自在。

三、"以工夫至而本体自呈"

"诚"体本天，"性"体内蕴于人"心"，言"诚"言"性"，皆是言"本体"而已。若要深刻申明"本体"之功用，则当实落于"工夫"。金铉即言："言忠信，行笃敬，参前倚衡，夫然后行，推而至于至诚无息，不外乎是，下学而上达。"② 孔子所言："不怨天，不尤人，下学而上达"，为儒家圣贤多方注解，犹以程颐注释最为经典，成为程朱理学派工夫论的标志性注解，朱熹在注解"下学而上达"时即引程颐语："学者须守下学上达语，乃学之要。盖凡下学人事，便是上达天理。然习而不察，则亦不能以上达矣"；朱熹则言："但之下学而自然上达。此但自言其反己自修，循序渐进耳。"③ 金铉亦言曰："此所谓洒扫应对，便能精义入神。今人开口便说无声无息，却将工夫倒做了，是上达而下学，非下学而上达也，便遗却下学一节。"④ 他循理学"下学而上达"路径，于本体工夫之辨坚信以工夫为入手始基，"即工夫即本体"，透过工夫而呈现本体，而此工夫进路即在于"居敬致知"。

首先，金铉提出了"以工夫至而本体自呈"的观点。他说：

---

① （明）金铉：《金忠洁集》卷一《语录·观上斋纪程》，《丛书集成初编》第 2166 册，第 32 页。

② （明）金铉：《金忠洁集》卷一《语录·观上斋纪程》，《丛书集成初编》第 2166 册，第 17 页。

③ （宋）朱熹：《四书集注》，《朱子全书》第 6 册，第 197 页。

④ （明）金铉：《金忠洁集》卷一《语录·观上斋纪程》，《丛书集成初编》第 2166 册，第 34 页。

　　圣门立教，惟语工夫不言本体。故命与仁本体也，而子罕言之，即尝言知命而不言所知者谓何，每语为仁而不言仁为何象，终日乾乾所为歉然无余者，止此为之不厌诲人不倦而已，岂谓无本体之可言哉？意以工夫至而本体自呈，所谓神而明之存乎其人，非可以口耳悉也。故开卷提出"大学"二字，且曰"之道"，谓外学无道也。①

作为本体之"命"、"仁"、"天"、"道"等哲学理念，虽然儒家圣贤处处提倡应用，但并不做具体内涵的界定，惟以"无思无虑"、"无声无息"、"於穆流行"等语来说明之。在金铉看来，这样的言论逻辑并非意味着"无本体之可言"，惟是告诫世人"以工夫至而本体自呈"之道理，即是教导世人能够从简单纯粹的"洒扫应对"之切实道德修养工夫中体悟其含蕴的天道性命之理。惟本体之"虚"，方可化生万物，其内并无明确实指内容，亦因如此，本体作为"状态"而存在。诚如金铉论"诚"体、"性"体，其无思无虑、无声无息，但又於穆流行于事事物物。前已论说，人禀天地之全气而禀天地之全理，人生活世界的角角落落里面，无不内蕴着天地性命之理，生活世界中的人，一旦在属于自己的点滴行为事件中亲体力行，即便是对本体理世界、可能意义世界的深切体认。

　　其次，金铉主张"合不得本体，不成工夫"。他说：

　　远而四表上下，近而四肢百骸，无不是此个天理充塞，无可以形容之，则曰一而已矣。舜曰"惟一"，尹曰"协于克一"，孔子曰"贞夫一"，曰"一以贯之"，周子曰"一为要"，程子曰"主一"。夫一即性体也，而工夫在是，少有安排布置，则二三矣，不必妄思邪念也，合不得本体，不成工夫，信哉！②

---

① （明）金铉：《金忠洁集》卷一《语录·观上斋纪程》，《丛书集成初编》第2166册，第30页。

② （明）金铉：《金忠洁集》卷一《语录·观上斋纪程》，《丛书集成初编》第2166册，第31页。

金铉说的明白，生存世界中的人的言行举止皆为"天理充塞"，但又不可形容这个"理"，故以"一"命名。孰知，此"一"之体已然内蕴着"工夫"，即"主一"。"一"即"全"，"全"即意味着人当全心全意、力行践履，是谓"少有安排布置"。所谓"主"，正是立定工夫、始终如此，恭恭敬敬，战兢惕厉。惟有始终如此，方有四肢百骸与天地性命的圆融通贯，诚如金铉所言："个中洁净复精微，一物来憧便有违。扫除私欲终无了，强制生机反益非。内外两忘臻易妙，思为并泯得先几。试将主一优柔熟，自见鸢飞鱼跃机。"① 显然，工夫不纯粹精微，则不可堪称为工夫，更不会与本体相统合。同时，本体之无声无息特性已然内在地要求工夫之过程亦当去妄黜念，惟诚敬本体，本体方可真正显示其天道本质特性。人间自有世道公理，正是如此而展开。有自在公理天道，便当自然去实践躬行；践履笃行的自然展开，便是天道本体的必然流露。终究而言，言本体，则必有工夫践履，工夫至而本体自呈；言工夫，则必有本体提领，不合本体则不可以之为工夫。金铉即有如是言："验本体要极精微，有一念想像持求，总是人为造作，其于无妄之命，尚隔天渊。作工夫要极紧严，有一刻苟且晏安，皆属恶习缠绵，其于不息之强，犹岐轩辙。本体不透，虽日向好事，总是袭取工夫；力行不诚，虽虚悟心源，止是荒唐见解。"② 不过，他立基于工夫辨本体，是以工夫呈本体，这与业师刘宗周立定本体用工夫相差异。③ 尽管师徒二人皆主张本体与工夫间的统合，不可偏废，但终究是有立场的不同，显然是与他们师徒二人的为学路向密切关联。

正是从"以工夫呈本体、以本体合工夫"的理路出发，金铉极力批评

① （明）金铉：《金忠洁集》卷一《语录·观上斋纪程》，《丛书集成初编》第 2166 册，第 32 页。
② （明）金铉：《金忠洁集》卷一《语录·观上斋纪程》，《丛书集成初编》第 2166 册，第 26 页。
③ 如蕺山《答祁生文载（熊佳）》信说："所云'工夫、本体只是一个，做工夫处即本体'，良是，良是。既如是说，便须认定本体做工夫，便不得离却本体一步做工夫。而今工夫不得力，恐是离却本体的工夫。本体正当处，只是个天理。工夫正当处，只是个存天理。"（《书》，《刘宗周全集》第 3 册，第 304 页）张瑞涛《一体圆融，和合无碍——刘宗周〈人谱〉工夫哲学探赜》（《人文杂志》2011 年第 5 期）有详细论说。

阳明后学王畿（1498—1593，字汝中，号龙溪）的"无善无恶"说。他于《与友人辨无善无恶书》中指出，因学友有论"假禅学之圆通，而自文乡愿逢世之学术者"可切中世人膏肓学蔽，金铉亦考究穷源，反思是世道人心受病之源，从而有"夫所谓受病之源者，惟是龙溪无善无恶之一言，使天下日伦于禽兽而不自觉"①之论。在他看来，天命之性惟是仁义礼智而已，就其未发言，乃浑然至善、纯粹至善而已；就其一无所依、纯是天倪而言，天命之性可谓无思无虑、无声无息，但古圣先贤终未敢言其"无善"。当天命之性随感而动时，则顺此性此感者为吉为善，逆此性此感者为凶为恶，《大学》之"止善"、《中庸》之"明善"皆是合人之动静内外而指示大本大原，以令人时时在在、兢兢业业而已，故而，"无善而至善"之"无"并非"形而下"之具体有无之无，而是"形而上"本体视域中的"纯粹至善"，并且是将本体之"至善"与工夫之道德进路相融合，惟安心从事修养工夫，以此体贴天命性道。而在王龙溪这里，"无善无恶"立足玄虚空冥，"尚未窥《六经》《四子》之毫末，便猖狂自肆，糠秕诗书，任情而行，毫无顾忌。尚犹援引圣言，叱咤贤传，或曰：'孔思言无，比比而是'，或曰：'程朱主敬，著著皆非'。不知孔思之所谓无，每就其一循天理，不假人为，静则存仁义礼智之体，非有端倪；动则顺仁义礼智之通，毫无矫饰。"②龙溪以良知为现成玄说，不待修为，先天所就，当下俱足："良知不学不虑。终日学，只是复他不学之体；终日虑，只是复他不虑之体。无工夫中真工夫，非有所加也。工夫只求日减，不求日增，减的尽便是圣人。后世学术正是添的勾当。所以终日勤劳更亦其病。果能一念惺惺，冷热自善，穷其用处，了不可得。此便是究竟话。"③即此可以看出龙溪一派叛圣违教、放纵恣肆，论学重本体之"虚无"而不重工夫之践履敦笃的为学弊病，终究不能挺立人的道德主体性和自

① （明）金铉：《金忠洁集》卷二《书·与友人辨无善无恶书》，《丛书集成初编》第2166册，第39—40页。

② （明）金铉：《金忠洁集》卷二《书·与友人辨无善无恶书》，《丛书集成初编》第2166册，第40页。

③ （清）黄宗羲：《明儒学案·浙中王门学案二·语录·答徐存斋》，中华书局1985年版，第249页。

觉性，不能凸显道德实践的必然性和必要性，不能构设完备的、正当的、合理的社会伦常道德系统。刘宗周即评价龙溪："直把良知作佛性看，悬空期个悟，终成完弄光景，虽谓之操戈入室可也"①；"今天下争言良知矣，及其弊也，猖狂者参之以情识，而一是皆良；超杰者荡之以玄虚，而夷良于贼，亦用知者之过也"②。蕺山门弟子黄宗羲亦深刻批评龙溪：

> 阳明先生之学，有泰州、龙溪而风行天下，亦因泰州、龙溪而渐失其传。泰州、龙溪时时不满其师说，益启瞿昙之秘而归之师，盖跻阳明而为禅矣。……诸公掀翻天地，前不见有古人，后不见有来者。释氏一棒一喝，当机横行，放下挂杖，便如愚人一般。诸公赤身担当，无有放下时节，故其害如是。③

于金铉而言，他对龙溪"无善无恶"说弊病之批评诚然中肯，且为力挽邪风、倡明正学而提出了两点主张，其一，"表程朱之学问"，以使天下世人以程朱学引绳切墨，动静不恣，时时提醒，事事讲究，从而复心之本体；其二，"穷六经之本末"，使天下世人自首至尾，一字一句，皆"真知力行"，以识"无极太极原是饮食之常，洒扫应对无非上天之载"，而终究学以祛蔽之进路在于程朱理学"涵养用敬，进学则在致知"而已。④ 是故，金铉围绕"居敬致知"论述本体与工夫相合一的必然理路。

金铉因读《高景逸先生集》而视"居敬致知"为学问作圣阶梯，以致有"学倍程朱非是学，修兼知敬乃真修"之论断。高攀龙为"东林八君子"之一，为刘宗周"平生为道交者"之一，⑤ 为学"一本程朱，以格物为要"，

---

① （清）黄宗羲：《明儒学案·师说》，第9页。
② （明）刘宗周：《证学杂解·解二十五》，《刘宗周全集》第2册，第278页。
③ （清）黄宗羲：《明儒学案·泰州学案一》，第703页。
④ 参见（明）金铉：《金忠洁集》卷二《书·与友人辨无善无恶书》，《丛书集成初编》第2166册，第40页。
⑤ 据《年谱》"万历四十年条（1612）"载，与刘宗周为道交者，惟周应中、高攀龙、丁元荐、刘永澄、魏大中及黄尊素而已，而高攀龙与刘永澄以德业资丽泽，称为最挚云。（姚名达：《刘宗周年谱》，载《刘宗周全集》第6册，第243页）

金铉读其著而悟"居敬致知",并对之坚信不疑,根本上是将"居敬致知"视为求达与本体之诚、之仁合一融通的极至工夫。他说:"闲邪存诚。伊川指之以敬一,考亭又从而解之曰:'要去闲邪,心便一了'。此真格言乎!一则敬,敬则诚";"诚是主宰,知几慎独是工夫,无邪毋不敬是方法"①。主一即为敬,主一亦即本体工夫的融贯统合。有敬之工夫法要则能闲邪存诚,实实在在体会生生流行之道,诚如金铉所言:"敬之至便是仁,其心收敛,不容一物,即万物皆备于是矣。"② 为学求道无非是澄明此"万物一体"之天道性命,人一呼一吸之间,一动一静之间,无非此道流行;万千物种,鸢飞鱼跃,鸟语虫吟,皆此道生生。人勘悟此理,并时时明觉省察,便知人我共生、人物并存、人理同在之天理,即使寻常日用自然但人欲净尽,自然有天理流行,进而可知昼夜相通,显微无间,于此中优游涵泳,必然洒脱心悦。明乎此,知乎此,自然是廓然而大公、物来而顺应,人我一致,殊途一归。是故,金铉所理解之"敬"即是"不睹不闻"之义,循此"敬"则能尽仁至诚:"自其无敢戏豫者言之,则谓之敬;自其大公无私者言之,则谓之仁;自其忠信无妄者言之,则谓之诚。然而敬者实仁与诚之本也,不识得不睹不闻,却去用戒慎恐惧,枉费精神",是以金铉言:"敬、仁、诚三字合说。"③ 工夫之"敬"与本体之"仁"、"诚"统合一体。其实,为学惟精惟一,居敬致知,或许道理晦涩,但因践履笃行,天道性命并非遥不可及、虚幻缥缈,生存世界中的人虽饭嗅茹草,亦可宁静而致远。既然心中自有天道性命,人则毋执着于独善,亦不急于人知,以我所珍而随世用舍,亦可谓大道诚明。故,金铉告诫世人,倘能静悟体察,知敬而知天,则:

> 盖为一室之中,日往月来,鸟鸣花发,便是业大皇王;一堂之上,子弟孝恭,师传友习,即是功高三代。人知之而我行之,无损乎此亦

---

① (明)金铉:《金忠洁集》卷一《语录·易说》,《丛书集成初编》第2166册,第2页。

② (明)金铉:《金忠洁集》卷一《语录·观上斋纪程》,《丛书集成初编》第2166册,第13页。

③ (明)金铉:《金忠洁集》卷一《语录·观上斋纪程》,《丛书集成初编》第2166册,第34页。

无加乎此；人不知我而我违之，无少乎此亦无多乎此。行所无事而已，若少有求旧之意，遁世微有闷心，便不是圣人分定之学。①

此便是尽人事存天理，是笃行恭敬而明道弘善，是以工夫呈本体、以本体合工夫的自在自觉。即此可以看出，"敬"自身即是本体工夫合一的过程。"敬"一方面是达至知、至之天道本体的恭敬笃行；另一方面，此"敬"乃天道本体自然如此，敬即本体，诚如其所说"语本体只是个仁字，语工夫只是个敬字，敬即本体也，仁即工夫也，于此岐而二之，尚未识敬识仁在打成一片，千圣之学尽是矣"②。

金铉还主张，当于心"已发"、"未发"时遵循"居敬致知"工夫。金铉引朱熹注《大学》三处"心之所发"之论，即注《大学》"明德"为"当其所发而虽明之"，注"诚意"为"实其心之所发"，注"自欺"为"知为善以去恶，而心之所发有未实"，提出自己的见解，即"当其未发而敬以存之，保明德之体也，此固当勉为功；就其已发，而敬以察之，充明德之用也，此尤宜时未力"。在金铉看来，孟子言"求放心"，程颐言"主一"，其实质便"不过只要人知止，敬则止"③。既然工夫至处即是本体呈露，亦惟循本体之至善至上用工夫，方可谓之真工夫，那么，"居敬致知"自然要在心之已发之现实的情感展示过程中发挥作用，并且人须时时察识检点，以明明德、彰善抑恶为宗的；同时要在心之未发之纯粹至善精神世界中，时时涵养自然而然、澹泊宁静的明德本体，以防未然之欲。"欲"是使人之明德本心逐渐走向障蔽的罪魁祸首，而"欲"发挥其作用来障蔽人本心的原因即在于人不能以"居敬致知"工夫扩充善端。在金铉的思想世界里，天地本自然，但人之欲念却时刻萌发，只是人不自觉而已，犹如明珠入砂砾，明珠之明、善性之

---

① （明）金铉：《金忠洁集》卷一《语录·观上斋纪程》，《丛书集成初编》第 2166 册，第 13—14 页。

② （明）金铉：《金忠洁集》卷一《语录·观上斋纪程》，《丛书集成初编》第 2166 册，第 31 页。

③ （明）金铉：《金忠洁集》卷一《语录·观上斋纪程》，《丛书集成初编》第 2166 册，第 24 页。

本然为砂砾之秽、理欲之病所遮蔽。不过，"明"、"善"不会因有污、欲而亡失，若人能时时居敬致知，自然不会有被遮蔽之可能；即便被遮蔽，倘人明晰居敬致知之道而扩充善端，亦能"于道理发现处，当下认取，打和零星，渐成片段，到得自家好底意思日长日益，则天理自然纯固，向之所谓私欲，自然消靡退散"①。金铉教人不仅要克治私欲，尚须时时充长善端，时时身体力行。这样的工夫进路正是程朱学派"格物致知"工夫进路的延续。

总之，明末殉国难忠臣、蕺山门弟子金铉论学崇尚程朱，其学以"诚"为宗，为"安身立命之基"和尽"独"之工夫法要。同时，"诚"之中自然内蕴天命之"性"，人生而有"性"，"诚"以"性"显；因人之生而有"心"，心之本体即是"性"；"性"体不睹不闻，惟"默识体仁"而彰明自身之存有与可能。既然"诚"体本天，"性"体内蕴于人"心"，言"诚"言"性"，皆是言"本体"，而申明"本体"之功用即当实落于"工夫"。金铉循程朱理学"下学而上达"路径，以工夫为实现本体之入手始基，"即工夫即本体"，而此工夫进路即"居敬致知"。金铉为学重德性伦理，为人重忠义气节，以自己短暂的生命历程书写完美的人生精义，学问人生能圆融统合。文末作打油小诗一首，以赞金铉曰：

少年得志青年去，金水一跃即忠杰。枯骨茫荡大义举，师门同道写赞歌。

若问哪得正气志，诚体天命性中激。临难一死非小儒，本体工夫本一辙。

附录：《金忠洁年谱》
金忠洁年谱②

弟镜编述，鑪参订

---

① （明）金铉：《金忠洁集》卷一《语录·观上斋纪程》，《丛书集成初编》第2166册，第24页。

② 我指导的硕士研究生刘娇阳同学因完成论文之需要，点校整理了《金忠洁年谱》，我在此基础上进一步校对，一并置之于此，以飨读者，同时对刘娇阳同学表示感谢。

谨按：万历三十八年庚戌，七月十九日壬戌，伯兄生于北京崇文门内总捕胡同寓邸。生之日，与先大父同。是日，昧爽，先大母隐几卧，梦一罗汉入室，惊寐，汗如雨。辰时，伯兄生。移刻，进士夏公嘉遇来，先大夫喜曰："夏公来为吾儿兆耶！"因命乳名曰甲兆，命名曰绳，第知交中。以生辰同祖，共相贺曰："其绳祖武乎？"

四十二年甲寅，伯兄五岁。

发痘得逆症，百药罔效，勺水不入者数日，气垂绝。伯兄忽见有异僧围绕层列若百千万者，咸袈裟诵佛。时伯兄隔窗呼先大夫曰："诸僧来，儿可不死。"既而渐食，痘渐起，月余乃愈。

四十三年乙卯，伯兄六岁。

出就，外傅一目数行，下师大奇之。

四十五年丁巳，伯兄八岁。

先大夫改命名铉，字伯玉。

四十七年己未，伯兄十岁。

善属文，师喜，评其课曰："认理真切，措词奇娇，他年大作用人。"

天启三年癸亥，伯兄十四岁。

应童子试，补京兆尹弟子员。

四年甲子，伯兄十五岁。

应顺天乡试，本房拟荐，以经文稍异，列备卷。

五年乙丑，伯兄十六岁。

先大夫为聘上林苑监监丞朱公家麟第二女。

六年丙寅，伯兄十七岁。

应督学，岁试，取一等，补增广生。

七年丁卯，伯兄十八岁。

秋八月，应顺天乡试，举第一人。发榜前一日，桂香满舍，经日不散，左右邻皆闻。先是先大夫幼，先大父辄命诵邹汝愚先生《十八领解马上口占诗》，曰："龙泉山下一书生，偶穷三巴第一名。世上万般难了事，乡人何事太相惊。"先大父每谓先大夫曰："使汝得如邹先生，吾愿足矣。"先大夫年十八，先大父卒。先大夫每述此语以诏诸子，辄泣下。而伯兄发解，年适十八，始知大父若有前知，非偶然也。

崇祯元年戊辰，伯兄十九岁。

会试，举南宫第二百二十名。廷试，赐三甲同进士出身第一百三十四名，观刑部政传胪。前一日，日正中，伯兄入室，见红光满壁，熠熠如火，亟呼镜暨诸弟等共视，许时乃灭。

秋七月，成三加礼，娶原配朱氏。

九月，伯兄特疏请改教。兄应选知县，自以性好静，喜读书，遂请广文。

冬十二月，奉旨改授扬州府儒学教授。时四弟铉有遽疾，伯兄忧愈甚。一夕，谓弟鑛曰："四弟危矣，为我裁黄笺来，吾为请命于天。"遂挑灯草表再拜，焚之。翼日，弟铉渐有起色，不数日愈焉。

二年己巳，伯兄二十岁。

春二月，赴维扬任教谕，诸生先行业而后文章，燕居言行具有规格，诸生懔懔事之若耆宿，罔敢以洛阳年少目之者。日丹铅诸生，课艺每试，必自构文以式之，一时文风蔚起，从游者比于胡安定之门。

夏六月，长子生；十一月，以痘殇。嫂朱氏产后感疾卒。鑛弟自睢之扬，兄躬督课艺，暇则自读《春秋》三传、《庄子》、《史记》。

冬十月，升国子监博士，回原籍武进祭祖墓，悉出积俸，遍赡亲族。

三年庚午，伯兄二十一岁。

春二月，自武进北发迁道至睢，省二尊人。三月入都，时司成为瑞屏顾公、明卿陈公，皆加意造士，雅重伯兄，特令专试事所第高下，众罔不服，凡所拔士皆连擢第去。

夏四月，继娶上林苑监监丞朱公家麟长女，先嫂胞姊也。

伯兄入都后益善喜读书，更沉潜于理学经济，先玩《周易》，取《卦》、《彖》、《大象》，手录数过，复掩卷静悟，曰："我自有心易，不因人解也。"既而读《程传》，曰："得之矣！"爰以程为主，朱义次之，古今易解多方搜览，以俟参考。时自为解说，然多弃去不存，曰："未是也。"读《易》之暇，则取《史记》、《汉书》暨《左》、《国》、《通鉴》、《孙》、《吴》兵法究之，谓："学贵实际，有体无用，吾不为也。"

四年辛未，伯兄二十二岁。

夏六月，升工部都水清史司主事，监督器皿厂。光禄内监移文谓："铜锡诸器，例应大造。"盖借此冒破钱粮物料。伯兄云："当视损坏之大小以定修造，岂可援例？"内监不敢复言。

第二子生，十月殇。

秋九月，覃恩敕命，授阶承德郎，封母为安人，元配赠继封，俱安人。

边信急，奉本部堂委，修理安定等四门军器，共计修过铳炮一千八百有奇，长枪等件四千一百有奇，挨牌一千四百有奇，人工物料每日亲诣察饬综核，务求坚利，风雨不避也。

冬十月，建言请罢内臣建署。时命内监张彝宪总理户工二部钱粮，特建公署，伯兄力请止之，疏谓："廉耻不可不维，浮费不可不惜，公署既建，势必强司属匍匐于独踞之庭，即诸臣矫矫自好，当亦不为内臣屈。而其中保无暮夜多惭、寡廉鲜耻，以曲护其丑、自行其私者乎？此风一开，将蔑本来之堂属而不顾，而转倚内臣为地官冬官之司命，奔趋诌谀之习，渐见于建署之后，褒皇灵而丧士气，宁有甚于此者！"疏入，不报。

十二月，张彝宪公署已建，择日上任，欲令两部司属行谒见礼。伯兄曰："不幸而前言验矣。"又具《监臣移檄非体》一疏，极言彝宪亢颜昧心，妄自尊大，以皇上迪简之臣子，而令其磬折伛偻，将置自有之堂属别行诬妄之仪，去不易之公廷，强抑刑余之下，臣委质圣朝，自矢无玷，断不敢匍匐彝宪独踞之庭，致雁交结之条也。得旨："各官遇有职事相关，自当礼见，其余不必通谒至彝宪。"上任诸司竟未通谒。于是，彝宪愧极恨极矣。

是时，本部题管杭州抽分命下，随告病回籍。

五年壬申，伯兄二十三岁。

春正月，彝宪挟恨以验放火器，题参，奉旨下部议处，部初议夺俸六月，不允；再议，降一级用，不允；竟改票落职，且诘责天曹徇庇。于是，伯兄有《自讼》一疏，具言彝宪污蔑报复始末，旋有堂官暨都宪诸公代为剖陈。不报。时伯兄已请告在籍，得旨，落职，可勿入谢。而伯兄易帽趋朝，扣头午门外，即刻骑驴出城，复居旧寓打磨厂之敝庐，寄书先大夫曰："儿幼承父训，不敢阿世取容。今虽失一官，于心无愧，谅大人亦未必谓儿不孝，谓儿不忠也。且蒙恩得返，初服，从此笃志诗书，天之成儿正在兹矣。"伯兄既放归，决意仕进，惟日闭门读书，究心物理性命之学。悉取五经四书大全暨诸儒语录，博览穷思，务造其极。于是易学似又有所窥，复为解说，然自谓"善易者不言易也"。

六年癸酉，伯兄二十四岁。

博选古文，自周、秦迄唐、宋，凡若干卷，以《国语》"周襄拒晋文请隧"篇为首，谓"关系甚大，宜接《尚书·秦誓》"，魏、吴、六朝绝不录，周、秦、两汉而下，惟唐宋八大家入选。尝书联曰："周秦两汉之文，濂洛关闽之学。"又曰："读书卑魏晋，为文绝排偶。"然《渊明先生集》则奉为典型，时时玩味，曰："六朝之可法可传者，独此公耳。"镜自辛未夏，随先大夫任睢阳，是年夏四月，入应乡试，见伯兄识见学问并胜，五经无不成诵，八大家手批且遍，每一问难，出人意表，至于论《易》，尤有精理。镜曰："兄言被放为天成，今果然矣。"兄笑而颔之。

是时，家居年余，先大夫宦游于外，外侮时时有之，而伯兄不见不闻，意思自若，蓬荜环堵，风雨罔蔽，而抵掌古今，怡然甚乐，巾折履穿，手不释卷，贵人相谒，辄托疾不见，日与二三知己议道谈心。在都下者，则业师伯衡徐公暨司直于君、肩吾蒋君、若候范君、敬哉王君、维梅黄君、颖叔毛君、仲木公狄析、木三梁君、商贤杨君；在四方者，则容城钟元孙君、清苑念尼王君、丹阳顺伯盛君、上虞元明谢君、延平若木卢君、潼川映西文君。

冬十一月，先大夫公车北上，见伯兄所学，大惊，曰："子益矣！行当以理学得名。"

七年甲戌，伯兄二十五岁。

是年，深于《毛诗》、《春秋》、《周礼》之学，复多精解。

镜暨诸弟皆在京，伯兄日督课艺，经书奥义，时时发明。

八年乙亥，伯兄二十六岁。

夏四月，奉旨起用废谴各官，吏部博采公论，复议言事、为事诸臣应即起用者若干人。序伯兄于言事之列，名下开处分缘由，云："抗疏建言。因修理旧时军器，偶尔炸损，奉旨革职。"并硁斋高公、东里王公、石斋黄公，同在一款。内监中堂俱不悦，谓"某某出非吾辈利也。"遂得旨，切责太宰下选，君狱起废，竟不果行。

冬十月，巡方直指张公三谟，以《地方人材荐疏》云："原任工部主事金铉，臣不暇论其筮仕之日于本等职掌有无疏漏，但闻其林居以来，日惟闭户读书，萧然一室，贫约自如。夫好学则智识益长，能贫则操守必坚，不意京华浮靡之场，少年英颖之士，乃穷则独善其身如此，伏乞再加查访，及时起用。"奉旨下部。

九年丙子，伯兄二十七岁。

时念台刘公起少司空，部务之暇，时时枉驾就伯兄谈，每坐必竟日，伯兄云受益良多。后刘公归里，伯兄为诗送之。时伯兄数年来学问之交，在搢绅先生者，刘公而外则有玉孺刘公、芳扬沈公、几亭陈公、任先林公、沃心钱公、松石孙公、保慈成公，朝夕问难，交相劝勉。是岁，有《宋大儒四子合刻》行于世。

十年丁丑，伯兄二十八岁。

时屡议起废，中外诸公知兄者荐剡娓娓，上俱不报，且有蒙谴责者。

十一年戊寅，伯兄二十九岁。

诵读之外，时时静坐，语镜曰："人苦不学，学则未有不日进者。"

十二年己卯，伯兄三十岁。

是年，道邻史公、勉斋朱公丁艰回籍，与伯兄朝夕聚晤，道德经济之谈，互相参酌。

十三年庚辰，伯兄三十岁。

春三月，先嫂朱氏卒。

夏四月，先大夫单骑入都，留先母暨诸弟武林，因部事注误得旨，以郎中调用也。时伯兄中馈无人，先大夫朝夕饔飧，躬自洁治，暇即苦思朗诵，竟夜不寐。先大夫抱恙数月，衣不解带，驱蚋涤溺，皆亲为之。

秋九月，继娶文学章公必奏女。

是岁，北地大蝗，民饥，人相食，入冬尤甚。伯兄暨道邻史公、北海孙公捐资赈济。伯兄、史公躬任其事，给粥散蚨，身冒风雪中，所全活者甚众。

十四年辛巳，伯兄三十二岁。

秋八月，伯兄忽集生平著作付镜曰："为我摘数十首存之，勿庸多也。"镜受命，僭选十余万言。伯兄以为繁，又删过半，仅存若干卷，今所刻是也。其余，伯兄虽摘去，然故本犹在，其中多可传者，乱后悉失之。

伯兄虽不谭禅，然甚爱《楞严》。是月，《批评楞严》成。

九月，先大夫卒于丹阳。冬十一月，讣音至，伯兄痛哭几绝，即成服奔丧。途中昼夜号泣，及到江南，仅存皮骨。岁杪，葬先大夫于武进祖茔之侧，以先大夫平日不忘首邱也。

十五年壬午，伯兄三十三岁。

夏四月，奉母北还，留鑪弟、铉弟丹阳守墓。时伯兄无子，鑪弟第二子佶恭生三岁矣。伯兄笃爱之，奉母命，改名怡恭，为伯兄嗣。时以鑪弟留南，怡恭未能离母，姑留鑪弟处。

五月，奉母至京，益勤养志。凡母党之眷属，贫者炊，暴者葬，以婚嫁谋者必倾囊助成之。至教养诸弟，嫁两妹，并笃友于之谊。时试士重五经兼者，鋐弟遂学五经业，皆伯兄为指引。一年鋐弟业成，兄之教也。

十六年癸未，伯兄三十四岁。

夏五月，先嫂章氏卒。

秋七月，京师大疫，日死人不可胜计，甚有空一门、空一巷者。伯兄制五瘟丹施之，亲自和药，昼夜不怠者数月，所全活甚众。家中上下几五十人，绝无病且死者，都人奇之。

七月晦日，偶书一诗于手评《邵子全集》之后曰："甲申之春，定我进退。进虽遇时，外而弗内。退若苦衷，远而勿滞。外止三时，远不卒岁。忧哉忧哉！庶毕吾世。"镜时亦未见甲申移城，后此书于范君止父处得之，见其卷末有伯兄亲笔，不胜惊异。谨按：伯兄学《易》有年，然绝口不道数。镜自幼于邵子《皇极》若有神解，语多幸中，伯兄勿尚也，尝谓镜曰："精数不如精理。"每举程子"雷从起处起之"说折之。今乃于《邵子集》后忽书此作，纪载月日既详且晰，进退存亡不爽毫发，岂吾兄于数学亦有所窥耶？抑有所感兆而语此耶？果前知耶？然事皆天定，非人能为。噫！异矣。

冬十一月，得旨，即与起用。时铨部即欲启事，伯兄力辞曰："服尚未阕，奚可哉？"铨部乃止。

都门城外各寺院暨民家有外方、宦、商人等寄停棺枢，归葬无期，类多暴露。又是年，死疫者多不克葬，城外白骨如山。伯兄与北海孙公、任先林公、澹庵黄公、严革戴公等捐资掩埋，令刘君充符董其事，自冬底至次年春，凡埋寄枢千余，骸骨暴露者不可胜数。

十七年甲申，伯兄三十五岁。

春二月三日，服阕。

四日，起补兵部车驾清吏司主事，巡视皇城。

十二日，娶王氏为侧室，颖叔毛君义妹也。以正室履丧，故不复续。

巡视之职，专点皇城各门把守官军。先是，诸军皆中使虚冒，巡视派日传点，点之时，请人代应，应毕即散，以是各门军士寥寥，每日不过数人。伯兄曰："禁地，岂容儿戏？"于是申明执掌，严谨虚冒，查点不预定时日，随意所至，代者惩，不到者革。中使素畏其刚直，相戒曰："是首弹张总理，詈吾辈为刑余者，勿犯也。"遂各招人实补，不复影射。各门官军无不竟日把守。

闯贼陷大同，塘报至，伯兄上《请撤内监》一疏，曰："贼陷大同，势且逼宣府，宣或不守，则大事去矣。抚臣朱之冯忠孝为心，智勇足备，可以率众死守，特恐监视内臣于中掣肘，不无偾事之虞，乞星夜撤回内监，专任抚臣，臣能必贼骑之不敢窥宣也。"不报。未几，而内监率阖镇迎贼，朱公尽节城头矣。贼信日急，内阁宿署中，塘报频传，皇城门昼夜不闭，伯兄上《请严门禁》一疏，曰："傥奸宄乘机夜入致惊禁地，可若何？宜各门设重臣严盘诘，留一二中使往来，门钥付重臣，塘报至，随启随闭可也。"不报。时伯兄又《议请驾南迁疏》，具未上。

三月，贼势近，宣府抚军勉斋朱公自矢必死，写数纸寄子弟暨相知。伯兄见其字，泣谓镜曰："殆矣。"十一日，宣镇陷，朱公死之。十三日，报至京，伯兄暨镜皆大哭，兄曰："今与而哭勉斋，不数日而将哭我。"

十四日，伯兄谓镜曰："宣镇陷，都城不守矣。我死分也，惟无以处母，目不瞑。"镜曰："弟将觅僻室于东，奉母隐此，无害也。"伯兄以为然。母不允，曰："我受皇命为命妇，决无生理，宅中井可入也，将焉用隐？"

十七日，贼攻西直门。时伯兄日入朝点军。是日暮归，母令巫开井去石。

十八日，伯兄暨同志诸公议军士乏饷："君、相暨司农，计无所出，我辈盍身任厮事、大僚、庶尹，各任若干人，量力而养，则城可守矣。"言之执政，执政上闻，报可议定。次日，分任信地。又次日，给饷。伯兄任五十人，同司正郎元升成公亦任五十人，□□皆赤贫，措饷无计。是日午，共至杭人冯君良甫处，求贷若干，良甫慨然应之。次日，城已陷矣。申刻，外城陷，犹未敢信也，兄谓势且危。至夜，举酒奉母，且涕且言曰："儿承父母训，身当殉国，但不得尽孝于母，儿虽死，目不瞑也。"母曰："吾儿为臣死忠，孝孰大于是！我授命此井，不为不得死所也。儿自尽而节，我当令而自瞑。"

十九日，伯兄昧爽起，乘马入朝，着便服，以公服随。市人争言驾行，宫人悉遁出，伯兄曰："讹言也。"巫约巡视皇城，台省入，请驾御门，以安民心。驰马数十步，而路人皇乱愈甚。宫女果有行者，兄惊曰："信矣！"巫回家易公服，拜母而哭曰："儿职在皇城，身死皇城为正，城无恙，儿回脱；不守，儿尽节于朝矣！"母曰："儿可疾入，无复我念。"于是，母以下皆亟至井侧坐。伯兄飞马疾驰至长安右门下马，诸役陆续遁去，止长班刘元、郭泰随入朝。中贵或言驾已南行，或言已上宾。伯兄且哭且走，趋至紫禁城西北角大河边，临河而坐，时大内尚未有贼也。坐须臾，中贵乱奔，云"贼已入"，而红帽乘马者已可远望而见矣。兄指贼大骂，解牙牌付二长班，向紫禁城一拜，亟投河内。适在浅水中，二长班往救，牵衣不释，兄髮指目裂，以手捶责二人，遂投水深处以死。二人归，具述其详，遂以牙牌缴。司母知城之已陷也，亟往赴井，众争止之，曰："传贼不杀一人，何以死为？"母不听，众强止不获，遂听母入。伯兄之侧室王氏大哭，呼母者再，亦从母入。时妇女长幼辈举从母暨王赴井，井几满。急救，多不死，而母暨王则不可救矣。计内与外尽节，时皆辰刻也。

二十一日，镜葬母暨王于寓园中。六弟鋐率刘元具呈伪兵政府，求收兄骸骨，伪兵曹亦知兄者，待鋐弟尽礼，为伯兄叹息，久之，曰："收骸在我，公不必自往，且公尚宜避匿，诸将意未可测也。"于是，鋐弟亟归。午刻，镜为伪纪功司系去，监禁寓中。廿六日，镜复为伪国公刘宗敏夺去，派银五千，监禁追索。刘元亦被他营掳去，勒令报富绅。

夏四月朔，鋐弟赴井死。先是，陷城之顷，鋐弟即自缢，气垂绝，镜为解救之。自后，日痛母兄，时时欲死。至是，竟赴井。八日，贼释镜。九日，始归。刘元亦前二日释归。时皇城门禁甚严，非官役不得入。户曹大来郭公使者充锦衣旗尉，入朝前数日见伯兄尸浮水上，衣冠不变。十二日，路遇刘元，告之且曰："旗尉可入内，尔即随吾侪入，骸可得掩也。"十三日，元以告镜，镜即促元偕入，而贼适引众东行，尽闭皇城诸门，外人俱不得入矣。

五月，大清入都，谕前朝死难诸臣各家子弟呈报，镜随投呈内院、兵部、本城察院、府县儒学等衙门。时大兵新入，人心皇皇，既而移城，愈益忙乱，皇城内重兵把守，拒外人不得入，且二长班不知所之，无复识伯兄尽节处者。既而门禁稍宽，刘元亦至。二十九日，始得入内院投呈，批准捞尸。

六月朔日，镜偕刘君充符、陈君仪周、毛君纶子暨充符子若弟，与长班刘元家人刘京等觅至河边，抵原处，刘元指示之，则见地上有髮一团，髮缵暨网巾、网圈俱无恙，盖长兄髮缵，甚异乱而紧其状，人人可辨，且网曾为镜所戴，兄偶借用，认之不差也。髮旁有冠帽胎铁丝圈一展，翅胎铁丝圈二，充符诸君皆曰："伯玉先生外，别无荐绅死此，此胎圈的是其冠矣。若彼内臣，帽乌有翅乎？"其旁有人骨一堆，筋肉全消，止余枯骨，细视之，则二人尸也，亦未知其是否，仍遍觅水中。忽一太监至，云："若非觅皇城金兵部尸骸者乎？"曰："然。"曰："渠日浮水上，无人来取，贼败回。廿七、廿八间，吾辈乃捞之起，有我同官吕胖子者，亦死如兵部，吾辈将二尸并掩河边，土被水冲，以至暴露，此骨即是也。"镜等犹未敢信，复于后宰门内外，逢中贵问之，言人人同，然后知此骨真伯兄暨吕胖子者也。二骸混杂，莫辨孰是，充符诸君咸谓："二骸莫辨，无共殓一棺、共葬祖茔之理。"久之，议不决，充符曰："魂魄依此已久，曷若即葬此地乎？"众皆以为然。于是，装骨囊中，即于河边地掘数尺深以葬，其不置棺者，以此处不敢入棺也，奉髮暨网归家，为兄置棺，配以木身，殓以衣冠。十七日，葬祖茔侧。先是，伯兄释褐后，仕日浅，未得走紫禁城，后遍览内河及林居多年，益不能入。起补后，穿朝点军归而大喜曰："每闻内河佳境，今遍游一过，如入洞天，即西湖不能及也。"是后，凡自内点军回，则必重加叹息。时颖叔毛君、商贤杨君恒在座，兄辄语之曰："吾性决无所好，忽见此河，不觉心醉。每过此，必流连不忍去者久之，但恨不能偕知己畅饮于此，殊为怏怏。"至是，竟死兹葬兹，不亦异乎？

冬十月，顺天学政按院俱疏请旌前朝死难诸臣，内开伯兄一家尽节始末，得旨下部。

十一月，南朝恤殉难诸臣，赠伯兄"中宪大夫"、"太仆寺少卿"，谥"忠节"，祭一坛，予半葬建祠致祭，荫一子入监读书，母照赠官品级，诰赠"恭人"，仍建坊旌表，后又准给与应得诰命。先大夫赠"中宪大夫"、"太仆寺少卿"，两嫂朱安人皆赠"恭人"。

金忠洁年谱终

第五章 "发政施仁"——"匡正政治学" 视域下的黄宗羲《孟子师说》新诠

> 人君非正心诚意，进贤去不肖之权，终不能出于左右，而诸大夫不得与焉。然则孟子之所谓察者，亦察之诸大夫而已。此孟子未尽之意也。
>
> ——（清）黄宗羲：《孟子师说》

《论》、《孟》、《学》、《庸》是自孔孟以来儒家知识精英体勘考索儒家原始精义的核心文本，也是各时代儒家学者进一步开拓创新儒家思想的文本理据。明末大儒刘宗周（1578—1645，后世学者尊称为蕺山先生）亦不例外，于四书学多有贡献，撰著《论语学案》、《大学古记约义》、《大学参疑》、《曾子章句》等，然于《孟子》一书却无系统阐发论述。蕺山后学弟子中学养最深、学术影响最广，且与刘宗周有"婚姻关系"的黄宗羲有感于业师"四书学"之阙漏，在经年潜心精读《刘子遗书》的基础上，"粗识先师宗旨，窃取其意，因成《孟子师说》七卷，以补所未备"①。就此可说，梨洲撰著《孟子师说》的直接目的意在发明师说，补师说之不足。据考证，《孟子师说》"约撰于康熙七年（1668）前后"②。其实，在这一时间稍前，黄宗羲尚著有以批判封建君主专制、具有民主启蒙思想意义的《明夷待访录》一书。③《孟子》

---

① （清）黄宗羲：《孟子师说·题辞》，《黄宗羲全集》（增订版）第 1 册，第 48 页。

② 吴光：《黄宗羲遗著考》，载《黄宗羲全集》（增订版）第 1 册，第 435 页。

③ 据吴光考证，《明夷待访录》始作于康熙元年（1662），完成于康熙二年（1663）。[《黄宗羲遗著考》，载《黄宗羲全集》（增订版）第 1 册，第 425—426 页]

本身兼具心性教化和政治治理之多元学术价值，黄宗羲是否基于儒家政治哲学思想而重新诠解《孟子》？目前学界对《孟子师说》有一定研究，但尚无基于政治哲学视角考察《孟子师说》思想的研究成果。① 本章即撷取儒家"匡正"政治哲学视角重新诠释《孟子师说》思想，以蠡探梨洲政治哲学思想的基本特质和逻辑理路。

一、仁本："天下之所以平，舍仁义更无他道"

在儒家看来，政治之本质在于"正"。如《论语》载，季康子问政于孔子，孔子对曰："政者，正也。子帅以正，孰敢不正？"（《论语·颜渊》）所谓"政"，就是当政者端正自己，率先垂范。《论语·子路》还记载："政者，有所改更匡正。"儒家把匡正权力视为士人的权利和义务，匡正政治也自然成为儒家政治哲学的基本特质之一。② "匡正"政治首要和基本的任务是为政治合理性以及政治主体的政治道德探析"形而上"的义理根据，也就是从政治本体的角度对政治主体施政方略进行规制和引领。政治实践有其正当性根源，或可说，理想政治必然有其合法性根源。政治活动是经由人而展开的处理人与人之间关系的活动，即便是处理国与国关系、地域与地域关系，终究是与政治活动的当事人的个体素养、民族或国家的文化理念密切关联。因此，政治正当性和政治合法性以特定的政治本体为价值理据。黄宗羲即是以

---

① 如刘述先以《孟子师说》为文本，探讨解决"梨洲晚年思想是否发生了巨大的变化""他是否因受陈确的影响而导致了这一变化""他对孟子的解说是否胜过朱子而更能掌握孟子哲学的精神"三个问题。（《论黄宗羲对于孟子的理解》，《杭州师范学院学报》（社会科学版）2006年第1期）杨华借《孟子师说》考察清初学风，认为梨洲之孟子学注重挖掘孟子思想中的实学内容，重视客观之"习"对人性道德修养的作用；将"学"与"良知良能"并重，凸显孟子尊重知识的形象；肯定人欲的合理性，对客观现实的肯定使得知识逐渐脱离道德权威的钳制。（《清初学风流变与黄宗羲的〈孟子师说〉》，《道德与文明》2012年第1期）张实龙则考察了《孟子师说》还原《孟子》太和气象的逻辑理路。（《〈孟子师说〉还原〈孟子〉太和气象》，《浙江万里学院学报》2005年第5期）

② 参见彭永捷：《儒家政治哲学的特质、使命和方法》，《江汉论坛》2014年第4期。

"仁义"为治国平天下的大道至理，在他看来，合理的政治实践活动的展开是当权者"扩充"仁义的过程，基于天然内在固有"仁义"本性，故有"不忍人"之"仁政"的现世展开。既然仁义规制现实政治实践的逻辑起点，那么，仁本政治便构成为政治本体论的基本内核。

在黄宗羲看来，"仁义"是治国平天下的根本之道。他在诠释《孟子》首章"孟子见梁惠王"时指出："天地以生物为心，仁也。其流行次序万变而不紊者，义也。仁是乾元，义是坤元，乾坤毁则无以为天地矣。故国之所以治，天下之所以平，舍仁义更无他道。"① 循梨洲之意，若求达国家治理、天下太平，非仁义不能为，仁义是政治的核心和根本。自尧、舜、禹三代之后，直至孟子生活的战国时代，乱臣贼子纷生，人心机智横生，世人治国治民往往舍本根之仁义而贪求外在之利益。当然，梨洲视仁义为"国之所以治，天下之所以平"的根本之道，承接了孟子仁义政治的治国主张。当梁惠王问远来自鲁国的大思想家孟子"将有以利吾国"时，孟子有一段精彩"告诫"：

> 王何必曰利？亦有仁义而已矣。王曰："何以利吾国？"大夫曰："何以利我家？"士庶人曰："何以利吾身？"上下交相利，而国危矣。万乘之国，弑其君者必千乘之家。千乘之国，弑其君者必百乘之家。万取千焉，千取百焉，不为不多矣。苟为后义而先利，不夺不餍。未有仁而遗其亲者也，未有义而后其君者也。王亦曰仁义而已矣，何必曰利？（《孟子·梁惠王上》）

朱熹阐释"仁义"之本质认为："仁者，心之德，爱之理。义者，心之制，事之宜也。"② 仁义是根于人心的天理，是自在之澄明的精神境界，是自然之无为而无所不为的价值评判与行为准则，行仁义之道自然能爱其亲、敬其君、尊尊而亲贤，礼让而守法，诚如孟子所言的"未有仁而遗其亲者，未有义而后其君者"。是故，梨洲极力称赞孟子的仁义说："'未有仁而遗其亲者

---

① （清）黄宗羲：《孟子师说》，《黄宗羲全集》（增订版）第1册，第49页。
② （宋）朱熹：《四书集注》，陈戍国校点，岳麓书社2004年版，第230页。

也，未有义而后其君者也。'正言仁义功用，天地赖以常运而不息，人纪赖
以接续而不坠。"同时，梨洲也指出："遗亲后君，便非仁义，不是言仁义未
尝不利。"① 有仁义者，自然爱亲敬长；统治者行仁义，自然就是"利"，事功
与仁义本无分途。这就是以仁义为利，而且仁义是天下之大利。朱熹有言：
"循天理，则不求利而自无不利；循人欲，则求利未得而害已随之。"程颐也
有言："君子未尝不欲利，但专以利为心则有害。惟仁义则不求利而未尝不
利也。"② 仁义具有如此重要之价值和意义，君主、官员在政治实践活动中应
自觉贯彻和推行。

所谓"仁"，即"不忍人之心"；若君主自觉彰显"不忍人之心"，便能
实现"不忍人之政"，亦即"仁政"。梨洲在诠释《孟子》之"人皆有不忍人
之心"章便坚守如此信念立场。在他看来，孟子一方面强调天道自然、人之
秉具的"仁义礼智"之"四端"并存；另一方面，属"性"之仁义礼智与属
"情"之喜怒哀乐显微无间、存发一几；同时，作为天道自然之"仁义"必
然与人为自觉之"仁政"圆融通贯。孟子言"仁"自然与"义礼智"并提，
且四者同属"不忍人之心"：

> 所谓"人皆有不忍人之心"者，今人乍见孺子将入于井，皆有怵
> 惕、恻隐之心，非所以内交于孺子之父母也，非所以要誉于乡党朋友
> 也，非恶其声而然也。无恻隐之心，非人也；无羞恶之心，非人也；无
> 辞让之心，非人也；无是非之心，非人也。恻隐之心，仁之端也；羞恶
> 之心，义之端也；辞让之心，礼之端也；是非之心，智之端也。人皆有
> 四端，犹其有四体。(《孟子·公孙丑上》)

就人之常情本来如此而言，当人见孺子将入井，怵惕恻隐之心自然显露无
碍，纯粹真实，不掺杂任何利欲妄念，即此谓之"不忍人之心"。同样，与
恻隐怵惕之心天然并存者是羞恶之心、辞让之心和是非之心。而且，"四

---

① （清）黄宗羲：《孟子师说》，《黄宗羲全集》（增订版）第 1 册，第 49 页。
② （宋）朱熹：《四书集注》，第 231 页。

心"照应仁义礼智"四端",四心与四端显微交融。在这里,朱熹释"端"为"绪",以恻隐、羞恶、辞让、是非为情,以仁、义、礼、智为性,而且,"心,统性情者也。端,绪也。因其情之发,而其性之本然可得而见,犹有物在中而绪见于外也"①。朱子分仁义礼智为性,恻隐羞恶辞让是非为情,性由情显,情以见性,内有仁义礼智四端,自然有外在恻隐羞恶辞让是非之情。当然,朱熹是从"未发为性、已发为情"的视角勘察性与情之间的逻辑关系,②而梨洲则认为情性之间融通和合,不分"先后内外"。他有言:"满腔子是恻隐之心,此意周流而无间断,即未发之喜怒哀乐是也。遇有感触,忽然迸出来,无内外之可言也。先儒言恻隐之有根源,未尝不是,但不可言发者是情,存者是性耳。"③这表明,言性情关系不能停留于"存发"层面,而是要超越未发为性、已发为情的"表层"诠释上升为性中有情、情中有性的"无内外"圆融诠释。梨洲阐发"公都子问性"章即有言:

> 其实孟子之言,明白显易,因恻隐、羞恶、恭敬、是非之发,而名之为仁义礼智,离情无以见性,仁义礼智是后起之名,故曰仁义礼智根于心。若恻隐、羞恶、恭敬、是非之先,另有源头为仁义礼智,则当云心根于仁义礼智矣。是故"性情"二字,分析不得,此理气合一之说也。体则情性皆体,用则情性皆用,以至动静已未发皆然。④

从中可以看出,梨洲言性情是将二者置之于"通体通用"的角度,即是说,性情互为体用,既可说性为情之体,情为性之用;又可说情为性之体,性为情之用。而其根据在于"离情无以见性"、"仁义礼智根于心"。性情一体圆融,和合无碍,要在体用相即不离的逻辑关系中展开讨论,故梨洲说有性情

---

① (宋)朱熹:《四书集注》,第 267 页。
② 如朱熹言:"性是未发"(黎靖德编:《朱子语类》卷 5);"性情一物也,其所以分,只为未发已发之不同耳。若不以未发已发分之,则何者为性,何者为情耶?"(《朱文公文集》卷 40《答何叔京十八》)"情之未发者性也,是乃所谓中也,天下之大本也。性之已发者情也,其皆中节则所谓和也,天下之达道也。"(《朱文公文集》卷 67《太极说》)
③ (清)黄宗羲:《孟子师说》,《黄宗羲全集》(增订版)第 1 册,第 69 页。
④ (清)黄宗羲:《孟子师说》,《黄宗羲全集》(增订版)第 1 册,第 136 页。

"分析不得"。

当然，梨洲这样的哲学理念当承续师说而来。刘宗周有言："恻隐之心，喜之发也；羞恶之心，怒之发也；辞让之心，乐之发也；是非之心，哀之发也。喜怒哀乐之未发，则仁义礼智之性也。"他还说："恻隐，心动貌，即性之生机，故属喜，非哀伤也。辞让，心秩貌，即性之长机，故属乐，非严肃也。羞恶，心克貌，即性之收机，故属怒，非奋发也。是非，心湛貌，即性之藏机，故属哀，非分辨也。又四德相为表里，生中有克，克中有生，发中有藏，藏中有发。"① 梨洲在"'人皆有不忍人之心'章"中也引用了蕺山的这段话。在蕺山看来，恻隐、辞让、羞恶、是非与"心"相关联，分属心动貌、心秩貌、心克貌、心湛貌；而且，四者又对应"性"，分别被视为"性"之生机、长机、收机和藏机。此外，尚需注意，性之生机属喜、性之长机属乐、性之收机属怒、性之藏机属哀，刘宗周阐发了心之四端（恻隐、辞让、羞恶、是非）与性之四端（喜、怒、哀、乐），但终究而言，"喜怒哀乐之未发，则仁义礼智之性"。蕺山论性，一方面是"即心即性"，性因心而名；一方面是"言性要诸天"，性与天、命相融贯。② 也就是说，性是心之性，仁义礼智即性、心之四端，喜怒哀乐即四德、已发之情。而且，未发之性、天然自在之四端，自然照应喜怒哀乐之四德，人有天命之性，自然显像为仁义礼智四端，也必然有如此之自然而然之喜怒哀乐四德；言四德，自然孕育于四端之中。蕺山曾言："性无动静者也，而心有寂感。当其寂然不动之时，喜怒哀乐未始沦于无。及其感而遂通之际，喜怒哀乐未始滞于有。以其未始沦于无，故当其未发，谓之阳之动，动而无动故也。以其末始滞于有，故及其已发，谓之阴之静，静而无静故也。动而无动，静而无静，神也，性之所以为性也。动而无静，静而无动，物也，心之所以为心也。"③ 心之"寂"表明心自然内蕴仁义礼智四端、喜怒哀乐四德；心之"感"表明心诚于中自然要形于外，通由合德符节之容貌辞气、言谈举止加以彰显。就心体有四端、

① （明）刘宗周：《学言》，《刘宗周全集》第 2 册，第 413、421 页。
② 参见张瑞涛：《心体与工夫——刘宗周〈人谱〉哲学思想研究》，人民出版社 2014 年版，第 165 页。
③ （明）刘宗周：《学言》（上），《刘宗周全集》第 2 册，第 393 页。

四德言，心"寂然不动"一定会开显出"感而遂通"之情；就人之情合德符节、有理有据言，心之"感而遂通"一定与"寂然不动"之四端、四德相挂搭。是故，"四德"与"四端"相为表里，"生中有克，克中有生，发中有藏，藏中有发"。因此，梨洲总结刘宗周"发先儒之所未发"有四，其中之一便是"已发未发以表里对待言，不已前后际言"①。这既是徒弟对师说的褒扬，也是自己的心同感受。

由本性而真情，性情一体，圆融无碍，扩仁义之心自然能行仁义之政。人将"不忍人之心"彰显于治国理政，自然便是"不忍人之政"，亦即"王道"政治的自然彰显。梨洲指出："扩充之道，存养此心，使之周流不息，则发政施仁，无一非不忍人之心矣。"② 由此表明，有仁心仁义，扩充之、推演之，随顺自然而开显出仁政。于此信不过，则政治实践必不得理想。诚如孟子所言："三代之得天下也以仁，其失天下也以不仁。国之所以废兴存亡者亦然。天子不仁，不保四海。诸侯不仁，不保社稷。卿士大夫不仁，不保宗庙。士庶人不仁，不保四体。"（《孟子·离娄上》）已然，扩充仁心仁道，方可有天下仁政之施展、天下百姓之生养安息。从本质言，人主君王实施仁政的过程即是开显"王道"政治的过程。《孟子》又载，齐宣王问齐桓公、晋文公霸业之事。孟子就齐宣王衅钟以羊易牛之事谈论治国之道："是乃仁术也，见牛未见羊也。君子之于禽兽也，见其生，不忍见其死；闻其声，不忍食其肉。是以君子远庖厨也。"按照孟子之理解，齐宣王之善举尚可谓"保民而王，莫之能御"（《孟子·梁惠王上》），乃是王道政治的自觉担当。梨洲就孟子之言重新诠释，客观地总结了"王霸"之别："王霸之分，不在事功而在心术：事功本之心术者，所谓'由仁义行'，王道也；只从迹上模仿，虽件件是王者之事，所谓'行仁义'者，霸也。不必说到王天下，即一国所为之事，自有王霸之不同，奈何后人必欲说'得天下方谓之王'也！譬之草木，王者是生意所发，霸者是剪䌽作花耳。"③ 在梨洲看来，事功与仁术本是通融和合的，看得见的"事功"是以"心术"为根本前提，"心术"的

---

① （清）黄宗羲：《子刘子行状》，载《刘宗周全集》第 6 册，第 39—40 页。

② （清）黄宗羲：《孟子师说》，《黄宗羲全集》（增订版）第 1 册，第 69 页。

③ （清）黄宗羲：《孟子师说》，《黄宗羲全集》（增订版）第 1 册，第 51 页。

自然发挥必然会有事功,这是对晚明为学"重心性轻事功"弊病的纠偏。所谓"心术",心,即不忍人之心;术,即道路,不忍人之心的流行轨迹。①"心术"之具体体现即是"由仁义行":仁义者心也,行者术也。而是否"由仁义行"则成为区别"王霸"的重要标准。"由仁义行"是基于自觉的主体意识和天性本然而自然展开的过程,是先验道德德性与现世道德实践的圆融统合,体现于国家治理层面,便是仁政、王道政治。"由仁义行"之主体自觉意识一旦丧失,便流变为"行仁义"。"行仁义"非无仁义之事功,只是这样的事功皆是被动的"模仿",而非主动的"自觉"。当然,"行仁义"可基于后天的道德践履而实现对人性本真的回归,人主君王的政治实践能"行仁义",自然也算是霸道政治。倘若说王道政治是"生"意之自然存有、自在澄明,是鱼跃于渊、飞龙在天的纯粹,那么霸道便是有"为"之后的"无不为",是三日吾省、返璞归真的责任担当。

人主君王因"不忍人之心"而开显"不忍人之政",已然具备了王道天下的潜质。但是,求王道、行仁政是从为政的终极目标和价值追求亦即政治本体的角度展开的,如若国家安定、民治民享,除却政治本体的引领与规制之外,尚与政治主体——君主和仕臣的德行品质以及为政理念密切关联。君主的德行品质与为政理念可称为"君道",而臣子的德行品质和为政理念可称之为"臣节",君道与臣节是仁本政治得以推行的重要保障,也是匡正政治的必然要求。

二、君道:"上无道揆,下无法守"

政治实践活动是因人而展开,那么,政治便有其特定的政治主体。在中国古代的宗法社会、君权社会统治体系下,既有最高统治者王、君、皇帝,又有辅佐他们的臣僚士大夫;与管理者、"劳心者"相对应的则是下层百姓民众、"劳力者"。为君者当有君道,为臣者亦需臣节;君道为君主的合

---

① 张实龙:《〈孟子师说〉还原〈孟子〉太和气象》,《浙江万里学院学报》2005年第5期。

法性和合理性提供思想铺垫，臣节则保证人臣辅助君主行使政治权力的合法与合理。从一定意义而言，帝治正当与否与臣子之政治修为密切关联，清明圣治非君或臣个人之事，而是双方共同"协商"合作的结果；反之，弊政昏政则是庙堂之上君无道、臣无节所致。君道与臣节的共存是保证清明政治的必要手段。当然，政治之功效最终落脚于溥天之下之百姓大众，民本政治成为政治实践合理性的制约杠杆。

单从君道而言，梨洲从匡正政治哲学的视角为君主政治德性的培育构设了多重准则。首先，人主要"心地清明"。梨洲释"不仁者可与言哉"章曰：

> 不仁者，指当时游说之士也，其言无非与兵构怨之事。故言"安危"、"利菑"、"乐亡"。"其"者，谓当时之诸侯也，皆因诸侯喜与之言，由是有败亡之祸。"孺子"以下，言诸侯好大喜功，故彼得进其说。若人主心地清明，则善言易入；心地昏浊，则邪说自来。犹之沧浪之水，自取其荣辱，非说士之能也。"自侮"以下，推广言之，无不皆然也。[①]

孟子"不仁者可与言哉"指出："不仁者可与言哉？安其危而利其菑，乐其所以亡者。不仁而可与言，则何亡国败家之有！有孺子歌曰：'沧浪之水清兮，可以濯我缨。沧浪之水浊兮，可以濯我足。'孔子曰：'小子听之：清斯濯缨，浊斯濯足矣。自取之也。'夫人必自侮，然后人侮之；家必自毁，而后人毁之；国必自伐，而后人伐之。《太甲》曰：'天作孽，犹可违。自作孽，不可活。'此之谓也。"（《孟子·离娄上》）梨洲承孟子"自侮者人侮之"之观念，提倡人主当清心明性，要自觉挺立仁心道体，如若人主自身不能常葆心性明净，必会为宵小功利之徒所蛊惑。梨洲所论清明之"心"的基本内涵在他解释"禹恶旨酒"章中有说明。孟子言："禹恶旨酒而好善言。汤执中，立贤无方。文王视民如伤，望道而未之见。武王不泄迩，不忘远。周公思兼三王，以施四事。其有不合者，仰而思之，夜以继日；幸而得之，坐以

---

① （清）黄宗羲：《孟子师说》，《黄宗羲全集》（增订版）第 1 册，第 92 页。

待旦。"(《孟子·离娄下》)周公由仁义行,实践禹、汤、文、武四事"好善言"、"执中"、"视民如伤"、"不泄迩不忘远",承先王仁政王道之真义,显见周公之"忧勤惕厉"之心。此"心"是政治合理性、君王合法性的理据,亦即"清明之心"。后世人主君王诚能秉持如此之"心",可图国泰民安大业。梨洲有言:"千圣相传者心也,心放他自由不得,程子提出'敬'字,直是起死回生丹药。禹、汤、文、武、周公五君子,其功业盖天地。孟子不言,单就一点忧勤惕虑之心为之描出,所谓几希也。盖天地也只是个敬,天地虽宽广散漫,而四时昼夜,不敢稍有踰越,其间鬼神往来,凛凛于祸福之间,非此几希为之主宰乎!人得此以为心,则虫鱼草木瓦石,都作鬼神动定矣。"①梨洲明白昭示三王圣治的精粹义理"忧勤惕虑"之心,是对人主君王政治合理性客观厘定,这种观点和立场也恰好与其业师刘宗周的"心本论"政治哲学思想②一脉相承。

其次,人主"明远见,虑患深"。梨洲释"离娄"章曰:

> 《六经》皆先王之法也。其垂世者,非一圣人之心思,亦非一圣人之竭也。虑民之饥也,为之井田;虑民之无教也,为之学校;虑民之相侵也,为之兵车;虑民之无统也,为之封建;为之丧葬,恐恶死也;为之祭祀,恐其忘远也;为之礼以别其亲疏,为之乐以宣其湮郁,诗以厚其风俗,刑以防其凌辱。圣人明见远,虑患深,盖不可以复加矣。后王第因而损益之而已,奈何后世以为一代有一代之制度?汉世以杂霸自名,晋人以宽和为本,唐任人,宋任法。所谓先王之法,皆废而不用,人徒见其享国苟安,遂谓无所事此,幸而保守一家之富贵,其四海之困穷,虽当极盛之世,未之能免也。岂不忍人之政者?故曰,不以三代之治为治者,皆苟焉而已。③

① (清)黄宗羲:《孟子师说》,《黄宗羲全集》(增订版)第1册,第113页。
② 刘宗周所言"天下之治乱,终不外人主之一心"。[参见张瑞涛:《论刘宗周的社会历史哲学》,《中国石油大学学报》(社会科学版)2009年第5期]
③ (清)黄宗羲:《孟子师说》,《黄宗羲全集》(增订版)第1册,第87页。

梨洲主张行三代之治，人主当充分贯彻，且自觉扩充"不忍人之心"为"不忍人之政"。人主当时刻提醒自己，行仁政能平天下，法先王之道能让世民被其泽。按照孟子之意，唯有"仁者宜在高位"，若不仁者在高位，惟"播其恶于众"而已，"上无道揆，下无法守也，朝不信道，工不信度，君子犯义，小人犯刑，国之所存者幸也"（《孟子·离娄上》）。人主要实现"心地清明"，最有效的修养工夫便是保守行三代之治、扩充不忍人之政的"道揆"，实现上下一心、仁民爱物。如若不然，便会流变为"残贼之夫"①。

再次，人主当善于尊贤用贤。《孟子·梁惠王》之"故国"章有载，孟子见梁惠王，为其谈论选用"亲臣"的原则，指出："国君进贤，如不得已，将使卑逾尊，疏逾戚，可不慎与？左右皆曰贤，未可也。诸大夫皆曰贤，未可也。国人皆曰贤，然后察之；见贤焉，然后用之。左右皆与不可，勿听。诸大夫皆曰不可，勿听。国人皆曰不可，然后察之；见不可焉，然后去之。左右皆曰可杀，勿听。诸大夫皆曰可杀，勿听。国人皆曰可杀，然后察之；见可杀焉，然后杀之。故曰国人杀之。如此，然后可以为民父母。"（《孟子·梁惠王下》）在孟子这里，人主由仁义行仁政，充分尊重和利用"亲臣"，但考查其贤良与否，当充分考虑"民意"，看亲臣的民心向背，从而决定亲臣的存留生杀。这既是孟子民本理念的体现，也是君主君道的必然要求。黄宗羲在诠解此章内容时有如此评价：

> 进贤退不肖，后之人主皆不能无所寄，明主则寄之诸大夫，暗主则寄之左右。国人之贤否，非左右莫达，名为国人，仍是左右也。其自以为能察者，猜疑愈甚，则左右中之愈易。故人君非正心诚意，进贤去不肖之权，终不能出于左右，而诸大夫不得与焉。然则孟子之所谓察者，亦察之诸大夫而已。此孟子未尽之意也。②

① 《孟子·梁惠王下》曰："齐宣王问曰：'汤放桀，武王伐纣，有诸？'孟子对曰：'于传有之。'曰：'臣弑君可乎？'曰：'贼仁者谓之贼。贼义者谓之残。残贼之人，谓之一夫。闻诛一夫纣矣，未闻弑君也。'"
② （清）黄宗羲：《孟子师说》，《黄宗羲全集》（增订版）第 1 册，第 56 页。

从梨洲言论可知，人主掌有"进贤退不肖"之大权，只是这样的选贤原则根本在于人主的"正心诚意"。由此进一步推演开来，人主心正意诚，出于公心而非私心，出于仁义仁政而非独断擅权，当能充分激发全体国人之仁义天性，无论是普通民众庶人，拟或诸侯士大夫，皆能向善问道，贤者在位，不肖者自然退去。当然，孟子言察识贤者要依据国人百姓之民心向背，梨洲则是从君主一心之"正心而正天下"的心本政治出发看待选贤问题，故有"孟子未尽之意"之论。

最后，人主当诚以待人。既然君主正心选贤，那么，用贤时当诚以待人。孟子去齐国而归鲁国，齐王言其大夫时子曰："我欲中国而授孟子室，养弟子以万钟，使诸大夫国人皆有所矜式。"（《孟子·公孙丑下》）是时，齐王也认识到孟子代表的儒家思想的积极一面，希图重金（万钟）养孟子徒弟以求达齐国的安居太平。孟子知后，援引季孙氏言曰："异哉子叔疑！使已为政，不用，则亦已矣，又使其子弟为卿。人亦孰不欲富贵？而独于富贵之中，有斯垄断焉。"孟子是不乐意接受齐王重金聘请，因为在他看来，其道并不能得到齐王的真心认可。关于孟子引季孙氏语的意义，朱熹给予这样的解释："孟子引此以明道既不行，复受其禄，则无以异此矣。"① 所谓"垄断"，孟子云："古之为市也，以其所有，易其所无者，有司者治之耳。有贱丈夫焉，必求垄断而登之，以左右望而罔市利。人皆以为贱，故从而征之。征商自此贱丈夫始矣。"（《孟子·公孙丑下》）"垄断"者是一己独大、众人皆小，孟子不愿做垄断之人，既然自己大道不能行，不能与齐王合作共治齐国，又何必允其弟子受齐王万钟之聘金呢？这里，程颐认为孟子弃万钟而去齐国，"齐王实非欲尊孟子，乃欲以利诱之，故孟子拒而不受。"② 而在梨洲，他给以齐王较高评价："齐王不敢以君礼自居，故曰'得侍同朝。'""齐王知孟子不肯受禄，故托言'养弟子以万钟'，仍使不居受之名，其至诚委屈如此，亦一时之贤君也。"③ 梨洲以"至诚委屈"来评价齐王待孟子之举，显然是对为君人主之"君道"的宣扬，贤君当诚以待贤。至于孟子舍齐王而去，梨洲

---

① （宋）朱熹：《四书集注》，第 278 页。

② （宋）朱熹：《四书集注》，第 278 页。

③ （清）黄宗羲：《孟子师说》，《黄宗羲全集》（增订版）第 1 册，第 75 页。

如此解释:"盖非不用孟子,第疑其非救时之急务,意欲孟子参酌其间。而孟子不肯徇之,故终不合而去。"① 这样的解释要比程颐所论有合理性,齐王虽然不能用孟子之学,但能用万钟聘用孟子之徒为官治民,也看出齐王有诚以待贤的贤君之相,只是孟子不想接受而已。

梨洲畅谈君道的目的在于明晰人主君王的责任和义务,为匡正人主君王的言行政事构设理论铺垫。当然,贤王圣君可以自觉行君道,但多数的君王人主并不能清正廉明、明心见性,甚至"以为天下利害之权皆出于我,我以天下之利尽归于己,以天下之害尽归于人","屠毒天下之肝脑,离散天下之子女"②。因此,从"匡正"政治的视角,要求达政治清明,既要祈望人主君王行君道,又要求秉具"臣节"道义的仕官辅臣当以己之心力匡正人主。

三、臣节:"令君心自悟,谏争者别有一道"

为人君者当基于仁义天性而行仁政,如若人主之心有所偏颇邪僻,则人臣当加以匡正更改。是故,与君道相对应自然生成"臣节"。所谓臣节,是对臣子仕官政治责任和义务的统称,是臣子政治德性的体现。

匡正君心是臣节的最根本表现。梨洲解《孟子·离娄上》之"人不足与适"章有言:

> 圣贤之道,未有不从源头做起。故平天下必始于明德,如导河自积石,导江自岷山,然后沛然莫之能御。君心犹积石、岷山也,此处不通,则横流泛滥矣。武侯诚后主以宫府,宣公劝德宗以推诚,皆此意也。常见先师之告烈皇,必归本德化。烈皇以为迂,世人亦以为迂,然烈皇每每忆先师之言,罢而召,召而罢,亦时有格心之处,其如一暴十寒,天下事已去矣。此盖凡为君者皆当如此,即言用人行政之失,

---

① (清) 黄宗羲:《孟子师说》,《黄宗羲全集》(增订版) 第 1 册,第 75 页。
② (清) 黄宗羲:《明夷待访录·原君》,《黄宗羲全集》(增订版) 第 1 册,第 2 页。

未尝不以此意行之，令君心自悟，岂谓谏争者别有一道，庆源之说陋矣。①

梨洲所言内涵了两层意思：其一，治国理政依据圣贤之道，而其根本在于为政者之"明德"本心，这与"仁本政治"一脉相承；其二，既然人主心思体悟事关国家安危、百姓幸福，那么，为人臣者自然身当其冲，敢于"谏争"君王，"格君心之非"。诚如孟子所言："人不足与适也，政不足与间也。惟大人为能格君心之非。君仁，莫不仁。君义，莫不义。君正，莫不正。一正君而国定矣。"（《孟子·离娄上》）"格君心之非"已然成为儒家政治哲学的传统。在儒家看来，历史运动的动力根源、社会演进的推动者即是"人主之心"。朱熹注释此章内容也援引了程颐之言："天下之治乱，系乎人君之仁与不仁耳。心之非，即害于政，不待乎发之于外也"；"夫政事之失，用人之非，知者能更之，直者能谏之。然非心存焉，则事事而更之，后复有其事，将不胜其更矣；人人而去之，后复用其人，将不胜其去矣"；"是以辅相之职，必在乎格君心之非，然后无所不正。而欲格君心之非者，非有大人之德，则亦莫之能也"②。朱熹参照程颐言论谈说孟子思想，必是对其思想的认同，也是他自身对孟子思想的一种理性理解。黄宗羲承秉先贤，宣扬"格君心之非"思想，可看作是对臣节、"大人之德"的宣扬和诉求。

取义黜利也是臣节的重要内容。孟子首章有言，人主治国不能言"利"，同理，儒仕治国亦不当求"利"。因此，臣节要求臣子不得怀利事君。孟子有言："仕非为贫也，而有时乎为贫。娶亲非为养也，而有时乎为养。为贫者，辞尊居卑，辞富居贫。辞尊居卑，辞富居贫，恶乎宜乎，抱关击柝。孔子尝为委吏矣，曰'会计当'而已矣。尝为乘田矣，曰'牛羊茁壮长'而已矣。位卑而言高，罪也。立乎人之本朝而道不行，耻也。"（《孟子·万章下》）梨洲于此有深入发挥，进一步阐释臣节之内核。他说：

---

① （清）黄宗羲：《孟子师说》，《黄宗羲全集》（增订版）第1册，第99页。
② （宋）朱熹：《四书集注》，第318页。

　　三代之盛，士有恒产，原无为贫之仕。其后，不仁而在高位，贤
人在下，始有为贫而仕者。久之，以仕为营私之地，则惟恐不富，惟
恐不贵矣。"道不行"者，泽不加于民，言不听于上，尸位素餐而不去，
则无一非为贫也，故以"居卑"、"居贫"严其界限，未尝非出处之正。
"会计当"，"牛羊壮长"，便是居卑之道。"位卑而言高"，所言未必国家
之大事。非所当言而言，则于职分有所不尽，可知矣。①

入仕为官的终极目标本来是辅佐君王，以为宗法社会等级秩序和百姓安居生
活贡献聪明智慧，是志于道以明德修身的自然过程，诚如梨洲《原君》所
言："缘夫天下之大，非一人之所能治，而分治之以群工。故我之出而仕也，
为天下，非为君也；为万民，非为一姓也。吾以天下万民起见，非其道，即
君以形声强我，未之敢从也，况于无形无声乎！非其道，即立身于其朝，未
之敢许也，况于杀其身乎！不然，而以君之一身一姓起见，君有无形无声之
嗜欲，吾从而视之听之，此宦官宫妾之心也。"②入仕为臣之道即是公天下、
为万民，非此之道皆是私心利欲。但随着朝代更迭、社会演进，人心的复杂
性和多义性不断彰显，"仕"之价值和意义由纯粹自然的"由仁义行"衍生
为"行仁义"，仕途之中善恶交陈，自觉修道以成就生命价值与求富贵利禄
而欲念至上相交融，仕成为营私之勾当。只有君子不爱钱，仕官不谋利，才
能真心为国、全心为民、悉心为天下太平贡献智慧，且能进一步"格君心之
非"，辅佐君王成就仁政王道事业。由此可说，匡正政治不仅是匡正人主君
王的私心利欲，而且也是匡正臣子仕官之私心利欲。君贤臣且贤，则国必
治；君无道而臣有道，则国可治；若君无道臣无节，则国必亡、天下必乱。
是故，匡正政治之于君道与臣节是如此重要。

　　此外，忠臣良官当有"伊尹之志"。孟子曾与弟子公孙丑讨论伊尹流放
太甲事：伊尹相汤，因太子太甲不顺义理，作为辅臣的他居然将太甲流放于
桐邑；一段时间之后，太甲迁善改过，自悔革新，伊尹又复归太甲于亳州做

---

① （清）黄宗羲：《孟子师说》，《黄宗羲全集》（增订版）第1册，第130页。
② （清）黄宗羲：《明夷待访录》，《黄宗羲全集》（增订版）第1册，第4页。

天子，而百姓皆"民大悦"，公孙丑的疑问在于："贤者之为人臣也，其君不贤，则固可放与？"而孟子回答："有伊尹之志，则可。无伊尹之志，则篡也。"（《孟子·尽心上》）朱熹指出，所谓"伊尹之志"即是"公天下以为心，而无一毫之私者"①。黄宗羲诠释此章即深刻指出了"伊尹之志"的实质内涵："伊尹之志，以救民为主，所谓'民为贵，君为轻'也。'放太甲于桐'与'放桀于南巢'，其义一也。向使桀能迁善改过，未尝不可复立，太甲不能贤，岂可又反之乎？后世之视天下，以为利之所在，故窃夺之心生焉。"②贤臣所彰显的是公平与正义，是以己之公心匡正人主君王之过恶及救正时弊的责任情怀，而衡量其是否具备"公心"的标准即是"民本"。梨洲所言的"救民为主"即孟子所言的"民为贵，社稷次之，君为轻"（《孟子·尽心下》）之意。而且，在梨洲看来，贤臣出于公心对人主君王的规制谏争和匡正救弊，是基于事实而展开的价值选择，可视为臣子仕官本具有的正命天则。他诠释孟子"莫之为而为者，天也。莫之致而至者，命也"有曰：

> "莫之为而为"者，寒暑之不爽其则，万物之各有其序。治乱盈虚，消息盛衰，循环而不已，日月星辰，错行而不失其度，不见有为之迹，顾自然成象，不可谓冥冥之中无所主之者，所谓"天"者，以主宰言也。"莫之致而至者"，"致"如"致师"之致。万事之来，吾有以致之而后至，乃人世富贵贫贱，生死祸福，多有不召而自至者。同是圣人也，而得位不得位，尧舜何以至寿，颜子何以至夭？皆无以致之者。此则气化不齐，运数之自为醇驳。人生其中，不能不受制而无可奈何。所谓"命"者，以流行言也。流行者虽是不齐，而主宰一定，死忠死孝，当死而死，不失天则之自然，便是正命。若一毫私意于其间，舍义而趋生，非道而富贵，杀不辜，行不义，而得天下，汩没于流行之中，不知主宰为何物，自绝于天，此世人所以不知命也。③

---

① （宋）朱熹：《四书集注》，第394页。
② （清）黄宗羲：《孟子师说》，《黄宗羲全集》（增订版）第1册，第156页。
③ （清）黄宗羲：《孟子师说》，《黄宗羲全集》（增订版）第1册，第124页。

"莫之为而为者"可视为天命之性，犹如寒暑变迁，万物自有之序则，而人生亦自有固然如此、必须如此之道理。至于"莫之致而至者"则是不期而至者，人受制于天道自然而无可奈何，体现了人之命定性，芸芸众人生活于醇驳气运之中，当明白"尽人事"的重要，而其效果则是"听天命"而已。生活之中总是存在诸多不能预料和受人力所支配的事件，但在儒家立场，人又不能不尽力而为，只可"随顺自然"，至于结局如何，那自然是"莫之为"。基于这里的哲学义理前提，如伊尹一般的贤臣自然明白自己作为辅臣的天命理则，真心辅佐、实现匡正救弊、悉心为民为国为天下，一毫私欲不存心间。作为臣子，倘若不能以"乐尧舜之道"（《孟子·万章上》）为旨趣，必不能舍生取义；相反，臣子能"乐尧舜之道"，必挺立公天下之心，"死忠死孝，当死而死，不失天则之自然"，各正性命而泪没流行于天地之间。

当然，梨洲关于"性""命"的观点与其师刘宗周的相关思想几近相同。如：蕺山《与开美三》书信中指出，"凡祸福之来，若是意中事，则当安之固然；若是意外事，则当付之适然。适然之谓命，固然之谓性，尽性至命之学，即斯而在。世人以七尺为性命，君子以性命为七尺，知道者盍于此辨之。"①"适然之谓命"、"固然之谓性"说深刻地点明了"性"与"命"的关系。"命"表示"不期然而然"，"性"表示"必然如此"，"尽性至命"则表示人必须毫无保留地、毫无造作地按照"必然之性"行为，至于行为之后终究会达致何样的"效果"，我们勿要强求，因为那种结果自然有其"不期然而然"②的各种可能，"我"只管"尽性"，所得何样效果，只是"命"该如此而已。蕺山《学言》亦有关于"性"与"命"二者关系的言论："莫非命也，顺而受之，正也。莫之为而为，莫之致而至，如斯而已矣。受制焉，侥幸苟免焉，一为桎梏，一为岩墙矣。莫非性也，率而由之，真也。无为其所不为，无欲其所不欲，如斯而已矣。安排焉，知故造作焉，一为湍水，一为杞柳矣。"③也就是说，人世间所作所为必然有"当然之则"，有一定的"命定性"，要求人必须"向善去恶"，必须合德符节，不可不依规则、规范而

①　（明）刘宗周：《书》，《刘宗周全集》第 3 册，第 486 页。
②　（明）刘宗周：《学言》，《刘宗周全集》第 2 册，第 437 页。
③　（明）刘宗周：《学言》，《刘宗周全集》第 2 册，第 440 页。

"随心所欲"。

君道是人主君王当秉具的德性，臣节则是仕官臣子所秉具的德性。君主明君道，可自觉约束规制自己的政治言行，倘若不能达至"政治自觉"，有臣节涵养的仕官臣子可进一步"格君心之非"。无论是阐明君道，还是高扬臣节，皆是为政治清明而构设可能的思想保障，而君道臣节的现实考量则落脚于民本政治。

四、民本："以尧之所以治民治民"

忠臣贤良配圣君，王道政治为人民。除了作为基本政治主体的君臣之外，百姓民众也是政治主体之一。而且，政治实践活动的指向对象是百姓，百姓生活是否幸福安康成为衡量政治合理性的重要标准之一。当然，在中国古代宗法伦理社会之下，君王与辅臣之间构成上下级关系，在君王的视界中，辅臣也是他们的管理对象。终究来说，在君与臣、官与民的管理与被管理互动结构中，尊重和保障被管理者的生命存在、权利利益是君王不得不思考的问题。是故，梨洲借孟子之言表达自己的政治哲学思想，通过构设"民本"政治理念来匡正君王的政治实践。

在梨洲看来，君臣共治是处理君臣关系最为理想的政治法则。因此，君臣共治的基本原则是"君使臣以礼，臣事君以忠"。梨洲之论乃承接孟子"君之视臣"章而展开。孟子告齐宣王言曰："君之视臣如手足，则臣视君如腹心。君之视臣如犬马，则臣视君如国人。君之视臣为土芥，则臣视君如寇仇。"而且孟子阐明了君待臣之礼："谏行言听，膏泽下于民；有故而去，则君使人导之出疆，又先于其所往；去三年不反，然后收其田里。此之谓三有礼焉。"理想的君臣关系是君使臣以礼，但实际上不然，"今也为臣，谏则不行，言则不听，膏泽不下于民；有故而去，则君搏执之，又极之于其所往；去之日，随收其田里。此之谓寇仇"（《孟子·离娄下》）。从中看出，君主首先礼遇臣子，臣工百僚才会悉心向政、忠义为国。正因为君臣之间有如此双向互动关系，黄宗羲才有"'君使臣以礼，臣事君以忠'，为君臣之正道，初非有心于报施"之论。从本质而言，"君使臣以礼，臣事君以忠"就是君臣共治，仕官臣子基于儒家典籍文献道统的思索，考量和规制人主君王的政治权力，以防止君权的无限扩大，实现道统规制政统的政治目的。当然，三代之后，君骄臣谄，时有君视臣如犬马，甚至君视臣如土芥之君王，但君子贤臣尚有秉承臣道而实心为君主分忧解难者；也有君视臣为手足，但臣视君如寇仇之流。故，梨洲有言："顾亦有视之如土芥，而视君如腹心者，君子多出于是，如黄石斋、成元升之类；有视之如手足，而视君如寇仇者，小人多出于是，如陈演、马士英之流，又一变也。"① 无论君如何视臣，惟贤良臣子能尽忠明臣道；小人则唯利是图，虽有明君，但无辅佐之功。

在梨洲看来，为君者尽君道，为官者尽臣道，落脚点在于"与民同乐"。孟子有言："欲为君尽君道，欲为臣尽臣道，二者皆法尧、舜而已矣。不以舜之所以事尧事君，不敬其君者也。不以尧之所以治民治民，贼其民者也。"（《孟子·离娄上》）梨洲据此指出："尧舜执中，不是无形无象，在人伦之至处为中。人伦有一段不可解处即为至，五伦无不皆然。……'圣人，人伦之至也'一句，总五伦而言，后始抽出君臣。'事君'、'治民'，须从尧舜以上来，方有本领。"② 从梨洲言论中可以看出，尧舜大道为理想圣治之极致，后世人间社会当以此为标的。于尧舜之道，最可推崇者便是为臣事君以忠、为官者治民以享民。得民心者得天下，失民心者失天下，惟"与百姓同乐，则王矣"（《孟子·梁惠王下》）。梨洲有言："人心无不仁，一念之差，惟欲独乐"，白起发一疑心而坑杀四十万人如蝼虱，石崇发一快心截蛾眉如刍俑，李斯发一饕心而横尸四海，杨国忠发一疾行而激获百年，战国之君独乐而杀人盈城。③ 独乐不如众乐、与民为乐，人主仕官当充分彰显内在自觉的仁心仁义，以行仁政、服务民众为终极事业。是故，是否为民享民成为匡正君臣仕官政治实践合理性的最有效手段。

无论人主君王行仁政、恩施天下，还是臣子仕官治民养民、救民水火，皆需严辨公私、却欲黜利，以得民心。孟子有言："桀纣之失天下也，失其

① （清）黄宗羲：《孟子师说》，《黄宗羲全集》（增订版）第 1 册，第 105 页。
② （清）黄宗羲：《孟子师说》，《黄宗羲全集》（增订版）第 1 册，第 89 页。
③ 参见（清）黄宗羲：《孟子师说》，《黄宗羲全集》（增订版）第 1 册，第 52 页。

民也。失其民者，失其心也。得天下有道：得其民，斯得天下矣。得其民有道：得其心，斯得民矣。得其心有道：所欲与之聚之，所恶勿施尔也。"（《孟子·离娄上》）其意表明：民之所欲，人主当致之；民之所恶，人主勿施之。管理天下、治理百姓，要以百姓之欲、恶为前提，要从公心出发，勿为己之私心所弊。梨洲对此解释曰："天下虽大，万民虽众，只有'欲'、'恶'而已。故为君者，所操甚约，所谓'易简'，而天下之理得矣。此'欲'、'恶'即从'吾如好好色，如恶恶臭'来，以我之好恶，絜而为天下之好恶，恕也，仁也。'聚之'、'勿施'，以不忍人之心，行不忍人之政也。"① 万民百姓生养休息，有其全体正当的利欲需求，无非是生命得以保障、生活得以幸福、国家天下得以太平，既是对个体生命权的保障，也是对国家保持其政治合法性的期盼。百姓之利欲需求是人主君王行政立法的前提和基础，考虑到家国同构的宗法社会特质，家国天下一体，百姓人主一心，人主君王"推己及人"，由己之家齐国治天下太平之心推至于百姓安居乐业之心，便是一种自觉的以公心唤私心、以私心回归公心的过程，诚如晁错所言："人情莫不欲寿，三王生之而不伤；人情莫不欲富，三王厚之而不困；人情莫不欲安，三王扶之而不危；人情莫不欲逸，三王节其力而不尽。"② 明主圣王、忠臣贤良，推行公义，严辨私欲，得民心者得天下。

以民本政治匡正君臣仕官的政治实践，要做到"使民以时"。孟子以"息战"劝梁惠王，并告诫其使民多于邻国之方略："不违农时，谷不可胜食也。数罟不入洿池，鱼鳖不可胜食也。斧斤以时入山林，材木不可胜用也。谷与鱼鳖不可胜食，材木不可胜用，是使民养生丧死无憾也。养生送死无憾，王道之始也"；"百亩之田，勿夺其时，数口之家可以无饥"。（《孟子·梁惠王上》）"时"者时令者也，看似是据时令而春耕秋收，实则遵循自然规律、尊重百姓生活习性，"使民以时"正是指当政者要关注"农时"、"斧斤以时"，避免征调大量民众从事违背时节的活动。倘若百姓正常的个体生命存在缺失必要的保障，养生送死之事自然无从谈起。因此，梨洲有言："孟

---

① （清）黄宗羲：《孟子师说》，《黄宗羲全集》（增订版）第 1 册，第 92 页。
② （宋）朱熹：《四书集注》，第 313 页。

子一则曰'不违农时'，再则曰'彼夺其民时'，谆谆言之者，盖当时无日不战争，使民不得休息，故民生凋敝。孟子之意，以罢兵为当时第一事，不但如《论语》之'使民以时'耳。"① 重民命，厚民生，使民生有所养、死有所藏，人君可得民心，急民之所无，利民之所欲，王道得以通行天下。此外，在梨洲看来，虽然孟子以罢兵息战、使民以时告诫梁惠王以行王道，而梁惠王尚未能充分体贴领悟，但以其"河内凶则移其民于河东，移其粟于河内。河东凶亦然"(《孟子·梁惠王上》)之举措乃是"补偏救弊"之权宜之计，"然惠王犹知为民，后世人主，不如惠王者多矣"②。据此可以看出梨洲对后世君王政治实践的批评，也可反观他对民本政治的哲学思考。

此外，治民养民还当节用减赋。滕文公向孟子请教为国方略，孟子告之以"民事不可缓"，而且"贤君必恭俭、礼下，取于民有制"(《孟子·滕文公上》)。其意是指对民众百姓要仁爱节俭，为富且仁的最好举措莫过于减赋少税。夏后氏五十而贡，一夫授田五十亩，每夫以五亩之收入为贡；殷商行井田，以六百三十亩之地画为九区，每区七十亩，八家各受一区，中区为公田，故借民力助耕公田；周代一夫授百亩，八家同井互助，耕则通力而作，收则计亩而分。但其实皆"什一"，而且"什一之法，三代皆然"。在梨洲看来，夏商周之后的历朝历代，皆行贡法，"其病民不待言，然民亦无暇以此为病矣"；"古之田自上授之，而税止什一，今之田民所自有，而税且至半，何不幸而为今之民也。秦开阡陌，井田尽废，此一变也。自秦以至于唐，取于民者，粟帛而已，杨炎两税之法行，始改而征钱，此又一变也。自明以来，又废钱而征银，所求非其所出，黄河以北，年丰谷贱，而民转沟壑，又一变也。经此三变，民生无几矣"③。造成民生凋敝穷困的原因必然有许有，但区别于自然灾害的"人为"因素则是最大的危害。是故，人主君王要长治久安，必须节用薄敛，以获取民心，也是最为重要的仁政王道政治实践步骤。

黄宗羲接续师道而撰著《孟子师说》，从心性义理视角看，他的确能把

---

① （清）黄宗羲：《孟子师说》，《黄宗羲全集》（增订版）第1册，第50页。
② （清）黄宗羲：《孟子师说》，《黄宗羲全集》（增订版）第1册，第50页。
③ （清）黄宗羲：《孟子师说》，《黄宗羲全集》（增订版）第1册，第80—81页。

握师说之精髓，诚如刘述先所言："在主观愿望上，梨洲一贯以乃师的思想纲领作为指导原则，绝无背离之事"；"'诚意慎独'教为蕺山思想中心论旨，梨洲已将之彻底内化到自己的思想之中。有学者乃谓梨洲晚年有背离师说之举，至少在此书（《孟子师说》——引者注）之内看不到任何痕迹"。① 但是，《孟子师说》又是梨洲自身哲学思想的真切流露，而且是内涵丰富的政治哲学思想。从"匡正"政治哲学的视域勘察《孟子师说》，可以发现，黄宗羲在政治本体方面，强调"仁本政治"对政治主体施政方略的规制和引领；在政治主体方面，强调"君道"对人主君王、"臣节"对仕官辅臣政治修养的培育；在政治实践方面，强调君臣共治和民本政治，并以君民和乐、天下太平为政治理想。《孟子师说》不仅承续了师说，还重新诠释了孟子思想，既照应黄宗羲"一本万殊"的为学大旨，又凸显了晚明清初儒家知识精英政治哲学思想的基本特质。

---

① 刘述先：《论黄宗羲对于孟子的理解》，《杭州师范学院学报》（社会科学版）2006 年第 1 期。

第六章 "为天下之大害者，君而已"——《明夷待访录》与刘宗周

> 愚以为权之归一，而操权之途则不一。惟合大小臣工之权，还以行一人之权；而后可以一人之权，遍以收大小臣工之权。
>
> ——刘宗周：《策·第一问（主权）》

> 不以一己之利为利，而使天下受其利，不以一己之害为害，而使天下释其害。此其人之勤劳必千万于天下之人。
>
> ——黄宗羲：《明夷待访录》

在中国哲学史、思想史领域，一提到《明夷待访录》必会想到黄宗羲，尤其是他在《明夷待访录》中表现出的民主启蒙思想、政治思想、经济思想、军事思想等为近现代学者所重视，研究兴趣经久不衰。同时我们还应该看到，《明夷待访录》的政治影响亦是深远。[1] 但是，对黄宗羲著作《明夷待访录》的直接思想来源问题却少有人提及。[2] 细读《明夷待访录》后可以发现，是书与刘宗周密切关联，有些地方甚至有着惊人的相似。

---

[1] 梁任公曾指出，在清初儒士畅谈"经世之务"之学的领军人物中，"宗羲以史学为根柢，故言之尤辨。其最有影响于近代思想者，则《明夷待访录》也"，而后梁启超、谭嗣同等辈倡民权共和之说将《明夷待访录》节抄本印数万册，秘密散布，"于晚清思想之骤变，极有力焉"。（参见梁启超著，朱维铮导读：《清代学术概论》，上海古籍出版社 1998 年版，第 17—18 页）

[2] 方同义师在《刘宗周与黄宗羲政治哲学比较》（《宁波师院学报》1996 年第 4 期）中对此有涉及，但不详。

　　黄宗羲十七岁时，其父黄尊素为阉党魏忠贤所杀。是年（天启六年，1626），黄尊素就逮之日，刘宗周饯之于萧寺，"促膝谈国是，危言深论，涕泣流连而别。尊素与先生预订为婚姻，命长子宗羲从先生游"①。投奔于蕺山门下的黄宗羲一面肆力于学，一面外出游历，常转徙于宁波、杭州、南京、北京等城市，交友访学、觅书探胜，至南明弘光政权倾覆时他已经三十六岁，这十数年间游遍了大江南北，所到之处即诗酒征逐、以文会友。即是说，虽然黄宗羲早在十七岁就已经与刘宗周建立亲密关系，但他并没有完全在师门下读书治学，应该说至蕺山先生驾鹤西归，黄宗羲并没有领会到其学的全部精髓。宗羲一生"三变"："初锢之为党人，继指之为游侠，终厕之于儒林，其为人也，盖三变而至今。"② 黄宗羲与刘宗周生前所接触的这段时间正是他的"锢之为党人"阶段，因此，直到刘宗周去世很长时间，黄宗羲在反清复明的努力失败后才"厕之于儒林"，最终回归师说的。《刘宗周年谱》曾就这层关系进行这样的表述："（黄宗羲——引者注）早年受父命，执贽先生（刘宗周），然竟崇祯十七年，诗文盟会，交游声气去其半，于先生之学犹无所知。及先生梦奠，担簦避寇，匿影忧馋，海澨山陬，饥寒员踣，而后乃一意于师门之学。"③ 黄宗羲于清康熙元年（1662）始作《明夷待访录》，于第二年（1663）完成，此阶段正是他"厕之于儒林"的开端之时。梨洲即已努力于师学，必从乃师《刘子全书》中读出味道、读出价值所在，必会发先师之所未发、创先师之所未创。对维护现实、力图改变政治而无能为力却又雄心勃勃的刘宗周写下了大量的表述政治理想的奏疏，力图改变现实、创造美好政治图景的黄宗羲潜心做史学的学问，对政治也同样表现出极大的同情。学术的归结处正是对理想的社会图景的展望，刘宗周从理想主义出发，回归到对现实主义的改革上来，是谓理想主义的现实主义者；而黄宗羲则是从现实主义出发，设计理想的"大同"社会，是谓现实主义的理想主义者。师徒间政治思想的递嬗可从《明夷待访录》中窥探蠡测。

---

① 姚名达：《刘宗周年谱》，载《刘宗周全集》第 6 册，第 302 页。
② （清）黄炳垕：《黄梨洲先生年谱》卷首黄宗羲"自题"，载《黄宗羲年谱》，中华书局1993 年版。
③ 姚明达：《刘宗周年谱》，载《刘宗周全集》第 6 册，第 490 页。

一、《原君》与刘宗周的"君道"思想

在《明夷待访录》的题辞中，黄宗羲指出是书的写作是对治乱之几深层思考的结果，"何三代而下之有乱无治也？""然乱运未终，亦何能为'大壮'之交！"①，可以表现出梨洲对理想治世的向往和憧憬，同样也是对现实的绝望。但是，梨洲的绝望与蕺山先生的绝望并不相同。刘宗周是身在其中，因己之力不能为众人所接受而绝望；梨洲乃是身在其外，以局外人的眼光审视政治，所建构的理想的政治理念与现实的政治践行间形成差距，是对未来的企望！蕺山先生虽然以理想主义的政治理念面对现实，虽也是理想主义的，但归根到底是复古主义的，与梨洲的未来主义的理想主义形成鲜明的对比。当然，刘宗周的理想主义的现实主义和黄宗羲现实主义的理想主义都是他们将学术与实践有机结合的深层思考结果，其可贵处即在于这种政治理念的王道主义实质，是儒家传统政治哲学所开出的外王理想的进一步体现。

人们对社会政治的感觉总是"当局者迷、旁观者清"，所以，一生未仕的黄宗羲对政治就有独到的见解，能够从对历史的深层思考和仔细推敲中探询出历史发展的规律，发现治乱之几的本质所在，对历代的帝王将相、体制、制度有深刻的认识，其创作《明夷待访录》的目的已经明确地告诉我们，只要具备一定的条件，理想的圣治就离我们不远了。在这些条件中，"君道"成为首要的关键条件。

在黄宗羲的观念中，人之初始，人各自私其利，有勇敢之士"不以一己之利为利，而使天下受其利，不以一己之害为害，而使天下释其害。此其人之勤劳必千万于天下之人"②。此人可以看作是古之人君，如尧、舜、禹之流。古代的人民生活水平低下，人口虽少，管理却善，为人君者性也温顺，真正的"德治"在他们那里得以真实体现。历史给人的启示就是越是简

---

① （清）黄宗羲：《明夷待访录·题辞》，《黄宗羲全集》（增订版）第 1 册，第 1 页。

② （清）黄宗羲：《明夷待访录·原君》，《黄宗羲全集》（增订版）第 1 册，第 2 页。

单的，就往往越是合理的，越是远古的，往往就越是我们的人性体露最明确的。世之治道正是如此。梨洲对此治道有着深刻的认识，他对三代圣治的宣扬无非就是抒发政治理想，展望未来，是对古之人君的尊重和对今之人君的批评。在他眼里，今之人君"以为天下利害之权皆出于我，我以天下之利尽归于己，以天下之害尽归于人"，今古人君最大的区别在于"古者以天下为主，君为客，凡君之所毕世而经营者，为天下也"，"今也以君为主，天下为客，凡天下之无地而得安宁者，为君也"①。社会进步了，但为人君者的政治觉悟却倒退了，君与民之主次关系颠倒后的最大后果是由古代天下之人人爱戴其君、比之如君父变为现在的天下人人恶其君、比之如寇雠。百姓希望始终生活于安定、团结的社会环境中，他们并没有太大的生活乞求，只要谋得一份生活资料，自由劳作，以此养家糊口而已。谁愿意起义？生命的价值是无法估计的，但是当生命不能够得以自我保护的时候，唯一的解决办法就是暴力。而引起百姓暴力的最终的根源在于人君之利、之私。所以梨洲说"为天下之大害者，君而已矣"②。当然，一定时期内，君主还是能够做到让百姓休养生息、安居乐业的，但那只是一个朝代开首的某个皇帝或几个而已。之后，他们便会养尊处优起来，根本不再励精图治，"溥天之下，莫非王土；率土之滨，莫非王臣"成为他们自私自利的治理国家理念的最真实写照。政权掌握在君主一人手中，什么事都有可能发生，而最终的受害者却是天下百姓，一旦被逼走上生命的绝望之路，心理的与武力的反抗就自然而发。明朝的灭亡是如此，秦朝的灭亡亦是如此，谁忽视掉百姓的力量，谁就是绝望的百姓的陪葬品。而"明主之君"的作用恰恰就在于善于把握百姓，化无穷的反抗力量为无穷的建设力量。

在梨洲这里，古之人君之所以值得提倡和赞扬、今之人君之所以受到批判和否定，归根到底在于他仍然是从儒家之道开出的外王理想。他所谓的人君与明主，实际上就是德业高深之人。惟有学术修养深厚、道德修养高超的人主才会有觉悟，有能力做到公私分明、义利明辨。所以，人君是要讲究

① （清）黄宗羲：《明夷待访录·原君》，《黄宗羲全集》（增订版）第1册，第2页。
② （清）黄宗羲：《明夷待访录·原君》，《黄宗羲全集》（增订版）第1册，第3页。

"君道"的，惟有行"君道"，才能树立一身正气，正身以正朝廷，正朝廷以正天下。梨洲对"君道"的提炼，在刘宗周那里已经有了明确的框架结构。

在刘宗周看来，权力集中于皇帝一身，所有的一切都由他决断，足以会造成群臣懈怠推诿、阳奉阴违之恶习。他曾说：

> 独任之不已，势必至于急持；急持之不已，势必至于隐匿。隐而匿之，人反得以窥吾意；急而持之，人反得以伺吾缓。究其假借之途百出，而人主至一之大权四裂而不可收。愚以为权之归一，而操权之途则不一。惟合大小臣工之权，还以行一人之权；而后可以一人之权，遍以收大小臣工之权。①

纵容往往会造成独断，而纵容又是权力不平衡的结果。古代的帝王之所以权力极大，除了君主专制这一体制的原因外，大小臣工的纵容亦是重要的原因。碍于情面和政治压力，于生死攸关之时、国难当头之际，臣工们往往会选择沉默寡语，更有甚者，是妖言惑众，以此蛊惑人君。权力过于集中，必会有专权事件的发生，因此，大小臣工与人君皆要遵循道术，在人君讲是"君道"，在人臣讲是"臣节"。蕺山先生关于"君道"的内容主要有以下几个方面：

第一，皇帝对臣子要"信"。蕺山先生常将君臣关系比作是父子关系②，那么皇帝就应该对臣子有"信"，他的《冒死陈言疏》就深刻表达了这层意思。时崇祯帝疑袁崇焕倾险误国逮之入狱，内阁钱龙锡、兵部尚书王洽、戎政尚书李邦华、工部尚书张凤翔等皆坐焕党入狱；崇祯帝又以别事杖杀郎署数人，更疑群臣谋国不忠，乃废督师而以满桂统领诸师，以布衣申甫为副将军，以宦官提督京营来协助城守。崇祯还规定凡进退刑赏皆由他一人裁决，根本不容大臣置喙。蕺山先生目击时艰乃上疏极言："臣闻古之言败亡之道

---

① （明）刘宗周：《策·第一问（主权）》，《刘宗周全集》第 4 册，第 471 页。

② 如他在《冒死陈言疏》中就有"君父一体之情"之说。[（明）刘宗周：《冒死陈言疏》，《刘宗周全集》第 3 册，第 72 页] 在《顶戴明伦疏》中宗周也指出"至逐事相求，蔼若家人父子之告语"。[（明）刘宗周：《顶戴明伦疏》，《刘宗周全集》第 3 册，第 117 页]

者，必曰不信仁贤。夫不信仁贤，则人主孤立于上而已，亦何以为国？今天下恨不得贤者而用之，然岂无一人当皇上之信？而皇上以'情面'二字概事猜疑，举大小臣工尽在皇上疑关中往来。日积月累结为阴痞，有识者固已忧之。一旦国事至此，诸臣负皇上任使，不忠，诚无所逃罪，业已天严震叠，轻重伏辜。"① 故蕺山先生主张皇上应该"开示诚心"，并以之为济难之本，以便君臣相得、万化更张。"开示诚心"所体露的道德内涵是"诚"，即在于一种信任的态度，在于真实无欺。在蕺山先生看来，崇祯帝所信之人多为武臣、宦臣、内臣，独不信文臣，实际上是对儒家道德政治主张的不屑一顾，是对祖宗道统的割裂，是"举天下无与托国"的悲哀。按他的逻辑，若皇上能够以亲内臣之心亲外臣、以重武臣之心重文吏，太平之业可一举而定。虽然蕺山先生之言是皇上所不愿听的，也是为中贵之人所嫉恨的，但他出于国家宗社大计之考虑，冒死陈言，可谓是披肝沥胆，堪称人臣之极则了。

　　第二，皇帝要进君子、退小人。虽说皇帝应该信任臣子，但并不是所有的臣子都值得信赖，这就要求皇帝要有明智的眼光，区别君子与小人，蕺山先生在《身切时艰疏》中明确表明了这样的观点。在刘宗周的思想体系中，他对个体心性义理的绝对重视、对道德本体的至上体验，使得他对君子与小人的划界就特别明显，也特别深刻。他从己巳之变以来的社会困局中已经注意到了小人之祸国殃民的事实，并从中总结出一个规律："大奸似忠，大佞似信。"② 在蕺山先生眼里，崇祯帝可谓是英名不世出之主，但于贤奸之辩未能烛照数计。据蕺山先生观察，皇上恶私交，则臣下以告讦入；皇上录清节，则臣下以曲谨容；皇上崇励精，则臣下奔走承顺以为恭；皇上尚综核，则臣下琐屑吹求以示察。凡此皆似忠似信之徒，"窥其用心，无往不出于身家利禄"③。但皇上往往不察而用之，以至于聚天下之小人立于朝。当是时，国非无才之患，实是无君子之患，"人人知有身家，而不知有君父；知有利禄，而不知有廉耻"，此正为国破家亡之根源。此外，蕺山先生还指出崇祯帝用中官（寺人）提领军队，以致总督无权，抚按无权，司道、守令无权，

① （明）刘宗周：《冒死陈言疏》，《刘宗周全集》第 3 册，第 72 页。
② （明）刘宗周：《身切时艰疏》，《刘宗周全集》第 3 册，第 139 页。
③ （明）刘宗周：《身切时艰疏》，《刘宗周全集》第 3 册，第 139 页。

是率天下人奔走于中官。况且中官之人与小人沆瀣一气，相为引重，君子则独岸然而自异。从此也可解释蕺山先生为何固辞"一年三迁"之殊常升擢①的原因了。蕺山先生有一信念："平居无犯颜敢谏之臣，则临难无仗节死义之士，此天下事之所以日坏一日，而不可为也。"②正鉴于此，蕺山先生才勇敢地指出崇祯帝在人才战略上的失误。故蕺山先生企盼皇上能够"念乱图存，豁然为皇极之主，首以进君子退小人，为挽回世道之根本"③。君子与小人之辨无非是行德行与不行德行之别，实质在于臣子是否支持和参与到行王道政治的光荣事业中来，这是蕺山先生对在现实政治格局中行道德理想主义的企盼。但是现实的政治发展图式并不能一味地用道德来约束，道德作为伦理规范并不能完全代替合理的政治斗争，那种理想的"法先王"所存有的价值在于给人以希望的火花，在于为逐步削减人与人、阶级与阶级间的政治斗争的残酷性提供理论上的参考。只要有阶级，政治斗争就不可避免，政治上的君子与小人就永远有存在的市场，完全意义上的道德就不能作为衡量人性的惟一标准。是疏呈上，蕺山先生再一次被革职为民，现实的黑暗是不能仅靠某个人或某几个人来扭转的，要靠大家的共同努力。蕺山先生是值得同情的，而最让人心酸的是知识分子面对猖猖乱世的小人玩弄着最起码的道德规范于股掌间而又无能为力的无奈与悲哀！政治与道德的斗争往往以道德的黯然为终结，这是整个知识分子的悲哀！

第三，皇帝要讲究圣治。刘宗周屡次被革职为民，但并未被当权者所遗忘，崇祯帝曾高度评价他"大臣如刘宗周清正敢言，廷臣莫能及"④。蕺山先生当然也不负众望，颇能以其雄厚的学术理论为背景高扬出对君主政权的信任与支持，最能体现这一点的是他对皇帝行德治的赞扬。在蕺山先生看来，欲求世治、驱除外患，断然不能舍道而另寻他路。此"道"即是尧舜之

①　天启二年六月、天启三年五月，宗周先生都有升擢之机，为绝臣子缴幸之心固辞不受。但又于天启三年九月被提拔为通政司右通政，再次上书固辞。[详见（明）刘宗周：《奉差事峻疏》，《刘宗周全集》，第40—56页]
②　（明）刘宗周：《身切时艰疏》，《刘宗周全集》第3册，第140页。
③　（明）刘宗周：《身切时艰疏》，《刘宗周全集》第3册，第141页。
④　姚名达：《刘宗周年谱》，载《刘宗周全集》第6册，第437页。

道，尧舜之道即是皇上之道，只要皇上立志为道，"君志定，而后天下之治成"，这正是刘宗周所讲"转移化导之权，终不外人主之一心"①的历史哲学的体现。1641 年，时已 63 岁的刘宗周再次被诏起改任吏部左侍郎，因感皇恩浩荡，唯恐病死途中有负圣恩，故以《不能以身报主疏》呈上，充分表现了这位伟大人物对真理的孜孜追求，更是他理想的德治理论的完整论说。是疏中蕺山先生围绕"尧舜之道"概括出理想的圣治图景应包含三个方面。

其一，明圣学以端治本。此"本"即在于虞廷之"人心惟危，道心惟微，惟精惟一，允执厥中"十六字心传。不论文武之执兢、孔门之于《大学》三纲领，八条目所备精一、执中之意，还是子思子以中和、慎独归本《中庸》，都为道统之正统嫡传。但后世学人未有深切著明于此者：言《大学》以把持念虑为诚意之功，使道心混于危殆之中；言《中庸》以静观气象窥未发之中，使中体落于偏枯。此学术之支离必对治世造成极坏影响："从危则近于功利，偏执则蔽于虚无。虚无功利之说倡，而佛、老与申、韩递起用事，转相出入，惑世诬民，更数千年流祸未已，则亦吾儒有以启之也。"②崇祯帝崇信佛法、道教，且有三教一理说，蕺山先生对佛、道是极为不满的③，故他极力引导崇祯帝走向儒学："臣于是仰窥陛下之心矣：忽焉而宗儒，忽焉而奉佛；或合之，或离之，方摇摇而无定也。岂陛下求之吾儒而不得其说，不免依傍与二氏；至求之二氏而终不得其说，乃还之吾儒乎？"④依蕺山先生，若皇上求于儒学，首先在于反求儒家之"心"，于此清明在恭、独知炯然，方能得好善恶恶之道心。致此知即是惟精，诚此知即是惟一，精且一是谓中；随喜怒哀乐之所发，亦无往非未发之中，中和浑是一性，此之谓慎独，由此慎独之说入，即可为尧舜；由喜怒之平方可行好恶之公，由好恶之公才得是非之理，以此见天心。故蕺山先生指出："慎独而知心之所以为道，

① （明）刘宗周：《顶戴明伦疏》，《刘宗周全集》第 3 册，第 118 页。
② （明）刘宗周：《不能以身报主疏》，《刘宗周全集》第 3 册，第 154 页。
③ 他说道教是"盗贼之教"（《辟左道以正人心疏》，载《刘宗周全集》第 3 册，第 205 页），称禅学有三绝："一绝圣学，二绝彝伦，三绝四民之业。"（《会录》，载《刘宗周全集》第 2 册，第 518 页）
④ （明）刘宗周：《不能以身报主疏》，《刘宗周全集》第 3 册，第 154—155 页。

本一诚以毕贯；慎独而知中之所以为执，合四气以交融。所以卑之不近于功利，高之不入于玄虚也。故曰：'慎独可以行王道'。"① 君主立定学慎独的决心，王道就必定自上而下得以推广，社会就有达至治世的可能。

其二，躬圣学以建治要。此"要"即在无为而治。天下之大非一人所能理，治天下有要，莫过于提纲挈领"以其至简而御天下之至繁，即以其至静以宰天下之至动者也"②。即是说"君职要、臣职详"，此无为之治乃万世扼君道之要者。依蕺山先生，崇祯帝应该躬先圣学，法尧舜之耳目达聪之术，推本于舍己，并舍己之聪明、喜怒、好恶、是非，才能以天下之是非为是非，以天下之聪明为真聪明。皇上开诚布公、广开言路，合众论之同，建用中之极，以天下才任天下事，得贤人处理政事，臣下自会任劳任怨，则皇上端拱无为而天下治！蕺山先生称此为救世之第一义。实际上蕺山先生是在规劝崇祯帝不要多疑，用无为之治重现对大小臣工的信任，以推行贤人政治。

其三，崇圣学以需治化。在刘宗周看来，"仁者以天地万物为一体，视天下昆虫、草木皆吾同气，九夷、八蛮皆吾肢体，颠连、残疾皆吾痌瘝，无不有以扶持而安全之，浑然天也"③。从此可曰"德"为"天德"，"道"为"天道"。古之尧、舜治天下，御众以宽，罚弗及嗣；罪疑惟轻，功疑惟重；宥过无大，刑故无小；与其舍不辜，宁失不轻。此乃以仁育天下、以义正天下的光辉典范。在刘宗周看来，崇祯朝历神宗、光宗二朝，纪纲不振、法纪松弛，且有邪臣倡导申、韩之说，以致狱讼繁兴、犯奸作乱、遍布杀机："兵刑交毒，上干天和，无岁不罗灾渗。至此民生国命，内治边防，次第决裂，岌岌乎有不可收拾之势。"④ 欲求政通人和，必须求端于圣学以明"明德"化天下。首先，化天下自廷臣始。在蕺山先生看来，先朝学禁以来，士大夫不知本心久矣，更加之崇祯帝刚愎自用、佐以重典，士大夫行为苟免、心术日坏。故欲使臣子回心向道，须以手足之谊养天下元气，

① （明）刘宗周：《不能以身报主疏》，《刘宗周全集》第 3 册，第 155 页。
② （明）刘宗周：《不能以身报主疏》，《刘宗周全集》第 3 册，第 156 页。
③ （明）刘宗周：《不能以身报主疏》，《刘宗周全集》第 3 册，第 159 页。
④ （明）刘宗周：《不能以身报主疏》，《刘宗周全集》第 3 册，第 159 页。

宽之以伦纲，树之以风猷，天下可自现本心。"恻隐之心胜，而君父之戴竖矣；羞恶之心胜，而身家之计夺矣；辞让之心胜，而进退取与之介审矣；是非之心胜，而成败利钝睹矣。合此四者，可与事君矣。而仁其大端也，未有上好仁下不好义者也。"[1] 故首除诏狱不以非刑辱士，再除廷杖、厂卫以还提礼义廉耻之坊。其次，化群臣以化万民。蕺山先生认为，朝廷严刑重敛使天下流寇丛生，只缘皇上未能以天地父母之心相感喻他们，招抚流于形式，驱数十万生灵于锋镝之下，民生岂能不困？看来臣子与万民同要得到皇上的尊重，以"天地方面之心"推诚致之，臣安民也安。再次，化兆民以化四夷。兆民百姓拥戴皇上之一人，国家自是势若磐石，四夷不敢窥伺中国。古代边防备守，惟战、守、和三种，蕺山先生极力黾鉴崇祯帝以"守"为上策，不可言战事。只要皇上内施仁义、外布道德，国家自保。[2] 依蕺山先生逻辑，明主修"明德"于上，天下必归仁。疏上即是泥牛入水，了无音讯。蕺山先生空有大志，而苦于报国无门，怎么不是一代儒学宗师的遗憾呢？

二、《原臣》与刘宗周的"臣节"思想

俗话说，人得一知己足已！就治国论道来讲，贤君若有良臣来辅佐，既是百姓之幸事，亦是国家之幸事。君有君道，臣亦有臣道，真正的臣子在于对臣道的体认与施行。在黄宗羲的理想政治秩序的建构中，良臣之道在于"缘夫天下之大，非一人之所能治，而分治之以群工。故我之出而仕也，为天下，非为君也；为万民，非为一姓也"[3]。天下非一家一姓之天下，臣子之职亦不在于为此一家一姓服务，而是为天下百姓服务。由此可以看出，所谓的"臣道"即在于能够全心全意辅佐君主以治理天下、服务大众，出乎此，则"臣不臣"了。在梨洲看来，为君主一家一姓服务，对君主之言行举止一

---

① （明）刘宗周：《不能以身报主疏》，《刘宗周全集》第 3 册，第 160 页。

② 参见（明）刘宗周：《不能以身报主疏》，《刘宗周全集》第 3 册，第 160—162 页。

③ （清）黄宗羲：《明夷待访录·原臣》，《黄宗羲全集》（增订版）第 1 册，第 4 页。

味纵容和俯首帖耳乃是宦官内臣之人所作所为；君死亦死、君亡亦亡，亡君乃亡国、亡国亦亡君的观念则是"利匮"。在封建的专制政治体制下，真正的能言敢谏之臣并不多见，但是，每一朝代，每一代朝廷，总是有那么几个诤臣为天下百姓的生产、生活和生命鞠躬尽瘁、死而后已。当然，小人却是多如牛毛，充斥于朝廷内外，亡国与亡朝皆毁在小人手上。政治就遵循了这样的运动轨迹：历史的发展、社会的进步，凸显出来的正是君子与诤臣的德行；而历史的倒退、社会的动乱，凸显出来的正是小人与奸佞的丑恶。虽然小人与奸佞往往在大部分的时间里操控着历史，最终还是君子与诤臣、贤才与良将将历史推向前进。

朝廷中诤臣与君子的多寡往往影响着这个朝廷风气的好坏，进而影响整个社会风气的好坏。一定时期士风的低下、社会风气的不正，关键在于臣道之不倡。为臣者往往视自己为君之摆设，是君授权自己权力以牧百姓，视天下百姓为皇帝一家之私物，实不知百姓乃如水火，臣子之职即在于帮助皇帝将百姓的力量作出合理的引导。

梨洲一生未仕，他在年轻时即已遍游大江南北，交友甚广，对地方政治统治亦当有深刻的认识。当梨洲厕身儒林之后，重新反思乃师刘宗周的一生政治履途，是能够对政治作出一种理想的价值判断的。他首先从乃师身上看到真正的臣子所应当具有的高风亮节。刘宗周清正敢言、刚正不阿，尽职尽责，在其位，谋其事，一向以刚愎自用著称的崇祯帝对他亦是褒扬有加。[①] 他在朝廷中能够敢于上疏直谏，与理力争，维持正义；在实际工作中，则能够群策群力，造福一方。其对百姓之疾苦给予特别关注，关心民生民瘼，并提出"重民命、厚民生"的思想。刘宗周指出：

---

① 崇祯三年（1630），崇祯在给刘宗周的诰命中指出："刘宗周纯忠峻行，亮节清修。学古不悦纷华，直希贤圣。盟心独严衾影，可质神明。……有臣如此，庶士则之。"（姚明达：《刘宗周年谱》，载《刘宗周全集》第 6 册，第 339 页）此外，崇祯十四年（1642），吏部左侍郎出缺，廷推数人，崇祯皆不许，谓"如刘宗周清正敢言，廷臣莫能及"，特命吏部擢用刘宗周。（姚明达：《刘宗周年谱》，第 437 页）由此可以看出宗周作为臣子，其所作所为是仁至义尽的了。

　　　　法天之大者莫过于重民命，则刑罚宜省宜平。而陛下自继位以来，励精振刷，不免以重典绳臣下。逆党有诛，封疆失事有诛，已足为天下创矣；犹未也，又因而及一切诖误者，方且重者以杖死，轻者又谪去，又其轻者以降级戴罪，纷纷狼藉，朝署中半染赭衣。而最伤国体者，无如诏狱一事。……下同奴隶，将何以厉宠臣之节？……臣愿陛下体上天好生之心，首除诏狱。自今臣子有罪，一概下法司处分。①

　　蕺山先生一句"下同奴隶"明白昭示了明朝末年朝廷中臣僚地位之低下与人格尊严之虚无。没有人格尊严的士大夫又怎么能够全心全意为皇帝出谋划策呢？又怎么能够关心社会民众之疾苦呢？皇帝动辄以重典惩罚臣下，更有诏狱一事堪称不诛之教，颇伤士气。在蕺山先生看来，古人"礼禁未然之先，法施已然之后"，因而皇帝应该以礼遇臣下，不得动辄对臣子施以重典、峻法，须知刑罚不如礼教，因此"刑罚宜省宜平"。一个不尊重人权的政府是不会给社会带来福音的。

　　就"厚民生"思想，蕺山先生指出：

　　　　法天之大者，莫过于厚民生，则赋敛宜缓宜轻。而陛下自继位以来，军兴告匮，不免以重敛责小民。宿逋既诛，见征必尽，已足为天下病矣。犹未也，又攒及来年之预征者。方且有司有逮，司道有罚，京堂有坐催，节节追呼，间阎中安问鸡犬？而最为民厉者，无如贪官污吏。……夫以巡方而黩货，又何问下吏之操守？……陛下留心吏治，亦尝严火耗之禁，慎科罚之条，惟恐天下有一物之失所。……臣愿陛下体上天好生之心，首除新饷，俟《赋役全书》既定，以节省之物力抵之，而还有余不尽于民间，……示天下以抚字之倡。②

　　蕺山先生认识到天下民众生活之疾苦与皇帝之层层盘剥、贪官污吏之敲朴日

---

① （明）刘宗周：《祈天永命疏》，《刘宗周全集》第 3 册，第 87 页。

② （明）刘宗周：《祈天永命疏》，《刘宗周全集》第 3 册，第 87—88 页。

峻不无关系，曾就此发出感慨："臣以为今天下之民力竭矣。尧舜在上，一民饥曰我饥，一民寒曰我寒，此岂人衣而人食哉？"① 民之饥寒即我之饥寒是蕺山先生行仁政的本质表现，是蕺山先生"重民命"、"厚民生"思想的最深厚理论基础②，也是蕺山先生民本平等观念的体现。

刘宗周在政治实践中总结出人臣应当遵守的基本规则，形成"臣节"思想，对黄宗羲写作《原君》提供了理论依据。其主要内容包括以下几个方面：

第一，官员升擢要有道。蕺山先生感于天启二年六月、天启三年五月两次被无缘升擢而上疏指出："度德而授任者，国家诏爵之典；计日而效劳者，臣子守官之法。故虞廷考绩，必以三载；崔亮停年，不费资格。凡以贤豪杰任事之心，塞宵小速化之路，所裨世道人心，非苟而已者。"③ 蕺山先生考虑到当时国家爵滥而清、官冗而枝的流弊，也是为了杜绝群臣所怀徼倖之心而力辞殊常升擢，目的是昭彰官员升擢之道。同时蕺山先生为了维持自己的君子臣德和廉耻之心，多次上疏天启皇帝借口有病极力辞官回籍调理，结果是他又于天启三年九月被提拔为通政使司右通政。对于一般人来讲，"一岁三迁"是谓荣幸之至，但蕺山先生却耿耿于怀，真心诚意上疏直陈"臣节"："古人训之曰：'君子进以礼，退以义。'进必以礼，故进而足与有为；退必以义，故退而足与有守。两者相反而实相成，乃称臣节焉。"④ 依蕺山先生，世道之衰，士大夫不知礼义廉耻为何物，往往知进而不知退，甚至有人另有阴谋以进为退，实是举天下奔走于声色货利之场。蕺山先生并不想以己之一年三迁败坏世道臣节，故力辞官。蕺山先生所作所为目的就是寻求一种正义，"进退之义不明，而欲正君匡俗，未之有闻"⑤，这是他正直公允的学术色彩的直接体现。但高尚的出发点迎来的往往是蛮横的不理智，蕺山先生被革职为民："刘宗周蔑视朝廷，矫情厌世，好生恣放。著革了职为民当

① （明）刘宗周：《预矢责难疏》，《刘宗周全集》第 3 册，第 54 页。

② 参见东方朔：《刘宗周评传》，南京大学出版社 2002 年版，第 54 页。

③ （明）刘宗周：《奉差事峻疏》，《刘宗周全集》第 3 册，第 40 页。

④ （明）刘宗周：《天恩愈重疏》，《刘宗周全集》第 3 册，第 45—46 页。

⑤ 姚名达：《刘宗周年谱》，载《刘宗周全集》第 6 册，第 288 页。

差，仍追夺诰命。"① 可见，在黑暗颠倒的世界里，光明是往往被当作异类来看待，何等可悲！

第二，臣子不得怀利事君。义利之辨自是儒家一段公案。汉代儒术独尊之后，正统儒学把孔孟的"重义轻利"思想发展到极端，提升了以道德理性为核心的"义"的地位，将其看作是衡量社会行为的主要标准之一。蕺山先生也谨遵圣教，主张重义而轻利，在君子臣德上指出臣子不应怀利事君。他指出为人臣者应该竭尽股肱之力，济之以忠贞，直至鞠躬尽瘁、死而后已，而不当有怀利之心："如以利，即破家徇国亦利也。"② 蕺山先生所理解的"利"并不是合理的物质利益，而是一种依恃钱财的贪婪心态，即打着为官为民的幌子行敛财搜刮之政的苟且之心。若执政官怀此势利之心必玷污士风、败坏风俗。《传》云："国家之败，则官邪也；官之失德，宠赂章也。"③在蕺山先生看来，皇帝禁天下贿赂，数金见告，重者辟、轻者戍；严脏吏之诛，满贯之上无不重者辟，轻者戍。但国难当头，边事正酣之际，崇祯帝却下令臣工捐马，这不是自行受贿吗？此口一开，上行下效，富者捐，穷者亦捐，而穷者必是倾其力想方设法致富以给自己挣体面，天下官员势必皆言利，臣子本有之廉耻、忠孝节义荡然无存，将何以收拾此局面？蕺山先生感慨："天下以为人主而务财用也，兢以头会箕敛之说进，过此说鬼说梦，无所不猥亵。益复审法律之教，尚介胄之能，长游说之习，决乞墦垄断之行，率天下君臣、父子、兄弟，怀利以相接，酿成盗贼公行之世界，而天下之祸遂日甚一日而不可救。"④ 因此，皇帝之好恶不可不谨慎，此事关国家之长久治安。历史已经证明，亡国败家之祸未有不发于"货币崇拜"的。古人常言的"天子不言有无，诸侯不言盈亏，大夫不言多寡"乃是王道正义，国家不以利为利、以义为利，才是真正的"利"。蕺山先生以君子不敢怀利事君来告诫皇帝，正是这种"大道"的流行才有助于国家的稳定与士风的纯洁。他通过讲道理的方法真诚谏君，一定程度上也在说明理想下的君子臣德也应表

---

① （明）刘宗周：《天恩愈重疏》，《刘宗周全集》第 3 册，第 46 页。
② （明）刘宗周：《不敢怀利事君疏》，《刘宗周全集》第 3 册，第 126 页。
③ （明）刘宗周：《不敢怀利事君疏》，《刘宗周全集》第 3 册，第 127 页。
④ （明）刘宗周：《不敢怀利事君疏》，《刘宗周全集》第 3 册，第 127 页。

现在臣子敢于对皇帝直谏，并且能够做到忠贞不贰。但所得回报是皇帝的反感与不耐烦："军国要役，原非得已。好义终事，何云怀利？……大臣进言，岂可矢口任意！"① 一片忠心却不能为人所理解，何等郁闷！蕺山先生的道德理想在现实政治生活中终不能实现，好生痛苦。

在明末清初的学界，正是因为有了刘宗周与黄宗羲师徒二人之间的学术递嬗，才使得明代哲学有了系统的总结，清代学术也有了清晰的方向，理清二人学术、思想上的递嬗，对于我们理解整个浙东学术发展史、明清哲学转型史将有重要意义。单就刘、黄政治思想的递嬗来说，其通贯之处是显而易见的，要探索为什么会有这样明显的递嬗痕迹，我想，刘宗周的一幅壁帖或许能够说明一些问题。刘宗周说："读书有要，在涵养本原，以得作者之意，使字字皆从己出；做人有方，在谨凛幽独，以防未然之欲，庶时时远于兽门。"② 黄宗羲晚年用功甚力，于乃师之学体悟透彻，是不是受此壁帖影响呢？其晚年撰写《明夷待访录》是不是就是对乃师政治生涯和政治思想的发挥呢？

附：全祖望《梨洲先生神道碑文》

梨洲先生神道碑文③

康熙三十四年，岁在乙亥，七月初三日，姚江黄公卒。其子百家为之行略，以求埏道之文于门生郑高州梁，而不果作，既又属之朱检讨彝尊，亦未就，迄今四十余年无墓碑。然予读《行略》，中固嗫嚅多未尽者，盖当时尚不免有所嫌讳也。公之理学文章，圣祖仁皇帝知之，固当炳炳百世。特是公生平事实甚繁，世之称之者，不过曰始为党锢，后为遗逸，而中间陵谷崎岖、起军、乞师、从亡诸大案，有为史氏所不详者。今已再易世，又幸逢圣天子荡然尽除文字之忌，使不亟为表章，且日就湮晦。乃因公孙千人之请，掇摭公遗书，参以《行略》，为

---

① （明）刘宗周：《不敢怀利事君疏》，《刘宗周全集》第 3 册，第 128—129 页。

② 姚名达：《刘宗周年谱·后编·刘谱录遗》，载《刘宗周全集》第 6 册，第 494 页。

③ 据绍兴图书馆藏《刘蕺山弟子考》清会稽董氏行综学会抄本整理；另，《黄宗羲全集》（增订版）第 12 册、《鲒埼亭集》卷十一《碑铭六》也有收录。

文一通，使归勒之丽牲之石，并以为上史局之张本。公之卒也，及门私谥之曰"文孝"。予谓私谥非古，乃温公所不欲加之横渠者，恐非公意，故弗称。而公所历残明之官，则不必隐。近观《明史》，于乙酉后诸臣，未尝不援炎、兴之例大书也。

公讳宗羲，字太冲，海内称为梨洲先生，浙江绍兴府余姚县黄竹浦人也，忠端公尊素长子。太夫人姚氏，其王父以上世系，详见《忠端公墓铭》中。公垂髫读书即不琐守章句，年十四补诸生，随学京邸，忠端公课以举业，公弗甚留意也。每夜分秉烛观书，不及经艺。忠端公为杨、左同志，逆奄势日张，诸公昕夕过从，屏左右论时事，或密封急至，独公侍侧，益得尽知朝局清流、浊流之分。忠端公死诏狱，门户鞠凶，而公奉养王父以孝闻。夜读书毕，呜呜然哭，顾不令太夫人知也。庄烈即位，公年十九，袖长锥，草疏，入京颂冤，至则逆奄已磔。有诏死奄难者，赠官三品，子祭葬，祖父如所赠官，荫子。公既谢恩，即疏请诛曹钦程、李实。忠端之削籍，由钦程奉奄旨论劾，李实则成丙寅之祸者也。得旨："刑部作速究问。"五月，会讯许显纯、崔应元，公对簿，出所袖锥锥显纯，流血蔽体。显纯自诉为孝定皇后外甥，律有议亲之条。公谓："显纯与奄构难忠，忠良尽死其手，当与谋逆同科。夫谋逆，则以亲王高煦尚不免诛，况皇后之外亲？"卒论二人斩，（《行略》误以为论二人决不待时，今据《逆案》）妻子流徙。公又殴应元胸，拔其须，归而祭之忠端公神主前。又与吴江周延祚、光山夏承共锥牢子叶咨、颜文仲，应时而毙。时钦程已入逆案。六月，李实辨原疏不自己出，忠贤取其印信空本，令李永贞填之，故墨在朱上。又阴致三千金于公，求弗质，公即奏之，谓实当今日犹能贿赂公行，其所辨岂足信？复于对簿时，以锥锥之。然丙寅之祸，确由永贞填写空本，故永贞论死，而实未减。狱竟，偕同难诸子弟设祭于诏狱中门，哭声如雷，闻于禁中。庄烈知而叹曰："忠臣孤子，甚恻朕怀！"

既归，治忠端公葬事毕，肆力于学。忠端公之被逮也，谓公曰："学者不可不通知史事，可读《献征录》。"公遂自明十三朝《实录》，上溯《二十一史》，靡不究心，而归宿于诸经。既治经，则旁求之九流百家，于书无所不窥者。愤科举之学锢人生平，思所以变之。既尽发家藏书读之，不足则抄之同里世学楼钮氏、澹生堂祁氏，南中则千顷斋黄氏，吴中则绛云楼钱氏，穷年搜讨。游屐所至，遍历通衢委巷，搜剔故书，薄暮，一童肩负而返，乘夜丹铅，次日复出，率以为常。是时山阴刘忠介公倡道蕺山，忠端公遗命令公从之游。而越中承海门周氏之绪余，援儒入释，石梁陶氏奭龄为之魁，传其学者沈国模、管宗圣、史孝咸、王朝式辈，鼓动狂澜，翕然从之，姚江之绪至是大坏。忠介忧之，未有以为计也。公之及门，年尚少，奋然起曰："是何言与！"乃约吴、越中高材生六十余人，共侍讲席，力摧其说，恶言不及于耳。故蕺山弟子如祁（彪佳——引者注）、章（正宸——引者注）诸公，皆以名德重，而四友御侮之助，莫如公者。蕺山之学，专言心性，而漳浦黄忠烈公兼及象数，当是时拟之程、邵两家。公曰："是开物成务之学也。"乃出其所穷律历诸家相疏证，亦多不谋而合，一时老宿闻公名者，竞延致之相折衷，经学则何太仆天玉，史学则钱侍郎谦益，莫不倾筐倒庋而返。因建续抄堂于南雷，思承东发之绪。阁学文文肃公（文震孟——引者注）尝见公行卷，曰："是当以大著作名世者！"都御史方公孩未亦曰："是真古文种子也。"有弟宗炎字晦木，宗会字泽望，并负异才，公自教之，不数年皆大有声，于是儒林有"东浙三黄"之目。

方奄党之锢也，东林桴鼓复盛，慈溪冯都御史元飏兄弟，浙东领袖也，月旦之评，待公而定。而踰时中官复用事，于是逆案中人，弹冠共冀然灰。在廷诸臣或荐霍维华，或荐吕纯如，或请复涿州冠带。阳羡（周延儒——引者注）出山，已特起马士英为凤督，以为援阮大铖之渐。即东林中人如常熟，亦以退闲日久，思相附和。独南中太学诸生，居然以东都清议自持，出而厄之。乃以大铖观望南中，作《南都防乱揭》，宜兴陈公子贞慧、宁国沈征君寿民、贵池吴秀才应箕、芜湖沈上舍士柱共议，以东林子弟推无锡顾端文公之孙杲居首，天启被难诸家推公居首，其余以次列名，大铖恨之刺骨，戊寅秋七月事也。荐绅则金坛周仪部镳实主之。说者谓庄烈帝十七年中，善政莫大于坚持逆案之定力，而太学清议亦足以寒奸人之胆，使人主闻之，其防闲愈固，则是揭之功不为不钜。壬午，入京，阳羡欲荐公以为中书舍人，力辞不就。一日，游市中，闻铎声，曰："非吉声也。"遽南下。已而，大兵果入口。

甲申难作，大铖骤起南中，逆案揭中一百四十人姓氏，欲尽杀之。时公方之南中，上书阙下而祸作。公里中有奄党，首纠刘忠介公（刘宗周——引者注）并及其三大弟子，则祁都御史彪佳、章给事正宸与公也。祁、章尚列名仕籍，而公以朝不坐、燕不与之身，挂于弹事，闻者骇之。继而里中奄党徐大化倅官光禄丞者，复疏纠，遂与果并逮。太夫人叹曰："章妻滂母乃萃吾一身耶？"贞慧亦逮至，镵论死，寿民、应箕、士柱亡命，而桐城左氏兄弟入宁南军。晋阳之甲，虽良玉自为避流贼计，然大铖以为揭中人所为也。公等惴惴不保，驾帖尚未出，而大兵至，得免。

南中归命，公踉跄归浙东，则刘公已死节，门弟子多殉之者。而孙公嘉绩、熊公汝霖以一旅之师画江而守。公纠合黄竹浦子弟数百人，随诸军于江上，江上人呼之曰"世忠营"。公请援李泌客从之义，以布衣参军。不许，授职方。寻以柯公夏卿与孙公等交举荐，改监察御史，仍兼职方。方、王跋扈，诸乱兵因之。总兵陈梧自嘉兴之乍浦浮海至余姚，大掠。王职方正中方行县事，集民兵击杀之，乱兵大噪。有欲罢正中以安诸营者，公曰："借丧乱以济其私，致干众怒，是贼也。正中守土，即当为国保民，何罪之有！"监国是之，寻以公所作《监国鲁元年大统历》颁之浙东。马士英在方国安营，欲入朝，朝臣皆言其当杀。熊公汝霖恐其挟国安以为患也，好言曰："此非杀士英时也，宜使其立功自赎耳。"公曰："诸臣力不能杀耳。春秋之孔子，岂能加于陈恒，但不得谓其不当杀也。"熊公谢焉。又遗书王之仁曰："诸公何不沉舟决战，由赭山直趋浙西，而日于江上放船鸣鼓，攻其有备，盖意在自守也。蕞尔三府，以供十万之众，北兵即不发一矢，一年之后恐不能支，何守之为？"又曰："崇明，江海之门户，曷以兵扰之，亦足分江上之势。"闻者皆是公言而不能用。张国柱之浮海至也，诸营大震。廷议欲封以伯，公言于孙公嘉绩曰："如此则益横矣，何以待后？请署为将军。"从之。公当抢攘之际，持议岳岳，悍帅亦慑于义，不敢有加。自公力陈西渡之策，惟熊公尝再以所部西行，攻下海盐，军弱不能前进而返。至是，孙公嘉绩以所部火攻营卒尽付公，公与王正中合军，得三千人。正中者，之仁从子也，其人以忠义自奋，公深结之，使之仁不以私意挠军事。故孙、熊、钱、沈诸督师皆不得支饷，而正中与公二营独不乏食。查职方继佐军乱，披发走公营，巽于床下，公呼其兵，责而定之，因为继佐治舟，使同西行，遂渡海，劄潭山，烽火遍浙西。太仆寺卿陈潜夫以军同行，而尚宝司卿朱大定、兵部主事吴乃武等皆来会师，议由海宁以取海盐。因入太湖招吴中豪杰，百里之内，牛酒日至，军容甚整，直抵乍浦。公约崇德义士孙奭等为内应，会大兵已纂严，不得前，于是复议再举，而江上已溃。（按是役也，正中实以败归，公为正中《墓表》，不无溢美，予考正之，不敢失其实也）公遽归入四明山结寨自固，余兵愿从者尚五百余人。公驻军杖锡寺，微服潜出，欲访监国消息，为扈从计。戒部下善与山民相结，部下不能尽遵节制，山民畏祸，潜焚其寨，部将茅翰、汪涵死之。公无所归，于是姚江迹捕之檄累下。公以子弟走入剡中。

己丑，闻监国在海上，乃与都御史方端士赴之，晋左佥都御史，再晋左副都御史。时方发使拜山寨诸营官爵，公言："诸营之强莫如王翊，其乃心王室，亦莫如翊，诸营文臣辄自称都御史、侍郎，武臣自称都督，其不自张大，亦莫如翊，宜优其爵，使之总临诸营，以捍海上。"朝臣皆以为然，定西侯张名振弗善也。俄而大兵围健跳，城中危甚，置靴刀以待命，荡湖救至得免。时诸帅之悍甚于方、王，文臣稍异同其间，立致祸：如熊公汝霖以非命死，刘公中藻以失援死，钱公肃乐以忧死。公既失兵，日与尚书吴公锺峦坐船中，正襟讲学，暇则注《授时》、《泰西》、《回回》三历而已。

公之从亡也，太夫人尚居故里，而中朝诏下，以胜国遗臣不顺命者录其家口以闻。公闻而叹曰："主上以忠臣之后仗我，我所以栖栖不忍去也。今方寸乱矣，吾不能为姜伯约矣。"乃陈情监国，得请，变姓名，间行归家。公之归也，吴公棹三板船送之二十里外，呜咽涛中。

是年，监国由健跳至翁洲，复召公副冯公京第乞师日本，抵长埼，不得请，公为赋《式微》之章，以感将士。是冯公第二次乞师事。公既自桑海中来，杜门匿景，东迁西徙，靡有宁居。而是时大帅治浙东，凡得名籍与海上有连者，即行剪除。公于海上，位在列卿，江湖侠客多来投止，而冯侍郎京第等结寨杜岙，即公旧部，风波震撼，龋龁日至。当事以冯、王二侍郎与公名，并悬象魏。又有上变于大帅者，以公为首，而公犹挟帛书，欲招婺中镇将以南援。时方搜剿沿海诸寨之窃伏与海上相首尾者，山寨诸公相继死。公弟宗炎首以冯侍郎交通有状，被缚，刑有日矣。公潜至鄞，以计脱之。辛卯夏秋之交，公遣间使入海告警，令为之备而不克。甲午，定西侯间使至，被执于天台，又连捕公。丙申，慈水寨主沈尔绪祸作，亦以公为首。其得以不死者，皆有天幸，而公不为之慑也。熊公汝霖夫人将逮入燕，公为调护而脱之。

其后，海氛澌灭，公无复望，乃奉太夫人返里门，于是始毕力于著述，而四方请业之士渐至矣。公尝自谓受业蕺山时，颇喜为气节斩斩一流，又不免牵缠科举之习，所得尚浅。患难之余，始多深造，于是胸中窒碍为之尽释，而追恨为过时之学。盖公不以少年之功自足也。问学者既多，丁未，复举证人书院之会于越中，以申蕺山之绪。已而东之鄞，西之海宁，皆请主讲，大江南北从者骈集，守令亦或与会，已而抚军张公以下，皆请公开讲，公不得已应之，而非其志也。公谓：“明人讲学，袭语录之糟粕，不以六经为根柢，束书而从事于游谈，故受业者必先穷经。经术所以经世，方不为迂儒之学，故兼令读史。”又谓：“读书不多，无以证斯理之变化；多而不求于心，则为俗学。”故凡受公之教者，不堕讲学之流弊。公以濂、洛之统综会诸家，横渠之礼教，康节之数学，东莱之文献，艮斋、止斋之经制，水心之文章，莫不旁推交通，连珠合璧，自来儒林所未有也。

康熙戊午，诏征博学鸿儒，掌院学士叶公方蔼先以诗寄公，从臾就道。公次其韵，勉其承庄渠、魏氏之绝学，而告以不出之意。叶公商于公门人陈庶常锡嘏，曰："是将使先生为叠山、九灵之杀身也。"而叶公已面奏御前。锡嘏闻之大惊，再往辞，叶公乃止。未几，又有诏以叶公与同院学士徐公元文监修《明史》。徐公以为公非能召使就试者，然或可聘之修史，乃与前大理评事兴化李公清同征诏，督抚以礼敦遣。公以母既耄期，己亦老病为辞。叶公知必不可致，因请诏下浙中督抚抄公所著书关史事者，送入京。徐公延公子百家参史局，又征鄞万处士斯同、万明经言同修，皆公门人也。公以书答徐公，戏之曰："昔闻首阳山二老托孤于尚父，遂得三年食薇，颜色不坏。今吾遣子从公，可以置我矣。"是时，圣祖仁皇帝纯心正学，表章儒术不遗余力，大臣亦多躬行君子，庙堂之上，钟吕相宣，顾皆以不能致公为恨。左都御史魏公象枢曰："吾生平愿见而不得者三人：夏峯、梨洲、二曲也。"工部尚书汤公斌曰："黄先生论学，如大禹导水导山，脉络分明，吾党之斗杓也。"刑部侍郎郑公重曰："今南望有姚江，西望有二曲，足以昭道术之盛。"兵部侍郎许公三礼，前知海宁，从受《三易洞玑》，及官京师，尚岁贻书问学。庚午，刑部尚书徐公乾学因侍直，上访及遗献，复以公对，且言："曾经臣弟元文奏荐，老不能来。此外更无其伦。"上曰："可召之京，朕不授以事，如欲归，当遣官送之。"徐公对以笃老，恐无来意。上因叹得人之难如此。呜呼！公为胜国遗臣，盖濒九死之余，乃卒以大儒著年，受知当宁，又终保完节，不可谓非贞元之运护之矣。

公于戊辰冬，已自营生圹于忠端墓旁，中置石床，不用棺椁，子弟疑之。公作《葬制或问》一篇，援赵邠卿、陈希夷例，戒身后无得违命。公自以身遭国家之变，期于速朽，而不欲显言其故也。公虽年逾八十，著书不辍。乙亥之秋，寝疾数日而殁。遗命一被一褥，即以所服角巾深衣殓，得年八十有六，遂不棺而葬。妻叶氏，封淑人，广西按察使宪祖女也。三子：长百药，娶李氏，继娶柳氏；次正谊，娶孙氏，阁部忠襄公嘉绩孙女，户部尚书延龄女，继虞氏；次百家，聘王氏，侍郎翊女，未笄殉节，娶孙氏。百药、正谊皆先公卒。女三：长适朱朴；次适刘忠介公孙茂林，忠端被逮，忠介送之豫，订为姻者也；次适朱沇。孙男六，千人其季也。孙女四。

公所著有：《明儒学案》六十二卷，有明三百年儒林之薮也。经术则《易学象数论》六卷，力辨《河》、《洛》方位图说之非，而遍及诸家，以其依附于《易》似是而非者为内编，以其显背于《易》而拟作者为外编；《授书随笔》一卷，则淮安阎征君若璩问《尚书》而告之者；《春秋日食历》一卷，辨卫朴所言之谬；《律吕新义》二卷，公少时尝取余杭竹管肉好停匀者，断之为十二律，与四清声试之，因广其说者也；又以蕺山有《论语》、《大学》、《中庸》诸解，独少《孟子》，乃疏为《孟子师说》四卷。史学则公尝欲重修《宋史》而未就，仅存《丛目补遗》三卷；辑《明史案》二百四十四卷，有《弘光纪年》一卷，《隆武纪年》一卷，《永历纪年》一卷，《赣州失事纪》一卷，《绍武争立纪》一卷，《四明山寨纪》一卷，《海外恸哭纪》一卷，《日本乞师纪》一卷，《舟山兴废》一卷，《沙定洲纪乱》一卷，《赐姓本末》一卷；又有《汰存录》一卷，纠夏考功《幸存录》者也。历学则公少有神悟，及在海岛，古松流水，布算簌簌，尝言："勾股之术乃周公、商高之遗，而后人失之，使西人得以窃其传。"有《授时历故》一卷，《大统历推法》一卷，《授时历假如》一卷，《西历》、《回历假如》各一卷，外尚有《气运算法》、《勾股图说》、《开方命算》、《测圆要义》诸书，共若干卷。（《行略》尚有《元珠密语》，其实非公所作。——原书注）其后，梅征君文鼎本《周髀》言历，世惊以为不传之秘，而不知公实开之。文集则《南雷文案》十卷，《外集》一卷，《吾悔集》四卷，《撰杖集》四卷，《蜀山集》四卷，《子刘子行状》二卷，《诗历》四卷，《忠端祠中神弦曲》一卷。后又分为《南雷文定》，凡五集；晚年又定为《南雷文约》，今合之得四十卷。《明夷待访录》二卷，《留书》一卷，则佐王之略，昆山顾先生炎武见而叹曰："三代之治可复也！"《思旧录》二卷，追溯山阳旧侣，而其中多庀史之文。公又选明三百年之文为《明文案》，其后广之为《明文海》，共四百八十二卷，自言多与十朝国史多弹驳参正者，而别属李隐君邺嗣为《明诗案》，隐君之书，未成而卒。晚年，于《明儒学案》外又辑《宋儒学案》、《元儒学案》，以志七百年来儒苑门户；于

《明文案》外又辑《续宋文鉴》、《元文抄》，以补吕、苏二家之阙，尚未成编而卒。又以蔡正甫之书不传，作《今水经》。其余《四明山志》、《台宕纪游》、《匡庐游录》、《姚江逸诗》、《姚江文略》、《姚江琐事》、《补唐诗人传》、《病榻随笔》、《黄氏宗谱》、《黄氏丧制》及自著《年谱》诸书，共若干卷。

公之论文，以为"唐以前句短，唐以后句长；唐以前字华，唐以后字质；唐以前如高山深谷，唐以后如平原旷野。故自唐以后为一大变，然而文之美恶不与焉，其所变者词而已，其所不可变者，虽千古如一日也"。此足以扫尽近人规模字句之陋，故公之文不名一家。晚年忽爱谢皋羽之文，以其所处之地同也。公虽不赴征书，而史局大案必咨于公：《本纪》则削去诚意伯撒座之说，以太祖实奉韩氏者也。《历》、《志》出于吴检讨任臣之手，总裁千里赆书，乞公审正而后定其论。《宋史》别立《道学传》为元儒之陋，《明史》不当仍其例，时朱检讨彝尊方有此议，汤公斌出公书以示众，遂去之。其于讲学诸公，辨康斋无与弟讼田之事，白沙无张盖出都之事，一洗昔人之诬。党祸则谓郑鄤杖母之非真，寇祸则谓洪承畴杀贼之多诞。至于死忠之籍，尤多确核，如奄难则丁乾学以牖死，甲申则陈纯德以俘戮死，南中之难则张捷、杨维垣以逃窜死，史局依之，资笔削焉。《地》、《志》亦多取公《今水经》为考证。盖自汉、唐以来大儒，惟刘向著述强半登于班史：如《三统历》入《历志》，《鸿范传》入《五行志》，《七略》入《艺文志》，其所续《史记》散入诸传；《列女传》虽未录，亦为范史所祖述；而公于二千年后，起而继之。

公多碑版之文，其于国难诸公表章尤力，至遗老之以军持自晦者，久之或嗣法上堂。公曰："是不甘为异姓之臣者，反甘为异姓之子也。"故其所许者，祇吾乡周囊云一人。公弟宗会，晚年亦好佛，公为之反复言其不可。盖公于异端之学，虽其有讬而逃者，犹不肯少宽焉。初在南京社，归德侯朝宗每食必以妓侑，公曰："朝宗之尊人尚书尚在狱中，而燕乐至此乎？吾辈不言，是损友也。"或曰："朝宗赋性不耐寂寞。"公曰："夫人而不耐寂寞，则亦何所不至矣。"时皆叹为名言。及选明文，或谓朝宗不当复豫其中，公曰："姚孝锡尝仕金，遗山终置之南冠之列，不以为金人者，原其心也。夫朝宗亦若是矣。"乃知公之论人严，而未尝不恕也。绍兴知府李铎以乡饮大宾请，公曰："吾辞圣天子之召，以老病也，贪其养而为宾，可哉？"卒辞之。

公晚年益好聚书，所抄自鄞之天一阁范氏、歙之丛桂堂郑氏、禾中倦圃曹氏，最后则吴之传是楼徐氏，然尝戒学者曰："当以书明心，无玩物丧志也。"当事之豫于听讲者，则曰："诸公爱民尽职，即时习之学也。"身后，故庐一水一火，遗书荡然，诸孙仅以耕读自给。乾隆丙辰，千人来京师，语及先泽，为怅然久之。今大理寺卿休宁汪公濚，郑高州门生也，督学浙中，为置祀田，以守其墓。高州之子性，又立祠于家，春秋仲丁祭以少牢，而葺其遗书于祠中，因属予曰："先人既没，知黄氏之学者，吾子而已。"予乃为之铭曰：

鲁国而儒者一人，劾其为甘陵之党籍，厓海之孤臣。寒芒熠熠，南雷之村。更亿万年，吾铭不泯。

公有《日本乞师纪》，但载冯侍郎奉使始末，而于己无豫。诸家亦未有言公曾东行者，乃《避地赋》则有曰："历长埼与蓬斯玛兮，方粉饰夫隆平；招商人以书舶兮，七昱缘于东京。予既恶其汰侈兮，日者亦言帝杀夫青龙；返旆而西行兮，胡为乎泥中。"则是公尝偕冯以行，而后讳之，顾略见其事于赋。予以问公孙千人，亦愕然不知也。事经百年，始考得之。

第七章 "言知行合一，则天下始有实学"——陈确《瞽言》"素位之学"疏解

"素位是戒惧君子实下手用功处。"

——陈确：《瞽言·与刘伯绳书》

"言性善，则天下将无弃人；言知行合一，则天下始有实学。"

——陈确：《瞽言·圣学》

陈确是明末大儒刘宗周所创蕺山学派中较能特立独行、异见迭显之人，治学尊崇素位实功。他将质疑儒圣先贤的言论辑集衷纂为《瞽言》，开显其"素位之学"的三重逻辑结构，即：天道之性本善，但由人道"扩充尽才"以见"性之大全"，素位之中有性命，明性即是素位之功；人性本善，且情、才、气为善，人伦日用常行之间，已然葆合性善之天命，即此用素位工夫，即是本体流行时；素位之学是君子"戒慎恐惧"实功实行的工夫路向，当寡欲见理、切实为己、改过迁善。学者但肯切实体验日用事功，重素位而轻谈性命，自可素行诚身、居易正己。

一、"吾只与同志言素位之学"

明末大儒刘宗周创构蕺山学派，学术成就斐然的门弟子有黄宗羲、张履祥、陈确等人，而陈确更是特立独行、异见迭显之徒，全祖望即视之为

"畸士"——"说经尤夸夸"①。陈确（1604—1677）初名道永，字非玄，后改名确，字乾初，浙江海宁人，于崇祯十六年癸未（1643）师事刘宗周，"虽事夫子之日浅，而屈指刘门高弟，众口遥集"②。乾初先生本蕺山证人之学，奉慎独之教，用功于见善必迁、知过必改，其黯然之学践履卓然、矫立风尘。他著述颇丰，较有影响者有《大学辨》、《葬书》、《瞽言》等，惟《大学辨》、《葬书》公布于世、散播学肆之后，陈确受同门学友诸多批评，尤其《大学辨》甚有被视为"洪水猛兽"之势，同为蕺山后学弟子的张杨园（张履祥）曾借为乾初母做寿序之机，讽喻乾初曰："近世学者，于道粗知向方，遂自矜许，上无古人，甚至信一人之臆见，薄尊闻为流俗，足己自贤，而无复求益之意，非圣人日进无疆、绥其福履之道也。"③乾初答张杨园书信曾为己辩言："至《大学辨》，实出万不得已，前数书略见苦心，非所谓挟也。而兄藐然之听，日甚一日，殊失所望。盖以弟《大学辨》为愚昧无知则可，谓当置之不足议论之列则不可。"④本书无意探讨陈、张二人之间的学术论辩，只是，乾初因是时同门学人对自己学术创造的不屑苟同，颇多心伤无奈，故有辑集言论、拯救学弊之《瞽言》名品的问世。

何以题名"瞽言"？乾初自嘲指出，他因眼睛近视，虽有两目，但却瞽见；后幸赖西洋眼镜，遂屑屑撰著《葬论》、《大学辨》，但时人又多以其言为荒诞"瞽言"："且吾即瞽矣，吾言葬，言《大学》，则世皆切切然莫不以我言之瞽。"⑤殊不知其敢质疑圣贤、主张言理之是非不必为圣人�之求真精神和旨趣之坚实！何以编纂《瞽言》？乾初曾以"狂药"隐喻时人。在他看来，是时士子学人诵读尊拜《葬书》、《大学》，犹如饮"狂药"者，未饮之前尚辨白黑东西，一饮"狂药"则黑白颠倒、东西反向，《葬书》、《大学》靡然醉人而人不自觉。⑥为唤醒饮"狂药"之学人，乾初"滋辨之亟"，以

① （清）全祖望：《子刘子祠堂配享碑》，载《刘宗周全集》第6册，第648页。
② （清）黄宗羲：《陈乾初先生墓志铭（初稿）》，《黄宗羲全集》（增订版）第10册，第359页。
③ （清）张履祥：《陈母叶太君九裵寿序》，载《陈确集》（上），第53页。
④ （清）陈确：《大学辨·答张考夫书》，载《陈确集》（下），第590页。
⑤ （清）陈确：《别集卷二·瞽言一·瞽言序》，载《陈确集》（下），第424页。
⑥ 参见（清）陈确：《别集卷二·瞽言一·瞽言序》，载《陈确集》（下），第424页。

还圣学本真。此之谓《瞀言》撰著之缘起。倘言《瞀言》之为学大旨，则当以"素位之学"括之。陈确有言曰：

> 学者高谈性命，吾只与同志言素位之学，则无论所遭之幸与不幸，皆自有切实工夫，此学者实受用处。苟吾素位之学尽，而吾性亦无不尽矣。今舍素位，言性命，正如佛子寻本来面目于父母未生之前，求西方极乐于此身既化之后，皆是白日说梦，转说转幻，水底捞月，愈捞愈远，则何益之有乎！①

> 井田既废，民无恒产，谋生之事，亦全放下不得，此即是素位而行，所谓学也。学者先身家而后及国与天下，恶有一身不能自谋而须人代之谋者，而可谓之学乎？但吾所谓谋生，全与世人一种营营逐逐、自私自利之学相反。即不越《中庸》所谓"素位"者是。玩下文"正己不求人，居易俟命"等语，可见素位中自有极平常、极切实、极安稳工夫。此学不讲，便不自得，便要怨天尤人。②

由此可见，陈确明确反对高谈性命之玄远之学，提倡和持循"素位之学"，重视当下笃实工夫。

"素位"本出自《中庸》，乾初于此发挥创造，构设为《瞀言》，乃至他自身学术思想的为学大旨。③《中庸·素位章》有云："君子素其位而行，不

---

① （清）陈确：《别集卷二·瞀言一·近言集》，载《陈确集》（下），第429页。
② （清）陈确：《别集卷三·瞀言二·井田》，载《陈确集》（下），第438页。
③ 以"素位之学"括陈确为学大旨，已然成为学界的共识。如姜广辉指出："陈确主张《中庸》的'素位之学'，认为'素字是中庸之髓'，这意思是说行道德之事要根据现在的地位和处境，实事求是，不装假，能本色。"（《走出理学》，辽宁教育出版社1997年版，第145页）王瑞昌指出："乾初后半生对'素位而行'践之笃实，体之入微，论之详明，倡之不遗余力，他自己称其为'素位之学'。"（《陈确评传》上册，南京大学出版社2011年版，第174页）申淑华指出："从素位即中庸、即日用、即下学、即工夫来看，素位可以涵盖其学说全部内容。……素位之学，甚至可以涵盖王阳明之致良知，刘宗周之慎独，'所谓慎独者慎此，所谓致良知者致此。'"（《素位之学——陈乾初哲学思想研究》，中国社会科学出版社2012年版，第33页）台湾学者詹海云亦以"素位之学"为乾初论学要旨。（《陈乾初大学辨研究——兼论其在明末清初学术史上的意义》，台湾明文书局1986年版，第3—6页）

怨乎其外。素富贵行乎富贵，素贫贱行乎贫贱，素夷狄行乎夷狄，素患难行乎患难。君子无入而不自得焉。在上位不陵下，在下位不援上。正己而不求于人，则无怨。上不怨天，下不尤人。故君子居易以俟命，小人行险以徼幸。"孔颖达对"素"的解释是："素，乡也。"所谓"素其位而行，不怨乎外"就是"乡其所居之位，而行其所行之事，不愿行在位外之事"①。朱熹释曰："素，犹见在也"；"君子但因见在所居之位而为其所当为，无慕乎其外之心也"②。君子居其位，若固有之，此"位"者，本身外之事。是故，君子处富贵、贫贱、夷狄、患难，当如大舜之处富贵而朱轮驷马、不骄不淫、不以为泰；如颜回处贫贱而箪食瓢饮、不谄不摄、不以为忧；如孔子处夷狄而九夷之居，守道不改，不以为陋；如周公处患难而临危不倾、守死不变、不失其圣。君子性分之中自有天道，虽极至之天下富贵、贫贱、夷狄、患难既无加于吾身之完美，又无减于我性之自在，君子时时泰然自若，上不怨天，下不尤人，道其常而居易俟之，决不道其怪而行险以徼之，只是尽心知性而知天、存心养性以事天而已，即此可见素位之旨。

乾初尊崇并依循《中庸》素位之学，甚至在《中庸》素富贵、素贫贱、素夷狄、素患难的基础上再加上"素疾病行乎疾病"③，并使之成为自己为己之学的核心主旨。终极而言，"素位"即是依循当下，践履笃实，不逾位中有自得，素位之中显天性，由素位之泰然而见性善之自然，即正己之工夫而见天道之本体。故，乾初志于君子人格，高扬"素位之学"，以成就为己之学。

二、"人性无不善，于扩充尽才后见之"

前引乾初所言"苟吾素位之学尽，而吾性亦无不尽矣。今舍素位，言性命，正如佛子寻本来面目于父母未生之前，求西方极乐于此身既化之后，

① （汉）郑玄注，孔颖达疏：《礼记正义》，北京大学出版社 1999 年版，第 1432 页。
② （宋）朱熹：《四书集注》，第 29 页。
③ （清）陈确：《别集卷五·瞽言四·与刘伯绳书》，《陈确集》（下），第 471 页。

皆是白日说梦"，已然表明他对"素位"与"性"二者关系的理性勘定：即，素位之中有性命，明性即是素位之功。天道本性至善，而人之性亦无不善，惟人须时时扩充善性，以见性善之全体。

乾初始终遵从"人性本无不善"的天下至道。他所撰《性解》指出，孔子言人"性相近"时时从"善边"说，而孟子"道性善"，全然是使自暴自弃之徒无从躲闪，而其论断根据则在于孟子之"尽其心者知其性"一语："盖人性无不善，于扩充尽才后见之也。"① 诚如虽有五谷之性，人若不艺植耕耘，则世人无所知谷种之美。依此推知，纵有天性之善，倘无人行践履，则何善可陈、何恶可恶？究其原委，终不离孟子之"扩充"一说。因为在乾初看来，孟子谆谆教人存心养性、求放心，扩充无欲害人之仁心，荡涤穿窬窥逃之私心，有所不忍，有所不为，终将达至无所不为，老老幼幼以及人之老幼，已然诵尧舜之言、行尧舜之行，足以立于尧舜圣贤之列，"学者果若此其尽心，则性善复何疑"②。乾初举《易传》"继善成性"以说性善见之于日用常行之道。在他看来，天道之一阴一阳亦即圣人之道、《中庸》之中节之和，所谓"继之"即天道不离人道、人道不离天道之"须臾不离、戒慎恐惧之事"；所谓"成之"即仁知刚柔不偏不颇、中正至善之"中和位育之能"。人之百行故事之真切展开，其若合符节之质即是己性之成；百行故事之合情合理，又自承载天道，性由天成。百行故事之必然开显、自然涵韵着天道，有其合理性之根源，故称之"继善"而已；已然存有之百行故事，合情合理之处自在彰显天命本然，故称之"成性"而已。自天道而落脚于人道，孟子所言"居仁由义"、"有事勿忘"即是"继之之功"；自人道反观天道，则"反身而诚"、"万物咸备"即是"成之之候"。③ 因有阴阳天道之"可能"继之之功，故人之百行故事自然能够刚柔不偏，粹然至善。正因人之百行故事之刚柔不偏、粹然至善，故可追溯天道本性之无善而至善。因此，以现实之人生故事、己性善根追溯天道本性，是孔、孟"本天而责人、因人而见天"的认识进路，是以"实"言性，不似后来的濂洛周程以"虚"言性，

---

①　（清）陈确：《别集卷四·瞽言三·性解上》，《陈确集》（下），第447页。

②　（清）陈确：《别集卷四·瞽言三·性解上》，《陈确集》（下），第447页。

③　参见（清）陈确：《别集卷四·瞽言三·性解上》，《陈确集》（下），第448页。

所谓"刚柔善恶，气质义理之说，去告子所见，不甚相远"①。

在乾初看来，人一方面要扩充善性，笃行善事，以此彰显"性之全"、性善之天道；②另一方面，人又教养成就物之性。《性解》有言："各正、葆合，虽曰天道，孰非人道？今夫一草一木，谁不曰此天之所生，然滋培长养以全其性者，人之功也。"③诚如庶民本天之所生，然有圣人教养成就以成人之性一样，倘无人之滋培长养，并无草木生物之性。而且，诚如圣人教养成就人之性并非是有加于人之性，只是成就教养而张显人之性一样，人于草木生物之性亦只是滋培长养而已，并无使物之性有所增减，惟成就凸显物之性。凡言"性"，皆天道自然本有：就天道万物资始、气化流行言，天生万物，物物各有其"生"；就物物各正性命、葆合太和而言，物成而性正，人成而见性、全性。万物资始之时，万物之性已具，但终究要经由人道之各正性命、葆合太和，方能彰显"性之全"，诚如乾初所言："是故资始、流行之时，性非不具也，而必欲各正、葆合见生物之性之全。"④就中可以看出人道之于天道的重要性，惟有人道以彰显天道，因人之忍性、养性、尽性、成性而主宰生物之性、成就生物之性，拟或说，因人而物物有其价值与意义，物物之意义和价值正是"生物之性"的必然体现，只是这个"生物之性"因人而见。既然如此，那么人须修养"人道"，人道不修、不纯，天道不能彰显，

---

① （清）陈确：《别集卷四·瞀言三·性解上》，《陈确集》（下），第449页。
② 陈确扩充善性以见性全的观点受到同门黄宗羲的批判。梨洲有言："夫性之为善，合下如是，到底如是，扩充尽才而非有所增也，即不加扩充尽才而非有所减也。不为尧存，不为桀亡。到得牿亡之后，石火电光未尝不露，才见其善确不可移。故孟子以孺子入井、呼尔蹴尔明之，正为是也。若必扩充尽才始见其善，不扩充尽才未可为善，焉知不是荀子之性恶，全凭矫揉之力而后至于善乎？"[（清）黄宗羲：《与陈乾初论学书》，（清）陈确：《陈确集》（上），第148页]虽然黄宗羲与陈确皆从《孟子》一书为自己学说寻求理论根源，但二人对性善的理解多有不同：梨洲认为人性本善，并不待人"扩充尽才"方始为善；乾初认为人要"扩充尽才"才能实现"性全"。乾初的立论是从设教的需要，强调生存世界之自暴自弃一辈人当重视迁善改过，以成就自我性善，这种重视当下道德践履的做法也是"素位之学"的必然要求。当然，从对"性善"的理解而言，陈确的扩充尽才更符合现世人的实际状况。（参见姜广辉：《陈确思想研究》，《中国哲学史》1996年第1—2期）
③ （清）陈确：《别集卷四·瞀言三·性解下》，《陈确集》（下），第450页。
④ （清）陈确：《别集卷四·瞀言三·性解上》，《陈确集》（下），第449页。

连物性亦无从谈起。是故，乾初言曰："成之也者，诚之也；诚之也者，人道也，而天道于斯乎见矣，故曰性也。凡经文言忍性、养性、尽性、成性，皆责重人道，以复天道。盖人道不修，而天道亦几乎息矣。"[1]

既然如此，则君子须时时体认人道之与天道的融贯特质，"君子立言，务使贤者益勤于善，而不肖者咸悔其恶"[2]。贤者"勤于善"，表明天道"性善"的现实展开，而不肖者"悔其恶"则表明人性本善的潜存自在，善人之性故为善，即便是恶人之性亦无不善，之所以有恶人之"恶"，乃其人不见其善性而已。君子体认人道，即是教养恶人"悔其恶"，而"悔其恶"的过程就是善根开显、性善天道见在的过程。改过即是迁善，迁善自然无过。

三、"言心言情言才言气，皆是言性"

天命之性落实于人道，且须经由情、才、气得以开显，即由人道之"扩充尽才"以见性善之全体。不过，现世生命个体之情、才、气自然涵韵着天道性善，性之至善不会因情、才、气之是否开显善而"始有"，只是因三者之开显的程度深浅、范围广阔与否而展现出性善之"全否"。是故，人若能体认生命历程中真切的情、才、气，即是天道性善的流露充周。也就是说，人伦日用常行之间，已然葆合了性善天命。即此用工夫，即是本体流行时。

在乾初看来，天命之性善见之于情、才、气。可以说，乾初受业师刘蕺山"性只是气质之性，而义理者，气质之本然，乃所以为性"[3]观点的直接影响，撰《气情才辨》而对"性情之辨"作更深入的考察。他指出："一性也，推本言之曰天命，推广言之曰气、情、才，岂有二哉！由性之流露而言谓之情，由性之运用而言谓之才，由性之充周而言谓之气，一而已矣。"[4]

---

[1] （清）陈确：《别集卷四·瞽言三·性解上》，《陈确集》（下），第450页。

[2] （清）陈确：《别集卷四·瞽言三·性解上》，《陈确集》（下），第451页。

[3] （明）刘宗周：《中庸首章说》，《刘宗周全集》第2册，第301页。

[4] （清）陈确：《别集卷四·瞽言三·气情才辨》，《陈确集》（下），第451—452页。

在蕺山那里，天下只有"气质之性"，因为言"气质"则"义理"自在其中，气质与义理不可分割，且构成为圆融一体的思辨特质；① 在乾初这里，与业师思辨起点不同，他立定天道性善说情、才、气，天下只有一个"性"，既可从天道言其为"天命"，又可从"推广"言其为情、才、气，性与情、才、气本质皆是"善"。当然，天命之性、天道之性善需人道之"继善"得以彰显，人道教化世人、成己成物的过程即是性善凸显、尽才全性的过程，诚如乾初所言："性之善不可见，分见于气、情、才。情、才与气，皆性之良能也。天命有善而无恶，故人性亦有善而无恶；人性有善而无恶，故气、情、才亦有善而无恶。"② 循乾初之意，《中庸》言喜怒哀乐是明"性之中和"，孟子言恻隐、羞恶、辞让、是非是明"性之善"，皆是从情、才、气作为工夫践履的角度而上溯天命本性本体之"性善"。

正因如此立论，乾初反对宋儒分气质之性与义理之性。在他看来，"性中之气，更何有不善耶？""既以气质属性，何得又以不善污之？"诚如业师蕺山所言"人只有气质之性"，其实质在于表明"气质亦无不善者，指性中之气言"，终究而言，"孟子言心言情言才言气，皆是言性，分之无可分"③，宋儒之言则是处处为告子"性有善恶"之说做注脚。

乾初之所以不遗余力地论说情、才、气与性相通融的"善"端，无非是强调和告诫世人当重视生命个体当下的践履德行。他说：

> 今夫心之有思，耳目之有视听者，气也。思之能睿，视听之能聪明者，才也。必欲冥而思虑，黜而睿智，以求心之本体，收而视听，杜而聪明，以求耳目之本体，安得而不禅乎？故践行即是复性，养气即是养性，尽心、尽才即是尽性，非有二也，又乌所睹性之本体者乎？要视本体之性，便是蒲团上语，此宋儒之言，孔、孟未之尝言也。④

---

① 参见张瑞涛：《心体与工夫——刘宗周〈人谱〉哲学思想研究》，第249—250页。
② （清）陈确：《别集卷四·瞽言三·气情才辨》，《陈确集》（下），第452页。
③ （清）陈确：《别集卷四·瞽言三·与刘伯绳书》，《陈确集》（下），第466页。
④ （清）陈确：《别集卷四·瞽言三·气情才辨》，《陈确集》（下），第454页。

乾初不喜言"本体"，实不喜言先说个"本体"然后立定本体用工夫的践履路径，而主张立定现在当下的情、才、气而笃实践履，因为此在的情、才、气本然地内蕴了性善天道。他曾如是说："子曰'性相近'，则近是性之本体；孟子道性善，则善是性之本体。而此本体固无时不在，不止于人生而静之时也。"① 依循其意，人皆有"不忍人之心"，乍见孺子入井，必伸手相救，以至于"四端之心"之全体，无不时时显见于日用常行之中。进而可追溯，无论何人何事、何时何处，皆有"天命皇降"之体，世人学者惟时时存察此心，即时时是本体用事，若不思切实反求，而欲悬空构想"人生而静"以上之"本体"，所谓天命为性之体段，则是愈求愈远。故而，立定当下做工夫，自然见天命本体，勿须先立本体大端再去践履笃行，后者往往是立定了本体而淡化工夫。人生而静之时，黝然默然，人道未见、人心未发，性不可见；即所谓赤子之有心、孩提之有爱、成人之有敬，若不能通情尽才，亦只是萌而未达，不可语性之全。因此，"必自知学后，实以吾心密体之日用，极扩充尽才之功，仁无不仁，义无不义，而后可语性之全体。"此种逻辑思辨理路正建基于"盖工夫即本体也，无工夫亦无本体"② 之"即工夫即本体"③ 的工夫哲学。可以这样说，"即工夫即本体"的思辨进路成为乾初"素位之学"重当下践履的思想铺垫。

---

① （清）陈确：《别集卷四·瞽言三·与刘伯绳书》，《陈确集》（下），第467页。正因为乾初有重视当下践履，批判宋儒、禅学重言"本体"的特性，有学者即指出，陈确代表了晚明清初时代"形上玄远之学"的没落，他以回归先秦儒学的朴素而又平实的思想学术，并且将个人的修身与乡村的治理相结合，"走出了自己独特的学术道路"。（参见张天杰：《蕺山学派与明清学术转型》，第316—327页）

② （清）陈确：《别集卷四·瞽言三·与刘伯绳书》，《陈确集》（下），第467页。

③ 以"即……即……"表明对偶性哲学概念之间的关系，前者"即……"与后者"即……"有作为逻辑起点的地位之不同。（可参见张瑞涛：《心体与工夫——刘宗周〈人谱〉哲学思想研究》，《导论》，第14页）另外，陈确重即工夫中见本体的思想与蕺山一脉相承。在刘宗周看来，工夫之外无本体，善用工夫处即是本体流露处，他《答秦生履思一（弘祐）》书信有言："学者只有工夫可说，其本体处直是着不得一语。才着一语，便是工夫边事。然言工夫，而本体在其中矣。大抵学者肯用工夫处，即是本体流露处；其善用工夫处，即是本体正当处。若工夫之外别有本体，可以两相凑泊，则亦外物而非道矣。"[（明）刘宗周：《书》，《刘宗周全集》第3册，第309页]

此外，乾初还提出个体生命之"气禀清浊"说。在他看来，作为"性之充周"的气质有清浊之分，但气之清非聪明才智之谓，气之浊亦非迟钝拙呐之谓，聪明材辨之人亦多轻险之流，迟钝拙呐之人亦多厚重之器："气清者无不善，气浊者亦无不善。有不善，乃是习耳。若以清浊分善恶，不通甚矣。"① 是故，人之气质之"气清"与"气浊"无关乎个体生命道德水准与质量，而且无论气质是否清浊，实皆有承载"善"之"可能"，因为善性必见之于情、才、气。然而，基于气质秉具的世人之德性善恶之所以有差异，乃归因于"习"之差异："清者恃慧而外驰，故常习于浮；浊者安陋而守约，故常习于朴。习于朴者日厚，习于浮者日薄。善恶之分，习使然也，于性何有哉！"② 气清者"习于善"则聪明材辨、德行高远，气浊者"习于善"亦能敦笃切实、守约素朴；相反，气清者若"习于恶"，势必轻险狡猾，为祸大焉。因此，从人之德行修养进路言，无论气清气浊，皆当"慎习"以复见天性。

无论是践行复性，还是慎习复性，皆遵循着离工夫无天道的立场。既然情、才、气本于天命之性，则天命之性不越情、才、气，生命个体自然而然地无须俟深求于玄穆之乡，而应于日用伦常之间用工夫，即此即是"修道之教"。

四、"素位是戒惧君子实下手用功处"

世人君子时时于日用伦常开展戒慎恐惧之切实工夫，便是"素位之学"。总体而言，《瞽言》所论说的"素位之学"内蕴三层意涵，即寡欲见理、切实为己、改过迁善。

其一，君子素位之学当"寡欲见理"。理欲之辨是宋儒的重要话题之一，自朱子言"存天理，灭人欲"③ 以来，后世学者对此的诠解展现出"多

① （清）陈确：《别集卷四·瞽言三·气禀清浊说》，《陈确集》（下），第 455 页。
② （清）陈确：《别集卷四·瞽言三·气禀清浊说》，《陈确集》（下），第 455 页。
③ 如朱熹言："言明明德、新民，皆当止于至善之地而不迁。盖必其有以尽夫天理之极，而无一毫人欲之私也。"［（宋）朱熹：《四书集注》，第 5 页］

义性"和不确定性，朱熹所彰显的通过加强道德教化防范个人欲望过度膨胀的哲理思辨不经意间成为后世俗儒的禁锢思想，甚至被狭隘地变异为剿灭人欲、以礼杀人的教条主义。倘若再往上推演，则周敦颐《太极图说》所言的"无欲故静"① 更是宋儒倡导天理、斩断人欲的"肇端"。陈乾初围绕"理欲之辨"作《无欲作圣辨》文，其核心思想即是"人欲恰好处，即天理"②。在他看来，圣人之心与常人之心无异，圣人与常人皆有"欲"，诚如富贵丽泽、忠孝节义，圣人、常人皆所欲，并非常人、庸人欲之，圣人、君子不欲之。实际上，饮食男女皆义理所自然从出，功名富贵亦道德之本然攸归。诚如日用常行之中已然蕴涵天道，人欲之中亦自然秉具天理，"天理正从人欲中见，人欲恰好处，即天理"而已。倘无人欲，又何谈天理？圣贤之所以为圣贤，只缘他们"不纵欲"。"不纵欲"不是"无欲"，圣贤庸俗之界分只在"纵与不纵"之间，而非"有与无"。乾初还引孟子"生与义"之论表明"寡欲见理"之论。生与义皆人之所欲，但"杀身而成仁"、"舍生而取义"建立于君子有所弃"生"之"欲"的基础之上，而且是弃欲见真理，"两欲相参，而后有舍生取义之理"③。与"所欲"之取舍相关联的问题在于任何其中的一个"所欲"都是人正常合理的"欲"，生、义、富贵、仁为人的自然欲求，只是"不可兼得"而已，而选择的标准就是"道"、"理"。乾初"人欲正当处即是天理"的观点显然受业师刘蕺山的影响，且他多次引用蕺山关于"欲"正当性的论断来支撑此种观点。④ 当然，这样的观点利于解放程朱教条主义的禁欲主义，也利于开展基于现世当下生活的道德践履。

---

① （宋）周敦颐：《周敦颐集》，陈克明点校，中华书局 2008 年版，第 6 页。
② （清）陈确：《别集卷五·瞽言四·无欲作圣辨》，《陈确集》（下），第 461 页。
③ （清）陈确：《别集卷五·瞽言四·与刘伯绳书》，《陈确集》（下），第 468 页。
④ 陈确《瞽言》引蕺山言"欲"之论主要是："生机之自然而不容已者，欲也；而其无过不及者，理也。"其实，蕺山在体认"欲"正当性的同时还指出，"欲"尚受"宰制"，因人所处地位、条件、方式的不同，耳目口鼻之欲定然有多元性和差异性，"盖曰耳目口鼻之欲，虽生而有之之性乎！然独无所以宰制之乎？是即所谓命也。故君子言命不言性，以致遏欲存理之功。"[（明）刘宗周：《学言》，《刘宗周全集》第 2 册，第 466 页] 人世间所作所为必然有"当然之则"，有一定的"命定性"，要人"向善去恶"，须合德符节，不可"随心所欲"。（参见张瑞涛：《心体与工夫——刘宗周〈人谱〉哲学思想研究》，第 173—174 页）

其二，君子素位之学当"切实为己"。在乾初看来，君子为学修身当处理"虚实"关系，因为君子之学在为己，小人之学在为人；君子之学真心而切实，小人之学虚情而危殆。陈乾初同门学友吴蕃昌有"学莫若虚心"之论，他对此"虚"字作义理演绎。在他看来，学人若能太虚完满，于人心上不着一物，无所挂碍，且时时切己问思、若合符节，自然能惟善是取，可称之为圣人；但倘若漫无主张，不辨是非可否，仅惟人之言而唯唯诺诺，则全是浮气，虽世人误以为"虚心"，实与圣学、真学问大相径庭，自然也是大害无垠。因此，陈乾初拟定如此治学路向，即："学者但言虚心，不若先言立志，吾心先立个主意：必为圣人，必不为乡人。次言实心于圣人治学，非徒志之而已，事事身体力行，见善必迁，知过必改。终言小心于圣人之学，细加搜剔，须从有过得无过，转从无过求有过，不至至善不止。"①所谓"虚心"向学即是脚踏实地的"事事身体力行"，是在"圣人之学"志向之下所展开的"小心"工夫。小心工夫析理深而赴义决，心小者自能虚一而向道、求其放心而体道，犹如《诗经》所言"惟此文王，小心翼翼"而已。至虚自能观理真切，不为俗学蛊惑。在乾初看来，世俗在行、筋节、便宜、公道等处啧啧称夸，惑人犹深，尝以"道眼"佐之："所谓在行，即市侩之别名；所谓筋节，即刻薄之转语；所谓便宜，即攘夺之招词；所谓公道，即自是之写照也。"②是故，学术之旨在于"虚实"之间，君子为学求实求至虚，则穷理、尽性而实功实行；若为学空洞自是，则市侩、刻薄而浅陋浮夸。素位之学自是切实工夫，学者君子实受用之地。

其三，君子素位之学当"迁善改过"。人生天地之间，在短暂的生命历程之中，何人无过？即便是圣贤，若以之为无过，实已落入"妄想"一途。须知，被誉为万世师表的孔子即有"假我数年，五十以学《易》，可以无大过"（《论语·述而》）的感叹！而且，孔子所言"无过"亦只是"无大过"而已。可见，无过之学，谈何容易！当然，圣贤自能有过自知，直从千兢万业中磨炼出圣人品质，故以其"知过"谓之"智"，以其"改过"谓

① （清）陈确：《别集卷二·瞽言一·近言集》，《陈确集》（下），第 427 页。
② （清）陈确：《别集卷二·瞽言一·近言集》，《陈确集》（下），第 431 页。

之"勇"。既智且勇，视为圣贤大端，犹如颜渊"有不善未尝不知，知之未尝复行"①之态，又如子路"人告之以有过则喜"②之境。圣贤之过甚微，甚至似过而非过、无过而实有过，或偶失之无心，或事出不得已，非他人之所知，惟个人自我之一点灵冥感悟，若颜回之"智"，能自知己过，以己慎独戒惧之功，成就无过至善之体，此正大贤智慧、独步工夫。落后一着之君子贤人，心有浮气，有过而不自知，他人基于共识、普适之道而善意提醒，他人以公知使己自知，亦如子路之"勇"，高明而乐闻己过，勇决而改之亦喜，贤哉斯人。基于此，陈乾初论曰："学问之道无他，惟时时知过改过。无不知，无不改，以几于无可改，非圣而何！"③无论是颜渊"不远复"之知过改过，还是子路"闻过则喜"之喜闻迁善，终是知过即能及时改过，就其"知过即改"而言，知过即是改过，改过即是迁善，"有不善未尝不知，知之未尝复行，则知行合矣，则性无不善"。知行合一，即知即行，事上修养敦笃即是体贴天道之性善。故而，"言性善，则天下将无弃人；言知行合一，则天下始有实学"④。

总之，陈确《瞽言》的素位之学以人性本善、天道自然为思辨始基，以人道彰明天道、扩充尽才以见全性为现实道德践履理据，理论的思辨与遮诠落实于生存世界之下个体生命价值与意义的自觉体认，归宿于虚一而实理、澹泊而纯粹、波澜不惊却意蕴绵绵、当下平常却至真完美的朴素生活，素位诚身的工夫完全可以囊括尧舜之揖让、汤武之征诛、周公之制礼作乐、孔子之笔削，"素位之学是戒惧君子实下手用功处"⑤。日用伦常的礼义廉耻、子臣弟友的忠孝仁爱，字字着实，即便是顺逆常变，亦处处现成，素位之中有大道，学者但肯切实体验于日用事为之间，重素位而轻谈性命，自是素行诚身、居易正己。

---

① 周振甫：《周易译注》，第 264 页。
② （宋）朱熹：《四书章句集注》，第 268 页。
③ （清）陈确：《别集卷二·瞽言一·近言集》，《陈确集》（下），第 429 页。
④ （清）陈确：《别集卷三·瞽言二·圣学》，《陈确集》（下），第 442 页。
⑤ （清）陈确：《别集卷五·瞽言四·与刘伯绳书》，《陈确集》（下），第 470 页。

附：黄宗羲《陈乾初先生墓志铭》（四稿）

先师蕺山曰："予一生读书，不无种种疑团，至此终不释然，不觉信手拈出。大抵于儒先注疏，无不一一抵牾者，诚自知获戾斯文，亦姑存此疑团，以俟后之君子。倘千载而下，有谅予心者乎？"不肖羲，蒙先师收之孤苦之中，而未之有得。环视刘门，知其学者亦绝少。近读陈乾初所著，于先师之学十得之二三，恨交臂而失之也。

乾初深痛《乐记》"人生而静"、以上不容说才说性、便已不是性之语。谓从悬空卜度，至于心行路绝，自是禅门种草。宋人指《商书》"维皇降衷"，《中庸》"天命之性"，为本体同一窠臼。必欲求此本体于父母未生之前，而过此以往，即属气质，则工夫俱无着落。当知学者时时存养此心，即时时本体用事，不须别求也。尽其心者知其性也之一言，是孟子道性善本旨。盖人性无不善，于扩充尽才后见之。如五谷之性，不艺植，不耘耔，何以知其种之美耶？《易》继善成性，皆体道之全功，正对仁智之偏而言。道不离阴阳，智不能离仁，仁不能离智，中焉而已。故曰，一阴一阳之谓道。继之，即须臾不离戒惧慎独之事。成之，即《中庸》位育之功。至是则刚柔不偏而粹然至美矣。继之即《孟子》扩充尽才之功，成之而后知性无不善也。非是原始无性，至成之而始足耳。

又云，性之善不可见，分见于气、情、才，故《中庸》以喜、怒、哀、乐，明性之中和。孟子以恻隐、羞恶、辞让、是非，明性之善，皆就气、情、才言之。彼言既发谓之情，才出于气，有善有不善者，非也。

又云，人心本无天理，人欲恰好处即天理。其主于无欲者，非也。乾初论学，虽不合于诸儒，顾未尝背师门之旨。先师亦谓之疑团而已。其论《大学》，以后来改本，牵合不归于一，并其本文而疑之。即同门之友，断断为难，而乾初执说愈坚，无不怪之者，此非创自乾初也。慈湖亦谓《大学》非圣经，亦有言《大学》层累，非圣人一贯之学。虽未必皆为定论，然吾人为学工夫自有得力。意见无不偏至，惟其悟人，无有不可，奚必抱此龃龉不合者，自窒其灵明乎？是书也，二程不以汉儒不疑而不敢更定，朱子不以二程已定而不敢复改，亦各求其心之所安而已矣。夫更改之与废置，相去亦不甚相远也。

先生讳确，字乾初。陈氏为海宁望族，曾祖鸣梧，祖理川，父觉蒩，皆世其学。母叶氏。乾初读书，卓荦不喜理学，尝受一编读之，心勿善也，辄弃去，遂四十年不阅。其后与同邑祝渊读书，渊议论不守章句，乾初每镌之。已同学于山阴。先师深痛末学之支离，见于辞色。乾初括磨旧习，一隅三反，逮先师梦奠，得其遗书而尽读之，憬然而喻。取其四十年所不阅者重阅之，则又格格不能相入，遂见之论著。乾初议礼尤精，从其心之所安者，变通古礼。而于凶礼，尤痛地理惑人，为天下异端之祸。

其于友朋，一事稍乖，必正色相告，不为姑息。屠燓、陆圻征文寿母，乾初谓衎衎醉饱，无益身心，再会之后，亦不复赴。甲申后，士之好名者强与国是，死者先后相望。乾初曰："非义之义，大人勿为。人之贤不肖，生平具在。故孔子谓：'未知生，焉知死。'今人动称末后一着，遂使奸盗优倡，同登节义，浊乱无纪。死节一案，真可痛也。"乾初之论，未有不补名教者。晚而病废，不出门者十五年。卒之日为丁巳七月二十四日，年七十四，葬于沈家石桥之西。娶王氏，先卒二十七年。子二人。长翼，次禾，殀。女一人。孙二人，克鬯、克爽。余于丙午访之，病中犹危坐剧谈。又十年丙辰，致书约以明岁再见，而不可得矣。翼以志铭见属。其时未读乾初之书，但以翼所作事实稍节成文。今详玩遗稿，方识指归，有负良朋多矣。因理其绪言以识前过。

铭曰：有明学术，宗旨纷如。或泥成言，或创新渠。导水入海，而反填淤。唯我蕺山，集夫大成。诸儒之弊，削其畦町。下士闻之，以为雷霆。岂无及门，世智限心。如以太牢，饫彼书蝉。欲抹微言，与时浮沉。龙山之下，乃有杰士。北面未深，冥契心髓。不无张皇，而笃践履。余忝同门，自愧浅陋。昔作铭文，不能深究。今其庶几，可以传后。①

---

① （清）黄宗羲：《陈乾初先生墓志铭》，《黄宗羲全集》（修订版）第 10 册，第 363—366 页。

第八章 "教化行而风气厚"——
张履祥《近古录》与明代
儒士"君子人格"的开显

> 抑使后人稽览，知畴昔之世，教化行而风气厚，其君子野人，各能砥砺整束，以章国家淳隆之治。
>
> ——张履祥：《近古录自序》

"君子"为儒家学者的人格理想，强调个人道德修养的至真纯粹境界和移风化俗之效能，诚如《易传》"天行健，君子以自强不息；地势坤，君子以厚德载物"所言，又如《论语》"君子之德风，小人之德草，草上之风必偃"，拟或《孟子》"富贵不能淫，贫贱不能移，威武不能屈，此之谓大丈夫"，及至《荀子》"君子之学也美其身，小人之学也以为禽犊"，皆是通过精心刻画圣贤君子气象，以彰显理想人格的榜样价值和警示意义。在呈现出人格理想多元化色彩的明末清初时代，士大夫中既有恪守儒家行为准则的道德实践者，又有言不由衷的假道学和不寡廉耻者，[①] 因而，心系家国天下的儒学家自觉梳理历代儒学名贤的嘉言懿行，以昭彰圣贤君子的道德气象，希图扭转士风时弊。其中，蕺山后学弟子张履祥编纂辑录《近古录》，宣扬君子德风，倡导君子修己立身、敦睦居家、仁里居乡、忠恕居官，有裨于世道人心。

---

① 参见陈宝良：《从士风变迁看明代士大夫精神史的内在转向》，《故宫学刊》2013 年卷，第116—132 页。

一、"维持世运"：《近古录》的编纂始末

张履祥（1611—1674），字考夫，别号念芝，浙江嘉兴府桐乡县人，因世居清风乡鑪镇，后世学者尊称为杨园先生。他治学重践履敦笃，强调为学自得，为时人所称赏，诚如《四库全书总目提要》所言："履祥初讲蕺山慎独之学，晚乃专意于程、朱。立身端直，乡党称之"；又如张杨园挚友凌克贞（初名阶，字宁膺，号渝安，浙江乌程人，明诸生）[①] 所言："余友张念芝先生，于学绝道晦之日，独明心性之故，而修身力行以践其实。其于是非真伪之际，辨之明而守之笃"；"先生学有本原，功崇实践，守集义、养气之功，以致力于庸言、庸行之际，道器不离，动静无间。验其素履，则历险难而不渝，极困穷而自得。凡发为语言文字，决不矜情作意，而蔼然自见于充积之余。言愈近而旨愈远，见愈亲而理愈实，有德之言，非能言者比。余交三十年，察其语默动静，莫非斯道之流露，非深造自得者不能也。……先生德器温粹，陶淑于山阴，更觉从容。归而肆力于程、朱之书，学益精密，识亦纯正，仰质先圣，其揆一处，洞悉无疑。"[②] 而且在凌克贞看来，信程朱理学即是信孔孟之道，博文约礼为孔门教人之准绳，知言养气为孟氏为学之律令，程朱之书即是翼经而行，如日月之丽天，"求道者舍此而别求门庭，是犹背日月而索照"[③]。凌氏论断虽说正中杨园治学之本旨路向，但也是对蕺山之学和阳明之学的极力诋毁。当然，由盛赞杨园之学而极力贬低姚江之学的当属周镐和方东树。周镐有论："学自姚江后，'良知'之说盛行，如洪水横流，泛滥而不可遏。观黄梨洲所辑《明儒学案》，出奴入主，大约以姚江为宗。梨洲受业蕺山，而其所载《蕺山语录》，亦依附姚江，不免阳儒阴释之

---

① 张履祥与好友姚夏的书信指出："字虎既殁，复得宁膺，不幸中之幸也。"[（清）苏惇元：《张杨园先生年谱》，载《杨园先生全集》（下），第 1479 页] 字虎既钱寅。由杨园所言可知，他与凌克贞亦为挚友。

② （清）苏惇元：《张杨园先生年谱附录》，载《杨园先生全集》（下），第 1525—1526 页。

③ （清）凌克贞：《杨园先生全集序》，载《杨园先生全集》（上），第 5 页。

病。先生虽及蕺山之门，独能力挽颓波，明正学于举世不明之日，上继濂、闽之绪，下开清献之传，志称朱子后一人，允矣无愧。"① 方东树有言："自陈（白沙）、湛（甘泉）不主敬，高（攀龙）、顾（宪成）不识性，山阴（刘宗周）不主致知，素所趋无不差，而清献（陆陇其）与先生实为迷途之明烛矣。先生尝师山阴，故不敢诵言其失，然其为学之明辨审谛，所以补救弥缝之者亦至矣。且自朱子而后，学术之差，启于阳明。而先生闲邪之功，莫如辨阳明之失。……其说应在罗整庵、陈清澜、张武承之上"，且将张履祥视为"近代真儒"。② 周镐和方东树将张履祥学问直接定位于阳明、蕺山之上，且不论其说是否恰当，单就其将阳明之学比作"洪水横流，泛滥不可遏"，将蕺山之学侮为"阳儒阴释"而言，已显见立场之偏颇、论断之臆造。须知，阳明之学为士子学人赢得思想解放之可能，为补救程朱理学教条禁锢之弊病提供极好的立论前提，至于阳明后学弟子王艮、王龙溪等人"猖狂者参之以情识，超杰者荡之以玄虚"③，是对师学的过度诠释和严重误读；至于认为蕺山学"阳儒阴释"，更是对刘宗周学说的误读和曲解。④ 当然，定性和定位杨园先生之学，须把握其顺承程朱理学路向，重工夫践履、主敬致知的思想特质。正因此，有学者直言张履祥"尊朱辟王"思想对清初"由王返朱"学术转型起重要推动作用，说杨园为"辟王学的第一个人"，甚至是"朱子后一人"，是因为他基于更利于世道人心的思想背景而转向朱学以重新诠释"师说"，于蕺山刘门有"补救之力"，堪称"刘氏功臣"。⑤

张履祥于崇祯十七年甲申（1644）偕钱寅［字子虎，浙江桐乡（一说海盐）人］始问师刘宗周，并于是年开始记录编纂《言行见闻录》。据苏惇元（字厚子，号钦斋）《张杨园先生年谱》记载："十七年甲申，为大清顺治元年，先生年三十四岁。……二月，如山阴，受学于刘念台先生之门。先生

---

① （清）周镐：《张杨园先生全集序》，载《杨园先生全集》（下），第 10—11 页。

② 参见（清）方东树：《重编张杨园先生年谱序》，载《杨园先生全集》（下），第 1487 页。

③ （明）刘宗周：《证学杂解·解二十五》，《刘宗周全集》第 2 册，第 278 页。

④ 笔者撰文指出，刘宗周为学严辨儒释，"己之儒、释不可不辨，人之儒、释可姑置之不问"，坚持"醇儒学"价值方向，且能以醇儒者形象挺立于世人面前。（参见张瑞涛：《心体与工夫——刘宗周〈人谱〉哲学思想研究》，第 52—69 页）

⑤ 参见张天杰：《蕺山学派与明清学术转型》，第 241—258 页。

偕钱字虎至蕺山，谒刘先生。"是时，刘蕺山问张履祥二人"有亲乎"，对曰
"祥与寅俱幼丧父，今母亡又数岁"，则"刘先生色动，似重有哀者"。因为
刘蕺山自身为"遗腹子"，自小无从见及乃父，故当人谈及父母，他必心生
痛念，因此平生特重孝道。进而，蕺山告诫二位门徒"修身所以事亲"。他
还问张履祥是否"静坐"及"古人主一之指"的内涵，履祥一一作答，有言
曰："诚则一"，且"以敬得诚"，皆能贴合蕺山心思，因为在蕺山先生看来，
"从诚敬做工夫，便不谬"。蕺山还告诫二门生："学者最患是计功谋利之心，
功利二字最害道"；"事无求可，功无求成，惟义所在而已"。杨园先生则捡
择《愿学记》中的语论请质刘蕺山，蕺山先生皆一一解答。① 拜师归来，张
履祥自谓听有所得，便以蕺山先生《人谱》、《证人社约》等书展示于自己
门人，再后来，又撷取自觉刘子遗书中纯正精粹者编为《刘子粹言》，并于
1644 年夏四月开始记《言行见闻录》。

张履祥编辑《言行见闻录》的目的在于"师法先觉君子"。他在是书
"序"中有所说明："言行胡为而有录也？师之也。师之奈何？祥不敏，不能
博闻多识，家贫，不胜舟车以请事当世贤人君子也。因述有知以来，所见
闻于师友，于乡党，于道路，其深信弗疑，学而未逮者，书之于册，用服
不忘。《记》曰：'天不爱道，地不爱宝。'苟择而取之，莫非师也。……先
觉君子，其有以嘉锡我矣。"② 在杨园先生看来，既然不能舟车辗转请质当世
贤人君子，惟有将所见闻于师友乡党的关于贤人君子的论说一一记载于册，
"以言行为师"，从而增长见识，培养德性。从本质而言，言行录所记述的乃
是先贤时贤的嘉言懿行，记载者能于古圣先贤枢机伦物之间持循修身养性之
道、推演力行事功之方，以此为叙德之助。此外，当留意张杨园辑录《言
行见闻录》"凡例"③ 的两点说明。其一，"录以载道"。在他看来，贤人君子
之言与行皆"几于道"，其意当是要说明作为大道流行的君子气象、圣贤精
神已然隐喻于诸言行录之中。因为从大道根本而言，"道不远人"；但从万化
流行而言，"人之为道而远人"。君子圣贤秉有共同的气象与精神，但各各表

---

① 参见（清）苏惇元：《张杨园先生年谱》，载《杨园先生全集》（下），第 1496 页。
② （清）张履祥：《言行见闻录自序》，《杨园先生全集》（中），第 869 页。
③ （清）张履祥：《杨园先生言行见闻录凡例》，《杨园先生全集》（中），第 870 页。

象又是如此不同，惟有读者亲身去感悟和体贴他们的言行举止，方会有属己的心性自得。其二，"志信"。在他看来，凡所书记于册的君子圣贤言行，必是亲闻于耳、亲见于目，但其中亦有不闻于耳、不见于目之记载，只缘"必因其人而信之"，仍书其人以实之。"志信"之道体现出为学求道者的诚敬心态，惟"诚之"、"信之"，方能向道而行；亦惟有"志"于此道，方能不惑不迷、脚踏实地。

张履祥五十七岁时方辑《近古录》。据《年谱》载："（康熙）六年丁未，先生年五十七岁。馆半逻。……辑《近古录》。"① 康熙六年丁未即公元1667年，是时杨园先生正在海盐半逻张佩璁处设馆授学，因感于士风人心迷乱罔离、颓败媚俗，遂编辑彰显先贤遗风、君子人格的《近古录》，他在"序言"中有说明："尚宝李公云：'予年七十外，所见皆后生纤巧，浅薄可厌。回首往事，近古者邈不可追，《杂记》缘以有作也。'小子祥弗幸晚出，少壮以来，见闻所经，窃疑戾是。今居尚宝没，又五十斯年，人心习尚，益复骇异。"② 此处"尚宝李公"为其同乡李乐。李乐，字彦和，号临川，生于嘉靖十一年（1532），隆庆二年（1568）进士，浙江吴兴人，少时受业于唐枢（一庵），又受徐阶 [1503—1583，字子升，号少湖，嘉靖二年（1523）探花] 的提拔，官至太仆太常寺少卿，终因年老而未至，年八十七而卒，撰著《见闻杂记》。③《见闻杂记》是作者李乐对嘉靖、隆庆、万历年间士风民风的见闻杂感，总体感悟是"后生纤巧，浅薄可厌"；而张履祥时代距李乐没世又五十余年，所见闻则是"人心习尚，益复骇异"。秉持儒家治病救人、修身济世的责任情怀，张履祥将其友人何汝霖（字商隐，又姓钱，海盐人，明诸生）④ 示己的陈良谟（1589—1644，字士亮，号栋塘，浙江安吉人）《见闻纪训》、耿定向（1524—1597，字在伦，号楚侗，湖北黄安人）《先进遗风》、

---

① （清）苏惇元：《张杨园先生年谱》，载《杨园先生全集》（下），第1510页。
② （清）张履祥：《近古录自序》，《杨园先生全集》（下），第1219页。
③ 参见谢国桢：《见闻杂记跋》，载（明）李乐：《见闻杂记》，上海古籍出版社1986年版，第1页。
④ 参见（清）苏惇元：《张杨园先生年谱附录》，载（清）张履祥：《杨园先生全集》（下），第1526页。

李乐《见闻杂记》和钱薿（号懋登，浙江海盐人，何汝霖之父）《厚语》展卷通览，"节录去古未远者，凡若干条，稍为编次，以资则效"，希翼"抑使后人稽览，知畴昔之世，教化行而风气厚，其君子野人，各能砥砺整束，以章国家淳隆之治"[①]。是书所编辑故事分成四类，即，立身，修身之事；居家，齐家之事；居乡，处乡党之事；居官，治国平天下之事。杨园先生忧之深，虑之远，有感于学术不明、大经不正，世道人心日流于浇漓，欲复振士风学风民风，"于《经正》、《言行见闻》二录之外，又辑是书，名曰《近古录》。使学者读是书，而有得于修己治人之方，且由是而进之以濂、洛、关、闽之微言，圣经贤传之奥旨，于以展其经纶，维持世运。俾君子幸而得闻大道之要，小人幸而得蒙至治之泽，登斯世于唐、虞、三代之隆不难矣"[②]。

　　终究而言，欲晓明张履祥的君子人格思想，须将《近古录》与《言行见闻录》统合来看，因为二者之间"相为表里"。同时，尚需将张履祥在乙巳年孟秋（1665）作、丁未仲夏（1667）删繁就简、汰冗补漏的《训子语》与二录相结合，因其中所训示，如"立身四要"、"居家四要"、"正伦理"、"笃恩谊"、"远邪慝"、"重世业"等，尽管是警示子孙的家诫语录，却足以成为培养君子人格的思想资源，与《近古录》和《言行见闻录》遥相呼应，相得益彰。当然，一个不可忽视的重要问题是，张履祥所辑《近古录》、《言行见闻录》之学术旨归在"濂洛关闽"，而非业师蕺山之学，即此亦可见刘、张师徒之间为学大旨之异。须知，刘宗周最集中和最鲜明地展示修己证人之学的乃是其晚年"凡三易稿"而成的《人谱》，其本旨核心思想就是基于心体论与工夫论的合一，求达个体人心性与践履、知与行的通融，在即心即性、即知即行的圆融一体视域下，彰显正心以证人的德性修养进路，其徒张履祥的君子人格构画进路显然与此不能等量齐观。不过，本书并非透过杨园先生《近古录》、《言行见闻录》、《训子语》来观察考索张履祥君子人格观，而是通过《近古录》一书来体现明代儒士的"君子人格"气象。

---

① （清）张履祥：《近古录自序》，《杨园先生全集》（下），第 1219 页。
② （清）陈世效：《近古录引》，载《杨园先生全集》（下），第 1220 页。

二、君子"修己立身"

《近古录》首卷列"立身第一"。《大学》首章有言："自天子以至于庶人，壹是皆以修身为本"，朱熹注释此句云："'正心'以上，皆所以修身也。'齐家'以下，则举此而错之耳。"① 修己立身建基于正心、诚意、格物、致知之上，同时又是齐家、治国、平天下的根本，"修身"既是"诚于中"的自觉显露，又是"形于外"的自在径行，人生世间诸行诸事，"壹是"一切皆围绕"修身"展开。是故，《近古录》围绕"立身"开显出明代儒士的君子人格气象。

其一，君子清修自重、舍利取义。《论语》所言"君子喻于义，小人喻于利"已然成为求学士子的人生修养信条，《近古录》所裒辑的君子舍利取义之嘉言懿行尤为众多，虽君子有"职分"之异，但清修自重、舍利取义的立身境界相同。② 首先，儒仕名宦能显清修之风。《近古录》援引陈良谟《见闻纪训》有载：曾任南京户部主事的廖梯 [字云卿，正德十二年（1517）进士，福建兴化府莆田人，享年八十一岁] 虽谪知安吉，但绝口不提谪事，并于衙门内盐酱蔬腐悉自置办，无沾里役公费；后由镇远知府讫归还家，四壁萧然，"清修苦节，始终不渝"，陈良谟有论曰："士之守官，犹妇人之守身，苟大节一亏，完事瓦裂，即其他种种才美，曷足以赎其失身之羞哉！"③ 《近古录》援引耿定向《先进遗风》有载：幼负俊才、籍有清誉且"艺林推为神骏，云路比之祥鸾"的李东阳 [1447—1516，字宾之，号西涯，天顺八年（1464）进士，谥文正]，其门下士曾缄两帕四扇而馈，但东阳先生惟启缄取扇而归其帕，"扇以染翰故可"；东阳先生虽仕宦五十余年，柄国且

---

① （宋）朱熹：《四书集注》，第 6 页。

② 张履祥《训子语》有言："自天子至于庶人，各有职分当为之事。早作夜思，不离职分之内，为君便是圣明，为臣便是忠良，士为良士，民则为良民。"[《杨园先生全集》（下），第 1360 页] 立定本职行职分当为之事，自能彰显圣明忠良之气象，人皆能为君子矣。

③ （清）张履祥：《近古录一·立身第一·见闻纪训》，《杨园先生全集》（下），第 1221 页。

十八年，然卒而不能治丧，幸赖门人故吏醵金钱赙之，"贞操洁履"之君子气象浑然天成；吴廷举（1463—1528，字献臣，号东湖，谥清惠）平生衣弊带穿，不修藻饰，"视财利如粪土"，卒之日，殡殓无具，惟都御史姚镆资助以成。① 《近古录》援引李乐《见闻杂记》有载：曾官工部主事的杜伟（字道升，号靖台，吴江人）自常俸禄外，"秋毫无取，环堵萧然，饔食常不给"；归安人氏陈恪 [1462—1518，字克谨，号矩斋，成化二十三年（1487）进士，谥简肃] "狷澹劲愍，邛首如碍"，为大理寺承时，家贫而饘粥不给，荐者谓其"冰清玉洁"，弘治孝宗皇帝"因书之御屏"。② 其次，读书士子彰显清修之风。《近古录》援引钱裒《厚语》有载：琅琊人氏焦竑 [1540—1620，字弱侯，号澹园，万历十七年（1589）状元] 之父焦文杰（字世英，号后渠）"居常伉直持重，守廉洁"，时通州吴簿储囊金八百寓公所，而簿之家人不知此情，及簿暴卒，后渠公出所囊金还吴家而不昧；浙江余姚人李改初曾于如厕时获输税者所遗百余囊金，即于次日诣县令，并白之详情，但固辞输税者之赠金，"人服其高谊"；杭州海宁人马用晦（字文烽）曾拾贩客百余失金，但不受酬谢，及其卒，侍御许星石唁词赞曰，"拾孔道之遗装，盼伊人之中返。盟私心与独知，固缄扃而弗染"③。再次，位列"士农工商"末位的商人亦有被誉为"商士"的君子。《见闻纪训》有载：休宁人氏程琼曾于安吉县北门外开铺卖饭，他虽为市井里人，但直面他人百金之遗，能"拾遗而还"，且不受餽谢，"轻利重义"，被时人目为"商士"；徽人王某于苏州商贸，曾出资救助因遗失钱财而欲跳水自杀的妇人，且不接受对方任何馈赠。④ 《厚语》有载：河南延津人周瑛"好义喜施，不恳恳于囊箧间为经商态"，尝不因盗贼窃家而匿藏晋商裴铭所寄于其家之白银，并能每岁伏腊时节恒以米

---

① 参见（清）张履祥：《近古录一·立身第一·先进遗风》，《杨园先生全集》（下），第1223—1224、1230页。

② 参见（清）张履祥：《近古录一·立身第一·见闻杂记》，《杨园先生全集》（下），第1234、1236页。

③ （清）张履祥：《近古录一·立身第一·厚语》，《杨园先生全集》（下），第1254、1256、1257页。

④ 参见（清）张履祥：《近古录一·立身第一·见闻纪训》，《杨园先生全集》（下），第1221、1222页。

觳周济姻族之贫者。①《大明律》对"得失之物"有如此规定："凡得遗失之物，限五日内送官。官物还官，私物召人识认，于内一半给与得物人充赏，一半给还失物人。如三十日内无人识认者，全给。限外不送官者，官物坐赃论，私物减二等，其物一半入官，一半给主。"②虽说法律规定拾遗当还，且可获得必要的回报，而一旦拾遗不计回报，自是君子。最后，即便是"又下工商一等"的医人③亦能张显君子之风。《见闻杂记》有载：禾城婴儿科医生谈时雍"神术冠一时"，虽诊治病婴无不与药，但时常"辞金"，"大约十受二三"，曾辞谢徽商百金之酬，李乐即赞之曰："孰谓医仅小道哉？如谈可以警贪风"；另有云间婴儿科医生王起云"医术神奇"，且不因昧心获利而隐讳婴儿病情，尝评价是时医人之弊病："才见银子便要，更无一点精进向上心肠，如何做得名医？"④医如王君、谈君，亦可谓是"可以闻道"！无论从事何种职业，惟有君子不爱财，取义黜利，方能诚心于所从事职业，造福他人。

其二，君子退避权势、无求恩泽。人有君子之风，自是介洁自持，不屑干求恩泽于权贵，凡是不合道体、与本性仁义相违背的富贵"所得"，皆为君子所耻，诚如《论语·里仁》所载："富与贵，是人之所欲也。不以其道得之，不处也。贫与贱，是人之所恶也。不以其道得之，不去也。"是故，君子审富贵而安贫贱。《近古录》即辑录了士子退避权势、无求恩泽的诸多故事。如《见闻纪训》载：陈良谟少时尝固辞掌教介识科考官之私意好心，惟求实学并能向学力考，终能中试明大志，且立警言曰："人之出处预定，不须分外求谋，徒增心术"⑤；《先进遗风》载：杨守陈［1425—1489，字维

---

① 参见（清）张履祥：《近古录一·立身第一·厚语》，《杨园先生全集》（下），第1254页。

② 转引自《明代律例汇编》卷九《户律六·钱债》，台湾商务印书馆1979年版，第576页。

③ 《训子语》有言："人须有恒业，无恒业之人，始于丧其本心，终至丧其身。然择术不可不慎，除耕读二事，无一可为者。商贾近利，易坏心术；工技役于人，近贱；医卜之类，又下工商一等；下此益贱，更无可言者矣。"（《杨园先生全集》（下），第1352页）

④ （清）张履祥：《近古录一·立身第一·见闻杂记》，《杨园先生全集》（下），第1240、1241页。

⑤ （清）张履祥：《近古录一·立身第一·见闻纪训》，《杨园先生全集》（下），第1222页。

新，号镜川，景泰二年（1451）进士，谥文懿〕"伟才高第，藻词渊学，艺林推为雄长"，然能"介洁自持。未尝干求恩泽"，为翰林五品凡十六年而不升调，尝有权倖欲引荐之，并使亲信白谕暗示杨公，杨公但语曰："吾犹嫠妇也，茹荼积久，乃以白首改节耶？"；曾入阁拜户部尚书、文渊阁大学士的王鏊〔1450—1524，字济之，号守溪，成化十一年（1475）进士，学者称震泽先生，谥文恪〕虽与寿宁侯张峦（1445—1492，字来瞻，号秀峰，河间人，明孝宗康敬皇后之父）连姻亲戚，但"决不与通"，且"岁时问遗，辄麾去"，并不以为过；以行义文墨极盛的文徵明（1470—1559，原名壁，字征明，号衡山居士，世称衡水先生）独授书生以及故人子属辈之请托，其他即郡国守相、富商贾人珍宝填溢里门内外，终"不能博先生一赫蹄"，尤绝往还中贵人，尝戒言曰"此国法也"；曾官祭酒的陈敬宗〔1377—11459，字光世，号澹然居士，永乐二年（1404）进士，谥文定〕为阉宦王振慕名，因巡抚周忱〔1381—1453，字恂如，号双涯，永乐二年（1404）进士，谥文襄〕请托求见，陈先生厉言之曰，"忝为人师，而求谒中贵人，他日无以见诸生"，故以此为祭酒十八载而不迁；力学慕古的吕楠〔1479—1542，字仲木，号泾野，正德三年（1502）进士，谥文简〕中进士后入翰林编修，时同乡逆阉刘瑾用事，刘屡欲引泾野先生入内阁，皆不为所动、不与往来；①《见闻杂记》又载：与权倾朝野、骤聚显贵的张居正同乡的江陵人氏张楚城以及身为尚书李东阳外甥的应城人氏陈薰，虽"江陵所深望注意"，但皆不受张居正恩泽，不愿因私惠而恬列为都给事，仅以左给事中补宪副，"其贤加人一等"。②

其三，君子温和亲切、尊师重友。《荀子·礼论》言："故礼，上事天，下事地，尊先祖而隆君师"，由此而凝结为"天地君亲师"的中华文化传统。而"师"之职责既在于辅佐君王天下归一："故近者歌讴而乐之，远者竭蹶而趋之，四海之内若一家，通达之属莫不从服。夫是之为人师"（《荀子·儒

---

① 参见（清）张履祥：《近古录一·立身第一·先进遗风》，《杨园先生全集》（下），第1223、1225、1226、1226、1226 页。

② 参见（清）张履祥：《近古录一·立身第一·见闻杂记》，《杨园先生全集》（下），第1236 页。

效》），还表现于传道成德："师也者，教之以事而谕诸德"①。人师关乎他人之生长完备和德行修养，是故，受师教、慕师学者，自然"尊师"，尊师即是重道，重道必然尊师。就此而言，"尊师"成为凸显君子之风的表象之一。《先进遗风》即载：年已九十余的甘泉先生湛若水 [1466—1560，字元明，号甘泉，弘治十八年（1505）进士，谥文简] 曾游吉州青原山，时年已几近七十的阳明后学弟子邹守益（1491—1562，字谦之，号东廓）先生率郡中同志友人二三百人走迎，并戒诸学子"不容出一语辨诘，烦聒先生"；东廓先生惟晨夕定省，食而执酱、执酏，"一尊古养老礼惟谨"；嗣湛先生别归，则送至境上，别时泪潸然而横下；东廓先生殷殷服侍湛先生，"盖以湛先生为师，王文成莫逆友"故也。② 邹守益隆礼尊师，开显了君子气象，为学人士子树立了君子楷模！人生天地间，必为五大伦所包围，诚如张履祥业师刘宗周所言："人生七尺堕地后，便为五大伦关切之身"，是故父子必有亲、君臣当有义、长幼自有序、夫妇则有别、朋友需有信，"此五者，天下之达道也，'率性之谓道'是也"③。于此，"朋友有信"、笃敬友谊，亦成为衡量君子人格的当然准则。《厚语》即辑录了诸多关于君子"笃友谊"案例。如：时任工部都水司主事的江西吉水人氏罗循（字尊善，罗洪先之父）与同乡张敷华（1439—1507，字公实，号介轩，谥简肃）为忘年交，张氏为阉逆刘瑾假降内旨，令致仕去，且遣人侦探刺识，并禁其假官舟、不得与有司相见，张氏因乘蔽艇而触石败露，遂夜半叩罗循所执掌徐州洪署衙大门，罗氏即为之治具授餐，并易自己所乘便舟使之行，罗循"不畏权奸，而笃于友谊若此"；金陵人杜环先父杜一元之友人常允恭客死九江，其家破败，年已六十余的常母无所归养，随慕访杜氏，杜环即代父养友之母，"环父与允恭交好如兄弟，今母贫困，不归他人而归环家，此二父导之也"，且"奉母弥谨"；尚书张凤 [1396—1461，字子仪，宣德二年（1427）进士] "为人正直而心地平易"，尤"笃于友谊"，故友人太常寺赞礼郎李询夫妇相继而卒，其

① （汉）郑玄、贾公彦：《周礼注疏》，北京大学出版社 1999 年版，第 348 页。
② 参见（清）张履祥：《近古录一·立身第一·先进遗风》，《杨园先生全集》（下），第 1227 页。
③ （明）刘宗周：《人谱》，《刘宗周全集》第 2 册，第 7—8 页。

母老子幼，"遂养其母以终。聘其女为子妇，教养其子至于成立"，乡人称之为"朴实君子"。① 君子明伦修德，于日用常行的尊师重友之中彰显朴实作风和人格境界。

其四，君子至诚孝亲、恩义父母。"孝"是中国人的核心价值观之一，也是君子做人的基点和起点。《论语·学而》有言："其为人也孝弟，而好犯上者，鲜矣；不好犯上，而好作乱者，未之有也。君子务本，本立而道生。孝弟也者，其为仁之本与！"君子之仁德，主于爱亲，则必始于孝亲，诚如朱熹所言："行仁自孝弟始，孝弟是仁之一事"②。因父母之爱而生"我"，"父兮生我，母兮鞠我"，父母之生命传延至子子孙孙，就此作为自然属性的"生命"而言，人当"孝"自己的父母；同时，就"我"之存在而言，此一最大之"善"，人人珍爱自己，自然要返本归真而爱父母，"欲报之德，昊天罔极"（《诗经·蓼莪》），诚如唐君毅先生所言："我自觉父母宇宙生我对我之为善行，而肯定此善行；念父母宇宙之能自超越以生我，我即报以我之自己超越，以孝父母宇宙，则为自觉之善行。"③ 故而，君子至诚孝亲，《厚语》即载有诸多活生生实例。如"以身代父"故事：洪武辛亥年（1371）进士、曾为临川县丞的浙江临海人危孝先（《明史·孝义传》）因坐法而谪役浦江县，其子危贞昉即诉于郡守，欲"代父作劳"，因郡守难其行，贞昉即谒京师而伏阙上疏，"臣犬马之齿方殷，愿代父作劳，使其归养，即死无恨"，后终获允，乃解儒衣而欣然就役，其时贞昉仅仅为郡学生而已。又如"乞祖消边籍"故事：年仅二十三岁的太学生程通（字彦亨，斋名为贞白，有《贞白遗稿》传世）遭母丧，归家庐墓三年，以致哀恸毁形，"妻子至不相识"，因其耄耋老祖程平谪戍延安，乃上书言曰，"臣幼儿无父，祖犹父也。臣祖老而无子，孙犹子也。更相为命。今边徼戍卒如林，原岂少祖者？"辞极恳切，高皇帝乃除程平边籍，视祖孙相持哽咽而叹曰，"孝哉此人"。又如"刺股救母"故事：时年仅二十二岁的储巏 [1457—1513，字静夫，号柴墟，成化

---

① 参见（清）张履祥：《近古录一·立身第一·厚语》，《杨园先生全集》（下），第 1248—1249、1250—1251、1252 页。

② （宋）朱熹：《四书集注》，第 6 页。

③ 唐君毅：《文化意识与道德理性》，第 30 页。

二十年（1484）进士，谥文懿] 因母王淑人久疾不愈，乃"刺股救之"，后位列应天乡试第一。又如"割肉救父"故事：广西全州人唐俨之父由郴州知府归老于家，得危疾而经久不愈，时年仅十二岁的唐俨因迎医不瘳，乃"潜割右肋肉鼎脯进之"，父啜食之则病愈。又如"以身代死"故事：江西吉水人钱瑛因红巾盗起而奉祖钱本和及母避祸，后其祖被枪被缚，钱瑛即"乞以身代"，因祖孙二人争相代死，贼则怜悯而两释之；钱瑛母又被执，瑛妻张氏"请释而缚"，代姑以死。又如"尝粪识病"故事，宿儒胡居仁（1434—1484，字叔心，号敬斋，追谥文敬）因父亲病剧难痊，曾"尝粪不异古人"，至执亲之丧，"哭踊骨力，非杖不能起，三年不入寝室"。① 世以孝相闻者，或割肉一脔以慰亲，或庐墓三载以思亲，其情其感已然诚动鬼神，尤为难能可贵者，为父为母以身代死，更可与日月争光！君子至诚孝亲，从而仁行天下！

其五，君子兄弟友爱、尽悌尽恭。《小雅·常棣》这样描述兄弟手足之情的感慨："常棣之华，鄂不韡韡。凡今之人，莫如兄弟。"明月之下，繁盛素雅的棠棣花大放光彩，艳丽无比，但又怎能比得上兄弟手足之情呢？《近古录》撷取兄弟友爱故事，为时人和后人培育君子人格提供了精彩案例。如"兄弟相爱相信"故事：韩邦奇 [1479—1556，字汝节，号苑洛，正德三年（1508）进士]"性极孝友"，与弟韩邦靖（1488—1523，字汝度，号五泉）同举进士、交相砥砺，后因疾卧床几一载，污恶至极，人咸不堪忍耐，而邦靖先生侍侧不少离，饮食必亲、汤药必分饮，后邦靖病亟，邦奇先生不解衣、不滋味二月有余，以致形容枯槁；及邦靖卒，邦奇"废寝食，哭绝宾客，遗生事，衰绖疏食，祥而弗懈"，樊恕夫先生《孝弟碑》即赞曰"自有兄弟以来，中间道德之相高，功业之相映，亦多矣。至于相爱之深，相信之笃，所见之同，公兄弟可谓旷世少有矣"。又如"代兄系狱"故事：洪武初年，浙江诸暨人丁进遭诬被逮，其弟丁美"请代行"，后竟编之徙官以死；黄彦辅从兄黄彦实坐诬将徙，彦辅即慨然代之，终大白归家，"乡人皆

① （清）张履祥：《近古录一·立身第一·厚语》，《杨园先生全集》（下），第 1243—1244、1244、1246、1247、1248 页。

义之，死犹加悼惜"。又如"抚弟厚孤"故事：马西玄秉性廉洁，不好居积，所得俸禄奚皆周济昆弟亲戚，其弟马如骅死后，"卹其孤，有甥十余人，数来乞公，公应之不为怠"；广东顺德人梁韶事兄如父，周全长兄之丧，并完其子女婚嫁，教次兄之子犹己之子，学有小成而中举；顺天（现北京）通州人杨浔早失父母之怙，惟朝夕依其兄杨胜，待兄有疾，杨浔必躬侍汤药，其同父异母弟杨膳、从弟杨俊皆早逝，杨浔皆抚养其孤子不遗余力，并为之婚嫁，经纪其家，视为己出。[1]《近古录》所撷取故事，皆体现了兄弟之间"事兄尽悌，抚弟厚孤"的君子风范。因此，杨园先生《训子语》提出了"兄弟手足之义"的家训理念。在他看来，兄弟如手足二体，自然是"持必均持，行必均行，适必皆适，痛必皆痛，偏废必弗宁，骈枝必两碍"，兄弟之间是"以为分形连气"[2]，从生命演进的历程来看，父母生养子女，子女传延祖辈生命，而对于子女来讲，每人身上都有关于祖辈生命的共同特质。在兄弟姐妹传延祖辈生命精神的过程中，他们之间自然存在着对对方彼此的包容与关爱，兄弟之间自然而然友爱尽悌。即此可见，人类生命的本质特性决定了兄弟之间的大伦德性。

其六，君子行业端茂，戒恋女色。《论语·颜渊》有言："非礼勿视，非礼勿听，非礼勿言，非礼勿动"，惟合乎礼、出乎道的视、听、言、动方是值得尊重的。虽然《论语》还言"食色，性也"，将人之饥食渴饮、恶恶好色视为人之本性，但一旦踰越"度"，便是私欲，即是非礼。是故，君子自当严守禀赋本性，克制私念杂欲。于其中，"戒恋女色"成为君子人格的重要特征，《近古录》所援引《厚语》即围绕此君子风范辑录名贤典故。如君子"不乘人之危"而贪色故事：吴邑处士张晓初中年膝下无子，欲娶姜图嗣，时值媒妪请进一女，少年姝丽，愿听人捡择为偏房，张处士即以文物订婚，但至成婚吉日时乃疑此少女身世，即令人探察原委，原来此女为某病逝教官之女，不得已而"售女"以筹资扶柩归乡，张处士遂解聘此女，并"育如己产，选良士嫁之"；明初宿儒陈献章（1428—1500，字公甫，号石斋，

---

① 参见（清）张履祥：《近古录二·居家第二·厚语》，《杨园先生全集》（下），第1280、1281、1281、1281、1281—1282页。

② 参见（清）张履祥：《训子语下》，《杨园先生全集》（下），第1364页。

世称白沙先生）尝买婢女，后知其为同邑良家尹氏之女，乃"命内人抚育如己女，及笄，择婿嫁之"；永乐年间，浙江秀水商贾孙鄘于襄江岸边偶拾路遗金钗一双，遂停舟默坐待失主，原来为一女奴粗心所遗，孙鄘查验真实，慨然归还，女奴"愿失我身报君"，而孙鄘先生"悍然顿足跃起"，并有誓言，"若如此，天地鬼神阴击我矣"①。《厚语》尚有君子"忠贞不渝"故事。如广德州人氏张泮西（字大化）少年时即聘管宗正之女，后其女双瞽，管氏父母欲解聘并请张氏别娶，泮西先生有此决绝之言："此吾命也。矧其女瞽于目，不瞽于心，奈何嗜色无行乎？"② 这些故事已然表明，君子即便有基于秉性的"食色"，但绝不嗜色无行，而是行业端茂。当然，虽言说男子丈夫戒恋女色、制行谨严，彰显君子人格，而妇道人家忠贞守节，亦不失为君子风范。如明太祖皇帝时期，有女莫荃嫁周谓，未及两月，周谓为太祖皇帝信用并委任繁剧，奔走岭塞不得归家凡二十九年，莫荃安贫守分，奉姑舅谨慎，日事蚕绩，躬任机杼，勤苦自营，闭门绝迹，闺门以法，虽乡里淑妇静女，咸识其面，闻其风者怍薄竦然，"里中妇女自惭己行，投水自经者四人"，守节经营历二十九年如一日，而其夫在官亦守高节，夫妻终相与老于林泉，当时号为"莫节妇"③。从本质而言，无论是男儿丈夫戒恋女色、行业端茂，还是女子妇人守节明志、忠贞全身，皆为君子人格品性，更是"肃敬雝和"夫妻观念的真切展现。杨园先生《训子语》即指出，贞良之妇固当褒扬，但顽钝无耻，甚或不可化诲、专肆不肯顺承之妇人，"多因丈夫先有失德，为其所轻，甚或短长反为所持"，故有放恣言行。因此，和谐完美家庭的构建是夫妇双方通过守节顺道的结果，"于家室之际，致美肃雝。盖肃敬则无媟慢之端，雝和又无寡恩之节"④，从而家室宁静恩谊。

其七，君子读书穷理、明辨贤愚。读书是通过通读儒家经典文献的方式达致对内在自我精神思悟的理性考察。书是古圣先贤哲学智慧、道德思

---

① （清）张履祥：《近古录一·立身第一·厚语》，《杨园先生全集》（下），第1259、1260、1260 页。
② （清）张履祥：《近古录二·居家第二·厚语》，《杨园先生全集》（下），第1287 页。
③ 参见（清）张履祥：《近古录二·居家第二·厚语》，《杨园先生全集》（下），第1286 页。
④ （清）张履祥：《训子语下》，《杨园先生全集》（下），第1368 页。

辨、精神慰藉和实功实行的文字总结，是对过去的思想史、哲学史、道德史、文化史的历史概括。人的历史，在较大程度上体现为文字记载史，作为追求精神信仰、道德价值、义理规范的儒者君子而言，透视儒家圣贤所著经典文献，自然可体悟君子人格之所在和价值方向。君子于乡里家居但能读书穷理，自是明辨贤愚、培植风操之进程，也是君子人格之自在展示。如《先进遗风》载：文庄公王鸿儒（1459—1519，字懋学，别号凝斋）历迁左侍郎，于书无所不读，于百家之学究原审义，所得则宏博奥衍、交发互益，犹善观史书，每每以前代君臣之行事为案例而行己立身，审辨得失邪正，又能明了温习国家故事，乃至自祖宗用人行政与前辈立朝行己故事，皆了然于胸，能一一言之，虽起官非词林，但得谥为"文"，显见其"穷理致用"精神。①《厚语》有载：文懿公吕原（1418—162，字逢原，号介庵，浙江秀水人，谥文懿）勤学不倦，于秘阁之图书手录口诵，自晨至昃而不辍，曾修《宋元通鉴续编》，义例精湛，发先儒之未发，尝累日考索一事，至得之而谓门人曰"进我二阶，不若得此之可喜"②。即此显见读书士子虚怀好学、穷理致知之为学精神。其实，读书穷理意在于辨贤愚、远邪慝，诚如《训子语》所言："读圣贤之书，亲仁义之士，则德可以进，业可以修。"③当然，贤愚之别终不外"公私义利"，杨园先生即此总结概括贤愚之差异气象：贤者平正、谦恭、敬慎、忍让、开诚、特立、持重、乐成、韬晦、宽厚慈良、嗜欲必淡、持身必严、从容有常、见其远大、厚其所亲、行浮于言、后己先人、乐道人善、不畏强御；反之，不肖者偏僻、骄慢、恣肆、好争、险诈、附和、轻捷、喜败、裱襹、苛刻残忍、势利必热、律人必甚、急猝更变、见其近小、薄其所亲、言过其实、先己后人、好称人恶、茹柔吐刚。④那么，读书之志在于洗心向善，读书之行即在于明辨君子小人、贤与不肖，悉心善行者自然是君子，能明辨贤愚者亦是君子。

---

① 参见（清）张履祥：《近古录一·立身第一·先进遗风》，《杨园先生全集》（下），第1230页。
② （清）张履祥：《近古录一·立身第一·厚语》，《杨园先生全集》（下），第1252—1253页。
③ （清）张履祥：《训子语下》，《杨园先生全集》（下），第1373页。
④ 参见（清）张履祥：《训子语上》，《杨园先生全集》（下），第1358页。

人有此生，当思不虚此生之意，然人生在世，"壹是皆以修身为本"。人之秉性、善性固然天成，但成就理想人格自是个体之人不懈修养结果。现世生存世界之人，无论位居何职何业，倘能悉心修己立身，明辨贤愚，固可成就高尚德性人格，彰显君子德风。

三、君子"敦睦居家"

因父母之生，故有子孙满堂、宗族亲党，且惟父慈子孝、兄友弟恭，方营造怡然自得、和睦友爱的家风。是故，君子能敦睦居家，于待人接物、家居生活中开显仁恕谨笃、至诚纯粹的君子之风。

其一，君子低调澹泊、不尚骄亢。《中庸》有云："《诗》曰'衣锦尚絅'，恶其文之著也。故君子之道，闇然而日章；小人之道，的然而日亡。君子之道：淡而不厌，简而文，温而理，知远之近，知风之自，知微之显，可与入德矣。"其意是说，君子为人低调澹泊、笃朴安分，于下学简温工夫修养之中，尽显纯粹德性。愈是低调淡简，愈是温文入理，诚如朱熹所言："淡、简、温，絅之袭于外也；不厌而文且理也，锦之美在中也。"① 《近古录》即撷取明儒谨行以验之。如《先进遗风》载有君子"淡简儒雅"故事。曾任山东布政司参议的张继孟 [字子醇，号少参，弘治十八年（1505）进士，杭州仁和人] 致政归于林下，"于势利纷华泊如"，对俗客嗒然无一语，然遇有道术之学士大夫则谈说名理、扬搉风雅，令人洒然不知归；前辈海内宿望西涯相公李东阳、蒲汀尚书李开先皆相过访，继孟先生惟以脱粟之饭、家常蔬果照应，但二人辄喜见眉宇，相谓有言："吾侪遇张子醇一饭，胜别家盛筵矣"，其为人爱重可见一斑。由山西宪副解绶归家的黄卷"即真明农"：驱家众作田，独"配操杵臼，爨釜作饮食，躬荷而馌之"，虽禀性孤介悃笃，却又逸兴豪雅，婴情山水之间，然其家虽去城邑四十里，"经岁不一至"，且其室一榻萧然，不啻僧舍，"冷然嘘以清风，洒然沃以琼

---

① （宋）朱熹：《四书集注》，第6页。

浆"①。《见闻杂记》辑有君子"清谨朴实"故事。余姚人陈陞［字晋甫，号尤白，嘉靖二十年（1541）进士］祗身清谨、严饬可法，其冠履衣裳，俱似山中农家人，尝批评时弊曰，"近日士子一登乡荐，家人走城市，满面贴了举人样子，何曾带得些些朴实来。此风俗浇漓、淳厚所关，余故有感而书之"。时已为大学士的吕本［1503—1587，字汝立，号南渠，嘉靖十一年（1532）进士，谥文安，浙江余姚人］母卒，其墓文止本邑陈陞所撰，未见求之当朝元老，不似是时文武全才唐顺之［1507—1561，字荆川，嘉靖八年（1523）进士，追谥襄文］所诮"世人之死，不问贵贱，虽椎埋屠狗之夫，凡力可为者，皆有墓文"之俗病所指摘。②《见闻杂记》尚辑录有君子"儒巾服役"故事：曾官翰林的唐虞（字少华）为中产之家，然"甚乏童仆"，于家宴请同道访客，仅呼其子唐国柱服侍，而"柱应之无难色"；曾任新淦太守的黄仁山居家待访客，则"供茶供馔，皆子弟在学者"，且"儒生蓝袍，服役未尝以为耻"③，等等。即此显见，儒士君子富者不骄，贫者不诮，常怀澹泊之心，恒持温简之志。

其二，君子朴素俭约、戒奢尚实。《周易・否》卦曰："君子以俭德辟难，不可荣以禄"；《论语・学而》借子贡之口而盛赞孔子曰："夫子温、良、恭、俭、让以得之"，是故，君子立身居家即以俭养德，能摒除不合理私欲，成就盛德光辉事业。《近古录》即辑集君子故事以畅扬朴素俭约、戒奢尚实之风。如《见闻杂记》载有君子"无豪奢气焰"故事。曾任太宰的杨博［1509—1574，字惟约，号虞坡，嘉靖八年（1529）进士，谥襄毅，山西蒲州人］以疾乞归，行李萧然，"毫无气焰"，家人妇女俱跨蹇驴，都城内外人以为杨家管家婆所为也，实非"朴素俭约"所仅能誉。曾任广东巡按御史的清江县人氏杨标（号遡川）曾手除其子所戴马尾巾，"裂作六七块，恶

---

① （清）张履祥：《近古录二・居家第二・先进遗风》，《杨园先生全集》（下），第 1268—1269、1269 页。

② 参见（清）张履祥：《近古录二・居家第二・见闻杂记》，《杨园先生全集》（下），第 1272、1273 页。

③ （清）张履祥：《近古录二・居家第二・见闻杂记》，《杨园先生全集》（下），第 1277、1277 页。

其侈",其亲家造访,亦仅以蔬果荤物整饬为果垒,外佐一小瓶酒而已。时任南京太仆寺少卿的陆光祖 [1521—1597,字与绳,自号五台居士,嘉靖二十六年(1547)进士,谥庄简,浙江平湖人] 次子"以羊绒作褶,红其裹",陆先生即于元旦次日召其子跪于庭,"剥其褶焚之"①。《见闻杂记》尚载有君子"无奢靡之习"故事。与李乐同乡(浙江吴兴)的钱贡(字槐江)先人遗业颇丰,但"家无奢靡之习",入其居室惟闻纺织声,儿子数人亦布衣恒居,家人父子寒暑未尝袖葛,因钱先生治行卓异,时人称誉为"廉静"。②《厚语》亦载:郭威襄公"以俭素力学为务",不置田产,尝应答皇上疑问曰:"臣以布衣,荷陛下宠临,叨有封爵。子孙余饶,安敢增置,俾生侈心",时皇上嗟叹良久曰:"良臣若郭某之忠臣朴实,诸人不及";以兵部尚书致仕归家的南直隶华亭人张悦 [?—1496,天顺四年(1460)进士,谥庄简] 自小官至委以重任,无不"清俭素约",尝有言书屏间以示众人:"客至留馔,俭约适情,肴随有而设,酒随量而倾。虽新规不抬饭,虽大宾不宰牲。匪直戒侈奢而可久,亦将免劳烦以安生"③。正因如此,杨园先生《训子语》即将"俭"视为"立身四要"之一,其粹语有如:"作家以勤、俭为主,做人以孝、友、睦、姻、任、卹为主";"男子服用固宜俭素,妇人尤戒华侈。"杨园先生还指出,之所以会有奢靡之习,根本原因在于"心侈",即人有非分之欲,"心侈则非分以入,旋非分以出,贫固不足,富亦不足",若从心摒弃奢靡之习,自能行素位之学:"素贫贱行乎贫贱,素富贵不忘艰难,所需自有分限,不俟求多"④。由此可言,"俭"不仅仅是"德"之养成的资源,而其自身即是"德",且是君子大德。

其三,君子善待族亲、辑睦修好。杨园先生在《训子语》讲述"笃恩谊"时明确指出:"家之兴替,只在宗族辑睦。尊长成其尊长,能教率

① (清)张履祥:《近古录二·居家第二·见闻杂记》,《杨园先生全集》(下),第1271—1272、1272、1274页。

② 参见(清)张履祥:《近古录二·居家第二·见闻杂记》,《杨园先生全集》(下),第1272—1273页。

③ (清)张履祥:《近古录二·居家第二·厚语》,《杨园先生全集》(下),第1282、1282—1283页。

④ (清)张履祥:《训子语上》,《杨园先生全集》(下),第1356页。

卑幼，卑幼安其卑幼，能听顺尊长，虽目前衰落，已有勃兴之势。若其反此，目前虽隆，替可待也。然欲使卑幼听从，先须尊长正身以率其下。"①由此可知，"宗族辑睦"是兴旺家庭的重要保障，若于此有差池，上不能尊长，下不能教率子孙卑幼，必至家道颓败衰落。杨园先生有如此关于家道兴替的理性总结，当得源于《近古录》辑录君子善待族亲、辑睦修好人格故事的心得感悟和领会。《近古录》所辑录此类君子人格主要表现为以下两方面：其一，君子"仁厚族亲"。如《见闻纪训》有载：宁波鄞县洞云人氏张邦奇［1483—1544，字甫常，号甬川，弘治十八年（1504）进士，谥文定］为学宪时，因其议事厅仅二楹，于官事多有不便，愿购厅旁其叔父一楹之居，恰适逢叔父因久欠税赋而遭宿逋，故邦奇先生两倍购之，其父翁张甬川公"甚喜"，继而思其胞弟无以为居而潸然泪下，邦奇先生遂裂券还叔父，并购屋银两亦不取回，邦奇先生遂有"勋名道德，卓然为一代纯臣"之誉；孝丰人氏吴南山（号封君）之父吴玒为人谨愿畏法，某日自外归家，因见有人于其别墅栗园中偷栗，遂迂路三四里方抵家，问其故，只缘其不愿偷者仓皇坠地而受伤，即此可见其"宅心仁厚"，故其子孙繁衍、簪缨赫弈。②其二，君子"忍让敦睦"故事。如《先进遗风》有载：曾官至大司马的刘大夏［1436—1516，字时雍，号东山，谥忠宣，天顺八年（1464）进士］由户部侍郎告归居家，购草堂于先垄之次，其家薄田仅供衣食，邻里或有肆侵夺其田产者亦弗与之争，而以先古尚书杨玢《报家人诗》之"四邻侵我我从伊，毕竟须思未有时。试向含元基上望，秋风吹草正离离"自慰并教导子孙，且族人有贫不能存、死不能葬、长而不能嫁娶者，时雍先生皆赒之不怠，曾鬻玉带买谷赈族饥。③刘俨［1394—1457，字敬思，正统七年（1422）状元，谥文介，钱塘人］天性孝友，闲居则综理家务，数千族人中，凡窭者葬其丧，贫者成其配，寡弱者扶之得所，乡人有贷者皆焚其

---

① （清）张履祥：《训子语下》，《杨园先生全集》（下），第1370页。

② 参见（清）张履祥：《近古录二·居家第二·见闻纪训》，《杨园先生全集》（下），第1264、1265页。

③ 参见（清）张履祥：《近古录二·居家第二·先进遗风》，《杨园先生全集》（下），第1266页。

券。① 《近古录》所举故事彰显了有明儒士居家能辑睦族亲的君子人格，于兄弟叔侄以及婚姻亲党之间，君子摒绝私意，体卹彝伦，但利人燕好，勿求利于己。须知，利人者人恒利之，爱人者人恒爱之，诚如曾子所言："出乎耳者，反乎尔者也"（《孟子·梁惠王下》）。杨园先生《训子语》即告诫子孙："一家之亲而外，在宗族当不失宗族之心，在亲戚当不失亲戚之心，以至于乡党朋友亦如之，以至于朝廷邦国亦如之"，而"得其心"之根本出路在于"忠信以存之，敬慎以行己，平恕以接物"②，究其实即君子当辑睦修好，善待族亲而已。

其四，君子恩谊仆奴、仁义祚家。先王分土授田，天下人未尝失其所，故能各自劳事，唯力不足者乃使其他子弟为之，但未尝有仆役，《论语·为政》所言"色难。有事，弟子服其劳"可谓明证。后世则因王政不行，人民离散，贫无依著，势不得不服役于人。君子能申明大义，体贴众生，恩谊仆奴，从而仁义祚家。《近古录》撷取君子人格故事，开显主人仁厚仆役、仆役恩报主人的高尚情操。首先，君子善待仆人，家有仁义道德。如《先进遗风》有载：鲁铎 [1461—1527，字振之，弘治十五年（1502）进士，谥文恪，《明史·列传》著录] 为举人时某次远行，偶遇雨雪，夜宿旅社，因可怜马卒苦寒，即令其卧于己衾，并赋诗以记云："半破青衫弱稚儿，马前怎得浪驱驰？凡由父母皆为子，小异闾阎我却谁。事在世情皆可笑，恩从吾幼未难推。泥途还藉来朝力，伸缩相加莫漫疑。"③ 《厚语》有载：曾棨 [1372—1432，字子棨，号西墅，永乐二年（1404）状元，谥襄敏] 会试时，家仆荷担驱驴以随，凡遇大雪寒夜，必与之同寝，同行有非之者，曾棨即警之，"彼亦人子也"，其"厚德"类如此；钱薮仲兄钱懋先生与童仆处，尝于隆冬访友，夜寒而宿于舟中，即分己所卧褥与仆，其坦夷慈祥、内无城府之风操可见一斑。④ 《近古录》援引《见闻杂记》李乐言曰："家有仁义道德，则

---

① 参见（清）张履祥：《近古录二·居家第二·厚语》，《杨园先生全集》（下），第 1280 页。

② （清）张履祥：《训子语下》，《杨园先生全集》（下），第 1354 页。

③ （清）张履祥：《近古录二·居家第二·先进遗风》，《杨园先生全集》（下），第 1267 页。

④ 参见（清）张履祥：《近古录二·居家第二·厚语》，《杨园先生全集》（下），第 1287、1287 页。

其富不骤，其贫不促，自然气象悠长。若无仁义道德，则其富也勃焉，其贫也亦忽焉。"① 由是以警戒雇仆之家当善待仆役，培育仁义道德，否则必致颓败破落。其次，仆人殚心为主、公而忘私，亦张显君子风范。君子人格者，乃体具君子节操的德性品格，非与社会等级地位直接相关，纵使高官显贵，若无仁爱之心、礼义廉耻等道德情操，亦无有君子人格风范；虽为卑微走卒、役仆奴婢，倘安职守分、竭尽己力，亦可称之为君子矣。是故，受役于人之仆奴亦可开显君子人格，《近古录》即有著录。如《厚语》有载：海盐孙肯堂（号白峰）以义正家，以道迪士，待仆有恩，其仆沈鸾曾于嘉靖癸丑倭乱时"以身代主"求死以活主人孙白峰，而贼怜其情，遂释归主仆二人，沈鸾于利害面前守节如此，故有君子风范；海宁许敬所役仆陈渭夜斗侵入主翁家之群盗，奋死排击，以空拳当利器，体无完肤而死，然两日一夜后死而复苏，"犹以不能留主人之藏"而悲泣不已，其"忠义"之性固天成。② 基于有明一代君子恩谊仆奴的人格风操，杨园先生《训子语》即告诫其子孙，家居时唯力有不足方可养仆，但须善待之，不可求之太过、责之太深，更不可横加陵虐，当开以为善之路、示以资生之方。当然，御仆之道在于"严其名分而宽其衣食，警其惰游而卹其劳苦③"，终究要以孝弟忠信理念教之。

其五，君子严守礼法、培植世德。关于"礼"之重要性，《论语·泰伯》有如此论断："恭而无礼则劳，慎而无礼则葸，勇而无礼则乱，直而无礼则绞"，《论语·尧曰》也明确指出"无礼，无以礼也"。虽然"礼"看似外在，实乃人在长期的历史积累与社会发展中建立起来的具有正当性、合理性的价值规范和道德规范，自觉知礼、自在行礼的过程就是"克己复礼"、"摄礼归仁"的过程。故而可说，严守礼法、自觉以礼检束是个体彰显仁性的基本要求和成为君子贤良的基本素养，是人之异于禽兽的几希规范。《近古录》即

---

① （清）张履祥：《近古录二·居家第二·见闻杂记》，《杨园先生全集》（下），第1272—1273页。
② 参见（清）张履祥：《近古录二·居家第二·厚语》，《杨园先生全集》（下），第1288、1289—1290页。
③ （清）张履祥：《训子语上》，《杨园先生全集》（下），第1372—1373页。

辑录了贤良忠正"以礼自处、以礼处人"故事，还原了君子严守礼法、培植世德的人格气象。如《见闻杂记》载：刘大夏官侍郎时，曾探访母党之亲，且能下拜年方弱冠的疏族舅氏，而舅氏仅以手扶之，拜者不以为屈，受者不以为抗；年届六十且须发皤然的归安姥溪施可大先生（字弁安，号连同）尝与客对坐，但当襁褓中的族叔为乳母抱持经过时，即顿起伫立，其深谙于礼者如此；湖州沈巽洲先生（工部亚卿沈镜宇之父）曾因家侄女所适某者病故，且膝下无子，便为之著白衣功服，不忽卑幼之丧如此；曾官工部尚书的刘麟〔1474—1561，字元瑞，号南坦，弘治九年（1496）进士，江西安仁县人〕送故人之弟归葬，在灵柩临发之际，刘司空向扶柩诸人跪拜，请求"抬我龙三哥稳当些"，其高义迈古震今，"非特以贵下贱为可称"①。基于先贤君子严守礼法、尚礼重伦的君子人格风范，《训子语》的"正伦理"理念即深切卓明"礼"之大用："礼本诸天地，莫大于名分之际。尊卑上下，名分所以定也。名分一乱，未有不亡，家国一也。其端多始于嫡庶、主仆之际，小加大，淫破义，祸乱随之以生。至于夫妻、父子、兄弟爱及宗族，衅隙既成，萧蔷祸稔，纵不灭绝无后，鲜不数世崩离。"②礼仪之作非古圣先王好为此烦琐以苦人者，只为人生世上，身当因礼而检、心当以礼而洗，于千百年仁爱智慧、仁义德性，成就个体不朽之生命。

人要做贤者君子，居家自当敦睦亲朋族党、体恤家人仆役，明代儒士的君子人格深刻启迪杨园先生，其《训子语》即揭示君子敦睦居家之本质，是"体祖宗均爱之心，曲加扶持保护，不使一人至于失所"，倘若人专己自私自利，不能与族亲家人相顾体恤，定"伤一体之宜，视为得罪祖宗，不孝孰大焉！"③即此而言，杨园先生关于君子居家敦睦的谆谆教诲，已然与孟子"亲爱之而已"之道异曲同工，也彰显了明代士人的人格风范。

①（清）张履祥：《近古录二·居家第二·见闻杂记》，《杨园先生全集》（下），第1270、1273、1276、1278页。
②（清）张履祥：《训子语下》，《杨园先生全集》（下），第1363页。
③（清）张履祥：《训子语上》，《杨园先生全集》（下），第1356页。

四、君子"仁里居乡"

《论语·里仁》有言："里仁为美。择不处仁，焉得知？"许慎《说文解字》指出，所谓"里"即是"居也。从田从土"。段玉裁注曰："廛里者，若今云邑居矣。里，居也"；"乡里，乡所居也"；"五家为邻，五邻为里"[1]。从中可见，"里仁为美"意指乡里有仁义之道德风操则美，凡人皆乐于处仁里，即此成就自我高尚的道德品格。那么，居乡之人若能仁里乡亲，自然可凸显君子人格。《近古录》又专辟"居乡"篇盛赞君子"仁里"故事，以见君子风范。大致而言，君子"仁里居乡"的君子人格主要有以下几种表现。

其一，君子殚力民务，心系苍生。《论语·泰伯》有云："不在其位，不谋其政。"其意表明，君子"在其位则当谋其政"，无论其人身居何处何职，其所思所感所言所行皆体现属己的、行业的、职位的特性，诚如《周易》所言："君子黄中通理，正位居体，美在其中而畅于四肢，发于事业，美之至也"（《坤·文言》）。每个人都是具有一定社会意义和价值的人，唯当人基于自己的"身份"而身体力行，此人方可成就为称职的人、符合身份特性的人，诚如曾子所言"君子思不出其位"。君子之思必立定本职身份，即是说，君子须时时处处基于自己职位身份思悟体察人、事、物。曾仕官一时的儒家君子士大夫，若能秉正思位行己的治道理念，必造福乡里，《近古录》即撷取在位之人无论身居何方皆思悟天下苍生的君子人格故事。如《先进遗风》有载：耿定向同年尚德恒廉直不避权贵，在任麻邑县令时，曾严惩时任右司马的刘采 [1500—1573，字汝质，号安峰，嘉靖八年（1529）进士，官至尚书，谥端简] 家仆，刘端简公明决自克，时时为诸公卿道尚令之清操，其意在言明，"为乡缙绅者，胥识此意，庶牧民者得展布"。反言之，居位之诸官吏臣僚，当常怀天下万世之心，殚力民务，诚如耿定向所论："国家张官置吏，凡以安民也。吾侪诵《诗》读《书》，师法孔、孟，以究安民之术

---

① （汉）许慎撰、（清）段玉裁注：《说文解字注》，第 694 页。

也"。是故，人一旦跻腾入仕，或进位郡县，或退居闾左，惟当关心民瘼，切不可曲意逢迎，徇私舞弊，否则即是上负国家，下负所学。①《见闻杂记》有载：曾任广东兵备副使的施儒［1478—1539，字聘之，号西亭，正德六年（1511）进士］致仕家居，心系生民，每与郡邑诸公书论时事，"皆耿耿古道，如师训其弟子，绝无依阿献媚之气"，入城即为郡守邀访，其率意不在酒食，而在"苍生利弊"，根本在于施氏能思虑百姓苍生，乐于建言献策；正德进士、祖籍山西蒲州、后迁直隶安州的杨守礼（字秉节，号南涧）居家二十余年，时州有地震，州人抢夺杀人，官法无用，有司亦闻风畏避，莫知出计，杨南涧先生则敦谨晓示朝廷威法，以阻民乱，且于不得已之际，"升牛皮帐，用家丁率地方知事人，斩首乱者四人，悬其头于四城门"，由是而乱定，杨公由其位而便宜行事，于百姓苍生利害之间起念治乡，其"浩然之气"索然而馁，唯"豪杰大过人之作用"所为之。② 可见，由读儒书而入仕籍，不管其身居官位，拟或致仕居家，君子自能心系天下，于生命生活处处行己立政，行安民养民之治世工夫，从而造福乡里。

其二，君子和睦邻里，济世救民。邻里乡党本是与"我"之先祖父辈室庐相接，共居同栖，互帮友助，中国自古即有"远亲不如近邻"之譬喻。人生长于乡，犹鱼生长于水，鱼出水则死，人不能容于乡里则祸患相随。因而，邻里乡党之间即便有行辈之差，但当婚姻庆吊、体恤周济之时，自需敦本厚谊、和睦友爱。《近古录》即撷取君子和睦邻里、济世救民故事以张显君子人格。这主要包括君子"裂券还屋"故事。如《先进遗风》载：王恕（1416—1508，字宗贯，号介庵，又号石渠，官至少傅兼太子太傅，谥端毅）家居时，见其子侄易左右邻居宅屋为业，乃呼而训之，并召左右邻而还其居，"给以原券不问价"。③《厚语》载：朱善［1314—1385，字备万，号

---

① 参见（清）张履祥：《近古录三·居乡第二·先进遗风》，《杨园先生全集》（下），第1292页。

② 参见（清）张履祥：《近古录三·居乡第二·见闻杂记》，《杨园先生全集》（下），第1297、1300页。

③ 参见（清）张履祥：《近古录三·居乡第二·先进遗风》，《杨园先生全集》（下），第1294页。

一斋，洪武八年（1375）状元，官至文渊阁大学士，谥文恪，江西奉城人]
因廷对不合圣意而由翰林院修撰放归，尝为终老计而买地一隅，当知悉此乃
原屋主之子为偿还公帑而鬻此屋，以至于老翁老无以依，文恪公即恻悯原屋
主，遂以券还老翁，且不取其值。①君子"救民济贫"故事。如《先进遗风》
载：曾官至南京户、兵二部尚书的傅希挚［字承弼，号后川，嘉靖三十九
年（1556）进士，河北衡水人］家世力产作业，务农重谷，廪有余饶，但当
里中岁饥，必倾廪减价出粜赈民，并以得金之半复赈乡人，是以"推厥考
之积以仁其里"，以"仁"遗子孙。②《厚语》载：浙江山阴人氏高宗读书好
礼，且积而能散，尝于正统庚申中，粜旁郡米七百斛赈乡人，全活甚众，同
里人吴渊、周端亦并出粟千石助赈；曾官至太子太保的嘉善人丁宾［1543—
1633，字敬宇，又字礼原，号改亭，隆庆五年（1571）进士，谥清惠］乐善
好施，曾以御史家居时散所积之半赈灾，无食者贷之以米，无衣者贷之以布
帛，乡人赖以全活者数以千计，有亲谓丁先生当自作家计，勿散家财，丁
先生则愤然而应曰："吾宁作败家子"；嘉定人沈辅（《明史·孝义传》著录）
"性好施与"，凡族亲之党贫乏者皆慧之，患难者皆拯救之，凡乡党之人则婚
嫁失时者，治药病者，并修桥筑路跋涉者，凡族叔有无后之人，皆养生送
死，又尝于天顺辛巳年输粟赈水灾难民三千余家；常熟人瞿嗣兴（字华卿）
天资仁善，虽少时家贫，但后为富家贸易，得以稍裕，故能周恤邻人，凡贫
贩者必多偿其值，岁凶之年则僦屋馆谷颐养饥民。③由此而知，家有余财当
周济贫弱乡邻，勿为守财奴计。天之生财在于养人，人之理财在于自养，人
于自养之余能体恤左右乡邻，千金散尽只为物尽其用、财尽其能，方可与他
人友爱和平。

　　其三，君子醇质厚行，萧然鱼雅。君子居家待亲戚朋友能澹泊宁静，
其居乡待左右邻里亦醇质厚行、谦恭仁恕，无以摆谱于人、高傲于人。孔

① 参见（清）张履祥：《近古录三·居家第三·厚语》，《杨园先生全集》（下），第1302页。
② 参见（清）张履祥：《近古录三·居乡第二·先进遗风》，《杨园先生全集》（下），第1295页。
③ 参见（清）张履祥：《近古录三·居家第三·厚语》，《杨园先生全集》（下），第1301、1301、1302、1306页。

子曾有言："吾从大夫之后，不可以徒行。"（《论语·先进》）孔子以此借口而不愿卖掉自己的马车以给颜回买棺材，其合理之处在于君子用财不仅视"有无"而行，尚须视"义"而行①，但同时也表明，一旦某人为士大夫之仕官后，总会有特定之身份"威仪"以区别于他人。从此专属"威仪"范式的视角反观仕官生活家居、乡里出行，则乘轿骑马、前呼后拥倒为自然和合理，然真正的儒家名贤张显出低调澹泊、萧然鱼雅之君子人格风范。如《先进遗风》有载：官至尚书并加赠太子少保的唐龙［1477—1546，字虞佐，号渔石，正德三年（1508）进士，谥文襄，浙江兰溪人］家居而徒步，吴宽［1435—1504，字原博，号瓠庵、玉亭主，成化八年（1472）状元，谥文定，江苏苏州人］、朱希周［1473—1557，字懋忠，号玉峰，弘治九年（1496）状元，谥恭靖，江苏昆山人］虽位至崇膴、殿试状元，亦居里徒行，"鱼鱼雅雅，如一庠士"，皆被誉为"鞠躬君子"；魏骥［1375—1472，字仲房，号南斋，永乐四年（1406）进士，谥文靖］以南吏部尚书致仕里居，晨夕田间，布袍草履，与野畯杂处，不少崖异，及卒而终无扰乡里以营坟墓。②《见闻杂记》有载：李乐尝谒徐阶文贞公，而徐公偕子亲迎于门，并亲命童子焚香整衾，善待留宿己家的李乐，并坐谈良久，"情词率真，若不觉其为贵人"，且以八十元老，因稍忙于他事，必"告假"门人弟子，"谨厚异常"如此；文徵明尝戒子孙，没后"慎勿为吾求入乡贤祠"，其不居己以为贤，而卒之后终为人所称贤。③《厚语》有载，海盐人氏吴昂（号南溪）为方伯，"处心正直，制行廉义"，尝购庭有坟冢之居屋，死者子孙贫无立锥，欲售此家，吴先生阻之曰："死者之冢，犹居者之屋室"，但能兀坐万卷楼中

① 朱熹《论语集注》释此孔子言语时，引胡安国语曰："孔子遇旧馆人之丧，尝脱骖以赙之矣。今乃不许颜路之请，何耶？葬可以无椁，骖可以脱而复求，大夫可以徒行，命车不可以与人而鬻诸市也。且为所识穷乏者得我，而勉强以副其意，岂诚心与直道哉？或者以为君子行礼，视吾置有无而已。夫君子之用财，视义之可否，岂视有无已哉？"［（宋）朱熹：《四书集注》，第141—142页］
② 参见（清）张履祥：《近古录三·居乡第二·先进遗风》，《杨园先生全集》（下），第1293、1294页。
③ 参见（清）张履祥：《近古录三·居乡第二·见闻杂记》，《杨园先生全集》（下），第1297、1300页。

披览不倦，冡累然在庭而弗计，人咸称先生"泽及枯骨"，且先生于乡间或扁舟访旧，或徒步市井，混迹渔农之间，以致"骄风悍习为之大变"①。《近古录》所辑录故事之主人公，虽为仕宦官僚，但能居乡里而泰然轻便，无作高傲态，无扰民干民，谨严醇行，彰显了君子风范。

君子居家处乡，在仁爱具有血亲伦理关系的家人亲朋的同时，尚能自觉仁爱乡党邻里，营造和谐舒心、关系融洽的人际关系。故而，杨园先生《训子语》即如此告诫后世子孙："处乡党，只有谦以持身，恕以接物"②，惟谦则和睦，和则不兢；恕则平易，平则寡怨。故而，乡有胜于己者，人不可萌嫉妒卑诎之心；遇不如己者，人不可起轻侮陵虐之意，但惟和睦仁爱而已。

五、君子"忠恕居官"

《论语·子张》有言曰："仕而优则学，学而优则仕"，此"优"者，非"优秀"、"卓越"之谓，乃"饶"、"有余"之谓，诚如《说文解字》所言："优，饶也"，引申之义则"凡有余皆曰饶"③。从此可知，"仕"有余即"学"，"学"有余即"仕"。从古义而言，训"仕"为"学"，《说文解字》即已指出，"仕，学也"，段玉裁所注有云，"训仕为入官，此今义也。古义宦训仕，仕训学"，只是，在孔子这里"仕"与"学"相分而已。④"仕"与"学"虽分为不同职事，然其事之理则相融相通，诚如朱熹所言："仕与学，理同而事异"，"然仕而学，则所以资其仕者益深；学而优，则所以验其学者益广"⑤。由此可知，为学与入仕皆是个体生命智慧和德性情操的体现，是向

---

① （清）张履祥：《近古录三·居家第三·厚语》，《杨园先生全集》（下），第1301、1301、1302、1306页。

② （清）张履祥：《训子语下》，《杨园先生全集》（下），第1372页。

③ （汉）许慎撰、（清）段玉裁注：《说文解字注》，第375页。

④ 参见（汉）许慎撰、（清）段玉裁注：《说文解字注》，第366页。

⑤ （宋）朱熹：《四书集注》，第217页。

道、求道和明道的心路历程。为学者在于读书明理，入仕者在于事功尽理，自觉开显理之本性，便是君子人格的实在展示。学以修身养性，仕亦明心见性，皆凸显出终极的价值追求。杨园先生《近古录》用浓重的笔墨辑录贤士大夫忠恕居官故事，彰显了有明一代儒仕的君子人格。

其一，君子持己之廉，秉公殚明。《孟子·梁惠王》载，孟子曾劝诫梁惠王曰："王亦曰仁义而已矣，何必曰利"，仁义之道乃天下至理，循仁义则可利吾身、吾家和吾国，若仕官以"利"为利，势必毁家误国，诚如程颐所言："君子未尝不欲利，但专以利为心则有害。惟仁义则不求利而未尝不利。"① 是故，无论是属于何种阶层、从事何种职事之人，做人之基本原则在于"仁义"而非"利"，尤其是宦仕之人更应警醒，惟不爱财之人方尽职尽忠，为家国天下供奉心血。当然，仕宦"黜利向义"的自然表现便是廉洁和秉公，只有不贪钱财、不以非义行径发家致富，方可谓之"廉洁"。这在杨园先生同门吴麟征 [1593—1644，字圣生，号磊斋，后改磪菴、果斋，天启二年壬戌（1622）进士] 的思想世界里，"廉"乃天下盛治之本："天下之治不一，未有不本于清明强干之气；天下之乱不一，未有不本于秽浊糜烂之气。"② 仕宦廉洁与否往往与他是否秉公执法密切关联，但凡能秉公执法之官自然公正清廉，言公正清廉亦必秉公执法，反之必是贪恋货财、以私干尽之徒。关于儒仕"持己之廉"之君子人格，《近古录》有诸多展示。如《先进遗风》载：曾官任右佥都御史的鲁穆 [1381—1437，字希文，永乐四年（1406）进士，浙江天台人] 登进士后还乡家居，即杜门读书，绝迹请谒，嗣戒行至京，虽有司具赆赠之，则固辞勿受，且有言曰，"筮仕之始，未有分毫益于乡里，而先利之，忍乎？"他历仕二十余年，家无余资，被服如寒士，其卒之日，家无以殓，幸赖诸公卿赙方可襄事；少保于谦 [1398—1457，字延益，号节庵，永乐十九年（1421）进士，弘治二年谥肃愍，万历年改谥忠肃，杭州府钱塘县人] 廉洁方正，一钱不苟，力逊赐第之后，只止宿直房，且旁无姬妾，数椽敝庐仅蔽风雨，几亩薄田仅供饘粥，食无兼

① （宋）朱熹：《四书集注》，第 231 页。
② （明）吴麟征：《策》，《吴忠节公遗集》卷四，载《四库禁毁书丛刊》集部第 81 册，第 453 页。

味，衣无累帛，巡抚两省凡二十余年，即便议事入京，亦不持一土特物产行贿权要，时人有"两袖清风"之咏；司徒公、曾官至户部尚书的梁材 [？—1540，字大用，号俭庵，弘治十二年（1499）进士，赠太子太保，谥端肃]"清苦自持，严于操检"，为杭州太守时，虽杭城以繁华称于天下，但能练衣粗食，屏斥华好，即便入觐面圣，止具一书二帕以贽京贵，橐中无一长物，及至为户部尚书，则谢绝一切汇缘请寄；司空公、曾任工部尚书的蒋瑶 [1469—1557，字粹卿，号石庵，弘治十二年（1499）进士，赠太子太保，谥恭靖] 为扬州太守时，会武宗南巡，自度供御资费无算，故"不复横敛以为媚悦"，遂自衣青布袍，束黄金带，奔走周旋，招致权倖江彬辈横加折辱，但"清洁动天下"，历仕至工部尚书，及至白首悬舆，终"无改于羔羊之节"；漳州府太守詹莹"清操巚然"，居常麦饭，月无肉食，在致仕归家期间，其子曾以肥脆进馔，詹公则大怒推案，谆谆以崇俭教子。① 《见闻杂记》载：曾官拜御史大夫的琼山人氏海瑞（1514—1587，字汝贤，号刚锋，赠太子太保，谥忠介）卒之日，检其匡箧，"唯绫葛一二，俸金数两"，其清如此一般。② 天下之人，天生上智而下愚者皆少，但中人之性自是可导而或上智或下愚变迁，故而，在上位者廉能则在下位者必遵从化导，在官位者有君子之德风，则为民习俗者自是清风纯粹、朴素本真。这就要求君子廉能秉公，惟仕宦常怀公心道心，秉公弹明，自然能悉心为政，兢业管理，从而上行下效，营造清廉正直、公平燕好的社会秩序。

其二，君子忠恕待人，不媚不傲。《论语·卫灵公》有载，子贡问："有一言可以终身行之者乎？"孔子对曰："其'恕'乎！己所不欲，勿施于人。"在孔子看来，"恕"即是"终身可行之"的重要德性品质，而其本质是"己所不欲，勿施于人"，体现于为官执政上即是为官者不媚上官、不馅属僚，能忠恕待人、戒骄戒傲。为官者虽在权位，切不可以此自恃孤傲，沾沾于盛气凌人，而当低调澹泊、从容自若，得饶人处且饶人，秉

---

① 参见（清）张履祥：《近古录四·居官第四·先进遗风》，《杨园先生全集》（下），第1310、1317、1324、1327页。

② 参见（清）张履祥：《近古录四·居官第四·见闻杂记》，《杨园先生全集》（下），第1329页。

持君子忠恕之风节。《近古录》撷取故事展示了君子忠恕待人、不媚不傲的人格情操。如《先进遗风》载王守仁 [1472—1529，字伯安，别号阳明，弘治十二年（1699）进士，官南京兵部尚书，谥文正] 故事：阳明先生筮仕刑曹时，适轮值提牢，因见狱吏取狱囚之余饭豢豕，当豕肥而即之分食，遂恻然乖恚诸狱吏曰："夫囚以罪系者，犹然饭之，此朝廷好生浩荡恩也。若曹乃取以豢豕，是率兽食人矣"，遂白于堂卿，阳明先生即令屠豕，并割以分食诸囚。后阳明先生同里有管姓者官刑部主政，盛赞阳明屠豕故事，阳明先生则颦蹙直言曰："此予少年不学，作此欺天罔人事也。毗闻之，尚有余惭，乃以为美谈诔我耶？"依阳明之意，消弭此"欺天罔人"之正道在于"不使善归己、过归人。"① 即此已见忠恕之道，亦见儒仕君子人格！《先进遗风》还载：庄毅公王竑 [1413—1488，字公度，号休庵，正统四年（1446）进士，谥庄毅，湖北江夏人] 督漕淮阳时，曾折抑行为不检的清河卫单指挥，后王竑先生遭烦言而被免官，及其家归经过清河卫，单指挥竟以粪秽伪为醢酱而赠王先生，以抒夙恨；及王竑抵徐州，即有言表彰其生平忠杰，并旨下还原官，单指挥乃诈死逃遁，家人故为之发丧治殡，虽有人踪迹并执讼单指挥于王竑，王先生"竟不较侮，平其讼而遣之"，至今淮阳间有云，"王都堂不较单指挥，不念旧恶"之叹！② 君子忠恕待人，能"娇娇容忍"若此！《见闻杂记》亦有载：恭靖公蒋瑶曾与中贵人会堪民事，中贵人已受贿而欲死被诬者，蒋公则潜戒行杖者"须勿重，其人死，我亦死汝等"，被诬者则获全生，而中贵人亦大悦而罢，蒋公"圆机应物"如此；山东夏津人栗祁 [1537—1578，字子登，号东岩，嘉靖四十一年（1562）进士] 有"绝尘之守"，临行任湖南郡伯时，分毫不带衙内诸器物；即便赴乡士大夫春元请酌，但士大夫绝不敢借此请托；虽尚书董玘 [1487—1546，字文玉，号中峰，弘治十八年（1505）榜样，谥文简，浙江会稽人] 为其大座师，但董氏家人稍有不循理，栗祁先生辄惩治不少

① （清）张履祥：《近古录四·居官第四·先进遗风》，《杨园先生全集》（下），第1314页。
② 参见（清）张履祥：《近古录四·居官第四·先进遗风》，《杨园先生全集》（下），第1318页。

贷。①《厚语》有忠靖公夏原吉（1367—1430，字维喆，湖南湘阴人，赠太师，谥忠靖）"德量汪洋，莫测其际"数事，如：巡视苏州时，有庖人烹肉过咸，夏公但嚼素饭而"无所问"；巡视淮阴时，所乘马受惊而逸，夏公遥谓过客寄声寻马，反遭詈骂，从者执至，夏公但"笑释之"而已；尝于冬月出使宿馆，馆人误烘烧其袜，时晨发，急索袜，馆人惧怕而不敢告公，公之左右即请罪，夏公惟笑而已，并弃双袜而远行，馆人泣感喟叹曰："他官无故加捶，若此者平生才一遇"；等等。②《近古录》所辑诸宦仕故事深刻勾勒了儒仕君子既不溺豪强、不屈权贵，又能不恃强凌弱、宽以待人的气象，"忠恕"之道既可视为道德品性，又可目为行事方式，在作为价值目标和行为方式的和合通融中，为官者的"忠恕"德性给万民展示了平和自在、从容轻便的姿态，彰显了儒仕官员和生共存、和蔼亲民的君子人格气象，消弭了威严凌夷、冷霜斥民的威权形象。

其三，君子悉心治道，毋干己私。为官行政者掌握着社会的"公权力"，并随行政等级的递增而掌握的"公权力"愈来愈大，从本质而言，公权力是促进、维护和实现社会公平正义的条件保障，合法的公权力本质上是一定范围内社会成员"私权利"的让渡。本来，公权力是为了社会行政的顺利展开、社会公众私权利的公平享受提供保障的，倘若掌握公权力之人不能将权力关进制度的笼子里，或者说，有人在充分利用公权力的基础上扩大自己的私权利，那么，政治行政必陷入不公平之中。反之，正直和公允的宦仕官僚必是尊重公权力而悉心治道，绝不以私干政、权为私用。因此，"悉心治道，毋干己私"自然可堪称为儒仕的君子人格，诚如忠宣公刘大夏所言："居官以正己为先，所谓正己，不特戒利，亦当远名。"③《近古录》即撷取儒仕"悉心为政"的君子故事，以警醒后人。如《先进遗风》载：文贞公杨士奇（1366—1444，名寓，字士奇，号东里，谥文贞，官至华盖殿大学士兼兵部尚书，江西泰和人，历五朝，在内阁为首辅二十一年）于正统

① 参见（清）张履祥：《近古录四·居官第四·见闻杂记》，《杨园先生全集》（下），第1341、1344页。
② 参见（清）张履祥：《近古录四·居官第四·厚语》，《杨园先生全集》（下），第1345页。
③ （清）张履祥：《近古录四·居官第四·先进遗风》，《杨园先生全集》（下），第1312页。

初年，每朝罢归邸，或正襟危坐长吁不已，或月下闲行通夕不寐，夫人问其故皆不答，某日回朝则欣然喜动，乃告其夫人，原来是担心少主不能克胜治国重荷，当"今早见上聪明，已能览奏章决事，重任可释"，即此看出杨公"忧喜一系国事"之君子之风；① 《见闻杂记》载：陕西三原人、仕终吏部尚书的端毅公王恕仕官四十五年，以道事君，上疏凡三千余，百代希觏，通观端毅公政治生涯，"忧世之志如范希文，济世之才如司马君实，直谅如汲长孺，慧爱如郑子产"② 。儒仕君子悉心为政，自然能够做到"毋干己私"，权为民用而不是为一己之利。如《先进遗风》载：吏部尚书王翱 [1384—1467，字九皋，永乐十三年（1415）进士，官至吏部尚书，赠太保，谥忠肃，河北盐山人]"忠清"执政，其仲孙以荫入监，时有司以秋试印卷白于王翱，王先生即"裂卷火之"；其女嫁与畿辅某官，其妻甚爱女，某夕置酒而跪求王公迁其婿入京职，以朝夕待女，王公大怒，竟取几案上酒器击伤夫人，"出驾而宿于朝房，数旬乃还第，婿竟不调"③ 。《见闻杂记》也有载：江苏常熟人氏、桐邑令陆枝廉洁平易，其家至治邑虽路程较近，并以邑令终其官涯，但"无亲戚故人投刺嘱托，留衙损誉"，但若有百姓以事入官，仅见一面，自是久久识认，是故人皆不欺陆枝，陆公"不干己私"之情操，"盖从政者之上品"④ ，不似某些从政者，乡里亲戚故旧接踵填门，己不以为非，长官亦不以为怪。儒仕君子悉心治道，自然"知人善用"，乐为国家选官任官。如《先进遗风》载：文定公杨溥 [1372—1446，字弘济，号澹庵，建文二年（1400）进士，官至武英殿大学士，谥文定，湖广石首人] 据其子省亲游历所见，举荐"待儿苟简甚矣"的天台人氏范理 [1403—1478，名士伦，字道济，号操斋、拙庵，宣德五年（1430）进士] 为德安府知府，当人劝范

---

① 参见（清）张履祥：《近古录四·居官第四·先进遗风》，《杨园先生全集》（下），第1310页。
② （清）张履祥：《近古录四·居官第四·见闻杂记》，《杨园先生全集》（下），第1334—1335页。范希文即范仲淹（1989—1052），司马君实即司马光（1019—1086），汲长孺即汲黯（？—前112）郑子产即子产（？—前522）皆著名政治家、思想家。
③ （清）张履祥：《近古录四·居官第四·先进遗风》，《杨园先生全集》（下），第1315页。
④ （清）张履祥：《近古录四·居官第四·见闻杂记》，《杨园先生全集》（下），第1342页。

氏致书谢杨溥荐举之功时，范公乃言曰："宰相为朝廷用人，非私理也。"[1]
即此显见推荐者杨溥公心为国、知人善用之品性，亦见被推荐者不馅不媚、
直言廉正之君子德风。真正的儒仕行政为官，定当依凭公权力而为维护社会
的公正和百姓的公平而悉心工作，诚如王鸿儒所言："唯知有朝廷而不知有
亲党，惟知有天理而不知有身家，如是社稷生民乃攸赖。"[2] 因此，无论传统
社会还是现代社会，仕官当培育"悉心为政，毋干己私"的君子人格，从而
为民所敬重、为国家所恩重。

其四，君子重民厚生，问民疾苦。读书入仕的儒家知识精英在长期的
政治实践中已然形成共同的理念，即如《荀子·王制》所言："君者，舟
也；庶人者，水也。水则载舟，水可覆舟"，一旦官民关系紧张，甚至激烈
冲突，即有国破家亡之危险。从一定意义而言，百姓民生是社会历史演进
的"主体"，也是政治实践的"主体"。政治实践是否顺利开展，不是少数精
英人物任意执掌操控的过程，实是精英人物基于广大民生百姓之愿望而展
开的政治自觉，百姓民生与仕宦官员和皇帝共同构成为历史的"主体"。故
而，儒仕们悉心为国、忠义行政的过程中，自然而然地将重民命、厚民生视
为第一等大事。当然，除皇帝之外的其他人都是皇帝的"民"，因为"溥天
之下，莫非王土；率土之滨，莫非王臣"，皇帝爱民如子则既爱臣僚，又爱
纯粹百姓民生，而臣子之爱民则是仁爱纯粹百姓民生。因此，儒仕"重民厚
生，问民疾苦"之品性，则可视为君子人格之显现。《近古录》辑录有儒仕
君子"重民养民"故事。如《先进遗风》载：句容令徐九思（1495—1580，
字子慎，江西贵溪人）政事专在养民，于县令任上，裁省自身及僚属、上吏
所供例金，以致每岁自碎小而上省万余金，省政之策行之九年如一日，尝有
言曰："是千万人者，均之圆首方趾，横目咳吻，吾无以异也。即皤皤黄耇，
亦相率而呼我曰爷爷，彼盖谓我为父母云尔也。若何施，而能当兹父母称
哉？"故，徐九思先生惟急急于养民之政而已！[3]《见闻杂记》有载：常熟凤

---

① （清）张履祥：《近古录四·居官第四·先进遗风》，《杨园先生全集》（下），第 1310 页。

② （清）张履祥：《近古录一·立身第一·先进遗风》，《杨园先生全集》（下），第 1229 页。

③ 参见（清）张履祥：《近古录四·居官第四·先进遗风》，《杨园先生全集》（下），第
1326—1327 页。

竹先生徐栻 [1519—1581，字世寅，嘉靖二十六年（1547）进士] 曾巡抚江西，时李乐为淦令，每入见徐先生，徐栻辄"必问民疾苦，而于征收事尤惓惓焉"；徐阶曾因"大礼仪"之争由翰林院编修谪为福建延平推官，然在新官则留心民事，于剖决刑狱之暇，巡视阡陌，问民疾苦，又遍行属邑而咨访贤良，徐阶能澹泊自持，绝无偷惰不职之态，犹如"初仕为推官者"，尽显人臣之谊。① 《近古录》尚辑录儒仕君子"爱民厚生"故事。如《先进遗风》载：忠宣公刘大夏成进士后，志在亲民，"愿外补习民事"，后出参闽藩，尝招抚田州民叛而不妄杀一人，其经武亦以"仁心为质"，吴廷举即以"忧民如有病，对客若无官"誉美刘先生。② 《见闻杂记》有载：湖州知府吕盛 [1465—1538，字文郁，号定庵，弘治十二年（1499）进士，安徽朗溪人] "素以信治民"，其治地尝有汤麻九之乱，虽已奉朝旨而欲用夷族之条，但吕盛先生爱民厚生，遂只身往虎穴，许以全活妻子族人而降服麻九等罪魁，终避免地方屠戮之惨事。③ 是故，居官者当体天地仁爱之心而治民，以全活民众、利用厚生为要旨，惟此不枉百姓"父母官"之呼！

《周易》有言："积善之家，必有余庆；积不善之家，必有余殃"；又言："善不积不足以成名，恶不积不足以灭身"，因而，人在生命存在的每一个时空场所，皆是向善求道、积善"成人"的生命体悟，而这个体悟的结果就是"君子人格"，尤其是在儒家知识分子的视界里，人之为善只是理所当然，"成人成贤"才是人生的意义所在。杨园先生《近古录》所囊括的明儒先贤的嘉言懿行，已然昭示出君子人格的现实存在感，是儒家"成人之道"的承绪和体证。从实质而言，君子人格并不是虚无缥缈的道德理想，而是现实人生自然和自觉的境界体现，无论身处何职、何地、何时，君子人格无人不为、无处不见、无时不在。从被誉为"君子"的明代儒士的生命历程可以

---

① 参见（清）张履祥：《近古录四·居官第四·见闻杂记》，《杨园先生全集》（下），第 1339、1340 页。
② 参见（清）张履祥：《近古录四·居官第四·先进遗风》，《杨园先生全集》（下），第 1312 页。
③ 参见（清）张履祥：《近古录四·居官第四·见闻杂记》，《杨园先生全集》（下），第 1335 页。

看出，君子人格既体现于修己立身，也体现于敦睦居家、仁里居乡、忠恕居官，身、家、乡、国已然成为君子人格的体验场域，君子能够真真切切地将内在正心诚意的德性本心展露无遗，而且又是那样的自自然然、毫无骄作。君子人格既是境界，又是号召天下人努力涵养培育的道德理想，终究而言，君子人格是儒家成人之道的生命体验和道德自觉。

附录：邵懿辰《张杨园先生传》

先生姓张氏，讳履祥，字考夫，浙江桐乡人。所居名杨园，故学者称为杨园先生。先生生明万历中，年十五，补邑诸生。少读阳明、龙溪之书，则慨然有志于学。先是东林甚炽，高、顾诸公，各标宗旨讲学，名觝排王氏，实出入于"良知"之说。其后，念台刘公设教山阴，以"慎独"、"主静"为宗。先生闻而往师之。年三十余，屏居教授，益刻勤于学，夜不就枕者十余年。既而悟师说之非，乃力闢王氏，一心于程、朱。操行粹然，于交友尽规，延掖后进，殚心与力。所著《备忘》、《初学备忘》等书，平易笃实，论者谓直接薛、胡之传。以康熙十三年卒，年六十四。尝评王氏《传习录》，以为读其书，使人长傲文过，轻自大而卒无得。又曰："一部《传习录》，'吝骄'二字足以蔽之。"同时平湖陆清献，以闲圣道自任，断断辨王学之非。与先生家比壤，而竟世弗相见。先生没后，清献始得见所著《备忘》书，叹为笃实正大，足砭俗学之蔽云。先生少壮有大志，晚乃避世，畏声利若浼。所教授皆童蒙，以举业请质者，辄谢弗纳。其韬匿如此。

论曰：杨园先生将葬祖，而攒室为盗所焚；长女适非人，为所毒杀。其所遭，视生人特异。老年，妾生儿子，迨殁后，相继以夭，而讫无主后，又神道之不可测也。然宋、元以来，率以近代儒者祔食于孔氏之庭，如先生殆毫发无愧，而后之王者所必取也。然则天所以赋之亦忧矣。道光十有八年，春三月，仁和后学邵懿辰谨撰。①

---

① 邵懿辰：《张杨园先生传》，载《杨园先生全集》（下），第1532—1533页。

结论：蕺山学派刘门师弟子的思想性格

《左传·襄公二十四年》载："豹闻之，'太上有立德，其次有立功，其次有立言'，虽久不废，此之谓三不朽。"孔颖达《春秋左传正义》对立德、立功和立言之实质内涵分别做如下界定："立德，谓创制垂法，博施济众，圣德立于上代，惠泽被于无穷"；"立功，谓拯厄除难，功济于时"；"立言谓言得其要，理足可传"。[①] 孔颖达据叔孙豹所论，以黄帝、尧、舜为"上圣"，有"立德"，能创制垂法而泽被万世；以禹、稷为"大贤"，有"立功"，能功济时世；以史佚、周任、臧文仲为"次大贤"，有"立言"，理之凿凿而省世。德有贤否，知有浅深，凡成就大事业、凸显圣贤人格的人或者学派，必于"德"、"功"、"言"诸层面有所开拓创新，从一定意义言，"三不朽"成为考量学人、学派个性特征的最重要标尺。无论在刘宗周殁后蕺山学派有怎样的学术分化，[②] 作为整体的蕺山学派刘门师弟子做到了"气节立德"、"经世立功"和"自得立言"，凸显了蕺山学派思想性格的三重意蕴。

---

① （周）左丘明撰，（晋）杜预注，（唐）孔颖达正义：《春秋左传正义》（中），北京大学出版社 1999 年版，第 1003 页。

② 如王汎森将蕺山学派的学术分化分为五派：自认严守师说的黄宗羲一派、以赵甸为代表的禅学派、以恽日初为代表的修正派、以张履祥为代表的由王返朱派和以陈确为代表的独树一帜派。（参见王汎森：《清初思想趋向于〈刘子节要〉——兼论清初蕺山学派的分化》，《晚明清初思想十论》，复旦大学出版社 2004 年版，第 249—289 页）

一、"气节立德"

作为中华文化重要理想品格的"气节"是士人的安身立命之道，代表着正气节操、勇气、高节、名节、忠杰、风骨、骨气、气概、脊梁等，往往又通过死义、义动名主、不仕王侯、扶纲常、立名教、历廉耻、清苦、庄厚等具体内容得以现实证验，且每逢国家民族危亡或世风衰颓之际，"气节"更被提出弘扬，以维持天地之正气、国族之生存。① 天崩地坼的明末清初时代，因明亡而节义殉道、气概长虹的蕺山门弟子大有人在，"气节立德"可视为蕺山学派的第一个思想性格。

刘宗周忠义操守，气贯长虹。他进退取与，必力辨义否，比较有影响的事件是因抵制"一岁三迁"而革职为民的故事。是时，他有感于天启二年六月、天启三年五月两次被无缘升擢而上疏曰："度德而授任者，国家诏爵之典；计日而效劳者，臣子守官之法。故虞廷考绩，必以三载；崔亮停年，不费资格。凡以贤豪杰任事之心，塞宵小速化之路，所裨世道人心，非苟而已者。"② 蕺山先生考虑到当时国家爵滥而清、官冗而枝的流弊，也是为了杜绝群臣所怀徼倖之心而力辞殊常升擢，更是为了维持自己的君子臣德和廉耻之心，多次上疏请辞，不料又于天启三年九月被提拔为通政使司右通政。他再次上疏，直陈"臣节"："古人训之曰：'君子进以礼，退以义。'进必以礼，故进而足与有为；退必以义，故退而足与有守。两者相反而实相成，乃称臣节焉。"③ 世道之衰，士大夫知进而不知退，是举天下奔走于声色货利之场。蕺山先生不想以己"一年三迁"败坏世道臣节，但高尚的出发点迎来的往往是皇权的蛮横："刘宗周蔑视朝廷，矫情厌世，好生恣放。著革了职为民当差，仍追夺诰命。"④ 在黑暗颠倒的世界里，光明是往往被当作异类来看待！

---

① 参见詹海云：《气节观的词源、流变及其在中国文化中的价值》，《南京师大学报（社会科学版）》2011 年第 3 期。

② （明）刘宗周：《奉差事峻疏》，《刘宗周全集》第 3 册，第 40—41 页。

③ （明）刘宗周：《天恩愈重疏》，《刘宗周全集》第 3 册，第 45—46 页。

④ （明）刘宗周：《天恩愈重疏》，《刘宗周全集》第 3 册，第 56 页。

在蕺山的视界里，读圣贤书入仕为官，即是将己身交与圣上、国家，作为臣子自是依"君父"之念悉心为政、尽心为国，其忠义之气综愚智而皆知，统中外而俱重，历古今而如一，及百世而愈彰，处神、熹衰季之朝，"力能挽回厄运，而奸宦弄权，旋起旋黜，南都云坠，徒以身殉"①；生当岌岌危乱之时，动称王道，"以进君子、退小人为拨乱扶危之要务"②。蕺山先生忠义气节尽显儒者铢视轩冕之志，维士气、感人心，裨益世道良多。尤为可歌可泣者，蕺山先生最终选择"绝食"殉道，"前后绝食者两旬，勺水不入口者十有三日"，何等决绝之心、何等坚韧意志！卒之前，其婿兼门弟子秦祖轼（字嗣瞻，山阴人）入侍，蕺山先生泫然泪下曰："胸中有万斛泪，半洒之二亲，半洒之君上"，祖轼问"先生此苦奈何"，则指其心曰"孤忠耿耿"③！"孤忠耿耿"一语已将蕺山忠孝节义气概囊括无疑，自是激励无数晚明士子扪心向道、弘扬正气！尚需注意，蕺山即便选择如此"残忍"的自裁方式，但能抚心曰："此中甚凉快。"④ 他光风霁月的道德人生和诚意正心的证人之学圆融通贯，从而塑造了"皭皭完人"⑤ 的品格。他一生没有丝毫造作之心，没有丝毫求名之欲，只是实心为政、真心为人、正心为学，其弟子陈龙正赞其"行谊无愧真儒"⑥，想必也不是夸夸之言！当然，蕺山一死并非意气用事、临时冲动，而是学行至此的必然选择，诚如蕺山之孙刘士林所言："夫一死不足以尽道，而尽道者断不能逃此一死也。然则先生之死也，变也，而先生之所以死，则皆出于生平学问之助，诚之至，慎之极，全而归之，不亏体，不辱亲，忠孝两全，仁义兼尽，以夷齐之首阳、曾子之易篑、孔明之出

---

① （清）章倬汉：《蕺山文粹序》，载《刘宗周全集》第 6 册，第 727 页。
② （清）雷鋐：《刘蕺山先生文集序》，载《刘宗周全集》第 6 册，第 724 页。
③ 姚名达：《刘宗周年谱》，载《刘宗周全集》第 6 册，第 484 页。
④ 姚名达：《刘宗周年谱》，载《刘宗周全集》第 6 册，第 485 页。
⑤ 《崇奖明臣刘宗周等饬部议谥上谕（乾隆四十年）》："又如刘宗周、黄道周等之立朝謇谔，抵触仓壬，及遭际时艰，临危授命，均足称一代完人，为褒扬所当及。"（《刘宗周全集》第 6 册，第 636 页）《明臣刘宗周从祀文庙上谕（道光二年）》说："宗周籍隶山阴，自壮登仕，历官至左都御史，居官日少，讲学日多。迹其平生事实，忠言党论，守正不阿，屡遭削黜，矢志不移，卒能致命成仁，完名全节。有明末叶，称为皭皭完人。"（《刘宗周全集》第 6 册，第 639 页）
⑥ （清）沈佳：《明儒言行录》，载《刘宗周全集》第 6 册，第 641 页。

师、文山之正气，兼而有之，非天下之至诚，其孰能与于斯！"①

不仅为师者忠孝节义，其弟子亦不乏殉义之人。《明末忠烈纪实》记载，在蕺山殉义前后，其弟子先后尽节者有十六人之多，其中"殉君"（崇祯朱由检）者八人，分别为：倪元璐、李邦华、施邦曜、孟兆祥、刘理顺、吴麟征、成德和金铉；"殉唐"（唐王朱聿键）者一人，为彭期生；"殉鲁"（鲁王朱以海）者二人，为熊汝霖和吴钟峦；"效死"者一人，为陈子龙；"殉国"者四人，分别为祁彪佳、王毓蓍、潘集和周卜年。另，《明史》还记载，皇清顺治九年，世祖章皇帝表章前代忠臣，有曰："所司以范景文、倪元璐、李邦华、王家彦、孟兆祥、子章明、施邦曜、凌义渠、吴麟征、周凤翔、马世奇、刘理顺、汪伟、吴甘来、王章、陈良谟、申佳允、许直、成德、金铉二十人名上。命所在有司各给地七十亩，建祠致祭，且予美谥焉。"② 其中，属于蕺山门弟子者就有倪元璐、李邦华、孟兆祥、施邦曜、吴麟征、刘理顺、成德和金铉等八人！由此已见蕺山后学道德楷模之社会影响和政治影响！其他殉义者尚有：举义兵复明而身殉者祁鸿孙、辅佐桂王败而跳崖殉义者徐复仪、国变而殉难义士傅日炯、魏学濂、因国变扶友吴麟征枢归家后自到殉义者祝渊、举义兵但为叛徒揭发而死狱者华夏和王家勤③ 等。

蕺山门弟子的殉义，不仅仅是一己生命的终结和品性体悟的升华，还是家庭妻女殉义的道德场域。如金铉。皇城陷落时，身为兵部车驾清吏司主事的金铉于紫禁城西北角大河投河，"适在浅水中，二长班往救，牵衣不释，兄发指目裂，以手捶责二人，遂投水深处以死"，及二人归家并以牙牌缴金母，"母知城之已陷也，亟往赴井，众争止之，曰：'传贼不杀一人，何以死？'为母不听，众强止不获，遂听，母入"，"时妇女长幼辈举从母暨王赴井，井几满。急救，多不死，而母暨王则不可救矣"④。又如成德。皇城破之

---

① （清）刘士林：《蕺山先生历任始末·世谱·行实》，载《刘宗周全集》第 6 册，第 612 页。
② （清）张廷玉主编：《明史》卷 265《列传》第 153，第 4513 页。
③ 全祖望曰："鄞华先生夏，字吉甫；王先生家勤，字卤一，精于礼，卓然不与先儒苟同。乙酉起兵，参江上事。戊子，二先生谋再举，不克，同死之"（《子刘子祠堂配享碑》，载《刘宗周全集》第 6 册，第 649 页）
④ （明）金镜编：《金忠洁年谱》，载《金忠洁集》附录，《畿辅丛书》集部第 120 册。

后，崇祯帝自缢，成德"持鸡酒奔东华门，奠梓宫于茶棚之下"，即便则胁之亦及奠毕归家，见其未嫁之妹，成德"顾之曰：'我死，汝何依？'妹曰：'兄死，妹请前。'德称善，哭而视其缢。入别其母，哭尽哀，出而自缢。母见子女皆死，亦投缳死"①，"成氏一门死顺德及京师者，为忠臣二，为烈妇七"②。还如孟兆祥。京城陷落，孟兆祥有曰："社稷已覆，吾将安之"，遂自到于正阳门下，长子孟章明亦投缳于父之侧，兆祥之妻吕氏、章明之妻王氏皆自缢殉节。③不惟金铉、成德、孟兆祥本人殉节尽义，其母、其妻、其妹、其子皆殉义而去，体现的是忠君爱国、节义明道的可歌可泣真情义！

在殉节的蕺山门弟子中，王毓蓍、潘集和周卜年未有任何功名，但其节义精神毫无半点造作。王毓蓍因蕺山先生久饿不死，劝其早自决，遂以所著《愤时致命篇》粘于祠壁，肃衣冠，趋文庙四拜，自跪曰："君殉国，士殉泮，正也"，因泮水浅，赴柳潭而死，年三十九。蕺山先生即赞之曰："吾讲学十五年，仅得此人。"④潘集与毓蓍为挚友，闻毓蓍死，狂走大叫曰："集故人也，必死从王子！"遂走哭柳桥上，意欲投河，有解之者以其为布衣无庸然，集厉声曰："天下人自生，集自死，集不以愧天下，天下亦不以集愧也"，即袖巨石而沉东郭渡东桥死。⑤周卜年闻变，赋五歌见志，书"自古皆有死，民无信不立"于案，跳海殉义。⑥绍兴人谓之三义士，"俱膺赠恤"⑦。

有的蕺山弟子虽未因国破家亡、易代更迭而身殉己死，但其殉义向道志节始终未泯。如吴蕃昌。仲木先生胞弟吴复本于《祗欠庵集·原叙》中有言："先兄仲木幼龄颖异，走笔数千言，十六补诸生，弱冠遭国变，慨然有殉君父之志。伯父责以为人后之义，乃不果。于是杜门谢客，弃举子业，锐志于圣贤之事，发为古文诗歌，皆至性所流，不效儿女软媚态……临殁之日，犹与诸弟讲学不辍，曰：'吾志在先公《年谱》后叙，行在《阐

① （清）张廷玉主编：《明史》卷266《列传》第154，第4537页。

② （清）徐秉义：《明末忠烈纪实》，第172页。

③ 参见（清）张廷玉主编：《明史》卷265《列传》第153，第4524页。

④ 姚名达：《刘宗周年谱》，载《刘宗周全集》第6册，第483页。

⑤ 参见（清）徐元梅等修，朱文瀚等辑：《嘉庆山阴县志》卷14《乡贤二》，第513页。

⑥ 参见（清）徐秉义：《明末忠烈纪实》，第376—377页。

⑦ （清）徐开任：《明名臣言行录》，载《刘宗周全集》第6册，第642页。

职三仪》，以不终丧为不孝。戒殓以丧服。三月即葬嗣父母冢侧。凡事悉遵家礼。'无一语及私事。呜呼，兄可为得正而毙者矣，可谓节孝两全者矣。"①"得正而毙"之"正"即以残存之身锐志于圣贤事业，以补"殉君父之志"而已。又如黄宗羲、黄宗炎和黄宗会三兄弟。三人皆举义兵反清复明，虽事败，几毙命，但因学识渊博、纵论广泛，当权者多次征举，尤其是黄宗羲，康熙戊午年（1678），清廷即欲诏征其为博学鸿儒，梨洲先生辞免；后徐元文（1634—1691，字公肃，号立斋）监修明史，又征之为顾问，梨洲先生又辞，虽不赴征车，但史局大议必咨之。②皇明在则此身在，皇明亡则竭力复辟，即便事不成、命不绝，但绝不与当局合作，气节精神支撑黄宗羲从事学术研究，遂成为晚明清初时代的三大启蒙思想家之一。又如周之璲。蕺山先生殉节后，其子刘汋走避山中，敬可先生即弃其家，负刘子遗集与刘汋同行，邵廷即记曰："（刘汋）避地剡溪，奉公文像，托友人周敬可。敬可盛以布囊，置床头，有警即负之登绝巅。如是一年，无片纸失。归而家破，养之没齿。"③全祖望《子刘子祠堂配享碑》赞敬可先生曰："山阴周先生之璲，字敬可，世勋籍。证人之会，或以敬可为右班官子弟忽之，不知其苦节过人也。"④倘无周之璲拼死保存刘宗周遗著，今人或许不知刘宗周何许人也！虽其未死，然气节忠义精神仍可大书！

其实，无论是否有功名，是否最终选择和实践"殉义"，蕺山门弟子心灵深处的铁骨铮铮之气节，自然为后人敬重。气节、节义是学行圆融的真境界、真精神。黄宗羲《思旧录》论范景文殉道时即有论曰："节义一途，非拘谨小儒所能尽也。"⑤梨洲之论着实引人深思！自古以来，儒家君子讲"义"，但危难关头，真正"重义轻利"、"舍生取义"者，到底又有几人？蕺山先生及其十六位弟子选择"殉义"，其"真精神"真难能可贵，诚如邵廷采所说："刘子之节义，斯真节义；真节义，斯真学也。士之生各随其世，

① （明）吴复本：《祗欠庵集·原叙》，《祗欠庵集》卷首，适园丛书。
② 参见（清）赵尔巽：《清史稿》卷480《列传》第267《儒林一》，第9973—9975页。
③ （清）邵廷采：《贞孝先生传》，《思复堂文集》，第142页。
④ （清）全祖望：《子刘子祠堂配享碑》，载《刘宗周全集》第6册，第649页。
⑤ （清）黄宗羲：《思旧录》，《黄宗羲全集》（增订版）第1册，第342页。

故孔、孟皇皇游聘，程、朱亦事科举。王、刘二贤，并起进士，为时名臣。顾王子当明世之隆，为其弟子者遵遗教，谨取与进退而已。刘子际末流、守死善道，其弟子之出而仕者多以生死明学术。迫王毓蓍、祝渊之徒，未当事任，亦审大义，皎然与星汉争光。盖以言明道，不若以身明道之为能真知而实践也。"① 邵氏之论可谓深刻著名，发人深省！刘蕺山学行圆融，其为学的醇儒性与为人的纯粹性和合通贯，其弟子门人亦充分践行此种精神，蕺山学派刘门师弟子的节义气概已然是他们为学精神的实功实行！可以这样说，在明末较为有名的几个学派中，唯蕺山学派弟子殉道最多、影响最广！章凤梧先生即论及蕺山气节精神对浙江士子的影响，有曰：

　　神庙以来，吾越冠进贤者，趋富贵如鹜。言及国家安危，人品邪正，则掉臂而去之，能免于贤哲之诟厉足矣，敢进而语古人之名行乎？自先生以贞介之操，倡明圣学，士大夫后起者翕然宗之，争以救时匡主为务。直言敢谏，为忠一时，显名朝右者若而人。下至委巷鄙儒，亦斤斤寡过好修、尚行谊，纽耻辱焉。及夫皇国崩阤，而风概愈振，仗节死义之士后先接踵，天下望而凛焉。请得而备述之：北都则倪文正大司农元璐（上虞），施忠介副院邦曜（余姚），周文节学士凤翔（山阴）；南都之变，同先生死者，则祁忠敏中丞彪佳（山阴），王文学毓蓍（会稽），周文学卜年（山阴），潘布衣集（会稽）；渡钱塘蹈难而死者，则余大宗伯煌（会稽），高兵曹岱（会稽），叶孝廉汝蓟（会稽），高文学朗（会稽，高岱之子），倪布衣文征（山阴），朱布衣玮（山阴），王布衣文宇（山阴），傅布衣日炯（诸暨）；陷金华，以越人御敌死者，则张总镇鹏翼兄弟三人，吴总镇邦璇（山阴），徐中军汝琦（山阴）；鲁王航海，从亡而死者，则熊督师汝霖（余姚），孙督师嘉绩（余姚）；全髦隐居，以天年终者，则吴通政从鲁（山阴），傅文学天籁（诸暨）；洁身遐举，莫可踪迹者，则吾宗督师正宸（会稽），何御史弘仁（山阴）；足迹不入城市，以农圃老者，则余邑令增远（会稽），徐进士复仪（上

---

① （清）邵廷采：《刘门弟子传序》，《思复堂文集》，第51页。

虞）。其他故国旧臣，无一人入仕版。经生杜门诵读，不应制科者，又比比而是也。虽其间存亡，微着不一，要之，均不愧君臣大谊。呜呼！盛矣！夫同一越人也，昔何以与粪土同弃？今何以与日月争光？推其所自，不得不归先生风厉之功矣。或谓死忠死孝，得于秉彝。岂必人人有所训诫而然与？然良心在人，熏烁之则扦亡，提撕之则焕发，向非先生诚笃之教，渐磨以数十年之久，乌能使有位无位，咸知幸生为耻，殉国为正，视一死如饴蜜哉？且不见逆珰之祸，称功颂德者，通郡至十余人，而死诏狱者，止一姚江之黄忠端也耶？则今日安得不归功于先生哉？甚矣！先生明道觉人之泽，在百世之远也。①

或许有人会批评易代之际选择"节义"之人的"无能"，实际上，节义之人之所以如此选择，乃真大生死的境界，倘若一个人的内心世界里面没有属于自己的一点价值追求、精神信仰、爱国情怀和人道正气，那这样的人生又有什么意义呢？再者，选择一条寻死的不归路，岂是一般毅力和心志之人所能做到的？蕺山门弟子潘集殉义前所言的"集不以愧天下，天下亦不以集愧"或许正代表着纯粹、正气之人的心声和旨趣，也正是这样的正气和属于士子的境界体验，中华文化才屹立不倒、万年永驻！蕺山先生及其门弟子以气节明道觉人，堪与日月争光，昭彰了晚明时代一个具有浓墨气节色彩和蠡性品格的学术流派。

二、"经世立功"

黄宗羲《明儒学案·发凡》有言："有明文章事功，皆不及前代，独于理学，前代之所不及也。"② 其意表明，明代儒学家重"心性"而轻"事功"，甚至是将"心性学"领域内的各种境界开拓到了尽头。③ 明清之际的士人在

---

① （清）刘汋：《蕺山刘子年谱》，载《刘宗周全集》第 6 册，第 195—196 页。
② （清）黄宗羲：《明儒学案·发凡》，《黄宗羲全集》（增订版）第 7 册，第 5—6 页。
③ 参见余英时：《论戴震与章学诚》，生活·读书·新知三联书店 2000 年版，第 299 页。

反思明亡的教训时也往往感慨儒者、书生的无能，表达出对明儒重义理而轻事功之行为取向的不满。如蕺山弟子施邦曜殉国之际即吟诵绝命诗云："惭无半策匡时艰，惟有一死报君恩"①，从一定程度上可看作是是时儒家知识分子"两耳不闻窗外事，一心只读圣贤书"的真实写照。不可否认，明亡之后，一批具有反思意识的学人对明亡之原因提出了各种解释，一个普遍认同的结论就是：明儒只谈心性、不重事功，"有用之学"较少。②但毋庸置疑，蕺山学派刘门师弟子治学重工夫践履，仕官重经世事功，体现了"经世立功"思想性格。

刘蕺山在探求严密的道德心性义理之学的同时，不废事功，实现"学术"与"经济"的圆融统合。他明确指出："学以持世教之谓儒，盖素王之业也。"③儒者的本质是"世教"，"既为儒者，若定要弃去举业为圣学，便是异端"④。他还从"德性之知"与"闻见之知"的关系挺立"学术"与"经济"的圆融性："至于德性、闻见本无二知，心一而已，聪明、睿智出焉，岂可以睿智者为心，而委聪明于耳目乎？今欲废闻见而言德性，非德性也；转欲合闻见而全德性，尤未足以语德性之真也。世疑朱子支离，亦为其将尊德性、道问学分两事耳。夫道一而已矣，学亦一而已矣。一，故无内外、无精粗。与其是内而非外，终不若两忘而化于道之为得也。"⑤"德性之知"与"闻见之知"只是"一"，若以之为"二"，自然将"心"分而为二；"聪明"与"睿智"同为"心"之机能与属性，"聪明"即是"闻见之知"，"睿智"即是"德性之知"，圆融"德性之知"与"闻见之知"，既不会偏于"德性"，只重本体，又不会偏于"闻见"，只重工夫，从而本体与工夫合一、心性与事功合一。他论簿书、钱谷问题即深刻地表达了事功与心性圆融一体的思想："簿书、钱谷皆放心之地，亦即是求心之地，此居官者当以学问为第

---

① （清）黄宗羲：《弘光实录钞》，《黄宗羲全集》第2册，第39页。
② 赵园：《明清之际的所谓"有用之学"——关于这一时期士人经世取向的一种分析》，汕头大学新国学研究中心编：《新国学研究》第5辑，人民文学出版社2006年版，第1—38页。
③ （明）刘宗周：《论语学案·君子儒》，《刘宗周全集》第1册，第347页。
④ （明）刘宗周：《会录》，《刘宗周全集》第2册，第526页。
⑤ （明）刘宗周：《书》，《刘宗周全集》第3册，第336页。

一义，而不可不日加之意者也。夫心非一膜之心，而宇宙皆足之心也。故善事其心者，无有乎内外、显微、动静之间，而求其所谓本心者，亦曰仁义而已矣。……薄书、钱谷之皆心者，为其有以寄吾之生心也。君子生其心以生人、生百姓，一簿书焉而生生，一钱谷焉而生生，则学问之道又孰有大于此者乎?"① 簿书、钱谷就是法制治理、经济管理，即求达社会安定、发展的致用之学。在蕺山看来，这些事件是"求心之地"，是"生生之心"的必然表现，能够实心实意、真心诚意地完成社会事功，是"心"的当然要求，"学问之道"并不外乎此。是故，《四库全书总目提要》之《刘蕺山集提要》曾这样评价蕺山："立朝之日虽少，所陈奏如除诏狱、汰新饷、招无罪之流亡、恩义拊循以收天下泮涣之人心、还内廷扫除之职、正懦帅失律之诛诸疏，皆切中当时利弊。一阨于魏忠贤，再阨于温体仁，终阨于马士英。而姜桂之性，介然不改。卒以首阳一饿，日月争光。在有明末叶，可称皭皭完人，非依草附木之流所可同日语矣。"② 蕺山通籍虽四十余年，实际立朝仅四年，且被革职为民三次：第一次为天启四年（1624），因反对保姆客氏和阉宦魏忠贤而革职为民；第二次为崇祯九年（1638），因上疏言弊政，冲撞崇祯帝而被革职为民；第三次为崇祯十五年（1642），因救言官熊开元、姜埰而冲撞崇祯帝被革职为民。他立朝之日虽少，然所陈奏疏达九十八通，官在顺途，不攀附权贵；革职在野，不漫谈失节。他进则建言，退则讲学；取困风波荆棘之场，清真清恕。因此，有学者这样评价刘蕺山为学路向："刘氏一生治学之基调不是专在纯学术上，而是在'学以致用'的经世实学上。"③ 当值明末，儒士大夫们谈心论性、说玄务虚之时，蕺山践履笃行、真知实行，为后人所敬仰，清初状元彭启丰（1701—1784，字翰文，号芝庭）即以"真名节，真经济"④ 赞誉蕺山，想必，这并非溢美之词，而是客观评价！

　　于殉道之蕺山弟子群体中，有事功之大、卫国之忠、杀敌之勇数功绩

---

① （明）刘宗周：《书》，《刘宗周全集》第 3 册，第 368—369 页。

② 《四库全书总目提要·刘蕺山集提要》，载《刘宗周全集》第 6 册，第 711 页。

③ 詹海云：《刘宗周的实学》，载钟彩钧主编：《刘蕺山学术思想论集》，台湾"中央研究院"中国文哲研究所筹备处 1998 年版，第 440 页。

④ （清）彭启丰：《刘蕺山先生文集序》，载《刘宗周全集》第 6 册，第 725 页。

者则以吴麟征为首。吴麟征仲子吴蕃昌《上南都议郎蒋公书》申明吴麟征在四个方面比其他殉难诸臣节义精神更为突出。其一，"无如先大夫忠"：麟征曾为外吏十年，后任侍从十年，再以晋阶卿士见重用，功绩昭彰，如癸未（1643）年请授南司马史可法（1601—1645，字宪之，又字道邻）节制应援京师；请召大将边军吴三桂（1612—1678，字长伯，又字月所）等捍御寇难；徙宁远城；等等。其说虽不见用，但事后皆以其建言合理备至。① 其二，"无如先大夫勇"：李自成攻京城之日，举国悲愕无计，惟麟征大夫请皇上下罪己诏，蠲租布诚以款动壮士人心，并请养军士于城外，请百官擐甲带兵练禁卒，率众决一死战。其三，"无如先大夫劳"：麟征奉命守西直门，蓐食城头，手执跑矢击敌无数；募士缒城，杀敌数百；风雨半夜，徒步叩阙，欲为天子筹划计而为奸辅魏藻德（1605—1644，字师令，号清躬）阻挠。其四，"无如先大夫有成绩"：德胜门陷，农民义军骈马而入，而麟征受命城下，填石西直门以阻义军入城，因坚固厚实，后历数月始挖掘重启，若八门尽填石充塞，李自成军或许不能进城。② 城破之日，吴麟征虽未立即赴死殉国难，但终不长生苟且，矢志一死报君王，于崇祯十七年三月二十日酉刻作《绝笔》言："祖宗二百七十余年，宗社移旦失，虽上有龙亢之悔，下有鱼烂之殃，而身居谏垣，徘徊不去，无所匡救，法应褫服。殁时用角巾青衫，覆以单袭，垫以布足矣。棺宜速归，恐系先人之望，祈知交为邪许焉。茫茫泉路，炯炯寸心，所以瞑予目者又不在此也。"③ 由此可见吴麟征拳拳忠君节义之情怀，也凸显了吴麟征经世事功、不虚仕职的人生路向。

蕺山门弟子治学即传承业师精神，重经世实学④，强调事功实行。如黄宗羲为学重实学，反对空谈。南都破亡时，他曾纠里中子弟数百人组建"世

① 参见（明）祝渊：《太常吴公殉节纪实》，载（明）吴蕃昌：《吴麟征年谱》，《北京图书馆藏珍本年谱丛刊》第 61 期，第 174—176 页。

② 参见（明）吴蕃昌：《上南都议郎蒋公书》，《祇欠庵集》卷一。

③ （明）吴麟征：《吴忠节公遗集》卷三《殉难书》，《四库禁毁书丛书》集部第 81 册，第 413 页。

④ "实学"作为哲学概念、为学方向，实宋明理学家较早提出和反复倡导，正是此"实实在在的学问，亦即明道之学"，成为宋明理学家"求实精神"的彰显。（张立文：《宋明理学研究》，人民出版社 2002 年版，第 89 页）

忠营"，鲁王授其为职方郎、御史，高举反清复明大旗；作《监国鲁元年大统历》并颁之于浙东，之后注授时历、泰西历、回回历三历；著《春秋日食历》辨卫朴所言之谬，著《律吕新义》明竹管十二律与四清声，著《授时历故》、《大统历推法》、《授时历假如》、《公历、回历假如》及《气运算法》、《勾股图说》、《开方命算》、《测圆要议》诸书，又著《明夷待访录》、《留书》。尤其是《明夷待访录》，其内涵的民主启蒙思想、政治思想、经济思想、军事等思想，深为时人学者器重，如昆山顾炎武（1613—1682，字忠清、宁人）见《明夷待访录》而叹曰："三代之治可复也！"① 近现代学者亦对《明夷待访录》的政治远见和经世功能给予深刻评价，如梁启超指出，在清初儒士畅谈"经世之务"之学的领军人物中，"宗羲以史学为根柢，故言之尤辨。其最有影响于近代思想者，则《明夷待访录》"，而后梁启超、谭嗣同等辈倡民权共和之说，即将《明夷待访录》节抄本印数万册，秘密散布，因为是著"于晚清思想之骤变，极有利焉"②。始作于康熙元年（1662），终成于1663年的《明夷待访录》，融先师之已发、创先师之未发，立脚于晚明俗风弊政，但会通中国古代政治哲学思想，又放眼中国乃至世界之未来，构设理想治国理政新理念、新制度、新方法，从现实救世中走向大同理想。

蕺山门弟子张履祥教导弟子务经济之学，自己亦著农书。他尝曰："人须有恒业。无恒业之人，始于丧其本心，终于丧其身。许鲁斋有言：'学者以治生为急。'愚谓治生以稼穑为先。能稼穑则可以无求于人，无求于人，则能立廉耻；知稼穑之艰难，则不妄求于人，不妄求于人，则能兴礼让。廉耻立，礼让兴，而人心可正，世道可隆矣。"③ 故，"择术不可不慎，除耕读二事，无一可为者。商贾近利，易坏心术；工技役于人，近贱，医卜之类，又下工商一等；下此益贱，更无可言者矣。"④ 在杨园先生看来，除耕读之外，其他皆非正业，惟有耕读才是切实学问。因此，他编有《沈氏农书》一卷，《四库全书总目提要》论此书曰："案此编为桐乡张履祥所刊，称涟川沈氏

① （清）徐鼒、徐承礼主编：《小腆纪传》卷53《列传》第46《儒林一》，第573页。

② 梁启超著，朱维铮导读：《清代学术概论》，上海古籍出版社1998年版，第17—18页。

③ （清）赵尔巽：《清史稿》卷480《列传》第267《儒林一》，第9984页。

④ （清）张履祥：《杨园先生全集》（下），第1352页。

撰。不知沈氏为谁也。其书成于崇祯末。履祥以其有益于农事，因重为校定。具列艺穀、栽桑、育蚕、畜牧诸法，而首以月令以辨趋事赴功之宜。"①这充分肯定了杨园先生的经世实学精神。此外，在呈现出人格理想多元化色彩的明末清初时代，士大夫中既有恪守儒家行为准则的道德实践者，又有言不由衷的假道学和不寡廉耻者。②因而，心系家国天下的张履祥编纂辑录《近古录》四卷，采明陈良谟《见闻记训》、耿定向《先进遗风》、李乐《见闻杂记》、钱裴《厚语》，各采其所记嘉言善行，分立身、居家、居乡、居官四门，宣扬君子德风，倡导君子修己立身、敦睦居家、仁里居乡、忠恕居官，有裨于世道人心。正因杨园先生健实学风，方东树（1772—1785，字植之，号副墨子）以其为"近代真儒"："自陈（白沙）、湛（甘泉）不主敬，高（攀龙）、顾（宪成）不识性，山阴（刘宗周）不主致知，素所趋无不差，而清献（陆陇其）与先生实为迷途之明烛矣。先生尝师山阴，故不敢诵言其失，然其为学之明辨审谛，所以补救弥缝之者亦至矣。"③当然，方氏将张履祥学问直接定位于阳明、蕺山之上，显见其立场之偏颇、论断之臆造，只是无可置疑者在于杨园先生的确有一定的学术开新。

蕺山门弟子陈子龙亦重经世实学，并有经世文编传世。他尝与好友徐孚远（1599—1665，字闇公，晚号复斋）、宋征璧（1602—1672，字尚木）合编《皇明经世文编》五百零四卷，补遗四卷，以人为纲，按年代先后为序，选录了四百二十人家的文章。全书范围广泛，包括兵饷、马政、边防、边情、火器、贡市、番舶、灾荒、农事、治沙、水利、海运、漕运、财政、盐法、刑法、钱法、税法、役没、科举等各个方面，都是有关治国的方针政策的实用之学。陈子龙于是文编所做序指出："俗儒是古而非今，文士撷华而舍实。夫抱残守缺，则训诂之文充栋不厌，寻声设色，则雕绘之作永日以思。至于时王所尚，世务所急，是非得失之际，未之用心，苟能访求其书者

---

① （清）永瑢等撰：《四库全书总目提要》卷102《子部》第12《农家类存目》第19册，第84页。
② 参见陈宝良：《从士风变迁看明代士大夫精神史的内在转向》，《故宫学刊》2013年卷，第116—132页。
③ （清）方东树：《重编张杨园先生年谱序》，载《杨园先生全集》（下），第1487页。

盖寡，宜天下才智日以绌，故曰士无实学。"① 由此可见，陈子龙之学的经世特色，也展现出儒生悉心为国治家齐而不懈集思广益的心智和毅力。陈子龙尚编有《别本农政全书》四十六卷，须知，徐光启（1562—1633，字子先，号玄扈，谥文定）曾作《农政全书》六十卷，光启没后，子龙得其本于光启之孙徐尔爵，故与张国维（1595—1646，字玉笥）、方岳贡（？—1644，字四长，号禹修）共同刊刻《农政全书》，"既而病其稍冗，乃重定此本。子龙所作凡例有曰，文定所集，杂采众家，兼出独见，有得即书，非有条贯。故有略而未详者，有重复而未及删定者，中丞公属子龙以润饰之。以友人谢廷正、张密皆博雅多识，使任旁搜覆校之役，而子龙总其大端。大约删者十之三，增者十之二。其评点俱仍旧观，恐有深意，不敢臆易云云。"② 陈子龙之举既传承了实学知识，又彰显了蕺山学派师弟子的经世精神。

蕺山门其他弟子亦有经世理念和实践。魏学濂尝与长洲薄子珏务为佐王之学，兵书、战策、农政、天官、治河、城守、律吕、盐铁之类，无不讲求，将以见之行事；又知天下大乱，访剑客奇才而与之习射角艺，不尽其能不止。③ 故，魏学濂多才多艺、游侠任性，且为学重经世。④ 徐芳声于甲申之变后，尝与同学蔡仲光（字子伯，原名士京，字大敬，与徐芳声被誉为"萧山两高士"）集学中子弟，哭孔庙三日，既入潘山隐居，称"潘山野人"，有曰："读书贵有用"，故著兵、农、礼、乐诸有用书，且别辑兵书数十卷，凡运筹指顾、制械器、设屯灶，无不简核以辟从前之虚言兵者；虽隐遁山林，但名远天下，其好友毛甡受聘清廷并应制科，及入都谒冯溥私宅，

---

① （明）陈子龙：《陈子龙文集》（上），第 437—438 页。

② （清）永瑢等撰：《四库全书总目提要》卷 102《子部》第 12《农家类存目》第 19 册，第 83 页。

③ 参见（清）黄宗羲：《翰林院庶吉士子一魏先生墓志铭》，《黄宗羲全集》（增订版）第 10 册，第 414 页。

④ 就魏学濂的聪明才智和学识胆略而言，黄宗羲较为赞赏他："子一实有过人者，余束发交游，所见天下士，才分与余不甚悬绝而为余所畏者，桐城方密之、秋浦沈崑铜、余弟泽望及子一四人。"[（清）黄宗羲：《翰林院庶吉士子一魏先生墓志铭》，《黄宗羲全集》（增订版）第 10 册，第 416 页] 由黄宗羲的叛教可知，魏学濂、黄宗会和黄宗羲是蕺山刘门弟子中才分最高之人。

见其左厢朱扉间竟大书"萧山徐芳声，字徽之；蔡仲光，字子伯"十四字。时清廷征天下山林隐逸之士，侍读汤斌、侍讲施闰章联名具荐，萧山知县姚文熊亦承命赍书币亲造门，徐芳声及蔡仲光皆不赴。[①] 徐芳声不仅有经世实学，尚有节义精神，不辱师门！冯京第学问以事功为主，忠节侠义，高宇泰（？—？，字元发，又字虞尊，号蘗庵）即评论跻仲先生曰："博学阂览，居平好谈经济"[②]。他二十五岁时侍从从父冯元飏 [1586—1644，字尔庚，号留仙，崇祯戊辰（1628）进士] 备兵南都，时值边警，冯京第"授略行间，而并大捷者"，从父为之请功，被赐进士，但两次面陈，直言"容臣就科甲试"，不以事功蔑台省之尊，终不受赐；崇祯自缢后，他南走三山间，历十余载，终齎志以惨死，柴梦楫即论之曰："使当时不允所请，得假之兵事，正未可量，岂仅以诗见哉？"[③] 即此可想见冯京第的经世才能之可能影响。

蕺山学派刘门师弟子无论是治学路向，还是事功实行，皆强调学以致用、经世开物，反对谈虚说玄、空论矫作。刘门师弟子入仕为官者，则在位谋政、兢兢业业，尽心尽力为治国理政谋划方略、贡献政治智慧，虽在较大程度上不为当权者所认可实施，但史实已然证明其理念和方法于世于人当有成效；刘门师弟子出为读书学子者，则遍观博览之中，犹重经世实学，谈经论道不离工夫践行，言性命之理不舍匡济实策，著书立说，泽被后人。

三、"自得立学"

邵廷采论蕺山先生为学特色时即已指出："先生之学出许敬庵，已入东林、首善书院，博取精研，归于自得，专用慎独，从严毅清厉中发为光霁，粹然集宋、明理学诸儒之大成"，"自得"可看作是蕺山学之基本特性。当然，"自得"强调灵性感悟、沉思体味，以其直观性、体验性和渊深性异于

① 参见（清）徐鼒、徐承礼主编：《小腆纪传》卷 54《列传》第 47《儒林二》，第 587 页。
② （清）高宇泰：《雪交亭正气录传》，载冯贞群：《冯侍郎遗书》附录卷一《传记》，四明丛书（约园刊本）。
③ （清）柴梦楫：《三山吟后序》，载冯贞群：《冯侍郎遗书叙录》。

西方哲学，横被于中国思想史的诸多流派之中，是中国古代哲学家体认真理的正途之一，① 尤其对于宋明理学家来讲，"自得"是他们更为明确、凸显的基本治学方法。但是，在蕺山学派刘门师弟子这里，为学"自得"成为他们普遍信仰的治学理念，并据此创新学术研究，在晚明清初时代异彩纷呈的学术场域中占有重要地位，取得显著影响。

蕺山以"自得"为为学之"精要"，且学有所得。他的《学言》有云："学问之道，只有紧关一下难认得清楚，如所谓寸铁杀人者是。圣贤之训，多随地指点，大约使人思而自得之。此项工夫，直须五更清梦时，血战几场也。"② "寸铁杀人"喻贵精不贵多，蕺山以此来说"自得"，显见他对"自得"的重视和关注。在1631年的证人讲会，蕺山第一次明确阐释"自得"问题。据《刘宗周年谱》"五十四岁"（崇祯四年辛未，1631）载，是年四月三日第二会："祁凤佳举《素位》一章，③ 质自得之义从主敬得来，抑心体自然如此，先生曰：'自得全然是个敬体，无时不戒慎，无时不恐惧，则此心已游于天空地阔之境矣。若只认作快活景象，便已落无忌惮一流。是不可不辨。'祁彪佳曰：'反求时尽不安妥，如何说个自得？'先生曰：'唯其反求，所以自得。'许器之曰：'说个自得，毕竟当有所得，得是得个甚？'先生曰：'实无所得，故名自得。'"④ 这里，"无所得，故名自得"真切的界定了"自得"的本质内涵：前一个"得"当为从别人那里得到的东西，是建立于从别处学习之后获得的某些"知识"，不属于自己心思体悟的效果；后一个"得"当为自己在学习了别人的"知识"后而反思、体悟形成的属于自己心得体验的东西，是个人的自觉能动性、主动创新性真正发挥之后的感悟、反思效果。可以说，"得"别人的东西，"所得"是死的；经自我反思和体悟而"自得"的东西是活的，真正有灵魂的东西正是通过"自得"而展现。⑤ 蕺

---

① 参见张晶：《中国古典哲学与美学中的"自得"思想》，《现代传播》2002年第4期。

② （明）刘宗周：《学言》（上），《刘宗周全集》第2册，第371页。

③ 《中庸》第14章："君子素其位而行，不愿乎其外。素富贵，行乎富贵；素贫贱，行乎贫贱；素夷狄，行乎夷狄；素患难，行乎患难。君子无入而不自得焉。"

④ 姚名达：《刘宗周年谱》，载《刘宗周全集》第6册，第351页。

⑤ 参见张瑞涛：《心体与工夫——刘宗周〈人谱〉哲学思想研究》，第75—76页。

山先生坚守"自得"理念，不仅对"自得"有创新性认识，还实现了自己的哲学思想创新，能够发先儒之未发、析先儒之未析，诚如其徒黄宗羲所总结，蕺山先生发先儒之所未发者其大端有四："静存之外无动察"，"意为心之所存非所发"，"已发未发以表里对待言，不已前后际言"，"太极为万物之总名"。① 综括而言，蕺山哲学思想在一定程度上渡越了宋明理学诸家，即在"本体论"上提倡"生生"道体、在"方法论"上主张"圆融"思维、在"知识论"上坚持"德性闻见本无二知"，是对宋明理学的深层解构。② 正如此故，蕺山门弟子董场评论业师学术地位曰："先师为特悉是即周子'主静立人极'、程子'体用一原，显微无间'之旨，标尼山秘旨于二千一百余年之后，自先儒以来，未有盛于刘子也。"③ 黄梨洲《蕺山学案》借用金、木、水、火、土五星会聚二十八宿的天文现象论师说曰："识者谓五星聚奎，濂洛关闽出焉；五星聚室，阳明子之说昌；五星聚张，子刘子之道通。岂非天哉！岂非天哉！"④ 终究而言，刘宗周作为明末大师，其学推本周敦颐和二程之学，又得源于王守仁心学，但与朱熹理学、阳明心学皆异，"承朱熹之道德伦理，舍空谈而趋道德之实践"，"具有综合各派学术思想的性质"⑤。实际上，蕺山先生曾撰座右铭："读书有要，在涵养本源，以得作者之意，使字字皆从己出；做人有方，在谨禀幽独，以防未然之欲，庶时时远于兽门。"⑥ 此已然成为蕺山学派刘门师弟子治学做人的共同呼声！

蕺山门弟子凡有著述文献传世者，亦依循"自得"治学理念。如黄宗羲。梨洲先生著书颇丰，其大者有：《易学象数论》、《授书随笔》、《春秋日食历》、《律吕新义》、《孟子师说》、《明儒学案》、《明史案》、《行朝录》、《授时历故》、《大统历推法》、《授时历假如》、《公历、回历假如》、《气运算法》、《勾股图说》、《开方命算》、《测圆要议》、《明夷待访录》、《留书》等，梨洲

① （清）黄宗羲：《子刘子行状》，载《刘宗周全集》第 6 册，第 39—40 页。
② 参见张瑞涛：《心体与工夫——刘宗周〈人谱〉哲学思想研究》，第 364—407 页。
③ （清）董场：《刘子全书钞述》，载《刘宗周全集》第 6 册，第 691 页。
④ （清）黄宗羲：《明儒学案》卷 62《蕺山学案》，中华书局 1985 年版，第 1512 页。
⑤ 张立文：《宋明理学研究》，第 633—634 页。
⑥ 姚名达：《刘宗周年谱·后编·刘谱录遗》，载《刘宗周全集》第 6 册，第 494 页。

之学出蕺山先生，缜密平实，问学以穷经为先，以经术经世，并兼读史书，以证理之变化，故上下古今，穿穴群言，自天官、地志、九流百家之教，无不精研。① 全祖望即论之曰："若余姚三黄先生宗羲、宗炎、宗会，同受业子刘子之门，其所造各殊，而长公梨洲最大。"② 黄宗羲所作《陈令升先生传》引同门陈之问（？—？，字令升，别号简斋，陈确族叔）写给黄宗羲的寿序说："黄子于蕺山门为晚出，独能疏通其微言，证明其大义，推离远源，以合于先圣不传之旨，然后蕺山之学如日中天，至其包举艺文，渊综律历，百家稗乘之言，靡不究。"③ 姚明达阐论蕺山"学术渊源"时亦明确梨洲在蕺山学派中的地位和学术影响："刘宗周之学，推本于周敦颐及二程，而与朱、陆皆有龃龉。得源于王守仁，而为说又异。受教于许孚远，而其学非许氏所能范围。切磋于高攀龙、陶奭龄，而其思想迥非高、陶能和同。传其道者，惟黄宗羲最正，邵廷采则其再传嫡派也，而恽日初、张履祥之流不与焉。"④ 由此可知，在蕺山学派中梨洲传延、创新蕺山学之历史功绩。不过，梨洲先生虽承续蕺山学，但终究"自得"而成。如，昭示黄宗羲为政治哲学家的最重要著作《明夷待访录》，虽渊源于业师刘宗周，但最终乃是基于自己的心得体悟而创构体思；作为梨洲最大学术成的经史学，虽传承业师所开显的"人格列传"史学模式，但终究由梨洲先生发扬光大，诚如章学诚所言："浙东学术，……绝不空言德性……蕺山刘氏本良知而发明慎独，与朱子不合，亦不相诋也。梨洲黄氏出蕺山刘氏之门，而开万氏弟兄经史之学，以至全氏祖望尚存其意，宗陆而不悖于朱也。"⑤ 故而可说，黄宗羲能秉持宋明理学家"自得"精神，尤其是将业师"自得"治学精义发挥殆尽，成为蕺山学派中遗著最多、影响最广的后学弟子，梨洲先生对自己的"自得"创新也总结的明白："先生诲余虽勤，余顽钝终无所得，今之稍有所知，则自遗书摸索中也。"⑥

① 参见（清）赵尔巽：《清史稿》卷 480《列传》第 267《儒林一》，第 9974—9975 页。

② （清）全祖望：《子刘子祠堂配享碑》，载《刘宗周全集》第 6 册，第 649 页。

③ （清）黄宗羲：《陈令升先生传》，《黄宗羲全集》（增订版）第 10 册，第 600 页。

④ 姚名达：《刘宗周年谱》，载《刘宗周全集》第 6 册，第 212 页。

⑤ （清）章学诚：《文史通义校注》，叶瑛校注，中华书局 1985 年版，第 523 页。

⑥ （清）黄宗羲：《思旧录》，《黄宗羲全集》（增订版）第 1 册，第 342 页。

　　黄宗羲胞弟黄宗会有才望，亦自得立学。黄宗羲曾将自己与弟黄宗会学行作对比：他于《十三经》三礼之升降跪拜、宫室器服之微细、《三传》之同异、义例氏族时日之杂乱，皆钩稽考索，不遗余力，但终不如弟之精；他冥搜博览，于天官、地志、金石、算数、卦影、革轨、艺术、杂学自有所得，但弟皆与之异；论诗文，他初喜僻奥，诗文冷淡，而弟之文华藻错落，蹊径顿尽；他与弟于宋明诸儒宗旨离合是非皆能知，但弟折而入佛，穿剥三藏，穷岁累月，既观所谓宗师者，又能发露其败阙，牛毛茧丝，辩难问语数十万言。① 终究而言，石田先生于十三经微言奥义、名物象数、年月异同，细若铢黍，咸加辨析；廿一史成败得失、制度沿革，以至于河渠历算，莫不洞然；治儒之暇，旁及释氏藏典，亦手注数十万言。② 石田先生平生著有《缩斋文集》若干卷、《缩斋日记》若干卷、《学御录》一卷、《瑜伽师地论注》若干卷、《成唯释论注》若干卷，《四明游录》等。梨洲先生为《缩斋文集》所作序即如此评价黄宗会："泽望之为诗文，高远遐清。其在于山，则铁壁鬼谷也；其在于水，则瀑布乱礁也；其在于声，则猿吟而鹳鹤欵且笑也；其在平原旷野，则蓬断草枯之战场，狐鸣鸱啸之芜城荒殿也；其在于乐，则变微而绝弦也。"③ 由此可见，石田先生富有创新意识，学有自得。

　　蕺山门弟子张履祥著述颇丰，学以自得。张杨园先生除编有《沈氏农书》外，尚编纂有《杨园全书》三十四卷、《张考夫遗书》五卷，主要包括：劄记讲学之语的《愿学记》，受业刘宗周时录以就正之词的《问目》，训导后进、兼启童蒙的《初学备忘》，彰显明代儒士士子君子人格的《近古录》，记近时嘉言善行的《见闻录》，留以训示晚年所得子的《训子语》，其他还有《学规》、《答问》、《经正录》、《备忘录》、《书简》等。从本质言，杨园先生治学重践履敦笃，强调为学自得，如凌克贞（初名阶，字宁膺，号渝安）言："余友张念芝先生，于学绝道晦之日，独明心性之故，而修身力行以践其实。其于是非真伪之际，辨之明而守之笃"；"先生学有本原，功崇实践，

---

①　参见（清）黄宗羲：《前乡进士泽望黄君圹志》，《黄宗羲全集》（增订版）第 10 册，第302—303 页。
②　参见《绍兴府志》卷 53《儒林传》，第 1288 页。
③　（清）黄宗羲：《缩斋文集序》，《黄宗羲全集》（增订版）第 10 册，第 12 页。

守集义、养气之功，以致力于庸言、庸行之际，道器不离，动静无间。验其素履，则历险难而不渝，极困穷而自得。凡发为语言文字，决不矜情作意，而蔼然自见于充积之余。言愈近而旨愈远，见愈亲而理愈实，有德之言，非能言者比。余交三十年，察其语默动静，莫非斯道之流露，非深造自得者不能也。……先生德器温粹，陶淑于山阴，更觉从容。归而肆力于程、朱之书，学益精密，识亦纯正，仰质先圣，其揆一处，洞悉无疑。"①克贞所言"非深造自得者不能"之论已然将杨园先生治学尚自得、且学有所得之真精神昭彰开示。

陈确为蕺山学派刘门弟子之"畸士"，②自得立学，创新迭显。陈确之子陈翼（1632—1689，原名滋世，字敬之，号敬斋）谈乾初先生著书立说情况，论学有《大学辨》、《禅障》、《性解》、《才气情辨》、《原教》、《学谱》，不折衷孔、孟，衡断群儒；坊俗则有论葬诸书，如《丧俗》、《家约》，率皆言近旨远，黜伪存诚，与《中庸》素位之学、孔子有恒之训，互为印证，有裨于学者；其余杂著，不下数十万言，俱有关世教；其诗歌清真大雅，自写安贫乐道之怀，悲天悯人之致。关于乾初先生为学特质。陈翼有言："其所论述，前人所已言者不言也。故即偶然落笔，出其心得，具有发明，理归一贯，绝非支离驳杂，依傍装排，如近世儒者拾古人牙后，附会影响，出口入耳之学，以自欺而欺天下也。"③藉此可见陈确为学重自得、决不依傍装排之学风。因此，乾初先生所撰《大学辨》公布于世、散播学肆之后，即受同门学友诸多批评，甚有被视为"洪水猛兽"之势，张杨园即借为乾初母做寿序之机，讽喻乾初曰："近世学者，于道粗知向方，遂自矜许，上无古人，甚至信一人之臆见，薄尊闻为流俗，足己自贤，而无复求益之意，非圣人日进无疆、绥其福履之道也。"④乾初答杨园书信为己辩护："至《大学辨》，实出万不得已，前数书略见苦心，非所谓挟也。而兄藐然之听，日甚一日，殊

---

① （清）苏惇元：《张杨园先生年谱》，载（清）张履祥：《杨园先生全集》（下），第 1526 页。
② 参见（清）全祖望赞陈确曰："海宁陈先生确，字乾初，畸士也。说经尤夸夸。"（《子刘子祠堂配享碑》，载《刘宗周全集》第 6 册，第 647 页）
③ （清）陈翼：《乾初府君行略》，载（清）陈确：《陈确集》（上），第 14 页。
④ （清）张履祥：《陈母叶太君九袠寿序》，载（清）陈确：《陈确集》（上），第 53 页。

失所望。盖以弟《大学辨》为愚昧无知则可，谓当置之不足议论之列则不可。"① 由二人学术辩难可知，乾初虽学以自得，但并不能为同门友苟同，学问可以有深浅，但为学之"自得"宗旨不可或缺！是故，乾初先生将质疑儒圣先贤的言论辑集袞纂为《瞽言》，以"素位之学"为主旨，实是对《中庸》"素位"章"自得"之义的回归和高扬。

蕺山门弟子张岐然读书牛毛茧丝，虽厕身释氏，却不因佛而厌儒，著述论说，颇有创见。他读《十三经注疏》颇刻意于名物象数，与梨洲先生志同道合；于《易》、《诗》、《春秋》皆有论，但不与人雷同，凡先旧诸家盘滞之处能显发开张，昭然若揭；即使游方外亦能穷《六经》，所著《大学古本辨绎义》论格物，于七十二家之说最为谛当，黄宗羲即评价说："此是平生功力，不为佛学埋没。"② 他著有《春秋五传平文》，为《四库全书总目提要》赞扬："其书采《左传》、《公羊传》、《穀梁传》、胡安国《传》而益以《国语》。《国语》亦称《春秋外传》，故谓之'五传'。曰'平文'者，明五《传》兼取，无所偏重之义也。其《自序》曰'尝与虞子仲皜泛览《春秋》七十二家之旨，盖鲜有不乱者。及观近时经生家之说，殆不可复谓之《春秋》。究其弊，率起于不平心以参诸家而过尊胡氏。久之惟知有胡氏《传》，更不知有他氏。又久之惟从胡《传》中牵合穿凿，并不知有《经》。此所谓乱之极也'云云。……岐然指陈流弊，可谓深切著明，故其书皆参取四《传》以救胡《传》之失。虽去取未必尽当，要其针砭俗学，破除锢习，于《春秋》不为无功。"③

其他凡有一定学术影响之蕺山门弟子皆自得立言，歧路开新。如：姜希辙既整理刊刻刘宗周著作行世，"使海内知子刘子之学，与阳明同而异，异而同也"，又能著书立说，"以事悟道，久之以道合事，从人情物理之恰好处，体当受用，故不与世牴牾，亦不为世披靡，所在见功，皆其真诚之流露也"④，独著《左传通笺》和与黄宗羲合著的《历学假如》皆传世，乃学以自

---

① （清）陈确：《大学辨·答张考夫书》，《陈确集》（下），第 590 页。
② （清）黄宗羲：《张仁菴先生墓志铭》，《黄宗羲全集》（增订版）第 10 册，第 457 页。
③ 《四库全书总目提要》卷 30《经部》第 30《春秋类存目一》第 6 册，第 122—123 页。
④ （清）黄宗羲：《姜定庵先生小传》，《黄宗羲全集》（增订版）第 10 册，第 610 页。

得的成果。如王嗣奭博通文史，喜辨析先儒异同，于圣学深有所得，尤嗜杜诗，"尝梦见少陵与握手赋诗"，年八十成《杜臆》，采用知人论世、以意逆志的方法，对杜甫的时代和杜甫的政治生活、思想感情等做深入研究和探索，甚至对某些和杜甫有关的人的政治态度，《杜臆》都做了极有说服力的推论与揣度。① 又如王家勤，他通经术，于三《礼》俱有论说，不苟同他人，诚如全祖望所论："评事著书满家，尤长于经。诸经皆有说，不肯苟同前人，颇过于好奇，今散佚殆尽。"② 再如先受学蕺山心性义理之学，后潜心画作的陈洪绶画人物，衣纹清劲，力量气局，在仇（英）、唐（寅）之上；尝于杭州摹府学石刻李公麟七十二贤像，又摹周昉美人图，数四不已，人咸谓其胜原本；为诸生时游京师，摹历代帝王像，纵观御府图画，技艺益进，与崔子忠（？—1644）号称"南陈北崔"。③ 全祖望即赞曰："诸暨陈先生洪绶，字章侯。其人以画名，且以酒色自晦，而其中有卓然者，子刘子深知之。蕺山弟子元趾与章侯最为畸士，不肯帖帖就绳墨。元趾死，章侯不死，然其大节则未尝有愧于元趾。"④

整体而言，蕺山学派刘门师弟子不仅仅视"自得"为治学方法，更以"学以自得"为治学价值追求，强调为学当创新，不求苟同先贤，但求言之有理，倘学不精粹独立，自不可屹立学术之林。蕺山学派中无论是学术影响较为广泛深远的刘宗周、黄宗羲、陈确、张履祥、陈洪绶等人，拟或学有小成的张岐然、黄宗会、姜希辙、吴蕃昌、祝渊等人，其著述主张皆开显了创构者的生命体悟和精神创造，凸显了蕺山学派"自得立学"的思想性格。

总之，蕺山后学弟子在工夫修养上秉承师德，铮铮铁骨，彰显了气节精神。但在为学旨趣上，蕺山后学弟子结合时代学术变迁，在适应新的人文语境的基础上，致思多元，且于心性义理之学无过于师说。175 位蕺山后学弟子中，祝渊、吴麟征、吴蕃昌、金铉、黄宗羲、陈确和张履祥七位弟子最有独特性：祝渊以三十五岁之躯先于业师结帱而殉义，且在蕺山门最称好

---

① 参见刘开扬：《前言》，载（清）王嗣奭：《杜臆》，上海古籍出版社 1983 年版，第 3 页。

② （清）全祖望：《鲒埼亭集外编》卷十《王评事状》，《全祖望集汇校集注》（中），第 940 页。

③ （清）赵尔巽：《清史稿》卷 504《列传》第 290《艺术三》，第 10513 页。

④ （清）全祖望：《子刘子祠堂配享碑》，载《刘宗周全集》第 6 册，第 649 页。

学，有"庶乎回也！"之誉；蕺山后学殉道之弟子群体中，有事功之大、卫国之忠、杀敌之勇数功绩者，则以吴麟征为首；吴麟征仲子吴蕃昌，能传蕺山学，且学行笃实、道德高尚，所著《祗欠庵集》被誉为"孝义之准则"；金铉因守京师而殉国难，或称金铉之学"颇近禅宗"，或以之论学"专主程正公、朱文公、薛文清、高忠宪四家之说"，而蕺山先生"以其人雅重之"；黄宗羲是蕺山后学弟子群体中留世著作最多和学术影响最巨者，不仅与蕺山先生有"婚姻"关系，而且于蕺山学有"御侮之功"，并由蕺山学派开浙东史学派，最能传蕺山学；张履祥出蕺山学派而创杨园学派，教导弟子务经济实学，虽"陶淑于山阴"，但终归而肆力于程、朱之书，为学"明辨审谛"，时人以其有"补救弥缝"蕺山学之功；陈确则是蕺山学派中天才绝出之士，书法、篆刻、洞箫、弹棋、杂技等无所不会，主张学以自得，但凡不合于己心之先儒成说，多有惊世骇俗之辨论，"说经尤夸夸"，被视为蕺山学派之"畸士"。总而言之，刘门师弟子群体在做人、做事、做学问上体现出三方面的"思想性格"：其一，"气节立德"：因明清易代，蕺山学派刘宗周、祁彪佳、倪元璐、吴麟征、祝渊、王毓蓍、潘集等近二十人殉节尽义，其忠孝气节精神与日月齐辉；其二，"经世立功"：刘门师弟子无论是治学路向，拟或事功实行，皆强调学以致用、经世开物，反对谈虚说玄、空论矫作，入仕谋政则尽心治国，出世读书则重经世实学，言性命之理不舍匡济实策，泽被后人；其三，"自得立言"：刘门师弟子不仅视"自得"为治学方法，更以学以"自得"为治学价值追求，强调为学当创新，不求苟同先儒，但求言出有理，其著书立说皆开显了创构者的生命体悟和自得精神。

附　录

附录一:《蕺山弟子籍》

叶廷秀润山。山东。刘理顺湛六。杞县。成德玄生。怀柔。金铉伯玉。顺天。祁彪佳世培。山阴。章正宸羽侯。台州。孟兆祥允吉。交河。熊汝霖雨殷。余姚。孙嘉绩硕庐。余姚。吴钟峦峦稚。武进。吴执御郎公。台州。陈子龙卧子。松江。彭期生观民。海盐。陈龙正几亭。嘉善。徐复仪汉官。上虞。王毓蓍玄趾。会稽。潘集子翔。山阴。付日炯中黄。山阴。周镳仲驭。金坛。祝渊开美。海宁。张玮二无。武进。何弘仁仲渊。山阴。史孝咸子虚。余姚。史孝复子复。余姚。王朝式金如。山阴。傅衡平公。诸暨。王伟予安。会稽。沈綵素先。会稽。王绍美子玙。会稽。王绍兰子树。会稽。张峄平子。山阴。谢毂式臣。会稽。陶履卓岸生。会稽。赵甸禹功。会稽。陈诚忭天若。山阴。陈尧年敬伯。山阴。来蕃成夫。萧山。王兆修尔吉。会稽。王毓芝紫眉。会稽。沈兆锦有开。山阴。沈梦锦予良。山阴。赵广生公简。山阴。祁熊佳文载。山阴。王业洵士美。余姚。秦弘祐履思。山阴。刘世纯君一。山阴。陈洪绶章侯。诸暨。张梯木弟。山阴。黄宗羲太冲。余姚。董玚原名瑞生。姜希辙二滨。余姚。吴调元君燮。嵊县。周璿敬可。山阴。张应鳌奠夫。山阴。恽日初仲升。武进。魏学濂子一。嘉善。许元溥孟宏。苏州。邓履中左之。江西。叶敦艮静远。衢州。徐耀韫生。泰州。董标公望。陕西。路迈广心。武进。王开□□。宁州。曹宗璠汝珍。金坛。韩位参夫。藁城。陈确乾初。海宁。吴蕃昌仲木。海盐。陈之问令生。海宁。王嗣奭右仲。鄞县。冯悰俨公。杭州。江浩道闇。□□。张岐然秀初。钱塘。钱棻仲芳。嘉善。周茂兰子佩。长洲。黄宗炎晦木。余姚。刘应期瑞当。慈溪。张履祥考夫。桐乡。黄宗会泽望。余姚。陆曾晔章之。会稽。沈中柱石臣。平湖。[董玚:《蕺山弟子籍》,载《刘宗周全集》第6册,第614—615页]

附录二:《子刘子祠堂配享碑》

子刘子正命蹦百年,有祀典而无特祠。大府方宜田莅浙以为言。时予方主蕺山讲席,谓是故子刘子学舍也,其生前尝自称蕺山长,则祠之莫良于此,且合乎古之祭于先师者。乃重新其堂,奉栗主焉。祠成,帅诸生行释菜礼,因议配享诸高弟子。顾其弟子之见于遗书者甚多,盖残明讲学即以为声气之藉,未必皆真儒,勿敢滥也。若其后人所称为弟子者,又多不审。如刘公理顺、熊公汝霖皆非受业者,而滥列之。乃谛定其学行之不愧师门者三十五人,再传弟子一人,或反不甚为世所知者。乃甫三月而予去。

先是,宜田欲予校定子刘子诸遗书,因并撰《蕺山讲堂小志》。至是不果,则竟因予之去妄芟去其中数人者,诸生以为恨,请予志之石以存之。乃仿《家语弟子行》之例,撮其大略,为文一通,存之祠中,以志见知之统。

三十五人者(序号为引者所加):

(1)曰海盐吴先生麟征,字磊斋,甲申殉难忠臣也。详见明史。初,磊斋未识子刘子。一夕,梦中闻其诵文信公"山河破碎"之句,醒而讶之。及见子刘子讲学都门,因问业。磊斋死国,诸弟子私相语曰:"妖梦得无及先生乎?盍请先生志墓以禳之。"子刘子流涕曰:"固应及耳,何禳之有!"不一年,难作。

(2)曰顺天金先生铉,字伯玉,甲申殉难忠臣也。详见明史。伯玉之学颇近禅宗,虽累论学于子刘子,不甚合也。而子刘子以其人雅重之。

(3)曰山阴祁先生彪佳,字虎子,乙酉殉难忠臣。详见明史。祁氏世为巨室,藏书甲浙中,寓山园亭之盛甲越中。虎子,少年豪士也,自从子刘子,折节心性之学。乙酉,子刘子绝食,会名王聘六遗臣,则子刘子暨虎子并豫焉。虎子死，子刘子已困不能语，闻而张目，颔之。

（4）曰海盐彭先生期生，字观我，丙戌赣州殉难忠臣也。

（5）曰会稽章先生正宸，字格庵。详见明史。子刘子夫人之侄，首从学再山。格庵崇尚气节，不甚讲学，力行者不在口说也。六遗臣之聘，格庵豫焉，逃去。起兵，事败，行遁为僧。

（6）曰润州叶先生庭秀，字润山，详见明史。子刘子长京兆时，方为推官，因问学。丙戌，官闽中，至侍郎。事败为僧，以忧死。

（7）曰山阴何先生宏仁，字书台，在证人讲社中最深造，予今求其书，未得见也。丙戌以后，行遁如格庵，然实令终，而江右魏禧志其事，以为死节，讹也。书台以故侍御入桃源，完节而终，何必死乃足重！予别有辨。

（8）曰关右董先生标，冯恭定公弟子也。晚官兵马司使，始从子刘子受业，读其问答，醇如也。甲申前卒。

以上八先生皆执弟子之礼，而子刘子则但以朋辈待之者如蔡季通例。故有疑祁虎子、章格庵非受业者，讹也。

（9）曰山阴陈先生尧年，字敬伯。

（10）会稽章先生明德，字晋侯。

（11）山阴朱先生昌祚，字绵之：服勤于子刘子最久者也。敬伯居石家池，在蕺山右。子刘子开讲，首在其塾。党祸之烈也，子刘子子贞孝君汋尚少，讬之敬伯，曰："子，吾之王成也。"而明德为格庵群从。白马山房之会，陶石梁弟子多异说，明德辟之力。绵之居即在蕺山下，其解吟轩，子刘子讲堂也。朝夕不离杖履，所造甚邃。今轩为比邱尼所据，予伤之，欲赎之归书院中，不果。

（12）曰余姚王先生业洵，字士美，阳明先生之宗也。梨洲黄氏尝言："子刘子开讲，石梁之徒三及吾门，欲摇其说。左右师席者士美、元趾与予三数人。"则士美亦证人之功臣也。四先生皆以甲申前卒。

（13）曰海宁祝先生渊，字开美，乙酉殉难义士也，详见明史。开美受业归，即死难，赠检讨。

（14）曰会稽王先生毓蓍，字符趾，乙酉殉难义士也，详见明史，赠检讨。元趾先尝学于倪文正公。

（15）曰山阴潘先生集，字子翔，乙酉殉难义土也。

（16）曰诸暨傅先生日炯，字中黄，丙戌殉难义士也。

（17）曰武进恽先生日初，字逊庵。尝上书申救子刘子，其风节近开美。丙戌以后，累至山阴哭祭，为之行状几十万言。独于子刘子所言"意为心之所存"有未然者，故行状中略之，尝为梨洲黄氏诘难。晚披缁，颇以嗣法灵隐为世所讥，然其人终属志士也。

（18）曰西安叶先生敦艮，字静远，笃行君子也。予尝谓：三衢学者徐逸平称杨龟山大弟子，是程学；徐径畈称汤晦静大弟子，是陆学；而静远则子刘子大弟子，堪鼎足。既弃诸生，能昌子刘子之教于里塾。

（19）曰慈溪刘先生应期，字瑞当，子刘子称其静密。丙戌后以愤死。

（20）山阴张先生应鳌，字奠夫，服勤于子刘子最久者也。南都匆匆，宵人尚赫奕邸舍作承平态，子刘子署独萧然，奠夫一人侍之。其人笃实自修之土也。在南都作《中兴金鉴》，欲上之，不果。丙戌后，尝嗣讲山中。

（21）曰会稽董先生场，字无休，故倪文正公弟子也。有高行，晚披缁，然有托而逃，稍与恽逊庵不同。老寿，手辑《子刘子遗书》。

（22）曰山阴戴先生易，字南枝，遗民中之奇者。其葬吴人徐枋事，最为世所称，然莫知其为子刘子门人也。予晚始知之，乃表而出之。

（23）曰鄞华先生夏，字吉甫。

（24）王先生家勤，字卣一，精于礼，卓然不与先儒苟同。乙酉起兵，参江上事。戊子，二先生谋再举，不克，同死之。

（25）曰余姚张先生应煜。乙酉之夏，子刘子绝食，应煜劝以拥诸藩起兵，子刘子谢以事不可为。曰："然则是降城亦非先生死所也。"子刘子瞿然曰："子言是也。"遽出城。予过姚江，求所谓张先生后人，莫有知者。然即此一言，不愧为子刘子之徒矣。

（26）曰会稽赵先生甸，字禹功。少极贫，学箫以养亲，艺绝工，时称为赵孝子。长而游子刘子之门，得其学。丙戌后有高节，隐于缁，时卖画以自给，世所称"壁林高士画"者也。晚讲学偶山，子刘子少读书地也。

（27）曰慈溪张先生成义，字能信，有异材。丙戌后，起兵不克，行遁，毕生不返，莫知所终。

（28）曰萧山徐先生芳馨，字徽之，通兵法，其论学则亦微于师门有转手者。

（29）曰仁和沈先生昀，字甸华，独行之士。

（30）曰海宁陈先生确，字乾初，畸士也。说经尤夸夸，详见梨洲黄氏所著墓志。

（31）曰山阴周先生之玙，字敬可，世勋籍。证人之会，或以敬可为右班官子弟忽之，不知其苦节过人也。子刘子殉节，敬可负其遗书，与贞孝同避兵，中途累为逻者所厄。敬可流离播迁，谓贞孝曰："死则俱死，不负吾师以生。"而贞孝护发未薙，敬可曰："事急矣。"诡与贞孝披缁于兴顺寺。事定归家，则田宅尽为人所夺，遂无一廛。或劝讼诸官，敬可曰："吾不忠不孝，投死他乡，何颜复构狱于官府，与恶少共对簿？"遂寄食于贞孝家以死，无子。

（32）曰诸暨陈先生洪绶，字章侯。其人以画名，且以酒色自晦，而其中有卓然者，子刘子深知之。蕺山弟子元趾与章侯最为畸士，不肯帖帖就绳墨。元趾死，章侯不死，然其大节则未尝有愧于元趾。故予定诸弟子中其有负盛名而不得豫配享，而独于章侯有取焉，详见予所作传。

以上三十二先生皆卓然可传于后者。

（33—35）若余姚三黄先生宗羲、宗炎、宗会，同受业子刘子之门，其所造各殊，而长公梨洲最大，予为作《墓碑》甚详；次公晦木，予亦有《墓表》；泽望则见予所作《缩斋集序》。

（36）而梨洲之徒，有曰鄞万先生斯选，字公择。其父户部郎泰，故尝游子刘子之门。公择兄弟并从黄氏，称私淑。其最有功于子刘子之《遗书》，偕梨洲而左右之者曰公择，纯笃邃密，故吾于子刘子之再传不能遍及，而独举公择者，以《遗书》也。若子刘子之子遁斋，即所谓贞孝君者也，则梨洲所作《墓志》备矣。

虽然，诸高弟之死不过六十年，而山中讲堂其谁为"诚意三关"之学？则亦无有乎尔矣！诸生登其堂，能无汗出浃背也耶？[（清）全祖望：《子刘子祠堂配享碑》，载《刘宗周全集》第6册，第646—651页（标点有修改）]

附录三：访"蕺山"记

附记：此访记作于2010年，是时正师从张立文先生攻读博士学位，借开会之机，去绍兴感受蕺山先生的活的灵魂，因有所感，故将前后故事记载下来，也是本人成长的心路历程。虽时隔多年，每每回忆起当年访"蕺山"澎湃激动之情和拳拳景仰之心，贤儒之气象始终督促激励我正心诚意，不敢有丝毫懈怠。借此拙著出版，一并附录于此，亦算是对先儒之缅怀、对儒学精义之实功践行！

早在2003年撰写硕士毕业论文《刘宗周历史哲学意识探微》时，就想到刘宗周家乡浙江省绍兴市实地走访，也算是一种游学，去亲自感悟先贤圣学的文化底蕴。但是在当时，虽有一定的感情冲动，却无急切和迫切，因为那时的我尚未达到那种用心与蕺山思想交流的境地，只好作罢。尽管硕士论文已经接触了刘宗周的哲学思想，但他还只是我学术研究的起点，"客观"的"研究对象"而已。硕士毕业后进大学工作，在读书和生活中，不断反思蕺山的言行语录，在静心体悟蕺山"皦皦完人"之圣贤气象时，在勘查自我做人做事之理据时，心中总会呈现出刘宗周"严毅"、"清苦"、"自得"、"简约"、"刚直"、"正气"等方面的学思性德，那种要与圣贤"面对面"交流的急切心态迫使我非要到蕺山面前拜祭不可。惟有瞻仰缅怀古人，方可释惑解疑，润心浸性！况且，我攻读博士学位，仍以刘宗周为题撰写论文，写作过程中对蕺山先生的理解和体贴更加深刻，是时候去拜访古人了。终于，我鼓足勇气，于2010年11月14日南下绍兴。只是内心却异常平静，如一泓止水。蕺山先生在我心里，心已飘荡在蕺山之上。

初上蕺山，心潮澎湃

在同学的帮助下，安顿好住处，然后驱车直奔刘宗周讲学所在地——蕺山。蕺山是绍兴古城内三座主要小山之一，亦是绍兴的主要历史名山。蕺即蕺草，也称岑草。《吴越春秋·句践入臣外传》有云："越王从尝粪恶之后，遂病口臭，范蠡乃令左右皆食岑草，以乱其气。"该山因多产此草而得名。蕺山因越王勾践在此采蕺草而成名，亦因刘宗周在此讲学而为后人万分向往与敬仰。初到山脚，我原先"心如止水"的心境荡然无存，开始变得澎湃汹涌，真想一步踏入蕺山讲学学堂，在历史的回音中探索古圣先贤的学理名言，聆听蕺山铿锵果决的论说明辨。

"山不在高，有仙则名"。蕺山的确小，但有采蕺草的勾践，山脚处有王羲之故居，刘宗周又于此处讲学传道，此山因此而名扬四海、名人迭显。无论勾践，还是王羲之，拟或刘宗周，斯人已逝，其名播扬。是时，默作《将进酒·游蕺山》打油小诗，曰："君不见，蕺山之木葱郁盛，勃发生机精气扬。君不见，绿荫潺溪绕城去，芳微深把远流长。越王得意此采蕺，十年卧薪终有尝。琅琊俊才王逸少，筑屋名山有兰亭。蕺山东浙圣贤儒，明伦悟道心学扬。帝王将，贤士才，山巅小，灵却光。宗周醇淳仕，风历学人尽心倡。直言敢谏勿昔命，但能正气震四方。严毅清苦自得乐，惟有无欲远怅茫。出明入宋溯孔孟，尧舜心传是康庄。朱子阳明皆隙漏，圆融和合新意朗。游蕺山，访故地，思悟先贤治学术，探赜索隐心神爽。"早在来绍兴之前，虽对蕺山有所了解，但"百闻不如一见"，当蕺山处在眼前之时，才体会到它的意蕴和内涵，才感受它的灵气与神圣。是时，天气闷热，小山之上尽是袅袅浮云，而且因为树木茂盛，山中的建筑物除山顶的高塔之外，皆隐藏于水汽之中，多少又增添了几分神秘。

现在的蕺山已被改造为蕺山公园，绿树、溪流、草坪、路牌，古朴中透着典雅，现代中显现着人性。一行三人从南面上山，以寻访刘宗周的蕺山书院。按照路牌指示，踏过铺着长条石板的小桥，穿过青竹包绕的小径，拾级而上。那一潭碧水之中，无数的金鱼在自由地游荡；那条幽幽小径，三两游人交错其中。猛抬头，有一道牌坊，正面书写"学径"。"书山有路勤为径，学海无涯苦作舟"，上山的路崎岖跌宕，可以有石台，但为学的路荆棘丛生，非经一番寒彻骨的苦读和极精深的沉思，否则何以正心修身、齐家治国？"学径"可以无数，但"君子之学"却惟一。上山有路，为学有径，做人有方，处事有则，在规矩中求方圆，于自觉中求自得。越过这道牌坊，正要继续拾级而上，朋友说："后面还有字。"一看，果然，与"学径"对应的是"励志"二字。"志"者，向也。为学倘不能立志有向，学则无的，其学则是漫学、滥学。宗周曾言"为学莫先立志"，立志之学便是要学做人。"人"者，一撇一捺，书写简单，做起来确实无比艰难。然而，一定要立定做人之志，方可做成为人。人不是不能成其为人，只是人有时不愿做人，缺失了做人之志而已。"志"者，"意"也；"意"者，"心之所存"者也。有"志"便是体"意"，"意"显便是明"心"，"心"诚则是人。励志为学，学以正己正人。

心中一直念想着刘宗周的模样，路边的草木已经不能吸引我，美景怎能抵挡我访圣问贤的急切心情？小亭兀立半山，虽为"状元亭"，已无心品味。且不管它，还是直上书院吧。终于，透过密密的树丛，窥见了蕺山书院外墙上的"源"字，不禁脱口而出，"此必是'浙学渊源'者"。朋友叹道："的确是'浙学渊源'四个字。看来，你早已经认识它了"。三人对视哈哈一笑。是的，浙东之学于斯为盛，岂能与蕺山无关？蕺山之学，承阳明后学之流弊起而救正，渊溯孔孟道统而能圆融程朱陆王；学以自得，挺立"心之体"，证心以证人；践履笃行，实功实行，《易》之"九德"，集于一身；春秋大义，首阳一饿，张显"皭皭完人"气象。蕺山为人，尚忠直、严操守、重气节；蕺山治学，传道统、辨儒释、倡自得。蕺山于经史子集、论孟学庸，无所不读、无所不悟，真知真行，表里如一。明亡而殉国难，非仅以气节名者，实乃为学处世之自然之道；全身之孝，上无愧父母国君，下引契生徒子嗣；以己之亡挽厄运、维士气、感人心，裨益于世道。蕺山风厉之教，激越乡儒生铁骨铮铮之正气；蕺山圆融心学，成浙东学派经世致用之缘起。此外，明代心学大家王阳明亦为绍兴人，其故居便在绍兴市区王衙弄内，离蕺山并不远。阳明心学是宋明理学的重要一脉，与朱熹理学、张载气学鼎足三立，自有不可替代之地位。"浙学渊源"除括论刘宗周学思笃行对东浙才俊士子之影响外，当还有溯源阳明之意。

难以抑制的兴奋与激动，终于要踏进朝思暮想的蕺山书院，一睹先哲讲学圣地了！转过几道弯，踏上一小块平地，蕺山书院的大门豁然映现于眼前。青砖、灰墙，左边有"慎独"，右边有"诚意"，蕺山为学主旨立显。蕺山"学凡三变"，始从主敬入手，中年专用慎独，晚归本诚意，治蕺山之学者，多以"慎独"、"诚意"概括蕺山哲学思想之本质。实二者当看作是蕺山为学之工夫，不可视之为蕺山为学主旨。若说蕺山学之本质所在，当定位为"心"学，只是与阳明之"心"学有异，而是圆融心、理、性、气的和合心学。"慎独"之学出《中庸》，"诚意"之论出《大学》，蕺山以二者为求心探体之工夫进路，并在晚年将二者圆融通合，亦即打合《学》、《庸》，论学无出乎一心，为学无出乎做人，"人心惟危，道心惟微，惟精惟一，允执厥中"，终归落脚于一心；天道、地道与人道，终归止于自我主体之心。"舍我其谁"，不是自大，却是真理；"心外无道"，非心道二分，心即是道，道便是心；"慎独"即是诚吾意，"诚意"便是慎我独。此"心"有独体，吾"意"自然诚；吾"心"有诚体，我"独"自在慎。真工夫，立大本，本立而道生，道即在心中。

该进入书院聆听大儒刘宗周讲学的历史回音了！但是，书院的门是紧闭的，无论我们怎么敲，它终究没有开。原因就是，那天是周末，蕺山书院作为绍兴市的旅游景点，周末是不对外开放的。心中的遗憾油然而生。徘徊在蕺山书院大门，但终究还是无奈地下山。不过，书院门口的几个年轻的学生模样的人，默默地倚在书院门前空地的石栏上，好似在静听书院里传出的读书声、论辩声，那种执着的眼神和恭敬的姿态，多少让人欣慰。且不管这些人是否真的知道刘宗周，凭他们能够到书院门前站一站、看一看，蕺山尚未远矣。

学子的心并没有因为书院的关门而关门，那种急迫反而更加强烈，刘宗周的神秘更刺激我要再上蕺山，一定要一睹蕺山风貌。

再上蕺山，恭敬中透着同情

11月15日一早，吃罢早饭便急急赶往蕺山。天下着毛毛细雨，有些冷。绍兴的大街上有这样四种交通工具：公共汽车、出租车、人力车和电动三轮车。现代与传统纠结的城市，衬托出绍兴城的悠远历史和文化个性。伸手拦下一辆电动三轮车，司机是个大姐，操一口半普通话半绍兴话的口音。我激动地给她说要到"蕺山"，并讲好价钱。不贵，才五块钱。因为我的方向感不好，而且天下着雨，实在是分辨不出去蕺山该走哪条路、蕺山在我住宿的"咸亨大酒店"的哪个方位。一听说只要五块钱，我知道一定是在不远处，可在满是高楼的城市里寻找一个只有五六十米高的"小山"，的确是不容易。何况，天霪雨朦朦，还是借助当地人帮忙吧！上了车，三轮车穿过大马路，绕过石板铺就的小街，又沿着一条城中河岸往前走，三轮车是敞篷的，寒风直往我脖子里灌，脸有些冷，但内心又激动起来。不过，怎么感觉不是昨天那条路呢？蕺山脚下应该没有那么多的公共设施啊？是不是带错了？我问大姐，大姐一再重复"ji shan"就在前面，快到了。越是这样，我越是感觉不对。蕺山并不大，蕺山边上就是立交桥，可这里不是啊！一定是错了。在我思忖的时候，大姐告诉我"ji shan"到了。山是到了，可的确不是"蕺山"，而是"稽山"。哈哈！看来实在是孤陋寡闻，绍兴城内除了"蕺山公园"外，居然还有一个"稽山公园"。我给大姐说我要找的蕺山公园山上有高塔，她指指稽山公园，那个小山上的确也有高塔。我说蕺山上有书院，叫蕺山书院，是明末大儒、绍兴名仕刘宗周讲学的地方。大姐一头雾水，连说不知道、不知道。大姐问我蕺山在绍兴城的哪个方位，告之曰在城东北角。她还是没有想到究竟那座山还叫"ji shan"。只好作罢，我说还是回宾馆吧。她一路上给我解释，我所说的"ji shan"公园只有一处，就是这个"稽山公园"。她的话里夹着绍兴方言，实在有些难懂，只好回应着"不是这里，不是这里"。昨天是朋友带着去，今天自己去却碰了钉子。缅怀先贤的确是件不容易的事！不经一番麻烦事，怎能一睹圣贤面？心态放平和了，定是有什么地方没有说明白，才使得司机不知道。自己又不懂地方方言，只好回宾馆重新寻找。车子到宾馆后，司机大姐主动只要五块钱，说没有帮忙找到地方，有些过意不去。吾感动颇深。蕺山在证人讲学时便制定有学规，要求学生"童叟无欺"，要"诚实"。看来，绍兴百姓还真是朴实！

　　撑着伞，急切地等着另一辆交通工具的到来。真好，是一辆人力三轮车。也好，说不定这位司机师傅地地道道、土生土长的绍兴人，会知道"刘宗周"的历史情况，会当我的导游呢。我要探访蕺山书院、游走"水澄里"古镇就靠他了。赶忙把他拦下，年龄较大的大爷从车上下来，操一口地道的绍兴话问我去哪里。我心中的那种热情有些消散，凭这样的方言，我们如何交流得起来？既然拦下，还是上车吧。我说去"ji shan"，他赶忙从车上跳下来说，去"ji shan"不应该这样走。当然，我是从他调转车头的姿态中琢磨出来的。我赶紧解释："刚从那个'稽山公园'回来，我要去有高塔、有书院的蕺山。"他想了很长时间才开始上车、蹬车，并向我介绍绍兴城内的"山"，什么王家山、塔山、府山、稽山，我想，这次该会把我送到"蕺山"了吧。老先生既然能够知道这么多绍兴名山，自然该知道"蕺山"的。他的绍兴话使得我只是听，在模模糊糊中只是点头，老人家热心的样子、真诚的表白，我作为一个远道来的学子，自然恭恭敬敬而已。看来老人家是非常熟悉绍兴古城的，穿街走巷，绕过一片有年头的、铺着石板路、满是古民居的街区，终于将我带到"ji shan"。下车后，我怎么打量这个山也不是昨天来过的那个"蕺山"。我又重复着给大姐说过的话，蕺山上有高塔，老人家指指山说，上面有高塔的。远远望去，亦的确有塔。我说山上有书院，他说这个山上有宫殿。我说蕺山上有三百年前大儒讲课的地方。他说这是皇帝做官的地方；我说我要找的是"蕺山"，他说你不是去过"ji shan"了吗，不知道还有其他的"ji shan"。在他一遍遍的解释中，我真是绝望至极。找"蕺山"怎么就这么难呢？

　　人力车师傅带我到的地方居然是"府山"，即越王台。我是学子不是游人，哪有心思上越王台啊。访蕺山、探书院、找后人是我此行的目的。忽然想起，不会是当地人不念"蕺"为"ji"吧？我试着问路边卖"乌毡帽"的女老板，"蕺山"在那个方位，怎么走，并在纸上写下"蕺山"二字。她说，当地人念"蕺"为"qie"，不念"ji"。恍然大悟。她详细的告诉我去"蕺山"的路线，再一次感受到绍兴百姓的热情和诚实。顺手，我买了一顶乌毡帽，一定要留作纪念。遥想当年，蕺山戴着这样的毡帽，穿梭于求学问道的石板路上，无处不留下他真诚、严毅的背影！毡帽，这个绍兴百姓生活的必需品，穿越历史的时空，飘荡在思想的脉络里。

按照新的指示，打出租车到蕺山。终于又来到蕺山，踏上蕺山书院的平台。书院的大门向我敞开，心中的渴望顿时得到一些满足。花四块钱买门票，恭恭敬敬入蕺山书院。里面并没有游人。正好，我可以静静地与蕺山交流了。

一进大门便是书写着《蕺山书院简介》的木牌，油漆已经脱落。看上去有些不舒服。简介指出："蕺山有书院，始于南宋乾道间，至今已有八百多年历史。因最早在此办学的是从相州南渡居越的韩家，故后人称之为'相韩旧塾'。明朝末年，刘宗周与徐如翰① 会讲于此，称蕺里书院。刘宗周提倡诚意为主，慎独为功，在中国学术思想发展史上占有重要地位，为蕺山学派创始人。后书院为演戏者所居，供奉老郎神。清康熙五十五年，知府俞卿② 捐俸赎回，定名为蕺山书院。一九○二年改为山阴县学堂。一九○九年与会稽县学堂合为山会官立高等小学堂。抗战时被毁。现书院系二○○三年于原址重建，内设'刘念台先生讲堂'，讲堂二楼为陈列室，介绍书院历史上六位较有影响的山长及主讲。讲堂对面为'学子馆'，陈列十七位成就卓著的蕺山学子事迹。西边小院内北向，修复了'刘子祠'，内供刘宗周先生神主，其三十五位高弟子及子刘汋配享于两侧。"蕺山书院历史悠久，传承

---

① 徐如翰，字伯鹰，号檀燕，明代上虞人，曾与刘宗周同讲学，并与陶石梁、陈元宴诸人赋诗饮酒度日，人称"稽山八老"，有《檀燕山集》传世。

② 俞卿（生卒年月不详），字恕庵，又字元公，云南陆凉州（今云南省陆良县东北）人，清康熙二十年（1681）举人，康熙五十一年任绍兴知府。傅振照论文指出："（蕺里书院）后为优人浮浪小年犹杂游治之处。康熙五十五年（1716），绍兴知府俞大猷为崇尚理学，纪念先生，檄令移去。乃捐俸五十金，创修扩建书院，特辟五楹南向堂屋，额为'刘念台先生讲堂'，更名蕺山书院。"（傅振照：《刘宗周小考》，《浙江学刊》1989 年第 2 期）俞大猷（1503—1580），字志辅，又字逊尧，号虚江，明代泉州北郊濠市（洛江区河市镇）濠格头村人，显然与俞卿非一人，傅振照先生论文有误。

了太多的艰难与险阻。而今，重建后的书院更加缺少文化气息，承载着的是"景点"价值。哎，还有多少人理解刘宗周呢？

我来了，可我又无言以对。面对大哲贤儒，惟有聆听他的教诲，岂能妄图有什么宣泄呢？恭恭敬敬地拾级而上"刘念台先生讲堂"，左边廊柱书写"此处是越王采蕺处原吾侪卧薪尝胆励志品行"，右边书写"兹山即刘子讲学坛望诸君立雪尘风追继法哲"，高高的门头上面是"相韩旧塾"四个大字。透过敞开的门框，慈蔼、安详的蕺山挂象便映入眼底。终于可以跟他面对面了。轻轻地迈步跨入讲堂，在他的画像面前伫立良久，屏息沉思，不远千里来这里。我心有慰，但愿蕺山亦有灵犀。

仔细端详蕺山画像，浓眉中透着刚毅，正襟中见着威仪；持身端肃，面冷如冰；清介严谨，百炼精醇。相由心生。气象自是修为，修为定成气象。蕺山道宗洙、泗、学本程、朱，忠悃、正大、成仁、取义，已得孟子家法，可谓一代伟人。蕺山画像上联为"无欲常教心似水"，下联为"有言自觉气如霜"，这是蕺山自撰联。蕺山之论是在告诫吾人，做人要自然而然，要坦然自在，千万不要奔走于蝇头小利。人有正常的生理、生活欲妄，这是可以理解的，而一旦走向无休止的追求，本心的宁静被打破，人亦会走向堕落，这样与禽兽又有何异？看到"心似水"三字，不自觉中亦感叹我初来蕺山时的那种"心静如止水"的感觉。蕺山早已在我心中，早就与我进行了多少次的对话，我所阐释的蕺山的话语，总是我用心来体贴。蕺山离我不遥远，而我就站在他面前。

蕺山画像上方有横批"明德至善"，显然是《大学》之"大学之道，在明明德，在亲民，在止于至善"之论的缩写和提炼。《人谱》之《人极图说》首句便是"无善而至善，心之体也"，"心"本"善"，明德就是明心之善，是自我明、自在明、明自我的过程。做人不是别人要我做人，而知自己要做个人。进行道德修为的过程，便是自己自觉的做道德修养。

蕺山画像有《刘念台画像题词》，曰："刘念台，刘宗周是也，山阴人，明朝末年著名理学家，其学之要在诚意，在慎独，人称之为'千秋正学'，天下敬仰为'泰山北斗'，是一个极富民族气节的爱国者。甲申春月白海敬缮与绍兴凤则江畔。"蕺山画像乃一绢画，且题词说"白海敬缮"，当为现代人所画。

画像两边的廊柱上又有对联，上联是"源溯阳明一代宗师流圣泽"，下联为"道崇东浙千秋正学耀文光"。说蕺山学"源溯阳明"倒有些可商榷之处，而应说蕺山之学上溯孔孟，近承程朱。清初理学名臣汤斌（1627—1687）在《刘念台先生遗照题辞》便指出："先生之学至矣！程、朱以来，体道之精，未有过焉者也。"[1] 说蕺山开浙东学派，实有道理。清代史学家章学诚（1738—1801）在《文史通义·浙东学术》中指出："浙东学术，……绝不空言德性……蕺山刘氏，本良知而发明慎独，与朱子不合，亦不相诋也。梨洲黄氏出蕺山刘氏之门，而开万氏弟兄经史之学，以至全氏祖望尚存其意，宗陆而不悖于朱也。"[2]

在东西两面墙上，有刻着蕺山《学戒四箴》（酒、色、财、气）、《自勖箴》和《独箴》的木质挂板，黑底金字，甚是庄严。所刻内容虽说是蕺山劝善扬恶之论，但代表着蕺山的哲学特色，那就是"学以致用、正己正人"。蕺山通过自己的言论督促自己做个堂堂正正的人，别人倘若良知未泯，自然会从中感悟，亦能够做个堂堂正正的人。不过，挂板上所刻录的蕺山言论主张属于蕺山早年之作，可视为为学主"慎独"之说时的理论创构。当然，到晚年，蕺山打合慎独与诚意，撰著《人谱》，其哲学思辨、做人之道、为学之理实现统合与圆融，终究是在挺立"心"体的过程中达致天道、地道和人道三才之道的和合一体，为人成为人探寻了必然之理和可能之道。

站在蕺山画像面前，我深深三鞠躬。转身出门，拐进"蕺山薪火"纪念堂。此屋与讲堂正对，蕺山注视着他的后学弟子，后学亦聆听恩师的教诲。正对门口的是书写着《蕺山薪火》的大石墩，上面这样记载："蕺山文风向甲越中，南宋相州韩氏于此处讲学，授从子孙，相继迄于元代。明末刘宗周创蕺山学派于蕺里书院，影响深远。入清则有蕺山书院、山阴县学堂，以至于今之蕺山小学，斯文不坠，一脉相承。数百年来造就各类人才，或气节，或儒学，或文史，或理工，指不胜屈，今择其尤为杰出而生平可考者，

---

① （清）汤斌：《刘念台先生遗照题辞》，载《刘宗周全集》第6册，第616页。

② （清）章学诚著，叶瑛较注：《文史通义校注》，中华书局1985年版，第523页。

扼要介绍于此，学子馆俾人知蕺山之文化传统，对先达而思勉也。吴锡朋序，何涤非书"。可知，凡列入"蕺山薪火"名单的，只是受蕺山影响较大、有明确生平可考之人，未列入的亦未必不是蕺山薪火传人。其中，蕺山弟子有：姜希辙、刘应期、周之璵、陈洪绶、王毓蓍、彭期生、叶廷秀、陈子龙、吴锺峦、黄宗羲、祁彪佳、章正宸、陈确、叶敦艮等十四人。而他们亦都是全祖望《子刘子祠堂配享碑》中人。

出门左转，进入另外一个小院落，便是坐南朝北的"刘子祠"。祠堂并不大，偏寓蕺山书院的一角，蕺山在天有灵，那就请保佑莘莘学子学有所成吧！我在"明忠端公刘先生讳宗周"牌位前再次三鞠躬。这是我平生第一次见祠堂，亦是第一次在亡灵牌位前鞠躬、悼念。本想将这个牌位拍照下来，不知什么原因，我从不同角度、位置拍了近十次，居然没有拍一张清晰的照片。我想，自己的学术功力还是不够，蕺山先生他夫子不高兴了吧，那就不照了。我已经理解蕺山很多了，照片那只是个形式罢了。他在我心中的形象已经很完美了，那才是他给我的最好的照片。

在蕺山牌位左右则是蕺山弟子三十五人和其子刘汋的神位。在一进祠堂门的左边墙上有《重建刘子祠记》石牌，说："刘念台先生宗周，明末大儒，一代宗师，鼎革之际，绝粒殉国，气节学问，万世景仰。清乾隆年间，以先生曾讲学蕺山又自称蕺山长，乃建刘公祠于山上，奉其栗主。时鄞人全祖望先生主讲蕺山书院，为之谛定配享名单。计曾问学于先生而先生以朋辈待之者：海盐吴麟征等八人卒于甲申前者，山阴陈尧年等四人殉国难者，海宁祝渊等四人其他高弟子，武进恽日初等十六人及余姚黄宗羲兄弟三人，凡三十五人。其后芟减损废，至嘉庆时，并刘公子汋之神主，数之仅存十四位。近百年来，国家多事，社会动乱，刘公祠早已圮毁不存。去岁，重建蕺山书院，乃于主楼之西复建刘子祠，中奉先生栗主，以全祖望原定名单，益以先生之子贞孝君汋，共三十六人配享，分列左右两龛。今新祠告成，瞻仰有所庶，可上对先贤，下诏后世也。甲申秋月后学吴锡朋拜撰暨阳朱仲夫敬书。"从中可知，刘子祠在乾隆年间始建，嘉庆时已经有所破坏，近代被毁，2004年重建。重建的刘子祠堂左右两龛配享刘宗周神主者，便是全祖望（1705—1755）所定《子刘子祠堂配享碑》中所记载其中三十五人，而再传弟子万斯选未入祠堂，换成蕺山子刘汋。这样，配享者共有三十六位，左龛为，吴麟征（海盐）、祁彪佳（山阴）、章正宸（会稽）、何弘仁（山阴）、陈尧年（山阴）、朱昌祚（山阴）、黄宗羲（余姚）、黄宗会（余姚）、王毓蓍（会稽）、付日炯（诸暨）、叶敦艮（西安）、张应鳌（山阴）、戴易（山阴）、王家勤（鄞）、赵甸（会稽）、徐芳声（萧山）、陈确（海宁）、陈洪绶（诸暨）；右龛为，章明德（会稽）、叶廷秀（润州）、董标（关右）、彭期生（海盐）、金铉（顺天）、董玚（会稽）、刘应期（慈溪）、恽日初（武进）、潘集（山阴）、祝开美（海宁）、黄宗炎（余姚）、刘汋（山阴）、周之璿（山阴）、张应晔①（余姚）、沈昀（仁和）、王业洴（余姚）、张成义（慈溪）、华夏（鄞）。

蕺山书院之内并无其他纸质文字说明材料。对于我这样的研究刘宗周的人来讲，可以了解刘宗周，但是，其他到此游览的人，不见得就会对刘蕺山有多少了解。因此，名人故居之地，一定要有一些纸质的文字资料供人阅读。若是有门票出售，那就随门票套送；若是免费游览，那也要有相应文字介绍供游人索取。名人之故居旧地，凡是来游览、瞻仰的人要是都能获取一定的文字说明材料，定是一种真切的留念，亦是对被访者的缅怀宣传和纪念。

怀着尊敬的心情观览了蕺山书院。但，遗憾的是，在我观览蕺山书院的一个半小时内，居然没有另外一人来游览。不过，毕竟绍兴市政府投资修复蕺山书院，蕺山在天有灵的话，也算是欣慰些了。

拜了刘子祠，瞻仰了蕺山讲学堂，亦查看了蕺山薪火传人，是不是有什么遗忘了？对了，当今，蕺山还有没有后人呢？要是找到蕺山后人，蕺山岂不是香火未断吗？我跟蕺山书院的管理员攀谈起来，虽然语言不通，但大致了解，蕺山有后人，不过已经不在绍兴了，都在杭州，没有从事人文社会

---

① 全祖望《子刘子祠堂配享碑》说此人为"张应煜"（参见《刘宗周全集》第6册，第649页），而姚名达《刘宗周年谱》记之为"张应烨"（参见《刘宗周全集》第6册，第479页），杜春生《刘子全书遗编钞述》所载亦为"张应烨"（参见《刘宗周全集》第6册，第700页），刘子祠记载为"张应晔"。此人当为"张应晔"，"烨"与"晔"读音相同，但与"煜"不同。故，全祖望所载可能有误。

科学研究的。我向他打听联系方式，他并不知道。真是遗憾！要是能够联系上蕺山后人，岂不是一件很有意义的事吗？

下午，在朋友的帮助下，找到了绍兴市史志办的李处长，向他打听蕺山后人的事。他告诉我，蕺山在绍兴（原来的山阴县水澄里）住的时间不长，因为他是遗腹子，大部分时间在他外婆家（道墟）。水澄里后来改为水澄巷，之后成为现在绍兴市胜利路的主体，而且蕺山曾经的故居被改造，变成了绍兴市老市府广场。听说这些话，心里有些遗憾。其时，与他交流也存在沟通障碍，方言极重，往往问他几次才明白怎么回事。城市建设为什么总是要以破坏旧的为宗旨呢？老北京几乎丧失殆尽，千年历史被湮灭于水泥钢筋之下。城市建设的宿命在中国各地重演，在留下霓虹灯和大马路的同时，留下更多的是对祖宗的不敬、不尊，是对历史的无视。

三上蕺山，宗周后继有人

第三天，天气依然有小雨。不过南方的天气挺好，在北京时，已经穿很厚的毛衣了，而到这里，只要穿单衣就行。衣服穿得少，活动就多。头一天访蕺山、观书院，总感觉少点什么。对，没有找到蕺山后人的联系方式，不能确信蕺山是否真的有后人。这是一点遗憾。还是再上蕺山看看吧，说不定会有另外一番收获。

前两次由宾馆去蕺山，一次坐了朋友的专车去，故而自己记不住路，当自己找蕺山书院时，在不能与当地人有较好的语言交流的情况下，先乘电动三轮车，后换人力车，最后还是坐出租车才到达目的地。打的好像是最为稳妥的交通方式。但是，何不换公共汽车，沿途还能欣赏绍兴市的风景。由此一来，绍兴市主要交通工具可以全部利用了。倘若有时间，再坐下乌篷船，岂不很惬意的事！所以，一大早，我便坐公交车去蕺山了。车拐拐弯弯，经过好几条有着古典建筑的社区，在立交桥附近下车。早已经远远地看到了蕺山，看到了蕺山顶上的王家塔，内心的澎湃又不由而起。前两次都是从蕺山正面爬上去的，这次换到了蕺山的背面。

　　蕺山背面有一条河流过，两岸一边是山，一边是种有各种花草树木的花园路，甚是漂亮，三三两两的人们不时从我身旁走过。当然，他们多是晨练之人，并不知悉我这样的一个远方访客。远远地听到孩子爽朗的读书声和老师清脆的拼字声，心里很激动。这应该就是有名的绍兴蕺山小学。虽然明知道那就是蕺山小学，可我又不知如何走近她，有些着急。遥想当年，蕺山在山上讲学，学生们盘踞在蕺山周围、凝神沉思、静听师训、师道尊严、血脉传承，如今在蕺山脚下的蕺山小学又在重演，这是多么让人欣慰的事，在这里读书的孩子又该是多么幸运，他们的读书声直接对应的可是三百年前的大儒啊！读书声回荡在蕺山百年讲学明伦的历史时空中，传承着的是为学、为道、做人、做事、有知有行、有思有德、即学即行的求真务实精神，是刘蕺山直言敢谏、正己以正人的严于律己精神。小孩子稚嫩的读书声让我震颤，让我欣慰。

　　既然不知如何到小学校去，那就先上山吧！拾级而上。山虽不高，但是我的身体却感觉有点累。而立之年刚过，怎么真的就力不从心了？两年来，没有参加过一次体育运动，没有打一场球，心思几乎都用到了读书上面。读刘宗周，增长的不仅仅是我的知识，更是我的感悟。读书要多，但读书不在多；读书要精，要悟，要与著者"心灵交流"。我与刘宗周，自我感觉已经有了那么一点点"心灵交流"，从他的遗著中，我的确能够感受出这个有血有肉、有灵魂有气魄、有胆识有智谋的刘宗周的形象，而且，透过刘宗周的言论，我看到了中国哲人、思想家的那种独特的思维方式和思辨方式，能够从中拓展开来去仔细品味他的人生、古人的人生、人的人生。蕺山是我成熟的基石。蕺山曾有座右铭曰："读书有要，在涵养本原，已得作者之意，使字字皆从己出；做人有方，在谨凛幽独，以防未然之欲，庶时时远于兽门。"再真切不过了！孔子他老人家讲"举一反三"，若能够把刘蕺山读懂，其实，完全可以透过他在一定程度上体会他人，他哲学家、思想家、史学家。刘宗周并不是死读书之人，能够在那种艰苦的、动荡的环境中生存下来，并且在蕺山这样的美丽的地方讲学明伦，他怎么会没有生存智慧？他怎么会不懂思想？他怎么会不懂历史？看《刘宗周年谱》，无论是蕺山之子刘汋所写，还是后来学者姚名达所著，蕺山平生廉洁为官、正直为民、修德为学，三次被革职为民而不是被杀头之经历，足以表明蕺山处事之谨慎、做人之韬晦。看蕺山《人谱》、《读易图说》、《周易古文钞》、《证学杂解》、《论语学案》、《曾子章句》、《证人社约》以及五百多条《学言》、九十八件奏疏、近百封书信、大量碑铭、传作，蕺山的文思、哲思体悟皆历历再现，其哲学思想的远承近接、哲学思辨的圆融缜密、儒学立场的坚定果决、儒生气节的浩然悲歌，哪一点不是他即知即行、即学即道、即感即悟、即修养即道德的最为真切的体现？倘若能够把蕺山为人、为学、为官之道换转为自我的生存智慧和生命追求，又何尝不能实现自我的"正己正人"呢？蕺山是道德理想主义者，希图通过完善的道德思辨和体系构设提升世间个人全体的道德境界的提升，但他同时又是现实主义者，他的强烈的值得赞扬的道德理想主义并不影响他对现实社会的批判。他的一定程度上的现实主义精神又在表明蕺山的时代先锋作用。他的奏疏之中充满着对当局皇帝、权贵的批评与指责，他的《人谱》撰著背后正是对明末学儒之人却走向"禅学"之价值取向的批判，他的《中兴金鉴录》之"微言大义"中涵蕴着对明朝败落之必然性的思悟和历史经验的总结，他的《学言》之下看似"矛盾"的哲学理念的疏解实是在宣扬新的由心性而致功的新学方向。读懂一个人并不容易，能够与一个人实现思想上的交流与对话的确是不容易的事。但是，读懂了、读通了、读活了，读书之人不就通了、活了吗？读书不是读知识，而是寻感悟。尤其是人文之书，更是如此。我走在蕺山上，腿是累的，心是兴奋的；手是忙的，精神是愉快的。不管别人怎么笑话说"只懂一人不可取"，但我会说"能懂一人已经足矣"。问题是，当今的莘莘学子又有几个真的懂过他的研究对象呢？又有几个在用心与他人交流呢？牟宗三先生的"同情地理解"简单的论语之后，确是至深的为学功夫。我们经常引用这句话，可是又有几人能够做到呢？我很欣慰，因为我走在蕺山上，我能够感受到蕺山的心跳，我能够从风扫过枝头的沙沙声之中辨别出蕺山抑扬顿挫的学思明辨。前后算起来，我读刘蕺山已经七年了，终于稍稍懂得了蕺山，上山的累逐渐褪去，落在我心头的只是那个"无善而至善，心之体"的论断，只是那个圆圈。世界很渺小，而我们的心却是如此之大。蕺山在我心里，我也随蕺山漫步在蕺山书院的小径上。

猛抬头，再一次来到了威严庄重的蕺山书院大门前。还进书院吗？昨天进了，今天不进了，我心已经与蕺山先生有过交流了。既然有过那样的交流，并且能够静心交流，我在哪里都能够做到与圣贤心灵交流。我能够与蕺山交流，自然而然，我也可以与其他贤人圣哲交流。要相信自己，还是有悟性的。不过，不进去吧，总是感觉有些遗憾。到底是怎么回事呢？

今天卖票的是位女士。她问我要买票吗？我突然说，"师傅，您知道刘宗周的后人吗？"她顿了一下，说："你是不是指这个书院里面那个人的后人？"我立即兴奋起来，"是。""有后人的。后人每年都来祭拜。"我一听此话，立即从外面的购票的石台上跳下，跑进卖票的小屋里。那位女士显然也很高兴，赶忙从售票窗下的椅子上下来，问我怎么回事。我把踏访蕺山的事给她一说，她表示理解。然后给我细细讲起。原来，刘宗周的确有后人，现在都在杭州工作。自从修了刘子祠以来，他们每年清明时节都要来祭拜刘宗周。我向他请教可否有蕺山后人的联系方式。她愉快地说："我不知道，但是我们的领导知道。你可以问他。"我便又与她攀谈起来。原来，蕺山书院归绍兴市建筑协会管，蕺山后人来祭拜蕺山总会与绍兴市建筑协会的秘书长罗关洲教授联系。因此，这位女士告诉我罗教授的手机号，要我与他联系。我赶紧利用他们售票处的电话与罗教授通话。我问罗教授可否知道蕺山后人的联系方式，他告之我"知道"，但是他们的联系方式不在身边带着，他正在外面开会，要我下午联系。而且还说，他与浙江省社科院的吴光教授是同学。真是"柳暗花明"，我跟吴光教授也认识。我异常高兴，要是联系上蕺山后人，也算是不枉此行了。那位女士见我与罗教授通过电话，便将罗教授的名片给我一张。

心中的遗憾渐渐远去。终于找到了联系蕺山后人的线索了！亦终于确定蕺山后继有人！蕺山之学并没有断，研究蕺山的学者不断增加，我也算是其中之一吧。蕺山香火更是未断，目前有四男一女，当也算是比较旺盛。

谢过那位一时激动竟然没有问其姓名的女士，我轻松地下山。这次又换了一条路线，从山的侧面下山，不曾想，一通乱走，绕进了古民居。高高的瓦房，厚重的石板铺就的胡同，木质门板，要不是冒着青烟的煤球炉子，仿佛真的回到明代。守着一处大院落，摆一张石桌，泡一壶浓茶，拿本《论语》，或者《传习录》、《人谱》，在屋檐的阴凉处，仔细吟哦，当别有一番滋味。可惜，那已成为历史。如今的人们，又会有几人沉浸在读书之乐里面呢？

想着想着，童声又传入耳鼓。哈哈！这不就是蕺山小学吗？那几个大大的"宗周楼"字样映入眼底。一所现代化的学校伫立眼前，关闭的自动伸缩门里面的石壁上书写着"绍兴市蕺山中心小学"，旁边就是"宗周楼"。更有意思的是，旁边的楼正是用蕺山弟子黄宗羲、陈洪绶等命名的宗羲楼、洪绶楼。实际上，蕺山小学正是早年蕺山讲学的蕺山书院的现代转型学校。蕺山书院历史悠久，蕺山精神绵远流长。蕺山之后，名师踵至，薪火不断，明代文学家陈子龙、清代史学家全祖望、史地学家齐召南、哲学家徐庭槐、文字学家段玉裁、经学家孙星衍、史学家莫晋、文学家蒋士铨、理学家宗稷辰、文史学家李慈铭、文学家马传煦等名家大师曾担任主讲或院长，培养了一大批经世致用的杰出人才。1902 年冬，近代民主革命著名活动家徐锡麟和钱绳武等改蕺山书院为"山阴县学堂"。2005 年，新校落成。这所承载着几百年大儒经世致用、学行圆融精神的学校，古朴典雅之中又配备着现代化教学手段，将远古的精神与现代的手段有机结合，想必定能有所成就。

蕺山精神不断，蕺山先生大有传人。

参 考 文 献

一、古代典籍类

1.（汉）许慎著，（清）段玉裁注：《说文解字注》，许惟贤整理，凤凰出版社 2007 年版。

2.（汉）郑玄注，（唐）贾公彦疏：《仪礼注疏》，北京大学出版社 1999 年版。

3.（汉）郑玄注，孔颖达疏：《礼记正义》，北京大学出版社 1999 年版。

4.（唐）孔颖达正义、（汉）孔安国传：《尚书正义》，上海古籍出版社 2007 年版。

5.（宋）程颢、程颐：《二程集》，王孝鱼点校，中华书局 2004 年版。

6.（宋）陆象山：《陆九渊集》，钟哲点校，中华书局 1980 年版。

7.（宋）欧阳修：《新五代史》，吉林人民出版社 1995 年版。

8.（宋）张载：《张载集》，章锡琛点校，中华书局 2012 年版。

9.（宋）周敦颐：《周敦颐集》，陈克明点校，中华书局 2008 年版。

10.（宋）朱熹、吕祖谦编订：《近思录》，江苏古籍出版社 2001 年版。

11.（宋）朱熹：《四书集注》，岳麓书社 2004 年版。

12.（宋）朱熹：《周易本义》，廖名春注解，中华书局 2009 年版。

13.（宋）朱熹：《朱子全书》，安徽教育出版社、华东师范大学出版社 2002 年版。

14.（宋）朱熹著，（宋）黎靖德编：《朱子语类》，中华书局 1986 年版。

15.（明）陈洪绶：《陈洪绶集》，吴敢点校，浙江古籍出版社 2012 年版。

16.（明）陈龙正：《几亭全书》，《四库禁毁书丛刊》集部第 11—12 册，北京出版社 1997 年版。

17.（明）陈子龙：《陈子龙全集》，王英志辑校，人民文学出版社 2011 年版。

18.（明）陈子龙：《陈子龙文集》，华东师范大学出版社 1988 年版。

19.（明）冯京第：《冯侍郎遗书》，四明丛书（约园刊本）。

20.（明）华夏：《过宜言》，四明丛书（约园刊本）。

21.（明）姜希辙：《左传笺议》，《四库全书存目丛书》经部第131册，齐鲁书社1995年版。

22.（明）金铉：《金忠洁集》，载王云五主编《丛书集成初编》第2166册，商务印书馆，中华民国二十五年。

23.（明）刘理顺：《刘文烈公集》，《四库禁毁书丛刊》集部第144册，北京出版社1997年版。

24.（明）刘鳞长：《浙学宗传》，《四库全书存目丛书》史部第111册，齐鲁书社1995年版。

25.（明）刘宗周：《刘宗周全集》，吴光主编，浙江古籍出版社2007年版。

26.（明）倪会鼎：《倪元璐年谱》，《北京图书馆藏珍本年谱丛刊》第61册，北京图书馆出版社1999年版。

27.（明）倪元璐：《儿易内仪以》，《丛书集成》初编，商务印书馆1936年版。

28.（明）倪元璐：《儿易外以》，《丛书集成》初编，商务印书馆1912年版。

29.（明）倪元璐：《倪文贞集》，《文渊阁四库全书》集部第1297册，上海古籍出版社2003年版。

30.（明）倪元璐：《秦汉文尤》，《四库全书存目丛书》集部第365册，齐鲁书社1995年版。

31.（明）祁彪佳：《祁彪佳集》，中华书局1960年版。

32.（明）祁骏佳：《遁翁随笔》，《仰视千七百二十九鹤斋丛书》第三集。

33.（明）钱䒇：《读易序言》，《四库全书存目丛书》经部第25册，齐鲁书社1995年版。

34.（明）宋濂：《宋学士全集》，《金华丛书》。

35.（明）王守仁：《王阳明全集》，吴光等编校，上海古籍出版社1992年版。

36.（明）王嗣奭：《杜臆》，上海古籍出版社1983年版。

37.（明）王嗣奭：《管天笔记外编》，《丛书集成续编》第17册，台湾新文丰出版公司1989年版。

38.（明）王嗣奭：《夷困文编》，《丛书集成续编》第187册，台湾新文奉出版公司。

39.（明）文德翼：《求是堂文集》，《四库禁毁书丛刊》集部第141册，北京出版社1997年版。

40.（明）文德翼：《雅似堂文集》，《四库全书存目丛书》集部第33册，齐鲁书社1995年版。

41.（明）吴蕃昌：《吴麟征年谱》，《北京图书馆藏珍本年谱丛刊》第61册，北京图书馆出版社1999年版。

42.（明）吴蕃昌：《祗欠庵集》，适园丛书。

43.（明）吴麟征：《吴忠节公遗集》，《四库禁毁书丛书》集部第81册，北京出版社2007年版。

44.（明）吴钟峦：《十愿斋易学》，《四库全书存目丛书》经部第24册，齐鲁书社1995年版。

45.（明）袁了凡：《了凡四训》，新世界出版社2004年版。

46.（明）恽日初：《续证人社约诚》，《丛书集成续编》第45册，台湾新文丰出版公司。

47.（明）张岐然：《春秋四家五传平议》，《四库全书存目丛书》经部第128—130册，齐鲁书社1995年版。

48.（明）周茂兰：《周端孝先生血疏贴黄》，《丛书集成续编》第58册，台湾新文丰出版公司。

49.（明）周顺昌：《周忠介公烬余集》，王云五主编：《丛书集成初编》，商务印书馆1936年版。

50.（明）祝渊：《祝月隐先生遗集》，《适园丛书》第1辑第2函，拜经楼藏本。

51.（清）蔡冠洛编纂：《清代七百名人传》，明文书局印行，中华民国元年。

52.（清）陈鼎：《东林列传》，《四库全书》史部第七。

53.（清）陈确：《陈确集》，中华书局1979年版。

54.（清）董钦德等辑：《康熙会稽县志》，台湾成文出版社有限公司1983年版。

55.（清）黄炳垕：《黄宗羲年谱》，王政尧点校，中华书局1993年版。

56.（清）黄成助：《海宁州志》，台湾成文出版社有限公司1983年版。

57.（清）黄嗣艾：《南雷学案》，《清代传记丛刊》，明文书局1985年版。

58.（清）黄宗会：《缩斋诗文集》，印晓峰点校，华东师范大学出版社2009年版。

59.（清）黄宗会：《缩斋文集》（不分卷），《四库未收书辑刊》五辑第 26 册，北京出版社 1997 年版。

60.（清）黄宗羲、（清）姜希辙著：《历学假如》，上海古籍出版社 2002 年版。

61.（清）黄宗羲：《黄宗羲全集》（增订版），沈善洪主编、吴光执行主编，浙江古籍出版社 2005 年版。

62.（清）黄宗羲：《明儒学案》，中华书局 1985 年版。

63.（清）黄宗羲：《易学象数论》，郑万耕点校，中华书局 2010 年版。

64.（清）黄宗炎：《周易寻门余论》，《易学辨惑》，《丛书集成续编》第 28 册，台湾新文丰出版公司。

65.（清）嵇曾筠、（清）李卫等修，（清）沈翼机、（清）傅王露等纂：《浙江通志》，中华书局 2001 年版。

66.（清）计六奇：《明季北略》，中华书局 1981 年版。

67.（清）李元度：《国朝先正事略》，岳麓书社 2008 年版。

68.（清）凌锡祺：《尊道先生年谱》，《北京图书馆藏珍本年谱丛刊》第 69 册，北京图书馆出版社 1999 年版。

69.（清）刘鳞长：《浙学宗传不分卷推豪别录一卷》，《四库全书存目丛书》史部第 111 册，齐鲁书社 1995 年版。

70.（清）毛奇龄：《西河文集》，《文渊阁四库全书》第 1321 册，上海古籍出版社 2003 年版。

71.（清）毛先舒：《思古堂集》，《四库全书存目丛书》集部第 210 册，齐鲁书社 1995 年版。

72.（清）毛先舒：《潠书》，《四库全书存目丛书》集部第 210 册，齐鲁书社 1995 年版。

73.（清）全祖望：《全祖望集汇校集注》，朱铸禹会校集注，上海古籍出版社 2000 年版。

74.（清）邵廷采：《思复堂文集》，祝鸿杰点校，浙江古籍出版社 1987 年版。

75.（清）沈椿龄等修，楼卜瀍等纂：《乾隆诸暨县志》，台湾成文出版社有限公司 1983 年版。

76.（清）孙静菴：《明遗民录》，明文书局中华民国元年版。

77.（清）王彬修，徐用仪纂：《光绪海盐县志》，台湾成文出版社有限公司 1983 年版。

78.（清）王思任：《祁忠敏公年谱》，《北京图书馆藏珍本年谱丛刊》第 63 册，北京图书馆出版社 1999 年版。

79.（清）王晫：《今世说》，古典文学出版社 1957 年版。

80.（清）翁洲老民等撰：《海东逸史》，台湾明文书局 1980 年版。

81.（清）吴山嘉：《复社姓氏传略》，中国书店出版社 1990 年版。

82.（清）徐秉义：《明末忠烈纪实》，浙江古籍出版社 1987 年版。

83.（清）徐世昌：《清儒学案》，中华书局 2008 年版。

84.（清）徐元梅等修，朱文瀚等辑：《嘉庆山阴县志》，台湾成文出版社有限公司 1983 年版。

85.（清）徐鼒、徐承礼主编：《小腆纪传》，中华书局 1958 年版。

86.（清）永瑢等撰：《四库全书总目提要》，商务印书馆 1935 年版。

87.（清）张履祥：《杨园先生全集》，陈祖武点校，中华书局 2002 年版版。

88.（清）张廷玉：《明史》，吉林人民出版社 1995 年版。

89.（清）章学诚：《文史通义校注》，叶瑛校注，中华书局 1985 年版。

90.（清）赵尔巽：《清史稿》，吉林人民出版社 1995 年版。

91.（清）周学曾：《晋江县志》，道光年刻版。

92.《绍兴府志》，台湾成文出版社有限公司 1975 年版。

93.《绍兴县志资料》第 1 辑《人物列传》，台湾成文出版社有限公司 1983 年版。

二、今人著作

94.［日］荒木见悟：《明末清初的思想与佛教》，廖肇亨译，上海古籍出版社 2010 年版。

95.东方朔：《刘宗周评传》，南京大学出版社 2002 年版。

96.黄涌泉：《陈洪绶年谱》，人民美术出版社 1960 年版。

97.江苏省社会科学院明清小说研究中心编：《中国通俗小说总目提要》，中国文联出版公司 1990 年版。

98.李廷华：《中国书法家全集·倪元璐》，河北教育出版社 2005 年版。

99.梁启超：《清代学术概论》，朱维铮导读，上海古籍出版社 1998 年版。

100. 牟宗三：《心体与性体》，上海古籍出版社 1999 年版。

101. 钱茂伟：《姚江书院派研究》，中国社会科学出版社、文化艺术出版社 2005 年版。

102. 申淑华：《素位之学——陈乾初哲学思想研究》，中国社会科学出版社 2012 年版。

103. 唐君毅：《文化意识与道德理性》，中国社会科学出版社 2005 年版。

104. 王汎森：《晚明清初思想十论》，复旦大学出版社 2004 年版。

105. 王稼句编纂、点校：《苏州文献丛钞初编》，古吴轩出版社 2005 年版。

106. 王瑞昌：《陈确评传》上册，南京大学出版社 2011 年版。

107. 杨伯峻：《论语译注》，中华书局 1980 年版。

108. 余英时：《论戴震与章学诚》，生活·读书·新知三联书店 2000 年版。

109. 詹海云：《陈乾初大学辨研究——兼论其在明末清初学术史上的意义》，台湾明文书局 1986 年版。

110. 张慧剑编著：《明清江苏文人年表》，上海古籍出版社 1986 年版。

111. 张立文：《宋明理学研究》，人民出版社 2002 年版。

112. 张天杰：《蕺山学派与明清学术转型》，中国社会科学出版社 2014 年版。

113. 张晓敏：《古代汉语大辞典》，上海辞书出版社 2007 年版。

114. 赵素文：《祁彪佳研究》，中国社会科学出版社 2011 年版。

115. 赵园：《明清之际士大夫研究》，北京大学出版社 1999 年版。

116. 钟彩钧主编：《刘蕺山学术思想论集》，台湾"中央研究院"中国文哲研究所筹备处 1998 年版。

117. 衷尔钜：《蕺山学派哲学思想》，山东教育出版社 1993 年版。

118. 周振甫：《周易译注》，中华书局 2001 年版。

119. 朱端强：《布衣史官——万斯同传》，浙江古籍出版社 2006 年版。

120. 浙江省社会科学研究所编：《浙江人物简志》，浙江人民出版社 1986 年版。

三、学术论文

121. 鲍庆林：《试论明末浙东施邦曜对王学的理论修正》，《贵州大学学报》1996 年第 4 期。

122. 蔡家和：《黄宗羲与陈确的论辩之研究》，《台湾大学哲学论评》2008 年第 35 期。

123. 陈宝良：《从士风变迁看明代士大夫精神史的内在转向》，《故宫学刊》2013年卷。

124. 陈祖武：《蕺山南学与夏峰北学》，《中国社会科学院研究生院学报》1998年第5期。

125. 成娟阳：《文德翼传记文初探》，《荆门职业技术学院学报》2006年第2期。

126. 董剑云：《李士淳与翔山书院》，《文史月刊》2016年第6期。

127. 黄敏浩：《刘宗周"四句"的诠释》，《中国文哲研究通讯》1998年第3期。

128. 姜广辉：《陈确思想研究》，《中国哲学史》1996年第1—2期。

129. 刘述先：《论黄宗羲对于孟子的理解》，《杭州师范学院学报》（社会科学版）2006年第1期。

130. 刘晓东：《南明士人"日本乞师"叙事中的"倭寇"记忆》，《历史研究》2010年第5期。

131. 吕锡云、傅振照：《蕺山弟子考》，《越地春秋》2009年第1期。

132. 彭永捷：《儒家政治哲学的特质、使命和方法》，《江汉论坛》2014年第4期。

133. 武佳璧：《"荧惑守心"问题之我见》，《中国科技史杂志》2009年第1期。

134. 徐秀丽：《中国古代家训通论》，《学术月刊》1995年第7期。

135. 杨国荣：《刘宗周思想的历史地位》，《中国哲学史》1996年第4期。

136. 张实龙：《〈孟子师说〉还原〈孟子〉太和气象》，《浙江万里学院学报》2005年第5期。

137. 赵园：《刘门师弟子——关于明清之际的一组人物》，载汕头大学新国学研究中心编：《新国学研究》，第1辑，人民文学出版社2005年版。

138. 周鹏：《乘物游心，无物大用——曹宗璠〈南华泩笔〉研究》，《商丘师范学院学报》2015年第2期。

索 引

后　记

写下这篇后记，意味着自己多年来的思考终于有了一个实质性的交代！

本书是我博士论文的延续，或者说是我博士论文的姊妹篇。我的博士论文《刘蕺山〈人谱〉的哲学思想》主要是通过考察《人谱》的哲学思想来体贴蕺山学之本质与演进历程，但在完成博士论文正文的写作之后，我又花费较大笔墨撰写了附录《蕺山弟子考》，约有八万字。其实《蕺山弟子考》本来不在博士论文写作计划之中，但想到蕺山学派研究有待深化的地方还比较多，便借助撰写博士论文的"冲劲儿"完成了这个初稿。博士论文共有四十万字，而此附录占据五分之一，可见当年还是下过一番耙梳整理工夫的（2011 年 5 月 12 日博士论文答辩）。后来，在考证蕺山弟子的过程中，我又不断搜集和翻阅蕺山弟子的著述文献，从而突发奇想，认为可以由蕺山学派的刘宗周哲学思想研究过渡到蕺山学派刘门弟子群体的整体研究，即由"点"到"面"；甚至我还规划，未来将由蕺山学派研究再过渡到明末清初儒学变迁史、明代政治哲学思想史的研究，最终实现由"点"到"面"、由"面"到"线"的研究三部曲。2011 年初，我的博士论文初稿已经完成，时值申报国家社科基金项目和教育部人文社科基金项目，我便以《蕺山后学文献整理及思想研究》为题同时申报国家和教育部课题（当时尚允许同一个申报者同年度同时申报国家社科基金和教育部人文社科基金），据说我申报的国家社科基金项目通过了匿名通讯评审，但未通过会议评审；申报的教育部人文社科项目居然出乎意料地获批了！正是中标教育部课题，为我日后申报副教授职称以及各种人才工程项目提供了重要的支撑。原打算将课题研究成果继续申报国家社科基金后期资助，但自 2014 年始，全国哲学社会科学规划办公室修改了申报条件，明确说明教育部一般项目结题成果不能申报国家社科基金后期资助，我只好作罢，惟有一门心思早日完成此项课题研究。不过很幸运，本课题结题成果《蕺山后学研究》获批为2016年度中央高校基本科研业务费暨校自主创新后期资助项目。因为《蕺山后学文献整理及思想研究》课题的主要研究内容是蕺山弟子考证和蕺山后学思想研究，所以，我2014年出版的博士论文修改稿《心体与工夫——刘宗周〈人谱〉哲学思想研究》一书就将蕺山弟子考证部分删除了，而该书上篇《蕺山门弟子考》便是博士论文附录《蕺山弟子考》的修订和完善。当然，本书上篇《蕺山门弟子考》不仅从数量上增加了蕺山后学弟子，还增加了人物考证的文献资料，比《蕺山弟子考》篇幅字数翻了一倍有余。从终极意义而言，本书可算是前书的姊妹篇，是由"师"到"徒"的自然过渡。

本书在撰写过程中所遇到的困难比预想的要多。在撰写课题申请书时，虽然已经进行了认真的规划和详细的论证，并对可能遇到的困难有所预想，但课题具体研究过程中的重重困难真的始料不及！比如说，在材料搜集方面，有些历史文献资料和蕺山弟子著述文献相对比较容易获取，如各出版社公开出版的《明史》、《清史稿》、《黄宗羲全集》、《陈确集》等；但有些文献资料确实不容易获取，如属于台湾地区出版的史志类丛书。我所在的高校图书馆既没有《四库全书》、《四库禁毁书丛刊》等大型文献丛书，也没有港台地区出版的文献资料，对于从事文献整理和思想研究的基础研究课题而言，其难度可想而知。当然，为了获取相关文献资料以顺利开展课题研究，我与各级同学、各类朋友广泛联系，尽可能获取所需文献的电子版或复印件，而每一次获得都是欣喜若狂。目前手中即拥有《嘉靖山阴县志》、《乾隆绍兴府志》等一批珍贵资料，对于顺利实现蕺山后学弟子人物考证起到了至关重要作用。其实，关于蕺山弟子考证，最先并没有文本参照，幸好有蕺山弟子董玚所编《蕺山弟子籍》、全祖望《子刘子祠堂配享碑》等资料，我便以此为基础开展蕺山弟子考证。后来在搜集资料过程中，无意间发现吕锡云、傅振照的《蕺山弟子考》，在很大程度上启发了我进一步参照杜春生《刘子全书遗编钞述》补充完善蕺山弟子。在考证过程中，所涉及的每一个蕺山弟子都要尽可能用翔实的资料说明其生平事迹、著述主张、思想理念等情况，以便于读者全面了解这个人物。而且，随着人物考证的不断展开，有时会根据文献资料之间的相互关联特性，由这一篇文献跳跃到另一篇文献，再由另一篇文献深入到其他文献，一环套一环，一层深入一层，不经意间又考证出了其他蕺山弟子。这种基于对文献资料翻检的文献互证法，虽体现了历史考证的乐趣，但耗时耗力，甚或一整天未必查找到一条有价值资料，个中酸甜苦辣惟有亲身经历之人方能心领神会！另外，在撰写蕺山弟子考证的过程中，知悉（绍兴图书馆藏《刘蕺山弟子考》，曾两次赴当地查阅，还委托浙江越秀外国语学院余群博士帮助查阅，在此表示感谢！目前，《刘蕺山弟子考》可网络检索了。

在具体写作过程中，还存在一个"纠结"：究竟是按照"问题"开展蕺山后学弟子思想研究，还是按照人物"个案"展开研究。在撰写课题申请书时，自己按照"问题"研究模式拟定了写作提纲，如蕺山后学易学思想、蕺山后学农学思想、蕺山后学的四书学、蕺山后学工夫哲学等，希图从整体上、比较中考察蕺山后学弟子的哲学思想、经学思想和实学思想，并体贴刘门师弟子嬗变师说的逻辑历程。但在搜集、整理和阅读蕺山弟子文献的过程中发现，二十余位蕺山弟子有著述遗说和传世文献，如黄宗羲、张履祥、祁彪佳、倪元璐、毛先舒、陈龙正、张岐然等，而且他们的著述文献还较为丰富，目前已公开出版的蕺山后学弟子集就有《黄宗羲全集》、《杨园先生全集》、《陈确集》、《陈洪绶集》、《祁彪佳集》、《祁忠敏公日记》等。此外，其他蕺山后学弟子尚有抄本、刻本文献或收录于《四库禁毁书丛刊》、《四明丛书》、《适园丛书》，或为珍本而藏于国家图书馆、地方图书馆，即便我乐意品读蕺山后学弟子文献，单从阅读速度上，凭一己之力，真不知何年何月能够完成这样艰巨任务。思忖良久，我决心撷取"个案"研究模式，对学界尚未关注且在蕺山学派中个性凸显的蕺山弟子祝渊、金铉、吴麟征、吴蕃昌开展思想研究，并"另辟蹊径"对已经取得较丰硕研究成果的蕺山后学弟子黄宗羲、陈确和张履祥的思想展开研究，从而有了本书"蕺山后学思想研究"的八章内容。尚需说明，因我曾是哲学专业硕士生导师（2013—2016），我便安排我指导的第一位研究生刘娇阳同学进行金铉思想研究，她不负所望，不仅点校了《金忠杰年谱》，还撰写了四万余字的硕士学位论文《金铉"忠节"思想研究》，本书收录的《金忠杰年谱》便是在骄阳同学点校版基础上进一步修改而成的。当然，"金铉思想撷要"一章是我本人所写，并非出自骄阳同学硕士学位论文。我的另一位研究生霍达也以祁彪佳《宜焚全稿》为研究对象，重点考察祁彪佳的政治哲学思想。

还需要说明的是，本书部分章节已先期在学术期刊发表，主要包括：《刘宗周与〈明夷待访录〉——以〈原君〉、〈原臣〉为中心探讨刘宗周与黄宗羲政治思想的递嬗》（孟建耀主张《浙东文化》2017 年第 1 辑）、《蕺山弟子补传》（《中共宁波市委党校学报》2011 年第 6 期）、《蕺山弟子考编》（载卢敦基主编：《浙江历史文化研究》第四卷）、《立德与立言——蕺山后学吴蕃昌的思想世界》（《中国诠释学》第 11 辑）、《行己立政，致命遂志——蕺山门弟子吴麟征思想平议》（载卢敦基主编：《浙江历史文化研究》第六卷）、《"兢兢无负其本心"——蕺山后学祝渊的思想世界》（《中共宁波市委党校学报》2014 年第 6 期）、《"养祖宗元气，立一分人品"——蕺山门弟子吴麟征家诫思想阐微》（《浙江师范大学学报》2015 年第 1 期）、《"学倍程朱非是学，修兼知敬乃真修"——蕺山门弟子金铉思想撷要》（《原道》第 28 辑）、《"言知行合一，则天下始有实学"——陈确〈瞽言〉"素位之学"疏解》（《现代哲学》2016 年第 4 期，中国人民大学复印报刊资料《中国哲学》2016 年第 11 期全文转载）、《明代儒士"君子人格"管窥（上）——以张履祥〈近古录〉为中心》（涂可国主编《中国文化论衡》2017 年第 1 期）。在此，我对发表拙文的学术期刊及责任编辑表示衷心感谢！

人民出版社方国根编辑慷慨豪迈，包容并蓄，奖掖后进，甘心为他人作嫁衣裳，谨致谢忱！师兄段海波博士责任编辑崔秀军先生为本书的顺利出版付出较多努力，一并感谢！

此外，我还要感谢韩国高等教育财团。2013 年 8 月至 2014 年 8 月，我受韩国高等教育财团资助在韩国延世大学国学研究院从事东亚儒学研究，从而有较长一段时间安心、愉悦地从事本课题研究；我还从高等教育财团和延世大学搜罗一批文献资料，为我访学期间所从事的刘宗周与郑齐斗"心学"思想比较研究及今后拟展开的东亚心学研究储备了文献资料。

我所在单位科技处文科办、马克思主义学院给予本课题经费资助和学术奖励，各级领导不断鼓励、支持我开展相关课题研究，并给予诸多方面的关心和爱护，在此一并表示衷心感谢！

最后要感谢我的妻子王淑涛女士和女儿张浚懿，她们的精神鼓励是我不懈努力和奋斗的原动力！

张瑞涛

2019 年 5 月 7 日，静壹斋